民国四大报纸社论篇名索引

中册

主　编：李　玉　于　川
副主编：段金萍　袁　勇

国家图书馆出版社

L

15525　拉丁美洲的转变　《大公报》　1942 年 7 月 6 日　第 149 册　第 22 页

15526　拉拢　《申报》　1925 年 3 月 28 日　第 210 册　第 522 页

15527　拉拢专家的失败（言论）　《民国日报》　1925 年 10 月 19 日　第 59 册　第 578 页

15528　拉门德来华　《申报》　1920 年 4 月 1 日　第 163 册　第 583 页

15529　拉萨各界热烈献机　《中央日报》　1944 年 10 月 18 日　第 50 册　第 222 页

15530　拉西曼报告书发表　《申报》　1934 年 5 月 12 日　第 316 册　第 304 页

15531　拉杂　《申报》　1914 年 3 月 26 日　第 127 册　第 408 页

15532　腊八说　《申报》　1897 年 1 月 11 日　第 55 册　第 61 页

15533　腊尽春回谈政局　《大公报》　1947 年 1 月 28 日　第 159 册　第 192 页

15534　腊戌后，当如何?：一个纯现实的看法/公孙震（星期论文）　《大公报》　1942 年 5 月 10 日　第 148 册　第 558 页

15535　腊戌瓦城解放以后　《大公报》　1945 年 3 月 10 日　第 154 册　第 290 页

15536　瘌痢是和尚吗　《民国日报》　1923 年 5 月 19 日　第 45 册　第 246 页

15537　来沪之法权委员（言论）　《民国日报》　1926 年 5 月 24 日　第 63 册　第 222 页

15538　来栖飞美与美日关系　《申报》　1941 年 11 月 7 日　第 378 册　第 467 页

15539　来栖赴美与敌临时议会　《大公报》　1941 年 11 月 15 日　第 147 册　第 540 页

15540　来栖之行　《大公报》　1941 年 11 月 14 日　第 147 册　第 536 页

15541　来去　《申报》　1926 年 1 月 8 日　第 220 册　第 164 页

15542　来书　《申报》　1875 年 9 月 4 日　第 7 册　第 225 页

15543　来札附登　《申报》　1875 年 9 月 25 日　第 7 册　第 297 页

15544　来踪去踪　《申报》　1928 年 4 月 6 日　第 245 册　第 137 页

15545　莱因撤兵　《申报》　1930 年 7 月 2 日　第 272 册　第 33 页

15546　莱茵撤兵问题之大进展　《大公报》　1929 年 9 月 1 日　第 92 册　第 4 页

15547　莱茵撤兵之完成　《大公报》　1930 年 7 月 3 日　第 97 册　第 28 页

15548　赖伐尔与德古　《大公报》　1941 年 9 月 5 日　第 147 册　第 242 页

15549　赖伐尔与佛兰亭　《大公报》　1940 年 12 月 20 日　第 145 册　第 660 页

15550　赖伽第亚的警告　《申报》　1946 年 10 月 29 日　第 390 册　第 726 页

15551　赖朴翰的援华建议　《申报》　1949 年 3 月 4 日　第 400 册　第 384 页

15552　赖朴翰氏返美述职　《申报》　1949 年 2 月 19 日　第 400 册　第 294 页

15553   赖债与保证   《民国日报》   1922年8月24日   第40册   第740页

15554   蓝浦森汉口之行（言论）   《民国日报》   1926年12月25日   第66册   第312页

15555   懒定致贫说   《申报》   1879年9月12日   第15册   第293页

15556   滥捕代表与侵犯自由   《民国日报》   1920年4月19日   第26册   第668页

15557   阆苑第一楼被焚说   《申报》   1886年2月15日   第28册   第227页

15558   浪费   《申报》   1920年3月29日   第163册   第523页

15559   浪费   《申报》   1924年5月6日   第202册   第121页

15560   浪费之今日   《申报》   1926年7月22日   第225册   第532页

15561   浪费自汽油说起   《中央日报》   1948年9月10日   第60册   第72页

15562   劳动纪念   《申报》   1920年4月30日   第163册   第1103页

15563   劳动节   《民国日报》   1930年5月1日   第86册   第6页

15564   劳动节的感想   《大公报》   1946年5月1日   第156册   第481页

15565   劳动节纪念浅说   《民国日报》   1920年5月1日   第27册   第2页

15566   劳动节与中国劳工   《中央日报》   1933年5月1日   第22册   第298页

15567   劳动节在中国之意义   《民国日报》   1931年5月1日   第92册   第2页

15568   劳动局与人力动员   《中央日报》   1942年8月1日   第46册   第518页

15569   劳动运动与国民革命（言论）   《民国日报》   1926年5月1日   第63册   第2页

15570   劳工供过于求   《申报》   1930年8月5日   第273册   第99页

15571   劳工节告全国工界同胞   《民国日报》   1928年5月1日   第74册   第2页

15572   劳工节之意义与中国   《大公报》   1927年5月1日   第79册   第241页

15573   劳工说   《申报》   1904年9月2日   第78册   第9页

15574   劳工说（续本月二十三日）   《申报》   1904年9月7日   第78册   第47页

15575   劳工与抗战   《中央日报》   1942年5月1日   第46册   第2页

15576   劳解放延安的将士   《中央日报》   1947年3月21日   第55册   第812页

15577   劳力问题而非研究问题   《申报》   1915年8月31日   第135册   第1010页

15578   劳农纪述   《申报》   1896年9月20日   第54册   第119页

15579   劳王外交部长   《中央日报》   1947年11月1日   第57册   第640页

15580   劳逸   《申报》   1925年12月16日   第219册   第312页

15581   劳逸与利害   《申报》   1929年2月5日   第255册   第127页

15582　劳驻华盟军　《中央日报》　1946 年 8 月 15 日　第 53 册　第 646 页

15583　劳资合作与盈余分配　《民国日报》　1928 年 9 月 20 日　第 76 册　第 313 页

15584　劳资互助（言论）　《民国日报》　1926 年 12 月 19 日　第 66 册　第 264 页

15585　劳资纠纷平议　《申报》　1937 年 4 月 23 日　第 351 册　第 545 页

15586　劳资同命　《大公报》　1946 年 6 月 12 日　第 156 册　第 648 页

15587　劳资问题　《申报》　1928 年 10 月 14 日　第 251 册　第 355 页

15588　劳资协调　《中央日报》　1930 年 11 月 6 日　第 12 册　第 439 页

15589　劳资与政府　《申报》　1928 年 12 月 4 日　第 253 册　第 96 页

15590　劳资争议评断的第一声　《大公报》　1946 年 7 月 24 日　第 157 册　第 94 页

15591　劳作展览会今日开幕　《大公报》　1934 年 12 月 1 日　第 123 册　第 440 页

15592　老百姓的上海！　《申报》　1948 年 9 月 13 日　第 398 册　第 584 页

15593　老百姓是公道的　《大公报》　1926 年 12 月 11 日　第 77 册　第 795 页

15594　老百姓要改变眼光　《民国日报》　1945 年 11 月 11 日　第 96 册　第 265 页

15595　老蔡所提条件是掩眼法　《民国日报》　1922 年 6 月 9 日　第 39 册　第 532 页

15596　老段之调和梦：成则为新骗术　《民国日报》　1918 年 3 月 28 日　第 14 册　第 326 页

15597　老河口之役与大陆战局　《申报》　1945 年 4 月 18 日　第 387 册　第 287 页

15598　老谋深算　《申报》　1918 年 9 月 18 日　第 154 册　第 290 页

15599　老实告今天的纪念会　《民国日报》　1924 年 10 月 5 日　第 53 册　第 365 页

15600　老西开交涉平论　《民国日报》　1916 年 10 月 27 日　第 5 册　第 674 页

15601　老西开与郑家屯　《民国日报》　1916 年 11 月 8 日　第 6 册　第 86 页

15602　老徐玩特赦把戏　《民国日报》　1922 年 1 月 3 日　第 37 册　第 29 页

15603　老洋人祸苏与苏督职权关系　《民国日报》　1923 年 5 月 29 日　第 45 册　第 386 页

15604　老州县　《申报》　1914 年 3 月 31 日　第 127 册　第 488 页

15605　乐成　《申报》　1928 年 10 月 1 日　第 251 册　第 8 页

15606　乐观　《申报》　1915 年 2 月 27 日　第 132 册　第 710 页

15607　乐观的根据　《中央日报》　1941 年 9 月 17 日　第 45 册　第 202 页

15608　乐观心理中的暗影　《申报》　1936 年 7 月 18 日　第 342 册　第 467 页

15609　乐观与悲观　《申报》　1913 年 10 月 28 日　第 124 册　第 786 页

15610　乐观与悲观　《申报》　1915 年 4 月 7 日　第 133 册　第 590 页

15611　乐观与悲观　《申报》　1916 年 8 月 2 日　第 141 册　第 532 页

15612　乐观与悲观　《申报》　1921 年 12 月 3 日　第 176 册　第 44 页

15613　乐观与警觉　《民国日报》　1946 年 6 月 18 日　第 98 册　第 197 页

15614　乐观与努力　《民国日报》　1946 年 1 月 3 日　第 97 册　第 12 页

15615　乐教的功用　《中央日报》　1943 年 4 月 5 日　第 47 册　第 918 页

15616　乐说　《申报》　1888 年 6 月 20 日　第 32 册　第 1019 页

15617　雷电解　《申报》　1888 年 8 月 6 日　第 33 册　第 249 页

15618　雷电论　《申报》　1888 年 6 月 3 日　第 32 册　第 901 页

15619　雷殛答问　《申报》　1891 年 3 月 2 日　第 38 册　第 299 页

15620　雷殛释疑篇　《申报》　1891 年 2 月 28 日　第 38 册　第 289 页

15621　雷厉之手段　《申报》　1913 年 12 月 1 日　第 125 册　第 426 页

15622　雷伊泰大战的形势　《大公报》　1944 年 11 月 23 日　第 153 册　第 648 页

15623　雷伊泰萨马战役结束　《中央日报》　1944 年 12 月 27 日　第 50 册　第 522 页

15624　类纪助赈获报事　《申报》　1888 年 4 月 30 日　第 32 册　第 683 页

15625　类论报纪凶谋可骇暨大是疑团两则　《申报》　1896 年 12 月 16 日　第 54 册　第 671 页

15626　类论本报纪待父天年典伙昧良二事　《申报》　1898 年 5 月 17 日　第 59 册　第 97 页

15627　类论祸福倚伏之理　《申报》　1897 年 3 月 6 日　第 55 册　第 351 页

15628　类论皖省劝领股票米船被劫二事　《申报》　1898 年 5 月 11 日　第 59 册　第 61 页

15629　类述恶作剧　《申报》　1888 年 1 月 25 日　第 32 册　第 153 页

15630　类无教育/吉田东祐（星期评论）　《申报》　1944 年 1 月 16 日　第 385 册　第 61 页

15631　冷静　《申报》　1917 年 5 月 17 日　第 146 册　第 282 页

15632　冷静的思考，详尽的调查！　《申报》　1947 年 7 月 31 日　第 394 册　第 302 页

15633　冷静态度　《申报》　1915 年 10 月 4 日　第 136 册　第 528 页

15634　冷静头脑　《申报》　1944 年 10 月 3 日　第 386 册　第 305 页

15635　冷静与坚定　《中央日报》　1944 年 4 月 26 日　第 49 册　第 522 页

15636　冷暖　《申报》　1893 年 1 月 19 日　第 43 册　第 113 页

15637   冷心   《申报》   1916 年 4 月 2 日   第 139 册   第 514 页

15638   冷眼看冷战：欧洲十六国会议开幕   《申报》   1948 年 3 月 15 日   第 396
册   第 688 页

15639   冷眼看日本政潮   《民国日报》   1928 年 4 月 11 日   第 73 册   第 590 页

15640   冷与热   《申报》   1914 年 6 月 26 日   第 128 册   第 894 页

15641   冷战转热了：西欧联盟与美国战略   《大公报》   1948 年 7 月 24 日   第
163 册   第 506 页

15642   冷仗会休战吗？   《申报》   1948 年 5 月 13 日   第 397 册   第 354 页

15643   厘定币制之两要素   《申报》   1910 年 5 月 27 日   第 106 册   第 418 页

15644   厘定京师警察厅制说帖   《申报》   1907 年 1 月 27 日   第 86 册   第
251 页

15645   厘定书院章程议   《申报》   1892 年 7 月 18 日   第 41 册   第 507 页

15646   厘金积弊绪论   《申报》   1888 年 11 月 17 日   第 33 册   第 905 页

15647   厘金宜速停议   《申报》   1879 年 10 月 15 日   第 15 册   第 425 页

15648   厘局滋事探原说   《申报》   1878 年 9 月 3 日   第 13 册   第 221 页

15649   厘局纵论   《申报》   1883 年 8 月 18 日   第 23 册   第 291 页

15650   厘卡弊端述闻   《申报》   1878 年 11 月 26 日   第 13 册   第 509 页

15651   厘卡愤谈   《申报》   1885 年 5 月 4 日   第 26 册   第 651 页

15652   厘卡累民说   《申报》   1880 年 8 月 3 日   第 17 册   第 133 页

15653   厘卡兴旺要言   《申报》   1887 年 1 月 5 日   第 30 册   第 25 页

15654   厘正文体说   《申报》   1893 年 9 月 22 日   第 45 册   第 143 页

15655   离合   《申报》   1922 年 8 月 8 日   第 183 册   第 151 页

15656   离合之间   《申报》   1929 年 5 月 10 日   第 258 册   第 239 页

15657   离合之究竟   《申报》   1927 年 11 月 15 日   第 240 册   第 326 页

15658   离婚与再嫁   《大公报》   1927 年 10 月 3 日   第 81 册   第 17 页

15659   离间与结合   《申报》   1926 年 6 月 9 日   第 224 册   第 194 页

15660   离间与事实   《申报》   1922 年 1 月 11 日   第 177 册   第 178 页

15661   离奇变化之南方时局   《大公报》   1927 年 8 月 7 日   第 80 册   第 297 页

15662   离奇谣言荒诞议论   《申报》   1948 年 12 月 29 日   第 399 册   第 572 页

15663   离筵创论   《申报》   1887 年 1 月 14 日   第 30 册   第 79 页

15664   黎巴嫩的悲剧   《大公报》   1943 年 11 月 19 日   第 151 册   第 630 页

15665   黎大总统失自由后之职权问题   《民国日报》   1917 年 7 月 7 日   第 10 册
第 74 页

15666   黎民不饥不寒的小康水准：乡土复员论之一/费孝通（星期论文）   《大公
报》   1948 年 1 月 18 日   第 162 册   第 112 页

15667   黎明运动   《申报》   1934 年 3 月 6 日   第 314 册   第 159 页

15668　黎颜新新运动　《民国日报》　1922 年 7 月 21 日　第 40 册　第 276 页

15669　黎元洪被逼出京　《申报》　1923 年 6 月 14 日　第 192 册　第 287 页

15670　黎元洪的辞职书　《民国日报》　1922 年 8 月 8 日　第 40 册　第 522 页

15671　黎元洪复位的三不可　《民国日报》　1923 年 9 月 9 日　第 47 册　第 116 页

15672　黎元洪还堪再用吗?（言论）　《民国日报》　1925 年 12 月 1 日　第 60 册　第 362 页

15673　黎元洪来沪的我见　《民国日报》　1923 年 9 月 2 日　第 47 册　第 16 页

15674　黎元洪与政客第三次合作　《民国日报》　1923 年 9 月 10 日　第 47 册　第 130 页

15675　黎元洪走后的时局观　《民国日报》　1923 年 6 月 14 日　第 45 册　第 610 页

15676　黎总统被刺感言　《民国日报》　1917 年 7 月 19 日　第 10 册　第 218 页

15677　蠡测罪言　《申报》　1880 年 5 月 4 日　第 16 册　第 473 页

15678　礼部复议科场事宜折　《申报》　1902 年 6 月 27 日　第 71 册　第 385 页

15679　礼部尚书世大宗伯奏冬至礼仪折　《申报》　1902 年 12 月 27 日　第 72 册　第 823 页

15680　礼部奏复变通考试折　《申报》　1904 年 8 月 13 日　第 77 册　第 707 页

15681　礼部奏顺天借闱乡试变通章程折　《申报》　1902 年 4 月 12 日　第 70 册　第 593 页

15682　礼部奏顺天借闱乡试变通章程折（续昨折）　《申报》　1902 年 4 月 13 日　第 70 册　第 599 页

15683　礼教与法律说　《申报》　1909 年 10 月 3 日　第 102 册　第 482 页

15684　礼节军　《申报》　1881 年 5 月 26 日　第 18 册　第 557 页

15685　礼节异同口说　《申报》　1881 年 5 月 5 日　第 18 册　第 473 页

15686　礼让为国：论国大代表之以党让党　《中央日报》　1948 年 3 月 26 日　第 58 册　第 758 页

15687　礼让为国是句什么话　《中央日报》　1930 年 2 月 15 日　第 9 册　第 571 页

15688　礼失于俗论　《申报》　1882 年 1 月 31 日　第 20 册　第 121 页

15689　礼说　《申报》　1877 年 11 月 15 日　第 11 册　第 473 页

15690　礼限君权同于宪法论　《申报》　1904 年 8 月 8 日　第 77 册　第 669 页

15691　礼仪情性异同说　《申报》　1890 年 11 月 30 日　第 37 册　第 969 页

15692　礼义廉耻与辜仁发　《中央日报》　1934 年 3 月 29 日　第 25 册　第 828 页

15693　礼由官重说　《申报》　1879 年 2 月 13 日　第 14 册　第 129 页

15694 礼与新生活 《申报》 1945 年 12 月 11 日 第 387 册 第 696 页

15695 礼与学风 《大公报》 1941 年 10 月 30 日 第 147 册 第 476 页

15696 李案闻案应速侦办 《民国日报》 1946 年 7 月 18 日 第 98 册 第 317 页

15697 李白应有之自省 《中央日报》 1936 年 8 月 7 日 第 35 册 第 449 页

15698 李白之居心 《中央日报》 1936 年 8 月 20 日 第 35 册 第 605 页

15699 李白最后之机会 《中央日报》 1936 年 8 月 4 日 第 35 册 第 413 页

15700 李伯相请直盐加价展限五年与沈制军不加淮岸食价异同说 《申报》 1878 年 10 月 28 日 第 13 册 第 409 页

15701 李伯相伸明律例讯究用木棒打脚踝系属越例论 《申报》 1875 年 5 月 6 日 第 6 册 第 409 页

15702 李承晚当选韩国总统 《中央日报》 1948 年 7 月 22 日 第 59 册 第 698 页

15703 李纯死后的江苏 《民国日报》 1920 年 10 月 13 日 第 29 册 第 600 页

15704 李登报告书发表后 《申报》 1932 年 10 月 6 日 第 297 册 第 135 页

15705 李督军自爱 《民国日报》 1918 年 9 月 28 日 第 17 册 第 284 页

15706 李督遗言救荒 《申报》 1920 年 10 月 15 日 第 166 册 第 785 页

15707 李督自戕与谣言 《申报》 1920 年 10 月 14 日 第 166 册 第 769 页

15708 李顿报告书中国可否接受 《中央日报》 1932 年 10 月 14 日 第 19 册 第 594 页

15709 李公朴闻一多案感言 《大公报》 1946 年 7 月 19 日 第 157 册 第 74 页

15710 李厚基之走 《申报》 1922 年 10 月 14 日 第 185 册 第 303 页

15711 李际春辈应速觉悟 《大公报》 1933 年 6 月 16 日 第 114 册 第 648 页

15712 李内阁 《申报》 1917 年 5 月 28 日 第 146 册 第 480 页

15713 李内阁 《申报》 1917 年 6 月 23 日 第 146 册 第 934 页

15714 李逆祸不可测宜速图剿说 《申报》 1878 年 12 月 19 日 第 13 册 第 589 页

15715 李逆祸终不测说 《申报》 1879 年 1 月 3 日 第 14 册 第 9 页

15716 李庆施控崔士杰 《中央日报》 1929 年 5 月 15 日 第 6 册 第 141 页

15717 李维诺夫氏去职与英国 《申报》 1939 年 5 月 5 日 第 363 册 第 608 页

15718 李维诺夫之演辞 《大公报》 1934 年 9 月 21 日 第 122 册 第 304 页

15719 李相薨逝感言 《申报》 1901 年 11 月 10 日 第 69 册 第 435 页

15720 李泽案发生后所感 《民国日报》 1946 年 1 月 15 日 第 97 册 第 59 页

15721 李贞姑下坛自述始末记 《申报》 1890 年 6 月 8 日 第 36 册 第 929 页

15722 李中书请建设新内阁条陈　《申报》　1908 年 7 月 24 日　第 95 册　第 316 页

15723 李滋罗斯归国　《大公报》　1936 年 3 月 10 日　第 131 册　第 130 页

15724 李滋罗斯入京　《大公报》　1935 年 9 月 23 日　第 128 册　第 320 页

15725 李滋罗斯由日本回沪　《大公报》　1936 年 6 月 17 日　第 132 册　第 662 页

15726 李宗仁等就新职　《申报》　1936 年 9 月 17 日　第 344 册　第 456 页

15727 里宾特罗甫赴罗马何为?　《大公报》　1943 年 3 月 6 日　第 150 册　第 278 页

15728 理财辨　《申报》　1874 年 12 月 1 日　第 5 册　第 527 页

15729 理财不主节流而主畅流论　《申报》　1901 年 10 月 2 日　第 69 册　第 187 页

15730 理财刍议　《申报》　1898 年 6 月 6 日　第 59 册　第 225 页

15731 理财当有扼要之法论　《申报》　1886 年 8 月 3 日　第 29 册　第 201 页

15732 理财论　《申报》　1875 年 3 月 23 日　第 6 册　第 257 页

15733 理财篇　《申报》　1897 年 9 月 16 日　第 57 册　第 91 页

15734 理财浅言　《申报》　1912 年 5 月 9 日　第 117 册　第 371 页

15735 理财仍归本于钱漕论　《申报》　1880 年 3 月 19 日　第 16 册　第 289 页

15736 理财说　《申报》　1875 年 5 月 7 日　第 6 册　第 413 页

15737 理财说　《申报》　1889 年 4 月 28 日　第 34 册　第 637 页

15738 理财说　《申报》　1893 年 4 月 11 日　第 43 册　第 583 页

15739 理法中之潮汕督办观　《民国日报》　1918 年 10 月 21 日　第 17 册　第 564 页

15740 理解中国! 认清远东!: 欢迎美国新闻界巨子来华访问　《申报》　1947 年 6 月 25 日　第 393 册　第 856 页

15741 理论与事实　《申报》　1914 年 6 月 19 日　第 128 册　第 782 页

15742 理论与事实(二)　《申报》　1914 年 6 月 23 日　第 128 册　第 846 页

15743 理论与事实(三)　《申报》　1914 年 6 月 25 日　第 128 册　第 878 页

15744 理论与行动/谢幼伟(星期论坛)　《申报》　1949 年 5 月 1 日　第 400 册　第 810 页

15745 理无强弱　《申报》　1914 年 10 月 23 日　第 130 册　第 730 页

15746 理想　《申报》　1929 年 1 月 17 日　第 254 册　第 429 页

15747 理想上清党后的国民党(论载)　《民国日报》　1927 年 7 月 22 日　第 69 册　第 300 页

15748 理想与牺牲　《申报》　1940 年 9 月 5 日　第 372 册　第 56 页

15749 理想与现实: 为失望中的人类进一言/谢幼伟(星期论坛)　《申报》

1948 年 7 月 11 日　第 398 册　第 82 页

15750　理由　《申报》　1925 年 7 月 28 日　第 214 册　第 525 页

15751　理之曲直　《申报》　1925 年 9 月 17 日　第 216 册　第 362 页

15752　理知与意志的培养　《申报》　1948 年 3 月 30 日　第 396 册　第 834 页

15753　理直　《申报》　1928 年 12 月 22 日　第 253 册　第 624 页

15754　理直说　《申报》　1927 年 12 月 16 日　第 241 册　第 345 页

15755　理智·容忍·智慧：要稳定要趋向正常化　《大公报》　1947 年 6 月 2 日　第 160 册　第 208 页

15756　力　《申报》　1917 年 6 月 10 日　第 146 册　第 706 页

15757　力/黄炎培（星期论文）　《大公报》　1937 年 7 月 25 日　第 139 册　第 351 页

15758　力不足　《申报》　1918 年 3 月 28 日　第 151 册　第 415 页

15759　力差与争之比例　《申报》　1926 年 2 月 25 日　第 220 册　第 1032 页

15760　力持镇静　《申报》　1944 年 6 月 3 日　第 385 册　第 535 页

15761　力遏谣言议　《申报》　1897 年 6 月 13 日　第 56 册　第 263 页

15762　力尽　《申报》　1918 年 6 月 2 日　第 152 册　第 502 页

15763　力量　《申报》　1916 年 10 月 9 日　第 142 册　第 648 页

15764　力量·精神·寿命　《申报》　1925 年 4 月 13 日　第 211 册　第 227 页

15765　力辟请复考试之谬妄　《申报》　1909 年 3 月 4 日　第 99 册　第 44 页

15766　力强者得　《申报》　1925 年 4 月 30 日　第 211 册　第 552 页

15767　力生乎动　《申报》　1927 年 7 月 26 日　第 236 册　第 542 页

15768　力行（专论）/胡朴安　《民国日报》　1946 年 1 月 14 日　第 97 册　第 55 页

15769　力与理　《申报》　1919 年 5 月 3 日　第 158 册　第 34 页

15770　力与巧　《申报》　1924 年 9 月 11 日　第 206 册　第 195 页

15771　力与实　《申报》　1925 年 8 月 2 日　第 215 册　第 29 页

15772　力战　《申报》　1926 年 10 月 15 日　第 228 册　第 390 页

15773　力争自由的出发机会　《民国日报》　1920 年 9 月 27 日　第 29 册　第 366 页

15774　力之种类　《申报》　1927 年 10 月 24 日　第 239 册　第 508 页

15775　历代庙号说　《申报》　1877 年 8 月 20 日　第 11 册　第 173 页

15776　历法与民俗　《大公报》　1931 年 2 月 17 日　第 100 册　第 532 页

15777　历劫记　《申报》　1887 年 2 月 27 日　第 30 册　第 301 页

15778　历历可数之阴谋者　《民国日报》　1916 年 7 月 25 日　第 4 册　第 290 页

15779　历历可数之阴谋者（续）　《民国日报》　1916 年 7 月 26 日　第 4 册　第 302 页

15780　历历可数之阴谋者（二续）　《民国日报》　1916 年 7 月 27 日　第 4 册　第 314 页

15781　历史从新写起的一年　《中央日报》　1946 年 1 月 1 日　第 52 册　第 188 页

15782　历史的教训　《申报》（香港版）　1939 年 5 月 30 日　第 358 册　第 722 页

15783　历史的教训　《中央日报》　1947 年 2 月 8 日　第 55 册　第 436 页

15784　历史的珍贵教训　《中央日报》　1941 年 12 月 18 日　第 45 册　第 578 页

15785　历史的正确说明　《中央日报》　1946 年 1 月 28 日　第 52 册　第 356 页

15786　历史上重要的一日　《中央日报》　1945 年 9 月 10 日　第 51 册　第 606 页

15787　历史特性国势民情　《申报》　1914 年 5 月 3 日　第 128 册　第 36 页

15788　历史之鉴：论义大利的投降　《大公报》　1943 年 9 月 10 日　第 151 册　第 316 页

15789　历事数军阀的政容　《民国日报》　1921 年 9 月 9 日　第 35 册　第 112 页

15790　厉行战时生活　《中央日报》　1943 年 3 月 4 日　第 47 册　第 737 页

15791　厉民之事宜禁说　《申报》　1880 年 7 月 14 日　第 17 册　第 53 页

15792　厉行工作竞赛　《中央日报》　1941 年 9 月 16 日　第 45 册　第 198 页

15793　厉行公墓制度　《中央日报》　1936 年 11 月 29 日　第 36 册　第 725 页

15794　厉行节约储蓄　《申报》（香港版）　1938 年 8 月 8 日　第 356 册　第 1041 页

15795　厉行节约的要旨　《申报》　1947 年 8 月 19 日　第 394 册　第 492 页

15796　厉行节约之必要　《申报》（汉口版）　1938 年 6 月 30 日　第 356 册　第 337 页

15797　厉行节约之必要　《申报》（香港版）　1938 年 7 月 2 日　第 356 册　第 893 页

15798　厉行强迫识字教育　《中央日报》　1936 年 9 月 17 日　第 35 册　第 943 页

15799　厉行全国总动员　《中央日报》　1947 年 7 月 5 日　第 56 册　第 656 页

15800　厉行消费节约　《申报》　1942 年 12 月 24 日　第 382 册　第 578 页

15801　厉行征兵制度　《中央日报》　1937 年 7 月 6 日　第 40 册　第 63 页

15802　立法·行政·监察：论美援使用委员会　《中央日报》　1948 年 5 月 29 日　第 59 册　第 242 页

15803　立法与司法　《中央日报》　1931 年 2 月 21 日　第 13 册　第 591 页

15804　立法院　《申报》　1915 年 6 月 13 日　第 134 册　第 732 页

15805　立法院　《申报》　1916 年 3 月 4 日　第 139 册　第 50 页

15806 立法院复会以后 《中央日报》 1948 年 9 月 11 日 第 60 册 第 80 页

15807 立法院复会以后 《大公报》 1948 年 9 月 24 日 第 164 册 第 140 页

15808 立法院集会了 《大公报》 1948 年 5 月 11 日 第 163 册 第 62 页

15809 立法院将审查宪稿批评 《大公报》 1934 年 6 月 1 日 第 120 册 第 456 页

15810 立法院可先做一件事：将现行法规整理清扫一番 《大公报》 1948 年 6 月 5 日 第 163 册 第 212 页

15811 立法院通过新盐法草案 《大公报》 1931 年 3 月 23 日 第 101 册 第 268 页

15812 立法院勿忘完成重大工作 《大公报》 1931 年 7 月 30 日 第 103 册 第 352 页

15813 立法院休会 《中央日报》 1948 年 7 月 26 日 第 59 册 第 730 页

15814 立法院之成绩 《大公报》 1929 年 12 月 13 日 第 93 册 第 676 页

15815 立法院周年纪念感想 《中央日报》 1929 年 12 月 6 日 第 8 册 第 439 页

15816 立法政策与法治精神 《中央日报》 1943 年 11 月 22 日 第 48 册 第 948 页

15817 立法之根本主义 《大公报》 1929 年 1 月 11 日 第 88 册 第 136 页

15818 立国精神/马君武（星期论文） 《大公报》 1935 年 5 月 12 日 第 126 册 第 180 页

15819 立国之基 《申报》 1928 年 6 月 1 日 第 247 册 第 9 页

15820 立即与逐渐 《申报》 1925 年 8 月 10 日 第 215 册 第 187 页

15821 立刻抢救教育！ 《大公报》 1946 年 9 月 2 日 第 157 册 第 318 页

15822 立其大体 《申报》 1927 年 5 月 26 日 第 234 册 第 500 页

15823 立夏秤人说 《申报》 1879 年 5 月 7 日 第 14 册 第 437 页

15824 立宪国国会成立之三阶段 《申报》 1910 年 7 月 15 日 第 107 册 第 238 页

15825 立宪论 《申报》 1906 年 10 月 1 日 第 85 册 第 1 页

15826 立宪论 《申报》 1906 年 10 月 2 日 第 85 册 第 9 页

15827 立宪论 《申报》 1906 年 10 月 3 日 第 85 册 第 17 页

15828 立宪论 《申报》 1906 年 10 月 4 日 第 85 册 第 25 页

15829 立宪问答：桐城孟陬甫来稿 《申报》 1906 年 10 月 10 日 第 85 册 第 75 页

15830 立宪问答（续）：桐城孟陬甫来稿 《申报》 1906 年 10 月 11 日 第 85 册 第 83 页

15831 立宪问答（再续）：桐城孟陬甫来稿 《申报》 1906 年 10 月 12 日 第 85

册　第 91 页

15832　立宪云者（一）　《申报》　1916 年 1 月 8 日　第 138 册　第 96 页

15833　立相说　《申报》　1874 年 1 月 28 日　第 4 册　第 93 页

15834　立信　《申报》　1928 年 11 月 13 日　第 252 册　第 346 页

15835　立言有体说　《申报》　1884 年 1 月 2 日　第 24 册　第 7 页

15836　立应实行的几件救国大事　《大公报》　1932 年 9 月 1 日　第 110 册　第 4 页

15837　立在党指导下的劳动运动观（社论）　《民国日报》　1927 年 5 月 12 日　第 68 册　第 157 页

15838　立在人民地位上说几句话（言论）　《民国日报》　1926 年 9 月 18 日　第 65 册　第 171 页

15839　立足地　《申报》　1928 年 4 月 28 日　第 245 册　第 685 页

15840　立足地点　《申报》　1918 年 8 月 18 日　第 153 册　第 796 页

15841　立足点　《申报》　1925 年 7 月 26 日　第 214 册　第 487 页

15842　吏部限制奖案感言　《申报》　1910 年 5 月 24 日　第 106 册　第 370 页

15843　吏部奏请变通则例折　《申报》　1903 年 7 月 21 日　第 74 册　第 565 页

15844　吏部奏请停选复谕各缺并令讲求师范折　《申报》　1905 年 8 月 29 日　第 80 册　第 1011 页

15845　吏治不修为害至此！　《大公报》　1932 年 8 月 21 日　第 109 册　第 616 页

15846　吏治调查委员会　《申报》　1929 年 9 月 27 日　第 262 册　第 794 页

15847　吏治局考官论　《申报》　1886 年 9 月 20 日　第 29 册　第 499 页

15848　利比亚必须独立！　《中央日报》　1946 年 8 月 22 日　第 53 册　第 708 页

15849　利弊相乘说　《申报》　1882 年 11 月 9 日　第 21 册　第 787 页

15850　利弊相因论　《申报》　1903 年 2 月 8 日　第 73 册　第 187 页

15851　利国宜广制造论　《申报》　1895 年 9 月 17 日　第 51 册　第 109 页

15852　利国宜广制造论　《申报》　1895 年 9 月 19 日　第 51 册　第 123 页

15853　利国宜广制造论　《申报》　1899 年 6 月 6 日　第 62 册　第 277 页

15854　利害　《申报》　1914 年 11 月 11 日　第 131 册　第 146 页

15855　利害　《申报》　1926 年 9 月 11 日　第 227 册　第 271 页

15856　利害辨　《申报》　1890 年 7 月 23 日　第 37 册　第 145 页

15857　利害不一　《申报》　1925 年 8 月 9 日　第 215 册　第 167 页

15858　利害关系　《申报》　1925 年 10 月 11 日　第 217 册　第 251 页

15859　利害轻重　《申报》　1926 年 12 月 19 日　第 230 册　第 432 页

15860　利害说　《申报》　1928 年 2 月 19 日　第 243 册　第 446 页

15861　利害损益　《申报》　1917 年 2 月 7 日　第 144 册　第 475 页

15862　利害与反常　《申报》　1929 年 5 月 12 日　第 258 册　第 296 页

15863　利害之辨别　《申报》　1927 年 7 月 5 日　第 236 册　第 98 页

15864　利己心的否定　《申报》　1944 年 6 月 23 日　第 385 册　第 603 页

15865　利济彩票　《申报》　1919 年 1 月 21 日　第 156 册　第 302 页

15866　利令智昏　《民国日报》　1931 年 7 月 30 日　第 93 册　第 365 页

15867　利率的改订及其后果　《申报》　1947 年 11 月 15 日　第 395 册　第 456 页

15868　利率问题之商榷（上）：高利贷之为害（专论）/李荣廷　《民国日报》 1946 年 10 月 27 日　第 99 册　第 257 页

15869　利率问题之商榷（下）：如何抑平利率？（专论）/李荣廷　《民国日报》 1946 年 10 月 28 日　第 99 册　第 261 页

15870　利民说　《申报》　1894 年 4 月 7 日　第 46 册　第 589 页

15871　利器篇　《申报》　1893 年 2 月 28 日　第 43 册　第 321 页

15872　利器与热血/彬　《申报》　1932 年 2 月 21 日　第 290 册　第 741 页

15873　利息与物价　《中央日报》　1944 年 12 月 14 日　第 50 册　第 468 页

15874　利言　《申报》　1894 年 3 月 17 日　第 46 册　第 449 页

15875　利谣　《申报》　1925 年 9 月 14 日　第 216 册　第 301 页

15876　利用大观　《民国日报》　1922 年 1 月 17 日　第 37 册　第 220 页

15877　利用的罪恶（专论）/胡朴安　《民国日报》　1946 年 4 月 18 日　第 97 册 第 414 页

15878　利用机会　《申报》　1922 年 2 月 8 日　第 177 册　第 564 页

15879　利用假借之觉悟　《申报》　1929 年 5 月 28 日　第 258 册　第 757 页

15880　利用人短　《申报》　1919 年 3 月 20 日　第 157 册　第 306 页

15881　利用人力培养国力　《大公报》　1946 年 3 月 9 日　第 156 册　第 268 页

15882　利用实力的教训（言论）　《民国日报》　1925 年 11 月 7 日　第 60 册 第 74 页

15883　利用外资的基本态度/高平叔（星期论文）　《大公报》　1943 年 9 月 12 日　第 151 册　第 324 页

15884　利用外资开发四川　《申报》　1934 年 9 月 21 日　第 320 册　第 640 页

15885　利用外资与自我努力/吴景超（星期论文）　《大公报》　1939 年 1 月 15 日　第 142 册　第 58 页

15886　利用外资振兴实业　《大公报》　1929 年 3 月 15 日　第 89 册　第 228 页

15887　利用与害用　《申报》　1927 年 10 月 25 日　第 239 册　第 528 页

15888　利用资源与经济封锁　《中央日报》　1941 年 10 月 4 日　第 45 册　第 270 页

15889 利战说 《申报》 1880 年 8 月 16 日 第 17 册 第 185 页

15890 励耻说 《申报》 1901 年 4 月 9 日 第 67 册 第 545 页

15891 励士气 《民国日报》 1946 年 8 月 27 日 第 98 册 第 528 页

15892 例外 《申报》 1918 年 10 月 7 日 第 154 册 第 596 页

15893 栗栖事件与芦田内阁危机 《申报》 1948 年 10 月 6 日 第 399 册 第 40 页

15894 溧阳田赋舞弊事件 《中央日报》 1930 年 10 月 30 日 第 12 册 第 351 页

15895 连带关系 《申报》 1922 年 10 月 15 日 第 185 册 第 327 页

15896 连合日德美三国以拒俄人论 《申报》 1903 年 5 月 27 日 第 74 册 第 171 页

15897 连环战事 《申报》 1926 年 11 月 5 日 第 229 册 第 96 页

15898 联邦制杂语 《民国日报》 1917 年 12 月 12 日 第 12 册 第 494 页

15899 联保不如废督 《民国日报》 1923 年 6 月 29 日 第 45 册 第 820 页

15900 联大裁军问题的讨论 《大公报》 1946 年 11 月 28 日 第 158 册 第 378 页

15901 联大又不欢而散了 《申报》 1948 年 12 月 11 日 第 399 册 第 456 页

15902 联带关系之三大事：基望于今岁中解决 《申报》 1929 年 1 月 1 日 第 254 册 第 19 页

15903 联俄与赤化 《民国日报》 1924 年 3 月 13 日 第 50 册 第 166 页

15904 联俄与反共 《大公报》 1927 年 7 月 8 日 第 80 册 第 57 页

15905 联防问题 《申报》 1920 年 7 月 20 日 第 165 册 第 361 页

15906 联合保卫远东 《申报》 1939 年 2 月 18 日 第 362 册 第 316 页

15907 联合奋斗 《大公报》 1941 年 11 月 10 日 第 147 册 第 520 页

15908 联合国成败的关头 《申报》 1947 年 9 月 17 日 第 394 册 第 782 页

15909 联合国大会闭幕 《大公报》 1946 年 2 月 18 日 第 156 册 第 192 页

15910 联合国大会的成就 《申报》 1946 年 12 月 18 日 第 391 册 第 574 页

15911 联合国大会开幕 《中央日报》 1946 年 10 月 23 日 第 54 册 第 258 页

15912 联合国大会与大西洋公约 《申报》 1949 年 4 月 7 日 第 400 册 第 648 页

15913 联合国大会与美苏关系 《大公报》 1947 年 9 月 22 日 第 161 册 第 130 页

15914 联合国的否决权问题 《申报》 1946 年 10 月 28 日 第 390 册 第 714 页

15915 联合国货币会议 《中央日报》 1943 年 12 月 16 日 第 48 册 第 1052 页

15916 联合国机构成立 《民国日报》 1945 年 10 月 26 日 第 96 册 第 235 页

15917 联合国机构的新考验 《申报》 1947 年 4 月 29 日 第 393 册 第 286 页

15918 联合国机构与"世界政府"/储玉坤（专论） 《申报》 1946 年 3 月 23 日 第 388 册 第 444 页

15919 联合国纪念日 《大公报》 1948 年 10 月 24 日 第 164 册 第 320 页

15920 联合国家攻势的展望 《中央日报》 1942 年 8 月 9 日 第 46 册 第 568 页

15921 联合国救济善后大会闭幕 《中央日报》 1943 年 12 月 2 日 第 48 册 第 990 页

15922 联合国救济善后会议 《大公报》 1943 年 11 月 9 日 第 151 册 第 584 页

15923 联合国救济善后协定 《中央日报》 1943 年 11 月 10 日 第 48 册 第 894 页

15924 联合国军事参谋团成立 《大公报》 1946 年 2 月 11 日 第 156 册 第 164 页

15925 联合国粮食农业会议 《中央日报》 1945 年 10 月 19 日 第 51 册 第 846 页

15926 联合国能解决柏林问题吗？ 《申报》 1948 年 10 月 16 日 第 399 册 第 110 页

15927 联合国全力击溃敌人之认识 《中央日报》 1942 年 10 月 25 日 第 46 册 第 1054 页

15928 联合国日感言 《申报》 1948 年 10 月 24 日 第 399 册 第 162 页

15929 "联合国日"谈联会 《大公报》 1943 年 6 月 14 日 第 150 册 第 728 页

15930 联合国日展望"联合国" 《大公报》 1945 年 6 月 14 日 第 154 册 第 698 页

15931 联合国善后救济公约签订两周年纪念 《中央日报》 1945 年 11 月 9 日 第 51 册 第 972 页

15932 联合国首届全体大会 《申报》 1946 年 1 月 11 日 第 388 册 第 57 页

15933 联合国文化约章 《中央日报》 1946 年 6 月 27 日 第 53 册 第 224 页

15934 联合国宪章诞生两周年 《申报》 1947 年 6 月 26 日 第 393 册 第 866 页

15935 联合国宪章第廿七条：释否决权 《大公报》 1947 年 10 月 20 日 第 161 册 第 302 页

15936 联合国宪章订入宪法 《中央日报》 1946 年 12 月 24 日 第 54 册 第 1052 页

15937 联合国宪章签字两周年 《大公报》 1947 年 6 月 26 日 第 160 册 第 358 页

15938 联合国宪章与美国 《中央日报》 1945 年 7 月 15 日 第 51 册 第 266 页

15939 联合国与阿犹战争 《大公报》 1948 年 5 月 29 日 第 163 册 第 170 页

15940 联合国与世界政府 《申报》 1947 年 7 月 12 日 第 394 册 第 112 页

15941 联合国远东经济委员会在菲举行二次会议 《大公报》 1947 年 11 月 24 日 第 161 册 第 514 页

15942 联合国之联合 《大公报》 1945 年 10 月 26 日 第 155 册 第 508 页

15943 联合和附合（言论） 《民国日报》 1925 年 12 月 16 日 第 60 册 第 544 页

15944 联合即胜利：读英相丘吉尔演说之所感 《中央日报》 1943 年 9 月 23 日 第 48 册 第 694 页

15945 联合急募赈款大会闭幕日的感想 《民国日报》 1921 年 3 月 12 日 第 32 册 第 156 页

15946 联合江苏保卫团：做代表人民的军队 《民国日报》 1924 年 12 月 20 日 第 54 册 第 468 页

15947 联合世界成为一体 《中央日报》 1942 年 6 月 18 日 第 46 册 第 238 页

15948 联合讨债 《申报》 1922 年 12 月 28 日 第 187 册 第 586 页

15949 联合与主义 《申报》 1922 年 8 月 29 日 第 183 册 第 608 页

15950 联合政府与大元帅辞职 《民国日报》 1918 年 5 月 8 日 第 15 册 第 86 页

15951 联合政府与大元帅辞职（二） 《民国日报》 1918 年 5 月 10 日 第 15 册 第 110 页

15952 联合之今日 《申报》 1922 年 2 月 20 日 第 177 册 第 792 页

15953 联合制日时机到了！ 《中央日报》 1941 年 6 月 29 日 第 44 册 第 1030 页

15954 联合作战 联合生产 《大公报》 1942 年 6 月 18 日 第 148 册 第 716 页

15955 联会意代表返国 《申报》 1930 年 9 月 12 日 第 274 册 第 289 页

15956 联军北伐的我观 《民国日报》 1921 年 10 月 24 日 第 35 册 第 726 页

15957 联军北伐的我观 《民国日报》 1921 年 10 月 25 日 第 35 册 第 740 页

15958 联军北伐的我观 《民国日报》 1921 年 10 月 26 日 第 35 册 第 754 页

15959 联军北伐的我观 《民国日报》 1921 年 10 月 27 日 第 35 册 第 766 页

15960 联络 《申报》 1919 年 11 月 11 日 第 161 册 第 186 页

15961 联美之说又将付诸东流矣 《申报》 1911 年 7 月 29 日 第 113 册 第 463 页

15962 联盟中减缩军备案观 《民国日报》 1920 年 12 月 26 日 第 30 册 第 774 页

15963 联民团以同敌忾说 《申报》 1885 年 1 月 31 日 第 26 册 第 179 页

15964 联名通电 《申报》 1920 年 9 月 13 日 第 166 册 第 213 页

15965 联日拒俄策 《申报》 1903 年 10 月 14 日 第 75 册 第 303 页

15966 联日篇 《申报》 1899 年 7 月 5 日 第 62 册 第 499 页

15967 联省政府 《申报》 1920 年 12 月 19 日 第 167 册 第 839 页

15968 联省政府 《申报》 1921 年 2 月 19 日 第 168 册 第 698 页

15969 联省自治论 《中央日报》 1946 年 1 月 22 日 第 52 册 第 320 页

15970 联省自治与省宪 《申报》 1921 年 8 月 30 日 第 172 册 第 601 页

15971 联与化（言论） 《民国日报》 1926 年 8 月 30 日 第 64 册 第 602 页

15972 联总华北分署结束 《大公报》 1947 年 11 月 15 日 第 161 册 第 460 页

15973 联总停运物资来华问题 《申报》 1946 年 7 月 13 日 第 389 册 第 404 页

15974 联总物资停运华北 《申报》 1947 年 8 月 1 日 第 394 册 第 312 页

15975 联总与我们 《大公报》 1947 年 8 月 9 日 第 160 册 第 624 页

15976 联总远东区大会开幕 《申报》 1946 年 6 月 7 日 第 389 册 第 54 页

15977 联总在华职员的不智！ 《申报》 1947 年 8 月 20 日 第 394 册 第 502 页

15978 廉耻 《申报》 1918 年 11 月 6 日 第 155 册 第 82 页

15979 廉洁 《申报》 1928 年 3 月 21 日 第 244 册 第 498 页

15980 廉洁政治 《中央日报》 1930 年 5 月 26 日 第 10 册 第 671 页

15981 廉吏不可为说 《申报》 1905 年 4 月 5 日 第 79 册 第 653 页

15982 廉吏与浊世/崔敬伯（星期论文） 《大公报》 1943 年 9 月 26 日 第 151 册 第 386 页

15983 敛财不病民说 《申报》 1895 年 4 月 8 日 第 49 册 第 557 页

15984 练兵处兵部奏议 《申报》 1905 年 1 月 24 日 第 79 册 第 139 页

15985 练兵水陆难易说 《申报》 1894 年 10 月 14 日 第 48 册 第 271 页

15986 练兵说 《申报》 1899 年 3 月 17 日 第 61 册 第 425 页

15987 练兵说 《申报》 1926 年 9 月 10 日 第 227 册 第 246 页

15988 练兵宜先选将论 《申报》 1896 年 2 月 27 日 第 52 册 第 311 页

15989 练兵御侮论 《申报》 1899 年 3 月 14 日 第 61 册 第 403 页

15990 练兵之法古今宽严不同说 《申报》 1881 年 11 月 6 日 第 19 册 第

513 页

15991 练胆刍言   《申报》   1885 年 9 月 21 日   第 27 册   第 503 页
15992 练胆说   《申报》   1894 年 10 月 8 日   第 48 册   第 235 页
15993 练乡团以固海防论   《申报》   1880 年 4 月 22 日   第 16 册   第 425 页
15994 练乡团以御枭匪论   《申报》   1904 年 6 月 5 日   第 77 册   第 251 页
15995 炼练体魄之倡导   《申报》   1938 年 11 月 28 日   第 359 册   第 776 页
15996 炼才说   《申报》   1888 年 11 月 21 日   第 33 册   第 931 页
15997 良法不可恃说   《申报》   1881 年 7 月 31 日   第 19 册   第 121 页
15998 良好的开始   《中央日报》   1948 年 8 月 25 日   第 59 册   第 960 页
15999 良善人之弱点   《申报》   1920 年 12 月 20 日   第 167 册   第 872 页
16000 良税与恶税   《申报》   1920 年 9 月 27 日   第 166 册   第 456 页
16001 良相良医论   《申报》   1890 年 10 月 20 日   第 37 册   第 711 页
16002 良心教议员捣乱   《民国日报》   1923 年 5 月 6 日   第 45 册   第 64 页
16003 良心实验   《申报》   1920 年 9 月 18 日   第 166 册   第 295 页
16004 良心问题   《申报》   1920 年 7 月 2 日   第 165 册   第 29 页
16005 良心问题   《中央日报》   1930 年 3 月 7 日   第 9 册   第 825 页
16006 良心之试金石   《申报》   1915 年 9 月 15 日   第 136 册   第 224 页
16007 凉棚考   《申报》   1891 年 9 月 21 日   第 39 册   第 501 页
16008 梁阁之失败   《申报》   1922 年 1 月 31 日   第 177 册   第 410 页
16009 梁内阁之寿夭   《申报》   1922 年 1 月 8 日   第 177 册   第 124 页
16010 梁内阁之新猷   《申报》   1922 年 1 月 7 日   第 177 册   第 104 页
16011 梁启超之加入   《民国日报》   1917 年 3 月 28 日   第 8 册   第 310 页
16012 梁启超之宣战：牛头马面之理由   《民国日报》   1917 年 3 月 29 日   第 8 册   第 322 页
16013 梁任公无恙耶   《民国日报》   1918 年 2 月 26 日   第 13 册   第 566 页
16014 梁之辞职   《申报》   1922 年 1 月 19 日   第 177 册   第 322 页
16015 梁作友慨输家财   《申报》   1932 年 10 月 7 日   第 297 册   第 157 页
16016 粮贷案在途中   《大公报》   1946 年 6 月 28 日   第 156 册   第 712 页
16017 粮荒问题   《中央日报》   1946 年 3 月 27 日   第 52 册   第 704 页
16018 粮价·饥荒·农业   《大公报》   1946 年 5 月 15 日   第 156 册   第 536 页
16019 粮价问题的一考察   《中央日报》   1944 年 3 月 2 日   第 49 册   第 280 页
16020 粮价下跌与物价反涨   《申报》   1943 年 4 月 8 日   第 383 册   第 668 页
16021 粮价与物价力价   《中央日报》   1941 年 8 月 5 日   第 45 册   第 26 页
16022 粮食   《申报》   1942 年 12 月 10 日   第 382 册   第 466 页
16023 粮食不匮的保证   《中央日报》   1944 年 3 月 16 日   第 49 册   第 342 页
16024 粮食的节流与开源   《大公报》   1944 年 2 月 29 日   第 152 册   第 262 页

16025　粮食的征储　《中央日报》　1943 年 10 月 27 日　第 48 册　第 838 页

16026　粮食丰稔以后　《中央日报》　1942 年 7 月 11 日　第 46 册　第 386 页

16027　粮食管理机关之商榷　《民国日报》　1929 年 10 月 4 日　第 82 册　第 559 页

16028　粮食管理问题　《中央日报》　1940 年 8 月 3 日　第 43 册　第 808 页

16029　粮食会议与国父遗教　《中央日报》　1941 年 2 月 22 日　第 44 册　第 474 页

16030　粮食会议与救济农村　《申报》　1933 年 10 月 24 日　第 309 册　第 753 页

16031　粮食恐慌之救济策　《中央日报》　1930 年 5 月 12 日　第 10 册　第 495 页

16032　粮食青黄不接时之处理　《申报》　1940 年 6 月 15 日　第 370 册　第 598 页

16033　粮食问题　《申报》　1917 年 3 月 21 日　第 145 册　第 364 页

16034　粮食问题　《民国日报》　1917 年 4 月 17 日　第 8 册　第 550 页

16035　粮食问题　《民国日报》　1929 年 10 月 3 日　第 82 册　第 542 页

16036　粮食问题（续）：日本与我国粮食　《民国日报》　1917 年 4 月 18 日　第 8 册　第 562 页

16037　粮食问题的侧面对策　《申报》　1944 年 6 月 14 日　第 385 册　第 573 页

16038　粮食问题的解决策　《中央日报》　1940 年 11 月 22 日　第 44 册　第 90 页

16039　粮食问题的考虑时机　《申报》　1944 年 5 月 9 日　第 385 册　第 449 页

16040　粮食问题的严重性　《申报》　1943 年 8 月 28 日　第 384 册　第 411 页

16041　粮食问题的原则与方法　《大公报》　1941 年 5 月 6 日　第 146 册　第 526 页

16042　粮食问题之严重　《大公报》　1929 年 6 月 19 日　第 90 册　第 788 页

16043　粮食行政之敷施　《申报》　1941 年 7 月 19 日　第 376 册　第 986 页

16044　粮食业课征营业税问题　《申报》　1947 年 11 月 5 日　第 395 册　第 356 页

16045　粮食与农村劳力　《中央日报》　1940 年 11 月 27 日　第 44 册　第 110 页

16046　粮食与土地　《大公报》　1941 年 6 月 19 日　第 146 册　第 692 页

16047　粮食与选举　《申报》　1920 年 12 月 16 日　第 167 册　第 791 页

16048　粮食政策　《大公报》　1941 年 6 月 25 日　第 146 册　第 710 页

16049　粮食政策的一贯性　《申报》　1936 年 12 月 10 日　第 347 册　第 247 页

16050　粮食之分配及输出　《中央日报》　1930 年 8 月 30 日　第 11 册　第 743 页

16051　粮盐为平价的标准　《中央日报》　1942 年 11 月 29 日　第 47 册　第 180 页

16052　粮盐与物价　《大公报》　1942 年 11 月 30 日　第 149 册　第 662 页

16053　粮盐之限价标准问题　《中央日报》　1942 年 12 月 14 日　第 47 册　第 276 页

16054　粮政·粮官·廉洁政治　《大公报》　1946 年 7 月 17 日　第 157 册　第 66 页

16055　粮政的推行　《中央日报》　1942 年 9 月 23 日　第 46 册　第 852 页

16056　粮政的整饬　《中央日报》　1944 年 9 月 4 日　第 50 册　第 16 页

16057　粮政会议与粮政　《中央日报》　1942 年 6 月 2 日　第 46 册　第 138 页

16058　两败俱伤　《申报》　1917 年 11 月 1 日　第 149 册　第 2 页

16059　两败俱伤　《申报》　1918 年 5 月 6 日　第 152 册　第 82 页

16060　两败俱伤　《申报》　1926 年 11 月 4 日　第 229 册　第 74 页

16061　两败俱折　《申报》　1923 年 12 月 23 日　第 198 册　第 472 页

16062　两次恭读训诫言事诸臣上谕书后　《申报》　1879 年 8 月 14 日　第 15 册　第 177 页

16063　两大贯彻　《申报》　1918 年 4 月 29 日　第 151 册　第 924 页

16064　两大集团对抗欤？三大集团鼎立欤？　《大公报》　1936 年 12 月 1 日　第 135 册　第 426 页

16065　两大纪念　《申报》　1929 年 11 月 12 日　第 264 册　第 307 页

16066　两大结核　《申报》　1916 年 9 月 13 日　第 142 册　第 198 页

16067　两大捷报的重要性　《中央日报》　1941 年 3 月 26 日　第 44 册　第 616 页

16068　两大决议　《中央日报》　1940 年 9 月 26 日　第 43 册　第 1024 页

16069　两大社会工作　《中央日报》　1942 年 10 月 20 日　第 46 册　第 1024 页

16070　两大问题如何解决　《大公报》　1932 年 8 月 29 日　第 109 册　第 712 页

16071　两党一致对华政策的酝酿　《申报》　1947 年 11 月 29 日　第 395 册　第 596 页

16072　两得之法　《申报》　1920 年 10 月 9 日　第 166 册　第 649 页

16073　两点怀疑　《大公报》　1945 年 10 月 4 日　第 155 册　第 412 页

16074　两点意见　《中央日报》　1939 年 2 月 21 日　第 41 册　第 776 页

16075　两方军力比较略说　《民国日报》　1917 年 8 月 18 日　第 10 册　第 578 页

16076　两方军力比较略说（续）　《民国日报》　1917 年 8 月 19 日　第 10 册　第 590 页

16077　两方军力比较略说（二续）　《民国日报》　1917 年 8 月 20 日　第 10 册

第 602 页

16078 两方军力比较略说（三续） 《民国日报》 1917 年 8 月 21 日 第 10 册
第 614 页

16079 两方军力比较略说（四续） 《民国日报》 1917 年 8 月 22 日 第 10 册
第 626 页

16080 两方军力比较略说（五续） 《民国日报》 1917 年 8 月 23 日 第 10 册
第 638 页

16081 两方军力比较略说（六续） 《民国日报》 1917 年 8 月 24 日 第 10 册
第 650 页

16082 两方军力比较略说（七续） 《民国日报》 1917 年 8 月 25 日 第 10 册
第 662 页

16083 两方军力比较略说（八续） 《民国日报》 1917 年 8 月 26 日 第 10 册
第 674 页

16084 两方军力比较略说（九续） 《民国日报》 1917 年 8 月 27 日 第 10 册
第 686 页

16085 两方为难之世界争端 《申报》 1930 年 6 月 27 日 第 271 册 第 709 页

16086 两方之言 《申报》 1914 年 9 月 8 日 第 130 册 第 100 页

16087 两方之真相 《申报》 1917 年 9 月 23 日 第 148 册 第 376 页

16088 两个不同的中央政制 《中央日报》 1946 年 12 月 13 日 第 54 册 第
916 页

16089 两个方案的对戡 《民国日报》 1946 年 6 月 27 日 第 98 册 第 233 页

16090 两个感想 《民国日报》 1928 年 3 月 3 日 第 73 册 第 34 页

16091 两个歌电 《民国日报》 1922 年 1 月 8 日 第 37 册 第 96 页

16092 两个国庆 《大公报》 1926 年 10 月 31 日 第 77 册 第 467 页

16093 两个胜利 《大公报》 1944 年 9 月 15 日 第 153 册 第 352 页

16094 两个誓愿 《中央日报》 1946 年 2 月 22 日 第 52 册 第 506 页

16095 两个先决条件的平议 《民国日报》 1946 年 9 月 12 日 第 99 册 第
69 页

16096 两个最浅显的理由：北伐必可成功 《民国日报》 1928 年 4 月 17 日 第
73 册 第 686 页

16097 两宫升遐后中国之前途 《申报》 1908 年 11 月 18 日 第 97 册 第
272 页

16098 两宫升遐后中国之前途（续昨） 《申报》 1908 年 11 月 19 日 第 97 册
第 288 页

16099 两股大潮中的努力点 《民国日报》 1923 年 2 月 19 日 第 43 册 第
570 页

16100 两广当局何以释国人之疑虑 《申报》 1936 年 6 月 11 日 第 341 册 第 277 页

16101 两广当局之回响如何 《申报》 1936 年 6 月 28 日 第 341 册 第 732 页

16102 两广救荒刍言 《申报》 1885 年 8 月 20 日 第 27 册 第 301 页

16103 两广善后 《大公报》 1936 年 7 月 27 日 第 133 册 第 378 页

16104 两广与中央 《大公报》 1935 年 11 月 9 日 第 129 册 第 120 页

16105 两国民大会与两专使 《民国日报》 1920 年 1 月 30 日 第 25 册 第 376 页

16106 两会议之前途 《申报》 1925 年 2 月 14 日 第 209 册 第 705 页

16107 两极 《申报》 1929 年 6 月 25 日 第 259 册 第 684 页

16108 两件可笑的事 《大公报》 1943 年 8 月 4 日 第 151 册 第 156 页

16109 两件值得注意的事 《民国日报》 1928 年 3 月 21 日 第 73 册 第 292 页

16110 两件重要的经济立法案 《中央日报》 1943 年 1 月 22 日 第 47 册 第 510 页

16111 两江总督刘制军奏请捐建合肥李文忠专祠折 《申报》 1902 年 3 月 21 日 第 70 册 第 447 页

16112 两江总督魏午帅奏复总税务司赫德条陈折 《申报》 1904 年 8 月 6 日 第 77 册 第 655 页

16113 两江总督魏午庄制军复奏江南参案折案 《申报》 1904 年 6 月 14 日 第 77 册 第 309 页

16114 两江总督魏制军奏拿获枭会各匪讯明拟办折 《申报》 1903 年 12 月 14 日 第 75 册 第 721 页

16115 两借 《申报》 1925 年 9 月 21 日 第 216 册 第 451 页

16116 两军的背后（言论） 《民国日报》 1925 年 12 月 24 日 第 60 册 第 640 页

16117 两军胜败大势 《申报》 1911 年 10 月 27 日 第 114 册 第 989 页

16118 两可 《申报》 1917 年 12 月 14 日 第 149 册 第 700 页

16119 两可之事 《申报》 1929 年 6 月 30 日 第 259 册 第 838 页

16120 两路被毁之感想 《中央日报》 1929 年 5 月 18 日 第 6 册 第 177 页

16121 两面讨好之榜样 《民国日报》 1917 年 6 月 18 日 第 9 册 第 578 页

16122 两难 《申报》 1926 年 6 月 5 日 第 224 册 第 96 页

16123 两年后的日本将如何? 《申报》 1947 年 8 月 15 日 第 394 册 第 452 页

16124 两年来的检阅 《中央日报》 1929 年 4 月 18 日 第 5 册 第 621 页

16125 两年来东南时局之回顾 《大公报》 1927 年 3 月 4 日 第 78 册 第

445 页

16126　两年来国家财政之进步："二十三年度财政报告"书后　《中央日报》
1936 年 11 月 6 日　第 36 册　第 449 页

16127　两年来之结算　《申报》　1913 年 12 月 31 日　第 125 册　第 864 页

16128　两年来之考古发掘事业及其贡献　《申报》　1935 年 1 月 11 日　第 324 册
第 230 页

16129　两年前的今天　《大公报》　1927 年 5 月 30 日　第 79 册　第 473 页

16130　两派之形势　《申报》　1920 年 6 月 16 日　第 164 册　第 843 页

16131　两辟谣　《申报》　1923 年 9 月 13 日　第 195 册　第 267 页

16132　两篇代陈掩饰的谈话　《民国日报》　1922 年 6 月 20 日　第 39 册　第
684 页

16133　两期政局　《申报》　1922 年 12 月 21 日　第 187 册　第 442 页

16134　两起阖家自杀案件　《申报》　1935 年 6 月 7 日　第 329 册　第 173 页

16135　两亲家分头作对　《民国日报》　1923 年 4 月 22 日　第 44 册　第 714 页

16136　两三　《申报》　1925 年 9 月 24 日　第 216 册　第 517 页

16137　两条道路　《中央日报》　1947 年 7 月 8 日　第 56 册　第 690 页

16138　两同意案　《申报》　1917 年 4 月 30 日　第 145 册　第 1066 页

16139　两头政府　《申报》　1920 年 11 月 15 日　第 167 册　第 251 页

16140　两位缩头健将　《民国日报》　1917 年 11 月 13 日　第 12 册　第 146 页

16141　两贤接见之感言　《申报》　1912 年 8 月 31 日　第 118 册　第 611 页

16142　两项诤议　《中央日报》　1948 年 9 月 14 日　第 60 册　第 102 页

16143　两性的问题（专载）/张继讲　《民国日报》　1931 年 3 月 26 日　第 91 册
第 312 页

16144　两言　《申报》　1919 年 12 月 23 日　第 161 册　第 911 页

16145　两言而决　《申报》　1918 年 4 月 24 日　第 151 册　第 844 页

16146　两要端　《申报》　1926 年 10 月 21 日　第 228 册　第 532 页

16147　两以去就争　《申报》　1921 年 5 月 10 日　第 170 册　第 166 页

16148　两义　《申报》　1916 年 7 月 6 日　第 141 册　第 82 页

16149　两阅粤督张制军通谕僚属告示书后　《申报》　1880 年 10 月 30 日　第 17
册　第 485 页

16150　两粤边情问答　《申报》　1894 年 4 月 21 日　第 46 册　第 685 页

16151　两粤风云之转机　《申报》　1936 年 6 月 15 日　第 341 册　第 383 页

16152　两粤乱耗迭见宜厚集兵力说　《申报》　1878 年 11 月 16 日　第 13 册　第
477 页

16153　两者之间　《申报》　1922 年 3 月 4 日　第 178 册　第 58 页

16154　两支孤军　《申报》　1931 年 11 月 20 日　第 288 册　第 483 页

16155   两种必要   《申报》   1921年4月8日   第169册   第653页

16156   两种关键   《申报》   1918年7月29日   第153册   第456页

16157   两种民主的斗争   《申报》   1946年9月19日   第390册   第234页

16158   两种亲日派/吉田东祐（专论）   《申报》   1943年5月25日   第383册   第949页

16159   两种痛苦   《中央日报》   1946年4月20日   第52册   第848页

16160   两种运动   《申报》   1918年6月14日   第152册   第692页

16161   两种之结果   《申报》   1920年11月27日   第167册   第457页

16162   两重悲哀的今日   《民国日报》   1928年5月9日   第74册   第114页

16163   两周来的孙内阁   《大公报》   1949年1月4日   第164册   第621页

16164   两周来美日谈话回顾   《申报》   1941年11月30日   第378册   第749页

16165   谅解之日   《申报》   1921年5月26日   第170册   第441页

16166   辽东陇西边防说   《申报》   1893年3月30日   第43册   第509页

16167   辽左陇右铁路议   《申报》   1893年4月22日   第43册   第665页

16168   疗治中国的国民党员努力点   《民国日报》   1923年5月26日   第45册   第344页

16169   廖先生追悼会之感想（言论）   《民国日报》   1926年9月18日   第59册   第207页

16170   料敌的不易（其一）揭破日本金融机构的欺瞒/王芸生（星期论文）   《大公报》   1938年8月7日   第141册   第164页

16171   料敌之不易（其二）敌军已成强弩之末/龚次筠（星期论文）   《大公报》   1938年10月2日   第141册   第382页

16172   料事   《申报》   1929年5月25日   第258册   第669页

16173   料想难于结果之二事   《申报》   1911年8月29日   第113册   第1002页

16174   瞭望苏省行政会议   《申报》   1947年5月2日   第393册   第316页

16175   瞭望所谓"新秩序"的前途   《申报》   1940年11月27日   第373册   第352页

16176   瞭望中东的烽火   《申报》   1948年4月30日   第397册   第234页

16177   列国货币考略   《申报》   1891年6月8日   第38册   第883页

16178   列国在华治外法权的范围（代论）   《民国日报》   1926年4月29日   第62册   第592页

16179   列国在华治外法权的范围（续）（代论）   《民国日报》   1926年4月30日   第62册   第602页

16180   列国之宣言   《申报》   1915年11月21日   第137册   第324页

16181　列宁格勒城解围　《中央日报》　1943 年 1 月 20 日　第 47 册　第 498 页

16182　列宁格勒的争夺战　《申报》　1941 年 9 月 10 日　第 377 册　第 520 页

16183　列宁死了！　《民国日报》　1924 年 1 月 24 日　第 49 册　第 326 页

16184　列强的利诱政策　《民国日报》　1924 年 10 月 31 日　第 53 册　第 569 页

16185　列强对待我国之态度　《申报》　1912 年 9 月 1 日　第 118 册　第 621 页

16186　列强对华的教育侵略　《民国日报》　1924 年 4 月 23 日　第 50 册　第 658 页

16187　列强干涉我国战事的佐证　《民国日报》　1924 年 11 月 10 日　第 54 册　第 76 页

16188　列强各国之航空政策（专载）/钱昌祚　《民国日报》　1931 年 4 月 25 日　第 91 册　第 672 页

16189　列强海军谈话与世界资源重分配　《大公报》　1935 年 10 月 30 日　第 128 册　第 848 页

16190　列强海军预备会商之症结及其展望　《大公报》　1934 年 6 月 27 日　第 120 册　第 840 页

16191　列强空军竞赛感言　《大公报》　1937 年 3 月 23 日　第 137 册　第 312 页

16192　列强口里的三种话　《民国日报》　1924 年 5 月 11 日　第 51 册　第 122 页

16193　列强殖民政策的考验　《申报》　1946 年 9 月 6 日　第 390 册　第 66 页

16194　列强注意山东问题　《民国日报》　1920 年 3 月 22 日　第 26 册　第 294 页

16195　猎虎者言　《申报》　1891 年 11 月 7 日　第 39 册　第 785 页

16196　裂纹　《申报》　1917 年 12 月 19 日　第 149 册　第 780 页

16197　林百克先生在美国加利福尼亚省演讲大意（论载）　《民国日报》　1927 年 7 月 26 日　第 69 册　第 360 页

16198　林炳章奏请造就冗员折书后　《申报》　1911 年 6 月 11 日　第 112 册　第 712 页

16199　林故主席奉安大典　《中央日报》　1943 年 11 月 17 日　第 48 册　第 926 页

16200　林故主席奉安典礼感言　《大公报》　1943 年 11 月 17 日　第 151 册　第 620 页

16201　林内阁的对"明朗外交"　《申报》　1937 年 2 月 17 日　第 349 册　第 299 页

16202　林赛之言　《中央日报》　1947 年 1 月 26 日　第 55 册　第 282 页

16203　林业前途之一无基础观（专载）林寅恭　《民国日报》　1931 年 3 月 19 日　第 91 册　第 228 页

16204　林则徐焚烟纪念日　《大公报》　1930 年 6 月 3 日　第 96 册　第 524 页

16205　临案牒到后的我见　《民国日报》　1923 年 8 月 22 日　第 46 册　第 730 页

16206　临案之余波　《申报》　1923 年 10 月 19 日　第 196 册　第 419 页

16207　临城案的变局　《民国日报》　1923 年 5 月 22 日　第 45 册　第 288 页

16208　临城案为甚放松黎张　《民国日报》　1923 年 5 月 18 日　第 45 册　第 232 页

16209　临城案掩护下的北庭怪像　《民国日报》　1923 年 5 月 31 日　第 45 册　第 414 页

16210　临城匪劫之善后说　《申报》　1923 年 5 月 11 日　第 191 册　第 217 页

16211　临城歼灭战　《申报》（香港版）　1938 年 4 月 1 日　第 356 册　第 525 页

16212　临城歼灭战！　《申报》（汉口版）　1938 年 3 月 29 日　第 356 册　第 147 页

16213　临机　《申报》　1916 年 2 月 27 日　第 138 册　第 758 页

16214　临开学时的两个忠告（言论）　《民国日报》　1926 年 3 月 1 日　第 62 册　第 2

16215　临命之国会　《申报》　1923 年 9 月 24 日　第 195 册　第 509 页

16216　临全代会之收获　《申报》（香港版）　1938 年 4 月 5 日　第 356 册　第 541 页

16217　临时参议院　《申报》　1918 年 1 月 22 日　第 150 册　第 294 页

16218　临时参议院（言论）　《民国日报》　1925 年 4 月 9 日　第 56 册　第 530 页

16219　临时会之新题目又出现矣　《申报》　1911 年 5 月 26 日　第 112 册　第 437 页

16220　临时全代大会之召集　《大公报》　1933 年 3 月 31 日　第 113 册　第 424 页

16221　临时全代会之收获　《申报》（汉口版）　1938 年 4 月 3 日　第 356 册　第 158 页

16222　临时条款的援用　《中央日报》　1948 年 12 月 11 日　第 60 册　第 720 页

16223　临时新都私议　《申报》　1912 年 3 月 4 日　第 116 册　第 527 页

16224　临时约法问题：释行政权变更法律之疑　《民国日报》　1916 年 6 月 14 日　第 3 册　第 530 页

16225　临时政府不可不慎重　《申报》　1911 年 11 月 16 日　第 115 册　第 227 页

16226　临沂之战　《大公报》　1938 年 3 月 21 日　第 140 册　第 340 页

16227　"吝啬"与"热心"　《申报》　1944 年 4 月 6 日　第 385 册　第 337 页

16228   伶说   《申报》   1881 年 11 月 29 日   第 19 册   第 605 页

16229   灵验   《申报》   1919 年 10 月 20 日   第 160 册   第 907 页

16230   岭南赌风猪仔宜禁论   《申报》   1872 年 8 月 19 日   第 1 册   第 373 页

16231   岭南附中殴毙教员事件   《大公报》   1947 年 7 月 3 日   第 160 册   第 400 页

16232   铃   《申报》   1917 年 12 月 15 日   第 149 册   第 716 页

16233   铃木之两栖内阁   《中央日报》   1945 年 4 月 8 日   第 50 册   第 948 页

16234   零捐赈款余意   《申报》   1878 年 5 月 18 日   第 12 册   第 449 页

16235   零星借款   《申报》   1921 年 6 月 28 日   第 170 册   第 1028 页

16236   零星杂凑   《申报》   1921 年 2 月 3 日   第 168 册   第 539 页

16237   领导国人自力更生：对四中全会的期望   《申报》   1947 年 9 月 9 日   第 394 册   第 702 页

16238   领导青年走大路   《中央日报》   1939 年 1 月 12 日   第 41 册   第 536 页

16239   领判权问题讨论之结果   《申报》   1929 年 11 月 4 日   第 264 册   第 90 页

16240   领判权宣布撤废后   《申报》   1929 年 12 月 30 日   第 265 册   第 821 页

16241   领判权宣布撤销   《大公报》   1929 年 12 月 30 日   第 93 册   第 948 页

16242   领判权应谋自行宣告撤销   《大公报》   1929 年 5 月 15 日   第 90 册   第 228 页

16243   领判权与内地杂居   《大公报》   1942 年 11 月 2 日   第 149 册   第 544 页

16244   领事裁判权问题   《申报》   1910 年 4 月 14 日   第 105 册   第 706 页

16245   领事裁判权与互惠关税率   《申报》   1933 年 10 月 6 日   第 309 册   第 168 页

16246   领事裁判权在中国的实害   《民国日报》   1929 年 11 月 7 日   第 83 册   第 105 页

16247   领事裁判权之罪恶   《中央日报》   1929 年 6 月 22 日   第 6 册   第 601 页

16248   领团抗议与字林报怪论（社评）   《民国日报》   1927 年 10 月 12 日   第 70 册   第 623 页

16249   领袖人才与国家命运   《大公报》   1930 年 6 月 21 日   第 96 册   第 740 页

16250   领袖诸人须迅速入京负责   《大公报》   1931 年 12 月 27 日   第 105 册   第 452 页

16251   领用暗记券契约取消问题   《申报》   1936 年 4 月 1 日   第 339 册   第 8 页

16252   令其部下   《申报》   1926 年 4 月 18 日   第 222 册   第 392 页

16253   令人迷惘   《申报》   1915 年 2 月 23 日   第 132 册   第 646 页

16254　令人兴奋的消息　《中央日报》　1940 年 11 月 20 日　第 44 册　第 82 页

16255　令人着急之北平教育　《中央日报》　1929 年 8 月 30 日　第 7 册　第 359 页

16256　令行禁止　《申报》　1929 年 6 月 7 日　第 259 册　第 160 页

16257　令以因利而易行论　《申报》　1891 年 3 月 19 日　第 38 册　第 397 页

16258　令与受命　《申报》　1927 年 10 月 19 日　第 239 册　第 395 页

16259　令与效　《申报》　1929 年 2 月 4 日　第 255 册　第 95 页

16260　另一部分人对于高等教育的意见/丁西林（星期论文）　《大公报》　1945 年 10 月 21 日　第 155 册　第 486 页

16261　另一局面　《申报》　1924 年 10 月 25 日　第 206 册　第 907 页

16262　另易一局　《申报》　1926 年 11 月 24 日　第 229 册　第 554 页

16263　另组特种委员会　《民国日报》　1932 年 1 月 13 日　第 96 册　第 58 页

16264　刘陈的处分（言论）　《民国日报》　1926 年 10 月 13 日　第 65 册　第 424 页

16265　刘存厚如何　《民国日报》　1917 年 10 月 20 日　第 11 册　第 590 页

16266　刘桂堂匪军猖獗至此　《大公报》　1934 年 1 月 26 日　第 118 册　第 342 页

16267　刘桂堂事之教训　《大公报》　1934 年 3 月 24 日　第 119 册　第 328 页

16268　刘景柱杀人案判决　《大公报》　1935 年 4 月 29 日　第 125 册　第 952 页

16269　刘士木请救济留日华侨书　《民国日报》　1923 年 9 月 6 日　第 47 册　第 74 页

16270　刘湘东下与川局前途　《大公报》　1934 年 11 月 12 日　第 123 册　第 168 页

16271　刘湘就职后之剿赤工作　《大公报》　1933 年 10 月 7 日　第 116 册　第 530 页

16272　刘湘入京与整理川政　《大公报》　1934 年 11 月 19 日　第 123 册　第 268 页

16273　刘张两制军合奏变通政事先育人才折　《申报》　1901 年 8 月 10 日　第 68 册　第 607 页

16274　刘张两制军遵旨筹议变法第二折　《申报》　1901 年 8 月 24 日　第 68 册　第 693 页

16275　刘张两制军遵旨谨拟采用西法第三折　《申报》　1901 年 8 月 30 日　第 68 册　第 729 页

16276　刘忠诚公堕泪记　《申报》　1902 年 10 月 13 日　第 72 册　第 287 页

16277　流离与自卫　《民国日报》　1924 年 9 月 16 日　第 53 册　第 182 页

16278　流民移垦　《申报》　1944 年 4 月 27 日　第 385 册　第 407 页

16279　流行病　《申报》　1920 年 11 月 28 日　第 167 册　第 475 页

16280　流行中的联省自治　《民国日报》　1922 年 4 月 10 日　第 38 册　第 550 页

16281　留别江苏教育总会之意见书　《申报》　1908 年 11 月 11 日　第 97 册　第 159 页

16282　留东湖南同乡会致湖南商会维持湘路书　《申报》　1908 年 2 月 21 日　第 92 册　第 529 页

16283　留段去孙　《申报》　1916 年 11 月 22 日　第 143 册　第 396 页

16284　留侯武侯论　《申报》　1886 年 5 月 24 日　第 28 册　第 819 页

16285　留日湖北公友会请都察院代奏请开国会书　《申报》　1908 年 8 月 14 日　第 95 册　第 612 页

16286　留日湖北公友会请都察院代奏请开国会书（续十八日）　《申报》　1908 年 8 月 19 日　第 95 册　第 684 页

16287　留日湖北教育会公启　《申报》　1908 年 1 月 14 日　第 92 册　第 157 页

16288　留日学生返国　《申报》　1931 年 10 月 6 日　第 287 册　第 135 页

16289　留日学生姚明德上张殿撰条陈请注重机械以兴实业　《申报》　1906 年 7 月 19 日　第 84 册　第 177 页

16290　留声机器题名记　《申报》　1890 年 5 月 3 日　第 36 册　第 703 页

16291　留学策政的检讨　《申报》　1946 年 11 月 11 日　第 391 册　第 122 页

16292　留学法国学生靳志致留美学生第二书　《申报》　1905 年 12 月 30 日　第 81 册　第 1021 页

16293　留学法国学生靳志致留美学生书　《申报》　1905 年 12 月 29 日　第 81 册　第 1013 页

16294　留学生亦应回国从军　《中央日报》　1944 年 10 月 21 日　第 50 册　第 234 页

16295　留学与移校　《申报》　1943 年 12 月 29 日　第 384 册　第 911 页

16296　留学政策的检讨　《申报》　1946 年 6 月 5 日　第 389 册　第 38 页

16297　留学制度急应改革　《申报》　1932 年 6 月 29 日　第 293 册　第 629 页

16298　留学制度之检讨与商榷/章超（星期评论）　《申报》　1943 年 7 月 11 日　第 384 册　第 221 页

16299　留阁　《民国日报》　1929 年 6 月 28 日　第 80 册　第 941 页

16300　琉球本岛登陆之前后　《大公报》　1945 年 4 月 5 日　第 154 册　第 402 页

16301　琉球必须归还中国　《申报》　1947 年 10 月 23 日　第 395 册　第 226 页

16302　琉球登陆战开始　《中央日报》　1945 年 3 月 27 日　第 50 册　第 900 页

16303　琉球沿革考　《申报》　1879 年 4 月 22 日　第 14 册　第 377 页

16304   琉球战事结束以后   《大公报》   1945 年 6 月 23 日   第 154 册   第 736 页

16305   硫磺岛的战略地位   《中央日报》   1945 年 3 月 5 日   第 50 册   第 810 页

16306   硫磺岛战事/英明（星期评论）   《申报》   1945 年 2 月 25 日   第 387 册   第 161 页

16307   柳江矿案如何解决乎   《申报》   1935 年 9 月 11 日   第 332 册   第 300 页

16308   六参政员赴延安   《大公报》   1945 年 7 月 3 日   第 155 册   第 12 页

16309   六二三纪念   《中央日报》   1930 年 6 月 23 日   第 10 册   第 1023 页

16310   六个月之期限   《申报》   1916 年 1 月 16 日   第 138 册   第 214 页

16311   六国银行团竞争借债感言   《申报》   1912 年 3 月 24 日   第 116 册   第 695 页

16312   六年禁烟期满的成绩   《中央日报》   1940 年 12 月 31 日   第 44 册   第 248 页

16313   六年禁政的回顾与前瞻   《中央日报》   1940 年 11 月 2 日   第 44 册   第 6 页

16314   六辔在手   《申报》   1927 年 9 月 3 日   第 238 册   第 50 页

16315   六千里外的慰劳：读蒋夫人"从湘北前线归来"   《中央日报》   1939 年 12 月 1 日   第 42 册   第 820 页

16316   六全大会开幕献辞   《中央日报》   1945 年 5 月 5 日   第 50 册   第 1078 页

16317   六全代会圆满闭幕   《中央日报》   1945 年 5 月 22 日   第 50 册   第 1180 页

16318   六全代会之观感   《大公报》   1945 年 5 月 19 日   第 154 册   第 586 页

16319   六日间之中外大事   《大公报》   1928 年 1 月 28 日   第 82 册   第 213 页

16320   "六三"纪念感言   《申报》   1935 年 6 月 3 日   第 329 册   第 70 页

16321   六三禁烟纪念   《中央日报》   1939 年 6 月 3 日   第 42 册   第 90 页

16322   "六三"运动的价值   《民国日报》   1924 年 6 月 3 日   第 51 册   第 396 页

16323   六省政府改组   《申报》   1937 年 11 月 28 日   第 355 册   第 1101 页

16324   六十师问题   《大公报》   1928 年 10 月 8 日   第 86 册   第 445 页

16325   六续沪宁铁路条议   《申报》   1905 年 9 月 19 日   第 81 册   第 155 页

16326   六续刘张两制军遵旨谨拟采用西法第三折   《申报》   1901 年 9 月 5 日   第 69 册   第 25 页

16327   六续松江瞿□岑明经继昌创练全国民兵及筹款事宜万言书   《申报》   1904 年 7 月 22 日   第 77 册   第 549 页

16328   六续新定学务章程   《申报》   1904 年 4 月 29 日   第 76 册   第 701 页

16329   六续种棉辑要   《申报》   1889 年 12 月 1 日   第 35 册   第 949 页

16330　六学术团体联合年会的意义/任鸿隽（星期论文）　《大公报》　1943 年 7 月 18 日　第 151 册　第 78 页

16331　六一纪念　《大公报》　1931 年 6 月 1 日　第 102 册　第 376 页

16332　六月三十日正午以后　《中央日报》　1946 年 7 月 1 日　第 53 册　第 258 页

16333　六中全会闭会　《大公报》　1935 年 11 月 7 日　第 129 册　第 92 页

16334　六中全会闭幕　《大公报》　1939 年 11 月 21 日　第 143 册　第 328 页

16335　六中全会的成功　《中央日报》　1939 年 11 月 21 日　第 42 册　第 780 页

16336　六中全会开开幕辞　《中央日报》　1935 年 11 月 1 日　第 32 册　第 382 页

16337　六中全会开幕　《申报》　1935 年 11 月 1 日　第 334 册　第 6 页

16338　六中全会开幕　《中央日报》　1939 年 11 月 13 日　第 42 册　第 748 页

16339　六周年！　《中央日报》　1937 年 9 月 18 日　第 40 册　第 640 页

16340　龙匪　《申报》　1918 年 9 月 22 日　第 154 册　第 356 页

16341　龙济光　《申报》　1918 年 6 月 8 日　第 152 册　第 598 页

16342　龙见辨诬　《申报》　1880 年 1 月 1 日　第 16 册　第 1 页

16343　龙井村事件　《申报》　1930 年 10 月 15 日　第 275 册　第 364 页

16344　龙井村事件感言　《大公报》　1930 年 10 月 15 日　第 98 册　第 520 页

16345　龙军　《申报》　1920 年 10 月 5 日　第 166 册　第 585 页

16346　龙军遣散　《申报》　1920 年 11 月 27 日　第 167 册　第 465 页

16347　龙陵的克复　《中央日报》　1944 年 6 月 13 日　第 49 册　第 730 页

16348　龙吟虎啸篇　《申报》　1887 年 8 月 3 日　第 31 册　第 207 页

16349　龙州商务论　《申报》　1891 年 7 月 15 日　第 39 册　第 85 页

16350　龙舟竞渡说　《申报》　1873 年 5 月 22 日　第 2 册　第 461 页

16351　笼罩着战火的毒雾　《大公报》　1946 年 8 月 9 日　第 157 册　第 174 页

16352　陇人谈话会　《申报》　1920 年 9 月 21 日　第 166 册　第 347 页

16353　陇右铁路说　《申报》　1893 年 3 月 14 日　第 43 册　第 405 页

16354　娄县瞿□岑茂才俄国西伯利亚及满洲铁路缘起考　《申报》　1902 年 11 月 21 日　第 72 册　第 565 页

16355　娄县瞿□岑茂才俄属西伯利亚及满洲铁路经行道里图说　《申报》　1902 年 11 月 26 日　第 72 册　第 603 页

16356　露骨之可否　《申报》　1926 年 5 月 18 日　第 223 册　第 421 页

16357　卢沟桥之位置（星期论文）/张其昀　《大公报》　1937 年 7 月 18 日　第 139 册　第 253 页

16357.1　卢沟桥案善后问题　《大公报》　1937 年 7 月 10 日　第 139 册　第 138 页

16357.2　卢沟桥事件　《大公报》　1937 年 7 月 9 日　第 139 册　第 123 页

16357.3　卢沟桥事件不能认为地方事件　《申报》　1937 年 7 月 17 日　第 354 册
　　　　第 433 页

16357.4　卢兴原可以行矣　《民国日报》　1928 年 7 月 19 日　第 75 册　第 326 页

16358　卢何通电书后　《申报》　1922 年 6 月 6 日　第 181 册　第 103 页

16359　卢斯福论白种衰亡之续兆　《申报》　1911 年 8 月 6 日　第 113 册　第
　　　　595 页

16360　卢斯福论白种衰亡之兆　《申报》　1911 年 8 月 5 日　第 113 册　第
　　　　577 页

16361　卢斯福论白种衰亡之兆续　《申报》　1911 年 8 月 8 日　第 113 册　第
　　　　629 页

16362　卢斯福论白种衰亡之兆再续　《申报》　1911 年 8 月 9 日　第 113 册　第
　　　　647 页

16363　庐会注意实际问题?　《大公报》　1933 年 9 月 8 日　第 116 册　第
　　　　106 页

16364　庐山会谈之后　《大公报》　1933 年 9 月 9 日　第 116 册　第 120 页

16365　庐山会议的真面目　《民国日报》　1921 年 8 月 31 日　第 34 册　第
　　　　848 页

16366　庐山会议的真面目　《民国日报》　1921 年 9 月 1 日　第 35 册　第 2 页

16367　庐山会议后之察局　《大公报》　1933 年 7 月 28 日　第 115 册　第 382 页

16368　庐山会议乔迁到上海　《民国日报》　1922 年 2 月 20 日　第 37 册　第
　　　　589 页

16369　庐山面目的公约　《民国日报》　1921 年 9 月 5 日　第 35 册　第 58 页

16370　庐山面目的公约　《民国日报》　1921 年 9 月 6 日　第 35 册　第 72 页

16371　庐山面目的公约　《民国日报》　1921 年 9 月 7 日　第 35 册　第 86 页

16372　庐山面目的公约　《民国日报》　1921 年 9 月 8 日　第 35 册　第 98 页

16373　庐山圈套之气大不可入　《民国日报》　1921 年 9 月 14 日　第 35 册　第
　　　　182 页

16377　芦田内阁倒台以后：其所暴露的日本实情　《大公报》　1948 年 10 月 11
　　　　日　第 164 册　第 242 页

16378　芦田内阁的前程　《申报》　1948 年 2 月 24 日　第 396 册　第 492 页

16379　芦田内阁的前途　《申报》　1948 年 3 月 11 日　第 396 册　第 648 页

16380　芦田内阁的危机　《申报》　1948 年 6 月 29 日　第 397 册　第 744 页

16381　芦田内阁的右倾与脆弱　《大公报》　1948 年 2 月 24 日　第 162 册　第
　　　　322 页

16382　泸州消息　《申报》　1916 年 3 月 13 日　第 139 册　第 194 页

16383　炉边爆弹破春晓　《大公报》　1941 年 1 月 2 日　第 146 册　第 12 页

16385　虏获品　《申报》　1920 年 8 月 23 日　第 165 册　第 945 页

16386　鲁案　《申报》　1920 年 4 月 10 日　第 163 册　第 739 页

16387　鲁案覆文　《申报》　1921 年 10 月 5 日　第 174 册　第 87 页

16388　鲁案签字的十疑点　《民国日报》　1922 年 12 月 3 日　第 42 册　第 436 页

16389　鲁登道夫之危言　《中央日报》　1931 年 8 月 3 日　第 15 册　第 363 页

16390　鲁督军　《申报》　1920 年 10 月 22 日　第 166 册　第 897 页

16391　鲁尔问题　《大公报》　1948 年 12 月 14 日　第 164 册　第 570 页

16392　鲁军南下矣（言论）　《民国日报》　1926 年 11 月 27 日　第 66 册　第 87 页

16393　鲁南二次大会战　《申报》（香港版）　1938 年 4 月 26 日　第 356 册　第 625 页

16394　鲁南二次会战的认识　《大公报》　1938 年 4 月 23 日　第 140 册　第 486 页

16395　鲁南会战胜败剖视　《申报》（汉口版）　1938 年 5 月 2 日　第 356 册　第 219 页

16396　鲁南会战胜败剖视　《申报》（香港版）　1938 年 5 月 5 日　第 356 册　第 662 页

16397　鲁南四县之旗会暴动　《大公报》　1933 年 6 月 5 日　第 114 册　第 494 页

16398　鲁南战场/张其昀（星期论文）　《大公报》　1938 年 5 月 15 日　第 140 册　第 592 页

16399　鲁省大举剿匪　《大公报》　1931 年 4 月 7 日　第 101 册　第 448 页

16400　鲁省民军解散感言　《民国日报》　1916 年 9 月 20 日　第 5 册　第 230 页

16401　鲁事将了川局如何？　《大公报》　1932 年 10 月 31 日　第 110 册　第 728 页

16402　鲁事危言　《申报》　1912 年 4 月 2 日　第 117 册　第 11 页

16403　鲁事须迅速解决　《大公报》　1932 年 10 月 26 日　第 110 册　第 668 页

16404　鲁卫之政　《申报》　1921 年 2 月 23 日　第 168 册　第 770 页

16405　鲁问题　《申报》　1925 年 11 月 19 日　第 218 册　第 361 页

16406　鲁西河堤的抢险　《中央日报》　1947 年 7 月 25 日　第 56 册　第 864 页

16407　鲁豫　《申报》　1925 年 4 月 17 日　第 211 册　第 299 页

16408　陆都兰州/张其昀（星期论文）　《大公报》　1942 年 10 月 12 日　第 149 册　第 454 页

16409　陆海两面的国际路线　《中央日报》　1944 年 12 月 18 日　第 50 册　第 486 页

16410　陆建章之死　《民国日报》　1918 年 6 月 20 日　第 15 册　第 602 页

16411　陆军枪炮海军战舰宜归一律论　《申报》　1898 年 9 月 25 日　第 60 册　第 175 页

16412　陆军全用洋操得失议　《申报》　1899 年 1 月 1 日　第 61 册　第 1 页

16413　陆军全用洋操得失议　《申报》　1899 年 1 月 2 日　第 61 册　第 7 页

16414　陆军协定条文第（七）（十一）两条之危害　《民国日报》　1918 年 5 月 22 日　第 15 册　第 254 页

16415　陆荣廷语　《申报》　1918 年 7 月 10 日　第 153 册　第 144 页

16416　陆上截击与海上封锁　《中央日报》　1945 年 5 月 16 日　第 50 册　第 1144 页

16417　陆征祥弃官为僧　《大公报》　1927 年 10 月 9 日　第 81 册　第 65 页

16418　陆中书宗舆立宪私议　《申报》　1905 年 8 月 10 日　第 80 册　第 849 页

16419　陆总宪赵御史为赵启霖乞恩折　《申报》　1907 年 5 月 26 日　第 88 册　第 332 页

16420　录蔡和甫太守条陈　《申报》　1885 年 11 月 13 日　第 27 册　第 827 页

16421　录崔惠人星使与吴哲夫主政书并书其后　《申报》　1890 年 5 月 15 日　第 36 册　第 779 页

16422　录耕砚农人核议黄高峰樵拟稿　《申报》　1887 年 6 月 28 日　第 30 册　第 1073 页

16423　录合江蒋伯遐先生瘴书瘴原第一　《申报》　1887 年 12 月 8 日　第 31 册　第 1039 页

16424　录合江蒋伯遐先生瘴书瘴辨第二　《申报》　1887 年 12 月 9 日　第 31 册　第 1047 页

16425　录合江蒋伯遐先生瘴书治瘴第三　《申报》　1887 年 12 月 16 日　第 31 册　第 1089 页

16426　录合江蒋伯遐先生瘴书防瘴第四　《申报》　1887 年 12 月 27 日　第 31 册　第 1157 页

16427　录合江蒋伯遐先生瘴书瘴忌第五　《申报》　1888 年 1 月 17 日　第 32 册　第 105 页

16428　录合江蒋伯遐先生瘴书祛瘴第六　《申报》　1888 年 2 月 2 日　第 32 册　第 195 页

16429　录合江蒋伯遐先生瘴书辟瘴第七　《申报》　1888 年 2 月 7 日　第 32 册　第 225 页

16430　录户部复陈维持招商局疏　《申报》　1887 年 2 月 28 日　第 30 册　第 307 页

16431　录己丑年九月廿六起至除夕止本馆协赈所收解清账书后　《申报》　1890

年1月30日 第36册 第127页

16432 录金少愚先生论浙省蹉政书后 《申报》 1889年6月15日 第34册 第943页

16433 录近日见闻事 《申报》 1873年9月20日 第3册 第281页

16434 录旧金山友人来信并书其后 《申报》 1886年4月26日 第28册 第647页

16435 录梅花渔隐上彭钦宪书 《申报》 1884年12月5日 第25册 第897页

16436 录潘叙垣大令巴陵县志序并书后 《申报》 1888年2月19日 第32册 第255页

16437 录钱唐张尚书山左治河说 《申报》 1889年3月31日 第34册 第469页

16438 录任金门先生来信并书其后 《申报》 1890年9月20日 第37册 第523页

16439 录上虞县开讲乡约禀批系之以论 《申报》 1892年9月10日 第42册 第59页

16440 录舒太孺人传 《申报》 1890年10月26日 第37册 第749页

16441 录树棉辑要 《申报》 1889年11月21日 第35册 第887页

16442 录苏皋宪详督漕抚宪稿 《申报》 1885年10月26日 第27册 第719页

16443 录汤禹臣盐参诰恳请代奏缕陈山东河工情形折 《申报》 1886年8月6日 第29册 第221页

16444 录谢方山主政条陈 《申报》 1885年11月30日 第27册 第929页

16445 录熊善士凶状感而为说 《申报》 1879年2月22日 第14册 第161页

16446 录言和书 《申报》 1884年9月2日 第25册 第377页

16447 录杨君毓辉罂粟论 《申报》 1890年2月25日 第36册 第283页

16448 录之溪文稿送刚中丞由滇藩开抚山西序 《申报》 1889年10月4日 第35册 第593页

16449 录治新清河刍言 《申报》 1891年1月25日 第38册 第147页

16450 录中西辩论事 《申报》 1874年3月18日 第4册 第237页

16451 录纂修异郡甫志征故事启 《申报》 1890年7月27日 第37册 第169页

16452 鹿都花园酒会 《民国日报》 1946年10月2日 第99册 第157页

16453 路灯有益于地方说 《申报》 1889年2月25日 第34册 第259页

16454 路透电文之二疑义 《申报》 1916年1月5日 第138册 第50页

16455   录升庵琐语   《申报》   1920 年 12 月 25 日   第 167 册   第 955 页

16456   吕大臣及张袁两军机会奏津浦路线取道皖境并准苏路公司赶筑北线折   《申报》   1908 年 4 月 19 日   第 93 册   第 668 页

16457   吕镜宇尚书奏请变通捐输折   《申报》   1902 年 4 月 23 日   第 70 册   第 663 页

16458   吕钦使尚贤堂演讲文：论中国学界宜保存国粹于欧化之中   《申报》   1906 年 11 月 26 日   第 85 册   第 493 页

16459   吕钦使尚贤堂演讲文（续）：论中国学界宜保存国粹于欧化之中   《申报》   1906 年 11 月 27 日   第 85 册   第 501 页

16460   吕宋登陆之后   《大公报》   1945 年 1 月 11 日   第 154 册   第 46 页

16461   吕宋票立法甚善说   《申报》   1879 年 6 月 11 日   第 14 册   第 579 页

16462   吕宋票论   《申报》   1886 年 10 月 30 日   第 29 册   第 747 页

16463   吕宋票论   《申报》   1889 年 3 月 13 日   第 34 册   第 357 页

16464   吕宋灾荒宜赈说   《申报》   1882 年 11 月 27 日   第 21 册   第 895 页

16465   吕宋之战揭幕！   《大公报》   1945 年 1 月 9 日   第 154 册   第 38 页

16466   旅大问题与中美苏的关系   《申报》   1947 年 9 月 5 日   第 394 册   第 662 页

16467   旅赣皖人致北京同乡言速办咨议局书   《申报》   1908 年 10 月 5 日   第 96 册   第 488 页

16468   旅沪常府绅士致恽薇孙学士书   《申报》   1907 年 6 月 26 日   第 88 册   第 707 页

16469   旅沪各省自治联合会   《申报》   1920 年 11 月 28 日   第 167 册   第 483 页

16470   旅沪粤人为什么祝捷   《民国日报》   1921 年 8 月 1 日   第 34 册   第 436 页

16471   旅京学生千八百人上外务部书   《申报》   1907 年 12 月 1 日   第 91 册   第 389 页

16472   旅顺大连之主权行政   《中央日报》   1947 年 6 月 26 日   第 56 册   第 566 页

16473   旅顺攻守论   《申报》   1904 年 7 月 11 日   第 77 册   第 479 页

16474   旅顺口建置炮台说   《申报》   1882 年 12 月 20 日   第 21 册   第 1033 页

16475   旅外与本省   《申报》   1920 年 10 月 24 日   第 166 册   第 937 页

16476   旅行式的议会   《申报》   1920 年 5 月 13 日   第 164 册   第 229 页

16477   旅忆/春在（星期评论）   《申报》   1944 年 10 月 15 日   第 386 册   第 343 页

16478   旅英札记/叶君健（星期论文）   《大公报》   1945 年 3 月 18 日   第 154

册 第 324 页

16479 屡变 《申报》 1926 年 12 月 1 日 第 230 册 第 4 页

16480 屡进屡退之武人 《申报》 1922 年 4 月 22 日 第 179 册 第 442 页

16481 屡经变故后议观 《民国日报》 1919 年 12 月 17 日 第 24 册 第 554 页

16482 屡闻台军告捷喜而书此 《申报》 1895 年 7 月 14 日 第 50 册 第 479 页

16483 履行中苏条约规定 《民国日报》 1945 年 12 月 1 日 第 96 册 第 305 页

16484 律法贵乎简当说 《申报》 1904 年 2 月 1 日 第 76 册 第 191 页

16485 律法贵乎简当说（接昨稿） 《申报》 1904 年 2 月 2 日 第 76 册 第 195 页

16486 律师界的两种运动 《大公报》 1935 年 4 月 2 日 第 125 册 第 516 页

16487 虑俄篇 《申报》 1903 年 8 月 22 日 第 74 册 第 801 页

16488 虑患篇 《申报》 1903 年 6 月 17 日 第 74 册 第 309 页

16489 虑患篇 《申报》 1903 年 8 月 19 日 第 74 册 第 777 页

16490 虑远篇 《申报》 1901 年 5 月 2 日 第 68 册 第 7 页

16491 绿营兵制考 《申报》 1892 年 3 月 7 日 第 40 册 第 345 页

16492 绿竹主人笔记书后 《申报》 1885 年 1 月 14 日 第 26 册 第 79 页

16493 滦东察东同时告急 《大公报》 1933 年 4 月 3 日 第 113 册 第 466 页

16494 滦东撤防以后 《大公报》 1933 年 4 月 17 日 第 113 册 第 662 页

16495 滦东匪患与华北大局 《大公报》 1933 年 9 月 23 日 第 116 册 第 324 页

16496 滦东告急多伦紧张 《申报》 1933 年 4 月 7 日 第 303 册 第 192 页

16497 滦东军事与统一前途 《大公报》 1928 年 9 月 17 日 第 86 册 第 193 页

16498 滦东宜迅速肃清 《大公报》 1928 年 9 月 19 日 第 86 册 第 217 页

16499 滦州军队代表张绍曾等要求实行立宪原奏 《申报》 1911 年 11 月 3 日 第 115 册 第 33 页

16500 銮披汶的下台 《大公报》 1944 年 8 月 11 日 第 153 册 第 188 页

16501 銮披汶小试排华 《大公报》 1948 年 6 月 9 日 第 163 册 第 236 页

16502 乱 《申报》 1916 年 11 月 6 日 第 143 册 第 92 页

16503 乱臣贼子人人得而诛之 《大公报》 1939 年 3 月 3 日 第 142 册 第 246 页

16504 乱民与内阁责任 《民国日报》 1917 年 5 月 12 日 第 9 册 第 134 页

16505 乱世之民德（一） 《民国日报》 1916 年 1 月 26 日 第 1 册 第 50 页

16506 乱世之民德（二） 《民国日报》 1916 年 1 月 27 日 第 1 册 第 62 页

16507   乱事之分别观   《申报》   1926 年 4 月 1 日   第 222 册   第 4 页

16508   乱象推演伊于胡底   《大公报》   1928 年 3 月 23 日   第 83 册   第 221 页

16509   乱与动   《申报》   1927 年 4 月 27 日   第 233 册   第 504 页

16510   乱原（言论）   《民国日报》   1926 年 9 月 30 日   第 65 册   第 292 页

16511   乱之次第   《申报》   1925 年 8 月 16 日   第 215 册   第 310 页

16512   乱之轨道   《申报》   1924 年 1 月 22 日   第 199 册   第 448 页

16513   乱之解说   《申报》   1926 年 2 月 4 日   第 220 册   第 715 页

16514   乱之来源   《申报》   1926 年 4 月 3 日   第 222 册   第 52 页

16515   乱之种   《申报》   1914 年 3 月 24 日   第 127 册   第 374 页

16516   乱中国者研究派也：无廉耻   制造中国政变   制造袁段   《民国日报》
1917 年 11 月 20 日   第 12 册   第 230 页

16517   略论北平市政   《大公报》   1947 年 5 月 29 日   第 160 册   第 182 页

16518   略论国际新形势   《申报》（香港版）   1938 年 11 月 14 日   第 357 册   第
301 页

16519   略论节约济难   《申报》   1938 年 10 月 20 日   第 359 册   第 196 页

16520   略论目前的战局   《申报》（香港版）   1939 年 6 月 28 日   第 358 册   第
954 页

16521   略论伪"华兴银行"   《申报》（香港版）   1939 年 5 月 18 日   第 358 册
第 626 页

16522   略评李胡两君之论意（言论）   《民国日报》   1927 年 6 月 21 日   第 68
册   第 769 页

16523   略述北伐军形势   《民国日报》   1924 年 10 月 4 日   第 53 册   第 360 页

16524   伦常乖戾非尽关命运说   《申报》   1878 年 12 月 13 日   第 13 册   第
569 页

16525   伦敦的活剧（译论）   《申报》   1943 年 3 月 11 日   第 383 册   第 490 页

16526   伦敦公约成立后之太平洋   《申报》   1930 年 4 月 24 日   第 269 册   第
646 页

16527   伦敦海会后之各国造舰   《申报》   1930 年 7 月 8 日   第 272 册   第
183 页

16528   伦敦海会与各国议会之辩论   《申报》   1930 年 5 月 17 日   第 270 册   第
419 页

16529   伦敦海会之返响   《申报》   1930 年 5 月 13 日   第 270 册   第 313 页

16530   伦敦海会之真相   《申报》   1930 年 4 月 7 日   第 269 册   第 178 页

16531   伦敦海军公约签字   《申报》   1930 年 4 月 23 日   第 269 册   第 618 页

16532   伦敦海军会议开幕   《申报》   1935 年 12 月 12 日   第 335 册   第 274 页

16533   伦敦海军会议之观测   《大公报》   1935 年 12 月 2 日   第 129 册   第

444 页

16534　伦敦会议后欧洲局势的分析　《申报》　1936 年 3 月 30 日　第 338 册　第 747 页

16535　伦敦会议开幕　《申报》　1930 年 1 月 21 日　第 266 册　第 499 页

16536　伦敦会议形势暗淡　《大公报》　1930 年 3 月 4 日　第 95 册　第 52 页

16537　伦敦会议与德国之危机　《中央日报》　1931 年 8 月 1 日　第 15 册　第 343 页

16538　伦敦会议之成功与失败　《大公报》　1930 年 4 月 17 日　第 95 册　第 756 页

16539　伦敦会议之展望　《申报》　1936 年 3 月 14 日　第 338 册　第 338 页

16540　伦敦四强会议　《大公报》　1947 年 11 月 10 日　第 161 册　第 430 页

16541　伦敦泰晤士报纪五国银行团解散之征兆　《申报》　1913 年 10 月 17 日　第 124 册　第 625 页

16542　伦敦泰晤士报纪五国银行团解散之征兆（二）　《申报》　1913 年 10 月 18 日　第 124 册　第 639 页

16543　伦敦泰晤士报纪五国银行团解散之征兆（三）　《申报》　1913 年 10 月 20 日　第 124 册　第 667 页

16544　伦敦泰晤士报纪五国银行团解散之征兆（四）　《申报》　1913 年 10 月 21 日　第 124 册　第 681 页

16545　伦敦泰晤士报之言　《中央日报》　1933 年 1 月 17 日　第 21 册　第 136 页

16546　伦敦泰晤士报之中国论　《申报》　1913 年 5 月 25 日　第 122 册　第 317 页

16547　伦敦谈话与英国外交的归趋　《申报》　1936 年 7 月 25 日　第 342 册　第 645 页

16548　伦敦谈判中的英国态度　《申报》　1937 年 5 月 8 日　第 352 册　第 162 页

16549　伦敦外长会议失败以后　《中央日报》　1947 年 12 月 19 日　第 57 册　第 1124 页

16550　伦敦外交酬酢之意义　《申报》　1936 年 2 月 2 日　第 337 册　第 40 页

16551　伦敦新借款与六国银行团　《申报》　1912 年 9 月 15 日　第 118 册　第 761 页

16552　伦敦银团会议：以地税为担保品，美国加入银团，中国之自觉　《民国日报》　1917 年 2 月 3 日　第 7 册　第 302 页

16553　伦敦中国艺展开幕　《大公报》　1935 年 11 月 28 日　第 129 册　第 388 页

16554　伦替篇　《申报》　1890 年 3 月 11 日　第 36 册　第 375 页

16555　沦区敌伪的自作孽　《中央日报》　1942 年 6 月 25 日　第 46 册　第 282 页

16556　沦陷后之东北/张其昀（星期论文）　《大公报》　1937 年 1 月 17 日　第 136 册　第 220 页

16557　沦陷区的烟赌　《申报》　1941 年 2 月 23 日　第 374 册　第 632 页

16558　沦陷区国民的经济任务　《中央日报》　1940 年 8 月 22 日　第 43 册　第 884 页

16559　沦陷区域的海关问题　《申报》　1938 年 11 月 17 日　第 359 册　第 612 页

16560　沦陷区域之生活　《申报》　1938 年 11 月 16 日　第 359 册　第 596 页

16561　沦陷区域之田租　《申报》　1938 年 12 月 2 日　第 360 册　第 22 页

16562　沦陷区之游击队　《申报》　1938 年 11 月 25 日　第 359 册　第 732 页

16563　沦陷区之游击队　《申报》（香港版）　1938 年 11 月 30 日　第 357 册　第 367 页

16564　纶昌事件　《申报》　1939 年 6 月 6 日　第 364 册　第 104 页

16565　轮车附客章程宜设法变通说　《申报》　1904 年 5 月 13 日　第 77 册　第 85 页

16566　轮车铁路利弊论　《申报》　1887 年 2 月 19 日　第 30 册　第 253 页

16567　轮船帮闹事　《申报》　1885 年 3 月 26 日　第 26 册　第 431 页

16568　轮船防火议　《申报》　1891 年 1 月 2 日　第 38 册　第 7 页

16569　轮船防火赘言　《申报》　1891 年 1 月 12 日　第 38 册　第 71 页

16570　轮船防贼宜筹良法论　《申报》　1892 年 3 月 29 日　第 40 册　第 487 页

16571　轮船防贼议　《申报》　1903 年 1 月 2 日　第 73 册　第 7 页

16572　轮船轮车缘始考　《申报》　1894 年 1 月 28 日　第 46 册　第 177 页

16573　轮船论　《申报》　1872 年 5 月 30 日　第 1 册　第 97 页

16574　轮船清查搭客议　《申报》　1882 年 2 月 1 日　第 20 册　第 125 页

16575　轮船失事卮言　《申报》　1890 年 12 月 30 日　第 37 册　第 1159 页

16576　轮船速率考　《申报》　1898 年 5 月 20 日　第 59 册　第 115 页

16577　轮炮船红船亟宜整顿　《申报》　1891 年 1 月 14 日　第 38 册　第 83 页

16578　轮运难民之待遇问题　《大公报》　1928 年 3 月 17 日　第 83 册　第 161 页

16579　论□□僧道之法　《申报》　1905 年 8 月 16 日　第 80 册　第 899 页

16580　论□军五月攻势的失败与今后战局　《申报》（香港版）　1939 年 6 月 1 日　第 358 册　第 738 页

16581　论阿拉伯半岛上之战争　《申报》　1934 年 5 月 11 日　第 316 册　第

277 页

16582 论阿犹与印回 《大公报》 1948 年 5 月 14 日 第 163 册 第 80 页

16583 论埃及近耗 《申报》 1886 年 3 月 19 日 第 28 册 第 419 页

16584 论埃及乱事 《申报》 1882 年 7 月 7 日 第 21 册 第 37 页

16585 论埃乱有关商务 《申报》 1882 年 7 月 18 日 第 21 册 第 103 页

16586 论艾登的外交演说 《申报》 1936 年 11 月 8 日 第 346 册 第 193 页

16587 论爱古 《申报》 1877 年 12 月 6 日 第 11 册 第 545 页

16588 论爱因斯坦原子弹政策 《民国日报》 1946 年 11 月 27 日 第 99 册 第 383 页

16589 论嗌士叮轮船事 《申报》 1873 年 11 月 5 日 第 3 册 第 437 页

16590 论安定北方教育界 《大公报》 1936 年 3 月 24 日 第 131 册 第 324 页

16591 论安定物价 《申报》 1939 年 7 月 15 日 第 365 册 第 258 页

16592 论安顿乞丐之法 《申报》 1880 年 1 月 21 日 第 16 册 第 81 页

16593 论安法交涉情形 《申报》 1880 年 4 月 30 日 第 16 册 第 457 页

16594 论安格联免职事 《大公报》 1927 年 2 月 5 日 第 78 册 第 229 页

16595 论安庆府成太守访拿讼棍事 《申报》 1885 年 8 月 1 日 第 27 册 第 187 页

16596 论安庆府桂太守禁止演说 《申报》 1903 年 6 月 20 日 第 74 册 第 331 页

16597 论安溪县包征之弊 《申报》 1894 年 9 月 30 日 第 48 册 第 187 页

16598 论安置地棍之法 《申报》 1883 年 10 月 11 日 第 23 册 第 615 页

16599 论暗杀之风之不可长 《申报》 1913 年 4 月 1 日 第 121 册 第 385－386 页

16600 论奥意连兵约 《申报》 1883 年 4 月 17 日 第 22 册 第 527 页

16601 论澳国设博物院事 《申报》 1872 年 11 月 26 日 第 1 册 第 713 页

16602 论澳门近事 《申报》 1876 年 3 月 24 日 第 8 册 第 265 页

16603 论澳门勘界会议之秘密 《申报》 1909 年 8 月 9 日 第 101 册 第 583 页

16604 论澳门葡萄牙人征收乞丐税洋事 《申报》 1877 年 12 月 28 日 第 11 册 第 621 页

16605 论澳门巡船 《申报》 1875 年 10 月 29 日 第 7 册 第 413 页

16606 论澳门议设中官事 《申报》 1873 年 5 月 15 日 第 2 册 第 437 页

16607 论澳门猪仔录香港华字日报 《申报》 1873 年 5 月 21 日 第 2 册 第 457 页

16608 论澳门总督会同禁止贩人出洋事 《申报》 1874 年 1 月 7 日 第 4 册 第 25 页

16609　论八里桥民女求勑愈母病事　《申报》　1886 年 4 月 23 日　第 28 册　第 629 页

16610　论八省土膏统捐事　《申报》　1905 年 4 月 19 日　第 79 册　第 779 页

16611　论八月上半的涨风　《中央日报》　1948 年 8 月 16 日　第 59 册　第 892 页

16612　论巴尔干各国集团化之意义　《申报》　1934 年 5 月 16 日　第 316 册　第 431 页

16613　论巴尔干经济中立　《中央日报》　1940 年 2 月 5 日　第 43 册　第 18 页

16614　论巴尔干现势　《中央日报》　1940 年 12 月 15 日　第 44 册　第 182 页

16615　论巴黎会议　《中央日报》　1947 年 7 月 2 日　第 56 册　第 626 页

16616　论巴拿马赴赛事　《申报》　1913 年 5 月 24 日　第 122 册　第 303 页

16617　论巴拿马开通后之太平洋　《申报》　1905 年 4 月 20 日　第 79 册　第 789 页

16618　论巴西商议招工事　《申报》　1893 年 12 月 13 日　第 45 册　第 695 页

16619　论巴西招工　《申报》　1893 年 6 月 23 日　第 44 册　第 385 页

16620　论叭喇糖公事之利　《申报》　1882 年 9 月 17 日　第 21 册　第 469 页

16621　论扒窃刺面　《申报》　1894 年 6 月 5 日　第 47 册　第 247 页

16622　论扒窃巧计　《申报》　1873 年 1 月 17 日　第 2 册　第 57 页

16623　论拔真才宜公举而勿循资格　《申报》　1896 年 6 月 11 日　第 53 册　第 271 页

16624　论白银课税问题　《大公报》　1934 年 10 月 17 日　第 122 册　第 696 页

16625　论拜跪之礼不宜太繁　《申报》　1902 年 10 月 16 日　第 72 册　第 309 页

16626　论办案不可含糊了结　《申报》　1891 年 7 月 17 日　第 39 册　第 97 页

16627　论办案迟延　《申报》　1880 年 9 月 2 日　第 17 册　第 253 页

16628　论办案挪移月日　《申报》　1881 年 6 月 14 日　第 18 册　第 633 页

16629　论办房捐之难　《申报》　1901 年 4 月 28 日　第 67 册　第 659 页

16630　论办理保甲在乎得人　《申报》　1891 年 10 月 1 日　第 39 册　第 561 页

16631　论办理船政　《申报》　1880 年 5 月 27 日　第 16 册　第 565 页

16632　论办理盗案不宜遽复旧案　《申报》　1881 年 12 月 5 日　第 19 册　第 629 页

16633　论办理地方自治亟宜改变方针　《申报》　1911 年 3 月 13 日　第 111 册　第 194 页

16634　论办理地方自治亟宜改变方针续　《申报》　1911 年 3 月 14 日　第 111 册　第 209 页

16635　论办理地方自治之宜慎　《申报》　1907 年 8 月 21 日　第 89 册　第 617 页

16636 论办理滇南惨杀教师案之难 《申报》 1883 年 5 月 20 日 第 22 册 第 715 页

16637 论办理俄兵刃毙甬人周生友一案之难 《申报》 1905 年 1 月 18 日 第 79 册 第 103 页

16638 论办理佛山闹卡事 《申报》 1892 年 7 月 20 日 第 41 册 第 519 页

16639 论办理饥民滋事 《申报》 1889 年 9 月 20 日 第 35 册 第 505 页

16640 论办理交涉 《申报》 1894 年 2 月 23 日 第 46 册 第 305 页

16641 论办理教案 《申报》 1891 年 8 月 23 日 第 39 册 第 327 页

16642 论办理教案首重条约 《申报》 1901 年 6 月 4 日 第 68 册 第 205 页

16643 论办理禁烟大臣 《申报》 1908 年 4 月 9 日 第 93 册 第 529 页

16644 论办理京师盗案 《申报》 1901 年 5 月 31 日 第 68 册 第 181 页

16645 论办理闹捐案之失 《申报》 1878 年 9 月 20 日 第 13 册 第 281 页

16646 论办理女学堂之法 《申报》 1906 年 7 月 2 日 第 84 册 第 9 页

16647 论办理械斗案件 《申报》 1887 年 4 月 26 日 第 30 册 第 675 页

16648 论办理新旧兵斗殴身死事 《申报》 1906 年 7 月 11 日 第 84 册 第 97 页

16649 论办理洋务今昔情形不同 《申报》 1891 年 8 月 15 日 第 39 册 第 277 页

16650 论办理洋务人员殊难其选 《申报》 1891 年 11 月 15 日 第 39 册 第 833 页

16651 论办理洋务在得人上 《申报》 1892 年 5 月 22 日 第 41 册 第 135 页

16652 论办理洋务在得人下 《申报》 1892 年 5 月 29 日 第 41 册 第 183 页

16653 论办赈不易 《申报》 1876 年 12 月 19 日 第 9 册 第 585 页

16654 论办赈等差不必请奖 《申报》 1879 年 8 月 13 日 第 15 册 第 173 页

16655 论办赈捐宜令人分别真伪 《申报》 1893 年 1 月 25 日 第 43 册 第 151 页

16656 论包办百货厘捐之弊 《申报》 1887 年 4 月 13 日 第 30 册 第 597 页

16657 论包办洋药捐事 《申报》 1885 年 6 月 19 日 第 26 册 第 927 页

16658 论包探被告 《申报》 1880 年 1 月 12 日 第 16 册 第 45 页

16659 论包探利弊 《申报》 1877 年 6 月 11 日 第 10 册 第 529 页

16660 论宝清船主死节事 《申报》 1890 年 6 月 2 日 第 36 册 第 889 页

16661 论宝山曾邑侯去官遗爱在民记事 《申报》 1873 年 1 月 9 日 第 2 册 第 29 页

16662 论宝苏局宜停铸当五钱 《申报》 1905 年 4 月 4 日 第 79 册 第 645 页

16663 论宝苏局铸当五铜钱之害 《申报》 1905 年 3 月 4 日 第 79 册 第 387 页

16664　论保朝鲜攻日本宜以全力　《申报》　1894 年 7 月 30 日　第 47 册　第 653 页

16665　论保和会之不可恃　《申报》　1908 年 3 月 4 日　第 93 册　第 37 页

16666　论保护敌俘　《大公报》　1938 年 4 月 11 日　第 140 册　第 434 页

16667　论保护高丽论　《申报》　1892 年 1 月 24 日　第 40 册　第 133 页

16668　论保护教堂即所以保护中国人民　《申报》　1891 年 6 月 11 日　第 38 册　第 903 页

16669　论保护教堂宜资兵力　《申报》　1900 年 4 月 5 日　第 64 册　第 571 页

16670　论保护贫民制度　《申报》　1910 年 9 月 3 日　第 108 册　第 33 页

16671　论保护人民自由令　《大公报》　1935 年 3 月 9 日　第 125 册　第 132 页

16672　论保护商局之难　《申报》　1884 年 7 月 24 日　第 25 册　第 139 页

16673　论保护私人企业　《大公报》　1944 年 5 月 23 日　第 152 册　第 646 页

16674　论保护暹罗　《申报》　1893 年 12 月 1 日　第 45 册　第 615 页

16675　论保护学生　《大公报》　1926 年 9 月 28 日　第 77 册　第 209 页

16676　论保护中医令　《大公报》　1929 年 12 月 27 日　第 93 册　第 900 页

16677　论保火险之利弊　《申报》　1899 年 1 月 26 日　第 61 册　第 151 页

16678　论保甲　《申报》　1890 年 4 月 11 日　第 36 册　第 567 页

16679　论保甲局不宜擅自用刑　《申报》　1880 年 4 月 24 日　第 16 册　第 433 页

16680　论保荐人才　《申报》　1894 年 4 月 19 日　第 46 册　第 671 页

16681　论保荐人才不如奏请考试　《申报》　1895 年 7 月 18 日　第 50 册　第 505 页

16682　论保荐人才敬注九月十二日谕旨后　《申报》　1884 年 11 月 11 日　第 25 册　第 759 页

16683　论保荐未仕人员　《申报》　1880 年 5 月 26 日　第 16 册　第 561 页

16684　论保举　《申报》　1875 年 8 月 28 日　第 7 册　第 201 页

16685　论保举　《申报》　1876 年 9 月 25 日　第 9 册　第 293 页

16686　论保举冒滥书陈御史疏后　《申报》　1883 年 1 月 6 日　第 22 册　第 29 页

16687　论保民　《申报》　1899 年 8 月 29 日　第 62 册　第 873 页

16688　论保全茶业　《申报》　1894 年 5 月 29 日　第 47 册　第 199 页

16689　论保全之实祸　《申报》　1905 年 6 月 9 日　第 80 册　第 349 页

16690　论保全属国大道　《申报》　1883 年 6 月 13 日　第 22 册　第 859 页

16691　论保人险之有益　《申报》　1896 年 10 月 26 日　第 54 册　第 349 页

16692　论保守与进取之效果　《申报》　1905 年 6 月 24 日　第 80 册　第 471 页

16693　论保土国情事　《申报》　1877 年 2 月 9 日　第 10 册　第 137 页

16694　论保险　《申报》　1899 年 4 月 27 日　第 61 册　第 727 页

16695　论保险之有益　《申报》　1893 年 10 月 27 日　第 45 册　第 375 页

16696　论保障政治自由之亟务　《大公报》　1932 年 4 月 30 日　第 107 册　第 604 页

16697　论鸨妇之很（狠）毒　《申报》　1892 年 1 月 15 日　第 40 册　第 87 页

16698　论报传英使抗议事（言论）　《民国日报》　1926 年 2 月 20 日　第 61 册　第 520

16699　论报房获谴事　《申报》　1900 年 9 月 24 日　第 66 册　第 133 页

16700　论报馆恭祝立宪　《申报》　1906 年 9 月 16 日　第 84 册　第 758 页

16701　论报纪常镇道长观察保卫间阎实事　《申报》　1898 年 4 月 17 日　第 58 册　第 641 页

16702　论报纪饬查揭帖事　《申报》　1898 年 8 月 10 日　第 59 册　第 687 页

16703　论报纪仇杀骇闻事　《申报》　1899 年 8 月 27 日　第 62 册　第 861 页

16704　论报纪断案新奇事　《申报》　1898 年 4 月 29 日　第 58 册　第 715 页

16705　论报纪匪徒掠人勒赎事　《申报》　1897 年 12 月 8 日　第 57 册　第 609 页

16706　论报纪姑苏申宦后人禀请唱玉蜻蜓弹词事　《申报》　1898 年 2 月 28 日　第 58 册　第 319 页

16707　论报纪火药肇祸事　《申报》　1898 年 2 月 16 日　第 58 册　第 245 页

16708　论报纪绞绝犯妇事　《申报》　1897 年 10 月 27 日　第 57 册　第 349 页

16709　论报纪京师羊骨作坊经官搜验人骨案　《申报》　1896 年 11 月 8 日　第 54 册　第 431 页

16710　论报纪局犯脱逃事　《申报》　1898 年 2 月 19 日　第 58 册　第 263 页

16711　论报纪两教相残事　《申报》　1901 年 7 月 23 日　第 68 册　第 499 页

16712　论报纪廪保被累事　《申报》　1896 年 7 月 18 日　第 53 册　第 507 页

16713　论报纪廪保被累事　《申报》　1896 年 7 月 22 日　第 53 册　第 533 页

16714　论报纪凌辱斯文事　《申报》　1898 年 5 月 19 日　第 59 册　第 109 页

16715　论报纪裙钗作贼女流行窃二则　《申报》　1897 年 10 月 23 日　第 57 册　第 321 页

16716　论报纪提游家丁事　《申报》　1897 年 9 月 1 日　第 57 册　第 1 页

16717　论报纪险阻备尝事　《申报》　1897 年 3 月 13 日　第 55 册　第 393 页

16718　论报纪营员债事　《申报》　1896 年 12 月 12 日　第 54 册　第 647 页

16719　论报纪云间赌害　《申报》　1896 年 7 月 15 日　第 53 册　第 485 页

16720　论报纪招考官医其法甚善宜充类行之　《申报》　1896 年 12 月 25 日　第 54 册　第 725 页

16721　论鲍爵帅奏革吸烟武员　《申报》　1881 年 5 月 19 日　第 18 册　第

529 页

16722　论爆竹宜禁　《申报》　1891 年 2 月 20 日　第 38 册　第 243 页

16723　论爆竹宜慎　《申报》　1892 年 2 月 5 日　第 40 册　第 159 页

16724　论北部战局　《大公报》　1937 年 9 月 23 日　第 139 册　第 385 页

16725　论北大脱离章部事（言论）　《民国日报》　1926 年 9 月 3 日　第 59 册　第 26 页

16726　论北大西洋军事联盟　《大公报》　1948 年 11 月 2 日　第 164 册　第 374 页

16727　论北地水灾　《申报》　1892 年 7 月 26 日　第 41 册　第 561 页

16728　论北地水灾　《申报》　1893 年 8 月 12 日　第 44 册　第 731 页

16729　论北方经济危机　《大公报》　1948 年 1 月 9 日　第 162 册　第 58 页

16730　论北方政局　《大公报》　1926 年 11 月 10 日　第 77 册　第 547 页

16731　论北京汇丰银行买办事　《大公报》　1927 年 5 月 4 日　第 79 册　第 265 页

16732　论北军南防江浙之非计　《申报》　1908 年 1 月 19 日　第 92 册　第 217 页

16733　论北宁败耗　《申报》　1884 年 3 月 16 日　第 24 册　第 401 页

16734　论北平惨案善后　《大公报》　1948 年 7 月 10 日　第 163 册　第 422 页

16735　论北平新学潮　《大公报》　1929 年 2 月 21 日　第 88 册　第 792 页

16736　论北平学潮　《民国日报》　1929 年 9 月 12 日　第 82 册　第 190 页

16737　论北事善后之难　《申报》　1900 年 9 月 15 日　第 66 册　第 81 页

16738　论北塔山事件　《中央日报》　1947 年 6 月 11 日　第 56 册　第 412 页

16739　论北线战事　《大公报》　1937 年 10 月 9 日　第 139 册　第 449 页

16740　论北洋币制　《申报》　1903 年 3 月 4 日　第 73 册　第 331 页

16741　论北洋创设铁路学堂　《申报》　1896 年 11 月 27 日　第 54 册　第 557 页

16742　论北洋创设西医学堂　《申报》　1894 年 3 月 12 日　第 46 册　第 413 页

16743　论北洋大学风潮　《民国日报》　1924 年 3 月 19 日　第 50 册　第 238 页

16744　论备款迎宾　《申报》　1891 年 3 月 4 日　第 38 册　第 311 页

16745　论本报八闽纪事之第二节　《申报》　1896 年 11 月 21 日　第 54 册　第 519 页

16746　论本报甘泉舒明府设桶收呈事　《申报》　1887 年 4 月 16 日　第 30 册　第 615 页

16747　论本报记狗熊伤孩事　《申报》　1895 年 11 月 12 日　第 51 册　第 475 页

16748　论本报纪比储出游事　《申报》　1897 年 9 月 17 日　第 57 册　第 97 页

16749　论本报纪惩儆劣妻事　《申报》　1899 年 9 月 19 日　第 63 册　第 129 页

16750　论本报纪筹增国帑事　《申报》　1899 年 7 月 31 日　第 62 册　第 681 页

16751 论本报纪观察撤任事 《申报》 1900 年 7 月 21 日 第 65 册 第 591 页

16752 论本报纪洪乔复见事 《申报》 1898 年 11 月 17 日 第 60 册 第 557 页

16753 论本报纪华亭县林大令创建劝工所事 《申报》 1901 年 3 月 22 日 第 67 册 第 435 页

16754 论本报纪假官解省事 《申报》 1899 年 11 月 18 日 第 63 册 第 549 页

16755 论本报纪奸胥劣捕事 《申报》 1899 年 1 月 22 日 第 61 册 第 127 页

16756 论本报纪金陵钱业罢市事 《申报》 1896 年 1 月 18 日 第 52 册 第 109 页

16757 论本报纪具禀不准事 《申报》 1896 年 3 月 25 日 第 52 册 第 481 页

16758 论本报纪命案述闻及汉阳命案事 《申报》 1896 年 2 月 1 日 第 52 册 第 193 页

16759 论本报纪旗兵不法事 《申报》 1901 年 3 月 5 日 第 67 册 第 331 页

16760 论本报纪日本人预防烟害事 《申报》 1899 年 7 月 11 日 第 62 册 第 541 页

16761 论本报纪日兵多病事试将中西医学推而言之 《申报》 1897 年 7 月 20 日 第 56 册 第 493 页

16762 论本报纪日人获利事 《申报》 1902 年 7 月 13 日 第 71 册 第 501 页

16763 论本报纪体恤当商事 《申报》 1897 年 3 月 23 日 第 55 册 第 461 页

16764 论本报纪暹王图治事 《申报》 1898 年 11 月 21 日 第 60 册 第 587 页

16765 论本报纪徐女殉夫事 《申报》 1896 年 8 月 27 日 第 53 册 第 765 页

16766 论本报纪巡弁通枭事 《申报》 1900 年 12 月 22 日 第 66 册 第 665 页

16767 论本报纪严查积弊事 《申报》 1900 年 2 月 17 日 第 64 册 第 253 页

16768 论本报纪严追带挡事 《申报》 1901 年 7 月 29 日 第 68 册 第 535 页

16769 论本报纪议减经费事 《申报》 1899 年 8 月 12 日 第 62 册 第 761 页

16770 论本报纪淫伶定罪事 《申报》 1899 年 8 月 1 日 第 62 册 第 689 页

16771 论本报纪银楼被骗事 《申报》 1900 年 1 月 23 日 第 64 册 第 141 页

16772 论本报纪庸医被控事 《申报》 1895 年 9 月 12 日 第 51 册 第 73 页

16773 论本报纪指官撞骗事 《申报》 1900 年 1 月 20 日 第 64 册 第 123 页

16774 论本报纪制局失铜事 《申报》 1896 年 3 月 21 日 第 52 册 第 457 页

16775 论本报纪中俄交涉事 《申报》 1900 年 7 月 24 日 第 65 册 第 609 页

16776 论本报巧思破案事 《申报》 1896 年 6 月 4 日 第 53 册 第 223 页

16777 论本报所记流氓站笼事 《申报》 1895 年 5 月 25 日 第 50 册 第 157 页

16778 论本报所记流民事 《申报》 1896 年 9 月 1 日 第 54 册 第 1 页

16779 论本报所记流民事 《申报》 1896 年 9 月 3 日 第 54 册 第 13 页

16780 论本报所记拿镠辖犯事 《申报》 1896 年 11 月 2 日 第 54 册 第

395 页

16781　论本报所纪比匪有伤事　《申报》　1900 年 3 月 26 日　第 64 册　第 495 页

16782　论本报所纪俄军赴旅事　《申报》　1898 年 1 月 17 日　第 58 册　第 91 页

16783　论本报所纪俄日备战事　《申报》　1899 年 5 月 18 日　第 62 册　第 127 页

16784　论本报所纪发封寺院事　《申报》　1900 年 12 月 11 日　第 66 册　第 599 页

16785　论本报所纪减放秋季官俸事　《申报》　1901 年 1 月 12 日　第 67 册　第 67 页

16786　论本报所纪南海吴太史禀请游历外洋事论以广之　《申报》　1902 年 1 月 29 日　第 70 册　第 169 页

16787　论本报所纪奇女子事　《申报》　1897 年 4 月 7 日　第 55 册　第 549 页

16788　论本报所纪日舰赴定及镇海设防二事　《申报》　1899 年 1 月 23 日　第 61 册　第 133 页

16789　论本报所纪倭奴无状事　《申报》　1894 年 12 月 7 日　第 48 册　第 609 页

16790　论本报所纪刑人于市事　《申报》　1896 年 11 月 28 日　第 54 册　第 563 页

16791　论本报西冷琐纪中拐匪以死孩骗货事　《申报》　1898 年 2 月 9 日　第 58 册　第 203 页

16792　论本报销数　《申报》　1877 年 2 月 10 日　第 10 册　第 141 页

16793　论本报学徒狠毒事　《申报》　1893 年 10 月 13 日　第 45 册　第 283 页

16794　论本报谣言宜禁事　《申报》　1896 年 7 月 28 日　第 53 册　第 571 页

16795　论本报译登俄人占据东三省事　《申报》　1901 年 1 月 26 日　第 67 册　第 151 页

16796　论本埠地贵　《申报》　1882 年 1 月 7 日　第 20 册　第 25 页

16797　论本埠狗禁　《申报》　1883 年 2 月 23 日　第 22 册　第 245 页

16798　论本埠抛球场失火事　《申报》　1893 年 1 月 10 日　第 43 册　第 59 页

16799　论本埠商界举行国哀　《申报》　1908 年 11 月 26 日　第 97 册　第 392 页

16800　论本埠设立华法公塾　《申报》　1886 年 3 月 10 日　第 28 册　第 365 页

16801　论本埠时景　《申报》　1883 年 6 月 22 日　第 22 册　第 913 页

16802　论本埠西人赞成推广租界事　《申报》　1909 年 3 月 26 日　第 99 册　第 357 页

16803　论本埠西人赞成推广租界事（续昨稿）　《申报》　1909 年 3 月 27 日　第 99 册　第 371 页

16804 论本朝待太监之严 《申报》 1880 年 9 月 29 日 第 17 册 第 361 页

16805 论本馆作报本意 《申报》 1875 年 10 月 11 日 第 7 册 第 349 页

16806 论本年丝事 《申报》 1885 年 10 月 13 日 第 27 册 第 639 页

16807 论逼醮恶俗 《申报》 1892 年 1 月 9 日 第 40 册 第 51 页

16808 论币原内阁 《大公报》 1945 年 10 月 8 日 第 155 册 第 430 页

16809 论币制统一 《申报》 1937 年 6 月 23 日 第 353 册 第 585 页

16810 论必保朝鲜以固东圉 《申报》 1894 年 7 月 16 日 第 47 册 第 555 页

16811 论闭货与闭银同弊 《申报》 1881 年 7 月 14 日 第 19 册 第 53 页

16812 论敝俗 《申报》 1897 年 8 月 12 日 第 56 册 第 639 页

16813 论弊俗不可长 《申报》 1890 年 7 月 29 日 第 37 册 第 181 页

16814 论避暑之法 《申报》 1890 年 7 月 3 日 第 37 册 第 15 页

16815 论避险 《申报》 1890 年 5 月 20 日 第 36 册 第 809 页

16816 论边防近势 《申报》 1883 年 9 月 1 日 第 23 册 第 375 页

16817 论边将之罪状 《申报》 1908 年 9 月 28 日 第 96 册 第 383 页

16818 论边省耗财之巨 《申报》 1909 年 4 月 24 日 第 99 册 第 779 页

16819 论编查津人 《申报》 1883 年 2 月 2 日 第 22 册 第 175 页

16820 论编辑之审慎 《申报》 1907 年 1 月 28 日 第 86 册 第 261 页

16821 论编纂光绪政要实录之重要 《申报》 1908 年 11 月 28 日 第 97 册 第 422 页

16822 论沪省举行乡会试之非宜 《申报》 1903 年 5 月 13 日 第 74 册 第 79 页

16823 论变法 《申报》 1889 年 8 月 17 日 第 35 册 第 297 页

16824 论变法不探其本之弊 《申报》 1903 年 10 月 10 日 第 75 册 第 277 页

16825 论变法不探其本之弊（续昨稿） 《申报》 1903 年 10 月 11 日 第 75 册 第 283 页

16826 论变法宜求其实 《申报》 1902 年 2 月 25 日 第 70 册 第 293 页

16827 论变法宜先划一制度 《申报》 1901 年 5 月 7 日 第 68 册 第 37 页

16828 论变法之难 《申报》 1882 年 9 月 14 日 第 21 册 第 451 页

16829 论变法自强当从考试起 《申报》 1895 年 7 月 20 日 第 50 册 第 517 页

16830 论变通解饷章程 《申报》 1894 年 1 月 23 日 第 46 册 第 145 页

16831 论变通武试宜先广设武备学堂 《申报》 1898 年 3 月 27 日 第 58 册 第 509 页

16832 论变通盐法以除私枭盗贼事 《申报》 1875 年 12 月 13 日 第 7 册 第 565 页

16833 论辨难未尝无益 《申报》 1901 年 3 月 2 日 第 67 册 第 313 页

16834　论辨难未尝无益（接前稿）　《申报》　1901 年 3 月 3 日　第 67 册　第 319 页

16835　论辨难未尝无益（接前稿）　《申报》　1901 年 3 月 4 日　第 67 册　第 325 页

16836　论标榜之害人　《申报》　1887 年 8 月 12 日　第 31 册　第 261 页

16837　论兵备　《申报》　1895 年 6 月 13 日　第 50 册　第 283 页

16838　论兵船出洋之益　《申报》　1894 年 3 月 31 日　第 46 册　第 543 页

16839　论兵船驾弁之无人　《申报》　1885 年 6 月 4 日　第 26 册　第 837 页

16840　论兵船拿获盗犯　《申报》　1891 年 2 月 5 日　第 38 册　第 203 页

16841　论兵法　《申报》　1875 年 6 月 15 日　第 6 册　第 545 页

16842　论兵工督办"令?"　《民国日报》　1923 年 3 月 28 日　第 44 册　第 372 页

16843　论兵将相习　《申报》　1883 年 8 月 13 日　第 23 册　第 261 页

16844　论兵论水师之利弊　《申报》　1895 年 2 月 13 日　第 49 册　第 217 页

16845　论兵勇事　《申报》　1874 年 9 月 9 日　第 5 册　第 243 页

16846　论兵勇异同书英将论兵后　《申报》　1884 年 1 月 19 日　第 24 册　第 109 页

16847　论兵勇滋事　《申报》　1885 年 5 月 14 日　第 26 册　第 711 页

16848　论病论药说　《申报》　1885 年 12 月 7 日　第 27 册　第 973 页

16849　论波斯国王与英人罗大立约与各利事　《申报》　1873 年 8 月 9 日　第 3 册　第 137 页

16850　论驳船违章　《申报》　1889 年 4 月 18 日　第 34 册　第 577 页

16851　论勃而加里亚近事　《申报》　1886 年 11 月 3 日　第 29 册　第 771 页

16852　论博览会有益于地方生意　《申报》　1880 年 2 月 17 日　第 16 册　第 165 页

16853　论博览会与保护贸易政策　《申报》　1910 年 4 月 11 日　第 105 册　第 658 页

16854　论博览会之有益　《申报》　1893 年 12 月 15 日　第 45 册　第 709 页

16855　论补救时局之难　《申报》　1903 年 6 月 5 日　第 74 册　第 233 页

16856　论补救市面之方法　《申报》　1910 年 10 月 14 日　第 108 册　第 689 页

16857　论捕房包探查获西教士失物事　《申报》　1880 年 10 月 2 日　第 17 册　第 373 页

16858　论捕房解犯宜有区别　《申报》　1885 年 11 月 22 日　第 27 册　第 881 页

16859　论捕房禁街上遛马　《申报》　1889 年 5 月 28 日　第 34 册　第 827 页

16860　论捕房押犯罚作苦工　《申报》　1887 年 3 月 20 日　第 30 册　第 433 页

16861　论捕房捉赌事　《申报》　1896 年 7 月 5 日　第 53 册　第 423 页

16862 论捕蝗 《申报》 1892 年 6 月 17 日 第 41 册 第 305 页

16863 论捕头办事之认真 《申报》 1896 年 10 月 2 日 第 54 册 第 195 页

16864 论捕务废弛 《申报》 1890 年 11 月 16 日 第 37 册 第 879 页

16865 论捕务废弛亟宜整顿 《申报》 1886 年 4 月 5 日 第 28 册 第 521 页

16866 论捕务宜整顿 《申报》 1879 年 4 月 19 日 第 14 册 第 369 页

16867 论捕役庇盗 《申报》 1892 年 1 月 19 日 第 40 册 第 109 页

16868 论捕役惯用私刑之弊 《申报》 1873 年 7 月 9 日 第 3 册 第 29 页

16869 论捕役通贼 《申报》 1892 年 11 月 29 日 第 42 册 第 561 页

16870 论不党主义 《民国日报》 1916 年 7 月 19 日 第 4 册 第 218 页

16871 论不废鸦片条约禁烟万无收效之理 《申报》 1911 年 4 月 9 日 第 111 册 第 625 页

16872 论不废鸦片条约禁烟万无收效之理续 《申报》 1911 年 4 月 10 日 第 111 册 第 641 页

16873 论不干涉内政 《大公报》 1927 年 6 月 3 日 第 79 册 第 505 页

16874 论不禁子弟淫荡至罹大辟事 《申报》 1872 年 7 月 26 日 第 1 册 第 293 页

16875 论不究台基 《申报》 1878 年 7 月 30 日 第 13 册 第 101 页

16876 论不列颠帝国会议 《大公报》 1937 年 6 月 12 日 第 138 册 第 608 页

16877 论不轻与俄人护照事 《申报》 1879 年 6 月 17 日 第 14 册 第 603 页

16878 论不肖官吏亟宜严惩 《申报》 1910 年 3 月 5 日 第 105 册 第 65 页

16879 论不修道路 《申报》 1880 年 1 月 17 日 第 16 册 第 65 页

16880 论不用外货之难行 《申报》 1907 年 12 月 24 日 第 91 册 第 667 页

16881 论不铸银圆宜禁造铜器 《申报》 1878 年 9 月 27 日 第 13 册 第 305 页

16882 论布国政变 《民国日报》 1924 年 2 月 28 日 第 49 册 第 682 页

16883 论步马炮兵列阵法并合用法 《申报》 1895 年 4 月 13 日 第 49 册 第 589 页

16884 论步马炮兵列阵法并合用法 《申报》 1895 年 4 月 16 日 第 49 册 第 609 页

16885 论步马炮兵列阵法并合用法 《申报》 1895 年 4 月 20 日 第 49 册 第 635 页

16886 论步马炮兵列阵法并合用法再续前稿 《申报》 1895 年 4 月 18 日 第 49 册 第 621 页

16887 论部驳报销 《申报》 1891 年 7 月 22 日 第 39 册 第 127 页

16888 论部臣拟节度支事 《申报》 1891 年 6 月 25 日 第 38 册 第 987 页

16889 论部定女学章程之因果 《申报》 1907 年 4 月 20 日 第 87 册 第

571 页

16890 论部定女学章程之因果（续初八日稿）　《申报》　1907 年 4 月 27 日　第 87 册　第 658 页

16891 论部定女学章程之因果（再续）　《申报》　1907 年 4 月 28 日　第 87 册 第 671 页

16892 论部库勾串　《申报》　1880 年 10 月 10 日　第 17 册　第 405 页

16893 论部吏　《申报》　1890 年 1 月 29 日　第 36 册　第 121 页

16894 论才　《申报》　1875 年 1 月 13 日　第 6 册　第 41 页

16895 论才与色并难　《申报》　1888 年 6 月 23 日　第 32 册　第 1041 页

16896 论财宝自尽事　《申报》　1875 年 6 月 25 日　第 6 册　第 581 页

16897 论财部撤销戒烟品专卖事（社论）　《民国日报》　1927 年 11 月 20 日 第 71 册　第 281 页

16898 论财产税　《中央日报》　1947 年 6 月 11 日　第 56 册　第 412 页

16899 论财阀解体：日本人论日本（其一）/平野义太郎（星期论文）　《大公报》　1947 年 11 月 9 日　第 161 册　第 422 页

16900 论财用　《申报》　1878 年 1 月 4 日　第 12 册　第 13 页

16901 论财政部纳贿案　《民国日报》　1917 年 4 月 19 日　第 8 册　第 574 页

16902 论财政部纳贿案：地检厅待遇商人之失当　《民国日报》　1917 年 4 月 24 日　第 8 册　第 634 页

16903 论财政的紧缩　《中央日报》　1942 年 10 月 15 日　第 46 册　第 992 页

16904 论财政改革　《大公报》　1936 年 6 月 29 日　第 132 册　第 830 页

16905 论财政经济紧急处分令/张白衣（星期论坛）　《申报》　1948 年 8 月 30 日　第 398 册　第 480 页

16906 论财政困难之结果　《申报》　1910 年 8 月 18 日　第 107 册　第 789 页

16907 论财政困难之结果续　《申报》　1910 年 8 月 21 日　第 107 册　第 838 页

16908 论裁兵为今日之必要　《申报》　1912 年 5 月 28 日　第 117 册　第 559 页

16909 论裁兵以福建条议为最善　《申报》　1896 年 2 月 19 日　第 52 册　第 267 页

16910 论裁并局务　《申报》　1880 年 1 月 15 日　第 16 册　第 57 页

16911 论裁撤兵勇事　《申报》　1897 年 5 月 28 日　第 56 册　第 167 页

16912 论裁撤门书　《申报》　1892 年 10 月 5 日　第 42 册　第 219 页

16913 论裁减勇额　《申报》　1893 年 5 月 25 日　第 44 册　第 171 页

16914 论裁节浮费　《申报》　1891 年 6 月 9 日　第 38 册　第 891 页

16915 论裁汰差使　《申报》　1887 年 4 月 9 日　第 30 册　第 573 页

16916 论裁抑使费　《申报》　1893 年 9 月 29 日　第 45 册　第 191 页

16917 论采购机器之弊　《申报》　1899 年 3 月 22 日　第 61 册　第 461 页

16918 论采炼钢铁织纺纱布 《申报》 1893 年 7 月 30 日 第 44 册 第 641 页

16919 论采煤被阻事 《申报》 1900 年 5 月 1 日 第 65 册 第 1 页

16920 论菜摊肇事 《申报》 1883 年 6 月 28 日 第 22 册 第 949 页

16921 论蔡太守拿获台基 《申报》 1890 年 8 月 28 日 第 37 册 第 379 页

16922 论蔡星使函阳学生赴日事 《申报》 1902 年 4 月 1 日 第 70 册 第 515 页

16923 论参议不通过张国淦事 《民国日报》 1916 年 12 月 31 日 第 6 册 第 722 页

16924 论参战 《申报》 1943 年 1 月 9 日 第 383 册 第 42 页

16925 论参战军王旅之祸闽：对外无诚意 对内为不欲和平 《民国日报》 1918 年 11 月 9 日 第 18 册 第 98 页

16926 论蚕桑之利 《申报》 1880 年 7 月 29 日 第 17 册 第 113 页

16927 论蚕桑之利 《申报》 1890 年 1 月 4 日 第 36 册 第 19 页

16928 论仓谷不足济灾须预使粮食流通 《申报》 1878 年 6 月 28 日 第 12 册 第 589 页

16929 论藏富于民 《申报》 1876 年 3 月 4 日 第 8 册 第 197 页

16930 论藏粮串 《申报》 1880 年 11 月 14 日 第 17 册 第 547 页

16931 论藏事之棘手 《申报》 1909 年 7 月 24 日 第 101 册 第 345 页

16932 论曹汝霖使日：别有目的 令人回想周自齐 《民国日报》 1917 年 9 月 11 日 第 11 册 第 122 页

16933 论漕粮不宜以洋轮包运 《申报》 1884 年 10 月 22 日 第 25 册 第 653 页

16934 论漕粮应时上兑可免停滞之虞 《申报》 1884 年 12 月 1 日 第 25 册 第 875 页

16935 论漕务积弊 《申报》 1885 年 3 月 16 日 第 26 册 第 373 页

16936 论漕务之弊 《申报》 1905 年 2 月 20 日 第 79 册 第 291 页

16937 论漕运驳船揽水之弊 《申报》 1888 年 8 月 1 日 第 33 册 第 217 页

16938 论策富强须求其本 《申报》 1899 年 6 月 17 日 第 62 册 第 361 页

16939 论策问时务宜先厘定书籍以便诵习征引 《申报》 1897 年 5 月 12 日 第 56 册 第 69 页

16940 论岑春莹不可不严予惩处 《申报》 1910 年 4 月 29 日 第 105 册 第 946 页

16941 论查办蠹役事 《申报》 1896 年 10 月 4 日 第 54 册 第 207 页

16942 论查办晏拿洋船海中失事案 《申报》 1876 年 5 月 5 日 第 8 册 第 409 页

16943 论查办属员 《申报》 1880 年 9 月 30 日 第 17 册 第 365 页

16944   论查封武昌教育普及社事   《申报》   1905 年 3 月 13 日   第 79 册   第 459 页

16945   论查关误毙商人案   《申报》   1881 年 3 月 10 日   第 18 册   第 245 页

16946   论查禁贩马   《申报》   1883 年 11 月 14 日   第 23 册   第 819 页

16947   论查禁军火   《申报》   1891 年 11 月 1 日   第 39 册   第 749 页

16948   论查禁小票   《申报》   1892 年 4 月 14 日   第 40 册   第 591 页

16949   论查禁洋场僧道寺院事   《申报》   1876 年 8 月 19 日   第 9 册   第 169 页

16950   论查拿哥老会党务绝根株即书昨日本报后   《申报》   1892 年 2 月 22 日   第 40 册   第 261 页

16951   论查税伤人事   《申报》   1881 年 2 月 26 日   第 18 册   第 197 页

16952   论查帖   《申报》   1892 年 11 月 4 日   第 42 册   第 409 页

16953   论查赈之不易   《申报》   1890 年 5 月 2 日   第 36 册   第 697 页

16954   论查治福事   《申报》   1873 年 11 月 6 日   第 3 册   第 441 页

16955   论茶务   《申报》   1897 年 8 月 3 日   第 56 册   第 583 页

16956   论茶务   《申报》   1897 年 8 月 5 日   第 56 册   第 597 页

16957   论茶务可望转机   《申报》   1891 年 5 月 14 日   第 38 册   第 733 页

16958   论察绥两省府改组   《民国日报》   1946 年 10 月 16 日   第 99 册   第 213 页

16959   论差弊   《申报》   1892 年 1 月 14 日   第 40 册   第 83 页

16960   论差少人多   《申报》   1879 年 6 月 27 日   第 14 册   第 643 页

16961   论差提宜慎   《申报》   1881 年 9 月 1 日   第 19 册   第 249 页

16962   论差委掣签   《申报》   1879 年 12 月 14 日   第 15 册   第 665 页

16963   论差役之贪很   《申报》   1887 年 9 月 7 日   第 31 册   第 421 页

16964   论差账   《申报》   1879 年 6 月 3 日   第 14 册   第 547 页

16965   论拆城之程度不到   《申报》   1908 年 7 月 30 日   第 95 册   第 400 页

16966   论长春之守   《中央日报》   1948 年 10 月 23 日   第 60 册   第 404 页

16967   论长江防务可争先著   《申报》   1884 年 9 月 7 日   第 25 册   第 405 页

16968   论长江设兵轮   《申报》   1885 年 12 月 26 日   第 27 册   第 1087 页

16969   论长江水师当与海军并重   《申报》   1886 年 4 月 4 日   第 28 册   第 515 页

16970   论长江宜定船式   《申报》   1889 年 9 月 16 日   第 35 册   第 481 页

16971   论长乐匪乱事   《申报》   1899 年 1 月 29 日   第 61 册   第 169 页

16972   论长门管发饷事   《申报》   1887 年 6 月 24 日   第 30 册   第 1049 页

16973   论长崎近事   《申报》   1886 年 8 月 22 日   第 29 册   第 319 页

16974   论长崎近事   《申报》   1886 年 8 月 29 日   第 29 册   第 361 页

16975   论长设领事书   《申报》   1877 年 4 月 23 日   第 10 册   第 361 页

16976 论长兴按口申粮 《申报》 1880 年 5 月 24 日 第 16 册 第 553 页

16977 论常徽奏请惩办吴徐两女士事 《申报》 1908 年 10 月 14 日 第 96 册 第 624 页

16978 论常平社义等仓宜令绅富管理 《申报》 1877 年 5 月 12 日 第 10 册 第 429 页

16979 论常州复选监督对于选举诉讼之失当 《申报》 1909 年 5 月 6 日 第 100 册 第 72 页

16980 论倡设筹还国债会之必要 《申报》 1909 年 12 月 19 日 第 103 册 第 786 页

16981 论倡设筹还国债会之必要（续） 《申报》 1909 年 12 月 21 日 第 103 册 第 821 页

16982 论倡设筹还国债会之必要（再续） 《申报》 1909 年 12 月 23 日 第 103 册 第 857 页

16983 论朝气 《中央日报》 1931 年 1 月 7 日 第 13 册 第 35 页

16984 论朝鲜 《申报》 1895 年 1 月 16 日 第 49 册 第 89 页

16985 论朝鲜大局 《申报》 1894 年 8 月 13 日 第 47 册 第 747 页

16986 论朝鲜贷银事 《申报》 1886 年 2 月 25 日 第 28 册 第 287 页

16987 论朝鲜党祸未已 《申报》 1885 年 1 月 1 日 第 26 册 第 1 页

16988 论朝鲜独立 《大公报》 1943 年 10 月 12 日 第 151 册 第 458 页

16989 论朝鲜拐卖事 《申报》 1893 年 5 月 20 日 第 44 册 第 135 页

16990 论朝鲜近事 《申报》 1883 年 8 月 15 日 第 23 册 第 273 页

16991 论朝鲜禁坐轮船 《申报》 1881 年 6 月 23 日 第 18 册 第 669 页

16992 论朝鲜起大商社事 《申报》 1893 年 10 月 7 日 第 45 册 第 243 页

16993 论朝鲜实与东北相维系 《申报》 1894 年 8 月 7 日 第 47 册 第 705 页

16994 论朝鲜政刑有亟宜变革者 《申报》 1884 年 3 月 3 日 第 24 册 第 323 页

16995 论朝议起用废员问题 《申报》 1909 年 4 月 30 日 第 99 册 第 864 页

16996 论朝政之宽大 《申报》 1886 年 12 月 15 日 第 29 册 第 1031 页

16997 论潮海关谕加米捐事 《申报》 1886 年 6 月 22 日 第 28 册 第 999 页

16998 论潮郡风俗远不如前 《申报》 1889 年 10 月 20 日 第 35 册 第 691 页

16999 论潮州风俗 《申报》 1890 年 2 月 21 日 第 36 册 第 259 页

17000 论车夫苦况 《申报》 1882 年 5 月 8 日 第 20 册 第 593 页

17001 论车逻镇厘卡滋事 《申报》 1881 年 6 月 4 日 第 18 册 第 593 页

17002 论车书之盛 《申报》 1887 年 9 月 21 日 第 31 册 第 513 页

17003 论车照拍卖归一人经理事 《申报》 1882 年 4 月 27 日 第 20 册 第 527 页

17004　论撤兵太速　《申报》　1884 年 8 月 8 日　第 25 册　第 229 页

17005　论陈景仁与于式枚　《申报》　1908 年 7 月 27 日　第 95 册　第 357 页

17006　论陈侍御请禁非刑事　《申报》　1875 年 8 月 2 日　第 7 册　第 109 页

17007　论陈司马会县续勘吴淞马路工程事　《申报》　1873 年 1 月 13 日　第 2 册　第 41 页

17008　论陈孝女刲臂疗亲事　《申报》　1891 年 7 月 19 日　第 39 册　第 109 页

17009　论陈竹坪全人骨肉事　《申报》　1886 年 3 月 29 日　第 28 册　第 479 页

17010　论成□呈辨事　《申报》　1874 年 12 月 8 日　第 5 册　第 551 页

17011　论成都的不幸事件　《申报》　1936 年 8 月 29 日　第 343 册　第 739 页

17012　论成见之不易破　《申报》　1892 年 3 月 9 日　第 40 册　第 357 页

17013　论呈词格式　《申报》　1879 年 9 月 2 日　第 15 册　第 253 页

17014　论呈进殿样　《申报》　1893 年 9 月 13 日　第 45 册　第 81 页

17015　论呈请再难事　《申报》　1875 年 1 月 7 日　第 6 册　第 21 页

17016　论承办包捐之必须得人　《申报》　1906 年 8 月 13 日　第 84 册　第 425 页

17017　论诚信　《大公报》　1930 年 4 月 6 日　第 95 册　第 580 页

17018　论城河竹排拥塞　《申报》　1879 年 9 月 3 日　第 15 册　第 257 页

17019　论城门稽查委员可以裁撤　《申报》　1879 年 5 月 12 日　第 14 册　第 457 页

17020　论城市不可停厝棺柩　《申报》　1878 年 12 月 3 日　第 13 册　第 533 页

17021　论城守之重江西城防改章示后　《申报》　1881 年 10 月 20 日　第 19 册　第 445 页

17022　论城厢宜仿租界清理之法　《申报》　1874 年 5 月 15 日　第 4 册　第 439 页

17023　论城中草房易致火患　《申报》　1882 年 5 月 3 日　第 20 册　第 563 页

17024　论城中驰马　《申报》　1882 年 10 月 28 日　第 21 册　第 715 页

17025　论惩办串客　《申报》　1892 年 7 月 22 日　第 41 册　第 535 页

17026　论惩办台基嫌于轻纵　《申报》　1882 年 4 月 29 日　第 20 册　第 539 页

17027　论惩办台基之法　《申报》　1882 年 4 月 4 日　第 20 册　第 389 页

17028　论惩犯妇事　《申报》　1889 年 8 月 15 日　第 35 册　第 285 页

17029　论惩匪之法莫善于刺面　《申报》　1894 年 1 月 12 日　第 46 册　第 73 页

17030　论惩贪　《大公报》　1929 年 4 月 24 日　第 89 册　第 868 页

17031　论惩烟妓　《申报》　1881 年 6 月 19 日　第 18 册　第 653 页

17032　论惩治流氓不可不严　《申报》　1896 年 11 月 22 日　第 54 册　第 525 页

17033　论惩治凶恶宜用严法　《申报》　1904 年 10 月 18 日　第 78 册　第 319 页

17034　论澄清吏治之难　《申报》　1902 年 5 月 8 日　第 71 册　第 53 页

17035　论澄清行政　《大公报》　1932 年 11 月 27 日　第 111 册　第 316 页

17036　论吃斋发癫　《申报》　1881 年 6 月 12 日　第 18 册　第 625 页

17037　论笞责舟师事　《申报》　1875 年 12 月 11 日　第 7 册　第 561 页

17038　论赤字金融　《大公报》　1947 年 12 月 8 日　第 161 册　第 598 页

17039　论饬护藏经及捐赀修庙事　《申报》　1903 年 12 月 1 日　第 75 册　第 637 页

17040　论饬取考语　《申报》　1880 年 11 月 2 日　第 17 册　第 497 页

17041　论饬习验尸　《申报》　1899 年 5 月 6 日　第 62 册　第 39 页

17042　论春坎炮足以制胜　《申报》　1880 年 9 月 10 日　第 17 册　第 285 页

17043　论崇将军变通奉天吏治章程　《申报》　1876 年 2 月 17 日　第 8 册　第 141 页

17044　论崇礼屠城　《中央日报》　1947 年 1 月 6 日　第 55 册　第 76 页

17045　论崇星使被谴　《申报》　1880 年 2 月 4 日　第 16 册　第 137 页

17046　论宠妾蔑妻事　《申报》　1891 年 1 月 30 日　第 38 册　第 175 页

17047　论抽箔捐充学费事　《申报》　1905 年 5 月 4 日　第 80 册　第 25 页

17048　论抽查兵伍　《申报》　1891 年 4 月 2 日　第 38 册　第 481 页

17049　论抽捐修堤书张制军谭中丞奏折后　《申报》　1891 年 4 月 1 日　第 38 册　第 475 页

17050　论抽提运费事　《申报》　1901 年 11 月 11 日　第 69 册　第 441 页

17051　论筹办地方自治与设立自治研究所之关系　《申报》　1909 年 6 月 27 日　第 100 册　第 823 页

17052　论筹办审判厅之必要　《申报》　1909 年 10 月 31 日　第 102 册　第 912 页

17053　论筹备地方自制之必要　《申报》　1910 年 1 月 31 日　第 104 册　第 542 页

17054　论筹备地方自制之必要（续）　《申报》　1910 年 2 月 1 日　第 104 册　第 560 页

17055　论筹备立宪当先整肃纪纲　《申报》　1910 年 8 月 26 日　第 107 册　第 917 页

17056　论筹备立宪当先整肃纪纲续　《申报》　1910 年 8 月 27 日　第 107 册　第 934 页

17057　论筹备宪政必以改良教育为起点　《申报》　1909 年 10 月 16 日　第 102 册　第 674 页

17058　论筹备宪政必以改良教育为起点（一续）　《申报》　1909 年 10 月 17 日　第 102 册　第 690 页

17059　论筹备宪政必以改良教育为起点（二续）　《申报》　1909 年 10 月 18 日

第 102 册　第 706 页

17060　论筹备宪政必以改良教育为起点（三续）　《申报》　1909 年 10 月 19 日

第 102 册　第 720 页

17061　论筹备宪政必以改良教育为起点（四续）　《申报》　1909 年 10 月 20 日

第 102 册　第 736 页

17062　论筹备宪政必以改良教育为起点（五续）　《申报》　1909 年 10 月 21 日

第 102 册　第 752 页

17063　论筹备宪政必以改良教育为起点（六续）　《申报》　1909 年 10 月 22 日

第 102 册　第 768 页

17064　论筹边　《申报》　1880 年 12 月 23 日　第 17 册　第 701 页

17065　论筹兵　《申报》　1880 年 12 月 16 日　第 17 册　第 673 页

17066　论筹船　《申报》　1880 年 12 月 22 日　第 17 册　第 697 页

17067　论筹地方自卫武力经费　《中央日报》　1948 年 3 月 12 日　第 58 册　第
630 页

17068　论筹购机器以开垦荒田　《申报》　1877 年 2 月 20 日　第 10 册　第
149 页

17069　论筹海　《申报》　1880 年 12 月 26 日　第 17 册　第 713 页

17070　论筹和　《申报》　1881 年 1 月 2 日　第 18 册　第 5 页

17071　论筹画海军　《申报》　1902 年 1 月 28 日　第 70 册　第 163 页

17072　论筹将　《申报》　1880 年 12 月 14 日　第 17 册　第 665 页

17073　论筹捐助赈之难　《申报》　1882 年 7 月 21 日　第 21 册　第 121 页

17074　论筹款　《申报》　1904 年 8 月 5 日　第 77 册　第 647 页

17075　论筹款不当专注意于盐税　《申报》　1909 年 3 月 21 日　第 99 册　第
287 页

17076　论筹买洋米以裕西北赈粮而免东南缺食事　《申报》．　1878 年 2 月 25 日
第 12 册　第 165 页

17077　论筹守　《申报》　1880 年 12 月 31 日　第 17 册　第 733 页

17078　论筹饷　《申报》　1880 年 12 月 18 日　第 17 册　第 681 页

17079　论筹饷　《申报》　1899 年 8 月 5 日　第 62 册　第 715 页

17080　论筹械　《申报》　1880 年 12 月 20 日　第 17 册　第 689 页

17081　论筹议练兵事　《申报》　1904 年 6 月 29 日　第 77 册　第 403 页

17082　论筹战　《申报》　1880 年 12 月 29 日　第 17 册　第 725 页

17083　论筹赈放赈同一不易　《申报》　1891 年 1 月 21 日　第 38 册　第 125 页

17084　论筹赈近状　《申报》　1884 年 3 月 12 日　第 24 册　第 377 页

17085　论筹赈救灾　《申报》　1935 年 8 月 9 日　第 331 册　第 219 页

17086　论筹赈尚无了期　《申报》　1890 年 7 月 25 日　第 37 册　第 157 页

17087　论酬神宜禁淫戏　《申报》　1892 年 12 月 4 日　第 42 册　第 593 页

17088　论出使　《申报》　1877 年 11 月 8 日　第 11 册　第 449 页

17089　论出使外国各员俸银　《申报》　1876 年 12 月 1 日　第 9 册　第 525 页

17090　论出使须求真才　《申报》　1893 年 2 月 12 日　第 43 册　第 255 页

17091　论出洋　《大公报》　1929 年 5 月 7 日　第 90 册　第 100 页

17092　论出洋大臣回国后之希望　《申报》　1906 年 7 月 16 日　第 84 册　第 147 页

17093　论出洋大臣之尚其亨　《申报》　1906 年 4 月 26 日　第 83 册　第 251 页

17094　论出洋华民必须设法保护　《申报》　1898 年 6 月 24 日　第 59 册　第 349 页

17095　论出洋华民宜崇圣教　《申报》　1898 年 11 月 19 日　第 60 册　第 573 页

17096　论出洋华民之难　《申报》　1893 年 6 月 11 日　第 44 册　第 295 页

17097　论出洋谋生之苦　《申报》　1877 年 12 月 8 日　第 11 册　第 553 页

17098　论出洋人员宜郑重遴选优加薪水　《申报》　1899 年 6 月 23 日　第 62 册　第 409 页

17099　论出洋为官之难　《申报》　1877 年 11 月 29 日　第 11 册　第 521 页

17100　论出洋学徒宜赴英京　《申报》　1873 年 6 月 19 日　第 2 册　第 557 页

17101　论出洋肆业的当遣工匠　《申报》　1887 年 5 月 15 日　第 30 册　第 793 页

17102　论出于战必持之以久　《申报》　1894 年 7 月 24 日　第 47 册　第 609 页

17103　论初度之戊申年　《申报》　1908 年 2 月 6 日　第 92 册　第 347 页

17104　论除暴安良不能无权利　《申报》　1896 年 12 月 23 日　第 54 册　第 713 页

17105　论除暴之难　《申报》　1891 年 4 月 15 日　第 38 册　第 559 页

17106　论储才　《申报》　1894 年 12 月 13 日　第 48 册　第 645 页

17107　论储才必期核实　《申报》　1895 年 7 月 12 日　第 50 册　第 467 页

17108　论储才必期核实　《申报》　1895 年 7 月 19 日　第 50 册　第 511 页

17109　论储材先宜借材　《申报》　1885 年 10 月 25 日　第 27 册　第 713 页

17110　论储器储材宜分缓急　《申报》　1885 年 11 月 6 日　第 27 册　第 785 页

17111　论储蓄银行法　《中央日报》　1931 年 3 月 6 日　第 13 册　第 751 页

17112　论楚北抽丝之车均宜改小以便畅销事　《申报》　1876 年 2 月 29 日　第 8 册　第 181 页

17113　论楚军杀戮太甚　《申报》　1881 年 12 月 11 日　第 19 册　第 653 页

17114　论处境　《申报》　1873 年 12 月 8 日　第 3 册　第 549 页

17115　论处困　《申报》　1892 年 11 月 23 日　第 42 册　第 525 页

17116　论处理敌人产业物资　《大公报》　1945 年 12 月 12 日　第 155 册　第

704 页

17117   论处世贵有知人之明   《申报》   1891 年 1 月 16 日   第 38 册   第 95 页

17118   论处置地棍   《申报》   1893 年 3 月 15 日   第 43 册   第 411 页

17119   论处置高丽   《申报》   1888 年 5 月 13 日   第 32 册   第 761 页

17120   论处置日本经济   《大公报》   1945 年 9 月 22 日   第 155 册   第 360 页

17121   论处置战国逃舰之难   《申报》   1904 年 8 月 26 日   第 77 册   第 797 页

17122   论川东设立洋务学塾   《申报》   1892 年 8 月 28 日   第 41 册   第 779 页

17123   论川匪亟宜剿办   《申报》   1898 年 10 月 8 日   第 60 册   第 269 页

17124   论川军   《大公报》   1935 年 1 月 24 日   第 124 册   第 360 页

17125   论川路之乱源   《申报》   1911 年 9 月 21 日   第 114 册   第 360 页

17126   论川乱之将来   《申报》   1911 年 9 月 23 日   第 114 册   第 392 页

17127   论川事   《民国日报》   1917 年 4 月 23 日   第 8 册   第 622 页

17128   论川盐官运   《申报》   1879 年 7 月 11 日   第 15 册   第 41 页

17129   论川粤匪乱   《申报》   1902 年 10 月 14 日   第 72 册   第 295 页

17130   论川战   《申报》   1932 年 11 月 16 日   第 298 册   第 403 页

17131   论传记之学/程沧波（星期论文）   《大公报》   1944 年 1 月 30 日   第 152 册   第 128 页

17132   论传教事   《申报》   1874 年 6 月 1 日   第 4 册   第 495 页

17133   论传教源流辩   《申报》   1874 年 6 月 2 日   第 4 册   第 499 页

17134   论传闻中的币制改革/戴世光（专论）   《申报》   1948 年 6 月 24 日   第 397 册   第 704 页

17135   论传闻中国将有开矿之举与用通西学之人两事   《申报》   1875 年 7 月 1 日   第 7 册   第 1 页

17136   论船帮滋事   《申报》   1880 年 12 月 3 日   第 17 册   第 621 页

17137   论船价参差   《申报》   1880 年 9 月 18 日   第 17 册   第 317 页

17138   论船局命案   《申报》   1882 年 8 月 21 日   第 21 册   第 307 页

17139   论船上用人不足恃   《申报》   1881 年 1 月 10 日   第 18 册   第 37 页

17140   论船政局汰员节费事   《申报》   1889 年 4 月 24 日   第 34 册   第 613 页

17141   论船政局汰员节费事   《申报》   1889 年 4 月 26 日   第 34 册   第 625 页

17142   论船主控招商局朱太守案了结事   《申报》   1873 年 7 月 22 日   第 3 册   第 73 页

17143   论创办电线本意   《申报》   1881 年 6 月 15 日   第 18 册   第 637 页

17144   论创会   《申报》   1881 年 3 月 9 日   第 18 册   第 241 页

17145   论创设疯院以救疯人之苦   《申报》   1895 年 11 月 16 日   第 51 册   第 503 页

17146   论创设华洋书信馆之利   《申报》   1878 年 9 月 11 日   第 13 册   第

249 页

17147　论创设乡团之害　《申报》　1900 年 10 月 24 日　第 66 册　第 313 页

17148　论创兴制造　《申报》　1888 年 8 月 8 日　第 33 册　第 263 页

17149　论创行议院事　《申报》　1874 年 6 月 17 日　第 4 册　第 555 页

17150　论创造新器给札专利之善　《申报》　1898 年 8 月 28 日　第 59 册　第 819 页

17151　论春困　《申报》　1892 年 3 月 31 日　第 40 册　第 501 页

17152　论淳化事件并附述我们对国事的意见　《大公报》　1945 年 8 月 3 日　第 155 册　第 144 页

17153　论醇亲王出使德国于中国变法大有裨益　《申报》　1901 年 7 月 16 日　第 68 册　第 457 页

17154　论醇王贤德　《申报》　1901 年 7 月 31 日　第 68 册　第 547 页

17155　论慈利县因污秽学堂撤任事　《申报》　1905 年 6 月 14 日　第 80 册　第 389 页

17156　论此两礼拜内湖丝市情　《申报》　1872 年 10 月 12 日　第 1 册　第 561 页

17157　论刺腹鸣冤　《申报》　1880 年 8 月 22 日　第 17 册　第 209 页

17158　论从一之义　《申报》　1880 年 12 月 19 日　第 17 册　第 685 页

17159　论催科滋扰　《申报》　1892 年 12 月 19 日　第 42 册　第 689 页

17160　论存储火药宜筹善全之法　《申报》　1903 年 8 月 15 日　第 74 册　第 745 页

17161　论存古学堂改良之难　《申报》　1909 年 5 月 15 日　第 100 册　第 198 页

17162　论搭浪苏阿利事　《申报》　1896 年 1 月 8 日　第 52 册　第 47 页

17163　论达拉第外交　《申报》　1939 年 3 月 7 日　第 362 册　第 566 页

17164　论达赖喇嘛与西藏之关系　《申报》　1908 年 10 月 4 日　第 96 册　第 474 页

17165　论达赖喇嘛与西藏之关系（续）　《申报》　1908 年 10 月 7 日　第 96 册　第 520 页

17166　论大臣小臣之别　《申报》　1893 年 3 月 1 日　第 43 册　第 327 页

17167　论大地九州之外复有九州　《申报》　1892 年 9 月 11 日　第 42 册　第 65 页

17168　论大法官会议　《中央日报》　1948 年 9 月 28 日　第 60 册　第 210 页

17169　论大法官提名　《中央日报》　1948 年 6 月 16 日　第 59 册　第 396 页

17170　论大工无关灾象　《申报》　1889 年 10 月 2 日　第 35 册　第 581 页

17171　论大沽筑港　《大公报》　1945 年 12 月 25 日　第 155 册　第 756 页

17172　论大祲之后宜防疫疠　《申报》　1893 年 6 月 9 日　第 44 册　第 283 页

17173 论大吏甄别属员 《申报》 1880年11月29日 第17册 第605页

17174 论大吏遵甘肃人前驳邓御史谏用张前督疏 《申报》 1880年7月6日
第17册 第21页

17175 论大麻疯恶疾 《申报》 1873年3月28日 第2册 第273页

17176 论大闹公堂 《申报》 1885年5月31日 第26册 第813页

17177 论大赦政治犯 《申报》 1936年8月25日 第343册 第636页

17178 论大小盐枭 《申报》 1889年10月18日 第35册 第679页

17179 论大学毕业生下乡/罗季荣（星期论文） 《大公报》 1948年8月1日
第163册 第554页

17180 论大学教育十年计划/胡先骕（专论） 《申报》 1947年9月25日 第
394册 第876页

17181 论大学教育之特殊性/陈安仁（星期论文） 《大公报》 1942年7月5日
第149册 第18页

17182 论大学教育之危机/杨人楩（星期论文） 《大公报》 1942年12月6日
第149册 第686页

17183 论大学教员被摈一事 《民国日报》 1919年3月8日 第20册 第
84页

17184 论大学生的选择/陈方屏（星期论文） 《大公报》 1939年9月17日
第143册 第66页

17185 论大学生征任译员 《中央日报》 1944年2月9日 第49册 第188页

17186 论大烟馆装饰均无文雅之致 《申报》 1872年11月1日 第1册 第
629页

17187 论大员宜勤接宾客以周知庶事 《申报》 1898年6月2日 第59册 第
199页

17188 论大自来火与电灯之异 《申报》 1883年2月4日 第22册 第183页

17189 论代表复电之谬 《申报》 1908年3月15日 第93册 第172页

17190 论待台员之道 《申报》 1882年4月12日 第20册 第437页

17191 论贷款之宜踊跃 《申报》 1894年12月22日 第48册 第699页

17192 论逮捕记者 《大公报》 1947年6月11日 第160册 第262页

17193 论戴少司农奏设宣谕教化使 《申报》 1902年8月9日 第71册 第
685页

17194 论丹国人欧信源买办事 《申报》 1872年8月31日 第1册 第417页

17195 论丹徒县赋额独重 《申报》 1889年7月12日 第35册 第71页

17196 论丹徒严惩幼童赌博事 《申报》 1891年2月25日 第38册 第
271页

17197 论单级教授之急宜推广 《申报》 1910年3月7日 第105册 第97页

17198 论单级教授之急宜推广（续） 《申报》 1910 年 3 月 8 日 第 105 册 第 113 页

17199 论弹劾人员不准呈办事 《申报》 1876 年 3 月 7 日 第 8 册 第 205 页

17200 论当乘机进捣日本 《申报》 1894 年 8 月 27 日 第 47 册 第 841 页

17201 论当道宜扩充格致书院以兴西学 《申报》 1896 年 3 月 23 日 第 52 册 第 469 页

17202 论当仿西法兴矿物 《申报》 1887 年 3 月 21 日 第 30 册 第 439 页

17203 论当合力防俄 《申报》 1887 年 5 月 29 日 第 30 册 第 881 页

17204 论当缉盗贼而整风俗 《申报》 1887 年 5 月 8 日 第 30 册 第 749 页

17205 论当牛善政 《申报》 1882 年 9 月 19 日 第 21 册 第 481 页

17206 论当铺章程 《申报》 1889 年 2 月 27 日 第 34 册 第 271 页

17207 论当前军事形势 《中央日报》 1948 年 11 月 10 日 第 60 册 第 542 页

17208 论当前物价并评币制改革/罗志如（专论） 《申报》 1948 年 9 月 20 日 第 398 册 第 640 页

17209 论当前中国经济问题/方显廷（星期论文） 《大公报》 1947 年 7 月 13 日 第 160 册 第 462 页

17210 论当实力以通洋务 《申报》 1896 年 4 月 27 日 第 52 册 第 685 页

17211 论党 《大公报》 1939 年 1 月 25 日 第 142 册 第 98 页

17212 论党化大学（言论） 《民国日报》 1925 年 2 月 12 日 第 55 册 第 440 页

17213 论"党团退出学校" 《民国日报》 1946 年 11 月 26 日 第 99 册 第 379 页

17214 论党务 《大公报》 1930 年 11 月 10 日 第 99 册 第 112 页

17215 论党员应加紧工作 《中央日报》 1931 年 2 月 22 日 第 13 册 第 603 页

17216 论刀环记略述 《申报》 1872 年 11 月 13 日 第 1 册 第 669 页

17217 论岛迟国用兵原起 《申报》 1886 年 5 月 15 日 第 28 册 第 761 页

17218 论岛匪 《申报》 1880 年 11 月 15 日 第 17 册 第 551 页

17219 论倒账 《申报》 1878 年 10 月 24 日 第 13 册 第 397 页

17220 论倒账当立严办专条 《申报》 1883 年 11 月 9 日 第 23 册 第 789 页

17221 论盗 《申报》 1876 年 11 月 22 日 第 9 册 第 493 页

17222 论盗风 《申报》 1874 年 12 月 18 日 第 5 册 第 587 页

17223 论盗风又炽 《申报》 1896 年 5 月 14 日 第 53 册 第 85 页

17224 论盗劫帆船事 《申报》 1902 年 1 月 22 日 第 70 册 第 127 页

17225 论盗劫官署 《申报》 1891 年 9 月 3 日 第 39 册 第 393 页

17226 论盗劫官衙 《申报》 1880 年 6 月 7 日 第 16 册 第 609 页

17227   论盗劫县衙   《申报》   1880 年 7 月 31 日   第 17 册   第 121 页

17228   论盗劫新闻无奇不有   《申报》   1877 年 7 月 9 日   第 11 册   第 25 页

17229   论盗卖火药   《申报》   1889 年 9 月 12 日   第 35 册   第 457 页

17230   论道德心与科学之关系宜亟谋德育以防人民日即于非行：尚贤堂来稿代论
《申报》   1906 年 11 月 19 日   第 85 册   第 433 页

17231   论道教   《申报》   1893 年 4 月 23 日   第 43 册   第 673 页

17232   论道路工程宜固   《申报》   1880 年 4 月 25 日   第 16 册   第 437 页

17233   论道宪饬阻租界中新设女狱事   《申报》   1904 年 12 月 6 日   第 78 册
第 659 页

17234   论道宪考取医论宜明教刊行   《申报》   1873 年 6 月 27 日   第 2 册   第
585 页

17235   论道宪劝谕上海习种蚕桑事   《申报》   1873 年 2 月 24 日   第 2 册   第
161 页

17236   论德奥问题   《大公报》   1938 年 3 月 14 日   第 140 册   第 307 页

17237   论德奥意三国联盟   《申报》   1902 年 6 月 8 日   第 71 册   第 263 页

17238   论德弁被伤及自强军移驻吴淞口事   《申报》   1896 年 6 月 14 日   第 53
册   第 289 页

17239   论德法设有兵争有碍于中国丝市   《申报》   1887 年 2 月 3 日   第 30 册
第 157 页

17240   论德国反犹运动   《申报》   1935 年 8 月 10 日   第 331 册   第 242 页

17241   论德国归还胶州湾事   《申报》   1907 年 8 月 13 日   第 89 册   第 521 页

17242   论德国皇侄孙来华   《申报》   1887 年 3 月 12 日   第 30 册   第 381 页

17243   论德国渐思恢张霸权   《申报》   1898 年 9 月 22 日   第 60 册   第 155 页

17244   论德国精于制造   《申报》   1894 年 4 月 9 日   第 46 册   第 603 页

17245   论德国拟开河道   《申报》   1886 年 5 月 6 日   第 28 册   第 707 页

17246   论德国商务   《申报》   1899 年 10 月 30 日   第 63 册   第 415 页

17247   论德国售酒渐少   《申报》   1894 年 1 月 16 日   第 46 册   第 101 页

17248   论德国政潮   《中央日报》   1932 年 9 月 19 日   第 19 册   第 394 页

17249   论德领事审结德人惨杀华兵事   《申报》   1905 年 3 月 21 日   第 79 册
第 529 页

17250   论德前相俾斯麦克之亡关系欧洲大局   《申报》   1898 年 8 月 5 日   第 59
册   第 653 页

17251   论德人要挟事   《申报》   1897 年 11 月 29 日   第 57 册   第 555 页

17252   论德人有久据胶州湾之意   《申报》   1897 年 12 月 12 日   第 57 册   第
633 页

17253   论德人在吴淞敷设海线事   《申报》   1905 年 3 月 18 日   第 79 册   第

505 页

17254 论德人占据胶州湾微露声东击西之计 《申报》 1897 年 12 月 6 日 第 57 册 第 597 页

17255 论德使防禁军火 《申报》 1893 年 1 月 1 日 第 43 册 第 1 页

17256 论德使回文不准转商请罢堵口之议 《申报》 1884 年 10 月 3 日 第 25 册 第 551 页

17257 论德苏战争及其趋势 《申报》 1943 年 8 月 12 日 第 384 册 第 351 页

17258 论德相谋国 《申报》 1894 年 3 月 22 日 第 46 册 第 483 页

17259 论德员教习自强军因及其兵制 《申报》 1896 年 7 月 31 日 第 53 册 第 593 页

17260 论德中丞破格招军事 《申报》 1894 年 12 月 9 日 第 48 册 第 621 页

17261 论敌势的衰竭 《中央日报》 1939 年 6 月 7 日 第 42 册 第 106 页

17262 论邸抄所载各省奏覆京控之案 《申报》 1875 年 7 月 15 日 第 7 册 第 49 页

17263 论抵制美货运动 《中央日报》 1947 年 2 月 11 日 第 55 册 第 474 页

17264 论抵制美约之结果 《申报》 1905 年 8 月 2 日 第 80 册 第 785 页

17265 论地保 《申报》 1879 年 8 月 18 日 第 15 册 第 193 页

17266 论地保兼及德清新市案 《申报》 1880 年 12 月 4 日 第 17 册 第 625 页

17267 论地保日增 《申报》 1893 年 9 月 28 日 第 45 册 第 183 页

17268 论地方财政 《大公报》 1946 年 12 月 23 日 第 158 册 第 542 页

17269 论地方分权与地方自治之不可混同 《申报》 1912 年 8 月 11 日 第 118 册 第 411 页

17270 论地方附捐支配之方法 《申报》 1910 年 4 月 3 日 第 105 册 第 530 页

17271 论地方公事均宜与绅耆合办 《申报》 1877 年 10 月 23 日 第 11 册 第 393 页

17272 论地方官宜明交涉之道 《申报》 1903 年 10 月 29 日 第 75 册 第 413 页

17273 论地方官宜注重女子教育 《申报》 1906 年 5 月 14 日 第 83 册 第 427 页

17274 论地方官之难 《申报》 1883 年 1 月 8 日 第 22 册 第 41 页

17275 论地方设立息讼公所事 《申报》 1906 年 5 月 22 日 第 83 册 第 505 页

17276 论地方绅士之害 《申报》 1901 年 2 月 27 日 第 67 册 第 295 页

17277 论地方行政 《大公报》 1930 年 12 月 17 日 第 99 册 第 556 页

17278   论地方衙门以站笼诛根徒   《申报》   1879 年 2 月 10 日   第 14 册   第 117 页

17279   论地方宜设善处灾民之法   《申报》   1876 年 6 月 23 日   第 8 册   第 577 页

17280   论地方之害   《申报》   1883 年 1 月 28 日   第 22 册   第 153 页

17281   论地方自制与户籍法之关系   《申报》   1910 年 3 月 23 日   第 105 册   第 354 页

17282   论地方自制之障碍   《申报》   1910 年 8 月 25 日   第 107 册   第 901 页

17283   论地方自制之执行机关及其比较   《申报》   1910 年 4 月 18 日   第 105 册   第 770 页

17284   论地方自制之执行机关及其比较（续）   《申报》   1910 年 4 月 20 日   第 105 册   第 802 页

17285   论地方自制之执行机关及其比较（再续）   《申报》   1910 年 4 月 21 日   第 105 册   第 818 页

17286   论地方自治   《申报》   1907 年 12 月 14 日   第 91 册   第 547 页

17287   论地方自治（续）   《申报》   1907 年 12 月 15 日   第 91 册   第 559 页

17288   论地方自治第一次经费之难筹   《申报》   1909 年 8 月 4 日   第 101 册   第 505 页

17289   论地方自治第一次经费之难筹（续）   《申报》   1909 年 8 月 5 日   第 101 册   第 521 页

17290   论地方自治第一次经费之难筹（二续）   《申报》   1909 年 8 月 7 日   第 101 册   第 552 页

17291   论地方自治经费宜速明定权限   《申报》   1909 年 10 月 12 日   第 102 册   第 612 页

17292   论地方自治事项：省县自治通则草案评介之三   《中央日报》   1947 年 12 月 24 日   第 57 册   第 1172 页

17293   论地方自治团体之性质及权限   《申报》   1908 年 3 月 27 日   第 93 册   第 344 页

17294   论地方自治团体之性质及权限（一续）   《申报》   1908 年 3 月 28 日   第 93 册   第 358 页

17295   论地方自治团体之性质及权限（二续）   《申报》   1908 年 3 月 29 日   第 93 册   第 374 页

17296   论地方自治团体之性质及权限（三续）   《申报》   1908 年 3 月 30 日   第 93 册   第 390 页

17297   论地方自治与立宪前途关系若何   《申报》   1907 年 10 月 1 日   第 90 册   第 362 页

17298　论地方自治之大义　《申报》　1906 年 5 月 17 日　第 83 册　第 455 页

17299　论地方自治之收人役　《申报》　1909 年 2 月 7 日　第 98 册　第 385 页

17300　论地甲通贼　《申报》　1894 年 1 月 20 日　第 46 册　第 125 页

17301　论地价税率的高低　《中央日报》　1937 年 3 月 2 日　第 38 册　第 23 页

17302　论地捐畸轻　《申报》　1879 年 11 月 25 日　第 15 册　第 589 页

17303　论地利　《申报》　1878 年 6 月 17 日　第 12 册　第 549 页

17304　论地球之外复有地球　《申报》　1892 年 9 月 12 日　第 42 册　第 71 页

17305　论地师误人　《申报》　1889 年 9 月 10 日　第 35 册　第 445 页

17306　论地狱　《申报》　1873 年 7 月 12 日　第 3 册　第 41 页

17307　论地震　《申报》　1891 年 11 月 14 日　第 39 册　第 827 页

17308　论第二批祸闽粤的伪令　《民国日报》　1923 年 4 月 6 日　第 44 册　第 494 页

17309　论第三次请愿国会之准备　《申报》　1910 年 7 月 13 日　第 107 册　第 205 页

17310　论第三次请愿国会之准备（续）　《申报》　1910 年 7 月 14 日　第 107 册　第 222 页

17311　论第三国调停问题　《申报》　1938 年 10 月 15 日　第 359 册　第 116 页

17312　论第三国家之解散　《大公报》　1943 年 5 月 26 日　第 150 册　第 646 页

17313　论第三者　《民国日报》　1919 年 4 月 1 日　第 20 册　第 372 页

17314　论第一交通大学最近学潮　《民国日报》　1928 年 1 月 13 日　第 72 册　第 170 页

17315　论滇边风气未开　《申报》　1883 年 4 月 16 日　第 22 册　第 521 页

17316　论滇缅划界事　《申报》　1900 年 1 月 17 日　第 64 册　第 105 页

17317　论滇省革命党乱事原因　《申报》　1908 年 5 月 15 日　第 94 册　第 183 页

17318　论滇省近事　《申报》　1875 年 7 月 30 日　第 7 册　第 101 页

17319　论滇省通商事务　《申报》　1875 年 10 月 30 日　第 7 册　第 417 页

17320　论滇事　《申报》　1875 年 7 月 27 日　第 7 册　第 89 页

17321　论典当放期不如减利　《申报》　1883 年 2 月 27 日　第 22 册　第 261 页

17322　论典当让利便民　《申报》　1881 年 12 月 15 日　第 19 册　第 669 页

17323　论典礼洋场亦宜一例　《申报》　1881 年 5 月 7 日　第 18 册　第 481 页

17324　论典业利弊拟请移款济急　《申报》　1889 年 4 月 14 日　第 34 册　第 553 页

17325　论典业利弊情形　《申报》　1886 年 10 月 4 日　第 29 册　第 585 页

17326　论电　《申报》　1876 年 6 月 19 日　第 8 册　第 561 页

17327　论电车开车后之关系　《申报》　1907 年 5 月 11 日　第 88 册　第 139 页

17328 论电灯为海防要具 《申报》 1885年3月30日 第26册 第453页

17329 论电局改归官办事 《申报》 1902年12月16日 第72册 第749页

17330 论电气 《申报》 1889年7月7日 第35册 第41页

17331 论电气灯之用 《申报》 1882年11月7日 第21册 第775页

17332 论电线 《申报》 1874年10月31日 第5册 第423页

17333 论电线 《申报》 1874年7月14日 第5册 第45页

17334 论电线宜得相辅之道 《申报》 1881年12月12日 第19册 第657页

17335 论电信保险利民略 《申报》 1874年4月27日 第4册 第375页

17336 论电之为用甚广 《申报》 1893年3月24日 第43册 第471页

17337 论店伙亏空自尽事 《申报》 1899年11月11日 第63册 第499页

17338 论店家报案之难 《申报》 1893年3月8日 第43册 第369页

17339 论店主不可结怨于学徒 《申报》 1887年4月12日 第30册 第591页

17340 论调查户口 《申报》 1910年3月20日 第105册 第306页

17341 论调济民食 《民国日报》 1946年5月19日 第98册 第77页

17342 论调停越事之难 《申报》 1884年3月29日 第24册 第479页

17343 论调勇浚河 《申报》 1893年12月20日 第45册 第743页

17344 论调整生产问题兼答客难/姚曾荫（星期论文） 《大公报》 1942年1月18日 第148册 第78页

17345 论丁粮改征实银加费之病民 《申报》 1908年11月8日 第97册 第111页

17346 论丁雨生中丞办理台湾事 《申报》 1877年3月15日 第10册 第229页

17347 论丁雨生中丞治闽新政 《申报》 1876年3月13日 第8册 第225页

17348 论丁中丞整顿台湾各事 《申报》 1877年5月26日 第10册 第477页

17349 论丁中丞治闽 《申报》 1876年5月8日 第8册 第417页

17350 论顶名替考 《申报》 1891年10月13日 第39册 第635页

17351 论定海建□公墙事 《申报》 1891年4月18日 第38册 第577页

17352 论定海闹粮事 《申报》 1878年8月20日 第13册 第173页

17353 论定嫁娶之期以维持虐待养媳从俗抢亲之弊 《申报》 1896年12月15日 第54册 第665页

17354 论定期召开国民大会 《大公报》 1945年1月4日 第154册 第16页

17355 论东督出巡吉黑两省 《申报》 1907年8月16日 第89册 第557页

17356 论东方佛朗哥之死 《申报》（香港版） 1938年9月7日 第357册 第25页

17357　论东京留学生抵制取缔事　《申报》　1905 年 12 月 16 日　第 81 册　第 909 页

17358　论东京御前会议　《大公报》　1938 年 1 月 13 日　第 140 册　第 52 页

17359　论东陵盗墓案　《大公报》　1928 年 8 月 19 日　第 85 册　第 491 页

17360　论东南水灾　《申报》　1909 年 7 月 20 日　第 101 册　第 285 页

17361　论东南洋宜专设钦使　《申报》　1887 年 9 月 25 日　第 31 册　第 543 页

17362　论东欧互助公约：由洛卡诺公约观察此约之前途　《申报》　1934 年 7 月 18 日　第 318 册　第 528 页

17363　论东清铁路　《申报》　1905 年 8 月 27 日　第 80 册　第 993 页

17364　论东清铁路（续二十七日稿）　《申报》　1905 年 8 月 28 日　第 80 册　第 1003 页

17365　论东三省割换闽省之传闻　《申报》　1905 年 11 月 9 日　第 81 册　第 587 页

17366　论东三省官场情形　《申报》　1880 年 6 月 28 日　第 16 册　第 693 页

17367　论东三省亟宜注意之点　《申报》　1910 年 5 月 12 日　第 106 册　第 178 页

17368　论东三省将来之结局必为大祸于中国　《申报》　1903 年 8 月 30 日　第 74 册　第 861 页

17369　论东三省近事　《申报》　1903 年 4 月 21 日　第 73 册　第 665 页

17370　论东三省情形　《申报》　1876 年 2 月 18 日　第 8 册　第 145 页

17371　论东三省之督抚　《申报》　1907 年 4 月 23 日　第 87 册　第 608 页

17372　论东三省之督抚（续十一日）　《申报》　1907 年 4 月 30 日　第 87 册　第 699 页

17373　论东三省总督行政之失　《申报》　1907 年 8 月 4 日　第 89 册　第 414 页

17374　论东省保路运动　《民国日报》　1928 年 11 月 20 日　第 77 册　第 310 页

17375　论东省人民再请速开国会之迫切　《申报》　1910 年 12 月 22 日　第 109 册　第 817 页

17376　论东省宜兴屯田以济铁路　《申报》　1890 年 9 月 16 日　第 37 册　第 499 页

17377　论东亚共产国际　《中央日报》　1947 年 12 月 1 日　第 57 册　第 948 页

17378　论东亚新局势　《申报》　1943 年 4 月 30 日　第 383 册　第 799 页

17379　论东阳县恩赏失信　《申报》　1879 年 12 月 18 日　第 15 册　第 681 页

17380　论东洋初设议政院事　《申报》　1875 年 7 月 14 日　第 7 册　第 45 页

17381　论东洋伐生番说　《申报》　1874 年 6 月 20 日　第 4 册　第 567 页

17382　论东洋近日筹议情形　《申报》　1874 年 6 月 3 日　第 4 册　第 503 页

17383　论东洋禁止官妓事　《申报》　1872 年 11 月 16 日　第 1 册　第 681 页

17384　论东洋禁止薙发事　《申报》　1872 年 11 月 27 日　第 1 册　第 717 页

17385　论东洋民变之故　《申报》　1873 年 7 月 8 日　第 3 册　第 25 页

17386　论东洋女孩事　《申报》　1872 年 9 月 11 日　第 1 册　第 453 页

17387　论东洋人男女同浴　《申报》　1872 年 6 月 4 日　第 1 册　第 113 页

17388　论东洋新造金小洋钱　《申报》　1872 年 6 月 3 日　第 1 册　第 109 页

17389　论东洋新铸大小银钱铜钱事　《申报》　1872 年 6 月 26 日　第 1 册　第 189 页

17390　论东洋于高丽事　《申报》　1874 年 5 月 14 日　第 4 册　第 435 页

17391　论东洋与生番交争大略　《申报》　1874 年 6 月 5 日　第 4 册　第 511 页

17392　论东洋在台湾构衅近略　《申报》　1874 年 6 月 15 日　第 4 册　第 545 页

17393　论东狱朝审　《申报》　1878 年 8 月 8 日　第 13 册　第 133 页

17394　论东灾未澹　《申报》　1890 年 11 月 12 日　第 37 册　第 855 页

17395　论冬防宜附保甲局　《申报》　1888 年 12 月 12 日　第 33 册　第 1061 页

17396　论冬防与保甲相辅而行　《申报》　1891 年 11 月 13 日　第 39 册　第 821 页

17397　论冬令救济工作　《大公报》　1947 年 11 月 20 日　第 161 册　第 490 页

17398　论董事　《申报》　1901 年 11 月 29 日　第 69 册　第 549 页

17399　论董事　《申报》　1906 年 8 月 10 日　第 84 册　第 395 页

17400　论洞庭湖与湖南水灾之关系　《申报》　1906 年 5 月 12 日　第 83 册　第 407 页

17401　论都察院搁置国会请愿书事　《申报》　1908 年 5 月 31 日　第 94 册　第 394 页

17402　论都察院奏修台规　《申报》　1908 年 10 月 2 日　第 96 册　第 444 页

17403　论都察院奏修台规（续）　《申报》　1908 年 10 月 3 日　第 96 册　第 458 页

17404　论都戎遇险事　《申报》　1897 年 5 月 21 日　第 56 册　第 125 页

17405　论督抚不和之害　《申报》　1904 年 12 月 18 日　第 78 册　第 731 页

17406　论督抚才望　《申报》　1881 年 9 月 4 日　第 19 册　第 261 页

17407　论督抚贤否关系之重　《申报》　1900 年 11 月 29 日　第 66 册　第 527 页

17408　论督抚之不当督办铁路　《申报》　1905 年 11 月 14 日　第 81 册　第 633 页

17409　论督练公所今日应办之事　《申报》　1906 年 3 月 22 日　第 82 册　第 627 页

17410　论毒虐养媳　《申报》　1881 年 5 月 9 日　第 18 册　第 489 页

17411　论读书　《申报》　1875 年 6 月 30 日　第 6 册　第 597 页

17412　论读书不必专攻八股　《申报》　1895 年 1 月 22 日　第 49 册　第 121 页

17413 论读书宜习礼乐 《申报》 1875 年 11 月 6 日 第 7 册 第 441 页

17414 论赌博 《申报》 1876 年 9 月 8 日 第 9 册 第 237 页

17415 论赌风不易禁绝 《申报》 1896 年 7 月 24 日 第 53 册 第 545 页

17416 论赌害 《申报》 1902 年 12 月 31 日 第 72 册 第 847 页

17417 论赌酒 《申报》 1881 年 6 月 18 日 第 18 册 第 649 页

17418 论赌可杀人 《申报》 1892 年 9 月 29 日 第 42 册 第 181 页

17419 论赌税 《申报》 1881 年 8 月 1 日 第 19 册 第 125 页

17420 论赌徒与营勇交哄事 《申报》 1893 年 7 月 21 日 第 44 册 第 579 页

17421 论度支部通饬仿制洋盐 《申报》 1908 年 10 月 16 日 第 96 册 第 654 页

17422 论度支部议驳烟膏专卖事 《申报》 1909 年 6 月 28 日 第 100 册 第 837 页

17423 论度支部奏驳丁银改章 《申报》 1908 年 12 月 15 日 第 97 册 第 682 页

17424 论渡船失事 《申报》 1886 年 7 月 31 日 第 29 册 第 183 页

17425 论渡船之弊 《申报》 1894 年 2 月 21 日 第 46 册 第 293 页

17426 论蠹为农说 《申报》 1872 年 7 月 2 日 第 1 册 第 209 页

17427 论蠹役 《申报》 1880 年 1 月 20 日 第 16 册 第 77 页

17428 论蠹役殃民 《申报》 1894 年 12 月 18 日 第 48 册 第 675 页

17429 论断结人命 《申报》 1880 年 8 月 31 日 第 17 册 第 245 页

17430 论断绝经济关系 《民国日报》 1923 年 3 月 26 日 第 44 册 第 344 页

17431 论断墙脚碍路案 《申报》 1873 年 5 月 28 日 第 2 册 第 481 页

17432 论对德和约 《中央日报》 1947 年 4 月 8 日 第 55 册 第 960 页

17433 论对付满洲条约之法 《申报》 1905 年 11 月 25 日 第 81 册 第 725 页

17434 论对付满洲铁路中立之方针 《申报》 1910 年 1 月 24 日 第 104 册 第 415 页

17435 论对付满洲铁路中立之方针 《申报》 1910 年 1 月 25 日 第 104 册 第 434 页

17436 论对付美约今日应办之事 《申报》 1905 年 5 月 28 日 第 80 册 第 245 页

17437 论对付美约今日应办之事（续二十五日稿） 《申报》 1905 年 5 月 29 日 第 80 册 第 253 页

17438 论对日贸易问题 《中央日报》 1947 年 10 月 3 日 第 57 册 第 336 页

17439 论对日贸易问题 《中央日报》 1947 年 8 月 15 日 第 56 册 第 1081 页

17440 论对苏复交与防遏共产 《申报》 1932 年 5 月 12 日 第 292 册 第 187 页

17441　论囤头罗间亦宜示禁事　《申报》　1873 年 3 月 18 日　第 2 册　第 237 页

17442　论多尼思土人攻杀铁路工人案　《申报》　1881 年 12 月 7 日　第 19 册　第 637 页

17443　论多设民团可以弭闹教之祸　《申报》　1900 年 7 月 23 日　第 65 册　第 603 页

17444　论俄报妄言　《申报》　1879 年 4 月 15 日　第 14 册　第 353 页

17445　论俄不能得土国　《申报》　1877 年 1 月 23 日　第 10 册　第 77 页

17446　论俄船保护法商　《申报》　1884 年 8 月 29 日　第 25 册　第 355 页

17447　论俄代表对庚子赔款的处分　《民国日报》　1923 年 11 月 18 日　第 48 册　第 248 页

17448　论俄法同盟为德国所忌　《申报》　1898 年 10 月 28 日　第 60 册　第 415 页

17449　论俄高让地互市事　《申报》　1887 年 2 月 22 日　第 30 册　第 271 页

17450　论俄高私约　《申报》　1885 年 7 月 9 日　第 27 册　第 49 页

17451　论俄公使诘责外部：为制茶公司事　《申报》　1906 年 12 月 12 日　第 85 册　第 637 页

17452　论俄官讯理俄兵杀人案不宜意存偏护　《申报》　1905 年 1 月 5 日　第 79 册　第 25 页

17453　论俄国波罗的海舰队东来战策　《申报》　1904 年 11 月 27 日　第 78 册　第 601 页

17454　论俄国豺狼食人事　《申报》　1877 年 6 月 28 日　第 10 册　第 597 页

17455　论俄国倡设弭兵会　《申报》　1899 年 3 月 18 日　第 61 册　第 431 页

17456　论俄国大局　《申报》　1879 年 6 月 19 日　第 14 册　第 611 页

17457　论俄国调兵事　《申报》　1896 年 9 月 28 日　第 54 册　第 171 页

17458　论俄国对华政策之违约　《申报》　1911 年 3 月 30 日　第 111 册　第 466 页

17459　论俄国富强之故　《申报》　1873 年 7 月 25 日　第 3 册　第 85 页

17460　论俄国海参威舰队出沧攻击意在解旅顺之围　《申报》　1904 年 7 月 3 日　第 77 册　第 429 页

17461　论俄国将设立国会事　《申报》　1905 年 8 月 8 日　第 80 册　第 833 页

17462　论俄国狡谋　《申报》　1900 年 8 月 1 日　第 65 册　第 657 页

17463　论俄国旧京城外群狼食人事　《申报》　1876 年 5 月 12 日　第 8 册　第 433 页

17464　论俄国立宪收效于议和（续十一日稿）　《申报》　1905 年 9 月 10 日　第 81 册　第 77 页

17465　论俄国立宪收效于议和　《申报》　1905 年 9 月 9 日　第 81 册　第 67 页

17466　论俄国领事请建俄文馆事　《申报》　1898 年 9 月 24 日　第 60 册　第 167 页

17467　论俄国内乱事　《申报》　1905 年 1 月 29 日　第 79 册　第 169 页

17468　论俄国尼希利士党人放火事　《申报》　1880 年 11 月 16 日　第 17 册　第 555 页

17469　论俄国水师在上海租界杀人事　《申报》　1904 年 12 月 20 日　第 78 册　第 743 页

17470　论俄国特遣异姓王爵报聘事　《申报》　1897 年 5 月 17 日　第 56 册　第 101 页

17471　论俄国铁路之利益　《申报》　1895 年 2 月 2 日　第 49 册　第 153 页

17472　论俄国西伯利部议设电线事　《申报》　1880 年 8 月 15 日　第 17 册　第 181 页

17473　论俄国移民垦荒　《申报》　1894 年 1 月 6 日　第 46 册　第 33 页

17474　论俄国议助喀什葛尔以抗中朝　《申报》　1875 年 5 月 3 日　第 6 册　第 397 页

17475　论俄国隐情　《申报》　1885 年 12 月 19 日　第 27 册　第 1045 页

17476　论俄国助中　《申报》　1894 年 7 月 17 日　第 47 册　第 561 页

17477　论俄皇变法事　《申报》　1904 年 12 月 31 日　第 78 册　第 813 页

17478　论俄皇创立弭兵会之意　《申报》　1898 年 9 月 30 日　第 60 册　第 211 页

17479　论俄舰到淞与商界无碍　《申报》　1905 年 5 月 30 日　第 80 册　第 261 页

17480　论俄将逞志于东方　《申报》　1900 年 8 月 18 日　第 65 册　第 757 页

17481　论俄将近事　《申报》　1880 年 9 月 25 日　第 17 册　第 345 页

17482　论俄军败耗（一）　《民国日报》　1917 年 4 月 13 日　第 8 册　第 502 页

17483　论俄军败耗（二）：连类而及之俄国观　《民国日报》　1917 年 4 月 14 日　第 8 册　第 514 页

17484　论俄谋蒙古之可危　《申报》　1906 年 2 月 19 日　第 82 册　第 337 页

17485　论俄拟改法事　《申报》　1904 年 12 月 23 日　第 78 册　第 763 页

17486　论俄普法三国增兵事　《申报》　1875 年 2 月 26 日　第 6 册　第 173 页

17487　论俄勤远略之失计　《申报》　1899 年 9 月 15 日　第 63 册　第 101 页

17488　论俄人倡议撤兵事　《申报》　1900 年 9 月 21 日　第 66 册　第 117 页

17489　论俄人传约与中国使臣申救崇星使事　《申报》　1880 年 3 月 24 日　第 16 册　第 309 页

17490　论俄人贷款　《申报》　1900 年 2 月 14 日　第 64 册　第 233 页

17491　论俄人堵塞旅顺口事　《申报》　1904 年 4 月 6 日　第 76 册　第 553 页

17492 论俄人亟欲求和 《申报》 1905 年 2 月 17 日 第 79 册 第 267 页

17493 论俄人将弃旅顺 《申报》 1904 年 8 月 15 日 第 77 册 第 721 页

17494 论俄人近尚未能得志于中国 《申报》 1899 年 10 月 16 日 第 63 册 第 313 页

17495 论俄人近事 《申报》 1877 年 8 月 11 日 第 11 册 第 145 页

17496 论俄人谋筑蒙古铁路之关系 《申报》 1906 年 2 月 2 日 第 82 册 第 201 页

17497 论俄人谋筑蒙古铁路之关系（续昨稿） 《申报》 1906 年 2 月 3 日 第 82 册 第 209 页

17498 论俄人破坏中国中立之局 《申报》 1904 年 5 月 15 日 第 77 册 第 101 页

17499 论俄人潜占黑龙江边界事 《申报》 1878 年 1 月 18 日 第 12 册 第 61 页

17500 论俄人设立东洋学校 《申报》 1901 年 12 月 15 日 第 69 册 第 647 页

17501 论俄人深谋 《申报》 1902 年 9 月 30 日 第 72 册 第 195 页

17502 论俄人深谋远虑现在决不轻易开兵衅 《申报》 1903 年 8 月 1 日 第 74 册 第 643 页

17503 论俄人售印茶而夺美油之利 《申报》 1892 年 2 月 7 日 第 40 册 第 171 页

17504 论俄人索日本偿费事 《申报》 1896 年 3 月 8 日 第 52 册 第 371 页

17505 论俄人兴学 《申报》 1899 年 10 月 7 日 第 63 册 第 251 页

17506 论俄人有主战之意 《申报》 1880 年 5 月 21 日 第 16 册 第 541 页

17507 论俄人之残虐 《申报》 1900 年 10 月 17 日 第 66 册 第 271 页

17508 论俄人之心志 《申报》 1895 年 7 月 13 日 第 50 册 第 473 页

17509 论俄人志在东方 《申报》 1890 年 8 月 10 日 第 37 册 第 263 页

17510 论俄人志在东方 《申报》 1893 年 5 月 28 日 第 44 册 第 193 页

17511 论俄人筑路 《申报》 1894 年 1 月 3 日 第 46 册 第 13 页

17512 论俄日大势 《申报》 1896 年 9 月 14 日 第 54 册 第 83 页

17513 论俄日反对四国借款 《申报》 1911 年 6 月 27 日 第 112 册 第 981 页

17514 论俄日经营满蒙 《申报》 1907 年 6 月 30 日 第 88 册 第 755 页

17515 论俄日龃龉 《申报》 1895 年 5 月 3 日 第 50 册 第 13 页

17516 论俄日两国必有启衅之日 《申报》 1900 年 4 月 4 日 第 64 册 第 563 页

17517 论俄日两国互争高丽之利 《申报》 1900 年 1 月 21 日 第 64 册 第 129 页

17518 论俄日两国增添兵舰事 《申报》 1902 年 10 月 29 日 第 72 册 第

403 页

17519　论俄日旅顺海参威之关系　《申报》　1904 年 6 月 3 日　第 77 册　第 237 页

17520　论俄日胜负既分亚洲大局必将稍变　《申报》　1904 年 5 月 14 日　第 77 册　第 93 页

17521　论俄日议和之难　《申报》　1905 年 1 月 19 日　第 79 册　第 109 页

17522　论俄日战事于东方铁路之利终无所损　《申报》　1904 年 5 月 29 日　第 77 册　第 201 页

17523　论俄师有可乘　《申报》　1880 年 11 月 13 日　第 17 册　第 543 页

17524　论俄使折回事　《申报》　1880 年 10 月 20 日　第 17 册　第 445 页

17525　论俄事宜宣示中外　《申报》　1880 年 5 月 3 日　第 16 册　第 469 页

17526　论俄势日大　《申报》　1896 年 10 月 13 日　第 54 册　第 265 页

17527　论俄索金矿　《申报》　1902 年 7 月 8 日　第 71 册　第 467 页

17528　论俄土争战事　《申报》　1877 年 7 月 25 日　第 11 册　第 81 页

17529　论俄英争土事　《申报》　1877 年 1 月 22 日　第 10 册　第 73 页

17530　论俄营蒙地事　《申报》　1902 年 8 月 21 日　第 71 册　第 765 页

17531　论俄欲分土事　《申报》　1877 年 1 月 17 日　第 10 册　第 57 页

17532　论俄欲分土事　《申报》　1877 年 1 月 19 日　第 10 册　第 65 页

17533　论俄造西比里亚铁路　《申报》　1891 年 8 月 2 日　第 39 册　第 195 页

17534　论俄主结好日本事　《申报》　1880 年 4 月 19 日　第 16 册　第 413 页

17535　论俄主忧疑致疾　《申报》　1880 年 6 月 17 日　第 16 册　第 649 页

17536　论额兵未可遽减　《申报》　1891 年 7 月 3 日　第 39 册　第 13 页

17537　论恶党横行　《申报》　1890 年 4 月 1 日　第 36 册　第 505 页

17538　论恶丐拐孩残废营利亟宜严惩以除永患　《申报》　1897 年 9 月 25 日　第 57 册　第 145 页

17539　论恶俗宜禁　《申报》　1879 年 11 月 11 日　第 15 册　第 533 页

17540　论恶性膨胀/章乃器（星期论文）　《大公报》　1939 年 9 月 24 日　第 143 册　第 94 页

17541　论恶役殃民　《申报》　1880 年 4 月 27 日　第 16 册　第 445 页

17542　论鄂督决无反对筹还国债之事　《申报》　1909 年 12 月 16 日　第 103 册　第 732 页

17543　论鄂省改铸银币事　《申报》　1904 年 10 月 29 日　第 78 册　第 393 页

17544　论鄂省议行彩票事　《申报》　1901 年 10 月 18 日　第 69 册　第 289 页

17545　论鄂行纸币　《申报》　1902 年 7 月 23 日　第 71 册　第 567 页

17546　论鄂中之兵权不一　《申报》　1911 年 10 月 30 日　第 114 册　第 1039 页

17547　论遏乱萌宜严查盟会　《申报》　1900 年 2 月 24 日　第 64 册　第 289 页

17548　论遏欲之难　《申报》　1892 年 3 月 1 日　第 40 册　第 309 页

17549　论恩寿复用　《申报》　1906 年 2 月 26 日　第 82 册　第 393 页

17550　论二国交战必先知攻守之法不同　《申报》　1895 年 3 月 9 日　第 49 册　第 361 页

17551　论二期抗战宣传问题　《申报》（香港版）　1939 年 3 月 7 日　第 358 册　第 50 页

17552　论二十世纪教育之趋势　《申报》　1909 年 2 月 22 日　第 98 册　第 578 页

17553　论二五减租　《中央日报》　1945 年 9 月 11 日　第 51 册　第 612 页

17554　论发给旗丁十年口粮之害　《申报》　1907 年 9 月 21 日　第 90 册　第 241 页

17555　论发堂择配之善　《申报》　1889 年 6 月 17 日　第 34 册　第 955 页

17556　论发帑以救晋豫饥民　《申报》　1877 年 10 月 20 日　第 11 册　第 385 页

17557　论发行分币券　《申报》　1939 年 7 月 8 日　第 365 册　第 134 页

17558　论伐蛟捕蝗　《申报》　1876 年 9 月 7 日　第 9 册　第 233 页

17559　论罚赌　《申报》　1880 年 2 月 19 日　第 16 册　第 173 页

17560　论法兵船至旅顺口　《申报》　1884 年 4 月 28 日　第 24 册　第 657 页

17561　论法兵战败多尼思　《申报》　1881 年 6 月 1 日　第 18 册　第 581 页

17562　论法兵中计　《申报》　1884 年 4 月 9 日　第 24 册　第 543 页

17563　论法部开脱贻谷参案　《申报》　1909 年 3 月 14 日　第 99 册　第 183 页

17564　论法部开脱贻谷参案（续）　《申报》　1909 年 3 月 17 日　第 99 册　第 227 页

17565　论法部严禁各省州县滥用非刑事　《申报》　1907 年 8 月 10 日　第 89 册　第 485 页

17566　论法部奏定地方审判检察分厅员额并其预算经费　《申报》　1911 年 4 月 16 日　第 111 册　第 737 页

17567　论法当因时变通　《申报》　1895 年 1 月 14 日　第 49 册　第 79 页

17568　论法度　《申报》　1876 年 8 月 3 日　第 9 册　第 113 页

17569　论法官回避之无当　《申报》　1910 年 6 月 30 日　第 106 册　第 987 页

17570　论法国党祸　《申报》　1886 年 4 月 27 日　第 28 册　第 653 页

17571　论法国的外交　《申报》　1936 年 7 月 1 日　第 342 册　第 8 页

17572　论法国茂士人将讼巴彦事　《申报》　1873 年 4 月 11 日　第 2 册　第 321 页

17573　论法国强化国防　《申报》　1936 年 9 月 23 日　第 344 册　第 621 页

17574　论法国选举结果　《申报》　1946 年 11 月 13 日　第 391 册　第 150 页

17575　论法界城浜道路宜铺石片　《申报》　1880 年 2 月 24 日　第 16 册　第

193 页

17576 论法界地摊 《申报》 1878 年 1 月 22 日 第 12 册 第 73 页

17577 论法军残暴 《申报》 1884 年 1 月 10 日 第 24 册 第 55 页

17578 论法军审慎情形 《申报》 1884 年 1 月 8 日 第 24 册 第 43 页

17579 论法军文武不和 《申报》 1883 年 9 月 28 日 第 23 册 第 537 页

17580 论法军以无煤为虑 《申报》 1884 年 9 月 17 日 第 25 册 第 459 页

17581 论法军战胜安南 《申报》 1883 年 8 月 4 日 第 23 册 第 205 页

17582 论法郎贬值 《大公报》 1948 年 2 月 2 日 第 162 册 第 202 页

17583 论法郎西、西班牙请中国设官于彼国京事，《申报》 1873 年 9 月 25 日
第 3 册 第 297 页

17584 论法郎再贬值 《中央日报》 1937 年 7 月 4 日 第 40 册 第 39 页

17585 论法令不公布之弊 《申报》 1906 年 8 月 11 日 第 84 册 第 405 页

17586 论法律公布之方法 《申报》 1910 年 7 月 8 日 第 107 册 第 123 页

17587 论法律违背宪法的解释及宣告/罗必达（专论） 《申报》 1946 年 12 月
14 日 第 391 册 第 526 页

17588 论法美二国薄待华人事 《申报》 1886 年 6 月 1 日 第 28 册 第 867 页

17589 论法权的统一 《中央日报》 1944 年 11 月 15 日 第 50 册 第 344 页

17590 论法权问题 《大公报》 1926 年 9 月 20 日 第 77 册 第 153 页

17591 论法人不敢北犯 《申报》 1884 年 10 月 16 日 第 25 册 第 621 页

17592 论法人不应扰华地以速祸 《申报》 1884 年 8 月 10 日 第 25 册 第
241 页

17593 论法人残忍 《申报》 1885 年 1 月 20 日 第 26 册 第 115 页

17594 论法人大言不足惧 《申报》 1884 年 1 月 20 日 第 24 册 第 115 页

17595 论法人得志于中国非泰西各国之利 《申报》 1883 年 5 月 25 日 第 22
册 第 745 页

17596 论法人多仇 《申报》 1883 年 11 月 30 日 第 23 册 第 915 页

17597 论法人复夺谅山 《申报》 1885 年 5 月 27 日 第 26 册 第 789 页

17598 论法人复攻马岛 《申报》 1884 年 5 月 30 日 第 24 册 第 849 页

17599 论法人更约 《申报》 1887 年 1 月 7 日 第 30 册 第 37 页

17600 论法人攻破安南海内夺取炮台海关事 《申报》 1882 年 5 月 11 日 第 20
册 第 611 页

17601 论法人攻越南之无益 《申报》 1883 年 11 月 18 日 第 23 册 第 843 页

17602 论法人缓兵之意 《申报》 1884 年 9 月 24 日 第 25 册 第 499 页

17603 论法人既据磵洲亟宜用重兵驻守水东岛 《申报》 1899 年 11 月 29 日
第 63 册 第 633 页

17604 论法人劫地索赔之谋 《申报》 1884 年 1 月 5 日 第 24 册 第 25 页

17605　论法人近日留意于中德两国　《申报》　1893 年 6 月 25 日　第 44 册　第 399 页

17606　论法人经营越事之难　《申报》　1885 年 9 月 4 日　第 27 册　第 457 页

17607　论法人屡次增兵信息　《申报》　1885 年 1 月 13 日　第 26 册　第 73 页

17608　论法人拟揽河工事　《申报》　1894 年 2 月 12 日　第 46 册　第 235 页

17609　论法人拟立煤埠事　《申报》　1885 年 12 月 31 日　第 27 册　第 1117 页

17610　论法人输饷增兵之伪　《申报》　1885 年 4 月 7 日　第 26 册　第 495 页

17611　论法人索广州湾事　《申报》　1899 年 10 月 4 日　第 63 册　第 231 页

17612　论法人索赔　《申报》　1884 年 3 月 28 日　第 24 册　第 473 页

17613　论法人添兵　《申报》　1884 年 2 月 6 日　第 24 册　第 175 页

17614　论法人妄想　《申报》　1884 年 7 月 19 日　第 25 册　第 109 页

17615　论法人无必战之意　《申报》　1884 年 7 月 9 日　第 25 册　第 49 页

17616　论法人性急　《申报》　1884 年 7 月 15 日　第 25 册　第 85 页

17617　论法人要索　《申报》　1899 年 8 月 11 日　第 62 册　第 753 页

17618　论法人以多尼思府怨　《申报》　1881 年 8 月 9 日　第 19 册　第 157 页

17619　论法人以局外公共之说愚中国　《申报》　1885 年 3 月 7 日　第 26 册　第 331 页

17620　论法人以无谋致败　《申报》　1885 年 1 月 29 日　第 26 册　第 167 页

17621　论法人用阿非黑兵之失　《申报》　1883 年 12 月 30 日　第 23 册　第 1095 页

17622　论法人有欲和之意　《申报》　1885 年 3 月 31 日　第 26 册　第 459 页

17623　论法人有中馁之议　《申报》　1885 年 3 月 10 日　第 26 册　第 349 页

17624　论法人又议增饷　《申报》　1884 年 4 月 6 日　第 24 册　第 525 页

17625　论法人于越南之事不能善后　《申报》　1885 年 11 月 21 日　第 27 册　第 875 页

17626　论法人在中国无可以战　《申报》　1884 年 7 月 21 日　第 25 册　第 121 页

17627　论法人增兵信息　《申报》　1884 年 10 月 2 日　第 25 册　第 545 页

17628　论法人增饷　《申报》　1884 年 12 月 3 日　第 25 册　第 887 页

17629　论法人召回公使事　《申报》　1883 年 4 月 12 日　第 22 册　第 497 页

17630　论法人征马达加斯加岛事　《申报》　1883 年 6 月 11 日　第 22 册　第 847 页

17631　论法人之得北宁为失计　《申报》　1884 年 3 月 19 日　第 24 册　第 419 页

17632　论法人之横　《申报》　1884 年 5 月 2 日　第 24 册　第 681 页

17633　论法人阻米正以速中国铁路之成　《申报》　1885 年 2 月 28 日　第 26 册

第 297 页

17634　论法事近日情形　《申报》　1884 年 8 月 6 日　第 25 册　第 217 页

17635　论法索船坞　《申报》　1899 年 12 月 26 日　第 63 册　第 827 页

17636　论法通捐厘之法　《申报》　1880 年 4 月 28 日　第 16 册　第 449 页

17637　论法统　《中央日报》　1949 年 1 月 12 日　第 60 册　第 862 页

17638　论法文员言东京大势　《申报》　1884 年 12 月 9 日　第 25 册　第 919 页

17639　论法意亲交之影响　《申报》　1935 年 1 月 6 日　第 324 册　第 96 页

17640　论法有挑衅于英之意　《申报》　1885 年 4 月 28 日　第 26 册　第 617 页

17641　论法员被掳事　《申报》　1886 年 12 月 8 日　第 29 册　第 989 页

17642　论法员索偿于英国事　《申报》　1886 年 9 月 18 日　第 29 册　第 487 页

17643　论法越冲突　《中央日报》　1946 年 12 月 30 日　第 54 册　第 1124 页

17644　论法越与英缅大势　《申报》　1883 年 7 月 5 日　第 23 册　第 25 页

17645　论法制与民品之关系　《申报》　1906 年 7 月 25 日　第 84 册　第 237 页

17646　论法租界滩边建立码头事　《申报》　1873 年 12 月 31 日　第 3 册　第 629 页

17647　论法租界议捐招帖事　《申报》　1901 年 3 月 19 日　第 67 册　第 417 页

17648　论番客抽捐　《申报》　1887 年 5 月 24 日　第 30 册　第 851 页

17649　论番禺杨明府禁赌事　《申报》　1887 年 5 月 14 日　第 30 册　第 785 页

17650　论翻犁寻子　《申报》　1892 年 11 月 30 日　第 42 册　第 567 页

17651　论翻造房屋宜于坚固　《申报》　1882 年 8 月 31 日　第 21 册　第 367 页

17652　论藩邦不听命于大国　《申报》　1885 年 8 月 15 日　第 27 册　第 271 页

17653　论凡事宜尽人心以邀天佑勿徼大幸而关人为　《申报》　1877 年 6 月 12 日　第 10 册　第 533 页

17654　论反攻缅甸　《中央日报》　1943 年 8 月 29 日　第 48 册　第 586 页

17655　论反攻缅甸开辟陆上的所罗门　《大公报》　1942 年 9 月 30 日　第 149 册　第 398 页

17656　论反攻日本　《大公报》　1942 年 10 月 9 日　第 149 册　第 438 页

17657　论"反共"　《申报》　1939 年 1 月 10 日　第 361 册　第 178 页

17658　论"反共"　《申报》（香港版）　1939 年 1 月 13 日　第 357 册　第 692 页

17659　论反共反蒋之道　《大公报》　1927 年 7 月 13 日　第 80 册　第 97 页

17660　论反美运动　《中央日报》　1948 年 2 月 20 日　第 58 册　第 438 页

17661　论反美运动　《中央日报》　1948 年 6 月 3 日　第 59 册　第 286 页

17662　论犯事宜分别区处　《申报》　1889 年 6 月 19 日　第 34 册　第 969 页

17663　论范高头串通营兵拒捕事　《申报》　1905 年 4 月 22 日　第 79 册　第 807 页

17664   论贩卖假茶   《申报》   1874年1月2日   第4册   第5页

17665   论贩运机器章程   《申报》   1894年3月29日   第46册   第529页

17666   论方今得人之难人宜除畏难之见   《申报》   1898年8月16日   第59册   第731页

17667   论方山阁主金陵下关遇盗事   《申报》   1872年12月9日   第1册   第757页

17668   论坊官保奖   《申报》   1881年7月7日   第19册   第25页

17669   论防俄   《申报》   1890年7月5日   第37册   第27页

17670   论防海盗   《申报》   1880年6月5日   第16册   第601页

17671   论防奸当先化畛域之见   《申报》   1887年5月25日   第30册   第857页

17672   论防务   《申报》   1895年12月23日   第51册   第741页

17673   论防务宜举其要   《申报》   1892年9月5日   第42册   第25页

17674   论防疫   《大公报》   1932年7月24日   第109册   第280页

17675   论防疫宜先葬停棺   《申报》   1894年6月9日   第47册   第277页

17676   论防淫   《申报》   1878年12月16日   第13册   第577页

17677   论防灾   《申报》   1878年7月16日   第13册   第53页

17678   论防贼   《申报》   1893年7月15日   第44册   第539页

17679   论房捐   《申报》   1902年1月12日   第70册   第67页

17680   论房捐之害   《申报》   1902年1月31日   第70册   第181页

17681   论仿行西学之难   《申报》   1898年3月7日   第58册   第369页

17682   论访案   《申报》   1888年7月11日   第33册   第73页

17683   论访查禁止妓家赌局事   《申报》   1877年1月4日   第10册   第13页

17684   论访拿私铸匪徒事   《申报》   1872年8月27日   第1册   第401页

17685   论纺织为致富之本计   《申报》   1892年4月15日   第40册   第597页

17686   论放白鸽陋习   《申报》   1873年8月8日   第3册   第133页

17687   论放利之害   《申报》   1887年10月27日   第31册   第759页

17688   论放弃同意权   《民国日报》   1917年5月10日   第9册   第110页

17689   论飞机掷弹   《大公报》   1928年5月25日   第84册   第241页

17690   论飞猎边禁止华工事   《申报》   1899年7月25日   第62册   第643页

17691   论飞酉照会事   《申报》   1899年9月1日   第63册   第1页

17692   论非速开国会不足以挽今日之危局   《申报》   1910年1月19日   第104册   第325页

17693   论菲律宾海面之战   《申报》   1944年10月26日   第386册   第377页

17694   论菲律宾战局   《申报》   1944年10月27日   第386册   第381页

17695   论匪党布散甚多已成难治之势   《申报》   1883年5月23日   第22册

第 733 页

17696　论匪党鱼肉乡愚　《申报》　1887 年 7 月 23 日　第 31 册　第 137 页

17697　论匪类之多　《申报》　1894 年 10 月 18 日　第 48 册　第 297 页

17698　论匪类众多之由　《申报》　1879 年 12 月 22 日　第 15 册　第 697 页

17699　论匪人之所以多　《申报》　1890 年 4 月 5 日　第 36 册　第 529 页

17700　论匪徒溷迹官轮　《申报》　1891 年 4 月 29 日　第 38 册　第 643 页

17701　论匪徒捏造俄国伪照欺骗乡愚事　《申报》　1901 年 10 月 10 日　第 69 册　第 237 页

17702　论匪徒纵火　《申报》　1880 年 1 月 25 日　第 16 册　第 97 页

17703　论匪众诈扰乡镇事　《申报》　1879 年 8 月 16 日　第 15 册　第 185 页

17704　论废除私墓案　《大公报》　1928 年 8 月 7 日　第 85 册　第 371 页

17705　论废内阁　《申报》　1911 年 5 月 10 日　第 112 册　第 145 页

17706　论费村被盗事　《申报》　1878 年 8 月 22 日　第 13 册　第 181 页

17707　论分别裁留沿海防军之善　《申报》　1885 年 10 月 2 日　第 27 册　第 571 页

17708　论分设济良所事　《申报》　1904 年 11 月 25 日　第 78 册　第 585 页

17709　论分设谳局非慎重狱讼之道　《申报》　1879 年 2 月 25 日　第 14 册　第 169 页

17710　论分送彩票事　《申报》　1888 年 4 月 13 日　第 32 册　第 581 页

17711　论焚孩恶俗　《申报》　1891 年 1 月 27 日　第 38 册　第 159 页

17712　论焚寺罹刑事　《申报》　1881 年 12 月 28 日　第 19 册　第 721 页

17713　论奋武与揆文并重　《申报》　1892 年 5 月 20 日　第 41 册　第 123 页

17714　论风水　《申报》　1877 年 1 月 15 日　第 10 册　第 49 页

17715　论风水鬼神皆为中华之锢蔽　《申报》　1895 年 9 月 11 日　第 51 册　第 65 页

17716　论风俗难齐　《申报》　1878 年 5 月 24 日　第 12 册　第 469 页

17717　论风俗日趋奢靡之害　《申报》　1911 年 5 月 3 日　第 112 册　第 34 页

17718　论风俗之坏由于不能崇俭　《申报》　1896 年 11 月 26 日　第 54 册　第 551 页

17719　论风土之宜　《申报》　1881 年 11 月 20 日　第 19 册　第 569 页

17720　论风宪官员因事受贿事　《申报》　1895 年 7 月 30 日　第 50 册　第 581 页

17721　论风雅不振　《申报》　1883 年 4 月 29 日　第 22 册　第 595 页

17722　论风灾　《申报》　1874 年 10 月 2 日　第 5 册　第 323 页

17723　论风之灾异　《申报》　1895 年 9 月 14 日　第 51 册　第 89 页

17724　论封疆大吏不宜轻于更动　《申报》　1909 年 12 月 6 日　第 103 册　第

561 页

17725　论封疆大吏不宜轻于更动（续）　《申报》　1909 年 12 月 7 日　第 103 册　第 577 页

17726　论封银行流弊　《申报》　1881 年 7 月 11 日　第 19 册　第 41 页

17727　论冯副总统卖鸦片议　《民国日报》　1917 年 2 月 2 日　第 7 册　第 290 页

17728　论冯氏最近行为　《民国日报》　1918 年 2 月 16 日　第 13 册　第 446 页

17729　论奉化闹捐衢山闹粮事　《申报》　1878 年 8 月 30 日　第 13 册　第 209 页

17730　论奉劝办赈诸公试用辟谷各方事　《申报》　1878 年 4 月 30 日　第 12 册　第 385 页

17731　论奉省勇丁因寻盗踪枪击王太守事　《申报》　1896 年 10 月 28 日　第 54 册　第 363 页

17732　论奉天事件　《大公报》　1929 年 1 月 13 日　第 88 册　第 168 页

17733　论奉旨命各督府择贤以除积弊　《申报》　1875 年 7 月 12 日　第 7 册　第 37 页

17734　论佛店　《申报》　1891 年 5 月 29 日　第 38 册　第 823 页

17735　论佛会宜禁　《申报》　1888 年 6 月 15 日　第 32 册　第 985 页

17736　论佛山闹卡事　《申报》　1892 年 7 月 5 日　第 41 册　第 421 页

17737　论服色宜正　《申报》　1894 年 3 月 16 日　第 46 册　第 443 页

17738　论服生番事　《申报》　1877 年 3 月 1 日　第 10 册　第 181 页

17739　论服生鸦片烟致死事　《申报》　1874 年 11 月 17 日　第 5 册　第 479 页

17740　论服式不宜过于奢华　《申报》　1891 年 12 月 10 日　第 39 册　第 983 页

17741　论服制　《申报》　1912 年 6 月 27 日　第 117 册　第 859 页

17742　论福建倒闭钱庄事　《申报》　1887 年 2 月 23 日　第 30 册　第 277 页

17743　论福建李监生控宁波郭举人开设熙春戏园事　《申报》　1877 年 5 月 18 日　第 10 册　第 449 页

17744　论福建新购电线为中国电线创始事　《申报》　1875 年 6 月 22 日　第 6 册　第 569 页

17745　论福建制造轮船事　《申报》　1874 年 3 月 7 日　第 4 册　第 201 页

17746　论福阳近事　《申报》　1886 年 10 月 7 日　第 29 册　第 603 页

17747　论福州孤儿院事　《大公报》　1927 年 1 月 22 日　第 78 册　第 165 页

17748　论福州华捕妄殴平人事　《申报》　1893 年 1 月 26 日　第 43 册　第 157 页

17749　论福州江西闹教事　《申报》　1899 年 7 月 4 日　第 62 册　第 493 页

17750　论福州讲求火政　《申报》　1886 年 10 月 2 日　第 29 册　第 573 页

17751 论福州设航海学院事 《申报》 1873 年 6 月 4 日 第 2 册 第 505 页

17752 论福州以押犯任清道之役 《申报》 1887 年 7 月 19 日 第 31 册 第 113 页

17753 论抚顺煤矿：译大阪每日新闻 《申报》 1907 年 6 月 20 日 第 88 册 第 635 页

17754 论抚顺煤矿：译大阪每日新闻 《申报》 1907 年 6 月 21 日 第 88 册 第 647 页

17755 论抚恤轮客家属宜严定杜弊章程 《申报》 1897 年 6 月 26 日 第 56 册 第 341 页

17756 论父兄宜约束其子弟 《申报》 1891 年 4 月 17 日 第 38 册 第 571 页

17757 论妇女扮犯之非 《申报》 1879 年 4 月 12 日 第 14 册 第 343 页

17758 论妇女发堂则配 《申报》 1889 年 11 月 6 日 第 35 册 第 795 页

17759 论妇女官卖 《申报》 1881 年 4 月 11 日 第 18 册 第 373 页

17760 论妇女入馆吸烟似宜缓禁 《申报》 1873 年 3 月 20 日 第 2 册 第 245 页

17761 论妇女作工宜设善章 《申报》 1888 年 4 月 1 日 第 32 册 第 509 页

17762 论妇人贞淫数事 《申报》 1877 年 6 月 19 日 第 10 册 第 561 页

17763 论附城不能建造民房 《申报》 1873 年 11 月 26 日 第 3 册 第 509 页

17764 论复社仓书 《申报》 1873 年 1 月 14 日 第 2 册 第 45 页

17765 论复时文之非计 《申报》 1900 年 2 月 25 日 第 64 册 第 297 页

17766 论赴蜀西商遭诬事 《申报》 1874 年 2 月 7 日 第 4 册 第 129 页

17767 论副郎被骗事 《申报》 1879 年 12 月 8 日 第 15 册 第 641 页

17768 论富国宜先讲求农务 《申报》 1898 年 5 月 4 日 第 59 册 第 19 页

17769 论富强先在得人 《申报》 1889 年 10 月 13 日 第 35 册 第 647 页

17770 论富强自储才始储才自读书明理始 《申报》 1896 年 5 月 16 日 第 53 册 第 99 页

17771 论富寿 《申报》 1878 年 1 月 30 日 第 12 册 第 101 页

17772 论富修筑途路行以工代赈法 《申报》 1889 年 1 月 15 日 第 34 册 第 75 页

17773 论复审余杭案 《申报》 1875 年 8 月 14 日 第 7 册 第 153 页

17774 论改订盐法 《申报》 1937 年 5 月 19 日 第 352 册 第 434 页

17775 论改福建巡抚为台湾巡抚 《申报》 1877 年 3 月 19 日 第 10 册 第 241 页

17776 论改革币制 《大公报》 1947 年 8 月 12 日 第 160 册 第 642 页

17777 论改革不宜操之过急 《申报》 1912 年 4 月 26 日 第 117 册 第 243 页

17778 论改革路政 《大公报》 1931 年 3 月 10 日 第 101 册 第 112 页

17779　论改革现行教育及考铨制度/徐青甫（星期论文）　《大公报》　1942 年 12 月 13 日　第 149 册　第 716 页

17780　论改革中央官制：其二内阁　《申报》　1906 年 9 月 23 日　第 84 册　第 825 页

17781　论改革中央官制：其一内务府　《申报》　1906 年 9 月 15 日　第 84 册　第 747 页

17782　论改进平民读物　《大公报》　1934 年 7 月 20 日　第 121 册　第 282 页

17783　论改良监狱之要点　《申报》　1910 年 1 月 17 日　第 104 册　第 290 页

17784　论改良食料以救米贵之办法　《申报》　1908 年 1 月 10 日　第 92 册　第 109 页

17785　论改良食料以救米贵之办法（续）　《申报》　1908 年 1 月 12 日　第 92 册　第 133 页

17786　论改良食料以救米贵之办法（再续）　《申报》　1908 年 1 月 13 日　第 92 册　第 145 页

17787　论改良盐法之必要　《申报》　1909 年 8 月 30 日　第 101 册　第 907 页

17788　论改良盐法之必要（续）　《申报》　1909 年 8 月 31 日　第 101 册　第 924 页

17789　论改善兵役制度　《申报》（香港版）　1939 年 2 月 4 日　第 357 册　第 868 页

17790　论改善官兵生活办法　《中央日报》　1945 年 2 月 27 日　第 50 册　第 782 页

17791　论改试策论后士人家塾诵习课程　《申报》　1898 年 8 月 13 日　第 59 册　第 711 页

17792　论盖山西演剧如鹤立鸡群　《申报》　1873 年 6 月 23 日　第 2 册　第 569 页

17793　论甘泉县饬提刨匠事　《申报》　1878 年 8 月 27 日　第 13 册　第 197 页

17794　论甘侍读奏参三馆事　《申报》　1909 年 3 月 13 日　第 99 册　第 169 页

17795　论甘侍读奏参三馆事（续）　《申报》　1909 年 3 月 16 日　第 99 册　第 213 页

17796　论甘肃善后　《大公报》　1928 年 10 月 4 日　第 86 册　第 397 页

17797　论甘肃舆图大关紧要　《申报》　1894 年 2 月 22 日　第 46 册　第 299 页

17798　论感应　《申报》　1876 年 12 月 5 日　第 9 册　第 537 页

17799　论感应　《申报》　1876 年 6 月 21 日　第 8 册　第 569 页

17800　论感应神速　《申报》　1878 年 3 月 26 日　第 12 册　第 265 页

17801　论赣督之蹂躏人权　《申报》　1912 年 11 月 13 日　第 119 册　第 487 页

17802　论赣州拳匪闹教事　《申报》　1907 年 9 月 29 日　第 90 册　第 337 页

17803 论刚中丞弭盗之法 《申报》 1892 年 9 月 3 日 第 42 册 第 13 页

17804 论刚中堂在粤中东筹款事 《申报》 1899 年 10 月 1 日 第 63 册 第 211 页

17805 论刚子良中堂筹增国用事 《申报》 1899 年 8 月 9 日 第 62 册 第 741 页

17806 论港督审讯张志案 《申报》 1886 年 7 月 3 日 第 29 册 第 13 页

17807 论港议未成 《申报》 1886 年 7 月 24 日 第 29 册 第 141 页

17808 论高丽被华适以自祸 《申报》 1886 年 10 月 18 日 第 29 册 第 673 页

17809 论高丽不信通商之利 《申报》 1881 年 5 月 22 日 第 18 册 第 541 页

17810 论高丽参判闵君忧国致疾事 《申报》 1882 年 4 月 10 日 第 20 册 第 425 页

17811 论高丽大局 《申报》 1880 年 6 月 9 日 第 16 册 第 617 页

17812 论高丽大局 《申报》 1882 年 1 月 17 日 第 20 册 第 65 页

17813 论高丽党乱未弭 《申报》 1883 年 3 月 11 日 第 22 册 第 315 页

17814 论高丽关系中国大局 《申报》 1880 年 9 月 14 日 第 17 册 第 301 页

17815 论高丽和约自明为中国藩属 《申报》 1882 年 6 月 23 日 第 20 册 第 867 页

17816 论高丽渐伸权力 《申报》 1903 年 5 月 4 日 第 74 册 第 23 页

17817 论高丽结习未能尽除 《申报》 1882 年 7 月 10 日 第 21 册 第 55 页

17818 论高丽近日大势 《申报》 1886 年 11 月 2 日 第 29 册 第 765 页

17819 论高丽近事 《申报》 1876 年 1 月 8 日 第 8 册 第 25 页

17820 论高丽就学中国 《申报》 1882 年 4 月 3 日 第 20 册 第 385 页

17821 论高丽君臣于国乱后励精图治讲求西法有转危为安之机 《申报》 1882 年 12 月 1 日 第 21 册 第 919 页

17822 论高丽立约独严鸦片之禁 《申报》 1882 年 6 月 15 日 第 20 册 第 819 页

17823 论高丽乱耗 《申报》 1896 年 2 月 23 日 第 52 册 第 287 页

17824 论高丽乱事 《申报》 1882 年 8 月 14 日 第 21 册 第 265 页

17825 论高丽乞还凤凰城事 《申报》 1886 年 1 月 9 日 第 28 册 第 49 页

17826 论高丽情形 《申报》 1876 年 3 月 29 日 第 8 册 第 281 页

17827 论高丽善变 《申报》 1882 年 5 月 22 日 第 20 册 第 675 页

17828 论高丽善后事宜正人心第一 《申报》 1882 年 12 月 11 日 第 21 册 第 979 页

17829 论高丽事 《申报》 1874 年 3 月 14 日 第 4 册 第 225 页

17830 论高丽通商 《申报》 1880 年 10 月 3 日 第 17 册 第 377 页

17831 论高丽通商大势 《申报》 1884 年 6 月 2 日 第 24 册 第 867 页

17832 论高丽王僭称皇帝事 《申报》 1895 年 10 月 27 日 第 51 册 第 371 页

17833 论高丽下法教士狱案 《申报》 1879 年 8 月 26 日 第 15 册 第 225 页

17834 论高丽刑法之重 《申报》 1886 年 12 月 19 日 第 29 册 第 1055 页

17835 论高丽宜多设华官 《申报》 1885 年 6 月 25 日 第 26 册 第 963 页

17836 论高丽宜有所主而后安 《申报》 1885 年 7 月 6 日 第 27 册 第 31 页

17837 论高丽疑备英船 《申报》 1880 年 6 月 22 日 第 16 册 第 669 页

17838 论高丽约日本交战书 《申报》 1872 年 8 月 7 日 第 1 册 第 333 页

17839 论高丽允意法通商 《申报》 1880 年 11 月 7 日 第 17 册 第 519 页

17840 论高丽灾荒 《申报》 1877 年 4 月 4 日 第 10 册 第 297 页

17841 论高丽之患俄为大 《申报》 1886 年 8 月 21 日 第 29 册 第 313 页

17842 论高丽之役 《申报》 1882 年 10 月 8 日 第 21 册 第 595 页

17843 论高民攻日本使署事 《申报》 1882 年 8 月 8 日 第 21 册 第 229 页

17844 论高人谋弑国王事 《申报》 1882 年 1 月 5 日 第 20 册 第 17 页

17845 论高员不肯易严演武 《申报》 1881 年 12 月 29 日 第 19 册 第 725 页

17846 论膏捐 《申报》 1902 年 2 月 1 日 第 70 册 第 187 页

17847 论告贷 《申报》 1874 年 11 月 30 日 第 5 册 第 523 页

17848 论告贷开矿事 《申报》 1875 年 3 月 11 日 第 6 册 第 217 页

17849 论告阴状 《申报》 1881 年 11 月 28 日 第 19 册 第 601 页

17850 论哥老会 《申报》 1876 年 8 月 22 日 第 9 册 第 177 页

17851 论哥老会余党 《申报》 1872 年 11 月 21 日 第 1 册 第 697 页

17852 论割地轻重 《申报》 1895 年 5 月 9 日 第 50 册 第 53 页

17853 论割股疗亲舍身殉母事 《申报》 1873 年 7 月 11 日 第 3 册 第 37 页

17854 论革除浮费 《申报》 1893 年 4 月 27 日 第 43 册 第 701 页

17855 论革口正法 《申报》 1880 年 7 月 3 日 第 17 册 第 9 页

17856 论革命军人之人格：忠信礼义廉耻/蓝腾蛟 《民国日报》 1930 年 7 月 30 日 第 87 册 第 377 页

17857 论革命恐慌之结果 《申报》 1907 年 8 月 6 日 第 89 册 第 437 页

17858 论格伦雷轮船被拘事 《申报》 1885 年 3 月 18 日 第 26 册 第 383 页

17859 论格言联璧感人甚易 《申报》 1890 年 11 月 13 日 第 37 册 第 861 页

17860 论格致书院落成事 《申报》 1875 年 10 月 5 日 第 7 册 第 329 页

17861 论各帮公禀请禁烟馆女堂倌事 《申报》 1873 年 1 月 15 日 第 2 册 第 49 页

17862 论各报述法越信息 《申报》 1884 年 1 月 13 日 第 24 册 第 73 页

17863 论各部丞参之当废 《申报》 1910 年 7 月 28 日 第 107 册 第 450 页

17864 论各部丞参之当废续 《申报》 1910 年 7 月 29 日 第 107 册 第 468 页

17865 论各部大臣之权限与责任 《申报》 1910 年 7 月 21 日 第 107 册 第

336 页

17866 论各部大臣之权限与责任 续 《申报》 1910 年 7 月 22 日 第 107 册 第 352 页

17867 论各部院考核官费留学生事 《申报》 1908 年 6 月 2 日 第 94 册 第 420 页

17868 论各处仿设篇捐 《申报》 1878 年 6 月 18 日 第 12 册 第 553 页

17869 论各处改试策论宜先试院长 《申报》 1898 年 7 月 16 日 第 59 册 第 511 页

17870 论各处剪辫事 《申报》 1876 年 5 月 10 日 第 8 册 第 425 页

17871 论各处禁治妖术事 《申报》 1876 年 9 月 2 日 第 9 册 第 217 页

17872 论各处闹教事 《申报》 1893 年 7 月 17 日 第 44 册 第 551 页

17873 论各处赛会 《申报》 1879 年 6 月 7 日 第 14 册 第 563 页

17874 论各处戏园被焚事 《申报》 1877 年 2 月 1 日 第 10 册 第 109 页

17875 论各处征兵之滋事 《申报》 1906 年 7 月 7 日 第 84 册 第 57 页

17876 论各大员保荐人才之少 《申报》 1908 年 1 月 11 日 第 92 册 第 121 页

17877 论各当宜在公堂办事 《申报》 1875 年 4 月 1 日 第 6 册 第 289 页

17878 论各地方宜急造选举人名册 《申报》 1908 年 9 月 23 日 第 96 册 第 310 页

17879 论各地指导自治之人员 《中央日报》 1931 年 3 月 5 日 第 13 册 第 739 页

17880 论各国办理中国之事不可激怒华人 《申报》 1900 年 12 月 13 日 第 66 册 第 611 页

17881 论各国不允俄人为中国劝和事 《申报》 1900 年 9 月 8 日 第 66 册 第 39 页

17882 论各国簿计弊 《申报》 1908 年 12 月 22 日 第 97 册 第 784 页

17883 论各国近日政治竞争之剧烈 《申报》 1908 年 7 月 2 日 第 95 册 第 16 页

17884 论各国图扩海军 《申报》 1902 年 11 月 14 日 第 72 册 第 515 页

17885 论各国协约 《申报》 1907 年 10 月 4 日 第 90 册 第 397 页

17886 论各国新报之设 《申报》 1873 年 8 月 18 日 第 3 册 第 165 页

17887 论各国宜调和俄日战事 《申报》 1904 年 9 月 9 日 第 78 册 第 61 页

17888 论各轮船多备救命圈以重人命说 《申报》 1905 年 5 月 1 日 第 80 册 第 1 页

17889 论各省当急筹摊还赔款 《申报》 1912 年 11 月 11 日 第 119 册 第 463 页

17890　论各省督抚第二次电请速开国会　《申报》　1910 年 11 月 11 日　第 109 册　第 161 页

17891　论各省对于咨议局章程之注意　《申报》　1908 年 8 月 23 日　第 95 册　第 738 页

17892　论各省匪乱事　《申报》　1902 年 4 月 9 日　第 70 册　第 573 页

17893　论各省官绅宜注意湘乱　《申报》　1910 年 4 月 23 日　第 105 册　第 850 页

17894　论各省候补人员之苦总由捐纳者过多　《申报》　1898 年 4 月 5 日　第 58 册　第 565 页

17895　论各省疆臣奏请停缓秋试事　《申报》　1900 年 7 月 20 日　第 65 册　第 585 页

17896　论各省举行警察事　《申报》　1902 年 6 月 9 日　第 71 册　第 269 页

17897　论各省考试官员　《申报》　1876 年 4 月 17 日　第 8 册　第 345 页

17898　论各省乱事　《申报》　1905 年 4 月 11 日　第 79 册　第 707 页

17899　论各省派大员监学事　《申报》　1905 年 12 月 9 日　第 81 册　第 849 页

17900　论各省清理财政之困难　《申报》　1909 年 2 月 28 日　第 98 册　第 656 页

17901　论各省人民对于实行印花税之惶恐　《申报》　1909 年 10 月 26 日　第 102 册　第 830 页

17902　论各省设立模范监狱之必要　《申报》　1910 年 3 月 4 日　第 105 册　第 49 页

17903　论各省兴办警察事　《申报》　1903 年 9 月 10 日　第 75 册　第 69 页

17904　论各省学政考试选拔贡生场规务宜严肃　《申报》　1896 年 8 月 12 日　第 53 册　第 667 页

17905　论各省宜结攻守同盟组织联邦政府　《申报》　1911 年 11 月 26 日　第 115 册　第 369 页

17906　论各省宜解京米事　《申报》　1876 年 1 月 6 日　第 8 册　第 17 页

17907　论各省宜设局调查物产　《申报》　1906 年 12 月 11 日　第 85 册　第 627 页

17908　论各省自办铁路　《申报》　1905 年 9 月 7 日　第 81 册　第 51 页

17909　论各书院宜添算学　《申报》　1898 年 4 月 8 日　第 58 册　第 583 页

17910　论各团体所以欢迎美舰之故　《申报》　1908 年 10 月 31 日　第 96 册　第 875 页

17911　论各西报言晋抚严参办赈不善各员事　《申报》　1878 年 3 月 4 日　第 12 册　第 189 页

17912　论各县宜设武备学堂　《申报》　1895 年 10 月 7 日　第 51 册　第 239 页

17913 论各业把持陋习 《申报》 1879 年 1 月 10 日 第 14 册 第 33 页

17914 论各业忌心 《申报》 1881 年 11 月 11 日 第 19 册 第 533 页

17915 论各狱宜亟修建 《申报》 1876 年 10 月 20 日 第 9 册 第 381 页

17916 论各州县亟宜分设学务公所 《申报》 1905 年 10 月 15 日 第 81 册 第 369 页

17917 论给发知单事 《申报》 1893 年 10 月 20 日 第 45 册 第 331 页

17918 论根绝仇货 《大公报》 1939 年 11 月 25 日 第 143 册 第 344 页

17919 论根绝贪污 《大公报》 1946 年 7 月 11 日 第 157 册 第 42 页

17920 论更加物资/司徒云（星期论文） 《大公报》 1942 年 6 月 21 日 第 148 册 第 728 页

17921 论更易水手 《申报》 1882 年 5 月 30 日 第 20 册 第 723 页

17922 论耕种各物宜采善法以收实效 《申报》 1877 年 11 月 13 日 第 11 册 第 465 页

17923 论梗阻换约 《申报》 1894 年 6 月 1 日 第 47 册 第 219 页

17924 论工 《申报》 1896 年 11 月 1 日 第 54 册 第 387 页

17925 论工部局筹西捕游憩之所 《申报》 1884 年 6 月 8 日 第 24 册 第 903 页

17926 论工部局关照收捐不宜疏漏 《申报》 1892 年 4 月 21 日 第 40 册 第 633 页

17927 论工部局会议整顿巡捕事 《申报》 1883 年 10 月 12 日 第 23 册 第 621 页

17928 论工部局稽查租界华人丁口事 《申报》 1885 年 6 月 22 日 第 26 册 第 945 页

17929 论工部局能尽其职 《申报》 1894 年 5 月 15 日 第 47 册 第 101 页

17930 论工部局请撤换会审委员事 《申报》 1906 年 2 月 10 日 第 82 册 第 265 页

17931 论工部局请惩已革包探陆阿九事 《申报》 1902 年 9 月 4 日 第 72 册 第 21 页

17932 论工部局议小车事 《申报》 1873 年 5 月 19 日 第 2 册 第 449 页

17933 论工部局整理租界事务当有其权 《申报》 1885 年 10 月 8 日 第 27 册 第 609 页

17934 论工会法案 《民国日报》 1923 年 2 月 24 日 第 43 册 第 638 页

17935 论工匠 《申报》 1896 年 9 月 4 日 第 54 册 第 19 页

17936 论工匠把持 《申报》 1880 年 1 月 11 日 第 16 册 第 41 页

17937 论工人失业 《申报》 1894 年 4 月 4 日 第 46 册 第 569 页

17938 论工业合作 《大公报》 1938 年 12 月 14 日 第 141 册 第 500 页

17939   论工业疏散   《申报》   1945 年 2 月 24 日   第 387 册   第 157 页

17940   论工业问题   《大公报》   1938 年 6 月 7 日   第 140 册   第 700 页

17941   论工作学徒苦况   《申报》   1889 年 9 月 1 日   第 35 册   第 389 页

17942   论工作之弊   《申报》   1880 年 5 月 7 日   第 16 册   第 485 页

17943   论公法交犯之例   《申报》   1900 年 3 月 2 日   第 64 册   第 327 页

17944   论公家花园   《申报》   1888 年 9 月 21 日   第 33 册   第 549 页

17945   论公事奉行迟延   《申报》   1879 年 7 月 16 日   第 15 册   第 61 页

17946   论公事商务皆不得其人   《申报》   1888 年 2 月 24 日   第 32 册   第 283 页

17947   论公司宜定专利之律   《申报》   1898 年 12 月 8 日   第 60 册   第 699 页

17948   论公堂惩办发售警世钟事   《申报》   1905 年 1 月 7 日   第 79 册   第 37 页

17949   论公役豢贼事   《申报》   1899 年 10 月 6 日   第 63 册   第 245 页

17950   论"公"与"私"   《申报》   1943 年 10 月 9 日   第 384 册   第 579 页

17951   论公吁开禁事   《申报》   1878 年 10 月 14 日   第 13 册   第 361 页

17952   论公债票中国急宜自购   《申报》   1905 年 3 月 16 日   第 79 册   第 489 页

17953   论公众防疫   《大公报》   1927 年 9 月 2 日   第 80 册   第 503 页

17954   论恭邸复爵   《申报》   1874 年 9 月 21 日   第 5 册   第 283 页

17955   论恭邸降爵事   《申报》   1874 年 9 月 19 日   第 5 册   第 279 页

17956   论恭上尊谥庙号之意义   《申报》   1908 年 12 月 1 日   第 97 册   第 468 页

17957   论巩固金融办法   《中央日报》   1939 年 9 月 10 日   第 42 册   第 488 页

17958   论拱卫军之狱：袁氏驭兵之术穷，军事之推测   《民国日报》   1916 年 4 月 4 日   第 2 册   第 410 页

17959   论共产党必由之路   《中央日报》   1946 年 10 月 15 日   第 54 册   第 160 页

17960   论共党六中全会决议   《申报》（香港版）   1938 年 11 月 29 日   第 357 册   第 363 页

17961   论狗庇欺朦之弊   《申报》   1889 年 3 月 8 日   第 34 册   第 327 页

17962   论购缉康梁二逆之无益   《申报》   1900 年 2 月 18 日   第 64 册   第 259 页

17963   论购铁甲船与筑砲台事   《申报》   1874 年 8 月 29 日   第 5 册   第 205 页

17964   论购用耕织机器使民均沾利益   《申报》   1877 年 3 月 16 日   第 10 册   第 233 页

17965   论购造铁甲船   《申报》   1874 年 12 月 15 日   第 5 册   第 575 页

17966　论姑苏近事　《申报》　1872 年 12 月 31 日　第 1 册　第 833 页

17967　论古巴华工宜令赴美国受雇　《申报》　1875 年 11 月 26 日　第 7 册　第 509 页

17968　论古今禁赌之法轻重悬殊　《申报》　1889 年 1 月 22 日　第 34 册　第 107 页

17969　论古今人未尝不相及　《申报》　1893 年 2 月 9 日　第 43 册　第 237 页

17970　论古今师道之异　《申报》　1878 年 3 月 7 日　第 12 册　第 201 页

17971　论古立宪之学派　《申报》　1908 年 12 月 23 日　第 97 册　第 799 页

17972　论古书之不可尽信　《申报》　1892 年 5 月 21 日　第 41 册　第 129 页

17973　论古屯田之法　《申报》　1893 年 5 月 30 日　第 44 册　第 207 页

17974　论股票房屋两案宜立定群以清积牍　《申报》　1885 年 2 月 2 日　第 26 册　第 189 页

17975　论骨肉之累　《申报》　1880 年 4 月 1 日　第 16 册　第 341 页

17976　论鼓铸银圆诚为便民之举　《申报》　1895 年 11 月 19 日　第 51 册　第 523 页

17977　论雇船　《申报》　1880 年 12 月 17 日　第 17 册　第 677 页

17978　论瓜分中国非泰西各国之本心　《申报》　1898 年 9 月 16 日　第 60 册　第 109 页

17979　论寡妇升天　《申报》　1881 年 11 月 12 日　第 19 册　第 537 页

17980　论寡妇宜赡恤勿令定须入局以为勤事　《申报》　1873 年 8 月 16 日　第 3 册　第 161 页

17981　论拐带妇女　《申报》　1879 年 5 月 19 日　第 14 册　第 487 页

17982　论拐贩必当严究　《申报》　1891 年 4 月 24 日　第 38 册　第 613 页

17983　论拐贩高丽幼孩事　《申报》　1886 年 12 月 11 日　第 29 册　第 1007 页

17984　论拐匪宜重办　《申报》　1886 年 2 月 21 日　第 28 册　第 263 页

17985　论拐匪站毙事　《申报》　1893 年 7 月 12 日　第 44 册　第 515 页

17986　论拐略幼孩之消弭法　《申报》　1913 年 9 月 11 日　第 124 册　第 131 页

17987　论拐骗事　《申报》　1872 年 6 月 28 日　第 1 册　第 197 页

17988　论怪　《申报》　1889 年 6 月 28 日　第 34 册　第 1025 页

17989　论怪事　《申报》　1876 年 10 月 3 日　第 9 册　第 321 页

17990　论关防差役　《申报》　1891 年 9 月 10 日　第 39 册　第 435 页

17991　论关卡厘金有名无实事　《申报》　1873 年 3 月 30 日　第 2 册　第 281 页

17992　论关内外匪势　《中央日报》　1947 年 10 月 9 日　第 57 册　第 398 页

17993　论关税会议（言论）　《民国日报》　1926 年 9 月 15 日　第 59 册　第 171 页

17994　论关外事　《申报》　1875 年 8 月 18 日　第 7 册　第 165 页

17995　论关务开创之不易　《申报》　1887 年 10 月 30 日　第 31 册　第 779 页

17996　论关于帝室及亲属之罪之刑律　《申报》　1908 年 5 月 2 日　第 94 册　第 14 页

17997　论关于宪草第一条　《民国日报》　1946 年 12 月 20 日　第 99 册　第 508 页

17998　论关于学务之经济宜拨充初级小学　《申报》　1906 年 2 月 1 日　第 82 册　第 193 页

17999　论官长示禁淫戏凶戏宜摘其关目　《申报》　1896 年 7 月 25 日　第 53 册　第 551 页

18000　论官场结习　《申报》　1884 年 10 月 4 日　第 25 册　第 555 页

18001　论官场之积习　《申报》　1903 年 8 月 26 日　第 74 册　第 829 页

18002　论官场子弟不读书之弊　《申报》　1889 年 7 月 4 日　第 35 册　第 21 页

18003　论官当　《申报》　1875 年 11 月 24 日　第 7 册　第 501 页

18004　论官党与政党　《申报》　1906 年 12 月 22 日　第 85 册　第 729 页

18005　论官垫民欠　《申报》　1879 年 8 月 11 日　第 15 册　第 165 页

18006　论官府蔑视议政机关之非　《申报》　1911 年 10 月 6 日　第 114 册　第 616 页

18007　论官军不妄杀人　《申报》　1877 年 7 月 2 日　第 11 册　第 1 页

18008　论官军攻克玛纳斯城及屠戮匪回事问答　《申报》　1877 年 3 月 2 日　第 10 册　第 185 页

18009　论官军接济已迟　《申报》　1884 年 9 月 14 日　第 25 册　第 445 页

18010　论官吏不用铜元之弊　《申报》　1905 年 8 月 6 日　第 80 册　第 817 页

18011　论官僚传统：一个史的看法/林同济（星期论文）　《大公报》　1943 年 1 月 17 日　第 150 册　第 76 页

18012　论官僚口头的自治　《民国日报》　1922 年 3 月 22 日　第 38 册　第 290 页

18013　论官僚政治与中国社会/陈冬福（星期论文）　《大公报》　1948 年 11 月 28 日　第 164 册　第 506 页

18014　论官禄　《申报》　1878 年 3 月 6 日　第 12 册　第 197 页

18015　论官卖鸦片事　《申报》　1906 年 2 月 20 日　第 82 册　第 345 页

18016　论官媒之不可轻信　《申报》　1880 年 5 月 8 日　第 16 册　第 489 页

18017　论官民不宜暌隔　《申报》　1893 年 10 月 6 日　第 45 册　第 237 页

18018　论官民隔阂之弊　《申报》　1892 年 2 月 11 日　第 40 册　第 195 页

18019　论官人　《申报》　1878 年 6 月 11 日　第 12 册　第 529 页

18020　论官商合办南洋劝业会事　《申报》　1908 年 6 月 20 日　第 94 册　第 660 页

18021 论官商相维之道 《申报》 1883 年 12 月 3 日 第 23 册 第 933 页

18022 论官绅仇视学务公所学会之原因 《申报》 1906 年 5 月 11 日 第 83 册 第 397 页

18023 论官衙被盗 《申报》 1879 年 8 月 9 日 第 15 册 第 157 页

18024 论官盐酱销食销事 《申报》 1875 年 8 月 16 日 第 7 册 第 157 页

18025 论官宜久任 《申报》 1903 年 8 月 25 日 第 74 册 第 821 页

18026 论官员私财书邓给谏疏后 《申报》 1883 年 12 月 28 日 第 23 册 第 1083 页

18027 论官制亟宜划一 《申报》 1909 年 9 月 25 日 第 102 册 第 353 页

18028 论管理粮食问题 《大公报》 1936 年 11 月 24 日 第 135 册 第 328 页

18029 论管束家丁 《申报》 1881 年 3 月 2 日 第 18 册 第 213 页

18030 论广帮盂兰会之盛 《申报》 1878 年 9 月 5 日 第 13 册 第 229 页

18031 论广东办理积匪事 《申报》 1886 年 6 月 2 日 第 28 册 第 873 页

18032 论广东兵民误斗事 《申报》 1877 年 12 月 27 日 第 11 册 第 617 页

18033 论广东盗贼之多 《申报》 1897 年 1 月 22 日 第 55 册 第 125 页

18034 论广东盗贼之横 《申报》 1892 年 12 月 3 日 第 42 册 第 587 页

18035 论广东赌博宜禁 《申报》 1873 年 5 月 8 日 第 2 册 第 413 页

18036 论广东多盗 《申报》 1894 年 2 月 1 日 第 46 册 第 199 页

18037 论广东亟宜力行团练 《申报》 1877 年 4 月 3 日 第 10 册 第 293 页

18038 论广东近事 《申报》 1877 年 3 月 6 日 第 10 册 第 197 页

18039 论广东客匪滋扰事 《申报》 1876 年 6 月 6 日 第 8 册 第 517 页

18040 论广东粮道署被窃事 《申报》 1886 年 8 月 8 日 第 29 册 第 233 页

18041 论广东臬宪惩办督辕门丁 《申报》 1891 年 8 月 8 日 第 39 册 第 231 页

18042 论广东臬宪严办某孝廉事 《申报》 1886 年 5 月 27 日 第 28 册 第 837 页

18043 论广东旗人闹事 《申报》 1887 年 7 月 6 日 第 31 册 第 31 页

18044 论广东认真考试候补各官事 《申报》 1894 年 5 月 23 日 第 47 册 第 157 页

18045 论广东闱姓业行禁绝事 《申报》 1874 年 5 月 27 日 第 4 册 第 479 页

18046 论广东谢别驾请备施衣以给流民 《申报》 1892 年 11 月 17 日 第 42 册 第 489 页

18047 论广东招选学童事 《申报》 1886 年 3 月 20 日 第 28 册 第 425 页

18048 论广购机器仿织洋布之利 《申报》 1876 年 3 月 17 日 第 8 册 第 241 页

18049 论广开沟洫俾免水旱灾荒事 《申报》 1878 年 4 月 10 日 第 12 册 第

317 页

18050 论广募西人代开各矿事 《申报》 1875 年 6 月 5 日 第 6 册 第 513 页

18051 论广田内阁 《申报》 1936 年 3 月 10 日 第 338 册 第 240 页

18052 论广西匪乱 《申报》 1902 年 5 月 1 日 第 71 册 第 1 页

18053 论广西匪人枪毙洋官及京师顽民掷击使眷事 《申报》 1902 年 3 月 16 日
第 70 册 第 411 页

18054 论广西官绅封江事 《申报》 1878 年 4 月 8 日 第 12 册 第 309 页

18055 论广西美国教堂事 《申报》 1886 年 5 月 28 日 第 28 册 第 843 页

18056 论广西学政刘家模革职事 《申报》 1902 年 1 月 16 日 第 70 册 第
91 页

18057 论广西直隶匪警 《申报》 1902 年 5 月 17 日 第 71 册 第 113 页

18058 论广阳坝撞船案 《大公报》 1940 年 1 月 27 日 第 144 册 第 106 页

18059 论广肇公所等请发还私械电 《民国日报》 1924 年 8 月 23 日 第 52 册
第 700 页

18060 论广州封闭报馆事 《申报》 1900 年 10 月 10 日 第 66 册 第 229 页

18061 论广州市民运动 《民国日报》 1919 年 7 月 18 日 第 22 册 第 206 页

18062 论规复布局当顺商情 《申报》 1893 年 12 月 29 日 第 45 册 第 797 页

18063 论规复海军 《申报》 1902 年 8 月 16 日 第 71 册 第 733 页

18064 论鬼神 《申报》 1877 年 4 月 27 日 第 10 册 第 377 页

18065 论贵阳近乡盗贼啸聚事 《申报》 1877 年 5 月 7 日 第 10 册 第 409 页

18066 论贵州复乱近耗 《申报》 1876 年 3 月 8 日 第 8 册 第 209 页

18067 论桂抚丁大中丞奏请展期撤兵事 《申报》 1902 年 6 月 5 日 第 71 册
第 243 页

18068 论桂抚批准拨还寺产之荒谬 《申报》 1905 年 6 月 29 日 第 80 册 第
511 页

18069 论桂林外围战事 《大公报》 1944 年 10 月 31 日 第 153 册 第 550 页

18070 论国耻会 《申报》 1908 年 4 月 14 日 第 93 册 第 600 页

18071 论国会关于商人之利益 《申报》 1908 年 4 月 20 日 第 93 册 第
682 页

18072 论国会关于商人之利益（续） 《申报》 1908 年 4 月 21 日 第 93 册
第 697 页

18073 论国会继续请愿之分道进行法 《申报》 1910 年 3 月 19 日 第 105 册
第 289 页

18074 论国会请愿之不可缓 《申报》 1908 年 4 月 16 日 第 93 册 第 630 页

18075 论国会问题之一喜一惧 《申报》 1910 年 11 月 20 日 第 109 册 第
305 页

18076 论国会无不可速开之理由（续）　《申报》　1908 年 8 月 10 日　第 95 册
第 553 页

18077 论国会宜早召集　《申报》　1912 年 3 月 6 日　第 116 册　第 545 页

18078 论国际大局　《申报》　1943 年 8 月 4 日　第 384 册　第 321 页

18079 论国际间相互认识之必要　《大公报》　1931 年 2 月 8 日　第 100 册　第
424 页

18080 论国际宣传　《民国日报》　1929 年 10 月 2 日　第 82 册　第 523 页

18081 论国际战局与政局　《申报》　1943 年 7 月 22 日　第 384 册　第 263 页

18082 论国家不当仅以法律为目的　《申报》　1908 年 2 月 13 日　第 92 册　第
434 页

18083 论国家不当仅以法律为目的（续十二日稿）　《申报》　1908 年 2 月 15 日
第 92 册　第 458 页

18084 论国家不当仅以法律为目的（再续）　《申报》　1908 年 2 月 20 日　第 92
册　第 518 页

18085 论国家财政　《大公报》　1943 年 10 月 2 日　第 151 册　第 414 页

18086 论国家当以土田为要务　《申报》　1877 年 4 月 24 日　第 10 册　第
365 页

18087 论国家破产之可危　《申报》　1912 年 5 月 24 日　第 117 册　第 117 页

18088 论国家取士文武并重　《申报》　1891 年 11 月 20 日　第 39 册　第 863 页

18089 论国家设立商部事　《申报》　1903 年 9 月 23 日　第 75 册　第 161 页

18090 论国家兴衰之道　《申报》　1943 年 4 月 25 日　第 383 册　第 769 页

18091 论国家自弃其民之害　《申报》　1903 年 8 月 23 日　第 74 册　第 807 页

18092 论国联报告书　《大公报》　1938 年 10 月 4 日　第 141 册　第 392 页

18093 论国联表示与我密切合作　《中央日报》　1931 年 5 月 25 日　第 14 册
第 675 页

18094 论国联与日本　《申报》　1932 年 9 月 26 日　第 296 册　第 701 页

18095 论国民不知储蓄之弊害　《申报》　1909 年 2 月 14 日　第 98 册　第
480 页

18096 论国民参政会　《大公报》　1938 年 4 月 15 日　第 140 册　第 450 页

18097 论国民大会　《中央日报》　1946 年 8 月 16 日　第 53 册　第 654 页

18098 论国民当急注意桂太郎之欧行　《申报》　1912 年 7 月 29 日　第 118 册
第 281 页

18099 论国民当急注意桂太郎之欧行续　《申报》　1912 年 7 月 30 日　第 118 册
第 291 页

18100 论国民党不加入善后会议（言论）　《民国日报》　1925 年 2 月 6 日　第
55 册　第 372 页

18101   论国民对于国会请愿当协同一致   《申报》   1909 年 12 月 22 日   第 103 册   第 840 页

18102   论国民对于侨民之观念   《申报》   1909 年 3 月 3 日   第 99 册   第 30 页

18103   论国民对于日美协约之观念   《申报》   1908 年 12 月 6 日   第 97 册   第 544 页

18104   论国民对于政治上之建议宜慎   《申报》   1908 年 8 月 26 日   第 95 册   第 776 页

18105   论国民负担之多寡与国势强弱之关系   《申报》   1910 年 3 月 9 日   第 105 册   第 129 页

18106   论国民革命   《民国日报》   1924 年 1 月 27 日   第 49 册   第 368 页

18107   论国民会议条例草案（言论）   《民国日报》   1925 年 2 月 19 日   第 55 册   第 538 页

18108   论国民亟当预备立宪之实际   《申报》   1908 年 8 月 24 日   第 95 册   第 750 页

18109   论国民亟宜研究经济学   《申报》   1911 年 1 月 7 日   第 110 册   第 98 页

18110   论国民急宜祛除客气   《申报》   1912 年 3 月 10 日   第 116 册   第 577 页

18111   论国民今日应争之事   《申报》   1907 年 1 月 15 日   第 86 册   第 137 页

18112   论国民精神与政治之关系   《申报》   1912 年 7 月 11 日   第 118 册   第 101 页

18113   论国民势力之亟当发展   《申报》   1911 年 1 月 6 日   第 110 册   第 82 页

18114   论国民外交   《申报》   1943 年 1 月 20 日   第 383 册   第 130 页

18115   论国民无道德思想   《申报》   1907 年 2 月 25 日   第 86 册   第 479 页

18116   论国民厌战心理   《大公报》   1929 年 5 月 13 日   第 90 册   第 196 页

18117   论国民宜负救亡之责任   《申报》   1911 年 3 月 15 日   第 111 册   第 226 页

18118   论国民宜速筹国会实行方法   《申报》   1908 年 8 月 27 日   第 95 册   第 790 页

18119   论国民宜速筹国会实行方法（续初一日）   《申报》   1908 年 8 月 31 日   第 95 册   第 846 页

18120   论国民宜速筹国会实行方法（再续）   《申报》   1908 年 9 月 1 日   第 96 册   第 1 页

18121   论国民宜速筹国会实行方法（三续）   《申报》   1908 年 9 月 3 日   第 96 册   第 30 页

18122   论国民宜速筹国会实行方法（四续）   《申报》   1908 年 9 月 4 日   第 96 册   第 41 页

18123   论国民宜有自治之精神   《申报》   1909 年 3 月 28 日   第 99 册   第

385 页

18124 论国民宜注意于德育 《申报》 1909 年 4 月 23 日 第 99 册 第 766 页

18125 论国民应负救亡之责任 《申报》 1911 年 3 月 16 日 第 111 册 第 242 页

18126 论国民有赞成东三省公债之义务 《申报》 1907 年 5 月 14 日 第 88 册 第 176 页

18127 论国民政治负担 《大公报》 1934 年 4 月 17 日 第 119 册 第 674 页

18128 论国民志气之日即于卑靡 《申报》 1909 年 9 月 2 日 第 102 册 第 18 页

18129 论国难期内的教育/吴俊升（星期论文） 《大公报》 1936 年 2 月 16 日 第 130 册 第 510 页

18130 论国势贫弱皆由俗尚之奢 《申报》 1899 年 6 月 13 日 第 62 册 第 331 页

18131 论"国势普查" 《中央日报》 1937 年 4 月 28 日 第 38 册 第 709 页

18132 论国外企矿速宜开采 《申报》 1876 年 3 月 16 日 第 8 册 第 237 页

18133 论国宪效力并答新猛君 《民国日报》 1923 年 12 月 22 日 第 48 册 第 720 页

18134 论国行局贷款问题 《中央日报》 1948 年 1 月 20 日 第 58 册 第 190 页

18135 论国营事业 《大公报》 1932 年 11 月 11 日 第 111 册 第 124 页

18136 论国营事业加价 《大公报》 1948 年 4 月 24 日 第 162 册 第 688 页

18137 论国有铁道政策之非 《申报》 1911 年 5 月 22 日 第 112 册 第 361 页

18138 论国债 《申报》 1900 年 4 月 8 日 第 64 册 第 595 页

18139 论国治不在兵强 《申报》 1887 年 8 月 21 日 第 31 册 第 315 页

18140 论过渡时代之可危 《申报》 1906 年 2 月 9 日 第 82 册 第 257 页

18141 论海滨恶俗 《申报》 1893 年 11 月 26 日 第 45 册 第 583 页

18142 论海滨各处风灾待振之急 《申报》 1905 年 9 月 8 日 第 81 册 第 59 页

18143 论海带丝染色误害事 《申报》 1876 年 1 月 3 日 第 8 册 第 5 页

18144 论海防废弛 《申报》 1881 年 8 月 21 日 第 19 册 第 205 页

18145 论海防近势 《申报》 1883 年 12 月 26 日 第 23 册 第 1071 页

18146 论海防特重炮台 《申报》 1884 年 9 月 19 日 第 25 册 第 469 页

18147 论海关厘卡情形 《申报》 1877 年 4 月 12 日 第 10 册 第 325 页

18148 论海军不可废要在得人 《申报》 1895 年 6 月 17 日 第 50 册 第 309 页

18149 论海军当广储人才 《申报》 1894 年 9 月 12 日 第 48 册 第 75 页

18150　论海军的改造　《民国日报》　1922 年 5 月 1 日　第 39 册　第 2 页

18151　论海军经费　《申报》　1909 年 8 月 16 日　第 101 册　第 694 页

18152　论海军难办之点　《申报》　1908 年 4 月 26 日　第 93 册　第 770 页

18153　论海军雄盛　《申报》　1886 年 5 月 10 日　第 28 册　第 731 页

18154　论海军正副使责任之重　《申报》　1907 年 8 月 24 日　第 89 册　第 653 页

18155　论海空优势　《中央日报》　1944 年 6 月 10 日　第 49 册　第 716 页

18156　论海口不如陆战之可恃　《申报》　1884 年 9 月 4 日　第 25 册　第 389 页

18157　论海陆军大臣之责任　《申报》　1910 年 12 月 6 日　第 109 册　第 561 页

18158　论海陆军大臣之责任续　《申报》　1910 年 12 月 7 日　第 109 册　第 577 页

18159　论海门请加学额事　《申报》　1894 年 5 月 10 日　第 47 册　第 67 页

18160　论海清借款　《申报》　1908 年 6 月 12 日　第 94 册　第 555 页

18161　论海清借款之可异　《申报》　1908 年 6 月 13 日　第 94 册　第 567 页

18162　论海上寄鸥子中西仪文不同辨正书　《申报》　1876 年 12 月 7 日　第 9 册　第 545 页

18163　论海运　《申报》　1875 年 1 月 9 日　第 6 册　第 29 页

18164　论海运宜改用兵轮船　《申报》　1889 年 5 月 19 日　第 34 册　第 767 页

18165　论害人之窟宜禁其尤　《申报》　1883 年 3 月 27 日　第 22 册　第 407 页

18166　论邗上某医生拐逃事　《申报》　1892 年 4 月 8 日　第 40 册　第 551 页

18167　论寒士录遗景况　《申报》　1889 年 6 月 7 日　第 34 册　第 889 页

18168　论寒暑表有功于格物之学　《申报》　1895 年 3 月 7 日　第 49 册　第 349 页

18169　论韩廉访严禁佛店事　《申报》　1895 年 2 月 24 日　第 49 册　第 283 页

18170　论汉口的国民运动狱　《民国日报》　1924 年 5 月 22 日　第 51 册　第 254 页

18171　论汉口金融大恐慌　《大公报》　1927 年 4 月 20 日　第 79 册　第 153 页

18172　论汉口巡捕殴人致毙事　《申报》　1894 年 10 月 23 日　第 48 册　第 329 页

18173　论汉口宜设自来水　《申报》　1892 年 11 月 12 日　第 42 册　第 457 页

18174　论汉阳武童顶名事　《申报》　1892 年 5 月 4 日　第 41 册　第 19 页

18175　论汉镇疯妇事　《申报》　1878 年 8 月 17 日　第 13 册　第 165 页

18176　论汉镇姜氏子死于妓馆事　《申报》　1872 年 10 月 1 日　第 1 册　第 521 页

18177　论汉镇某甲制中吉服宴宾事　《申报》　1891 年 12 月 30 日　第 39 册　第 1105 页

18178 论杭城保甲之认真 《申报》 1887 年 11 月 9 日 第 31 册 第 849 页

18179 论杭城抚署有风人闯进花厅事 《申报》 1873 年 3 月 14 日 第 2 册 第 225 页

18180 论杭城近俗 《申报》 1897 年 8 月 4 日 第 56 册 第 589 页

18181 论杭城立关道士戴枷事 《申报》 1873 年 5 月 31 日 第 2 册 第 493 页

18182 论杭城盛行慈团大被二教 《申报》 1873 年 4 月 30 日 第 2 册 第 385 页

18183 论杭城严禁小票 《申报》 1891 年 8 月 27 日 第 39 册 第 351 页

18184 论杭嘉湖三郡民情 《申报》 1880 年 5 月 29 日 第 16 册 第 573 页

18185 论杭郡给还房捐弊窦 《申报》 1878 年 9 月 6 日 第 13 册 第 233 页

18186 论杭垣创兴水龙事 《申报》 1892 年 8 月 19 日 第 41 册 第 721 页

18187 论杭垣考寓开赌事 《申报》 1885 年 9 月 17 日 第 27 册 第 475 页

18188 论杭垣整顿书院事 《申报》 1891 年 1 月 1 日 第 38 册 第 1 页

18189 论杭州北关门外亲鉴水龙事 《申报》 1892 年 11 月 19 日 第 42 册 第 501 页

18190 论杭州补修盐法志设局事 《申报》 1873 年 5 月 20 日 第 2 册 第 453 页

18191 论杭州茶捐 《申报》 1889 年 4 月 13 日 第 34 册 第 547 页

18192 论杭州赤山埠白书行劫事 《申报》 1878 年 7 月 22 日 第 13 册 第 73 页

18193 论杭州盗岸 《申报》 1878 年 7 月 26 日 第 13 册 第 89 页

18194 论杭州道院立铁钉关事 《申报》 1873 年 4 月 26 日 第 2 册 第 373 页

18195 论杭州调兵口禾 《申报》 1880 年 5 月 22 日 第 16 册 第 545 页

18196 论杭州火药局被毁事 《申报》 1898 年 12 月 26 日 第 60 册 第 821 页

18197 论杭州稽查种火事 《申报》 1894 年 9 月 5 日 第 48 册 第 29 页

18198 论杭州禁抬米价事 《申报》 1892 年 10 月 26 日 第 42 册 第 353 页

18199 论杭州民更办法之疏 《申报》 1879 年 5 月 8 日 第 14 册 第 441 页

18200 论杭州闹书院事 《申报》 1890 年 5 月 10 日 第 36 册 第 747 页

18201 论杭州旗兵滋事 《申报》 1878 年 6 月 25 日 第 12 册 第 577 页

18202 论杭州迁善局缉贼之勤 《申报》 1881 年 12 月 13 日 第 19 册 第 661 页

18203 论杭州台基林立 《申报》 1894 年 6 月 7 日 第 47 册 第 263 页

18204 论杭州停卖申报之故 《申报》 1873 年 5 月 1 日 第 2 册 第 389 页

18205 论杭州西湖禁止卖酒原由 《申报》 1873 年 5 月 2 日 第 2 册 第 393 页

18206 论杭州药局被焚事 《申报》 1900 年 1 月 24 日 第 64 册 第 147 页

18207　论杭州用小钱事　《申报》　1876 年 2 月 21 日　第 8 册　第 153 页

18208　论杭州织造经书大案件　《申报》　1873 年 2 月 11 日　第 2 册　第 117 页

18209　论航船倾覆致毙人命事　《申报》　1872 年 12 月 26 日　第 1 册　第 817 页

18210　论好古之弊　《申报》　1895 年 8 月 10 日　第 50 册　第 655 页

18211　论好官必不骛虚名　《申报》　1891 年 5 月 15 日　第 38 册　第 739 页

18212　论好色致祸　《申报》　1880 年 1 月 28 日　第 16 册　第 109 页

18213　论号商汇兑之便　《申报》　1885 年 7 月 25 日　第 27 册　第 145 页

18214　论合股经营　《申报》　1882 年 6 月 6 日　第 20 册　第 765 页

18215　论合用马步炮兵按地势列阵法　《申报》　1895 年 4 月 24 日　第 49 册　第 663 页

18216　论合用马步炮兵按地势列阵法　《申报》　1895 年 4 月 27 日　第 49 册　第 681 页

18217　论合用马步炮兵按地势列阵法　《申报》　1895 年 5 月 1 日　第 50 册　第 1 页

18218　论和后事宜　《申报》　1895 年 5 月 27 日　第 50 册　第 169 页

18219　论"和平"　《申报》（香港版）　1939 年 3 月 3 日　第 358 册　第 18 页

18220　论和议后之满洲　《申报》　1905 年 8 月 25 日　第 80 册　第 977 页

18221　论和议可恃而不可恃　《申报》　1894 年 7 月 31 日　第 47 册　第 659 页

18222　论和议迁延之非计　《申报》　1911 年 12 月 28 日　第 115 册　第 809 页

18223　论和议如不速成恐生意外之变　《申报》　1900 年 10 月 6 日　第 66 册　第 205 页

18224　论和议尚有难成之事　《申报》　1884 年 7 月 13 日　第 25 册　第 73 页

18225　论和议文不可恃　《申报》　1912 年 1 月 5 日　第 116 册　第 55 页

18226　论和议已成　《申报》　1876 年 9 月 21 日　第 9 册　第 281 页

18227　论和议有可乘之机　《申报》　1895 年 2 月 9 日　第 49 册　第 193 页

18228　论和议之难成　《申报》　1911 年 12 月 15 日　第 115 册　第 636 页

18229　论和约条例亟宜变通　《申报》　1891 年 5 月 16 日　第 38 册　第 745 页

18230　论和约之弊以割地为最重　《申报》　1895 年 5 月 18 日　第 50 册　第 109 页

18231　论和战未定兼为从军者筹得失利钝　《申报》　1880 年 10 月 21 日　第 17 册　第 449 页

18232　论河北教育问题　《大公报》　1947 年 3 月 4 日　第 159 册　第 448 页

18233　论河北省田粮问题　《大公报》　1948 年 2 月 18 日　第 162 册　第 286 页

18234　论河防设局　《申报》　1889 年 3 月 27 日　第 34 册　第 443 页

18235　论河防宜用固柱疏沙法　《申报》　1888 年 12 月 21 日　第 33 册　第

1115 页

18236　论河工保举　《申报》　1878 年 12 月 2 日　第 13 册　第 529 页

18237　论河工海塘不责赔修之弊　《申报》　1883 年 8 月 23 日　第 23 册　第 321 页

18238　论河工可筹一劳永逸之法　《申报》　1883 年 1 月 3 日　第 22 册　第 11 页

18239　论河工书许河帅夹片后　《申报》　1890 年 12 月 29 日　第 37 册　第 1153 页

18240　论河间民女蒲爱妮道旁叩阍事　《申报》　1886 年 4 月 11 日　第 28 册　第 557 页

18241　论河决　《申报》　1878 年 9 月 14 日　第 13 册　第 261 页

18242　论河口克复之未可恃　《申报》　1908 年 5 月 30 日　第 94 册　第 380 页

18243　论河口易于失陷之故　《申报》　1908 年 5 月 19 日　第 94 册　第 231 页

18244　论河南京官严劾杨敬宸破坏矿务事　《申报》　1909 年 6 月 9 日　第 100 册　第 554 页

18245　论河南事变　《民国日报》　1921 年 4 月 21 日　第 32 册　第 714 页

18246　论河南巡抚举劾属员是非失当　《申报》　1902 年 4 月 15 日　第 70 册　第 611 页

18247　论河运不如海运　《申报》　1888 年 1 月 3 日　第 32 册　第 13 页

18248　论荷兰将逼华侨入籍事　《申报》　1909 年 2 月 26 日　第 98 册　第 630 页

18249　论荷人谋叛　《申报》　1899 年 12 月 15 日　第 63 册　第 749 页

18250　论贺年　《申报》　1876 年 1 月 31 日　第 8 册　第 81 页

18251　论贺岁虚文　《申报》　1879 年 2 月 3 日　第 14 册　第 93 页

18252　论赫胥黎天行人治相反之说可举中国近事证之　《申报》　1908 年 5 月 7 日　第 94 册　第 79 页

18253　论赫胥黎天行人治相反之说可举中国近事证之（续）　《申报》　1908 年 5 月 8 日　第 94 册　第 91 页

18254　论黑汇市价　《申报》　1939 年 7 月 19 日　第 365 册　第 328 页

18255　论黑龙江民变事　《申报》　1886 年 1 月 14 日　第 28 册　第 79 页

18256　论黑旗刘义越南之捷　《申报》　1883 年 6 月 9 日　第 22 册　第 835 页

18257　论横海兵轮失事　《申报》　1886 年 4 月 9 日　第 28 册　第 545 页

18258　论衡变　《申报》　1901 年 5 月 28 日　第 68 册　第 163 页

18259　论红光烛天　《申报》　1883 年 11 月 26 日　第 23 册　第 891 页

18260　论红军战略　《申报》　1941 年 7 月 6 日　第 376 册　第 820 页

18261　论洪泽湖盐枭之蠢动　《申报》　1905 年 4 月 17 日　第 79 册　第 761 页

18262 论候补官员清苦 《申报》 1886 年 6 月 7 日 第 28 册 第 909 页

18263 论湖北开矿 《申报》 1877 年 9 月 17 日 第 11 册 第 269 页

18264 论湖北来凤县文生为匪 《申报》 1882 年 2 月 12 日 第 20 册 第 169 页

18265 论湖北试办矿政 《申报》 1893 年 12 月 14 日 第 45 册 第 703 页

18266 论湖北天门县事 《申报》 1877 年 5 月 19 日 第 10 册 第 453 页

18267 论湖北铁政局枪炮厂火灾事 《申报》 1894 年 7 月 22 日 第 47 册 第 595 页

18268 论湖北兴办育婴事 《申报》 1892 年 4 月 23 日 第 40 册 第 645 页

18269 论湖北学政王胜之太史考试武生童测算事 《申报》 1898 年 5 月 28 日 第 59 册 第 165 页

18270 论湖北巡抚于公参劾属员事 《申报》 1900 年 11 月 26 日 第 66 册 第 509 页

18271 论湖北巡抚于中丞革除差役提人事 《申报》 1899 年 6 月 25 日 第 62 册 第 425 页

18272 论湖北之无国会请愿者 《申报》 1908 年 8 月 8 日 第 95 册 第 525 页

18273 论湖比增加局厂 《申报》 1894 年 2 月 14 日 第 46 册 第 247 页

18274 论湖南仿办签札公债票 《申报》 1906 年 2 月 11 日 第 82 册 第 273 页

18275 论湖南铁路 《申报》 1907 年 7 月 11 日 第 89 册 第 123 页

18276 论湖南学务处禁开德育会事 《申报》 1906 年 11 月 28 日 第 85 册 第 509 页

18277 论户部会议推广公债及户部改借奥国外债事 《申报》 1905 年 2 月 11 日 第 79 册 第 219 页

18278 论户部会议推广公债及户部改借奥国外债事（续前稿） 《申报》 1905 年 2 月 12 日 第 79 册 第 227 页

18279 论护卡砲船有损无益 《申报》 1879 年 5 月 2 日 第 14 册 第 417 页

18280 论沪北驰禁事 《申报》 1888 年 5 月 16 日 第 32 册 第 779 页

18281 论沪北匪类之多 《申报》 1886 年 12 月 21 日 第 29 册 第 1067 页

18282 论沪北命案 《申报》 1896 年 5 月 26 日 第 53 册 第 165 页

18283 论沪城改用自来水 《申报》 1883 年 3 月 29 日 第 22 册 第 417 页

18284 论沪城街道污浊宜修洁事 《申报》 1873 年 4 月 19 日 第 2 册 第 349 页

18285 论沪城门卒被殴养伤事 《申报》 1896 年 9 月 5 日 第 54 册 第 27 页

18286 论沪城新设诂经精舍 《申报》 1873 年 3 月 17 日 第 2 册 第 233 页

18287 论沪城议填黑桥浜等废河事 《申报》 1905 年 8 月 18 日 第 80 册 第

915 页

18288 论沪地近来拐案之多 《申报》 1885 年 12 月 1 日 第 27 册 第 935 页

18289 论沪地宜惩流妓 《申报》 1886 年 8 月 30 日 第 29 册 第 367 页

18290 论沪江洋药不通新界 《申报》 1886 年 2 月 10 日 第 28 册 第 199 页

18291 论沪局 《大公报》 1932 年 1 月 23 日 第 106 册 第 214 页

18292 论沪宁铁路 《申报》 1905 年 12 月 22 日 第 81 册 第 957 页

18293 论沪宁铁路无归入国际交涉之理 《申报》 1905 年 11 月 5 日 第 81 册 第 555 页

18294 论沪宁铁路无归入国际交涉之理（续昨稿） 《申报》 1905 年 11 月 6 日 第 81 册 第 563 页

18295 论沪宁铁路宜速筹办法 《申报》 1905 年 12 月 21 日 第 81 册 第 949 页

18296 论沪上当无内患 《申报》 1884 年 7 月 30 日 第 25 册 第 175 页

18297 论沪上地价之贵 《申报》 1883 年 4 月 2 日 第 22 册 第 441 页

18298 论沪上法租界禁妇女吸烟事 《申报》 1886 年 6 月 19 日 第 28 册 第 981 页

18299 论沪上匪童之多 《申报》 1888 年 12 月 6 日 第 33 册 第 1021 页

18300 论沪上风俗之坏 《申报》 1896 年 6 月 30 日 第 53 册 第 391 页

18301 论沪上各厂女工宜设善法防护 《申报》 1897 年 1 月 2 日 第 55 册 第 7 页

18302 论沪上拐案之多 《申报》 1890 年 6 月 27 日 第 36 册 第 1049 页

18303 论沪上拐风之盛 《申报》 1896 年 10 月 1 日 第 54 册 第 189 页

18304 论沪上糊口之难 《申报》 1885 年 11 月 12 日 第 27 册 第 821 页

18305 论沪上妓女之苦 《申报》 1897 年 1 月 12 日 第 55 册 第 67 页

18306 论沪上近日纵火之多 《申报》 1900 年 7 月 27 日 第 65 册 第 627 页

18307 论沪上禁令之要 《申报》 1890 年 4 月 10 日 第 36 册 第 561 页

18308 论沪上禁用小钱事 《申报》 1877 年 7 月 28 日 第 11 册 第 97 页

18309 论沪上禁止台基之难 《申报》 1879 年 7 月 1 日 第 15 册 第 1 页

18310 论沪上开万国禁烟大会事 《申报》 1908 年 9 月 30 日 第 96 册 第 414 页

18311 论沪上流氓之多 《申报》 1891 年 1 月 23 日 第 38 册 第 137 页

18312 论沪上流氓之难治 《申报》 1898 年 11 月 26 日 第 60 册 第 621 页

18313 论沪上门禁 《申报》 1900 年 6 月 28 日 第 65 册 第 453 页

18314 论沪上骗局之多 《申报》 1890 年 6 月 9 日 第 36 册 第 935 页

18315 论沪上失业者之所以多 《申报》 1889 年 4 月 20 日 第 34 册 第 589 页

18316   论沪上小流氓之可患   《申报》   1889 年 3 月 14 日   第 34 册   第 363 页

18317   论沪上小钱店之可恶   《申报》   1902 年 10 月 15 日   第 72 册   第 301 页

18318   论沪上宜创建苏州会馆   《申报》   1893 年 5 月 22 日   第 44 册   第
149 页

18319   论沪上宜广设义塾并须认真办理   《申报》   1899 年 4 月 8 日   第 61 册
第 585 页

18320   论沪市   《申报》   1875 年 2 月 15 日   第 6 册   第 133 页

18321   论沪市房业之衰   《申报》   1884 年 2 月 22 日   第 24 册   第 267 页

18322   论沪市衰象   《申报》   1883 年 12 月 6 日   第 23 册   第 951 页

18323   论沪尾既败法人援师正可乘势而进   《申报》   1885 年 1 月 27 日   第 26
册   第 155 页

18324   论沪学潮   《申报》   1920 年 4 月 25 日   第 163 册   第 1007 页

18325   论沪邑当请建刘公专祠   《申报》   1873 年 5 月 6 日   第 2 册   第 405 页

18326   论花爆之巧通于制造   《申报》   1881 年 2 月 20 日   第 18 册   第 173 页

18327   论花丛觅死事   《申报》   1890 年 5 月 23 日   第 36 册   第 827 页

18328   论花烟间不可禁而可禁   《申报》   1887 年 8 月 5 日   第 31 册   第 219 页

18329   论华北经济供李滋罗斯爵士北来调查之参考/何廉（星期论文）   《大公报》
1935 年 11 月 24 日   第 129 册   第 332 页

18330   论华北形势之危急   《申报》   1932 年 7 月 29 日   第 294 册   第 701 页

18331   论华官代禽简大狮事   《申报》   1900 年 3 月 25 日   第 64 册   第 487 页

18332   论华官受绐事   《申报》   1901 年 8 月 15 日   第 68 册   第 637 页

18333   论华官受侮与欺待华人两事   《申报》   1880 年 11 月 24 日   第 17 册   第
585 页

18334   论华官相验命案   《申报》   1886 年 8 月 19 日   第 29 册   第 301 页

18335   论华官宜出示禁民间勿启他国敌国之衅   《申报》   1884 年 7 月 20 日   第
25 册   第 115 页

18336   论华官在日本拟建文庙事   《申报》   1892 年 7 月 16 日   第 41 册   第
495 页

18337   论华军致败之由   《申报》   1895 年 1 月 19 日   第 49 册   第 105 页

18338   论华娄之违法选举   《申报》   1909 年 4 月 2 日   第 99 册   第 458 页

18339   论华娄之违法选举（续）昨稿   《申报》   1909 年 4 月 3 日   第 99 册   第
474 页

18340   论华民往搭浪斯华列开矿不如往飞猎边兴农   《申报》   1904 年 5 月 22 日
第 77 册   第 151 页

18341   论华南体操会社之有益   《申报》   1906 年 5 月 24 日   第 83 册   第
523 页

18342 论华侨之可悯 《申报》 1909年3月8日 第99册 第99页

18343 论华人充巡捕宜令先知规例 《申报》 1881年11月9日 第19册 第525页

18344 论华人出洋之非计 《申报》 1894年3月15日 第46册 第437页

18345 论华人好色之原 《申报》 1886年2月24日 第28册 第281页

18346 论华人积财贻子孙害宜以西俗救之 《申报》 1896年5月13日 第53册 第77页

18347 论华人积习之难化 《申报》 1886年12月18日 第29册 第1049页

18348 论华人隶英籍之区别 《申报》 1879年12月16日 第15册 第673页

18349 论华人买枪 《申报》 1882年3月13日 第20册 第273页

18350 论华人谋生他国事 《申报》 1877年4月19日 第10册 第349页

18351 论华人收养东洋女孩责令交还事 《申报》 1872年12月14日 第1册 第777页

18352 论华人痛诋西法 《申报》 1877年12月12日 第11册 第565页

18353 论华人往岛国之多 《申报》 1881年12月23日 第19册 第701页

18354 论华人伪造银圆 《申报》 1882年7月17日 第21册 第97页

18355 论华人习西法之弊 《申报》 1886年6月6日 第28册 第901页

18356 论华人义愤 《申报》 1884年9月28日 第25册 第521页

18357 论华人之习西学尚未得法 《申报》 1886年11月29日 第29册 第931页

18358 论华人致富 《申报》 1883年10月28日 第23册 第717页

18359 论华商函致工部局请准华人得共游公家花园事 《申报》 1885年12月8日 第27册 第979页

18360 论华商设立公会事 《申报》 1905年12月31日 第81册 第1029页

18361 论华团赛跑获胜 《申报》 1908年4月5日 第93册 第473页

18362 论华洋交涉宜延状师 《申报》 1883年7月27日 第23册 第157页

18363 论华佣可危说 《申报》 1880年1月13日 第16册 第49页

18364 论华佣受伤事 《申报》 1880年11月27日 第17册 第597页

18365 论化导人心为今日地方绅士之责 《申报》 1910年4月17日 第105册 第754页

18366 论化学 《申报》 1873年11月27日 第3册 第513页

18367 论划一币制不可再缓 《申报》 1909年6月8日 第100册 第539页

18368 论画 《申报》 1876年6月20日 第8册 第565页

18369 论怀挟 《申报》 1876年10月4日 第9册 第325页

18370 论宦官索费事 《申报》 1900年12月10日 第66册 第593页

18371 论宦寺亦宜读书 《申报》 1876年2月26日 第8册 第163页

18372　论宦途拥挤　《申报》　1892 年 3 月 11 日　第 40 册　第 369 页

18373　论换帖　《申报》　1883 年 11 月 21 日　第 23 册　第 861 页

18374　论荒田宜□□□　《申报》　1877 年 3 月 24 日　第 10 册　第 261 页

18375　论皇室典范中日之异同　《申报》　1908 年 8 月 25 日　第 95 册　第 764 页

18376　论黄河决口事　《申报》　1895 年 9 月 13 日　第 51 册　第 81 页

18377　论黄金之前途/周伯棣（星期论坛）　《申报》　1947 年 10 月 5 日　第 395 册　第 42 页

18378　论黄灾　《大公报》　1935 年 3 月 16 日　第 125 册　第 244 页

18379　论蝗　《申报》　1877 年 7 月 21 日　第 11 册　第 69 页

18380　论恢复利权　《申报》　1906 年 2 月 14 日　第 82 册　第 297 页

18381　论珲春海参崴不设华官　《申报》　1882 年 11 月 17 日　第 21 册　第 835 页

18382　论珲春近事　《申报》　1883 年 5 月 14 日　第 22 册　第 679 页

18383　论徽妇杨陈氏情迫自缢事　《申报》　1897 年 5 月 15 日　第 56 册　第 89 页

18384　论回避　《申报》　1881 年 10 月 31 日　第 19 册　第 489 页

18385　论回华学生分派执事　《申报》　1881 年 10 月 14 日　第 19 册　第 421 页

18386　论回民蠢动　《申报》　1900 年 11 月 25 日　第 66 册　第 503 页

18387　论汇丰银行代人收储银洋新章　《申报》　1881 年 4 月 23 日　第 18 册　第 425 页

18388　论汇丰银行零存银洋之益　《申报》　1884 年 5 月 23 日　第 24 册　第 807 页

18389　论汇率之谣　《大公报》　1946 年 12 月 17 日　第 158 册　第 502 页

18390　论会场浩劫事　《申报》　1897 年 4 月 27 日　第 55 册　第 673 页

18391　论会匪　《申报》　1890 年 12 月 26 日　第 37 册　第 1135 页

18392　论会匪不能为乱　《申报》　1899 年 11 月 12 日　第 63 册　第 507 页

18393　论会匪亟宜解散　《申报》　1886 年 5 月 30 日　第 28 册　第 855 页

18394　论会匪事　《申报》　1876 年 9 月 11 日　第 9 册　第 245 页

18395　论会匪宜有处置之法　《申报》　1899 年 11 月 20 日　第 63 册　第 563 页

18396　论会匪之所以众　《申报》　1892 年 10 月 25 日　第 42 册　第 345 页

18397　论会勘填筑浦滩驳岸业已定议事　《申报》　1873 年 6 月 21 日　第 2 册　第 565 页

18398　论会考问题/吴世昌（星期论坛）　《申报》　1937 年 2 月 14 日　第 349 册　第 222 页

18399　论会审案情事　《申报》　1874 年 6 月 12 日　第 4 册　第 535 页

18400　论会审公堂照常开讯事　《申报》　1905 年 12 月 24 日　第 81 册　第 973 页

18401　论会审公廨议复刑讯事　《申报》　1908 年 2 月 8 日　第 92 册　第 373 页

18402　论会讯公廨哄堂事　《申报》　1905 年 12 月 10 日　第 81 册　第 857 页

18403　论会议俄事之难　《申报》　1880 年 3 月 4 日　第 16 册　第 229 页

18404　论会议货币事　《申报》　1904 年 1 月 13 日　第 76 册　第 77 页

18405　论会议欠案　《申报》　1896 年 12 月 24 日　第 54 册　第 719 页

18406　论贿买兵额　《申报》　1885 年 8 月 7 日　第 27 册　第 223 页

18407　论彗星将见之不足异　《申报》　1907 年 3 月 11 日　第 87 册　第 105 页

18408　论彗星将见之不足异（续）　《申报》　1907 年 3 月 12 日　第 87 册　第 115 页

18409　论彗绪言　《申报》　1882 年 10 月 14 日　第 21 册　第 631 页

18410　论秽米害人事　《申报》　1905 年 7 月 6 日　第 80 册　第 569 页

18411　论毁卷交争　《申报》　1880 年 1 月 4 日　第 16 册　第 13 页

18412　论婚嫁陋习　《申报》　1892 年 12 月 14 日　第 42 册　第 659 页

18413　论婚礼苛索犒赏之弊　《申报》　1889 年 7 月 19 日　第 35 册　第 115 页

18414　论火车失事　《申报》　1881 年 10 月 26 日　第 19 册　第 469 页

18415　论火船火车之险　《申报》　1884 年 1 月 14 日　第 24 册　第 79 页

18416　论火船失火事　《申报》　1874 年 12 月 22 日　第 5 册　第 599 页

18417　论火轮汽机　《申报》　1872 年 8 月 13 日　第 1 册　第 353 页

18418　论火奴鲁鲁岛国归入美利坚版图事　《申报》　1897 年 6 月 21 日　第 56 册　第 311 页

18419　论火器之害　《申报》　1888 年 5 月 11 日　第 32 册　第 749 页

18420　论火山炸裂事　《申报》　1883 年 9 月 22 日　第 23 册　第 501 页

18421　论火水　《申报》　1891 年 1 月 9 日　第 38 册　第 51 页

18422　论火水焚船事　《申报》　1886 年 5 月 22 日　第 28 册　第 803 页

18423　论火殃　《申报》　1880 年 6 月 3 日　第 16 册　第 593 页

18424　论火药不可漫无稽查　《申报》　1896 年 5 月 15 日　第 53 册　第 93 页

18425　论火药局被焚事　《申报》　1900 年 11 月 30 日　第 66 册　第 533 页

18426　论火油放火甚于引火　《申报》　1882 年 5 月 7 日　第 20 册　第 587 页

18427　论火油通行与洋布不必议禁　《申报》　1882 年 5 月 31 日　第 20 册　第 729 页

18428　论火灾不关风水　《申报》　1882 年 4 月 1 日　第 20 册　第 375 页

18429　论火灾时焚毙人命之惨　《申报》　1904 年 12 月 22 日　第 78 册　第 757 页

18430　论火政当以讲求水路为先　《申报》　1893 年 2 月 24 日　第 43 册　第

295 页

18431　论惑于术数皆非　《申报》　1876 年 12 月 12 日　第 9 册　第 561 页

18432　论讥定福星轮船案　《申报》　1875 年 6 月 1 日　第 6 册　第 497 页

18433　论饥荒情形　《申报》　1876 年 12 月 27 日　第 9 册　第 613 页

18434　论饥民抢米之可虑宜设法推广平粜　《申报》　1898 年 8 月 11 日　第 59 册　第 695 页

18435　论饥民宜赈抚兼施　《申报》　1878 年 1 月 16 日　第 12 册　第 53 页

18436　论机匠肇祸事　《申报》　1896 年 6 月 16 日　第 53 册　第 303 页

18437　论机器　《申报》　1874 年 7 月 20 日　第 5 册　第 65 页

18438　论机器纺织之利　《申报》　1888 年 9 月 17 日　第 33 册　第 523 页

18439　论机器能言　《申报》　1877 年 5 月 24 日　第 10 册　第 469 页

18440　论机器日新　《申报》　1893 年 10 月 12 日　第 45 册　第 277 页

18441　论机器织布事　《申报》　1882 年 7 月 3 日　第 21 册　第 13 页

18442　论鸡笼失守事　《申报》　1884 年 8 月 11 日　第 25 册　第 247 页

18443　论鸡笼一战为中国最好机会　《申报》　1884 年 8 月 13 日　第 25 册　第 259 页

18444　论积谷仓宜推陈出新　《申报》　1886 年 9 月 15 日　第 29 册　第 469 页

18445　论积窃不宜轻放　《申报》　1885 年 12 月 12 日　第 27 册　第 1003 页

18446　论缉捕之难　《申报》　1883 年 1 月 11 日　第 22 册　第 59 页

18447　论缉获私铸小钱匪徒事　《申报》　1872 年 8 月 20 日　第 1 册　第 377 页

18448　论缉奸之法贵常不贵奇　《申报》　1894 年 9 月 7 日　第 48 册　第 43 页

18449　论缉私难而不难　《申报》　1887 年 1 月 19 日　第 30 册　第 109 页

18450　论缉私擅用枪炮　《申报》　1880 年 3 月 5 日　第 16 册　第 233 页

18451　论缉私盐　《申报》　1888 年 10 月 26 日　第 33 册　第 767 页

18452　论缉私之难　《申报》　1889 年 7 月 21 日　第 35 册　第 129 页

18453　论畸形政治/沈志远（星期评论）　《申报》　1944 年 7 月 2 日　第 386 册　第 5 页

18454　论稽查客寓　《申报》　1891 年 6 月 5 日　第 38 册　第 865 页

18455　论稽查客栈之法昔严而今驰　《申报》　1884 年 3 月 8 日　第 24 册　第 353 页

18456　论稽查散勇　《申报》　1893 年 11 月 11 日　第 45 册　第 483 页

18457　论吉林盗风之炽　《申报》　1881 年 10 月 22 日　第 19 册　第 453 页

18458　论亟宜力田开矿以裕财源　《申报》　1878 年 6 月 8 日　第 12 册　第 521 页

18459　论急振旧金山华侨事　《申报》　1906 年 4 月 28 日　第 83 册　第 271 页

18460　论妓捐　《申报》　1902 年 11 月 13 日　第 72 册　第 509 页

18461 论妓女发堂择配当变通办理 《申报》 1888 年 10 月 19 日 第 33 册 第 725 页

18462 论技巧 《申报》 1878 年 2 月 22 日 第 12 册 第 157 页

18463 论加奖助赈 《申报》 1878 年 8 月 6 日 第 13 册 第 125 页

18464 论加码头捐 《申报》 1882 年 5 月 26 日 第 20 册 第 699 页

18465 论加强外交行政：并联想及海外宣传机构 《大公报》 1943 年 4 月 12 日 第 150 册 第 450 页

18466 论加入条件 《民国日报》 1917 年 3 月 12 日 第 8 册 第 118 页

18467 论加税 《申报》 1896 年 9 月 22 日 第 54 册 第 133 页

18468 论加烟土税捐 《申报》 1881 年 6 月 22 日 第 18 册 第 665 页

18469 论加盐价以抵药税事 《申报》 1908 年 7 月 8 日 第 95 册 第 100 页

18470 论加征鸦片税赋以暗行禁止事 《申报》 1878 年 2 月 27 日 第 12 册 第 173 页

18471 论加铸一文新钱 《申报》 1908 年 2 月 23 日 第 92 册 第 553 页

18472 论家丁凶横之由 《申报》 1885 年 12 月 17 日 第 27 册 第 1033 页

18473 论家庭卫生宜注意 《申报》 1906 年 6 月 20 日 第 83 册 第 785 页

18474 论嘉定青浦二处设立牛痘公局事 《申报》 1875 年 6 月 14 日 第 6 册 第 541 页

18475 论嘉善奇案 《申报》 1878 年 10 月 8 日 第 13 册 第 341 页

18476 论嘉属乡人抗勘荒田案 《申报》 1880 年 5 月 10 日 第 16 册 第 497 页

18477 论甲乙二人在烟墩设计串诈事实 《申报》 1872 年 9 月 17 日 第 1 册 第 473 页

18478 论价 《申报》 1921 年 12 月 24 日 第 176 册 第 462 页

18479 论驾船当与古人御车并重 《申报》 1885 年 4 月 9 日 第 26 册 第 507 页

18480 论假官撞骗 《申报》 1885 年 9 月 12 日 第 27 册 第 443 页

18481 论假鬼神以敛财 《申报》 1881 年 8 月 24 日 第 19 册 第 217 页

18482 论假捐 《申报》 1892 年 12 月 20 日 第 42 册 第 697 页

18483 论假冒宜惩 《申报》 1896 年 5 月 2 日 第 53 册 第 7 页

18484 论假照 《申报》 1876 年 3 月 2 日 第 8 册 第 189 页

18485 论嫁娶不宜过奢 《申报》 1891 年 4 月 22 日 第 38 册 第 601 页

18486 论嫁娶之礼宜崇节俭 《申报》 1897 年 7 月 27 日 第 56 册 第 537 页

18487 论奸人伪造钞票事 《申报》 1903 年 2 月 7 日 第 73 册 第 181 页

18488 论坚士兰土人新设课征华人之税例 《申报》 1877 年 11 月 21 日 第 11 册 第 493 页

18489　论兼并　《申报》　1879 年 6 月 13 日　第 14 册　第 587 页

18490　论兼职　《申报》　1943 年 10 月 6 日　第 384 册　第 567 页

18491　论监督财政机关之必要　《申报》　1910 年 10 月 4 日　第 108 册　第 529 页

18492　论监犯脱逃　《申报》　1883 年 10 月 9 日　第 23 册　第 603 页

18493　论监犯凶横　《申报》　1888 年 4 月 21 日　第 32 册　第 629 页

18494　论监斥陡改洋码之影响　《申报》　1910 年 5 月 22 日　第 106 册　第 338 页

18495　论监利水利　《申报》　1888 年 7 月 7 日　第 33 册　第 45 页

18496　论监生讨打事　《申报》　1877 年 12 月 7 日　第 11 册　第 549 页

18497　论笺骚所作宁苏合局驳议　《申报》　1909 年 1 月 31 日　第 98 册　第 298 页

18498　论减赋收粮情形　《申报》　1876 年 11 月 18 日　第 9 册　第 481 页

18499　论剪辫易服事　《申报》　1904 年 9 月 17 日　第 78 册　第 115 页

18500　论剪发自军人始　《申报》　1910 年 8 月 29 日　第 107 册　第 965 页

18501　论简字与汉字汉语之关系　《申报》　1911 年 1 月 1 日　第 110 册　第 1 页

18502　论简字与汉字汉语之关系三续　《申报》　1911 年 1 月 5 日　第 110 册　第 66 页

18503　论简字与汉字汉语之关系续　《申报》　1911 年 1 月 3 日　第 110 册　第 33 页

18504　论简字与汉字汉语之关系再续　《申报》　1911 年 1 月 4 日　第 110 册　第 49 页

18505　论建醮解饷之诬　《申报》　1879 年 8 月 19 日　第 15 册　第 197 页

18506　论建军　《大公报》　1939 年 1 月 12 日　第 142 册　第 46 页

18507　论建立国际机构　《大公报》　1942 年 12 月 23 日　第 149 册　第 760 页

18508　论建立书楼事　《申报》　1873 年 11 月 18 日　第 3 册　第 481 页

18509　论建设当先明权限　《申报》　1912 年 5 月 12 日　第 117 册　第 401 页

18510　论建设新都　《大公报》　1928 年 8 月 10 日　第 85 册　第 401 页

18511　论建设与军需两公债　《大公报》　1939 年 4 月 17 日　第 142 册　第 426 页

18512　论建筑炮台　《申报》　1884 年 12 月 13 日　第 25 册　第 943 页

18513　论荐保之难　《申报》　1888 年 2 月 22 日　第 32 册　第 271 页

18514　论荐人之难　《申报》　1879 年 8 月 28 日　第 15 册　第 233 页

18515　论健康：开放哈同花园之建议/吉田东祐（星期评论）　《申报》　1943 年 11 月 14 日　第 384 册　第 727 页

18516 论江督创高等模范小学校 《申报》 1906 年 12 月 24 日 第 85 册 第 749 页

18517 论江督来申办理罢市事 《申报》 1905 年 12 月 23 日 第 81 册 第 965 页

18518 论江督与德人之交涉 《申报》 1905 年 5 月 24 日 第 80 册 第 209 页

18519 论江鄂湘督抚奏请开铸铜元 《申报》 1908 年 8 月 11 日 第 95 册 第 568 页

18520 论江孚轮船匪徒劫物伤人事 《申报》 1898 年 7 月 30 日 第 59 册 第 609 页

18521 论江抚德中丞严办地棍事 《申报》 1894 年 3 月 20 日 第 46 册 第 469 页

18522 论江快定额 《申报》 1892 年 9 月 21 日 第 42 册 第 129 页

18523 论江南北数省宜备凶荒 《申报》 1877 年 7 月 26 日 第 11 册 第 85 页

18524 论江南常备军统领杜俞之无状 《申报》 1905 年 1 月 13 日 第 79 册 第 73 页

18525 论江南放榜之独迟 《申报》 1897 年 10 月 12 日 第 57 册 第 255 页

18526 论江南高等学堂改名两江书院事 《申报》 1899 年 9 月 20 日 第 63 册 第 137 页

18527 论江南官钱局换钱酿命事 《申报》 1904 年 6 月 11 日 第 77 册 第 291 页

18528 论江南乡试点名之弊 《申报》 1889 年 8 月 2 日 第 35 册 第 207 页

18529 论江臬宪之治痞匪 《申报》 1894 年 7 月 3 日 第 47 册 第 463 页

18530 论江苏"地方制度"兼质章行严君 《民国日报》 1923 年 12 月 13 日 第 48 册 第 592 页

18531 论江苏官吏之对于咨议局 《申报》 1908 年 9 月 19 日 第 96 册 第 250 页

18532 论江苏契税附捐事 《申报》 1910 年 9 月 24 日 第 108 册 第 369 页

18533 论江苏人对于咨议局章程之注意 《申报》 1908 年 8 月 13 日 第 95 册 第 598 页

18534 论江苏苏属咨议局选举期限 《申报》 1908 年 10 月 21 日 第 96 册 第 728 页

18535 论江苏臬司朱廉访札饬各州县严究事主报案失实事 《申报》 1904 年 7 月 8 日 第 77 册 第 459 页

18536 论江苏巡抚端午帅饬拿通匪劣役事 《申报》 1904 年 12 月 8 日 第 78 册 第 671 页

18537 论江苏预备议案会之宜速设 《申报》 1909 年 7 月 13 日 第 101 册 第

180 页

18538　论江苏州县对于加征田赋之意见　《申报》　1906 年 9 月 26 日　第 84 册　第 853 页

18539　论江苏州县对于加征田赋之意见（续）　《申报》　1906 年 9 月 28 日　第 84 册　第 869 页

18540　论江苏州县对于加征田赋之意见（续）　《申报》　1906 年 9 月 29 日　第 84 册　第 879 页

18541　论江苏咨议局与行政官冲突之影响　《申报》　1911 年 5 月 21 日　第 112 册　第 344 页

18542　论江西官场　《申报》　1881 年 8 月 20 日　第 19 册　第 201 页

18543　论江西火政　《申报》　1894 年 5 月 22 日　第 47 册　第 151 页

18544　论江西缉捕认真事　《申报》　1894 年 2 月 15 日　第 46 册　第 255 页

18545　论江西近日筹办捐赈情形　《申报》　1878 年 5 月 25 日　第 12 册　第 473 页

18546　论江西临川县再行浮征事　《申报》　1876 年 5 月 15 日　第 8 册　第 441 页

18547　论江西闹教　《申报》　1899 年 10 月 22 日　第 63 册　第 355 页

18548　论江西钱粮加征杂款事　《申报》　1873 年 10 月 18 日　第 3 册　第 377 页

18549　论江西兴办蚕桑　《申报》　1893 年 11 月 24 日　第 45 册　第 569 页

18550　论江西宜春乡民闹事之原因　《申报》　1909 年 9 月 30 日　第 102 册　第 433 页

18551　论江西灾民鬻卖子女　《申报》　1877 年 5 月 11 日　第 10 册　第 425 页

18552　论江行之难　《申报》　1891 年 9 月 22 日　第 39 册　第 507 页

18553　论江右会匪蠢动　《申报》　1894 年 3 月 7 日　第 46 册　第 379 页

18554　论江右厘卡幕友自尽事　《申报》　1879 年 7 月 30 日　第 15 册　第 117 页

18555　论江右某铺捉贼事　《申报》　1880 年 7 月 21 日　第 17 册　第 81 页

18556　论江浙拒款代表之当有形式权　《申报》　1907 年 11 月 18 日　第 91 册　第 227 页

18557　论江浙铁路公司存款之厚利　《申报》　1908 年 5 月 10 日　第 94 册　第 115 页

18558　论江浙之匪患　《申报》　1912 年 1 月 30 日　第 116 册　第 308 页

18559　论将　《申报》　1874 年 7 月 21 日　第 5 册　第 69 页

18560　论将机就计深得捕盗之　《申报》　1893 年 3 月 11 日　第 43 册　第 387 页

18561　论将士之用命视乎国恩之厚薄　《申报》　1898 年 4 月 28 日　第 58 册　第 709 页

18562　论讲求舆图为当今之急务　《申报》　1887 年 5 月 3 日　第 30 册　第 717 页

18563　论讲乡约之有益　《申报》　1892 年 6 月 9 日　第 41 册　第 253 页

18564　论讲学以正人心　《申报》　1891 年 6 月 18 日　第 38 册　第 945 页

18565　论奖励国产　《大公报》　1928 年 4 月 24 日　第 83 册　第 541 页

18566　论蒋介石辞军职事　《大公报》　1928 年 6 月 11 日　第 84 册　第 411 页

18567　论蒋介石最近感想　《大公报》　1928 年 9 月 5 日　第 86 册　第 49 页

18568　论蒋侍御奏庆王存放私款事　《申报》　1904 年 4 月 24 日　第 76 册　第 667 页

18569　论降枭林得胜管带松防营事　《申报》　1904 年 5 月 6 日　第 77 册　第 37 页

18570　论交答问　《申报》　1889 年 11 月 20 日　第 35 册　第 881 页

18571　论交代　《申报》　1880 年 9 月 26 日　第 17 册　第 349 页

18572　论交待迟延　《申报》　1879 年 5 月 26 日　第 14 册　第 515 页

18573　论交邻之难　《申报》　1879 年 7 月 12 日　第 15 册　第 45 页

18574　论交涉须凭公法　《申报》　1899 年 4 月 18 日　第 61 册　第 659 页

18575　论交文案晋议长辞职公报主笔被逐之风潮　《申报》　1910 年 5 月 18 日　第 106 册　第 274 页

18576　论交易所　《申报》　1921 年 5 月 14 日　第 170 册　第 233 页

18577　论胶东匪乱　《民国日报》　1929 年 2 月 23 日　第 78 册　第 837 页

18578　论胶人仇视德事　《申报》　1898 年 1 月 10 日　第 58 册　第 55 页

18579　论胶州兵事　《申报》　1897 年 11 月 21 日　第 57 册　第 507 页

18580　论胶州事已成和议　《申报》　1898 年 1 月 28 日　第 58 册　第 131 页

18581　论剿革命党　《申报》　1908 年 5 月 16 日　第 94 册　第 195 页

18582　论剿回之不易　《申报》　1895 年 10 月 18 日　第 51 册　第 309 页

18583　论剿水乡匪类当清其源　《申报》　1886 年 12 月 7 日　第 29 册　第 983 页

18584　论剿倭机会　《申报》　1894 年 12 月 30 日　第 48 册　第 745 页

18585　论剿枭宜用民力　《申报》　1900 年 2 月 13 日　第 64 册　第 227 页

18586　论教　《申报》　1877 年 12 月 15 日　第 11 册　第 577 页

18587　论教　《申报》　1877 年 8 月 22 日　第 11 册　第 181 页

18588　论教案　《申报》　1895 年 9 月 5 日　第 51 册　第 29 页

18589　论教案宜迅速办结　《申报》　1891 年 8 月 21 日　第 39 册　第 313 页

18590　论教案宜严惩煽惑　《申报》　1896 年 8 月 14 日　第 53 册　第 679 页

18591   论教官不知自爱   《申报》   1882 年 10 月 5 日   第 21 册   第 577 页

18592   论教皇派员驻华事   《申报》   1886 年 7 月 28 日   第 29 册   第 165 页

18593   论教女   《申报》   1880 年 9 月 3 日   第 17 册   第 257 页

18594   论教人贻累教士事   《申报》   1876 年 9 月 30 日   第 9 册   第 313 页

18595   论教事   《申报》   1876 年 6 月 7 日   第 8 册   第 521 页

18596   论教授罢教   《大公报》   1947 年 5 月 6 日   第 160 册   第 36 页

18597   论教习被辱事   《申报》   1902 年 4 月 11 日   第 70 册   第 587 页

18598   论教习监禁事   《申报》   1902 年 6 月 24 日   第 71 册   第 367 页

18599   论教习牟兵当备示其法   《申报》   1881 年 7 月 18 日   第 19 册   第 69 页

18600   论教习西学良法   《申报》   1882 年 10 月 12 日   第 21 册   第 619 页

18601   论教习洋枪   《申报》   1882 年 5 月 1 日   第 20 册   第 551 页

18602   论教育   《申报》   1903 年 6 月 3 日   第 74 册   第 219 页

18603   论教育部令禁用白话文事   《大公报》   1927 年 9 月 11 日   第 80 册   第 575 页

18604   论教育儿童当养成善良之习惯   《申报》   1909 年 1 月 3 日   第 98 册   第 28 页

18605   论教育基金   《民国日报》   1921 年 3 月 28 日   第 32 册   第 378 页

18606   论教育普及之阻碍   《申报》   1908 年 6 月 3 日   第 94 册   第 434 页

18607   论教育行政不可有宗教性质上   《申报》   1907 年 1 月 10 日   第 86 册   第 89 页

18608   论教育宜以生计为前提   《申报》   1912 年 3 月 18 日   第 116 册   第 643 页

18609   论教育与政治/陈之迈（星期论文）   《大公报》   1938 年 6 月 19 日   第 140 册   第 754 页

18610   论教育与职业   《大公报》   1934 年 11 月 26 日   第 123 册   第 368 页

18611   论教育与宗教不可混而为一   《申报》   1909 年 11 月 17 日   第 103 册   第 257 页

18612   论接济不难实查   《申报》   1885 年 3 月 19 日   第 26 册   第 389 页

18613   论接客定章   《申报》   1893 年 12 月 19 日   第 45 册   第 737 页

18614   论接收比租界会议   《大公报》   1929 年 7 月 28 日   第 91 册   第 436 页

18615   论街市过闹实易肇事   《申报》   1891 年 2 月 18 日   第 38 册   第 235 页

18616   论街头不宜太闹   《申报》   1889 年 4 月 11 日   第 34 册   第 535 页

18617   论节省当在平时事   《申报》   1891 年 6 月 13 日   第 38 册   第 915 页

18618   论节欲止乱（专论）/胡朴安   《民国日报》   1946 年 9 月 15 日   第 99 册   第 88 页

18619   论节约（专论）/胡朴安   《民国日报》   1946 年 5 月 22 日   第 98 册   第

89 页

18620 论节约建国储金 《申报》 1938 年 12 月 4 日 第 360 册 第 54 页

18621 论"节约救国" 《申报》 1936 年 9 月 29 日 第 344 册 第 785 页

18622 论节约运动 《申报》 1932 年 10 月 12 日 第 297 册 第 279 页

18623 论劫库兵恶习 《申报》 1891 年 9 月 16 日 第 39 册 第 471 页

18624 论劫人勒索事 《申报》 1896 年 5 月 21 日 第 53 册 第 133 页

18625 论劫杀传闻事 《申报》 1888 年 10 月 28 日 第 33 册 第 781 页

18626 论结会拜盟宜禁绝 《申报》 1886 年 7 月 5 日 第 29 册 第 25 页

18627 论结社集会律 《申报》 1908 年 3 月 25 日 第 93 册 第 311 页

18628 论结社集会律为立宪国唯一之保障 《申报》 1910 年 12 月 2 日 第 109 册 第 497 页

18629 论结社集会律为立宪国唯一之保障续 《申报》 1910 年 12 月 4 日 第 109 册 第 529 页

18630 论截漕赈实事 《申报》 1872 年 10 月 8 日 第 1 册 第 545 页

18631 论竭力助赈以活灾民而求多福事 《申报》 1878 年 5 月 23 日 第 12 册 第 465 页

18632 论解散匪党之法 《申报》 1883 年 9 月 19 日 第 23 册 第 483 页

18633 论解散工会事 《大公报》 1928 年 8 月 24 日 第 85 册 第 541 页

18634 论解铜委员因需索部费不敢入都事 《申报》 1878 年 10 月 19 日 第 13 册 第 381 页

18635 论戒烟与立宪之关系 《申报》 1906 年 10 月 6 日 第 85 册 第 41 页

18636 论戒烟与立宪之关系（续昨稿） 《申报》 1906 年 10 月 7 日 第 85 册 第 51 页

18637 论戒烟之实患 《申报》 1888 年 12 月 1 日 第 33 册 第 991 页

18638 论戒淫宜先绝导淫之机 《申报》 1889 年 8 月 27 日 第 35 册 第 357 页

18639 论借仓谷以资兵食 《申报》 1892 年 10 月 13 日 第 42 册 第 271 页

18640 论借贷军饷传说 《申报》 1877 年 6 月 1 日 第 10 册 第 497 页

18641 论借款之说足以惹起风潮 《申报》 1910 年 8 月 28 日 第 107 册 第 949 页

18642 论借钱局利害 《申报》 1889 年 9 月 28 日 第 35 册 第 557 页

18643 论借钱局有裨于赈务 《申报》 1889 年 11 月 22 日 第 35 册 第 893 页

18644 论借钱局与典铺并重 《申报》 1889 年 6 月 12 日 第 34 册 第 923 页

18645 论借书涉讼 《申报》 1882 年 1 月 18 日 第 20 册 第 69 页

18646 论借饷征回事 《申报》 1876 年 3 月 3 日 第 8 册 第 193 页

18647 论借血 《申报》 1876 年 1 月 20 日 第 8 册 第 65 页

18648   论借洋债利弊   《申报》   1884 年 6 月 26 日   第 24 册   第 1011 页

18649   论今后的司法   《大公报》   1944 年 9 月 19 日   第 153 册   第 370 页

18650   论今后的外汇政策   《中央日报》   1948 年 3 月 10 日   第 58 册   第 612 页

18651   论今后之都察院存废问题   《申报》   1911 年 8 月 20 日   第 113 册   第 834 页

18652   论今后之江苏省政   《申报》   1943 年 9 月 11 日   第 384 册   第 465 页

18653   论今后之政社   《申报》   1908 年 3 月 26 日   第 93 册   第 327 页

18654   论今年呈词之弊   《申报》   1893 年 9 月 9 日   第 45 册   第 53 页

18655   论今年各丝业   《申报》   1874 年 2 月 13 日   第 4 册   第 149 页

18656   论今年上海市面不振之原因   《申报》   1910 年 2 月 5 日   第 104 册   第 628 页

18657   论今年上海种种之恐慌   《申报》   1911 年 1 月 26 日   第 110 册   第 401 页

18658   论今年水旱事   《申报》   1873 年 9 月 10 日   第 3 册   第 245 页

18659   论今年之新时局   《申报》   1910 年 2 月 20 日   第 104 册   第 774 页

18660   论今年之新时局（续）   《申报》   1910 年 2 月 21 日   第 104 册   第 792 页

18661   论今年之新希望   《申报》   1906 年 1 月 28 日   第 82 册   第 161 页

18662   论今秋时疫   《申报》   1885 年 9 月 9 日   第 27 册   第 423 页

18663   论今人好杀甚于古人   《申报》   1884 年 6 月 14 日   第 24 册   第 939 页

18664   论今日边患之危急政府不得辞其咎   《申报》   1911 年 4 月 29 日   第 111 册   第 946 页

18665   论今日变乱之源及其补救之方   《申报》   1910 年 5 月 6 日   第 106 册   第 83 页

18666   论今日变乱之源及其补救之方（续）   《申报》   1910 年 5 月 7 日   第 106 册   第 98 页

18667   论今日变乱之源及其补救之方（再续）   《申报》   1910 年 5 月 9 日   第 106 册   第 130 页

18668   论今日变乱之源及其补救之方（三续）   《申报》   1910 年 5 月 13 日   第 106 册   第 194 页

18669   论今日变乱之源及其补救之方（四续）   《申报》   1910 年 5 月 16 日   第 106 册   第 242 页

18670   论今日变乱之源及其补救之方（五续）   《申报》   1910 年 5 月 17 日   第 106 册   第 257 页

18671   论今日变乱之源及其补救之方（六续）   《申报》   1910 年 5 月 21 日   第

106 册　第 322 页

18672　论今日不宜毿置陇寇　《申报》　1912 年 3 月 9 日　第 116 册　第 569 页

18673　论今日当以援鄂为先　《申报》　1911 年 12 月 29 日　第 115 册　第 821 页

18674　论今日当注重仿造洋货　《申报》　1908 年 3 月 31 日　第 93 册　第 406 页

18675　论今日的塘沽协定　《申报》　1934 年 7 月 30 日　第 318 册　第 857 页

18676　论今日防范俄人之要点　《申报》　1906 年 1 月 13 日　第 82 册　第 97 页

18677　论今日改良文学之必要　《申报》　1907 年 4 月 12 日　第 87 册　第 473 页

18678　论今日各国对付中国之大势　《申报》　1905 年 3 月 10 日　第 79 册　第 435 页

18679　论今日工商之生计　《申报》　1908 年 12 月 24 日　第 97 册　第 813 页

18680　论今日官制之不可解　《申报》　1911 年 9 月 18 日　第 114 册　第 306 页

18681　论今日跪拜之礼亟应废除　《申报》　1905 年 6 月 26 日　第 80 册　第 487 页

18682　论今日跪拜之礼亟应废除（续五月廿四日稿）　《申报》　1905 年 6 月 27 日　第 80 册　第 495 页

18683　论今日国民亟当各务职业　《申报》　1912 年 1 月 19 日　第 116 册　第 220 页

18684　论今日国民宜要求参与外交之权利　《申报》　1911 年 3 月 26 日　第 111 册　第 402 页

18685　论今日国是/沙学浚、初大告、任美锷、唐崇礼、千铎、吕复、蒋孟引、朱伯康、吴菱丹、程式（星期论文）　《大公报》　1946 年 1 月 6 日　第 156 册　第 24 页

18686　论今日亟当以兵力维持和议　《申报》　1911 年 12 月 21 日　第 115 册　第 711 页

18687　论今日亟当振兴实业　《申报》　1912 年 4 月 29 日　第 117 册　第 271 页

18688　论今日亟当振兴实业续　《申报》　1912 年 4 月 30 日　第 117 册　第 281 页

18689　论今日亟宜建设临时统一政府　《申报》　1912 年 3 月 1 日　第 116 册　第 501 页

18690　论今日亟宜设立地方议会　《申报》　1911 年 12 月 23 日　第 115 册　第 740 页

18691　论今日亟宜提倡扩张蚕业以裕富源　《申报》　1910 年 5 月 23 日　第 106 册　第 354 页

18692　论今日亟宜研究吏治　《申报》　1909 年 9 月 14 日　第 102 册　第 190 页

18693　论今日亟宜组织政党以促宪政之进行　《申报》　1910 年 4 月 27 日　第 105 册　第 913 页

18694　论今日急宜遣散兵队　《申报》　1912 年 5 月 22 日　第 117 册　第 501 页

18695　论今日急宜严重军纪　《申报》　1912 年 2 月 6 日　第 116 册　第 364 页

18696　论今日急宜组织公论机关　《申报》　1912 年 2 月 5 日　第 116 册　第 356 页

18697　论今日急宜组织正式国会　《申报》　1912 年 3 月 15 日　第 116 册　第 619 页

18698　论今日江防宜建筑船坞　《申报》　1908 年 4 月 15 日　第 93 册　第 616 页

18699　论今日借款之财政顾问　《申报》　1911 年 5 月 27 日　第 112 册　第 455 页

18700　论今日救亡之道当以军国民教育为前提　《申报》　1911 年 7 月 27 日　第 113 册　第 431 页

18701　论今日开学堂之注意　《申报》　1905 年 4 月 28 日　第 79 册　第 861 页

18702　论今日乱机之多　《申报》　1911 年 9 月 24 日　第 114 册　第 410 页

18703　论今日钱荒之甚非开铜之源节铜之流勘难补救　《申报》　1903 年 8 月 18 日　第 74 册　第 769 页

18704　论今日人心之变　《申报》　1911 年 5 月 31 日　第 112 册　第 525 页

18705　论今日上海开万国禁烟大会　《申报》　1909 年 2 月 1 日　第 98 册　第 312 页

18706　论今日时局速战与停战利害之理由　《申报》　1911 年 12 月 5 日　第 115 册　第 496 页

18707　论今日时局之危　《申报》　1906 年 12 月 6 日　第 85 册　第 581 页

18708　论今日提倡实业之必要　《申报》　1910 年 7 月 6 日　第 107 册　第 87 页

18709　论今日提倡实业之必要（续）　《申报》　1910 年 7 月 7 日　第 107 册　第 105 页

18710　论今日统一政府之必要　《申报》　1912 年 4 月 27 日　第 117 册　第 251 页

18711　论今日吾国宜亟筹救亡图存之大计　《申报》　1911 年 4 月 13 日　第 111 册　第 689 页

18712　论今日吾国宜亟筹救亡图存之大计续　《申报》　1911 年 4 月 14 日　第 111 册　第 705 页

18713　论今日吾国宜亟筹救亡图存之大计二续　《申报》　1911 年 4 月 17 日　第 111 册　第 754 页

18714 论今日吾国宜亟筹救亡图存之大计三续 《申报》 1911 年 4 月 18 日 第 111 册 第 769 页

18715 论今日吾国政治上之心理 《申报》 1910 年 9 月 20 日 第 108 册 第 305 页

18716 论今日吾国之教育 《申报》 1911 年 2 月 17 日 第 110 册 第 662 页

18717 论今日新政无实行之气象 《申报》 1909 年 7 月 28 日 第 101 册 第 405 页

18718 论今日新政无实行之气象（续十二日） 《申报》 1909 年 8 月 6 日 第 101 册 第 536 页

18719 论今日选举之弊 《申报》 1909 年 3 月 30 日 第 99 册 第 414 页

18720 论今日学堂停课之风潮 《申报》 1905 年 12 月 27 日 第 81 册 第 997 页

18721 论今日演剧助振事 《申报》 1907 年 1 月 19 日 第 86 册 第 173 页

18722 论今日宜痛改专制之政 《申报》 1906 年 12 月 25 日 第 85 册 第 757 页

18723 论今日议和上第一问题 《申报》 1911 年 12 月 19 日 第 115 册 第 688 页

18724 论今日舆论之资格 《申报》 1905 年 12 月 17 日 第 81 册 第 917 页

18725 论今日之出版界 《中央日报》 1931 年 1 月 28 日 第 13 册 第 295 页

18726 论今日之党人 《申报》 1907 年 1 月 31 日 第 86 册 第 291 页

18727 论今日之军机处与将来之责任内阁 《申报》 1910 年 11 月 4 日 第 109 册 第 49 页

18728 论今日之留学生与翰林院 《申报》 1910 年 7 月 1 日 第 107 册 第 1 页

18729 论今日之内阁 《申报》 1911 年 5 月 14 日 第 112 册 第 214 页

18730 论今日之势惟有速战 《申报》 1884 年 8 月 15 日 第 25 册 第 271 页

18731 论今日之所谓政党者 《申报》 1907 年 4 月 1 日 第 87 册 第 339 页

18732 论今日之台谏 《申报》 1908 年 9 月 16 日 第 96 册 第 206 页

18733 论今日之言论界 《中央日报》 1931 年 2 月 3 日 第 13 册 第 371 页

18734 论今日之咨议局 《申报》 1910 年 10 月 8 日 第 108 册 第 593 页

18735 论今日中国之两大害 《申报》 1907 年 8 月 25 日 第 89 册 第 665 页

18736 论今世尚才艺 《申报》 1888 年 8 月 31 日 第 33 册 第 415 页

18737 论今昔商情之不同 《申报》 1892 年 2 月 25 日 第 40 册 第 279 页

18738 论今昔盛衰之理 《申报》 1895 年 10 月 26 日 第 51 册 第 365 页

18739 论今亚细亚洲国势当以自强为本 《申报》 1873 年 3 月 10 日 第 2 册 第 209 页

18740   论金价   《申报》   1896 年 11 月 18 日   第 54 册   第 499 页

18741   论金价暴涨与中国工业前途   《申报》   1930 年 1 月 10 日   第 266 册   第 212 页

18742   论金库制度   《申报》   1910 年 9 月 7 日   第 108 册   第 97 页

18743   论金陵创设自新所   《申报》   1897 年 1 月 3 日   第 55 册   第 13 页

18744   论金陵高等学堂楼圮事   《申报》   1904 年 5 月 2 日   第 77 册   第 9 页

18745   论金陵拟设西医院事   《申报》   1896 年 5 月 24 日   第 53 册   第 153 页

18746   论金陵添造自新所   《申报》   1892 年 11 月 24 日   第 42 册   第 531 页

18747   论金陵土店不轻售生土事   《申报》   1892 年 7 月 14 日   第 41 册   第 481 页

18748   论金陵严惩地棍事   《申报》   1894 年 1 月 18 日   第 46 册   第 113 页

18749   论金陵宜速办自来水   《申报》   1897 年 1 月 15 日   第 55 册   第 85 页

18750   论金陵弋获拐匪事   《申报》   1893 年 5 月 11 日   第 44 册   第 75 页

18751   论金陵冤案   《申报》   1882 年 4 月 25 日   第 20 册   第 515 页

18752   论金满投诚   《申报》   1883 年 10 月 5 日   第 23 册   第 579 页

18753   论金融断流政策   《大公报》   1947 年 12 月 18 日   第 161 册   第 658 页

18754   论金山县蒋澜江大令剿枭事   《申报》   1904 年 4 月 21 日   第 76 册   第 649 页

18755   论金银各矿均宜开采不宜封禁   《申报》   1877 年 6 月 20 日   第 10 册   第 565 页

18756   论金银涨跌大有关于商务   《申报》   1893 年 8 月 18 日   第 44 册   第 773 页

18757   论金与物价（续）   《申报》   1909 年 10 月 3 日   第 102 册   第 482 页

18758   论金与物价   《申报》   1909 年 9 月 30 日   第 102 册   第 434 页

18759   论津城化宝   《申报》   1889 年 4 月 25 日   第 34 册   第 619 页

18760   论津地暴棺恶俗   《申报》   1894 年 5 月 13 日   第 47 册   第 89 页

18761   论津市商会改选   《大公报》   1946 年 9 月 26 日   第 157 册   第 462 页

18762   论津沪市面之关系   《申报》   1902 年 11 月 22 日   第 72 册   第 573 页

18763   论津口水融之异   《申报》   1882 年 2 月 26 日   第 20 册   第 201 页

18764   论津浦路大劫案   《民国日报》   1923 年 5 月 10 日   第 45 册   第 120 页

18765   论津贴京员   《申报》   1884 年 3 月 30 日   第 24 册   第 485 页

18766   论津贴武员   《申报》   1884 年 7 月 25 日   第 25 册   第 145 页

18767   论紧缩商业放款   《大公报》   1944 年 10 月 5 日   第 153 册   第 436 页

18768   论锦爱铁路之阻力   《申报》   1910 年 3 月 18 日   第 105 册   第 273 页

18769   论近东之大变局   《申报》   1908 年 10 月 11 日   第 96 册   第 580 页

18770   论近东之大变局（续）   《申报》   1908 年 10 月 13 日   第 96 册   第

610 页

18771 论近今风尚之奢 《申报》 1895 年 9 月 8 日 第 51 册 第 47 页

18772 论近今教育之大弊 《申报》 1908 年 12 月 9 日 第 97 册 第 588 页

18773 论近今列国大事 《申报》 1890 年 11 月 22 日 第 37 册 第 919 页

18774 论近今俗尚之奢 《申报》 1895 年 9 月 3 日 第 51 册 第 15 页

18775 论近今俗尚之奢 《申报》 1899 年 9 月 5 日 第 63 册 第 29 页

18776 论近来财源之匮乏 《申报》 1903 年 7 月 15 日 第 74 册 第 523 页

18777 论近来盗案之多 《申报》 1898 年 12 月 14 日 第 60 册 第 741 页

18778 论近来盗贼之多宜设法以防内患 《申报》 1898 年 6 月 23 日 第 59 册 第 343 页

18779 论近来盗贼之多宜整顿捕务 《申报》 1897 年 7 月 6 日 第 56 册 第 399 页

18780 论近来督抚对于政见上之心理 《申报》 1910 年 10 月 24 日 第 108 册 第 849 页

18781 论近来伏莽之多 《申报》 1889 年 7 月 9 日 第 35 册 第 53 页

18782 论近来疆臣奏请设立责任内阁之政见 《申报》 1910 年 7 月 4 日 第 107 册 第 51 页

18783 论近来水灾之多 《申报》 1891 年 3 月 5 日 第 38 册 第 317 页

18784 论近来私铸之难除 《申报》 1904 年 8 月 4 日 第 77 册 第 639 页

18785 论近来选举运动与被运动之非 《申报》 1910 年 4 月 28 日 第 105 册 第 929 页

18786 论近来用人之失 《申报》 1878 年 10 月 1 日 第 13 册 第 317 页

18787 论近来圆法之弊 《申报》 1894 年 8 月 15 日 第 47 册 第 761 页

18788 论近日办赈情形 《申报》 1878 年 3 月 25 日 第 12 册 第 261 页

18789 论近日惨酷之事 《申报》 1878 年 4 月 4 日 第 12 册 第 297 页

18790 论近日长江会党之可忧 《申报》 1906 年 12 月 31 日 第 85 册 第 817 页

18791 论近日朝政 《申报》 1907 年 5 月 16 日 第 88 册 第 199 页

18792 论近日朝政多与立宪相反 《申报》 1907 年 9 月 30 日 第 90 册 第 350 页

18793 论近日筹办咨议局当预储初选投票之管理员监察员 《申报》 1908 年 12 月 7 日 第 97 册 第 558 页

18794 论近日筹办咨议局当预储初选投票之管理员监察员（续） 《申报》 1908 年 12 月 8 日 第 97 册 第 571 页

18795 论近日传闻中英两国各事 《申报》 1875 年 9 月 29 日 第 7 册 第 309 页

18796　论近日盗匪之多　《申报》　1899 年 8 月 23 日　第 62 册　第 835 页

18797　论近日匪类之众　《申报》　1887 年 7 月 13 日　第 31 册　第 77 页

18798　论近日匪人之多　《申报》　1904 年 6 月 26 日　第 77 册　第 385 页

18799　论近日各弊　《申报》　1876 年 7 月 5 日　第 9 册　第 13 页

18800　论近日各国商情　《申报》　1899 年 2 月 18 日　第 61 册　第 255 页

18801　论近日各省纷纷暴动之原因　《申报》　1909 年 10 月 6 日　第 102 册　第 524 页

18802　论近日拐匪众多之由　《申报》　1887 年 6 月 4 日　第 30 册　第 919 页

18803　论近日官场沾染嗜好之深　《申报》　1906 年 3 月 16 日　第 82 册　第 565 页

18804　论近日官吏禁止剪刘海发事　《申报》　1903 年 7 月 17 日　第 74 册　第 537 页

18805　论近日官民交困之原因　《申报》　1909 年 6 月 7 日　第 100 册　第 526 页

18806　论近日广西军事　《申报》　1904 年 3 月 27 日　第 76 册　第 491 页

18807　论近日国民之动机　《申报》　1906 年 1 月 1 日　第 82 册　第 1 页

18808　论近日沪上迁徙之多　《申报》　1900 年 8 月 10 日　第 65 册　第 711 页

18809　论近日沪上市面中国急宜整顿商务　《申报》　1897 年 11 月 30 日　第 57 册　第 561 页

18810　论近日会匪邪术各事　《申报》　1876 年 9 月 1 日　第 9 册　第 213 页

18811　论近日江浙等处诘奸禁暴宜重任绅董以严行保甲　《申报》　1897 年 6 月 6 日　第 56 册　第 221 页

18812　论近日剿法有可乘之机　《申报》　1885 年 2 月 5 日　第 26 册　第 205 页

18813　论近日教育上急宜改良之要点（续十八日）　《申报》　1909 年 10 月 13 日　第 102 册　第 625 页

18814　论近日教育上急宜改良之要点（续上月二十七日）　《申报》　1909 年 10 月 1 日　第 102 册　第 450 页

18815　论近日教育上急宜改良之要点　《申报》　1909 年 8 月 20 日　第 101 册　第 753 页

18816　论近日教育上急宜改良之要点（续初五日）　《申报》　1909 年 9 月 11 日　第 102 册　第 143 页

18817　论近日劫盗之多　《申报》　1885 年 11 月 27 日　第 27 册　第 911 页

18818　论近日禁烟当所注意者　《申报》　1909 年 4 月 25 日　第 99 册　第 794 页

18819　论近日禁用小钱事　《申报》　1878 年 5 月 21 日　第 12 册　第 457 页

18820　论近日警察之扰民　《申报》　1905 年 7 月 23 日　第 80 册　第 705 页

18821 论近日捐纳事 《申报》 1877年7月5日 第11册 第13页

18822 论近日捐税之繁 《申报》 1908年7月3日 第95册 第30页

18823 论近日开捐情形 《申报》 1885年2月3日 第26册 第193页

18824 论近日民间自惩邪术事 《申报》 1876年8月29日 第9册 第201页

18825 论近日内匪易于剿除 《申报》 1892年10月23日 第42册 第333页

18826 论近日内外臣工陈奏各事 《申报》 1878年4月12日 第12册 第325页

18827 论近日钱银 《申报》 1878年5月28日 第12册 第481页

18828 论近日人心趋于损人利己 《申报》 1907年2月19日 第86册 第415页

18829 论近日人心之陷溺 《申报》 1907年1月26日 第86册 第241页

18830 论近日施放花炮公堂议罚事 《申报》 1873年2月7日 第2册 第105页

18831 论近日苏垣当道办理奸赌二案 《申报》 1901年7月7日 第68册 第403页

18832 论近日损事 《申报》 1878年3月13日 第12册 第221页

18833 论近日台谏之不知自觉 《申报》 1904年6月30日 第77册 第409页

18834 论近日田河情形 《申报》 1875年12月30日 第7册 第625页

18835 论近日外交上应接不暇之见象 《申报》 1909年5月27日 第100册 第366页

18836 论近日物力艰难 《申报》 1876年8月28日 第9册 第197页

18837 论近日学堂之弊 《申报》 1902年3月25日 第70册 第473页

18838 论近日谳员用刑之滥 《申报》 1899年11月16日 第63册 第535页

18839 论近日宜急求解散党人之法 《申报》 1907年3月21日 第87册 第211页

18840 论近日友道之衰 《申报》 1893年7月9日 第44册 第495页

18841 论近日越中事情 《申报》 1885年3月3日 第26册 第311页

18842 论近日灾赈各事 《申报》 1877年12月21日 第11册 第597页

18843 论近日浙省事 《申报》 1875年7月19日 第7册 第61页

18844 论近日赈捐情形 《申报》 1878年4月26日 第12册 第373页

18845 论近日政府之注意于警察 《申报》 1905年7月7日 第80册 第577页

18846 论近日政界之现状 《申报》 1906年12月20日 第85册 第709页

18847 论近日制钱缺乏之甚 《申报》 1896年1月2日 第52册 第9页

18848 论近日奏保人才之多 《申报》 1908年4月22日 第93册 第714页

18849　论近日租界流氓之多　《申报》　1907 年 2 月 22 日　第 86 册　第 445 页

18850　论近日租界西人借口之事　《申报》　1908 年 6 月 25 日　第 94 册　第 726 页

18851　论近时弊政　《申报》　1878 年 5 月 13 日　第 12 册　第 429 页

18852　论近时台臣风气　《申报》　1883 年 3 月 25 日　第 22 册　第 395 页

18853　论近世士习　《申报》　1896 年 9 月 19 日　第 54 册　第 113 页

18854　论近事　《申报》　1876 年 9 月 6 日　第 9 册　第 229 页

18855　论近卫对华新政策宣言　《申报》（香港版）　1938 年 12 月 24 日　第 357 册　第 545 页

18856　论进出口贸易连锁制　《大公报》　1948 年 11 月 27 日　第 164 册　第 502 页

18857　论晋民望赈事　《申报》　1877 年 9 月 14 日　第 11 册　第 261 页

18858　论晋省近年旱灾情形　《申报》　1877 年 11 月 23 日　第 11 册　第 501 页

18859　论晋源报风传索取喀汗事　《申报》　1878 年 9 月 9 日　第 13 册　第 241 页

18860　论晋战　《大公报》　1938 年 7 月 4 日　第 141 册　第 16 页

18861　论禁娼妓　《申报》　1876 年 6 月 27 日　第 8 册　第 589 页

18862　论禁娼新法　《申报》　1875 年 12 月 31 日　第 7 册　第 629 页

18863　论禁打地气　《申报》　1893 年 9 月 26 日　第 45 册　第 171 页

18864　论禁东洋扇子刀　《申报》　1879 年 5 月 1 日　第 14 册　第 413 页

18865　论禁赌　《大公报》　1928 年 3 月 24 日　第 83 册　第 231 页

18866　论禁赌船赌滩　《申报》　1889 年 5 月 10 日　第 34 册　第 711 页

18867　论禁赌当严办贿庇之人　《申报》　1899 年 11 月 24 日　第 63 册　第 593 页

18868　论禁赌须自官吏始　《申报》　1897 年 2 月 13 日　第 55 册　第 225 页

18869　论禁赌宜自严惩牌九司务始　《申报》　1896 年 3 月 1 日　第 52 册　第 329 页

18870　论禁革差查差复事　《申报》　1894 年 5 月 3 日　第 47 册　第 15 页

18871　论禁革陋俗　《申报》　1881 年 11 月 30 日　第 19 册　第 609 页

18872　论禁花烟馆　《申报》　1883 年 4 月 19 日　第 22 册　第 535 页

18873　论禁火炮号筒事　《申报》　1892 年 10 月 15 日　第 42 册　第 283 页

18874　论禁火葬　《申报》　1877 年 9 月 6 日　第 11 册　第 233 页

18875　论禁绝会匪　《申报》　1876 年 9 月 20 日　第 9 册　第 277 页

18876　论禁开矿事　《申报》　1883 年 5 月 13 日　第 22 册　第 673 页

18877　论禁开烟馆　《申报》　1876 年 2 月 12 日　第 8 册　第 125 页

18878　论禁令必行　《申报》　1881 年 6 月 24 日　第 18 册　第 673 页

18879　论禁令当顺民情　《申报》　1879 年 1 月 8 日　第 14 册　第 25 页

18880　论禁令宜申　《申报》　1877 年 6 月 16 日　第 10 册　第 553 页

18881　论禁令之难　《申报》　1882 年 4 月 18 日　第 20 册　第 473 页

18882　论禁流氓　《申报》　1883 年 3 月 13 日　第 22 册　第 325 页

18883　论禁流氓与招工互相表里　《申报》　1878 年 6 月 21 日　第 12 册　第 565 页

18884　论禁旅出征　《申报》　1891 年 12 月 16 日　第 39 册　第 1019 页

18885　论禁马车夜行之善　《申报》　1889 年 7 月 6 日　第 35 册　第 35 页

18886　论禁买婢女　《申报》　1879 年 10 月 31 日　第 15 册　第 489 页

18887　论禁卖生烟以保人命事　《申报》　1874 年 12 月 24 日　第 5 册　第 607 页

18888　论禁靡费黄金亦所以节流　《申报》　1885 年 11 月 3 日　第 27 册　第 767 页

18889　论禁米出口　《申报》　1904 年 10 月 23 日　第 78 册　第 355 页

18890　论禁米出口之无益于民生　《申报》　1905 年 2 月 21 日　第 79 册　第 299 页

18891　论禁米出口之无益于民生（续前稿）　《申报》　1905 年 2 月 22 日　第 79 册　第 307 页

18892　论禁米出口之无益于民生（再续前稿）　《申报》　1905 年 2 月 23 日　第 79 册　第 315 页

18893　论禁米以绝日人之粮　《申报》　1894 年 8 月 6 日　第 47 册　第 699 页

18894　论禁姘头　《申报》　1890 年 8 月 23 日　第 37 册　第 347 页

18895　论禁神机营兵弁吸食洋烟事　《申报》　1882 年 4 月 30 日　第 20 册　第 545 页

18896　论禁私盐之难　《申报》　1881 年 12 月 24 日　第 19 册　第 705 页

18897　论禁私铸莫如禁用小钱　《申报》　1873 年 5 月 14 日　第 2 册　第 433 页

18898　论禁台基宜治其本　《申报》　1896 年 4 月 22 日　第 52 册　第 651 页

18899　论禁习洋操事　《申报》　1900 年 8 月 15 日　第 65 册　第 739 页

18900　论禁戏　《申报》　1876 年 10 月 18 日　第 9 册　第 373 页

18901　论禁戏　《申报》　1877 年 10 月 6 日　第 11 册　第 337 页

18902　论禁香船　《申报》　1881 年 4 月 6 日　第 18 册　第 353 页

18903　论禁小押店　《申报》　1883 年 4 月 22 日　第 22 册　第 553 页

18904　论禁押妇女流弊　《申报》　1882 年 10 月 16 日　第 21 册　第 643 页

18905　论禁押逃官事　《申报》　1900 年 12 月 18 日　第 66 册　第 641 页

18906　论禁鸦片烟事　《申报》　1877 年 8 月 27 日　第 11 册　第 197 页

18907　论禁烟　《大公报》　1932 年 9 月 26 日　第 110 册　第 304 页

18908   论禁烟必不能成   《申报》   1891年6月28日   第38册   第1007页

18909   论禁烟必停烟税   《申报》   1880年4月18日   第16册   第409页

18910   论禁烟大臣注重药方事   《申报》   1908年5月3日   第94册   第26页

18911   论禁烟馆   《申报》   1876年1月7日   第8册   第21页

18912   论禁烟馆之令必行   《申报》   1880年3月10日   第16册   第253页

18913   论禁烟机会不可失   《申报》   1906年6月11日   第83册   第697页

18914   论禁烟禁毒   《大公报》   1946年3月11日   第156册   第276页

18915   论禁烟宜渐杜其根   《申报》   1877年11月3日   第11册   第433页

18916   论禁烟宜先革陋规   《申报》   1896年6月18日   第53册   第315页

18917   论禁烟有绝好机会   《申报》   1890年9月4日   第37册   第423页

18918   论禁烟之难   《申报》   1893年4月7日   第43册   第557页

18919   论禁烟之前途   《申报》   1907年2月21日   第86册   第435页

18920   论禁烟之中国   《申报》   1909年8月21日   第101册   第769页

18921   论禁野鸡   《申报》   1891年5月23日   第38册   第787页

18922   论禁用钱筹   《申报》   1893年4月25日   第43册   第689页

18923   论禁用钱票   《申报》   1879年8月12日   第15册   第169页

18924   论禁用小钱   《申报》   1876年2月22日   第8册   第157页

18925   论禁宰耕牛   《申报》   1877年9月28日   第11册   第309页

18926   论禁止出洋   《申报》   1894年3月23日   第46册   第491页

18927   论禁止贩人为奴事   《申报》   1872年10月18日   第1册   第581页

18928   论禁止火船游历内地事   《申报》   1875年12月6日   第7册   第541页

18929   论禁止卖女事   《申报》   1873年7月16日   第3册   第53页

18930   论禁止台基客寓事   《申报》   1877年1月3日   第10册   第9页

18931   论禁止小票事   《申报》   1894年10月29日   第48册   第367页

18932   论禁止鸦片   《申报》   1873年6月6日   第2册   第513页

18933   论禁止鸦片事   《申报》   1878年2月9日   第12册   第113页

18934   论禁止音乐事   《申报》   1875年2月20日   第6册   第153页

18935   论禁止有奖储蓄   《申报》   1934年6月29日   第317册   第865页

18936   论禁种罂粟   《申报》   1876年11月2日   第9册   第425页

18937   论京报贵速不贵迟   《申报》   1882年3月4日   第20册   第225页

18938   论京城盗贼之横   《申报》   1891年3月31日   第38册   第469页

18939   论京城改练勇为巡警事   《申报》   1905年8月7日   第80册   第825页

18940   论京城失炮   《申报》   1893年11月9日   第45册   第469页

18941   论京城预弭疫疬之法   《申报》   1901年9月20日   第69册   第115页

18942   论京沪两商会电   《大公报》   1928年5月9日   第84册   第81页

18943   论京畿盗风之炽   《申报》   1888年10月2日   第33册   第619页

18944　论京控　《申报》　1876 年 10 月 12 日　第 9 册　第 353 页

18945　论京控案繁多缘由　《申报》　1879 年 12 月 2 日　第 15 册　第 617 页

18946　论京控案件不交原问官覆审最为善政　《申报》　1877 年 4 月 28 日　第 10 册　第 381 页

18947　论京控当分别办理　《申报》　1882 年 11 月 21 日　第 21 册　第 859 页

18948　论京控无可审办各案　《申报》　1881 年 5 月 28 日　第 18 册　第 565 页

18949　论京师捕盗本有专责　《申报》　1892 年 2 月 23 日　第 40 册　第 267 页

18950　论京师多盗　《申报》　1891 年 11 月 24 日　第 39 册　第 887 页

18951　论京师街道　《申报》　1879 年 9 月 30 日　第 15 册　第 365 页

18952　论京师近案　《申报》　1884 年 3 月 6 日　第 24 册　第 341 页

18953　论京师门禁　《申报》　1883 年 11 月 22 日　第 23 册　第 867 页

18954　论京师士大夫意见对于苏杭甬事尚有第二种根本之错误　《申报》　1907 年 12 月 7 日　第 91 册　第 463 页

18955　论京师士大夫意见对于苏杭甬事尚有第二种根本之错误（续）　《申报》　1907 年 12 月 8 日　第 91 册　第 475 页

18956　论京师轧毙幼孩案　《申报》　1894 年 5 月 19 日　第 47 册　第 129 页

18957　论京师整顿捕务　《申报》　1894 年 7 月 5 日　第 47 册　第 477 页

18958　论京中查抄寺院事　《申报》　1893 年 10 月 2 日　第 45 册　第 211 页

18959　论京中匪徒之所以横　《申报》　1890 年 12 月 31 日　第 37 册　第 1165 页

18960　论经济　《申报》　1903 年 7 月 24 日　第 74 册　第 587 页

18961　论经济改革方案　《中央日报》　1947 年 3 月 26 日　第 55 册　第 854 页

18962　论经济改革方案的一点　《大公报》　1947 年 8 月 6 日　第 160 册　第 606 页

18963　论经济前途之可危　《申报》　1910 年 9 月 26 日　第 108 册　第 401 页

18964　论经济行政机构　《大公报》　1945 年 12 月 7 日　第 155 册　第 684 页

18965　论经劝息讼事　《申报》　1895 年 10 月 15 日　第 51 册　第 289 页

18966　论警部颁发应禁报律　《申报》　1906 年 10 月 14 日　第 85 册　第 109 页

18967　论警部禁卖新书报　《申报》　1906 年 10 月 31 日　第 85 册　第 257 页

18968　论警察关于风俗政体学术之原理　《申报》　1905 年 10 月 24 日　第 81 册　第 449 页

18969　论警察关于风俗政体学术之原理（续二十六日稿）　《申报》　1905 年 10 月 26 日　第 81 册　第 467 页

18970　论警政　《申报》　1907 年 6 月 25 日　第 88 册　第 695 页

18971　论竞存公学黄君自尽事　《申报》　1907 年 6 月 3 日　第 88 册　第 429 页

18972　论敬使以固邦交　《申报》　1891 年 3 月 6 日　第 38 册　第 321 页

18973　论靖盗必先靖客民　《申报》　1887 年 5 月 18 日　第 30 册　第 811 页

18974　论靖匪毋留余孽　《申报》　1891 年 12 月 11 日　第 39 册　第 989 页

18975　论静中之乐　《申报》　1892 年 9 月 19 日　第 42 册　第 117 页

18976　论纠股往英开设中国公司事　《申报》　1881 年 5 月 1 日　第 18 册　第 457 页

18977　论九华山事　《申报》　1876 年 8 月 24 日　第 9 册　第 185 页

18978　论九龙城事件/周酉村（星期论坛）　《申报》　1948 年 1 月 18 日　第 396 册　第 154 页

18979　论九龙山事　《申报》　1876 年 8 月 21 日　第 9 册　第 173 页

18980　论九月桃花　《申报》　1872 年 12 月 19 日　第 1 册　第 793 页

18981　论酒害　《申报》　1903 年 9 月 5 日　第 75 册　第 33 页

18982　论酒害（续昨稿）　《申报》　1903 年 9 月 6 日　第 75 册　第 41 页

18983　论酒害（续初五日稿）　《申报》　1903 年 9 月 9 日　第 75 册　第 61 页

18984　论旧金山华人受难新设领事官似宜速往以便调停保护事　《申报》　1877 年 8 月 8 日　第 11 册　第 129 页

18985　论旧金山近事　《申报》　1877 年 9 月 23 日　第 11 册　第 293 页

18986　论旧金山驱逐华人事　《申报》　1876 年 6 月 9 日　第 8 册　第 529 页

18987　论旧金山人现又欲留华人事　《申报》　1873 年 10 月 2 日　第 3 册　第 317 页

18988　论旧金山设立领事各官　《申报》　1876 年 9 月 26 日　第 9 册　第 297 页

18989　论旧金山星架坡两处宜设领事等官　《申报》　1877 年 3 月 3 日　第 10 册　第 189 页

18990　论旧年　《大公报》　1930 年 1 月 29 日　第 94 册　第 420 页

18991　论旧岁沪市情形　《申报》　1878 年 2 月 8 日　第 12 册　第 109 页

18992　论旧章不宜轻改　《申报》　1882 年 1 月 28 日　第 20 册　第 109 页

18993　论救护日食之法最古　《申报》　1882 年 5 月 21 日　第 20 册　第 669 页

18994　论救荒要务　《申报》　1872 年 12 月 3 日　第 1 册　第 737 页

18995　论救荒之法积仓谷不如开水田　《申报》　1878 年 4 月 25 日　第 12 册　第 369 页

18996　论救火被阻　《申报》　1890 年 5 月 29 日　第 36 册　第 865 页

18997　论救火宜思运物之法　《申报》　1884 年 12 月 31 日　第 25 册　第 1043 页

18998　论救饥民不能专恃积仓谷　《申报》　1877 年 10 月 18 日　第 11 册　第 377 页

18999　论救急　《申报》　1893 年 3 月 28 日　第 43 册　第 495 页

19000　论救时之计节流更急于开源　《申报》　1892 年 4 月 7 日　第 40 册　第

545 页

19001 论救灾 《申报》 1876 年 12 月 6 日 第 9 册 第 541 页

19002 论救灾必须先筹食物 《申报》 1878 年 5 月 6 日 第 12 册 第 405 页

19003 论救灾不可无具 《申报》 1892 年 8 月 18 日 第 41 册 第 715 页

19004 论救灾不能尽泥古法 《申报》 1878 年 5 月 3 日 第 12 册 第 397 页

19005 论救灾恤患 《申报》 1881 年 7 月 21 日 第 19 册 第 81 页

19006 论救灾宜速 《申报》 1878 年 5 月 2 日 第 12 册 第 393 页

19007 论居官经商 《申报》 1883 年 1 月 25 日 第 22 册 第 137 页

19008 论居沪之不易 《申报》 1898 年 6 月 28 日 第 59 册 第 377 页

19009 论居丧嫁娶之非礼并及嫁殇冥配等事 《申报》 1896 年 10 月 7 日 第 54 册 第 225 页

19010 论居乡之乐 《申报》 1892 年 3 月 14 日 第 40 册 第 387 页

19011 论局赌 《申报》 1884 年 4 月 14 日 第 24 册 第 573 页

19012 论局赌宜密访严惩 《申报》 1888 年 10 月 3 日 第 33 册 第 625 页

19013 论局外各国意见 《申报》 1884 年 12 月 8 日 第 25 册 第 915 页

19014 论局员荒谬 《申报》 1899 年 11 月 14 日 第 63 册 第 521 页

19015 论局员擅作威福 《申报》 1899 年 12 月 29 日 第 63 册 第 845 页

19016 论举人冒领试卷事 《申报》 1886 年 10 月 5 日 第 29 册 第 591 页

19017 论举行昭信股票 《申报》 1898 年 2 月 27 日 第 58 册 第 313 页

19018 论举行纸币以各省一律为宜 《申报》 1902 年 11 月 25 日 第 72 册 第 595 页

19019 论巨窃就擒事 《申报》 1897 年 9 月 2 日 第 57 册 第 7 页

19020 论拒绝资政院请开临时会之上谕 《申报》 1911 年 5 月 19 日 第 112 册 第 306 页

19021 论剧贼逃脱事 《申报》 1893 年 7 月 13 日 第 44 册 第 523 页

19022 论聚珍版有功于文教 《申报》 1890 年 10 月 4 日 第 37 册 第 613 页

19023 论瞿鸿禨之革职 《申报》 1907 年 6 月 19 日 第 88 册 第 623 页

19024 论捐班 《申报》 1876 年 10 月 2 日 第 9 册 第 317 页

19025 论捐官可为捐商之继 《申报》 1885 年 1 月 16 日 第 26 册 第 91 页

19026 论捐纳俄国执照事 《申报》 1901 年 11 月 20 日 第 69 册 第 495 页

19027 论捐输广额 《申报》 1881 年 9 月 30 日 第 19 册 第 365 页

19028 论捐输之疲 《申报》 1885 年 4 月 21 日 第 26 册 第 577 页

19029 论捐输助饷宜官先于民 《申报》 1895 年 1 月 1 日 第 49 册 第 1 页

19030 论蠲除地方杂捐之必要 《申报》 1910 年 9 月 1 日 第 108 册 第 1 页

19031 论卷逃拖累案 《申报》 1878 年 7 月 23 日 第 13 册 第 77 页

19032 论绝交 《大公报》 1932 年 1 月 17 日 第 106 册 第 154 页

19033　论掘坟惨报事　《申报》　1896 年 3 月 26 日　第 52 册　第 489 页

19034　论爵赏实业公司　《申报》　1907 年 9 月 20 日　第 90 册　第 230 页

19035　论军报不易灼知　《申报》　1884 年 4 月 10 日　第 24 册　第 549 页

19036　论军功外奖　《申报》　1875 年 12 月 14 日　第 7 册　第 569 页

19037　论军国主义与平和主义　《申报》　1909 年 3 月 23 日　第 99 册　第 315 页

19038　论军火失窃　《申报》　1879 年 3 月 28 日　第 14 册　第 285 页

19039　论军机大臣不负责任之无状　《申报》　1910 年 12 月 30 日　第 109 册　第 945 页

19040　论军机大臣不负责任之无状　《申报》　1910 年 12 月 31 日　第 109 册　第 961 页

19041　论军界之无教育　《申报》　1908 年 5 月 23 日　第 94 册　第 286 页

19042　论军人的失态　《民国日报》　1930 年 2 月 18 日　第 84 册　第 620 页

19043　论军事会议：宣战问题中之赘疣　《民国日报》　1917 年 4 月 15 日　第 8 册　第 526 页

19044　论军事精神　《民国日报》　1946 年 1 月 23 日　第 97 册　第 91 页

19045　论军事时代之民政　《申报》　1912 年 1 月 13 日　第 116 册　第 161 页

19046　论军事与教育之关系　《申报》　1909 年 2 月 4 日　第 98 册　第 348 页

19047　论军事整顿　《大公报》　1934 年 6 月 4 日　第 120 册　第 500 页

19048　论军事制度问题　《大公报》　1932 年 3 月 15 日　第 107 册　第 144 页

19049　论军务中有以寡御众之法　《申报》　1895 年 3 月 19 日　第 49 册　第 429 页

19050　论军营训练兵勇宜用一律枪炮　《申报》　1895 年 11 月 29 日　第 51 册　第 589 页

19051　论君主之财宜与国家之财区别　《申报》　1907 年 1 月 21 日　第 86 册　第 193 页

19052　论浚利源莫如扩充矿务　《申报》　1896 年 11 月 13 日　第 54 册　第 467 页

19053　论浚河工程宜速不宜缓　《申报》　1889 年 3 月 19 日　第 34 册　第 393 页

19054　论浚河宜速　《申报》　1891 年 2 月 26 日　第 38 册　第 277 页

19055　论喀兵寇甘肃事　《申报》　1876 年 5 月 18 日　第 8 册　第 453 页

19056　论喀什葛尔事　《申报》　1874 年 11 月 11 日　第 5 册　第 459 页

19057　论卡制军饬办育婴事　《申报》　1891 年 11 月 5 日　第 39 册　第 773 页

19058　论开当　《申报》　1876 年 1 月 22 日　第 8 册　第 73 页

19059　论开恩科　《申报》　1889 年 1 月 16 日　第 34 册　第 79 页

19060　论开放党禁　《大公报》　1932 年 3 月 24 日　第 107 册　第 234 页

19061　论开封禁山　《申报》　1888 年 7 月 13 日　第 33 册　第 87 页

19062　论开国会当先于地方自治教育普及　《申报》　1907 年 10 月 20 日　第 90 册　第 596 页

19063　论开国会当先于地方自治教育普及（续）　《申报》　1907 年 10 月 21 日　第 90 册　第 609 页

19064　论开国会无望于政府　《申报》　1907 年 12 月 31 日　第 91 册　第 751 页

19065　论开河成市　《申报》　1883 年 10 月 4 日　第 23 册　第 573 页

19066　论开荒疏水以复钱漕旧额　《申报》　1878 年 4 月 16 日　第 12 册　第 337 页

19067　论开掘火井　《申报》　1894 年 1 月 2 日　第 46 册　第 7 页

19068　论开浚城河之利　《申报》　1887 年 8 月 7 日　第 31 册　第 231 页

19069　论开垦台湾后山　《申报》　1887 年 4 月 3 日　第 30 册　第 531 页

19070　论开垦之利　《申报》　1896 年 1 月 6 日　第 52 册　第 35 页

19071　论开矿　《申报》　1875 年 9 月 1 日　第 7 册　第 213 页

19072　论开矿　《申报》　1876 年 8 月 30 日　第 9 册　第 205 页

19073　论开矿　《申报》　1880 年 11 月 11 日　第 17 册　第 535 页

19074　论开矿购地之善法　《申报》　1890 年 6 月 28 日　第 36 册　第 1055 页

19075　论开矿设机器局宜审利害之所在　《申报》　1890 年 8 月 3 日　第 37 册　第 215 页

19076　论开矿实为当今急务　《申报》　1886 年 12 月 3 日　第 29 册　第 957 页

19077　论开矿之利　《申报》　1896 年 7 月 2 日　第 53 册　第 403 页

19078　论开煤矿　《申报》　1875 年 1 月 20 日　第 6 册　第 65 页

19079　论开煤矿　《申报》　1875 年 6 月 16 日　第 6 册　第 549 页

19080　论开民之智　《申报》　1895 年 7 月 27 日　第 50 册　第 563 页

19081　论开民之智　《申报》　1895 年 8 月 14 日　第 50 册　第 683 页

19082　论开民之智　《申报》　1895 年 8 月 24 日　第 50 册　第 749 页

19083　论开民之智　《申报》　1895 年 8 月 31 日　第 50 册　第 795 页

19084　论开民之智　《申报》　1895 年 8 月 3 日　第 50 册　第 607 页

19085　论开民之智　《申报》　1895 年 9 月 7 日　第 51 册　第 41 页

19086　论开民智以演说为最要　《申报》　1905 年 4 月 21 日　第 79 册　第 797 页

19087　论开平创开铁路事　《申报》　1882 年 5 月 4 日　第 20 册　第 569 页

19088　论开平矿事　《申报》　1910 年 12 月 3 日　第 109 册　第 513 页

19089　论开平矿务　《申报》　1878 年 1 月 2 日　第 12 册　第 5 页

19090　论开平煤矿改归英国公司事　《申报》　1901 年 3 月 15 日　第 67 册　第

393 页

19091　论开设学堂之难　《申报》　1902 年 3 月 12 日　第 70 册　第 385 页

19092　论开设议院期限　《申报》　1910 年 11 月 9 日　第 109 册　第 130 页

19093　论开特科宜停捐例　《申报》　1898 年 2 月 17 日　第 58 册　第 251 页

19094　论开铁路之利　《申报》　1895 年 11 月 5 日　第 51 册　第 429 页

19095　论开银行必须得人　《申报》　1891 年 10 月 8 日　第 39 册　第 605 页

19096　论开筑铁路宜速改良工商业　《申报》　1909 年 9 月 23 日　第 102 册　第 325 页

19097　论刊行大婚礼节　《申报》　1872 年 10 月 16 日　第 1 册　第 573 页

19098　论勘灾　《申报》　1877 年 7 月 10 日　第 11 册　第 29 页

19099　论戡乱期间临时条款案　《中央日报》　1948 年 4 月 16 日　第 58 册　第 950 页

19100　论戡乱之速　《申报》　1892 年 1 月 16 日　第 40 册　第 93 页

19101　论康晋国势　《申报》　1901 年 7 月 24 日　第 68 册　第 505 页

19102　论康梁恶习之宜除　《申报》　1900 年 3 月 1 日　第 64 册　第 321 页

19103　论康烈妇殉夫事　《申报》　1886 年 7 月 23 日　第 29 册　第 135 页

19104　论康某除棍自首事　《申报》　1872 年 6 月 19 日　第 1 册　第 165 页

19105　论康逆乱谋萌于学术之纰缪　《申报》　1900 年 3 月 22 日　第 64 册　第 467 页

19106　论康有为大逆不道事　《申报》　1898 年 10 月 24 日　第 60 册　第 385 页

19107　论康有为为守旧党渠魁　《申报》　1902 年 4 月 2 日　第 70 册　第 523 页

19108　论考察政治之宜详悉　《申报》　1906 年 3 月 1 日　第 82 册　第 419 页

19109　论考核制度　《中央日报》　1944 年 1 月 22 日　第 49 册　第 110 页

19110　论考市禁赌　《申报》　1891 年 8 月 25 日　第 39 册　第 339 页

19111　论考试　《申报》　1889 年 1 月 2 日　第 34 册　第 7 页

19112　论考试程式　《申报》　1902 年 7 月 30 日　第 71 册　第 615 页

19113　论考试防弊　《申报》　1892 年 4 月 29 日　第 40 册　第 681 页

19114　论考试改章以慎选试官为要务　《申报》　1898 年 7 月 6 日　第 59 册　第 437 页

19115　论考试候补人员之新章　《申报》　1908 年 5 月 4 日　第 94 册　第 38 页

19116　论考试贫员　《申报》　1892 年 3 月 24 日　第 40 册　第 457 页

19117　论考试水手　《申报》　1879 年 10 月 30 日　第 15 册　第 485 页

19118　论考试优拔之两大害　《申报》　1909 年 7 月 19 日　第 101 册　第 269 页

19119　论考试有夹带为古今中外之通弊　《申报》　1897 年 9 月 15 日　第 57 册　第 85 页

19120　论考试之弊　《申报》　1897 年 9 月 14 日　第 57 册　第 79 页

19121　论考试之弊　《申报》　1897 年 9 月 5 日　第 57 册　第 25 页

19122　论考试之弊内甚于外　《申报》　1886 年 12 月 4 日　第 29 册　第 963 页

19123　论考验世职　《申报》　1880 年 5 月 28 日　第 16 册　第 569 页

19124　论考验艺徒　《申报》　1881 年 8 月 28 日　第 19 册　第 233 页

19125　论苛待贫员　《申报》　1876 年 1 月 10 日　第 8 册　第 29 页

19126　论苛求官长之非　《申报》　1880 年 2 月 23 日　第 16 册　第 189 页

19127　论科场弊窦之多　《申报》　1894 年 9 月 10 日　第 48 册　第 63 页

19128　论科场策问宜兼及时事　《申报》　1894 年 6 月 25 日　第 47 册　第 401 页

19129　论科场事宜　《申报》　1888 年 7 月 24 日　第 33 册　第 161 页

19130　论科场宜重策论　《申报》　1893 年 3 月 29 日　第 43 册　第 501 页

19131　论科举余毒急宜铲除　《申报》　1909 年 8 月 19 日　第 101 册　第 738 页

19132　论科名不关风水　《申报》　1875 年 11 月 10 日　第 7 册　第 453 页

19133　论科学的精神/徐旭生（星期论坛）　《申报》　1937 年 7 月 18 日　第 354 册　第 461 页

19134　论科学宪章/卢于道（星期论文）　《大公报》　1948 年 7 月 18 日　第 163 册　第 470 页

19135　论克复乌鲁木齐各城事　《申报》　1876 年 10 月 26 日　第 9 册　第 401 页

19136　论刻薄成家至罹惨报事　《申报》　1873 年 4 月 4 日　第 2 册　第 297 页

19137　论客气用事之害　《申报》　1906 年 10 月 13 日　第 85 册　第 101 页

19138　论客寓美恶有关于商务　《申报》　1886 年 12 月 14 日　第 29 册　第 1025 页

19139　论客栈　《申报》　1881 年 4 月 30 日　第 18 册　第 453 页

19140　论客栈抛弃病客之可恨　《申报》　1893 年 11 月 3 日　第 45 册　第 425 页

19141　论客栈弃客并劝穷途速窘说　《申报》　1879 年 12 月 13 日　第 15 册　第 661 页

19142　论课吏　《申报》　1890 年 10 月 3 日　第 37 册　第 607 页

19143　论课吏　《申报》　1901 年 10 月 29 日　第 69 册　第 361 页

19144　论垦荒广种屯田亦为农务之本　《申报》　1895 年 12 月 2 日　第 51 册　第 609 页

19145　论垦务　《申报》　1902 年 12 月 6 日　第 72 册　第 673 页

19146　论空军战略　《申报》（香港版）　1938 年 3 月 22 日　第 356 册　第 485 页

19147　论空盘之弊　《申报》　1886 年 11 月 9 日　第 29 册　第 809 页

19148   论空盘之宜禁不止钱业   《申报》   1887 年 6 月 8 日   第 30 册   第 945 页

19149   论空言之弊   《申报》   1896 年 5 月 31 日   第 53 册   第 197 页

19150   论孔子生日大纪念   《申报》   1905 年 9 月 25 日   第 81 册   第 205 页

19151   论控窃朱卷事   《申报》   1897 年 10 月 11 日   第 57 册   第 247 页

19152   论叩阍事   《申报》   1888 年 3 月 30 日   第 32 册   第 497 页

19153   论苦中乐境   《申报》   1882 年 3 月 5 日   第 20 册   第 231 页

19154   论库俄交涉无和平解决之望   《申报》   1912 年 12 月 12 日   第 119 册   第 839 页

19155   论库项支绌宜筹善法以裕度支   《申报》   1877 年 11 月 22 日   第 11 册   第 497 页

19156   论宽严异用   《申报》   1890 年 9 月 25 日   第 37 册   第 555 页

19157   论矿厂被毁   《申报》   1887 年 10 月 13 日   第 31 册   第 661 页

19158   论奎观察严惩痞棍事   《申报》   1885 年 12 月 28 日   第 27 册   第 1099 页

19159   论昆明学潮   《中央日报》   1945 年 12 月 5 日   第 52 册   第 26 页

19160   论昆明学潮/章士钊（星期论坛）   《申报》   1945 年 12 月 16 日   第 387 册   第 717 页

19161   论喇嘛巫宜裁制   《申报》   1880 年 6 月 10 日   第 16 册   第 621 页

19162   论来沪   《民国日报》   1917 年 7 月 27 日   第 10 册   第 314 页

19163   论兰士甸公司控安南国王事   《申报》   1873 年 12 月 2 日   第 3 册   第 529 页

19164   论琅岐械斗事   《申报》   1894 年 6 月 2 日   第 47 册   第 227 页

19165   论老男勿贪少女   《申报》   1877 年 5 月 31 日   第 10 册   第 493 页

19166   论老旗昌捉赌案   《申报》   1879 年 8 月 8 日   第 15 册   第 153 页

19167   论乐平闹事巨案   《申报》   1904 年 10 月 14 日   第 78 册   第 291 页

19168   论乐中苦境   《申报》   1882 年 2 月 11 日   第 20 册   第 165 页

19169   论雷   《申报》   1880 年 7 月 27 日   第 17 册   第 105 页

19170   论雷电   《申报》   1877 年 4 月 13 日   第 10 册   第 329 页

19171   论雷击龙见二事   《申报》   1877 年 7 月 16 日   第 11 册   第 49 页

19172   论雷诺探险队来华/刘咸（星期论坛）   《申报》   1948 年 2 月 2 日   第 396 册   第 304 页

19173   论厘金   《申报》   1874 年 10 月 30 日   第 5 册   第 419 页

19174   论厘金   《申报》   1875 年 12 月 16 日   第 7 册   第 577 页

19175   论厘金报部事   《申报》   1875 年 4 月 6 日   第 6 册   第 305 页

19176   论厘局改定新章   《申报》   1877 年 9 月 3 日   第 11 册   第 221 页

19177   论厘局司巡之害为高邮事述之   《申报》   1881 年 7 月 16 日   第 19 册

第 61 页

19178　论厘局宜明示捐章　《申报》　1884 年 3 月 21 日　第 24 册　第 431 页

19179　论厘局子口之异　《申报》　1883 年 11 月 11 日　第 23 册　第 801 页

19180　论厘捐不在停止而在清查　《申报》　1879 年 12 月 24 日　第 15 册　第 705 页

19181　论厘捐原委　《申报》　1898 年 4 月 9 日　第 58 册　第 589 页

19182　论厘卡弊卖　《申报》　1881 年 7 月 5 日　第 19 册　第 17 页

19183　论厘卡积弊　《申报》　1890 年 7 月 18 日　第 37 册　第 111 页

19184　论厘卡积弊　《申报》　1891 年 4 月 10 日　第 38 册　第 529 页

19185　论厘卡抗违新制事　《申报》　1874 年 8 月 21 日　第 5 册　第 177 页

19186　论厘卡似宜裁撤　《申报》　1886 年 4 月 19 日　第 28 册　第 605 页

19187　论厘卡巡丁　《申报》　1883 年 9 月 18 日　第 23 册　第 477 页

19188　论厘卡之积弊　《申报》　1886 年 12 月 23 日　第 29 册　第 1079 页

19189　论厘税不能并征　《申报》　1875 年 10 月 21 日　第 7 册　第 385 页

19190　论厘务　《申报》　1875 年 2 月 16 日　第 6 册　第 137 页

19191　论黎查斯夫人被辱案　《大公报》　1939 年 8 月 18 日　第 142 册　第 516 页

19192　论黎观察设立洋务学堂　《申报》　1893 年 12 月 9 日　第 45 册　第 669 页

19193　论礼别男女　《申报》　1878 年 8 月 9 日　第 13 册　第 137 页

19194　论礼部定期考试举贡　《申报》　1907 年 6 月 19 日　第 88 册　第 623 页

19195　论礼文之弊　《申报》　1878 年 3 月 11 日　第 12 册　第 213 页

19196　论礼之虚文莫甚于贺年　《申报》　1882 年 1 月 4 日　第 20 册　第 13 页

19197　论李参议请改订刑律　《申报》　1908 年 4 月 27 日　第 93 册　第 784 页

19198　论李凤文孝廉被拐事　《申报》　1886 年 3 月 3 日　第 28 册　第 323 页

19199　论李傅相被刺客所伤及倭人允停战事　《申报》　1895 年 4 月 7 日　第 49 册　第 551 页

19200　论李经述列入国史馆孝友传事　《申报》　1902 年 10 月 30 日　第 72 册　第 411 页

19201　论李逆专意安南之说决不可信　《申报》　1878 年 11 月 23 日　第 13 册　第 501 页

19202　论李扬材作乱大势　《申报》　1878 年 12 月 18 日　第 13 册　第 585 页

19203　论李制军筹断台湾近日情形　《申报》　1874 年 6 月 11 日　第 4 册　第 531 页

19204　论理财宜先开矿　《申报》　1890 年 2 月 9 日　第 36 册　第 187 页

19205　论理财以节俭为本　《申报》　1895 年 4 月 23 日　第 49 册　第 655 页

19206　论理财在广设公司　《申报》　1901 年 3 月 16 日　第 67 册　第 399 页

19207　论理民各官均宜留心水利　《申报》　1878 年 4 月 15 日　第 12 册　第 333 页

19208　论力禁华佣　《申报》　1889 年 1 月 4 日　第 34 册　第 19 页

19209　论力抗俄议　《申报》　1902 年 1 月 7 日　第 70 册　第 37 页

19210　论历朝帝王承统事　《申报》　1875 年 2 月 12 日　第 6 册　第 125 页

19211　论历代国本得失利弊　《申报》　1891 年 12 月 27 日　第 39 册　第 1087 页

19212　论历法之所以参差　《申报》　1891 年 1 月 24 日　第 38 册　第 141 页

19213　论厉行法治与改善司法官待遇　《民国日报》　1946 年 3 月 6 日　第 97 册　第 242 页

19214　论立法院的委员会　《中央日报》　1948 年 5 月 27 日　第 59 册　第 226 页

19215　论立法院议事规则　《中央日报》　1948 年 5 月 18 日　第 59 册　第 148 页

19216　论立关苦情　《申报》　1873 年 1 月 8 日　第 2 册　第 25 页

19217　论立关募化事　《申报》　1873 年 1 月 1 日　第 2 册　第 1 页

19218　论立关拼命　《申报》　1873 年 2 月 26 日　第 2 册　第 169 页

19219　论立继事　《申报》　1875 年 6 月 3 日　第 6 册　第 505 页

19220　论立宪不可仅恃政府　《申报》　1907 年 1 月 11 日　第 86 册　第 99 页

19221　论立宪当先知宪法之主体　《申报》　1911 年 1 月 22 日　第 110 册　第 337 页

19222　论立宪当以教育普及为基础　《申报》　1906 年 9 月 30 日　第 84 册　第 889 页

19223　论立宪当以商学为亟　《申报》　1907 年 8 月 11 日　第 89 册　第 497 页

19224　论立宪当以商学为亟（续）　《申报》　1907 年 8 月 14 日　第 89 册　第 533 页

19225　论立宪后官民之冲突　《申报》　1908 年 8 月 9 日　第 95 册　第 540 页

19226　论立宪与外交之关系：录外交报　《申报》　1907 年 2 月 3 日　第 86 册　第 321 页

19227　论立宪预备之最要：录第九期东方杂志　《申报》　1906 年 10 月 26 日　第 85 册　第 209 页

19228　论立宪之不利于官　《申报》　1905 年 11 月 4 日　第 81 册　第 545 页

19229　论立宪制度利于政府而不利于地方官：录北京日报　《申报》　1906 年 9 月 9 日　第 84 册　第 689 页

19230　论立宪制偏重之趋势　《申报》　1908 年 9 月 21 日　第 96 册　第 280 页

19231 论立宪制偏重之趋势（续） 《申报》 1908 年 9 月 22 日 第 96 册 第 296 页

19232 论立言有体 《申报》 1881 年 4 月 8 日 第 18 册 第 361 页

19233 论吏部裁撤书吏事 《申报》 1905 年 4 月 27 日 第 79 册 第 851 页

19234 论吏部奏请更正开缺事 《申报》 1876 年 2 月 14 日 第 8 册 第 129 页

19235 论吏役之害 《申报》 1901 年 6 月 13 日 第 68 册 第 259 页

19236 论利息与利润/胡秋原（星期论文） 《大公报》 1941 年 2 月 23 日 第 146 册 第 224 页

19237 论利用游资 《大公报》 1937 年 12 月 26 日 第 139 册 第 762 页

19238 论连江恶俗 《申报》 1889 年 3 月 26 日 第 34 册 第 437 页

19239 论联合地方团体以要求国会为最有力之一策 《申报》 1908 年 4 月 29 日 第 93 册 第 812 页

19240 论联合地方团体以要求国会为最有力之一策（续） 《申报》 1908 年 4 月 30 日 第 93 册 第 826 页

19241 论联合国教育科学文化组织远东区基本教育研究会议/王承绪（星期论文） 《大公报》 1947 年 9 月 7 日 第 161 册 第 38 页

19242 论联合国救济复兴协定 《大公报》 1943 年 6 月 16 日 第 150 册 第 738 页

19243 论联军入京事 《申报》 1900 年 8 月 21 日 第 65 册 第 773 页

19244 论联盟聚会 《申报》 1881 年 7 月 27 日 第 19 册 第 105 页

19245 论联日之利益 《申报》 1901 年 12 月 4 日 第 69 册 第 581 页

19246 论联省自治 《民国日报》 1921 年 4 月 14 日 第 32 册 第 616 页

19247 论联省自治 《民国日报》 1924 年 11 月 5 日 第 54 册 第 33 页

19248 论廉洁 《申报》 1933 年 7 月 27 日 第 306 册 第 784 页

19249 论廉洁政治 《申报》 1941 年 7 月 1 日 第 376 册 第 754 页

19250 论敛钱巧法 《申报》 1881 年 12 月 30 日 第 19 册 第 729 页

19251 论练兵 《申报》 1875 年 9 月 14 日 第 7 册 第 257 页

19252 论练兵 《申报》 1894 年 12 月 11 日 第 48 册 第 633 页

19253 论练兵处两议游学武备生事 《申报》 1905 年 2 月 13 日 第 79 册 第 235 页

19254 论练兵为立国之本 《申报》 1895 年 10 月 11 日 第 51 册 第 263 页

19255 论练兵先宜厚饷 《申报》 1899 年 4 月 11 日 第 61 册 第 607 页

19256 论练兵选将 《申报》 1901 年 9 月 22 日 第 69 册 第 127 页

19257 论练兵宜仿西法寓兵于商农工 《申报》 1892 年 1 月 3 日 第 40 册 第 15 页

19258 论练兵宜先核将材 《申报》 1897 年 5 月 19 日 第 56 册 第 113 页

19259 论练兵之无效 《申报》 1905 年 2 月 27 日 第 79 册 第 347 页

19260 论练军人先于器 《申报》 1884 年 6 月 12 日 第 24 册 第 927 页

19261 论练军宜求实际 《申报》 1899 年 2 月 2 日 第 61 册 第 193 页

19262 论恋爱/吉田东祐（星期评论） 《申报》 1943 年 12 月 26 日 第 384 册 第 899 页

19263 论粮食增产 《申报》 1943 年 3 月 15 日 第 383 册 第 522 页

19264 论粮食征借并勉国民 《中央日报》 1943 年 9 月 4 日 第 48 册 第 612 页

19265 论两大学风潮（言论） 《民国日报》 1926 年 4 月 3 日 第 62 册 第 332 页

19266 论两广水灾之可虑 《申报》 1908 年 7 月 10 日 第 95 册 第 128 页

19267 论两江督宪惩办盐务积弊 《申报》 1877 年 6 月 9 日 第 10 册 第 525 页

19268 论两江总督魏午帅亲巡各要隘事 《申报》 1903 年 6 月 4 日 第 74 册 第 225 页

19269 论两项先决条件 《民国日报》 1946 年 12 月 13 日 第 99 册 第 466 页

19270 论两姓争母事 《申报》 1896 年 9 月 12 日 第 54 册 第 71 页

19271 论琼山捷音及斐礼去位事 《申报》 1885 年 4 月 2 日 第 26 册 第 471 页

19272 论辽东当驻重兵 《申报》 1887 年 1 月 11 日 第 30 册 第 61 页

19273 论辽西走廊之战 《申报》 1948 年 10 月 8 日 第 399 册 第 56 页

19274 论列强对日外相演说之态度 《申报》 1932 年 8 月 28 日 第 295 册 第 687 页

19275 论列阵成线之形 《申报》 1895 年 5 月 11 日 第 50 册 第 65 页

19276 论列阵成线之形 《申报》 1895 年 5 月 15 日 第 50 册 第 91 页

19277 论列阵成线之形 《申报》 1895 年 5 月 8 日 第 50 册 第 47 页

19278 论列阵交锋之源流 《申报》 1895 年 4 月 10 日 第 49 册 第 569 页

19279 论劣捕不法事 《申报》 1900 年 5 月 26 日 第 65 册 第 199 页

19280 论烈女马姑地方官为开吊事 《申报》 1873 年 3 月 5 日 第 2 册 第 193 页

19281 论临案赔偿 《民国日报》 1924 年 4 月 11 日 第 50 册 第 514 页

19282 论临时招勇之无益 《申报》 1895 年 3 月 26 日 第 49 册 第 475 页

19283 论廪保画押 《申报》 1879 年 12 月 31 日 第 15 册 第 733 页

19284 论凌毙养媳事 《申报》 1877 年 7 月 20 日 第 11 册 第 65 页

19285 论凌虐媳妇 《申报》 1887 年 4 月 7 日 第 30 册 第 561 页

19286 论陵工保举之忧 《申报》 1881 年 12 月 9 日 第 19 册 第 645 页

19287　论领俸之难　《申报》　1881 年 6 月 21 日　第 18 册　第 661 页

19288　论领事公会坚持越界筑轨之交涉　《申报》　1907 年 2 月 24 日　第 86 册　第 467 页

19289　论刘大帅本领实有大过人处　《申报》　1895 年 7 月 26 日　第 50 册　第 557 页

19290　论刘爵抚治台湾　《申报》　1886 年 8 月 31 日　第 29 册　第 373 页

19291　论刘军门守台以筹策胜　《申报》　1895 年 8 月 2 日　第 50 册　第 599 页

19292　论刘某骨肉重逢事　《申报》　1872 年 10 月 23 日　第 1 册　第 597 页

19293　论刘廷琛反对资政院之封奏　《申报》　1911 年 1 月 2 日　第 110 册　第 17 页

19294　论刘岘帅严办匪类　《申报》　1894 年 3 月 28 日　第 46 册　第 523 页

19295　论刘渊亭军门实有大过人之才　《申报》　1895 年 10 月 4 日　第 51 册　第 219 页

19296　论流妓啜茗当与吸烟并禁　《申报》　1891 年 7 月 10 日　第 39 册　第 55 页

19297　论流妓发栖流女所择配事　《申报》　1904 年 5 月 12 日　第 77 册　第 77 页

19298　论流氓　《申报》　1892 年 6 月 10 日　第 41 册　第 261 页

19299　论流氓攫物即为强盗之渐　《申报》　1898 年 5 月 12 日　第 59 册　第 67 页

19300　论流氓宜禁而不易禁　《申报》　1887 年 8 月 6 日　第 31 册　第 225 页

19301　论流氓张掌华站毙事　《申报》　1900 年 6 月 19 日　第 65 册　第 385 页

19302　论流氓之不易禁者仍有可禁　《申报》　1887 年 8 月 19 日　第 31 册　第 303 页

19303　论留学政策与学术独立之途径/杨人楩（星期论文）　《大公报》　1941 年 6 月 29 日　第 146 册　第 724 页

19304　论留学制度：读日本决定留日学生指导方针有感　《申报》　1943 年 9 月 18 日　第 384 册　第 493 页

19305　论留学制度之积弊　《申报》　1933 年 7 月 6 日　第 306 册　第 168 页

19306　论留养妇孺为救荒第一善政　《申报》　1899 年 4 月 7 日　第 61 册　第 579 页

19307　论琉臣殉义　《申报》　1882 年 1 月 14 日　第 20 册　第 53 页

19308　论琉球民情　《申报》　1879 年 9 月 13 日　第 15 册　第 297 页

19309　论琉球群岛大战果意义　《申报》　1945 年 4 月 11 日　第 387 册　第 271 页

19310　论琉球人心不向日本　《申报》　1888 年 6 月 17 日　第 32 册　第 997 页

19311　论琉球战局　《申报》　1945 年 4 月 2 日　第 387 册　第 251 页

19312　论琉人分党　《申报》　1883 年 3 月 5 日　第 22 册　第 289 页

19313　论柳州兵变事　《申报》　1904 年 7 月 27 日　第 77 册　第 579 页

19314　论聋瞽哑学堂　《申报》　1889 年 3 月 1 日　第 34 册　第 283 页

19315　论娄东程绍基仁厚事　《申报》　1872 年 12 月 25 日　第 1 册　第 813 页

19316　论娄县令痛打奚文生事　《申报》　1907 年 6 月 13 日　第 88 册　第 551 页

19317　论陋俗　《申报》　1893 年 1 月 17 日　第 43 册　第 101 页

19318　论卢沟桥事变　《中央日报》　1937 年 7 月 12 日　第 40 册　第 135 页

19319　论掳人勒赎亟宜严惩　《申报》　1880 年 3 月 2 日　第 16 册　第 221 页

19320　论陆督军请入京面陈　《民国日报》　1916 年 12 月 1 日　第 6 册　第 362 页

19321　论陆军官佐不宜酌改文职　《申报》　1909 年 12 月 8 日　第 103 册　第 593 页

19322　论陆荣廷调解粤事说　《民国日报》　1920 年 8 月 26 日　第 28 册　第 786 页

19323　论录遗之弊　《申报》　1889 年 8 月 9 日　第 35 册　第 249 页

19324　论鹿绍两大臣严查贻谷　《申报》　1908 年 5 月 9 日　第 94 册　第 103 页

19325　论路款已成后之危局　《申报》　1907 年 11 月 16 日　第 91 册　第 201 页

19326　论吕宋彩票　《申报》　1883 年 4 月 8 日　第 22 册　第 477 页

19327　论吕宋风灾　《申报》　1882 年 11 月 18 日　第 21 册　第 841 页

19328　论吕宋近事　《申报》　1886 年 4 月 15 日　第 28 册　第 581 页

19329　论吕宋票流弊　《申报》　1882 年 6 月 28 日　第 20 册　第 897 页

19330　论吕宋遣船来华事　《申报》　1876 年 12 月 8 日　第 9 册　第 549 页

19331　论旅大问题　《大公报》　1947 年 6 月 28 日　第 160 册　第 370 页

19332　论旅日华商被逐事　《民国日报》　1922 年 9 月 27 日　第 41 册　第 358 页

19333　论旅顺降日事　《申报》　1905 年 1 月 6 日　第 79 册　第 31 页

19334　论旅顺失守事　《申报》　1894 年 11 月 30 日　第 48 册　第 565 页

19335　论绿茶　《申报》　1874 年 8 月 8 日　第 5 册　第 133 页

19336　论乱民无忌　《申报》　1881 年 7 月 2 日　第 19 册　第 5 页

19337　论轮船被劫事　《申报》　1900 年 6 月 3 日　第 65 册　第 263 页

19338　论轮船防盗之法　《申报》　1885 年 10 月 30 日　第 27 册　第 743 页

19339　论轮船防匪之法　《申报》　1891 年 9 月 29 日　第 39 册　第 549 页

19340　论轮船雇用水手不可不慎　《申报》　1879 年 4 月 5 日　第 14 册　第 315 页

19341　论轮船亟宜设法防范　《申报》　1876 年 4 月 29 日　第 8 册　第 389 页

19342　论轮船接客　《申报》　1880 年 6 月 6 日　第 16 册　第 605 页

19343　论轮船禁入内港　《申报》　1881 年 12 月 31 日　第 19 册　第 733 页

19344　论轮船来往沪汉事宜　《申报》　1872 年 7 月 17 日　第 1 册　第 261 页

19345　论轮船碰沉事　《申报》　1875 年 4 月 16 日　第 6 册　第 341 页

19346　论轮船窝匪之不法　《申报》　1899 年 10 月 31 日　第 63 册　第 421 页

19347　论轮船窃贼之可恶　《申报》　1896 年 12 月 31 日　第 54 册　第 763 页

19348　论轮船失火事　《申报》　1890 年 12 月 28 日　第 37 册　第 1147 页

19349　论轮船失事救人之法　《申报》　1882 年 9 月 5 日　第 21 册　第 397 页

19350　论轮船往美被阻　《申报》　1882 年 9 月 26 日　第 21 册　第 523 页

19351　论轮船须设医士　《申报》　1876 年 4 月 12 日　第 8 册　第 329 页

19352　论轮船有利亦有害　《申报》　1891 年 1 月 18 日　第 38 册　第 107 页

19353　论轮船载盗亟宜设法以防其祸　《申报》　1880 年 6 月 20 日　第 16 册　第 661 页

19354　论轮船遭患事　《申报》　1874 年 2 月 2 日　第 4 册　第 109 页

19355　论轮船招商局章程账略事宜　《申报》　1874 年 9 月 18 日　第 5 册　第 275 页

19356　论轮船肇祸事　《申报》　1901 年 7 月 30 日　第 68 册　第 541 页

19357　论轮船装勇宜预防火患　《申报》　1895 年 11 月 27 日　第 51 册　第 575 页

19358　论轮舟绕道　《申报》　1892 年 9 月 22 日　第 42 册　第 135 页

19359　论论　《申报》　1890 年 2 月 12 日　第 36 册　第 205 页

19360　论罗美龃龉事　《申报》　1902 年 10 月 19 日　第 72 册　第 331 页

19361　论马车当严定章程　《申报》　1882 年 12 月 2 日　第 21 册　第 925 页

19362　论马车伤人　《申报》　1891 年 10 月 29 日　第 39 册　第 731 页

19363　论马车行宜训习马夫　《申报》　1886 年 7 月 14 日　第 29 册　第 79 页

19364　论马车肇祸　《申报》　1896 年 4 月 10 日　第 52 册　第 579 页

19365　论马达加斯加近事　《申报》　1883 年 8 月 3 日　第 23 册　第 199 页

19366　论马加利案尚未了结　《申报》　1876 年 5 月 19 日　第 8 册　第 457 页

19367　论马利古士船拉人出洋佣工事　《申报》　1872 年 10 月 9 日　第 1 册　第 549 页

19368　论马赛约埠谋财害命事　《申报》　1872 年 8 月 2 日　第 1 册　第 317 页

19369　论马歇尔将军的使命　《中央日报》　1946 年 8 月 21 日　第 53 册　第 698 页

19370　论马寅初辞官拒毒　《大公报》　1931 年 7 月 13 日　第 103 册　第 148 页

19371　论买多头空头　《申报》　1879 年 11 月 28 日　第 15 册　第 601 页

19372　论买空卖空　《申报》　1876 年 6 月 2 日　第 8 册　第 505 页

19373　论买卖股票之弊　《申报》　1883 年 11 月 1 日　第 23 册　第 741 页

19374　论麦巡捕头秉公执法　《申报》　1891 年 4 月 23 日　第 38 册　第 607 页

19375　论满汉之见渐将消除　《申报》　1902 年 2 月 16 日　第 70 册　第 239 页

19376　论满蒙藏存亡与中国大局之关系　《申报》　1912 年 7 月 31 日　第 118 册　第 301 页

19377　论满人组织暗杀队　《申报》　1911 年 11 月 9 日　第 115 册　第 125 页

19378　论满洲交涉事件：译东京朝日新闻　《申报》　1907 年 7 月 8 日　第 89 册　第 86 页

19379　论冒差串诈　《申报》　1880 年 2 月 3 日　第 16 册　第 133 页

19380　论冒充委员招商集股宜以严刑治之庶免有害时局　《申报》　1897 年 5 月 7 日　第 56 册　第 39 页

19381　论冒名分送硃卷事　《申报》　1898 年 3 月 20 日　第 58 册　第 463 页

19382　论贸易盛衰循环之理　《申报》　1891 年 8 月 30 日　第 39 册　第 369 页

19383　论没收中兴煤矿事　《大公报》　1928 年 7 月 14 日　第 85 册　第 131 页

19384　论梅家弄命案讯供事　《申报》　1878 年 8 月 14 日　第 13 册　第 153 页

19385　论梅威令医生教习之认真　《申报》　1888 年 7 月 28 日　第 33 册　第 189 页

19386　论煤　《申报》　1874 年 1 月 15 日　第 4 册　第 49 页

19387　论煤铁　《申报》　1877 年 9 月 4 日　第 11 册　第 225 页

19388　论美副领事准公廨发落人犯不必带回捕房事　《申报》　1905 年 8 月 24 日　第 80 册　第 967 页

19389　论美富轮船遗勇滋事情形　《申报》　1886 年 6 月 27 日　第 28 册　第 1033 页

19390　论美国对日照会　《申报》　1934 年 5 月 3 日　第 316 册　第 39 页

19391　论美国妇女之勤　《申报》　1889 年 4 月 22 日　第 34 册　第 601 页

19392　论美国各事　《申报》　1876 年 9 月 14 日　第 9 册　第 257 页

19393　论美国购还古巴岛　《申报》　1883 年 11 月 19 日　第 23 册　第 849 页

19394　论美国狐鸣省土人殴逐华人事　《申报》　1885 年 11 月 17 日　第 27 册　第 851 页

19395　论美国家当保护华人　《申报》　1886 年 3 月 16 日　第 28 册　第 401 页

19396　论美国渐思干涉外事　《申报》　1898 年 8 月 12 日　第 59 册　第 703 页

19397　论美国近来政策　《申报》　1903 年 9 月 20 日　第 75 册　第 141 页

19398　论美国禁阻华人其志在利　《申报》　1888 年 9 月 20 日　第 33 册　第 543 页

19399　论美国举行赛珍会事　《申报》　1902 年 1 月 9 日　第 70 册　第 49 页

19400 论美国苛例 《申报》 1893 年 4 月 1 日 第 43 册 第 521 页

19401 论美国乱耗 《申报》 1894 年 7 月 20 日 第 47 册 第 583 页

19402 论美国拟开巴拿马运河事 《申报》 1900 年 12 月 9 日 第 66 册 第 587 页

19403 论美国拟设格致院事 《申报》 1874 年 3 月 20 日 第 4 册 第 245 页

19404 论美国拟征日丝"罚税" 《大公报》 1941 年 1 月 4 日 第 146 册 第 22 页

19405 论美国商务之日盛 《申报》 1899 年 9 月 17 日 第 63 册 第 115 页

19406 论美国托管草案 《中央日报》 1947 年 2 月 27 日 第 55 册 第 630 页

19407 论美国新出大案 《申报》 1875 年 3 月 30 日 第 6 册 第 281 页

19408 论美国新造大气球事 《申报》 1873 年 9 月 5 日 第 3 册 第 229 页

19409 论美国议禁华人事 《申报》 1902 年 1 月 14 日 第 70 册 第 79 页

19410 论美国亦有不能省华工之虑 《申报》 1889 年 3 月 12 日 第 34 册 第 351 页

19411 论美国争借川粤汉路款事 《申报》 1909 年 7 月 15 日 第 101 册 第 210 页

19412 论美国政策 《大公报》 1937 年 9 月 20 日 第 139 册 第 373 页

19413 论美国之盛由于学校 《申报》 1895 年 4 月 22 日 第 49 册 第 647 页

19414 论美国之司法改革 《申报》 1937 年 2 月 22 日 第 349 册 第 437 页

19415 论美国之中立法案 《申报》 1935 年 8 月 27 日 第 331 册 第 686 页

19416 论美国制日行动并勖美国/张忠绂（星期论文） 《大公报》 1941 年 8 月 10 日 第 147 册 第 156 页

19417 论美国制日行动并勖美国/张忠绂（星期论文） 《大公报》 1941 年 8 月 11 日 第 147 册 第 158 页

19418 论美国重入银团 《民国日报》 1918 年 8 月 1 日 第 16 册 第 350 页

19419 论美货速赴商会注册为抵制禁约最要办法 《申报》 1905 年 8 月 11 日 第 80 册 第 857 页

19420 论美将式君书中讥中国水师语 《申报》 1882 年 10 月 31 日 第 21 册 第 733 页

19421 论美教士步惠廉君请惩冒名插讼事 《申报》 1902 年 5 月 16 日 第 71 册 第 105 页

19422 论美禁华工新约 《申报》 1905 年 5 月 10 日 第 80 册 第 81 页

19423 论美利坚宜为中国调和战事 《申报》 1900 年 7 月 19 日 第 65 册 第 579 页

19424 论美利坚有远略之志 《申报》 1898 年 12 月 7 日 第 60 册 第 693 页

19425 论美棉借款 《申报》 1946 年 1 月 9 日 第 388 册 第 47 页

19426   论美人不合于理   《申报》   1902 年 5 月 11 日   第 71 册   第 73 页

19427   论美人减陆军之费扩张海军   《申报》   1904 年 12 月 7 日   第 78 册   第 665 页

19428   论美人虐待华人事   《申报》   1886 年 1 月 25 日   第 28 册   第 145 页

19429   论美人虐待华人事   《申报》   1902 年 7 月 3 日   第 71 册   第 429 页

19430   论美人虐待华人事   《申报》   1902 年 9 月 29 日   第 72 册   第 189 页

19431   论美人重开巴拿马运河事   《申报》   1903 年 11 月 11 日   第 75 册   第 501 页

19432   论美日大海空战   《大公报》   1944 年 10 月 27 日   第 153 册   第 532 页

19433   论美日互不侵犯条约   《申报》   1934 年 4 月 15 日   第 315 册   第 424 页

19434   论美日谈判   《申报》   1941 年 9 月 17 日   第 377 册   第 610 页

19435   论美日战务   《申报》   1898 年 5 月 2 日   第 59 册   第 7 页

19436   论美使变动   《大公报》   1927 年 10 月 7 日   第 81 册   第 49 页

19437   论美使照会政府联合六大国保全中国领土事   《申报》   1905 年 4 月 9 日   第 79 册   第 689 页

19438   论美委员条陈商工部改良华工禁例事   《申报》   1906 年 4 月 9 日   第 83 册   第 81 页

19439   论美总领事办案公平   《申报》   1903 年 1 月 1 日   第 73 册   第 1 页

19440   论美总统被刺事   《申报》   1901 年 9 月 11 日   第 69 册   第 61 页

19441   论美总统游历各国   《申报》   1879 年 5 月 20 日   第 14 册   第 491 页

19442   论美总统允代恳发还兵费盈余   《申报》   1879 年 7 月 6 日   第 15 册   第 21 页

19443   论门丁缚官案   《申报》   1894 年 1 月 5 日   第 46 册   第 25 页

19444   论门役留难   《申报》   1879 年 11 月 26 日   第 15 册   第 593 页

19445   论蒙古与中日俄之关系   《申报》   1907 年 6 月 28 日   第 88 册   第 732 页

19446   论蒙古之危状   《申报》   1910 年 3 月 24 日   第 105 册   第 370 页

19447   论蒙古之危状（续）   《申报》   1910 年 4 月 7 日   第 105 册   第 594 页

19448   论蒙学   《申报》   1902 年 3 月 13 日   第 70 册   第 391 页

19449   论米贵之可虑   《申报》   1902 年 6 月 10 日   第 71 册   第 277 页

19450   论米贵之由   《申报》   1898 年 4 月 19 日   第 58 册   第 653 页

19451   论米价陡涨原因   《申报》   1906 年 6 月 5 日   第 83 册   第 637 页

19452   论米禁   《申报》   1905 年 11 月 15 日   第 81 册   第 641 页

19453   论米禁（续十九日稿）   《申报》   1905 年 11 月 16 日   第 81 册   第 649 页

19454   论弭兵会之不可信   《申报》   1898 年 9 月 26 日   第 60 册   第 181 页

19455　论弭匪之法莫良于保甲　《申报》　1891 年 9 月 25 日　第 39 册　第 525 页

19456　论弭教案在融洽民教之性情　《申报》　1899 年 11 月 1 日　第 63 册　第 429 页

19457　论弭事变宜正人心　《申报》　1895 年 5 月 31 日　第 50 册　第 195 页

19458　论弭灾宜上下□儆　《申报》　1878 年 4 月 9 日　第 12 册　第 313 页

19459　论泌阳闹教　《申报》　1902 年 3 月 29 日　第 70 册　第 497 页

19460　论秘京华商团练　《申报》　1880 年 11 月 9 日　第 17 册　第 527 页

19461　论秘鲁和专两约　《申报》　1874 年 8 月 7 日　第 5 册　第 129 页

19462　论密拿赌棍事　《申报》　1891 年 3 月 27 日　第 38 册　第 445 页

19463　论免除恐惧的自由　《大公报》　1944 年 2 月 12 日　第 152 册　第 186 页

19464　论缅甸大势　《申报》　1879 年 3 月 20 日　第 14 册　第 255 页

19465　论缅甸近事　《申报》　1880 年 8 月 17 日　第 17 册　第 189 页

19466　论缅甸王近事　《申报》　1879 年 11 月 24 日　第 15 册　第 585 页

19467　论缅甸政局　《申报》　1943 年 10 月 29 日　第 384 册　第 663 页

19468　论缅甸政局　《中央日报》　1947 年 7 月 23 日　第 56 册　第 844 页

19469　论缅事　《申报》　1886 年 1 月 15 日　第 28 册　第 85 页

19470　论缅王底母自述之言　《申报》　1886 年 2 月 13 日　第 28 册　第 215 页

19471　论缅越近势　《大公报》　1947 年 2 月 11 日　第 159 册　第 302 页

19472　论缅战并慰入缅国军　《大公报》　1942 年 4 月 2 日　第 148 册　第 392 页

19473　论民变　《申报》　1880 年 5 月 23 日　第 16 册　第 549 页

19474　论民间藏例之禁　《申报》　1878 年 9 月 10 日　第 13 册　第 245 页

19475　论民教不和　《申报》　1891 年 5 月 22 日　第 38 册　第 781 页

19476　论民教失和　《申报》　1878 年 9 月 13 日　第 13 册　第 257 页

19477　论民教滋事　《申报》　1876 年 8 月 4 日　第 9 册　第 117 页

19478　论民军亟宜北伐　《申报》　1911 年 12 月 12 日　第 115 册　第 594 页

19479　论民气之关系于外交　《申报》　1906 年 1 月 11 日　第 82 册　第 81 页

19480　论民情作伪之由　《申报》　1881 年 4 月 2 日　第 18 册　第 337 页

19481　论民数以中国为众　《申报》　1891 年 11 月 9 日　第 39 册　第 797 页

19482　论民团　《申报》　1899 年 9 月 16 日　第 63 册　第 109 页

19483　论民之智愚关系国之强弱　《申报》　1896 年 2 月 20 日　第 52 册　第 271 页

19484　论民主政治/陶孟和（星期论文）　《大公报》　1944 年 7 月 24 日　第 153 册　第 108 页

19485　论民主之应服膺者（来论）/沣泉　《民国日报》　1945 年 12 月 10 日　第

96 册　第 323 页

19486　论闽防　《申报》　1894 年 11 月 28 日　第 48 册　第 553 页

19487　论闽防不缓于粤防　《申报》　1884 年 3 月 10 日　第 24 册　第 365 页

19488　论闽防亟宜整饬　《申报》　1884 年 3 月 23 日　第 24 册　第 443 页

19489　论闽防近势　《申报》　1884 年 9 月 21 日　第 25 册　第 481 页

19490　论闽抚新政　《申报》　1881 年 9 月 7 日　第 19 册　第 273 页

19491　论闽烈士陈天听蹈海事　《申报》　1907 年 6 月 13 日　第 88 册　第 551 页

19492　论闽人收买男孩　《申报》　1886 年 1 月 18 日　第 28 册　第 103 页

19493　论闽省百姓禀求灭厘事　《申报》　1877 年 3 月 27 日　第 10 册　第 269 页

19494　论闽省惩办采买委员事　《申报》　1876 年 11 月 11 日　第 9 册　第 457 页

19495　论闽省电线事　《申报》　1876 年 6 月 10 日　第 8 册　第 533 页

19496　论闽省官绅压制研究日俄日法协约　《申报》　1907 年 9 月 23 日　第 90 册　第 265 页

19497　论闽省吏治　《申报》　1877 年 5 月 5 日　第 10 册　第 405 页

19498　论闽省邻土入境事　《申报》　1910 年 8 月 9 日　第 107 册　第 645 页

19499　论闽省邻土入境事续　《申报》　1910 年 8 月 10 日　第 107 册　第 661 页

19500　论闽省林文明案　《申报》　1880 年 5 月 19 日　第 16 册　第 533 页

19501　论闽士逞凶案　《申报》　1879 年 10 月 17 日　第 15 册　第 433 页

19502　论闽台烈妇登台殉节之宜禁　《申报》　1899 年 9 月 14 日　第 63 册　第 95 页

19503　论闽粤两议局风潮之异点　《申报》　1910 年 11 月 30 日　第 109 册　第 465 页

19504　论闽粤两议局风潮之异点续　《申报》　1910 年 12 月 1 日　第 109 册　第 481 页

19505　论名　《大公报》　1927 年 5 月 21 日　第 79 册　第 401 页

19506　论名节二字男女并重　《申报》　1892 年 7 月 29 日　第 41 册　第 579 页

19507　论名医治症二奇事　《申报》　1872 年 6 月 15 日　第 1 册　第 153 页

19508　论名誉与立宪政治之关系　《申报》　1910 年 8 月 31 日　第 107 册　第 997 页

19509　论明慎用刑　《申报》　1873 年 7 月 1 日　第 3 册　第 1 页

19510　论明事制艺之獘　《申报》　1878 年 2 月 28 日　第 12 册　第 177 页

19511　论明洋务贵乎审几　《申报》　1889 年 7 月 3 日　第 35 册　第 15 页

19512　论命数　《申报》　1877 年 3 月 29 日　第 10 册　第 277 页

19513 论谬种牛痘 《申报》 1873年4月29日 第2册 第381页

19514 论摩洛哥与列强之关系 《申报》 1911年8月18日 第113册 第798页

19515 论磨勘 《申报》 1875年11月3日 第7册 第429页

19516 论墨西哥招人开垦事 《申报》 1891年1月7日 第38册 第39页

19517 论谋财害命被雷轰击事 《申报》 1873年5月29日 第2册 第485页

19518 论谋定后战之利害 《申报》 1894年10月6日 第48册 第223页

19519 论谋国之富先求制造 《申报》 1899年1月5日 第61册 第25页

19520 论谋业之难 《申报》 1899年2月25日 第61册 第297页

19521 论某报之统一说 《民国日报》 1918年9月10日 第17册 第70页

19522 论某给谏请定一夫一妇制度 《申报》 1907年3月23日 第87册 第233页

19523 论某给谏请定一夫一妇制度 《申报》 1907年3月24日 第87册 第245页

19524 论某尚书 《申报》 1907年4月14日 第87册 第497页

19525 论某师范传习所 《申报》 1906年7月12日 第84册 第107页

19526 论某孝廉一言丧二命事 《申报》 1873年5月23日 第2册 第465页

19527 论某御史请免各州县摊款之善 《申报》 1909年4月20日 第99册 第724页

19528 论某御史奏参江西巡抚冯汝骙事 《申报》 1909年4月27日 第99册 第822页

19529 论某御史奏请南漕改折 《申报》 1909年2月3日 第98册 第335页

19530 论某御史奏请兴办路矿 《申报》 1909年6月6日 第100册 第511页

19531 论某子逆父事 《申报》 1873年5月3日 第2册 第397页

19532 论亩捐 《申报》 1902年1月26日 第70册 第151页

19533 论木工肇事 《申报》 1898年5月14日 第59册 第79页

19534 论目击事 《申报》 1874年3月3日 第4册 第185页

19535 论目今要务三件 《申报》 1875年6月8日 第6册 第521页

19536 论目今宜准匪徒投效 《申报》 1900年7月12日 第65册 第539页

19537 论目前军务需人 《申报》 1884年3月22日 第24册 第437页

19538 论目前市面尚无兴旺之象 《申报》 1885年7月11日 第27册 第61页

19539 论目前提寺产充学费之办法 《申报》 1905年6月20日 第80册 第439页

19540 论目前议和不必以越南让法 《申报》 1884年11月7日 第25册 第

739 页

19541　论目前政局　《大公报》　1935 年 8 月 15 日　第 127 册　第 654 页

19542　论目下安置散勇无善策　《申报》　1896 年 1 月 17 日　第 52 册　第 103 页

19543　论目下的工资　《民国日报》　1946 年 8 月 7 日　第 98 册　第 410 页

19544　论目下战务愈不宜迟　《申报》　1884 年 8 月 19 日　第 25 册　第 295 页

19545　论牧令不宜一意省事　《申报》　1892 年 9 月 13 日　第 42 册　第 79 页

19546　论幕友佐治　《申报》　1880 年 8 月 7 日　第 17 册　第 149 页

19547　论睦邻　《大公报》　1935 年 6 月 25 日　第 126 册　第 884 页

19548　论穆帅筹边　《申报》　1887 年 3 月 10 日　第 30 册　第 367 页

19549　论内地将购设火轮车路　《申报》　1872 年 11 月 28 日　第 1 册　第 721 页

19550　论内地通行轮船事宜　《申报》　1872 年 12 月 18 日　第 1 册　第 789 页

19551　论内地宜广设商会　《申报》　1905 年 6 月 10 日　第 80 册　第 357 页

19552　论内府人员舞弊宜防其渐　《申报》　1908 年 12 月 31 日　第 97 册　第 911 页

19553　论内阁迭更之危险　《申报》　1912 年 7 月 23 日　第 118 册　第 221 页

19554　论内阁继任人　《民国日报》　1917 年 5 月 15 日　第 9 册　第 170 页

19555　论内阁署名制度　《申报》　1911 年 6 月 12 日　第 112 册　第 729 页

19556　论内阁行政之不能统一　《申报》　1911 年 7 月 25 日　第 113 册　第 395 页

19557　论内河行驶轮船有益无损　《申报》　1882 年 10 月 15 日　第 21 册　第 637 页

19558　论内患诚可忧　《申报》　1877 年 12 月 18 日　第 11 册　第 585 页

19559　论内难外侮之导线　《申报》　1911 年 2 月 18 日　第 110 册　第 677 页

19560　论内外财政之不均　《申报》　1910 年 8 月 23 日　第 107 册　第 869 页

19561　论内外臣工无实行宪政之心　《申报》　1909 年 12 月 31 日　第 103 册　第 1001 页

19562　论内外臣工务宜和衷共济国事　《申报》　1878 年 6 月 12 日　第 12 册　第 533 页

19563　论内务部议改变省区域事　《民国日报》　1916 年 12 月 2 日　第 6 册　第 374 页

19564　论内战之等级　《申报》　1926 年 9 月 5 日　第 227 册　第 116 页

19565　论内政以弼教明刑为要　《申报》　1898 年 8 月 17 日　第 59 册　第 739 页

19566　论内治之亟宜统一　《申报》　1912 年 7 月 27 日　第 118 册　第 261 页

19567 论男女无耻 《申报》 1879 年 9 月 21 日 第 15 册 第 329 页

19568 论男女宜有别 《申报》 1897 年 10 月 7 日 第 57 册 第 221 页

19569 论南北民风 《申报》 1878 年 3 月 20 日 第 12 册 第 245 页

19570 论南北田制 《申报》 1878 年 3 月 22 日 第 12 册 第 253 页

19571 论南北形势之变迁 《申报》 1905 年 3 月 8 日 第 79 册 第 419 页

19572 论南边防务亟宜加严 《申报》 1894 年 11 月 24 日 第 48 册 第 529 页

19573 论南昌大傩 《申报》 1879 年 7 月 9 日 第 15 册 第 33 页

19574 论南昌教案提京议结之迅速 《申报》 1906 年 5 月 7 日 第 83 册 第 359 页

19575 论南昌考狱 《申报》 1880 年 8 月 8 日 第 17 册 第 153 页

19576 论南昌县令被刺事 《申报》 1906 年 2 月 27 日 第 82 册 第 401 页

19577 论南汇县绅士呈请另聘山长案 《申报》 1898 年 5 月 1 日 第 59 册 第 1 页

19578 论南汇自治之难 《申报》 1906 年 5 月 23 日 第 83 册 第 515 页

19579 论南京督练公所酷刑征兵事 《申报》 1907 年 1 月 23 日 第 86 册 第 211 页

19580 论南开学潮 《大公报》 1927 年 11 月 28 日 第 81 册 第 463 页

19581 论南青近事 《申报》 1886 年 8 月 12 日 第 29 册 第 257 页

19582 论南市流氓之多亟宜设法整顿 《申报》 1904 年 7 月 24 日 第 77 册 第 561 页

19583 论南市宜仿造自来水 《申报》 1893 年 5 月 4 日 第 44 册 第 25 页

19584 论南新仓米短缺 《申报》 1879 年 4 月 9 日 第 14 册 第 331 页

19585 论南新两邑预修火政事 《申报》 1880 年 11 月 12 日 第 17 册 第 539 页

19586 论南浔线战事（社论） 《民国日报》 1927 年 8 月 7 日 第 69 册 第 537 页

19587 论南洋大学风潮与根本补救办法 《民国日报》 1923 年 3 月 31 日 第 44 册 第 412 页

19588 论南洋劝业会与实业界前途之关系 《申报》 1909 年 4 月 7 日 第 99 册 第 535 页

19589 论南洋劝业会与实业界前途之关系（续） 《申报》 1909 年 4 月 8 日 第 99 册 第 550 页

19590 论南洋巡舰中途折回之非 《申报》 1907 年 8 月 7 日 第 89 册 第 449 页

19591 论南洋诸岛大势 《申报》 1882 年 5 月 25 日 第 20 册 第 693 页

19592 论闹房陋俗 《申报》 1881 年 7 月 15 日 第 19 册 第 57 页

19593   论能吏   《申报》   1877年6月2日   第10册   第501页

19594   论尼庵被劫   《申报》   1896年5月28日   第53册   第179页

19595   论尼泊尔   《申报》   1911年8月11日   第113册   第679页

19596   论尼泊尔续   《申报》   1911年8月13日   第113册   第711页

19597   论拟禁华佣出洋事   《申报》   1873年9月23日   第3册   第289页

19598   论逆案叠出之由   《申报》   1884年12月30日   第25册   第1037页

19599   论逆犯康有为去日事   《申报》   1899年4月6日   第61册   第573页

19600   论逆妇报应事   《申报》   1872年6月21日   第1册   第173页

19601   论逆妇禁狱悔过释放事   《申报》   1873年3月25日   第2册   第261页

19602   论逆谋败露事   《申报》   1903年2月4日   第73册   第163页

19603   论逆子宜诛   《申报》   1886年7月16日   第29册   第91页

19604   论匿名揭帖   《申报》   1873年6月26日   第2册   第581页

19605   论匿名揭帖责备本馆事   《申报》   1877年7月24日   第11册   第77页

19606   论匿灾事   《申报》   1878年1月24日   第12册   第81页

19607   论溺女陋俗   《申报》   1878年12月11日   第13册   第561页

19608   论年终省释押犯有合于古人清狱之法   《申报》   1885年2月12日   第26册   第245页

19609   论聂氏二孝子万里负亲骨事   《申报》   1872年7月10日   第1册   第237页

19610   论孽缘   《申报》   1872年5月31日   第1册   第101页

19611   论宁波花会宜禁   《申报》   1899年8月26日   第62册   第853页

19612   论宁波禁私宰事   《申报》   1880年10月22日   第17册   第453页

19613   论宁波命案   《申报》   1877年4月17日   第10册   第341页

19614   论宁波戏馆事   《申报》   1876年12月29日   第9册   第621页

19615   论宁波异事   《申报》   1872年6月11日   第1册   第137页

19616   论宁海闹捐与奉化情形不同   《申报》   1878年9月19日   第13册   第277页

19617   论宁郡公禁斗会   《申报》   1891年6月10日   第38册   第897页

19618   论宁郡浚河专任绅董之善   《申报》   1879年5月3日   第14册   第421页

19619   论宁郡匿名揭帖事   《申报》   1878年10月5日   第13册   第333页

19620   论宁远乱事   《申报》   1905年2月26日   第79册   第339页

19621   论牛痘   《申报》   1874年12月29日   第5册   第623页

19622   论牛瘟   《申报》   1872年9月12日   第1册   第457页

19623   论农村建设问题：起点、重点与终点/毛应鹏（星期论文）   《大公报》   1949年1月9日   第164册   第631页

19624　论农工商部奏办兴业大彩票　《申报》　1909 年 10 月 11 日　第 102 册
　　　第 596 页

19625　论农为工商之本而农人识字尤为务农之本　《申报》　1897 年 1 月 5 日
　　　第 55 册　第 25 页

19626　论农务宜量为变通上　《申报》　1895 年 11 月 11 日　第 51 册　第 467 页

19627　论农务宜量为变通下　《申报》　1895 年 11 月 18 日　第 51 册　第 517 页

19628　论女摊　《申报》　1892 年 9 月 9 日　第 42 册　第 51 页

19629　论女堂倌负情受辱事　《申报》　1872 年 11 月 18 日　第 1 册　第 685 页

19630　论女堂倌周小大结案事　《申报》　1873 年 2 月 12 日　第 2 册　第 121 页

19631　论女堂烟馆亟宜禁止事　《申报》　1873 年 2 月 4 日　第 2 册　第 93 页

19632　论女巫治病之害　《申报》　1897 年 9 月 18 日　第 57 册　第 103 页

19633　论女学　《申报》　1876 年 3 月 30 日　第 8 册　第 285 页

19634　论女学宜注重德育　《申报》　1906 年 4 月 29 日　第 83 册　第 281 页

19635　论女学宜注重德育（续初六日稿）　《申报》　1906 年 5 月 1 日　第 83 册
　　　第 301 页

19636　论女子国民捐　《申报》　1906 年 3 月 30 日　第 82 册　第 709 页

19637　论女子教育宗旨　《申报》　1905 年 5 月 18 日　第 80 册　第 155 页

19638　论女子教育宗旨（续十五日稿）　《申报》　1905 年 5 月 21 日　第 80 册
　　　第 183 页

19639　论女子教育宗旨（续四月十八日稿）　《申报》　1905 年 6 月 11 日　第 80
　　　册　第 365 页

19640　论女子要求参政权问题　《申报》　1912 年 3 月 25 日　第 116 册　第
　　　703 页

19641　论女子宜注意道德　《申报》　1912 年 9 月 5 日　第 118 册　第 661 页

19642　论虐待女婢　《申报》　1880 年 9 月 12 日　第 17 册　第 293 页

19643　论虐丐　《申报》　1888 年 11 月 25 日　第 33 册　第 955 页

19644　论虐妓事　《申报》　1888 年 5 月 25 日　第 32 册　第 839 页

19645　论虐媳　《申报》　1882 年 6 月 5 日　第 20 册　第 759 页

19646　论欧局　《中央日报》　1939 年 8 月 20 日　第 42 册　第 404 页

19647　论欧局　《申报》　1943 年 7 月 26 日　第 384 册　第 279 页

19648　论欧美之关税竞争/子明　《民国日报》　1930 年 8 月 2 日　第 87 册　第
　　　416 页

19649　论欧亚二洲之关系　《申报》　1895 年 1 月 30 日　第 49 册　第 137 页

19650　论欧亚局势　《大公报》　1936 年 3 月 13 日　第 131 册　第 172 页

19651　论欧洲大局　《申报》　1875 年 7 月 8 日　第 7 册　第 25 页

19652　论欧洲大局恐有变动　《申报》　1887 年 7 月 10 日　第 31 册　第 57 页

19653　论欧洲各国急宜筹画保全土国事　《申报》　1877 年 3 月 14 日　第 10 册　第 225 页

19654　论欧洲各国人才　《申报》　1878 年 2 月 13 日　第 12 册　第 125 页

19655　论欧洲近来兵数日增　《申报》　1892 年 6 月 5 日　第 41 册　第 229 页

19656　论欧洲近日情形　《申报》　1893 年 2 月 26 日　第 43 册　第 309 页

19657　论欧洲赛珍会与中国墟市同异　《申报》　1882 年 12 月 7 日　第 21 册　第 955 页

19658　论欧洲小国之动态　《大公报》　1936 年 3 月 16 日　第 131 册　第 214 页

19659　论欧洲战局　《中央日报》　1944 年 8 月 7 日　第 49 册　第 976 页

19660　论殴徒致毙亟宜访查严禁　《申报》　1882 年 3 月 12 日　第 20 册　第 267 页

19661　论瓯东民变事　《申报》　1898 年 6 月 3 日　第 59 册　第 205 页

19662　论瓯防　《申报》　1894 年 11 月 14 日　第 48 册　第 467 页

19663　论偶像　《申报》　1872 年 7 月 1 日　第 1 册　第 205 页

19664　论派捐军需传言　《申报》　1880 年 10 月 24 日　第 17 册　第 461 页

19665　论潘氏三孝女同志殉母事　《申报》　1878 年 7 月 25 日　第 13 册　第 85 页

19666　论叛逆子孙阉割为奴　《申报》　1879 年 7 月 10 日　第 15 册　第 37 页

19667　论炮船贩运私盐　《申报》　1890 年 9 月 18 日　第 37 册　第 511 页

19668　论跑马　《申报》　1880 年 11 月 3 日　第 17 册　第 503 页

19669　论跑纸宜设善法勿损田稼　《申报》　1888 年 3 月 18 日　第 32 册　第 421 页

19670　论砲船　《申报》　1889 年 5 月 31 日　第 34 册　第 845 页

19671　论培养建设人材/司徒灵（星期论文）　《大公报》　1943 年 7 月 25 日　第 151 册　第 110 页

19672　论赔偿兵费为欧洲敌国相维之法　《申报》　1884 年 7 月 28 日　第 25 册　第 163 页

19673　论彭侍郎条陈四事　《申报》　1875 年 6 月 29 日　第 6 册　第 593 页

19674　论澎湖险要　《申报》　1885 年 5 月 29 日　第 26 册　第 801 页

19675　论辟秽与浚河宜次第举办　《申报》　1893 年 4 月 21 日　第 43 册　第 657 页

19676　论辟谣　《大公报》　1929 年 9 月 13 日　第 92 册　第 196 页

19677　论皮鲁国贩人为奴事　《申报》　1872 年 10 月 17 日　第 1 册　第 577 页

19678　论皮鲁国遣使东洋事　《申报》　1873 年 2 月 17 日　第 2 册　第 137 页

19679　论皮鲁国人欲杀华佣事　《申报》　1873 年 10 月 16 日　第 3 册　第 369 页

19680 论皮鲁国使臣将来中华议招工出洋事 《申报》 1873 年 2 月 20 日 第 2 册 第 149 页

19681 论皮鲁国事 《申报》 1873 年 9 月 4 日 第 3 册 第 225 页

19682 论皮鲁使臣乘万昌轮船抵东洋 《申报》 1873 年 3 月 15 日 第 2 册 第 229 页

19683 论片马交涉之结束 《申报》 1911 年 7 月 3 日 第 113 册 第 35 页

19684 论片山哲内阁 《中央日报》 1947 年 6 月 4 日 第 56 册 第 340 页

19685 论骗案叠出 《申报》 1892 年 10 月 3 日 第 42 册 第 207 页

19686 论骗嫖 《申报》 1880 年 1 月 24 日 第 16 册 第 93 页

19687 论骗术 《申报》 1879 年 9 月 7 日 第 15 册 第 273 页

19688 论骗诈亟宜严办 《申报》 1887 年 11 月 5 日 第 31 册 第 823 页

19689 论嫖害 《申报》 1897 年 7 月 8 日 第 56 册 第 413 页

19690 论贫富不均之弊 《申报》 1895 年 11 月 20 日 第 51 册 第 529 页

19691 论贫民谋生事 《申报》 1875 年 9 月 27 日 第 7 册 第 301 页

19692 论贫民吸烟之害 《申报》 1899 年 8 月 30 日 第 62 册 第 879 页

19693 论贫员 《申报》 1893 年 2 月 3 日 第 43 册 第 205 页

19694 论品类不齐 《申报》 1893 年 3 月 25 日 第 43 册 第 477 页

19695 论平定天台事 《申报》 1875 年 3 月 10 日 第 6 册 第 213 页

19696 论平山石由粤回沪遇难得全事 《申报》 1873 年 1 月 24 日 第 2 册 第 81 页

19697 论平粜 《申报》 1888 年 5 月 1 日 第 32 册 第 689 页

19698 论平粤匪之难 《申报》 1903 年 7 月 12 日 第 74 册 第 499 页

19699 论平沼被刺 《大公报》 1941 年 8 月 15 日 第 147 册 第 166 页

19700 论萍乡县顾大令示谕生童事 《申报》 1901 年 11 月 1 日 第 69 册 第 379 页

19701 论萍乡之匪乱 《申报》 1906 年 12 月 19 日 第 85 册 第 701 页

19702 论破坏 《大公报》 1930 年 8 月 26 日 第 97 册 第 676 页

19703 论破坏南洋公学之原动力 《申报》 1905 年 2 月 28 日 第 79 册 第 355 页

19704 论仆从带肚 《申报》 1882 年 7 月 1 日 第 21 册 第 1 页

19705 论葡领事查禁吕宋票并及新样圈套赌事 《申报》 1884 年 1 月 15 日 第 24 册 第 85 页

19706 论葡人备边 《申报》 1883 年 11 月 12 日 第 23 册 第 807 页

19707 论葡人觊觎 《申报》 1899 年 5 月 25 日 第 62 册 第 181 页

19708 论浦东陶某控族妾致自尽案件 《申报》 1873 年 7 月 19 日 第 3 册 第 65 页

19709　论浦左办团　《申报》　1903 年 7 月 4 日　第 74 册　第 435 页

19710　论普人请停止抽厘　《申报》　1878 年 11 月 11 日　第 13 册　第 457 页

19711　论普通教育上二大问题　《申报》　1909 年 7 月 14 日　第 101 册　第 195 页

19712　论普通教育上二大问题（续上月二十七日）　《申报》　1909 年 7 月 22 日　第 101 册　第 315 页

19713　论普通教育上二大问题（三续）　《申报》　1909 年 8 月 15 日　第 101 册　第 677 页

19714　论普通教育上二大问题（再续）　《申报》　1909 年 8 月 1 日　第 101 册　第 463 页

19715　论溥仪改称　《大公报》　1934 年 1 月 22 日　第 118 册　第 286 页

19716　论妻捉妾奸　《申报》　1880 年 1 月 6 日　第 16 册　第 21 页

19717　论楼养流民宜参用西法　《申报》　1891 年 7 月 31 日　第 39 册　第 181 页

19718　论齐家之道不徒以能忍为贵　《申报》　1896 年 4 月 4 日　第 52 册　第 543 页

19719　论奇案事　《申报》　1873 年 5 月 26 日　第 2 册　第 473 页

19720　论奇技不独出泰西　《申报》　1892 年 3 月 3 日　第 40 册　第 321 页

19721　论奇殉　《申报》　1879 年 12 月 4 日　第 15 册　第 625 页

19722　论旗兵哄署事　《申报》　1901 年 5 月 14 日　第 68 册　第 79 页

19723　论旗昌轮船公司事　《申报》　1875 年 3 月 13 日　第 6 册　第 225 页

19724　论旗昌轮船公司欲代运漕事　《申报》　1875 年 3 月 16 日　第 6 册　第 233 页

19725　论旗汉械斗事　《申报》　1899 年 2 月 22 日　第 61 册　第 279 页

19726　论旗人生计亟宜另筹善法　《申报》　1907 年 10 月 17 日　第 90 册　第 557 页

19727　论起用废员　《申报》　1880 年 6 月 18 日　第 16 册　第 653 页

19728　论弃东三省划地中立之非计　《申报》　1904 年 1 月 20 日　第 76 册　第 123 页

19729　论迁善局立法之善　《申报》　1880 年 3 月 1 日　第 16 册　第 217 页

19730　论迁葬　《申报》　1881 年 6 月 17 日　第 18 册　第 645 页

19731　论铅字　《申报》　1874 年 8 月 5 日　第 5 册　第 121 页

19732　论前代监军之失　《申报》　1884 年 11 月 15 日　第 25 册　第 781 页

19733　论前录周某报复事　《申报》　1872 年 11 月 4 日　第 1 册　第 637 页

19734　论前明嘉靖改制之疏　《申报》　1880 年 1 月 14 日　第 16 册　第 53 页

19735　论前日报纪山崩述异之可骇　《申报》　1896 年 12 月 2 日　第 54 册　第

587 页

19736　论前十五日陈司马会勘吴淞马路事宜　《申报》　1873 年 1 月 16 日　第 2 册　第 53 页

19737　论钱币　《申报》　1875 年 11 月 11 日　第 7 册　第 457 页

19738　论钱漕折收之弊并书江右某县事后　《申报》　1882 年 3 月 29 日　第 20 册　第 357 页

19739　论钱价之贵由于制钱之少　《申报》　1895 年 12 月 12 日　第 51 册　第 671 页

19740　论钱业败坏之由　《申报》　1883 年 11 月 7 日　第 23 册　第 777 页

19741　论钱业维持市面之益　《申报》　1904 年 1 月 28 日　第 76 册　第 171 页

19742　论钱银情形　《申报》　1878 年 6 月 6 日　第 12 册　第 513 页

19743　论钱庄放账　《申报》　1883 年 2 月 1 日　第 22 册　第 171 页

19744　论钱庄伙被拘事　《申报》　1886 年 7 月 6 日　第 29 册　第 31 页

19745　论钱庄亟宜整顿　《申报》　1886 年 4 月 17 日　第 28 册　第 593 页

19746　论钱庄之弊　《申报》　1892 年 10 月 4 日　第 42 册　第 213 页

19747　论黔抚奏结杨敬之案　《申报》　1877 年 4 月 6 日　第 10 册　第 305 页

19748　论黔省请裁教职就款兴学　《申报》　1909 年 5 月 1 日　第 100 册　第 2 页

19749　论黔中开矿　《申报》　1879 年 6 月 25 日　第 14 册　第 635 页

19750　论遣撤勇营之难　《申报》　1885 年 8 月 21 日　第 27 册　第 307 页

19751　论欠工部属捐银　《申报》　1881 年 6 月 2 日　第 18 册　第 585 页

19752　论欠饷　《申报》　1874 年 7 月 11 日　第 5 册　第 37 页

19753　论欠饷报捐事　《申报》　1875 年 5 月 19 日　第 6 册　第 453 页

19754　论枪船故智复萌　《申报》　1881 年 8 月 19 日　第 19 册　第 197 页

19755　论枪代之弊　《申报》　1884 年 12 月 7 日　第 25 册　第 909 页

19756　论枪火宜惩　《申报》　1886 年 11 月 11 日　第 29 册　第 821 页

19757　论强固内阁　《大公报》　1926 年 12 月 27 日　第 77 册　第 919 页

19758　论强国以富为先　《申报》　1896 年 3 月 16 日　第 52 册　第 423 页

19759　论强迫教育入手办法　《申报》　1908 年 12 月 25 日　第 97 册　第 827 页

19760　论强迫教育之办法　《申报》　1906 年 11 月 13 日　第 85 册　第 379 页

19761　论强弱相因之道　《申报》　1895 年 7 月 2 日　第 50 册　第 405 页

19762　论强弱相因之道　《申报》　1895 年 7 月 4 日　第 50 册　第 417 页

19763　论抢宴　《申报》　1879 年 11 月 29 日　第 15 册　第 605 页

19764　论巧　《申报》　1875 年 9 月 6 日　第 7 册　第 229 页

19765　论亲贵出洋考察之效果　《申报》　1909 年 9 月 17 日　第 102 册　第 233 页

19766 论钦使从人滋事 《申报》 1877年11月30日 第11册 第525页

19767 论秦中北山饥民似宜同赈 《申报》 1878年5月10日 第12册 第421页

19768 论青浦近事 《申报》 1886年7月25日 第29册 第147页

19769 论青溪县两粟事 《申报》 1890年6月3日 第36册 第897页

19770 论轻发官媒 《申报》 1881年7月12日 第19册 第45页

19771 论轻生 《申报》 1881年7月10日 第19册 第37页

19772 论轻武重文实为弊俗 《申报》 1891年11月21日 第39册 第869页

19773 论倾轧恶习 《申报》 1887年2月11日 第30册 第205页

19774 论清查善堂事 《申报》 1897年3月15日 第55册 第405页

19775 论清盗源宜先禁赌 《申报》 1900年3月31日 第64册 第531页

19776 论清节堂被窃事 《申报》 1874年3月21日 第4册 第249页

19777 论清节堂闻有安顿失宜致节妇裹足事 《申报》 1873年6月14日 第2册 第541页

19778 论清垦荒田 《申报》 1881年9月26日 第19册 第349页

19779 论清理财政必当预算之原因 《申报》 1910年1月18日 第104册 第307页

19780 论清理财政先分权限 《申报》 1910年9月10日 第108册 第145页

19781 论清廷虚骄之可 《申报》 1912年1月27日 第116册 第284页

19782 论清议足以振兴国运 《申报》 1896年11月29日 第54册 第569页

19783 论请除美国禁阻华工苛例事 《申报》 1901年10月7日 第69册 第217页

19784 论请禁台基事 《申报》 1893年10月31日 第45册 第405页

19785 论请缺异闻事 《申报》 1898年12月1日 第60册 第653页

19786 论请停科举之善 《申报》 1902年9月2日 第72册 第9页

19787 论请行彩票 《申报》 1902年1月4日 第70册 第19页

19788 论请愿修正国民党总章一事 《大公报》 1929年3月3日 第89册 第36页

19789 论请展捐限 《申报》 1901年10月1日 第69册 第181页

19790 论庆邸世续反对民选议院 《申报》 1907年10月25日 第90册 第657页

19791 论穷究逆党 《申报》 1880年4月9日 第16册 第373页

19792 论琼州黎客各匪 《申报》 1886年10月22日 第29册 第697页

19793 论秋瑾迁塚事 《申报》 1908年12月21日 第97册 第770页

19794 论秋试事 《申报》 1876年10月7日 第9册 第337页

19795 论求己 《大公报》 1932年10月18日 第110册 第572页

19796 论求利亦须顾名 《申报》 1877 年 10 月 9 日 第 11 册 第 345 页

19797 论求治在乎通民情 《申报》 1892 年 8 月 12 日 第 41 册 第 671 页

19798 论泗水 《申报》 1879 年 7 月 23 日 第 15 册 第 89 页

19799 论区别押犯 《申报》 1886 年 5 月 13 日 第 28 册 第 749 页

19800 论区种 《申报》 1877 年 11 月 12 日 第 11 册 第 461 页

19801 论取缔地下钱庄（专论）/李荣廷 《民国日报》 1946 年 11 月 24 日 第 99 册 第 372 页

19802 论取缔交易所事 《大公报》 1937 年 6 月 21 日 第 138 册 第 739 页

19803 论取缔投机 《大公报》 1930 年 1 月 15 日 第 94 册 第 196 页

19804 论取缔投机 《民国日报》 1946 年 2 月 14 日 第 97 册 第 170 页

19805 论取缔文艺政策 《大公报》 1931 年 1 月 28 日 第 100 册 第 292 页

19806 论取缔学生事 《大公报》 1927 年 10 月 29 日 第 81 册 第 227 页

19807 论取法西人未可厚非 《申报》 1891 年 9 月 27 日 第 39 册 第 537 页

19808 论取净水以保民生 《申报》 1877 年 2 月 21 日 第 10 册 第 153 页

19809 论取士之法 《申报》 1890 年 4 月 4 日 第 36 册 第 523 页

19810 论全面和平/松轩（星期评论） 《申报》 1943 年 9 月 26 日 第 384 册 第 527 页

19811 论拳师被戕案 《申报》 1879 年 4 月 18 日 第 14 册 第 365 页

19812 论铨政 《申报》 1893 年 11 月 14 日 第 45 册 第 503 页

19813 论劝戒妇女缠足宜先广设女塾以清其源 《申报》 1896 年 6 月 13 日 第 53 册 第 283 页

19814 论劝善 《申报》 1892 年 6 月 29 日 第 41 册 第 383 页

19815 论劝赈不可轻易派人 《申报》 1887 年 9 月 16 日 第 31 册 第 481 页

19816 论确定整个教育目标 《大公报》 1935 年 2 月 25 日 第 124 册 第 824 页

19817 论群求西学 《申报》 1881 年 6 月 27 日 第 18 册 第 685 页

19818 论让妻美谈 《申报》 1873 年 3 月 29 日 第 2 册 第 277 页

19819 论扰乱之由（专论）/胡朴安 《民国日报》 1946 年 8 月 6 日 第 98 册 第 403 页

19820 论人不可仗气 《申报》 1892 年 6 月 24 日 第 41 册 第 349 页

19821 论人不以地限 《申报》 1895 年 8 月 9 日 第 50 册 第 647 页

19822 论人才 《申报》 1876 年 8 月 2 日 第 9 册 第 109 页

19823 论人才 《申报》 1890 年 4 月 16 日 第 36 册 第 599 页

19824 论人才 《申报》 1890 年 4 月 9 日 第 36 册 第 553 页

19825 论人才的增产 《申报》 1944 年 1 月 29 日 第 385 册 第 99 页

19826 论人才调剂 《大公报》 1940 年 2 月 13 日 第 144 册 第 174 页

19827　论人才莫先洋务洋务首在得人　《申报》　1890 年 4 月 20 日　第 36 册　第 623 页

19828　论人才难得　《申报》　1890 年 11 月 21 日　第 37 册　第 913 页

19829　论人才与用人　《申报》　1943 年 9 月 7 日　第 384 册　第 449 页

19830　论人才之可惜　《申报》　1889 年 6 月 29 日　第 34 册　第 1033 页

19831　论人才之兴视乎取舍并推论人才以蒙养为始基宜善教法　《申报》　1898 年 8 月 19 日　第 59 册　第 753 页

19832　论人材为国之根本　《申报》　1895 年 12 月 4 日　第 51 册　第 621 页

19833　论人当择交散财　《申报》　1888 年 3 月 11 日　第 32 册　第 377 页

19834　论人君宜通他国语言文字事　《申报》　1876 年 2 月 15 日　第 8 册　第 133 页

19835　论人民世纪与科学世纪/周太玄（星期论文）　《大公报》　1945 年 5 月 13 日　第 154 册　第 562 页

19836　论人巧　《申报》　1890 年 10 月 30 日　第 37 册　第 773 页

19837　论人情不可解　《申报》　1882 年 3 月 9 日　第 20 册　第 249 页

19838　论人情恶薄　《申报》　1879 年 5 月 27 日　第 14 册　第 519 页

19839　论人情贪很之由　《申报》　1882 年 3 月 14 日　第 20 册　第 279 页

19840　论"人权"/章渊若　《民国日报》　1931 年 5 月 23 日　第 92 册　第 253 页

19841　论人权法草案　《民国日报》　1930 年 1 月 22 日　第 84 册　第 274 页

19842　论人挑　《申报》　1880 年 5 月 31 日　第 16 册　第 581 页

19843　论人心当宜镇定（言论）　《民国日报》　1927 年 4 月 4 日　第 67 册　第 170 页

19844　论人心之难测　《申报》　1891 年 3 月 18 日　第 38 册　第 391 页

19845　论人心之肆　《申报》　1893 年 4 月 8 日　第 43 册　第 563 页

19846　论人信风水之惑　《申报》　1893 年 10 月 15 日　第 45 册　第 297 页

19847　论人形之异　《申报》　1876 年 1 月 19 日　第 8 册　第 61 页

19848　论人性凶恶　《申报》　1879 年 4 月 21 日　第 14 册　第 373 页

19849　论人宜及时行善　《申报》　1889 年 4 月 21 日　第 34 册　第 595 页

19850　论仁济医馆会议　《申报》　1873 年 6 月 5 日　第 2 册　第 509 页

19851　论忍辱负重　《大公报》　1932 年 4 月 7 日　第 107 册　第 374 页

19852　论忍心杀子事　《申报》　1873 年 5 月 10 日　第 2 册　第 421 页

19853　论任官　《申报》　1876 年 6 月 22 日　第 8 册　第 573 页

19854　论日报　《申报》　1874 年 11 月 7 日　第 5 册　第 447 页

19855　论日本本届战场议会　《申报》　1945 年 1 月 24 日　第 387 册　第 69 页

19856　论日本不应与中国构兵　《申报》　1894 年 7 月 4 日　第 47 册　第 471 页

19857 论日本不悦美国人收火奴鲁鲁岛国事 《申报》 1897 年 7 月 12 日 第 56 册 第 439 页

19858 论日本不足为中国患 《申报》 1894 年 9 月 25 日 第 48 册 第 155 页

19859 论日本查矿 《申报》 1881 年 2 月 24 日 第 18 册 第 189 页

19860 论日本当顺民以睦邻 《申报》 1889 年 5 月 26 日 第 34 册 第 813 页

19861 论日本的新宪法草案 《大公报》 1946 年 3 月 23 日 第 156 册 第 324 页

19862 论日本迭获伪钞事 《申报》 1903 年 4 月 4 日 第 73 册 第 545 页

19863 论日本定议撤兵 《申报》 1874 年 8 月 24 日 第 5 册 第 185 页

19864 论日本定制兵船事 《申报》 1896 年 4 月 12 日 第 52 册 第 591 页

19865 论日本对付中国不宜太过 《申报》 1908 年 4 月 28 日 第 93 册 第 798 页

19866 论日本对英美施行经济报复 《申报》(香港版) 1938 年 12 月 30 日 第 357 册 第 593 页

19867 论日本对于东三省之现情 《申报》 1905 年 2 月 14 日 第 79 册 第 243 页

19868 论日本改朔易服 《申报》 1875 年 11 月 13 日 第 7 册 第 465 页

19869 论日本冈田新内阁 《申报》 1934 年 7 月 6 日 第 318 册 第 173 页

19870 论日本高丽近日情形 《申报》 1875 年 10 月 16 日 第 7 册 第 369 页

19871 论日本高丽近事 《申报》 1876 年 1 月 5 日 第 8 册 第 13 页

19872 论日本高丽近事 《申报》 1882 年 9 月 16 日 第 21 册 第 463 页

19873 论日本高丽以粟易布事 《申报》 1877 年 1 月 18 日 第 10 册 第 61 页

19874 论日本工艺制造之精 《申报》 1894 年 6 月 11 日 第 47 册 第 293 页

19875 论日本国债 《申报》 1881 年 5 月 10 日 第 18 册 第 493 页

19876 论日本和平工业 《大公报》 1948 年 10 月 19 日 第 164 册 第 290 页

19877 论日本火灾事 《申报》 1892 年 4 月 25 日 第 40 册 第 657 页

19878 论日本建造宫室 《申报》 1879 年 12 月 30 日 第 15 册 第 729 页

19879 论日本将侵高丽事 《申报》 1876 年 2 月 16 日 第 8 册 第 137 页

19880 论日本讲求海军 《申报》 1897 年 11 月 1 日 第 57 册 第 383 页

19881 论日本近废刑讯 《申报》 1876 年 8 月 9 日 第 9 册 第 133 页

19882 论日本近年加征田赋事 《申报》 1877 年 1 月 20 日 第 10 册 第 69 页

19883 论日本近事 《申报》 1874 年 8 月 13 日 第 5 册 第 149 页

19884 论日本近事 《申报》 1876 年 1 月 11 日 第 8 册 第 33 页

19885 论日本近事 《申报》 1883 年 5 月 6 日 第 22 册 第 633 页

19886 论日本禁止新报 《申报》 1876 年 2 月 23 日 第 8 册 第 161 页

19887 论日本经营满洲内政 《申报》 1906 年 5 月 5 日 第 83 册 第 339 页

19888   论日本经营台湾事   《申报》   1901 年 12 月 16 日   第 69 册   第 653 页

19889   论日本竞选之胜负   《申报》   1930 年 2 月 21 日   第 267 册   第 551 页

19890   论日本举动之可笑   《申报》   1894 年 9 月 13 日   第 48 册   第 81 页

19891   论日本军需省/谢甫光（星期论文）   《大公报》   1943 年 10 月 3 日   第 151 册   第 418 页

19892   论日本开探金银石   《申报》   1880 年 10 月 31 日   第 17 册   第 489 页

19893   论日本客民回籍事   《申报》   1886 年 4 月 22 日   第 28 册   第 623 页

19894   论日本勒停日报事   《申报》   1895 年 6 月 23 日   第 50 册   第 347 页

19895   论日本留意人才   《申报》   1882 年 11 月 24 日   第 21 册   第 877 页

19896   论日本乱党宜善其后   《申报》   1877 年 10 月 25 日   第 11 册   第 401 页

19897   论日本浼人调处火奴鲁鲁岛国事   《申报》   1897 年 8 月 6 日   第 56 册   第 601 页

19898   论日本民族与军阀   《大公报》   1943 年 1 月 29 日   第 150 册   第 132 页

19899   论日本能夺西商之利   《申报》   1891 年 7 月 26 日   第 39 册   第 151 页

19900   论日本农民问题   《大公报》   1940 年 4 月 13 日   第 144 册   第 416 页

19901   论日本侵犯台湾事   《申报》   1874 年 7 月 13 日   第 5 册   第 41 页

19902   论日本情见势绌、中国宜乘机制胜   《申报》   1894 年 8 月 24 日   第 47 册   第 823 页

19903   论日本人携带小刀   《申报》   1882 年 1 月 20 日   第 20 册   第 77 页

19904   论日本三菱轮船公司事   《申报》   1875 年 10 月 4 日   第 7 册   第 325 页

19905   论日本善法西学   《申报》   1875 年 10 月 20 日   第 7 册   第 381 页

19906   论日本善政   《申报》   1882 年 4 月 9 日   第 20 册   第 419 页

19907   论日本商务   《申报》   1899 年 10 月 24 日   第 63 册   第 369 页

19908   论日本摄政太子遇刺事   《民国日报》   1923 年 12 月 30 日   第 48 册   第 834 页

19909   论日本深明大义   《申报》   1882 年 9 月 13 日   第 21 册   第 445 页

19910   论日本胜俄后之情形   《申报》   1904 年 8 月 1 日   第 77 册   第 617 页

19911   论日本实业界之态度   《大公报》   1927 年 1 月 17 日   第 78 册   第 125 页

19912   论日本受侮于俄   《申报》   1899 年 11 月 26 日   第 63 册   第 609 页

19913   论日本舜水学派   《申报》   1908 年 9 月 20 日   第 96 册   第 266 页

19914   论日本丝业   《申报》   1881 年 10 月 25 日   第 19 册   第 465 页

19915   论日本通商事   《申报》   1872 年 6 月 29 日   第 1 册   第 201 页

19916   论日本投降   《中央日报》   1945 年 8 月 11 日   第 51 册   第 428 页

19917   论日本外交家之手段   《申报》   1910 年 4 月 30 日   第 105 册   第 962 页

19918   论日本外交家之手段   《申报》   1910 年 5 月 25 日   第 106 册   第 386 页

19919 论日本外交家之手段 《申报》 1910 年 5 月 3 日 第 106 册 第 34 页

19920 论日本外交政策 《申报》 1904 年 11 月 15 日 第 78 册 第 515 页

19921 论日本习西法之认真 《申报》 1882 年 12 月 24 日 第 21 册 第 1055 页

19922 论日本向中国索还琉球贡物事 《申报》 1875 年 3 月 31 日 第 6 册 第 285 页

19923 论日本新得岛屿 《申报》 1882 年 9 月 18 日 第 21 册 第 475 页

19924 论日本新内阁 《申报》 1945 年 4 月 9 日 第 387 册 第 267 页

19925 论日本新设华音书院 《申报》 1880 年 5 月 2 日 第 16 册 第 465 页

19926 论日本新闻事业的发达/陈彬龢（代论） 《申报》 1943 年 11 月 30 日 第 384 册 第 791 页

19927 论日本刑轻民玩事 《申报》 1897 年 6 月 25 日 第 56 册 第 335 页

19928 论日本巡捕带刀 《申报》 1883 年 9 月 30 日 第 23 册 第 549 页

19929 论日本邀中国兵船前赴东瀛 《申报》 1891 年 9 月 8 日 第 39 册 第 423 页

19930 论日本要约琉球 《申报》 1879 年 2 月 7 日 第 14 册 第 109 页

19931 论日本伊藤公爵之被刺 《申报》 1909 年 10 月 27 日 第 102 册 第 846 页

19932 论日本议加货税事 《申报》 1882 年 8 月 11 日 第 21 册 第 247 页

19933 论日本与高丽议战事 《申报》 1872 年 8 月 22 日 第 1 册 第 385 页

19934 论日本与中国失和之非计 《申报》 1897 年 11 月 15 日 第 57 册 第 469 页

19935 论日本预备军装 《申报》 1886 年 3 月 2 日 第 28 册 第 317 页

19936 论日本再度大出兵 《大公报》 1928 年 4 月 19 日 第 83 册 第 491 页

19937 论日本早谷宜求其种饬令西北各省栽植以免旱灾事 《申报》 1878 年 1 月 15 日 第 12 册 第 49 页

19938 论日本战犯上诉/孙杭（星期论文） 《大公报》 1948 年 12 月 12 日 第 164 册 第 562 页

19939 论日本战胜之关系 《申报》 1905 年 6 月 2 日 第 80 册 第 289 页

19940 论日本政争 《中央日报》 1931 年 2 月 10 日 第 13 册 第 455 页

19941 论日本之忌德人 《申报》 1899 年 5 月 29 日 第 62 册 第 213 页

19942 论日本之觊觎高丽无益有损 《申报》 1885 年 12 月 23 日 第 27 册 第 1069 页

19943 论日本之临时议会与财政 《申报》 1934 年 11 月 19 日 第 322 册 第 563 页

19944 论日本之谋朝鲜将为俄人所误 《申报》 1894 年 7 月 12 日 第 47 册

第 527 页

19945 论日本之强　《申报》　1904 年 12 月 11 日　第 78 册　第 689 页

19946 论日本之异视中国　《申报》　1887 年 6 月 3 日　第 30 册　第 913 页

19947 论日本转售铁路事　《申报》　1875 年 12 月 27 日　第 7 册　第 613 页

19948 论日毙木商事　《申报》　1904 年 9 月 16 日　第 78 册　第 107 页

19949 论日兵捕获戕害德使之凶手事　《申报》　1900 年 10 月 1 日　第 66 册　第 175 页

19950 论日德二国简使来华事　《申报》　1900 年 7 月 16 日　第 65 册　第 563 页

19951 论日东大言　《申报》　1881 年 3 月 15 日　第 18 册　第 265 页

19952 论日俄经营东三省商业　《申报》　1909 年 12 月 10 日　第 103 册　第 626 页

19953 论日俄新协约　《申报》　1910 年 7 月 27 日　第 107 册　第 434 页

19954 论日俄战争高丽必首受其祸　《申报》　1904 年 3 月 6 日　第 76 册　第 353 页

19955 论日俄最近开战　《民国日报》　1920 年 4 月 8 日　第 26 册　第 514 页

19956 论日法协约之前途　《申报》　1907 年 6 月 29 日　第 88 册　第 743 页

19957 论日高情形　《申报》　1876 年 2 月 28 日　第 8 册　第 177 页

19958 论日高议和通商之利　《申报》　1876 年 3 月 9 日　第 8 册　第 213 页

19959 论日舰沉毁事　《申报》　1904 年 5 月 25 日　第 77 册　第 173 页

19960 论日美关系　《申报》　1940 年 11 月 4 日　第 373 册　第 46 页

19961 论日美协约　《申报》　1908 年 12 月 2 日　第 97 册　第 483 页

19962 论日美协约后东方之时局　《申报》　1908 年 12 月 17 日　第 97 册　第 709 页

19963 论日内阁拒改选法案　《民国日报》　1920 年 2 月 25 日　第 25 册　第 585 页

19964 论日人好义　《申报》　1904 年 3 月 4 日　第 76 册　第 341 页

19965 论日人还地　《申报》　1895 年 5 月 16 日　第 50 册　第 97 页

19966 论日人教战会　《申报》　1880 年 3 月 7 日　第 16 册　第 241 页

19967 论日人禁烟事　《申报》　1896 年 5 月 19 日　第 53 册　第 119 页

19968 论日人经营延吉厅之关系　《申报》　1908 年 10 月 19 日　第 96 册　第 698 页

19969 论日人经营延吉厅之关系　《申报》　1908 年 10 月 20 日　第 96 册　第 712 页

19970 论日人能勤于其职　《申报》　1887 年 12 月 11 日　第 31 册　第 1059 页

19971 论日人妄出大言之可笑　《申报》　1894 年 9 月 1 日　第 48 册　第 1 页

19972 论日人未得便宜 《申报》 1895 年 10 月 25 日 第 51 册 第 357 页

19973 论日人勿轻视中国 《申报》 1887 年 8 月 14 日 第 31 册 第 273 页

19974 论日人先与朝鲜立约 《申报》 1885 年 1 月 23 日 第 26 册 第 131 页

19975 论日人蓄谋已久 《申报》 1894 年 8 月 20 日 第 47 册 第 797 页

19976 论日人宜亟图攻取 《申报》 1904 年 4 月 17 日 第 76 册 第 623 页

19977 论日人因台湾一事已阴萌悔意 《申报》 1895 年 9 月 1 日 第 51 册 第 1 页

19978 论日人佣工外洋者多 《申报》 1894 年 5 月 9 日 第 47 册 第 59 页

19979 论日人于厦门虎头山上悬旗致被土民辱侮事 《申报》 1899 年 9 月 18 日 第 63 册 第 121 页

19980 论日人欲还中国各兵船事 《申报》 1899 年 6 月 14 日 第 62 册 第 337 页

19981 论日人再攻旅顺 《申报》 1904 年 2 月 28 日 第 76 册 第 311 页

19982 论日人占据大东沙岛事 《申报》 1909 年 4 月 1 日 第 99 册 第 444 页

19983 论日人之忌中国 《申报》 1886 年 12 月 28 日 第 29 册 第 1109 页

19984 论日人终不能据有台湾 《申报》 1895 年 7 月 7 日 第 50 册 第 437 页

19985 论日人阻华人在釜山开行事 《申报》 1883 年 12 月 4 日 第 23 册 第 939 页

19986 论日蚀有比食之理西人多借日蚀以精测验 《申报》 1893 年 5 月 7 日 第 44 册 第 47 页

19987 论日使致书问朝鲜是否中国藩属 《申报》 1894 年 7 月 14 日 第 47 册 第 541 页

19988 论日土外交之起点 《申报》 1909 年 3 月 24 日 第 99 册 第 330 页

19989 论日英博览会与南洋劝业会 《申报》 1910 年 5 月 14 日 第 106 册 第 210 页

19990 论日英"协调"之不可能 《民国日报》 1928 年 12 月 12 日 第 77 册 第 673 页

19991 论日政府承认伪组织 《申报》 1932 年 9 月 12 日 第 296 册 第 327 页

19992 论日重皇权 《申报》 1901 年 6 月 28 日 第 68 册 第 349 页

19993 论茸城近事 《申报》 1886 年 3 月 15 日 第 28 册 第 395 页

19994 论冗官 《申报》 1877 年 5 月 30 日 第 10 册 第 489 页

19995 论柔佛驱逐游民事 《申报》 1888 年 10 月 4 日 第 33 册 第 631 页

19996 论糅杂瓜分 《申报》 1905 年 4 月 15 日 第 79 册 第 743 页

19997 论糅杂瓜分（续昨稿） 《申报》 1905 年 4 月 16 日 第 79 册 第 753 页

19998 论茹素念佛之惑 《申报》 1882 年 3 月 22 日 第 20 册 第 317 页

19999 论乳妇绝无忌惮事 《申报》 1873 年 1 月 10 日 第 2 册 第 33 页

20000 论入祀乡贤 《申报》 1879 年 1 月 18 日 第 14 册 第 61 页

20001 论入学名义 《申报》 1877 年 7 月 7 日 第 11 册 第 21 页

20002 论瑞典国人欲从华官管辖 《申报》 1877 年 11 月 1 日 第 11 册 第 425 页

20003 论瑞典修防 《申报》 1898 年 12 月 16 日 第 60 册 第 755 页

20004 论瑞方伯折狱之审 《申报》 1892 年 1 月 22 日 第 40 册 第 125 页

20005 论萨尔归德 《申报》 1935 年 1 月 16 日 第 324 册 第 370 页

20006 论塞为土败 《申报》 1877 年 2 月 7 日 第 10 册 第 129 页

20007 论赛灯酿命 《申报》 1892 年 3 月 5 日 第 40 册 第 333 页

20008 论赛会不宜趋看 《申报》 1886 年 5 月 12 日 第 28 册 第 743 页

20009 论赛兰格锡矿 《申报》 1882 年 6 月 25 日 第 20 册 第 879 页

20010 论赛鱼大会 《申报》 1880 年 1 月 29 日 第 16 册 第 113 页

20011 论三案联络一气 《申报》 1873 年 5 月 13 日 第 2 册 第 429 页

20012 论三党合作 《中央日报》 1948 年 6 月 9 日 第 59 册 第 336 页

20013 论三国会议/木公（星期评论） 《申报》 1943 年 10 月 17 日 第 384 册 第 615 页

20014 论三国开罗会议 《中央日报》 1943 年 12 月 3 日 第 48 册 第 994 页

20015 论三合会匪作乱事 《申报》 1900 年 10 月 14 日 第 66 册 第 253 页

20016 论三江财赋之穷 《申报》 1881 年 2 月 18 日 第 18 册 第 165 页

20017 论三僧疑案 《申报》 1884 年 6 月 17 日 第 24 册 第 957 页

20018 论三省民治（言论） 《民国日报》 1926 年 11 月 23 日 第 66 册 第 56 页

20019 论散勇难于招勇 《申报》 1895 年 4 月 30 日 第 49 册 第 703 页

20020 论散勇闹事 《申报》 1896 年 4 月 16 日 第 52 册 第 615 页

20021 论散勇事 《申报》 1876 年 7 月 13 日 第 9 册 第 41 页

20022 论散勇宜筹处置事 《申报》 1876 年 8 月 23 日 第 9 册 第 181 页

20023 论桑棉之利 《申报》 1882 年 6 月 1 日 第 20 册 第 735 页

20024 论桑台失守事 《申报》 1884 年 1 月 4 日 第 24 册 第 19 页

20025 论僧道化缘 《申报》 1880 年 12 月 30 日 第 17 册 第 729 页

20026 论僧尼势焰 《申报》 1882 年 6 月 16 日 第 20 册 第 825 页

20027 论僧人被骗 《申报》 1895 年 12 月 5 日 第 51 册 第 627 页

20028 论僧淫果报 《申报》 1877 年 11 月 5 日 第 11 册 第 437 页

20029 论杀兵勇事 《申报》 1876 年 7 月 27 日 第 9 册 第 89 页

20030 论杀革命党 《申报》 1907 年 2 月 28 日 第 86 册 第 511 页

20031 论沙船转机 《申报》 1888 年 7 月 20 日 第 33 册 第 135 页

20032 论沙面侮蔑华人新例 《民国日报》 1924 年 7 月 7 日 第 52 册 第 100 页

20033 论沙逊行侍者自缢事 《申报》 1872 年 10 月 7 日 第 1 册 第 541 页

20034 论山东办灾事 《申报》 1876 年 12 月 13 日 第 9 册 第 565 页

20035 论山东教案 《申报》 1899 年 5 月 17 日 第 62 册 第 119 页

20036 论山东难民多往奉锦二府事 《申报》 1876 年 10 月 11 日 第 9 册 第 349 页

20037 论山东山西两省灾实相同赈则各异事 《申报》 1877 年 7 月 4 日 第 11 册 第 9 页

20038 论山东卧牛山创设纺织局之善 《申报》 1891 年 5 月 12 日 第 38 册 第 721 页

20039 论山东学政尹大宗师奏参协办大学士礼部尚书徐大宗伯私函嘱托事 《申报》 1903 年 2 月 19 日 第 73 册 第 253 页

20040 论山东巡抚周玉山中丞调署两江总督事 《申报》 1904 年 11 月 4 日 第 78 册 第 439 页

20041 论山东义和拳匪徒肇乱事 《申报》 1900 年 2 月 28 日 第 64 册 第 315 页

20042 论山海关接造铁路事 《申报》 1894 年 2 月 19 日 第 46 册 第 281 页

20043 论山海关内河风浪之由 《申报》 1880 年 11 月 18 日 第 17 册 第 561 页

20044 论山西购办开河机器 《申报》 1880 年 1 月 30 日 第 16 册 第 117 页

20045 论山西近日办赈情形 《申报》 1878 年 4 月 18 日 第 12 册 第 345 页

20046 论山西近事 《申报》 1877 年 9 月 7 日 第 11 册 第 237 页

20047 论山西劝捐办赈 《申报》 1877 年 8 月 24 日 第 11 册 第 189 页

20048 论山西善后 《大公报》 1931 年 1 月 30 日 第 100 册 第 316 页

20049 论山西赈务 《申报》 1877 年 9 月 15 日 第 11 册 第 265 页

20050 论山西赈务奇闻 《申报》 1877 年 9 月 19 日 第 11 册 第 277 页

20051 论山岳犯 《中央日报》 1944 年 12 月 4 日 第 50 册 第 428 页

20052 论删减出洋俸银工食 《申报》 1887 年 3 月 23 日 第 30 册 第 451 页

20053 论删汰衙役 《申报》 1881 年 3 月 5 日 第 18 册 第 225 页

20054 论陕乱 《大公报》 1935 年 7 月 29 日 第 127 册 第 408 页

20055 论陕西谭中丞奏办买米赈饥事 《申报》 1877 年 9 月 27 日 第 11 册 第 305 页

20056 论陕西巡抚升允鞭责侍卫事 《申报》 1901 年 11 月 17 日 第 69 册 第 477 页

20057 论陕西巡抚升允奏参临潼县办理要差不善之非 《申报》 1901 年 10 月 13

日　第 69 册　第 257 页

20058　论陕西赈灾公债事　《大公报》　1931 年 2 月 24 日　第 100 册　第 604 页

20059　论汕头税务　《申报》　1881 年 6 月 10 日　第 18 册　第 617 页

20060　论善举缓急　《申报》　1881 年 11 月 8 日　第 19 册　第 521 页

20061　论善举宜变通　《申报》　1875 年 10 月 26 日　第 7 册　第 401 页

20062　论善堂仿西法之利　《申报》　1893 年 11 月 13 日　第 45 册　第 497 页

20063　论善堂收检字纸事　《申报》　1877 年 10 月 1 日　第 11 册　第 317 页

20064　论善堂新闻　《申报》　1874 年 2 月 5 日　第 4 册　第 121 页

20065　论善堂宜定善法　《申报》　1887 年 4 月 2 日　第 30 册　第 523 页

20066　论善堂义冢切宜深埋事　《申报》　1872 年 7 月 15 日　第 1 册　第 253 页

20067　论善堂用人宜慎　《申报》　1886 年 11 月 16 日　第 29 册　第 853 页

20068　论商本于工　《申报》　1895 年 12 月 19 日　第 51 册　第 713 页

20069　论商标注册之得失　《申报》　1905 年 3 月 17 日　第 79 册　第 497 页

20070　论商部及江督电请张殿撰办理公认美货事　《申报》　1905 年 8 月 30 日　第 80 册　第 1019 页

20071　论商部尚书振贝子被参事　《申报》　1903 年 11 月 22 日　第 75 册　第 579 页

20072　论商存官项　《申报》　1881 年 9 月 28 日　第 19 册　第 357 页

20073　论商法起草特开大会事　《申报》　1907 年 11 月 21 日　第 91 册　第 263 页

20074　论商法起草特开大会事（续）　《申报》　1907 年 11 月 22 日　第 91 册　第 275 页

20075　论商改西牢事　《申报》　1906 年 5 月 18 日　第 83 册　第 465 页

20076　论商会议和之意　《申报》　1884 年 10 月 7 日　第 25 册　第 569 页

20077　论商家宜注意物品之装饰　《申报》　1909 年 9 月 16 日　第 102 册　第 218 页

20078　论商家宜注意物品之装饰（续初三日稿）　《申报》　1909 年 9 月 19 日　第 102 册　第 264 页

20079　论商家宜注意物品之装饰（再续）　《申报》　1909 年 9 月 20 日　第 102 册　第 280 页

20080　论商贾账目宜核实经理　《申报》　1874 年 4 月 29 日　第 4 册　第 383 页

20081　论商教联合会所发的息争论　《民国日报》　1922 年 3 月 30 日　第 38 册　第 398 页

20082　论商界之危象　《申报》　1908 年 12 月 4 日　第 97 册　第 514 页

20083　论商取美款以助赈务兼建书院事　《申报》　1878 年 6 月 4 日　第 12 册　第 505 页

20084 论商务 《申报》 1895 年 6 月 25 日 第 50 册 第 361 页

20085 论商务不宜掣肘 《申报》 1895 年 12 月 16 日 第 51 册 第 695 页

20086 论商务以公司为善 《申报》 1891 年 8 月 13 日 第 39 册 第 265 页

20087 论商务以公司为最善 《申报》 1897 年 3 月 12 日 第 55 册 第 387 页

20088 论商务赢绌 《申报》 1892 年 6 月 26 日 第 41 册 第 365 页

20089 论商务之盛衰关系国势之强弱 《申报》 1903 年 2 月 10 日 第 73 册 第 199 页

20090 论商业上贸易公所之地位 《申报》 1910 年 6 月 7 日 第 106 册 第 602 页

20091 论商业与各种学科之关系 《申报》 1906 年 11 月 1 日 第 85 册 第 265 页

20092 论商业与各种学科之关系（续昨稿） 《申报》 1906 年 11 月 2 日 第 85 册 第 275 页

20093 论商邮两部对于路款之放弃 《申报》 1907 年 12 月 9 日 第 91 册 第 487 页

20094 论上海庵院寺观事 《申报》 1877 年 10 月 31 日 第 11 册 第 421 页

20095 论上海罢工 《大公报》 1927 年 2 月 22 日 第 78 册 第 365 页

20096 论上海办保甲之难 《申报》 1883 年 7 月 16 日 第 23 册 第 91 页

20097 论上海保火险之益 《申报》 1893 年 10 月 24 日 第 45 册 第 355 页

20098 论上海北市生意 《申报》 1873 年 2 月 8 日 第 2 册 第 109 页

20099 论上海查办保甲宜推行于租界中 《申报》 1899 年 3 月 23 日 第 61 册 第 469 页

20100 论上海倡办总工程处 《申报》 1905 年 8 月 17 日 第 80 册 第 907 页

20101 论上海赌风之盛 《申报》 1882 年 8 月 16 日 第 21 册 第 277 页

20102 论上海繁华 《申报》 1874 年 2 月 14 日 第 4 册 第 153 页

20103 论上海风气渐见强悍亟宜设法禁止 《申报》 1883 年 8 月 14 日 第 23 册 第 267 页

20104 论上海风俗之坏 《申报》 1886 年 12 月 31 日 第 29 册 第 1127 页

20105 论上海凤凰山洋枪队营将裁撤改章事 《申报》 1873 年 6 月 16 日 第 2 册 第 545 页

20106 论上海各捐宜筹减免事 《申报》 1875 年 5 月 12 日 第 6 册 第 429 页

20107 论上海各业禀求裁减厘金事 《申报》 1874 年 2 月 9 日 第 4 册 第 133 页

20108 论上海各业情形 《申报》 1907 年 2 月 8 日 第 86 册 第 371 页

20109 论上海各业组织商团之关系 《申报》 1911 年 6 月 1 日 第 112 册 第 543 页

20110　论上海工部局之浪费（论载）　《民国日报》　1927 年 8 月 17 日　第 69 册　第 686 页

20111　论上海耗财之多　《申报》　1890 年 12 月 1 日　第 37 册　第 977 页

20112　论上海亟宜创设劝工厂以为振兴工业之准备　《申报》　1911 年 4 月 1 日　第 111 册　第 498 页

20113　论上海借台基恶俗禁后染及租界事　《申报》　1873 年 3 月 19 日　第 2 册　第 241 页

20114　论上海今昔情形　《申报》　1881 年 12 月 10 日　第 19 册　第 649 页

20115　论上海今昔事　《申报》　1874 年 2 月 12 日　第 4 册　第 145 页

20116　论上海近日贸易事　《申报》　1874 年 1 月 31 日　第 4 册　第 105 页

20117　论上海近时捐务　《申报》　1877 年 10 月 16 日　第 11 册　第 369 页

20118　论上海举办蚕桑已种　《申报》　1873 年 5 月 9 日　第 2 册　第 417 页

20119　论上海厘金事　《申报》　1874 年 2 月 11 日　第 4 册　第 141 页

20120　论上海流氓　《申报》　1883 年 1 月 21 日　第 22 册　第 115 页

20121　论上海流氓之日多　《申报》　1893 年 7 月 18 日　第 44 册　第 557 页

20122　论上海米市洋找　《申报》　1886 年 3 月 23 日　第 28 册　第 443 页

20123　论上海南市倡兴自来水事　《申报》　1897 年 5 月 22 日　第 56 册　第 131 页

20124　论上海南翔火车宜求改良　《申报》　1908 年 3 月 24 日　第 93 册　第 295 页

20125　论上海跑狗场事　《大公报》　1930 年 11 月 24 日　第 99 册　第 280 页

20126　论上海日圆跌价　《申报》　1939 年 5 月 25 日　第 363 册　第 978 页

20127　论上海商会之进步　《申报》　1907 年 12 月 4 日　第 91 册　第 427 页

20128　论上海商业之困难　《申报》　1907 年 12 月 21 日　第 91 册　第 631 页

20129　论上海设借钱局之难　《申报》　1883 年 11 月 23 日　第 23 册　第 873 页

20130　论上海设立审判厅事　《申报》　1911 年 5 月 28 日　第 112 册　第 473 页

20131　论上海绅商对于升枭瑞廉访之感情　《申报》　1907 年 10 月 10 日　第 90 册　第 469 页

20132　论上海市财政问题　《申报》　1944 年 5 月 24 日　第 385 册　第 501 页

20133　论上海市面之害在于奢　《申报》　1888 年 1 月 21 日　第 32 册　第 129 页

20134　论上海推广巡警之必要　《申报》　1909 年 5 月 11 日　第 100 册　第 141 页

20135　论上海无益之耗费　《申报》　1892 年 5 月 17 日　第 41 册　第 103 页

20136　论上海物价问题/吴慕圣（星期评论）　《申报》　1945 年 2 月 11 日　第 387 册　第 125 页

20137 论上海县黄大令示禁会景事 《申报》 1896 年 4 月 5 日 第 52 册 第 549 页

20138 论上海县署家丁恃势殴人事 《申报》 1900 年 5 月 25 日 第 65 册 第 191 页

20139 论上海学生的罢课主张 《民国日报》 1919 年 5 月 22 日 第 21 册 第 254 页

20140 论上海沿城基地草棚宜禁事 《申报》 1873 年 3 月 4 日 第 2 册 第 189 页

20141 论上海宜行清查客寓之法 《申报》 1883 年 11 月 27 日 第 23 册 第 897 页

20142 论上海议设公共租界事 《申报》 1899 年 3 月 15 日 第 61 册 第 411 页

20143 论上海银票事 《申报》 1874 年 2 月 25 日 第 4 册 第 165 页

20144 论上海自来水公司亟宜整顿 《申报》 1893 年 9 月 24 日 第 45 册 第 157 页

20145 论上海租界会审委员责任之重 《申报》 1905 年 8 月 9 日 第 80 册 第 841 页

20146 论上海租界将复用女堂倌事 《申报》 1873 年 3 月 1 日 第 2 册 第 181 页

20147 论上下隔阂 《申报》 1878 年 1 月 21 日 第 12 册 第 69 页

20148 论上下相隔 《申报》 1875 年 10 月 23 日 第 7 册 第 393 页

20149 论烧锅弛禁 《申报》 1878 年 11 月 30 日 第 13 册 第 525 页

20150 论韶州南雄等处剿匪事 《申报》 1894 年 6 月 10 日 第 47 册 第 285 页

20151 论绍兴冤狱 《申报》 1907 年 7 月 23 日 第 89 册 第 269 页

20152 论舍医从巫之妄 《申报》 1886 年 5 月 1 日 第 28 册 第 677 页

20153 论舍医从巫之妄书本报工部覆信后 《申报》 1881 年 4 月 29 日 第 18 册 第 449 页

20154 论设电被阻事 《申报》 1891 年 8 月 7 日 第 39 册 第 225 页

20155 论设定地方税之根本解决 《申报》 1910 年 5 月 10 日 第 106 册 第 146 页

20156 论设定地方税之根本解决（续） 《申报》 1910 年 5 月 11 日 第 106 册 第 162 页

20157 论设法杜弊以求真才 《申报》 1876 年 12 月 30 日 第 9 册 第 625 页

20158 论设法散粥以赈济饥民事 《申报》 1877 年 3 月 8 日 第 10 册 第 205 页

20159　论设法以救杜死　《申报》　1876 年 11 月 3 日　第 9 册　第 429 页

20160　论设防护使事（言论）　《民国日报》　1925 年 8 月 20 日　第 58 册　第 546 页

20161　论设公使等官实有益于国事　《申报》　1876 年 11 月 29 日　第 9 册　第 517 页

20162　论设官于外国事　《申报》　1875 年 10 月 4 日　第 7 册　第 361 页

20163　论设海军先宜储才备游历　《申报》　1892 年 7 月 17 日　第 41 册　第 501 页

20164　论设建火药局　《申报》　1882 年 4 月 19 日　第 20 册　第 479 页

20165　论设局翻译西国医书以便服用西国医药事　《申报》　1875 年 12 月 21 日　第 7 册　第 593 页

20166　论设卡收厘　《申报》　1885 年 10 月 22 日　第 27 册　第 695 页

20167　论设立保教公所尤宜遍设保教会以期联络　《申报》　1902 年 4 月 14 日　第 70 册　第 605 页

20168　论设立典礼院之无谓　《申报》　1911 年 7 月 30 日　第 113 册　第 479 页

20169　论设立回教文化研究机关之需要/白寿彝（星期论坛）　《申报》　1937 年 2 月 28 日　第 349 册　第 588 页

20170　论设立火轮商船事　《申报》　1874 年 3 月 27 日　第 4 册　第 269 页

20171　论设立经济作战部　《中央日报》　1940 年 7 月 18 日　第 43 册　第 742 页

20172　论设立商业兼储蓄银行之紧要　《申报》　1909 年 2 月 20 日　第 98 册　第 552 页

20173　论设立恤婺慈幼两局事　《申报》　1875 年 6 月 2 日　第 6 册　第 501 页

20174　论设立学塾宜筹持久之计　《申报》　1897 年 4 月 29 日　第 55 册　第 685 页

20175　论设立巡警教练所　《申报》　1910 年 5 月 1 日　第 106 册　第 2 页

20176　论设立义院收留穷民事　《申报》　1876 年 1 月 18 日　第 8 册　第 57 页

20177　论设女教以端士习　《申报》　1876 年 11 月 1 日　第 9 册　第 421 页

20178　论设赛奇会事　《申报》　1875 年 2 月 2 日　第 6 册　第 109 页

20179　论设特科为国家自强之本　《申报》　1898 年 2 月 20 日　第 58 册　第 269 页

20180　论设学训民　《申报》　1876 年 4 月 16 日　第 8 册　第 341 页

20181　论设中西合塾　《申报》　1876 年 2 月 2 日　第 8 册　第 89 页

20182　论社仓　《申报》　1878 年 12 月 9 日　第 13 册　第 553 页

20183　论社会积习最为教育之障害　《申报》　1910 年 8 月 30 日　第 107 册　第 981 页

20184　论社会制裁力　《中央日报》　1931 年 7 月 8 日　第 15 册　第 91 页

20185　论摄政王　《申报》　1908 年 11 月 15 日　第 97 册　第 224 页

20186　论申报所纪巨案骇闻　《申报》　1900 年 12 月 25 日　第 66 册　第 683 页

20187　论申韩之学　《申报》　1879 年 6 月 8 日　第 14 册　第 567 页

20188　论申禁佛店　《申报》　1881 年 6 月 6 日　第 18 册　第 601 页

20189　论申禁淫戏之法　《申报》　1881 年 11 月 2 日　第 19 册　第 497 页

20190　论申明放火刑律　《申报》　1880 年 11 月 1 日　第 17 册　第 493 页

20191　论申明私贩军火之例　《申报》　1892 年 7 月 7 日　第 41 册　第 435 页

20192　论身死不明案　《申报》　1894 年 1 月 30 日　第 46 册　第 189 页

20193　论绅　《申报》　1908 年 6 月 15 日　第 94 册　第 595 页

20194　论绅董对于地方自治之责任（续九月初二日稿）　《申报》　1905 年 10 月 23 日　第 81 册　第 441 页

20195　论绅董对于地方自治之责任　《申报》　1905 年 9 月 30 日　第 81 册　第 245 页

20196　论绅董贤否不同　《申报》　1897 年 3 月 30 日　第 55 册　第 501 页

20197　论绅衿包抗钱粮　《申报》　1899 年 8 月 25 日　第 62 册　第 847 页

20198　论绅权　《申报》　1907 年 2 月 23 日　第 86 册　第 455 页

20199　论绅权　《申报》　1908 年 2 月 16 日　第 92 册　第 470 页

20200　论绅权（续十五日稿）　《申报》　1908 年 2 月 22 日　第 92 册　第 542 页

20201　论绅权/胡庆钧（星期论文）　《大公报》　1948 年 9 月 5 日　第 164 册　第 26 页

20202　论绅士窝赌　《申报》　1879 年 7 月 21 日　第 15 册　第 81 页

20203　论绅士之资格　《申报》　1910 年 10 月 9 日　第 108 册　第 609 页

20204　论绅士之资格　续　《申报》　1910 年 10 月 10 日　第 108 册　第 625 页

20205　论审断捉奸新案　《申报》　1873 年 3 月 26 日　第 2 册　第 265 页

20206　论审计院之位置　《申报》　1911 年 9 月 12 日　第 114 册　第 196 页

20207　论审枭　《申报》　1908 年 3 月 2 日　第 93 册　第 14 页

20208　论慎刑　《申报》　1875 年 5 月 29 日　第 6 册　第 489 页

20209　论慎重民命宜严防忤作舞弊　《申报》　1899 年 10 月 12 日　第 63 册　第 285 页

20210　论生产贷款原则　《中央日报》　1948 年 3 月 13 日　第 58 册　第 640 页

20211　论生产贷款之效果　《民国日报》　1946 年 12 月 19 日　第 99 册　第 501 页

20212　论生计恐慌之原因　《申报》　1910 年 4 月 13 日　第 105 册　第 690 页

20213　论生计恐慌之原因（续）　《申报》　1910 年 4 月 25 日　第 105 册　第

881 页

20214　论生物圈之有益　《申报》　1888 年 9 月 25 日　第 33 册　第 575 页

20215　论生子不肖　《申报》　1880 年 6 月 2 日　第 16 册　第 589 页

20216　论胜败无常　《申报》　1904 年 3 月 30 日　第 76 册　第 509 页

20217　论省界之说足以亡国　《申报》　1906 年 12 月 8 日　第 85 册　第 599 页

20218　论省囚息讼　《申报》　1888 年 2 月 8 日　第 32 册　第 231 页

20219　论省县机构的调整/陈之迈（星期论文）　《大公报》　1942 年 1 月 25 日　第 148 册　第 106 页

20220　论省县自治　《中央日报》　1947 年 12 月 10 日　第 57 册　第 1036 页

20221　论省县自治的基层组织：省县自治通则草案评介之七　《中央日报》　1948 年 2 月 11 日　第 58 册　第 374 页

20222　论省县自治的区别：省县自治通则草案评介之六　《中央日报》　1948 年 1 月 24 日　第 58 册　第 228 页

20223　论省县自治通则　《大公报》　1948 年 8 月 2 日　第 163 册　第 560 页

20224　论省县自治组织：省县自治通则草案评介之四　《中央日报》　1948 年 1 月 4 日　第 58 册　第 38 页

20225　论省狱释囚　《申报》　1891 年 8 月 24 日　第 39 册　第 333 页

20226　论盛京卿创设师范学堂之善　《申报》　1897 年 3 月 5 日　第 55 册　第 345 页

20227　论盛京卿宣怀奉命督办铁路总公司事　《申报》　1896 年 10 月 24 日　第 54 册　第 337 页

20228　论盛衰得失之数　《申报》　1886 年 10 月 20 日　第 29 册　第 685 页

20229　论盛衰倚伏　《申报》　1891 年 9 月 9 日　第 39 册　第 429 页

20230　论盛夏考试之非宜　《申报》　1902 年 7 月 18 日　第 71 册　第 531 页

20231　论师范　《申报》　1907 年 1 月 18 日　第 86 册　第 163 页

20232　论师西法不足耻　《申报》　1896 年 6 月 1 日　第 53 册　第 203 页

20233　论师与友　《大公报》　1943 年 4 月 27 日　第 150 册　第 520 页

20234　论施济良法　《申报》　1883 年 5 月 7 日　第 22 册　第 639 页

20235　论施赈贵当其危　《申报》　1892 年 5 月 3 日　第 41 册　第 13 页

20236　论施赈之法　《申报》　1873 年 5 月 30 日　第 2 册　第 489 页

20237　论施粥展限　《申报》　1892 年 4 月 3 日　第 40 册　第 521 页

20238　论十三公使请息兵电　《大公报》　1926 年 10 月 9 日　第 77 册　第 297 页

20239　论十四家丝厂女工罢工事　《民国日报》　1924 年 6 月 20 日　第 51 册　第 676 页

20240　论石船沉海之策　《申报》　1883 年 10 月 14 日　第 23 册　第 633 页

20241　论时变　《申报》　1895 年 6 月 14 日　第 50 册　第 289 页

20242　论时变之速　《申报》　1895 年 6 月 20 日　第 50 册　第 329 页

20243　论时局　《申报》　1880 年 4 月 11 日　第 16 册　第 381 页

20244　论时局之变　《申报》　1895 年 4 月 26 日　第 49 册　第 675 页

20245　论时局之可虑亟宜设法补救　《申报》　1900 年 6 月 16 日　第 65 册　第 361 页

20246　论时髦能干　《申报》　1889 年 4 月 4 日　第 34 册　第 493 页

20247　论时世　《申报》　1877 年 12 月 4 日　第 11 册　第 537 页

20248　论时势之炭炭　《申报》　1884 年 9 月 3 日　第 25 册　第 383 页

20249　论时务　《申报》　1886 年 1 月 19 日　第 28 册　第 109 页

20250　论时务所急　《申报》　1896 年 6 月 29 日　第 53 册　第 385 页

20251　论时至则变　《申报》　1892 年 3 月 27 日　第 40 册　第 475 页

20252　论识洋务　《申报》　1877 年 6 月 21 日　第 10 册　第 569 页

20253　论实物供应请勿忘房租　《中央日报》　1947 年 2 月 24 日　第 55 册　第 610 页

20254　论实行法治之必要　《大公报》　1933 年 6 月 25 日　第 114 册　第 774 页

20255　论实行强迫教育之方法　《申报》　1910 年 12 月 5 日　第 109 册　第 545 页

20256　论实行统制国际贸易　《大公报》　1936 年 3 月 30 日　第 131 册　第 408 页

20257　论实行宪政之必要　《申报》　1909 年 12 月 1 日　第 103 册　第 481 页

20258　论实行新官制之阻力　《申报》　1910 年 9 月 13 日　第 108 册　第 193 页

20259　论实行州县久任之善　《申报》　1910 年 5 月 20 日　第 106 册　第 306 页

20260　论实业政策　《中央日报》　1931 年 2 月 25 日　第 13 册　第 643 页

20261　论实欲禁止宰官办不如绅办　《申报》　1877 年 10 月 22 日　第 11 册　第 389 页

20262　论食粮统制问题　《中央日报》　1937 年 7 月 25 日　第 40 册　第 293 页

20263　论食米对策　《申报》　1944 年 12 月 16 日　第 386 册　第 543 页

20264　论史学教授法　《申报》　1907 年 3 月 4 日　第 87 册　第 35 页

20265　论使才之难　《申报》　1898 年 6 月 17 日　第 59 册　第 299 页

20266　论使臣当尽之职　《申报》　1902 年 3 月 24 日　第 70 册　第 467 页

20267　论使臣理事在能持大体　《申报》　1887 年 12 月 4 日　第 31 册　第 1013 页

20268　论使臣请设葛罗巴理事官　《申报》　1902 年 8 月 28 日　第 71 册　第 811 页

20269　论使署下旗　《申报》　1882 年 5 月 24 日　第 20 册　第 687 页

20270　论使团抗议海口开放案　《民国日报》　1923 年 12 月 3 日　第 48 册　第 448 页

20271　论士　《申报》　1892 年 12 月 15 日　第 42 册　第 665 页

20272　论士大夫风节之衰　《申报》　1911 年 6 月 5 日　第 112 册　第 609 页

20273　论士贵立品　《申报》　1888 年 9 月 16 日　第 33 册　第 517 页

20274　论士林好讼之风　《申报》　1889 年 7 月 10 日　第 35 册　第 59 页

20275　论士迫火船被劫事　《申报》　1874 年 9 月 4 日　第 5 册　第 225 页

20276　论士习　《申报》　1875 年 10 月 13 日　第 7 册　第 357 页

20277　论士习　《申报》　1876 年 10 月 27 日　第 9 册　第 405 页

20278　论士习　《申报》　1879 年 10 月 12 日　第 15 册　第 413 页

20279　论士习宜亟整顿　《申报》　1877 年 6 月 15 日　第 10 册　第 545 页

20280　论士习有关地方治化　《申报》　1880 年 1 月 23 日　第 16 册　第 89 页

20281　论士习之坏　《申报》　1890 年 3 月 1 日　第 36 册　第 307 页

20282　论士先器识　《申报》　1892 年 1 月 23 日　第 40 册　第 129 页

20283　论士学　《申报》　1876 年 10 月 13 日　第 9 册　第 357 页

20284　论士之委质于人国者　《申报》　1890 年 3 月 28 日　第 36 册　第 481 页

20285　论世风日趋于薄　《申报》　1892 年 6 月 22 日　第 41 册　第 337 页

20286　论世俸　《申报》　1878 年 3 月 8 日　第 12 册　第 205 页

20287　论世家窝赌　《申报》　1887 年 9 月 15 日　第 31 册　第 473 页

20288　论世界之不平　《申报》　1909 年 2 月 21 日　第 98 册　第 566 页

20289　论世界之不平（续初二日稿）　《申报》　1909 年 2 月 27 日　第 98 册　第 642 页

20290　论世俗嫁女争索财礼之非　《申报》　1893 年 12 月 22 日　第 45 册　第 755 页

20291　论世务　《申报》　1874 年 12 月 12 日　第 5 册　第 567 页

20292　论世职窝赃事　《申报》　1886 年 7 月 27 日　第 29 册　第 159 页

20293　论仕途举劾　《申报》　1881 年 2 月 8 日　第 18 册　第 125 页

20294　论仕途苦况　《申报》　1885 年 12 月 22 日　第 27 册　第 1063 页

20295　论仕途拥挤之弊　《申报》　1894 年 3 月 27 日　第 46 册　第 515 页

20296　论仕途之杂　《申报》　1881 年 4 月 27 日　第 18 册　第 441 页

20297　论市参议员选举条例　《中央日报》　1945 年 2 月 10 日　第 50 册　第 714 页

20298　论市道之难　《申报》　1879 年 9 月 23 日　第 15 册　第 337 页

20299　论市禁不行　《申报》　1881 年 1 月 8 日　第 18 册　第 29 页

20300　论市面清淡之由　《申报》　1883 年 10 月 19 日　第 23 册　第 663 页

20301　论市面盛衰之故　《申报》　1888 年 2 月 1 日　第 32 册　第 189 页

20302 论市面之坏 《申报》 1890年2月7日 第36册 第175页

20303 论市自治制：省县自治通则草案评介之五 《中央日报》 1948年1月9日 第58册 第86页

20304 论示禁服妖 《申报》 1901年5月5日 第68册 第25页

20305 论示禁机针注射吗啡过瘾事 《申报》 1899年10月17日 第63册 第319页

20306 论示禁烧香事 《申报》 1903年4月11日 第73册 第591页

20307 论示禁谣言 《申报》 1881年6月8日 第18册 第609页

20308 论示禁夜游事 《申报》 1896年7月16日 第53册 第491页

20309 论事 《申报》 1927年5月15日 第234册 第288页

20310 论事 《申报》 1928年10月26日 第251册 第693页

20311 论事物各有消长试求其正变公例 《申报》 1890年7月13日 第37册 第79页

20312 论事物各有消长试求其正变公例 《申报》 1890年7月6日 第37册 第33页

20313 论事与现在 《申报》 1927年8月13日 第237册 第257页

20314 论试办关栈事 《申报》 1888年1月6日 第32册 第35页

20315 论试场点名 《申报》 1891年8月19日 第39册 第301页

20316 论释老本旨出于儒 《申报》 1889年6月16日 第34册 第949页

20317 论释氏轮回之说足以误人 《申报》 1896年2月18日 第52册 第261页

20318 论收复人心 《民国日报》 1945年11月26日 第96册 第295页

20319 论收回国权与改革内政 《大公报》 1927年1月16日 第78册 第117页

20320 论收回旅大亟宜准备 《申报》 1911年3月2日 第111册 第17页

20321 论收回旅大亟宜准备续 《申报》 1911年3月3日 第111册 第34页

20322 论收回旅大亟宜准备续 《申报》 1911年3月4日 第111册 第49页

20323 论收回旅大亟宜准备续 《申报》 1911年3月5日 第111册 第66页

20324 论收回满洲问题 《申报》 1905年6月18日 第80册 第423页

20325 论收回治外法权 《民国日报》 1928年8月25日 第75册 第958页

20326 论收回租界 《大公报》 1927年1月13日 第78册 第93页

20327 论收捐积弊 《申报》 1888年8月16日 第33册 第315页

20328 论收买拐来女孩当科重罚 《申报》 1881年12月19日 第19册 第685页

20329 论收纳降盗 《民国日报》 1916年11月30日 第6册 第350页

20330 论收铜洋助赈事 《申报》 1885年9月18日 第27册 第483页

20331　论收押妇女宜另设善地　《申报》　1882 年 1 月 16 日　第 20 册　第 61 页

20332　论收养山东饥饿幼孩　《申报》　1877 年 5 月 14 日　第 10 册　第 433 页

20333　论收用寺院（专论）/胡朴安　《民国日报》　1946 年 9 月 23 日　第 99 册　第 121 页

20334　论收支适合　《大公报》　1933 年 8 月 5 日　第 115 册　第 494 页

20335　论守　《申报》　1894 年 11 月 15 日　第 48 册　第 473 页

20336　论守法运动　《大公报》　1944 年 6 月 13 日　第 152 册　第 736 页

20337　论守台湾宜谋持久　《申报》　1895 年 6 月 3 日　第 50 册　第 217 页

20338　论首都建设非其时　《大公报》　1930 年 4 月 16 日　第 95 册　第 740 页

20339　论首都养日惨杀事件（社论）　《民国日报》　1927 年 11 月 27 日　第 71 册　第 380 页

20340　论受降与复员　《中央日报》　1945 年 8 月 22 日　第 51 册　第 492 页

20341　论书报大通厘卡情形后　《申报》　1876 年 10 月 25 日　第 9 册　第 397 页

20342　论书报可以启蒙　《申报》　1895 年 8 月 29 日　第 50 册　第 783 页

20343　论书差之弊书本报津门□薮后　《申报》　1891 年 3 月 17 日　第 38 册　第 385 页

20344　论书籍之关系　《申报》　1902 年 5 月 2 日　第 71 册　第 7 页

20345　论书吏舞弊之难除　《申报》　1901 年 8 月 18 日　第 68 册　第 657 页

20346　论书吏舞文　《申报》　1882 年 7 月 29 日　第 21 册　第 169 页

20347　论书院弊薮　《申报》　1878 年 8 月 19 日　第 13 册　第 169 页

20348　论书院立法　《申报》　1881 年 4 月 21 日　第 18 册　第 417 页

20349　论书院流弊　《申报》　1883 年 10 月 2 日　第 23 册　第 561 页

20350　论书院流弊　《申报》　1887 年 3 月 19 日　第 30 册　第 427 页

20351　论书院停课移赈　《申报》　1878 年 7 月 1 日　第 13 册　第 1 页

20352　论书院宜责成学校　《申报》　1892 年 2 月 27 日　第 40 册　第 291 页

20353　论书院移赈不行　《申报》　1878 年 8 月 26 日　第 13 册　第 193 页

20354　论书院之弊　《申报》　1899 年 5 月 19 日　第 62 册　第 135 页

20355　论书院诛试本非古制宜参考法　《申报》　1882 年 9 月 25 日　第 21 册　第 517 页

20356　论枢臣不受资政院质问之违法　《申报》　1910 年 11 月 18 日　第 109 册　第 273 页

20357　论枢臣愤恨锡良之可怪　《申报》　1910 年 12 月 19 日　第 109 册　第 769 页

20358　论枢臣阻止资政院临时会之非计　《申报》　1911 年 4 月 3 日　第 111 册　第 530 页

20359 论枢府措施之非宜 《申报》 1910年3月25日 第105册 第386页

20360 论枢府亟宜实行消弭党祸之方案 《申报》 1911年5月11日 第112册 第162页

20361 论疏防押犯 《申报》 1881年2月17日 第18册 第161页

20362 论疏浚吴淞口 《申报》 1882年6月17日 第20册 第831页

20363 论疏浚吴淞口未能举行事 《申报》 1874年5月30日 第4册 第491页

20364 论疏治运河事 《申报》 1875年6月17日 第6册 第553页

20365 论塾正私收赟敬事 《申报》 1893年4月5日 第43册 第545页

20366 论暑中休假：译日本台南新报 《申报》 1905年7月8日 第80册 第585页

20367 论蜀中匪首已获事 《申报》 1897年4月14日 第55册 第593页

20368 论数钱毙命事 《申报》 1873年1月4日 第2册 第13页

20369 论数学 《申报》 1880年10月13日 第17册 第417页

20370 论漱清居士四书五经音辨后 《申报》 1873年4月17日 第2册 第341页

20371 论水旱与食物本质 《申报》 1878年9月24日 第13册 第293页

20372 论水军习劳 《申报》 1892年5月31日 第41册 第195页

20373 论水雷利害 《申报》 1874年7月2日 第5册 第5页

20374 论水利 《申报》 1886年9月4日 第29册 第399页

20375 论水龙夜间不得出城事 《申报》 1879年10月26日 第15册 第469页

20376 论水师团并会操事 《申报》 1890年12月12日 第37册 第1047页

20377 论水手不肯救人 《申报》 1884年2月14日 第24册 第223页

20378 论水手停工 《申报》 1881年8月18日 第19册 第193页

20379 论税捐问题 《大公报》 1930年5月7日 第96册 第100页

20380 论税司复任 《申报》 1885年9月11日 第27册 第437页

20381 论顺天通州某烈妇事 《申报》 1896年8月29日 第53册 第777页

20382 论顺属被水之惨 《申报》 1893年8月11日 第44册 第725页

20383 论丝茶二业整顿难易 《申报》 1881年12月17日 第19册 第677页

20384 论丝茶公立新规宜从事 《申报》 1873年5月17日 第2册 第445页

20385 论丝商控案 《申报》 1884年10月6日 第25册 第563页

20386 论丝业新规恐不能行事 《申报》 1873年6月17日 第2册 第549页

20387 论司法独立之真际 《申报》 1908年5月12日 第94册 第143页

20388 论司法独立之真际（续） 《申报》 1908年5月13日 第94册 第157页

20389　论司法上陪审制度之地位　《申报》　1910 年 4 月 16 日　第 105 册　第 738 页

20390　论私贩军械之宜严办　《申报》　1886 年 11 月 21 日　第 29 册　第 883 页

20391　论私枭互斗事　《申报》　1877 年 5 月 3 日　第 10 册　第 397 页

20392　论私刑究办案件　《申报》　1873 年 6 月 11 日　第 2 册　第 529 页

20393　论私蓄军械并言巡船不足惧盗状　《申报》　1880 年 10 月 25 日　第 17 册　第 465 页

20394　论私运军装事　《申报》　1891 年 9 月 18 日　第 39 册　第 483 页

20395　论思想对策/吉田东祐（星期评论）　《申报》　1944 年 2 月 13 日　第 385 册　第 157 页

20396　论斯揣克报告　《大公报》　1948 年 3 月 26 日　第 162 册　第 508 页

20397　论四川矿务撤退洋股事　《申报》　1900 年 5 月 13 日　第 65 册　第 95 页

20398　论四川民教不和事　《申报》　1876 年 5 月 11 日　第 8 册　第 429 页

20399　论四川闹教事　《申报》　1895 年 6 月 16 日　第 50 册　第 303 页

20400　论四川戕杀西华二教师事　《申报》　1873 年 10 月 11 日　第 3 册　第 353 页

20401　论四川善后公债　《大公报》　1931 年 7 月 27 日　第 103 册　第 316 页

20402　论四川西充县刘大令祈雨期内开屠酿祸事　《申报》　1904 年 11 月 16 日　第 78 册　第 523 页

20403　论四川袁廷蛟事　《申报》　1876 年 11 月 17 日　第 9 册　第 477 页

20404　论四民之中惟工为最苦　《申报》　1898 年 6 月 9 日　第 59 册　第 247 页

20405　论四明公所事　《申报》　1898 年 7 月 18 日　第 59 册　第 525 页

20406　论四明公所议请改建法国马路辨　《申报》　1874 年 4 月 21 日　第 4 册　第 355 页

20407　论四闹教堂事　《申报》　1886 年 7 月 30 日　第 29 册　第 177 页

20408　论四使返国事　《申报》　1873 年 5 月 12 日　第 2 册　第 425 页

20409　论四中大免费运动　《民国日报》　1928 年 2 月 16 日　第 72 册　第 556 页

20410　论寺内内阁：对华政策如何　《民国日报》　1916 年 10 月 6 日　第 5 册　第 422 页

20411　论寺内内阁（续）：对华政策如何　《民国日报》　1916 年 10 月 7 日　第 5 册　第 434 页

20412　论泗泾汛弁拿获积窃陈冬生事　《申报》　1896 年 9 月 2 日　第 54 册　第 7 页

20413　论松府戚太守禁止迎神赛会事　《申报》　1906 年 4 月 18 日　第 83 册　第 171 页

20414 论松岗洋右 《申报》 1932 年 11 月 7 日 第 298 册 第 173 页

20415 论松江购买彩票之盛 《申报》 1907 年 3 月 18 日 第 87 册 第 181 页

20416 论松江杨太守左迁去官 《申报》 1877 年 6 月 8 日 第 10 册 第 521 页

20417 论松井大将之"亚细亚联盟"说 《申报》 1936 年 2 月 25 日 第 337 册 第 654 页

20418 论松郡屡议平粜事 《申报》 1898 年 7 月 9 日 第 59 册 第 459 页

20419 论松郡某学堂教习与经理之冲突 《申报》 1906 年 4 月 7 日 第 83 册 第 61 页

20420 论松郡清华女学堂风潮 《申报》 1906 年 6 月 29 日 第 83 册 第 873 页

20421 论松郡商会 《申报》 1906 年 7 月 17 日 第 84 册 第 157 页

20422 论松郡石家罐乡民之蛮横 《申报》 1899 年 4 月 25 日 第 61 册 第 711 页

20423 论松郡提复童生自误事 《申报》 1886 年 5 月 14 日 第 28 册 第 755 页

20424 论松郡西南乡民纠众霸租事 《申报》 1897 年 12 月 11 日 第 57 册 第 627 页

20425 论松郡枭患 《申报》 1904 年 3 月 16 日 第 76 册 第 421 页

20426 论松郡议办平粜事 《申报》 1906 年 8 月 6 日 第 84 册 第 357 页

20427 论崧镇帅饬浚吴淞口事 《申报》 1887 年 2 月 25 日 第 30 册 第 289 页

20428 论宋儒耻言富国强兵之误 《申报》 1876 年 4 月 25 日 第 8 册 第 373 页

20429 论宋元明三代外交得失之策 《申报》 1898 年 11 月 23 日 第 60 册 第 601 页

20430 论搜查军火 《申报》 1892 年 11 月 22 日 第 42 册 第 519 页

20431 论苏帮玉器作行规应酌改议 《申报》 1873 年 6 月 7 日 第 2 册 第 517 页

20432 论苏捕肇祸事 《申报》 1897 年 3 月 14 日 第 55 册 第 399 页

20433 论苏城潜逆觉党甚巧事 《申报》 1873 年 1 月 3 日 第 2 册 第 9 页

20434 论苏俄改革宪法 《申报》 1935 年 2 月 10 日 第 325 册 第 156 页

20435 论苏俄加入国联 《申报》 1934 年 5 月 18 日 第 316 册 第 491 页

20436 论苏藩司加收地丁事 《申报》 1906 年 3 月 11 日 第 82 册 第 515 页

20437 论苏抚陆中丞之去官 《申报》 1906 年 3 月 4 日 第 82 册 第 449 页

20438 论苏抚批斥荆溪县虚填学堂事 《申报》 1905 年 8 月 23 日 第 80 册 第 957 页

20439 论苏抚政见之谬 《申报》 1909 年 4 月 22 日 第 99 册 第 752 页

20440 论苏杭行驶轮船 《申报》 1882 年 8 月 13 日 第 21 册 第 259 页

20441 论苏杭甬铁路事 《申报》 1907 年 10 月 7 日 第 90 册 第 433 页

20442 论苏军冬季攻势结束 《大公报》 1943 年 4 月 6 日 第 150 册 第 422 页

20443 论苏郡节景 《申报》 1880 年 6 月 19 日 第 16 册 第 657 页

20444 论苏联出兵援华的前提 《申报》（香港版） 1939 年 1 月 14 日 第 357 册 第 700 页

20445 论苏联的外交政策/沈志远（星期评论） 《申报》（香港版） 1939 年 4 月 23 日 第 358 册 第 426 页

20446 论苏联今后之外交政策 《申报》（香港版） 1939 年 3 月 14 日 第 358 册 第 106 页

20447 论苏臬司详仿造裕苏局伪钞票事 《申报》 1906 年 6 月 24 日 第 83 册 第 825 页

20448 论苏日协定 《中央日报》 1941 年 4 月 15 日 第 44 册 第 704 页

20449 论苏省盗匪之多 《申报》 1897 年 5 月 16 日 第 56 册 第 95 页

20450 论苏省高等学堂之腐败 《申报》 1905 年 8 月 14 日 第 80 册 第 881 页

20451 论苏省官场对于米禁之意见 《申报》 1905 年 11 月 17 日 第 81 册 第 657 页

20452 论苏省会议厅筹办自治年限及其变通办法 《申报》 1909 年 6 月 14 日 第 100 册 第 628 页

20453 论苏省会议厅筹办自治年限及其变通办法（续） 《申报》 1909 年 6 月 15 日 第 100 册 第 642 页

20454 论苏省会议厅筹办自治年限及其变通办法（二续） 《申报》 1909 年 6 月 16 日 第 100 册 第 656 页

20455 论苏省吏治之败坏 《申报》 1903 年 8 月 5 日 第 74 册 第 671 页

20456 论苏省拟派亩捐 《申报》 1877 年 12 月 29 日 第 11 册 第 625 页

20457 论苏省农务总会成立之关系 《申报》 1910 年 8 月 24 日 第 107 册 第 885 页

20458 论苏省铁路附股之利 《申报》 1906 年 6 月 19 日 第 83 册 第 775 页

20459 论苏省征兵 《申报》 1906 年 2 月 8 日 第 82 册 第 249 页

20460 论苏省州县禀请就银征银 《申报》 1908 年 8 月 22 日 第 95 册 第 724 页

20461 论苏省酌裁厘卡 《申报》 1887 年 2 月 20 日 第 30 册 第 259 页

20462 论苏守重申旧禁 《申报》 1878 年 3 月 27 日 第 12 册 第 269 页

20463 论苏松太道沈观察晓谕丝业办货挑剔告示 《申报》 1873年3月3日 第2册 第185页

20464 论苏皖赣三省裁并弁兵事 《申报》 1902年10月9日 第72册 第261页

20465 论苏乡苦况 《申报》 1883年9月7日 第23册 第411页

20466 论苏兴警察事 《申报》 1903年5月15日 第74册 第91页

20467 论苏匈绝交 《申报》 1939年2月5日 第362册 第84页

20468 论苏姚二委员事 《申报》 1878年9月7日 第13册 第237页

20469 论苏彝士河防务 《申报》 1882年7月8日 第21册 第43页

20470 论苏彝士河获利之厚 《申报》 1900年1月3日 第64册 第13页

20471 论苏彝士另开支河 《申报》 1882年11月3日 第21册 第751页

20472 论苏垣赌案 《申报》 1892年11月8日 第42册 第433页

20473 论苏垣路政之不修 《申报》 1909年2月10日 第98册 第426页

20474 论苏垣路政之不修（续） 《申报》 1909年2月11日 第98册 第437页

20475 论苏垣路政之不修（再续） 《申报》 1909年2月13日 第98册 第466页

20476 论苏垣轮奸巨案 《申报》 1897年6月16日 第56册 第281页

20477 论苏州督练公所之用人 《申报》 1906年3月14日 第82册 第545页

20478 论苏州多贼 《申报》 1893年10月21日 第45册 第337页

20479 论苏州恶姑虐毙养媳事 《申报》 1906年3月21日 第82册 第617页

20480 论苏州机工闹事 《申报》 1900年8月24日 第65册 第787页

20481 论苏州机匠董事恃势挟诈科敛同业事 《申报》 1876年8月11日 第9册 第141页

20482 论苏州禁用小钱 《申报》 1877年5月28日 第10册 第481页

20483 论苏州考童滋闹事 《申报》 1905年5月25日 第80册 第219页

20484 论苏州市况衰败之原因 《申报》 1906年12月26日 第85册 第767页

20485 论苏州市况衰败之原因（续） 《申报》 1906年12月27日 第85册 第777页

20486 论苏州收回当五铜钱 《申报》 1905年6月12日 第80册 第373页

20487 论苏州武备学生大闹戏园事 《申报》 1902年3月27日 第70册 第485页

20488 论苏州小菜场之风潮 《申报》 1909年3月2日 第99册 第16页

20489　论苏州协赞会之关系　《申报》　1909年6月1日　第100册　第437页

20490　论苏州新辟之马路　《申报》　1907年1月17日　第86册　第155页

20491　论俗篇　《申报》　1883年10月16日　第23册　第645页

20492　论肃清贪污办法　《大公报》　1945年1月15日　第154册　第62页

20493　论素食　《申报》　1881年8月8日　第19册　第153页

20494　论宿山陋俗　《申报》　1891年8月20日　第39册　第307页

20495　论绥靖/彬　《申报》　1932年4月12日　第291册　第371页

20496　论绥靖区财政经济设施　《民国日报》　1946年12月6日　第99册　第426页

20497　论随处留心四字可为居官要决　《申报》　1877年1月13日　第10册　第45页

20498　论岁考秀才　《申报》　1877年5月17日　第10册　第445页

20499　论岁欠　《申报》　1875年7月24日　第7册　第81页

20500　论岁首更新　《申报》　1878年2月7日　第12册　第105页

20501　论岁晚客商宜无夜行　《申报》　1875年1月26日　第6册　第85页

20502　论穗垣机匠械斗事　《申报》　1888年12月19日　第33册　第1103页

20503　论孙洪伊免职　《民国日报》　1916年11月23日　第6册　第266页

20504　论孙洪伊寓被搜消息　《民国日报》　1917年1月16日　第7册　第170页

20505　论唆讼殃民　《申报》　1882年6月21日　第20册　第855页

20506　论缩小省区　《大公报》　1946年5月23日　第156册　第568页

20507　论所得税暂行条例　《大公报》　1936年7月11日　第133册　第144页

20508　论所谈洋务终难坐言起行　《申报》　1893年8月20日　第44册　第787页

20509　论所谓"前进"与"民主"　《民国日报》　1946年7月15日　第98册　第305页

20510　论所谓"超然独立地位"　《中央日报》　1946年11月25日　第54册　第694页

20511　论所谓"教育的危机"/毛子水（专论）　《申报》　1948年4月13日　第397册　第98页

20512　论所谓临时协定　《申报》　1941年11月28日　第378册　第725页

20513　论所谓"新政治协商会议"：共党匪徒之两面作法底透视　《中央日报》　1948年7月9日　第59册　第594页

20514　论所谓中日亲善/张熙若（星期论文）　《大公报》　1935年3月10日　第125册　第148页

20515　论所谓"中苏密约"　《申报》（香港版）　1939年5月22日　第358册

第 658 页

20516　论所以待泰西之道　《申报》　1887 年 4 月 24 日　第 30 册　第 663 页

20517　论所以怀柔远人之道　《申报》　1891 年 2 月 22 日　第 38 册　第 255 页

20518　论所以尽使臣之职　《申报》　1891 年 3 月 1 日　第 38 册　第 293 页

20519　论索归侵地尚无消息　《申报》　1879 年 4 月 2 日　第 14 册　第 301 页

20520　论索还伊犁　《申报》　1879 年 1 月 2 日　第 14 册　第 5 页

20521　论他国人投效中国宜善用之　《申报》　1884 年 11 月 18 日　第 25 册　第 799 页

20522　论塌屋伤人事　《申报》　1896 年 6 月 5 日　第 53 册　第 231 页

20523　论台防　《申报》　1893 年 1 月 27 日　第 43 册　第 163 页

20524　论台防　《申报》　1894 年 11 月 29 日　第 48 册　第 559 页

20525　论台戕官案　《申报》　1881 年 12 月 1 日　第 19 册　第 613 页

20526　论台匪投诚　《申报》　1883 年 8 月 16 日　第 23 册　第 279 页

20527　论台基　《申报》　1892 年 5 月 27 日　第 41 册　第 167 页

20528　论台基命案事　《申报》　1896 年 4 月 21 日　第 52 册　第 645 页

20529　论台基之难禁　《申报》　1887 年 10 月 25 日　第 31 册　第 745 页

20530　论台民义愤　《申报》　1895 年 5 月 19 日　第 50 册　第 115 页

20531　论台民义愤当筹持久之计　《申报》　1895 年 5 月 30 日　第 50 册　第 189 页

20532　论台民义愤亦不足以震慑远人　《申报》　1895 年 7 月 15 日　第 50 册　第 485 页

20533　论台南糖捐事　《申报》　1886 年 5 月 17 日　第 28 册　第 773 页

20534　论台事　《申报》　1895 年 10 月 31 日　第 51 册　第 395 页

20535　论台事　《申报》　1895 年 6 月 21 日　第 50 册　第 335 页

20536　论台事关系匪轻　《申报》　1895 年 6 月 11 日　第 50 册　第 271 页

20537　论台事宜和衷共济　《申报》　1895 年 7 月 25 日　第 50 册　第 551 页

20538　论台湾兵变事　《申报》　1895 年 5 月 7 日　第 50 册　第 39 页

20539　论台湾不准行驶小火轮事　《申报》　1893 年 8 月 16 日　第 44 册　第 759 页

20540　论台湾得失之难易　《申报》　1895 年 5 月 21 日　第 50 册　第 129 页

20541　论台湾调集重兵来书　《申报》　1874 年 10 月 9 日　第 5 册　第 347 页

20542　论台湾拐案　《申报》　1882 年 3 月 15 日　第 20 册　第 285 页

20543　论台湾金矿　《申报》　1892 年 1 月 17 日　第 40 册　第 99 页

20544　论台湾近事　《申报》　1875 年 4 月 30 日　第 6 册　第 389 页

20545　论台湾近有兴旺之机　《申报》　1887 年 3 月 31 日　第 30 册　第 507 页

20546　论台湾可守　《申报》　1884 年 11 月 17 日　第 25 册　第 793 页

20547   论台湾煤矿事   《申报》   1877 年 10 月 24 日   第 11 册   第 397 页

20548   论台湾善后事宜   《申报》   1886 年 5 月 23 日   第 28 册   第 811 页

20549   论台湾生番宜惩办事   《申报》   1873 年 4 月 9 日   第 2 册   第 313 页

20550   论台湾生番亦有恭顺可嘉事   《申报》   1874 年 5 月 13 日   第 4 册   第 431 页

20551   论台湾时势   《申报》   1890 年 3 月 20 日   第 36 册   第 431 页

20552   论台湾事   《申报》   1874 年 5 月 11 日   第 4 册   第 423 页

20553   论台湾事   《申报》   1874 年 7 月 27 日   第 5 册   第 89 页

20554   论台湾事   《申报》   1875 年 3 月 20 日   第 6 册   第 249 页

20555   论台湾事件善后   《大公报》   1947 年 3 月 11 日   第 159 册   第 494 页

20556   论台湾铁路开捐   《申报》   1893 年 11 月 23 日   第 45 册   第 563 页

20557   论台湾铁路添募工师   《申报》   1889 年 4 月 2 日   第 34 册   第 481 页

20558   论台湾铁路增价   《申报》   1893 年 8 月 23 日   第 44 册   第 807 页

20559   论台湾烟禁之严   《申报》   1897 年 2 月 19 日   第 55 册   第 261 页

20560   论台湾用兵   《申报》   1874 年 7 月 10 日   第 5 册   第 33 页

20561   论台湾征番事   《申报》   1874 年 4 月 16 日   第 4 册   第 339 页

20562   论台湾治番之口   《申报》   1888 年 8 月 22 日   第 33 册   第 353 页

20563   论台湾终不为倭人所有   《申报》   1895 年 6 月 6 日   第 50 册   第 237 页

20564   论台湾自主之事   《申报》   1895 年 6 月 26 日   第 50 册   第 367 页

20565   论"太平海"   《大公报》   1943 年 7 月 17 日   第 151 册   第 74 页

20566   论太平洋和平三要素：读华莱士副总统的演词有感   《大公报》   1944 年 6 月 23 日   第 152 册   第 778 页

20567   论汰补练兵   《申报》   1894 年 4 月 17 日   第 46 册   第 657 页

20568   论泰西办案   《申报》   1881 年 12 月 8 日   第 19 册   第 641 页

20569   论泰西兵舰之日精   《申报》   1897 年 10 月 25 日   第 57 册   第 337 页

20570   论泰西的饮食之道   《申报》   1890 年 6 月 19 日   第 36 册   第 999 页

20571   论泰西各国拟请中国开禁事   《申报》   1874 年 1 月 24 日   第 4 册   第 81 页

20572   论泰西军制之善   《申报》   1891 年 10 月 11 日   第 39 册   第 623 页

20573   论泰西君臣之义   《申报》   1881 年 7 月 9 日   第 19 册   第 33 页

20574   论泰西人和   《申报》   1873 年 7 月 17 日   第 3 册   第 57 页

20575   论泰西善举之善   《申报》   1893 年 10 月 23 日   第 45 册   第 349 页

20576   论泰西善举之有益   《申报》   1893 年 12 月 17 日   第 45 册   第 721 页

20577   论泰西商务由渐而盛   《申报》   1896 年 5 月 11 日   第 53 册   第 63 页

20578   论泰西之重铁路   《申报》   1886 年 6 月 10 日   第 28 册   第 927 页

20579   论坍屋奇灾   《申报》   1899 年 5 月 7 日   第 62 册   第 45 页

20580 论坍屋伤人 《申报》 1883 年 3 月 20 日 第 22 册 第 367 页

20581 论贪小失大事 《申报》 1873 年 6 月 2 日 第 2 册 第 497 页

20582 论贪淫失子事自叙 《申报》 1872 年 10 月 31 日 第 1 册 第 625 页

20583 论谭弁自尽事 《申报》 1903 年 12 月 8 日 第 75 册 第 683 页

20584 论谭太守密拿痞棍拐匪 《申报》 1893 年 9 月 30 日 第 45 册 第 197 页

20585 论谭太守守苏政绩 《申报》 1877 年 6 月 14 日 第 10 册 第 541 页

20586 论谭太守治苏事 《申报》 1877 年 6 月 23 日 第 10 册 第 577 页

20587 论探捕 《申报》 1896 年 6 月 12 日 第 53 册 第 277 页

20588 论汤溪令拘朱姓夫妇致乡民肇乱事 《申报》 1879 年 12 月 17 日 第 15 册 第 677 页

20589 论汤溪斋匪肇乱案 《申报》 1879 年 12 月 21 日 第 15 册 第 693 页

20590 论唐观察查办西藏事件事 《申报》 1904 年 9 月 30 日 第 78 册 第 199 页

20591 论唐总理驳拒借款办赈 《申报》 1912 年 5 月 11 日 第 117 册 第 391 页

20592 论塘沽新港工程 《大公报》 1947 年 7 月 21 日 第 160 册 第 510 页

20593 论糖捐 《申报》 1874 年 8 月 25 日 第 5 册 第 189 页

20594 论逃婢野死案 《申报》 1882 年 5 月 13 日 第 20 册 第 623 页

20595 论陶某紫阳山被杀事 《申报》 1872 年 11 月 8 日 第 1 册 第 653 页

20596 论特简重臣分赴东西各国考求政治 《申报》 1905 年 7 月 18 日 第 80 册 第 665 页

20597 论特务工作 《申报》 1943 年 9 月 16 日 第 384 册 第 485 页

20598 论腾月事恐生累患 《申报》 1875 年 7 月 5 日 第 7 册 第 13 页

20599 论提倡国货 《中央日报》 1931 年 3 月 16 日 第 13 册 第 855 页

20600 论提倡节约之方法 《申报》(汉口版) 1938 年 7 月 2 日 第 356 册 第 341 页

20601 论提倡气节廉耻 《大公报》 1930 年 1 月 7 日 第 94 册 第 68 页

20602 论提倡正当娱乐 《大公报》 1939 年 1 月 13 日 第 142 册 第 50 页

20603 论提审法员 《申报》 1886 年 1 月 22 日 第 28 册 第 127 页

20604 论提学使不宜轻调 《申报》 1907 年 6 月 11 日 第 88 册 第 527 页

20605 论天津办赈事 《申报》 1891 年 2 月 17 日 第 38 册 第 229 页

20606 论天津多盗 《申报》 1879 年 8 月 1 日 第 15 册 第 125 页

20607 论天津多盗 《申报》 1893 年 6 月 8 日 第 44 册 第 277 页

20608 论天津火烧粥厂事 《申报》 1878 年 1 月 29 日 第 12 册 第 97 页

20609 论天津刘某受刑惨毙事 《申报》 1877 年 8 月 23 日 第 11 册 第

185 页

20610　论天津培高街道　《申报》　1893 年 11 月 1 日　第 45 册　第 411 页

20611　论天津欲改税章事　《申报》　1875 年 3 月 29 日　第 6 册　第 277 页

20612　论天津增设医院并及扬州考试医生事　《申报》　1881 年 11 月 1 日　第 19 册　第 493 页

20613　论天人相感之理　《申报》　1895 年 9 月 27 日　第 51 册　第 175 页

20614　论天时不正　《申报》　1890 年 7 月 4 日　第 37 册　第 21 页

20615　论天下大势　《申报》　1886 年 3 月 7 日　第 28 册　第 347 页

20616　论天下大势　《申报》　1899 年 8 月 31 日　第 62 册　第 885 页

20617　论天下各国人数　《申报》　1892 年 3 月 13 日　第 40 册　第 381 页

20618　论天下学问无穷　《申报》　1893 年 8 月 13 日　第 44 册　第 739 页

20619　论天下之势偏重书吏　《申报》　1888 年 6 月 8 日　第 32 册　第 935 页

20620　论天竺佛首变色事　《申报》　1876 年 5 月 17 日　第 8 册　第 449 页

20621　论天竺烧香事　《申报》　1875 年 4 月 5 日　第 6 册　第 301 页

20622　论天主教在华传教宜速订新约　《申报》　1906 年 3 月 2 日　第 82 册　第 429 页

20623　论天主教在华传教宜速订新约（续昨稿）　《申报》　1906 年 3 月 3 日　第 82 册　第 439 页

20624　论添设理事官　《申报》　1891 年 3 月 7 日　第 38 册　第 327 页

20625　论田　《申报》　1875 年 12 月 28 日　第 7 册　第 617 页

20626　论挑选太医　《申报》　1892 年 9 月 17 日　第 42 册　第 105 页

20627　论贴补地方公用事业　《大公报》　1947 年 11 月 5 日　第 161 册　第 398 页

20628　论铁甲船备患　《申报》　1878 年 8 月 2 日　第 13 册　第 113 页

20629　论铁甲船勿需买造　《申报》　1875 年 9 月 28 日　第 7 册　第 305 页

20630　论铁路筹款之难　《申报》　1881 年 1 月 22 日　第 18 册　第 85 页

20631　论铁路火车事　《申报》　1877 年 10 月 26 日　第 11 册　第 405 页

20632　论铁路开捐事　《申报》　1898 年 5 月 5 日　第 59 册　第 25 页

20633　论铁路可以弭盗　《申报》　1894 年 1 月 4 日　第 46 册　第 19 页

20634　论铁路事　《申报》　1876 年 3 月 23 日　第 8 册　第 261 页

20635　论铁路与工商业之关系　《申报》　1912 年 10 月 7 日　第 119 册　第 61 页

20636　论铁路择地之要　《申报》　1881 年 1 月 20 日　第 18 册　第 77 页

20637　论铁路之亟宜兴筑　《申报》　1897 年 5 月 4 日　第 56 册　第 19 页

20638　论铁算盘邪术　《申报》·1886 年 5 月 26 日　第 28 册　第 831 页

20639　论听讼　《申报》　1874 年 12 月 14 日　第 5 册　第 571 页

20640 论听讼不能拘常例 《申报》 1878 年 2 月 26 日 第 12 册 第 169 页

20641 论听讼之法兼书温州尼案后 《申报》 1880 年 10 月 5 日 第 17 册 第 385 页

20642 论廷臣请裁厘金事 《申报》 1874 年 9 月 26 日 第 5 册 第 303 页

20643 论停分发 《申报》 1897 年 1 月 29 日 第 55 册 第 163 页

20644 论停棺不葬 《申报》 1889 年 1 月 20 日 第 34 册 第 99 页

20645 论停棺恶俗 《申报》 1886 年 3 月 22 日 第 28 册 第 437 页

20646 论停捐 《申报》 1901 年 10 月 16 日 第 69 册 第 277 页

20647 论停捐本意 《申报》 1879 年 3 月 1 日 第 14 册 第 185 页

20648 论停战保证的要求 《民国日报》 1946 年 9 月 13 日 第 99 册 第 76 页

20649 论停止部选州县 《申报》 1908 年 6 月 22 日 第 94 册 第 686 页

20650 论停止冲突之原因 《民国日报》 1946 年 1 月 12 日 第 97 册 第 47 页

20651 论停止分发限期 《申报》 1880 年 12 月 9 日 第 17 册 第 645 页

20652 论艇船亦足守口 《申报》 1885 年 5 月 1 日 第 26 册 第 635 页

20653 论通货与囤积的关系 《申报》 1943 年 8 月 9 日 第 384 册 第 341 页

20654 论通满汉之界 《申报》 1906 年 11 月 21 日 第 85 册 第 451 页

20655 论通商 《申报》 1890 年 9 月 6 日 第 37 册 第 435 页

20656 论通商各国公使领事最为有益不可不设事 《申报》 1876 年 8 月 14 日 第 9 册 第 149 页

20657 论通商事 《申报》 1873 年 11 月 7 日 第 3 册 第 445 页

20658 论通商条约中国受亏之各款 《申报》 1909 年 9 月 15 日 第 102 册 第 204 页

20659 论通商有利无害为高丽人释疑 《申报》 1882 年 5 月 9 日 第 20 册 第 599 页

20660 论通商与国祸福必同 《申报》 1877 年 5 月 1 日 第 10 册 第 389 页

20661 论通商之有益于中国 《申报》 1886 年 11 月 27 日 第 29 册 第 919 页

20662 论同安县试闹考事 《申报》 1886 年 3 月 21 日 第 28 册 第 431 页

20663 论同浦门案 《申报》 1881 年 5 月 3 日 第 18 册 第 465 页

20664 论同治以来钱漕积弊 《申报》 1885 年 10 月 1 日 第 27 册 第 565 页

20665 论铜洋小钱宜严禁 《申报》 1886 年 1 月 27 日 第 28 册 第 157 页

20666 论铜元充斥之害 《申报》 1908 年 7 月 1 日 第 95 册 第 2 页

20667 论铜元充斥之害 《申报》 1909 年 6 月 3 日 第 100 册 第 465 页

20668 论铜元亟宜整顿 《申报》 1905 年 9 月 26 日 第 81 册 第 213 页

20669 论铜元亟宜整顿（续昨稿） 《申报》 1905 年 9 月 27 日 第 81 册 第 221 页

20670 论铜元急宜定法价之限 《申报》 1906 年 6 月 16 日 第 83 册 第

747 页

20671　论铜元急宜限制　《申报》　1905 年 7 月 31 日　第 80 册　第 769 页

20672　论铜元减折风潮之可虑　《申报》　1909 年 6 月 20 日　第 100 册　第 716 页

20673　论铜元与制钱之比例　《申报》　1908 年 2 月 28 日　第 92 册　第 614 页

20674　论铜元折九之害　《申报》　1908 年 7 月 7 日　第 95 册　第 86 页

20675　论铜元之害　《申报》　1908 年 4 月 24 日　第 93 册　第 742 页

20676　论铜圆查弊事　《申报》　1904 年 1 月 24 日　第 76 册　第 149 页

20677　论童试　《申报》　1877 年 3 月 21 日　第 10 册　第 249 页

20678　论童子盗银雷击事　《申报》　1873 年 1 月 23 日　第 2 册　第 77 页

20679　论童子军之难驭　《申报》　1893 年 4 月 26 日　第 43 册　第 695 页

20680　论统计　《申报》　1907 年 10 月 24 日　第 90 册　第 645 页

20681　论统一　《申报》　1937 年 2 月 18 日　第 349 册　第 329 页

20682　论统制经济　《申报》　1933 年 9 月 24 日　第 308 册　第 746 页

20683　论统制新闻　《大公报》　1936 年 6 月 9 日　第 132 册　第 550 页

20684　论偷挖金砂事　《申报》　1875 年 3 月 4 日　第 6 册　第 193 页

20685　论投资殖民之影响（续昨稿）　《申报》　1905 年 7 月 10 日　第 80 册　第 601 页

20686　论投资殖民之影响　《申报》　1905 年 7 月 9 日　第 80 册　第 593 页

20687　论图治必先求其通　《申报》　1895 年 12 月 24 日　第 51 册　第 747 页

20688　论图治宜戒粉饰　《申报》　1893 年 4 月 14 日　第 43 册　第 605 页

20689　论屠别驾严禁台基示后　《申报》　1896 年 5 月 29 日　第 53 册　第 185 页

20690　论土俄大战似宜遣官往阅或尽译各西报以备战阵之法　《申报》　1877 年 11 月 14 日　第 11 册　第 469 页

20691　论土耳其近事　《申报》　1877 年 3 月 5 日　第 10 册　第 193 页

20692　论土耳其立宪与中国之关系　《申报》　1908 年 8 月 2 日　第 95 册　第 442 页

20693　论土法兵衅　《申报》　1881 年 7 月 24 日　第 19 册　第 93 页

20694　论土法失和仍言归于好　《申报》　1901 年 10 月 4 日　第 69 册　第 199 页

20695　论土匪联盟事　《申报》　1896 年 12 月 14 日　第 54 册　第 659 页

20696　论土乱渐平事　《申报》　1903 年 10 月 25 日　第 75 册　第 385 页

20697　论土希近事　《申报》　1897 年 3 月 22 日　第 55 册　第 455 页

20698　论团练实为靖盗之法　《申报》　1877 年 3 月 26 日　第 10 册　第 265 页

20699　论团练之难　《申报》　1900 年 12 月 28 日　第 66 册　第 701 页

20700 论退役将士的转业 《中央日报》 1946 年 8 月 1 日 第 53 册 第 527 页

20701 论吞服生烟 《申报》 1874 年 12 月 28 日 第 5 册 第 619 页

20702 论吞脏 《申报》 1880 年 9 月 1 日 第 17 册 第 249 页

20703 论屯田之利 《申报》 1881 年 4 月 7 日 第 18 册 第 357 页

20704 论挖堤之害 《申报》 1894 年 1 月 10 日 第 46 册 第 61 页

20705 论外部宜力争大津丸案 《申报》 1908 年 3 月 11 日 第 93 册 第 121 页

20706 论外改官制当注重亲民之官 《申报》 1907 年 6 月 18 日 第 88 册 第 611 页

20707 论外官改制不应从清查中饱入手 《申报》 1907 年 11 月 14 日 第 91 册 第 176 页

20708 论外官制 《申报》 1911 年 6 月 18 日 第 112 册 第 830 页

20709 论外官制三续 《申报》 1911 年 6 月 24 日 第 112 册 第 931 页

20710 论外官制四续 《申报》 1911 年 6 月 28 日 第 112 册 第 997 页

20711 论外官制续 《申报》 1911 年 6 月 19 日 第 112 册 第 847 页

20712 论外官制再续 《申报》 1911 年 6 月 23 日 第 112 册 第 915 页

20713 论外国之强不在船炮其强在本于风俗之厚法度之严 《申报》 1873 年 9 月 27 日 第 3 册 第 305 页

20714 论外患不足虑 《申报》 1877 年 12 月 17 日 第 11 册 第 581 页

20715 论外舰压迫粤海关事 《民国日报》 1923 年 12 月 9 日 第 48 册 第 534 页

20716 论外交团会议大借款事 《申报》 1912 年 11 月 3 日 第 119 册 第 367 页

20717 论外蒙 《大公报》 1927 年 1 月 21 日 第 78 册 第 157 页

20718 论外人要求由于从前立约之未善 《申报》 1898 年 4 月 16 日 第 58 册 第 633 页

20719 论外学随时势变迁 《申报》 1908 年 2 月 12 日 第 92 册 第 422 页

20720 论外洋各岛亟宜添设领事保护旅居华民 《申报》 1898 年 9 月 2 日 第 60 册 第 9 页

20721 论玩禁薤头 《申报》 1881 年 5 月 18 日 第 18 册 第 525 页

20722 论挽回沪宁铁路之办法 《申报》 1905 年 10 月 30 日 第 81 册 第 503 页

20723 论挽救南洋危局 《大公报》 1942 年 1 月 6 日 第 148 册 第 30 页

20724 论皖抚被戕 《申报》 1907 年 7 月 9 日 第 89 册 第 98 页

20725 论皖抚诚果泉中丞考察将弁事 《申报》 1903 年 12 月 30 日 第 75 册 第 825 页

20726　论皖抚诚果泉中丞酌给老弱贫苦武弁津贴银两事　《申报》　1904 年 9 月 29 日　第 78 册　第 193 页

20727　论皖省电拒贵福事　《申报》　1908 年 4 月 23 日　第 93 册　第 728 页

20728　论皖省某富室闭籴事　《申报》　1888 年 1 月 28 日　第 32 册　第 169 页

20729　论皖省育婴加费事　《申报》　1893 年 3 月 9 日　第 43 册　第 375 页

20730　论皖垣清除街道　《申报》　1893 年 9 月 18 日　第 45 册　第 115 页

20731　论万福华谋击王之春事　《申报》　1904 年 11 月 26 日　第 78 册　第 593 页

20732　论万国公法道在和同　《申报》　1888 年 2 月 26 日　第 32 册　第 295 页

20733　论万国赛珍会之有益　《申报》　1907 年 5 月 22 日　第 88 册　第 279 页

20734　论万彦齐封翁事　《申报》　1872 年 9 月 18 日　第 1 册　第 477 页

20735　论汪精卫先生离渝　《申报》（香港版）　1938 年 12 月 29 日　第 357 册　第 585 页

20736　论王梦云冒领地租事　《申报》　1886 年 9 月 1 日　第 29 册　第 381 页

20737　论王侍御奏参商部事　《申报》　1903 年 10 月 16 日　第 75 册　第 319 页

20738　论王照具呈自首事　《申报》　1904 年 5 月 8 日　第 77 册　第 51 页

20739　论往美国赴会事　《申报》　1875 年 8 月 6 日　第 7 册　第 125 页

20740　论妄言被逮事　《申报》　1900 年 8 月 29 日　第 65 册　第 815 页

20741　论危地马拉与英德构兵事　《申报》　1902 年 12 月 24 日　第 72 册　第 805 页

20742　论威公劝和中东事　《申报》　1874 年 11 月 25 日　第 5 册　第 507 页

20743　论威公使请免通商各口厘金　《申报》　1876 年 6 月 16 日　第 8 册　第 553 页

20744　论威公使下旗离京事　《申报》　1875 年 10 月 2 日　第 7 册　第 321 页

20745　论威胁学徒　《申报》　1886 年 4 月 12 日　第 28 册　第 563 页

20746　论为人贵有一诚字　《申报》　1887 年 9 月 18 日　第 31 册　第 493 页

20747　论为善无不报　《申报》　1877 年 12 月 14 日　第 11 册　第 573 页

20748　论为学不必出于一途　《申报》　1899 年 5 月 26 日　第 62 册　第 189 页

20749　论为政上　《申报》　1875 年 7 月 13 日　第 7 册　第 41 页

20750　论为政下　《申报》　1875 年 7 月 20 日　第 7 册　第 65 页

20751　论为治宜持大体　《申报》　1885 年 11 月 9 日　第 27 册　第 803 页

20752　论违禁烧香　《申报》　1880 年 2 月 25 日　第 16 册　第 197 页

20753　论闹姓　《申报》　1875 年 7 月 23 日　第 7 册　第 77 页

20754　论闹姓捐输济饷　《申报》　1884 年 11 月 22 日　第 25 册　第 823 页

20755　论惟一之中心势力　《大公报》　1929 年 5 月 14 日　第 90 册　第 212 页

20756　论维持法权　《申报》　1906 年 5 月 9 日　第 83 册　第 377 页

20757　论维持上海市面　《申报》　1908 年 10 月 15 日　第 96 册　第 640 页

20758　论维护文物之道　《大公报》　1928 年 9 月 22 日　第 86 册　第 253 页

20759　论伪钞之害　《申报》　1903 年 2 月 20 日　第 73 册　第 259 页

20760　论伪官发觉事　《申报》　1900 年 12 月 14 日　第 66 册　第 617 页

20761　论伪军反正　《大公报》　1940 年 7 月 20 日　第 145 册　第 64 页

20762　论伪物乱真之害　《申报》　1905 年 10 月 10 日　第 81 册　第 327 页

20763　论伪宪效力质陈霆锐君　《民国日报》　1923 年 12 月 19 日　第 48 册　第 676 页

20764　论伪药之害人　《申报》　1892 年 10 月 19 日　第 42 册　第 307 页

20765　论伪造钞票私铸小银圆宜从重治罪　《申报》　1899 年 6 月 18 日　第 62 册　第 369 页

20766　论伪造功牌保札　《申报》　1879 年 5 月 18 日　第 14 册　第 483 页

20767　论伪"中国联合准备银行"/侯树彤（星期论文）　《大公报》　1938 年 2 月 6 日　第 140 册　第 150 页

20768　论委员伴护外国诸人　《申报》　1875 年 9 月 22 日　第 7 册　第 285 页

20769　论卫生：为上海市卫生展览会作/周尚（星期论坛）　《申报》　1948 年 9 月 19 日　第 398 册　第 632 页

20770　论卫生会　《申报》　1893 年 12 月 16 日　第 45 册　第 715 页

20771　论卫生展览的重要/潘公展（代论）　《申报》　1948 年 10 月 12 日　第 399 册　第 80 页

20772　论未婚守节　《申报》　1883 年 11 月 15 日　第 23 册　第 825 页

20773　论温郡盗案　《申报》　1888 年 10 月 9 日　第 33 册　第 663 页

20774　论温郡剿匪　《申报》　1885 年 10 月 20 日　第 27 册　第 681 页

20775　论温郡守猝查婴堂事　《申报》　1893 年 9 月 20 日　第 45 册　第 129 页

20776　论温肃反对报馆之荒谬　《申报》　1910 年 11 月 19 日　第 109 册　第 289 页

20777　论温台土匪　《申报》　1884 年 6 月 29 日　第 24 册　第 1029 页

20778　论温州盗案　《申报》　1881 年 3 月 24 日　第 18 册　第 301 页

20779　论温州绞犯临刑胡言　《申报》　1882 年 12 月 22 日　第 21 册　第 1045 页

20780　论温州教案　《申报》　1884 年 10 月 14 日　第 25 册　第 611 页

20781　论温州闹考事　《申报》　1886 年 7 月 12 日　第 29 册　第 67 页

20782　论文风　《申报》　1889 年 5 月 3 日　第 34 册　第 667 页

20783　论文官任用章程亟宜提前颁布　《申报》　1911 年 10 月 8 日　第 114 册　第 650 页

20784　论文化病/陈仁炳（星期论文）　《大公报》　1947 年 11 月 30 日　第 161

册　第 550 页

20785　论文事善后　《大公报》　1937 年 6 月 16 日　第 138 册　第 666 页

20786　论文武相稽　《申报》　1892 年 8 月 4 日　第 41 册　第 617 页

20787　论文武之轻重　《申报》　1893 年 5 月 24 日　第 44 册　第 165 页

20788　论文字当戒污秽　《申报》　1893 年 8 月 25 日　第 44 册　第 821 页

20789　论文字之怪现象　《申报》　1906 年 6 月 30 日　第 83 册　第 883 页

20790　论文字之祸　《申报》　1889 年 5 月 1 日　第 34 册　第 655 页

20791　论问官违旨刑讯之罪　《申报》　1908 年 8 月 7 日　第 95 册　第 510 页

20792　论倭奴残暴　《申报》　1894 年 12 月 5 日　第 48 册　第 597 页

20793　论倭人得利不足恃　《申报》　1895 年 4 月 25 日　第 49 册　第 669 页

20794　论倭人窘况　《申报》　1894 年 9 月 6 日　第 48 册　第 37 页

20795　论倭人谋甚狡而力不足　《申报》　1895 年 4 月 19 日　第 49 册　第 629 页

20796　论倭人无礼　《申报》　1895 年 3 月 3 日　第 49 册　第 325 页

20797　论倭人之轻中国不始于今日　《申报》　1895 年 3 月 16 日　第 49 册　第 405 页

20798　论倭人注意不在台湾而在北洋　《申报》　1895 年 3 月 1 日　第 49 册　第 313 页

20799　论窝藏　《申报》　1880 年 10 月 4 日　第 17 册　第 381 页

20800　论窝藏拆屋　《申报》　1879 年 6 月 12 日　第 14 册　第 583 页

20801　论我国古代理财政策之进步　《申报》　1910 年 1 月 28 日　第 104 册　第 487 页

20802　论我国禁烟之弊及其补救之法　《申报》　1909 年 8 月 24 日　第 101 册　第 818 页

20803　论我国禁烟之弊及其补救之法（续）　《申报》　1909 年 8 月 26 日　第 101 册　第 848 页

20804　论我国禁烟之弊及其补救之法（二续）　《申报》　1909 年 8 月 27 日　第 101 册　第 863 页

20805　论我国禁烟之弊及其补救之法（三续）　《申报》　1909 年 8 月 28 日　第 101 册　第 877 页

20806　论我国禁烟之弊及其补救之法（四续）　《申报》　1909 年 8 月 29 日　第 101 册　第 894 页

20807　论我国警察之弊及其整顿之方　《申报》　1909 年 9 月 18 日　第 102 册　第 248 页

20808　论我国警察之弊及其整顿之方（续）　《申报》　1909 年 9 月 22 日　第 102 册　第 311 页

20809　论我国警察之弊及其整顿之方（再续）　《申报》　1909 年 9 月 24 日　第 102 册　第 339 页

20810　论我国卫生机关之缺乏　《申报》　1909 年 4 月 5 日　第 99 册　第 505 页

20811　论我国卫生机关之缺乏（续）　《申报》　1909 年 4 月 6 日　第 99 册　第 519 页

20812　论我国学校不发达之原因　《申报》　1909 年 5 月 24 日　第 100 册　第 324 页

20813　论我国组织政党之必要　《申报》　1910 年 6 月 20 日　第 106 册　第 815 页

20814　论我国组织政党之必要　《申报》　1910 年 6 月 21 日　第 106 册　第 833 页

20815　论我们的民族适应力与环境条件　《大公报》　1940 年 7 月 2 日　第 145 册　第 4 页

20816　论诬奸受惩事　《申报》　1904 年 11 月 30 日　第 78 册　第 621 页

20817　论无故逞凶事　《申报》　1879 年 10 月 22 日　第 15 册　第 453 页

20818　论无赖扰物之非　《申报》　1894 年 9 月 9 日　第 48 册　第 57 页

20819　论无锡□城罢市及拆毁各学堂事　《申报》　1904 年 8 月 20 日　第 77 册　第 753 页

20820　论吴佩孚氏并释顺逆　《申报》　1938 年 12 月 5 日　第 360 册　第 70 页

20821　论吴清帅赴日本商办高事　《申报》　1885 年 1 月 6 日　第 26 册　第 31 页

20822　论吴生亏心报应事　《申报》　1872 年 10 月 2 日　第 1 册　第 525 页

20823　论吴淞海防近情形　《申报》　1874 年 9 月 16 日　第 5 册　第 267 页

20824　论吴淞海口准行疏浚事　《申报》　1874 年 5 月 1 日　第 4 册　第 391 页

20825　论吴淞江小轮搁浅事　《申报》　1886 年 3 月 4 日　第 28 册　第 329 页

20826　论吴淞口宜修筑炮台　《申报》　1874 年 6 月 30 日　第 4 册　第 601 页

20827　论吴淞口之浚宜亟　《申报》　1886 年 11 月 30 日　第 29 册　第 937 页

20828　论吴淞炮台误报俄舰事　《申报》　1905 年 6 月 28 日　第 80 册　第 503 页

20829　论吴淞炮台有应改之道　《申报》　1885 年 9 月 4 日　第 27 册　第 393 页

20830　论吴淞市面　《申报》　1886 年 10 月 24 日　第 29 册　第 709 页

20831　论吴淞铁路　《申报》　1877 年 9 月 18 日　第 11 册　第 273 页

20832　论吴淞于浅太甚　《申报》　1882 年 10 月 13 日　第 21 册　第 625 页

20833　论吴淞之防不可懈　《申报》　1894 年 9 月 14 日　第 48 册　第 87 页

20834　论吴淞准设商埠　《申报》　1898 年 4 月 15 日　第 58 册　第 627 页

20835　论吴俗霍亲之非　《申报》　1883 年 9 月 26 日　第 23 册　第 525 页

20836   论吴中丞请减厘捐事   《申报》   1875 年 6 月 21 日   第 6 册   第 565 页

20837   论吾国蚕桑为天然之美利   《申报》   1911 年 4 月 7 日   第 111 册   第 593 页

20838   论吾国当交验德美   《申报》   1912 年 11 月 29 日   第 119 册   第 681 页

20839   论吾国教育亟宜提倡尚武精神   《申报》   1911 年 4 月 4 日   第 111 册   第 545 页

20840   论吾国今岁前途之希望   《申报》   1911 年 2 月 10 日   第 110 册   第 549 页

20841   论吾国民之知识与欲望   《申报》   1911 年 3 月 25 日   第 111 册   第 386 页

20842   论吾国人无爱国思想   《申报》   1905 年 3 月 9 日   第 79 册   第 427 页

20843   论吾国之县地方财政/何廉（星期论文）   《大公报》   1935 年 6 月 16 日   第 126 册   第 740 页

20844   论吾国重振海军问题   《申报》   1911 年 8 月 3 日   第 113 册   第 543 页

20845   论芜湖严办保甲事   《申报》   1891 年 6 月 23 日   第 38 册   第 975 页

20846   论芜湖约束巡员   《申报》   1893 年 12 月 21 日   第 45 册   第 749 页

20847   论五大臣遇险之关系   《申报》   1905 年 9 月 28 日   第 81 册   第 229 页

20848   论五谷果木试用西种宜设劝农种树二局事   《申报》   1873 年 6 月 25 日   第 2 册   第 577 页

20849   论五国外长会议   《中央日报》   1945 年 8 月 6 日   第 51 册   第 398 页

20850   论五洲方言有将通之机   《申报》   1898 年 3 月 11 日   第 58 册   第 399 页

20851   论仵作验尸舞弊亟宜严究   《申报》   1880 年 4 月 21 日   第 16 册   第 421 页

20852   论伍秩庸星使请美廷酌减偿金事   《申报》   1902 年 7 月 31 日   第 71 册   第 623 页

20853   论武   《申报》   1890 年 11 月 29 日   第 37 册   第 961 页

20854   论武备学堂总办教习辞职事   《申报》   1886 年 1 月 1 日   第 28 册   第 1 页

20855   论武弁借端讹诈不可不禁   《申报》   1893 年 8 月 26 日   第 44 册   第 827 页

20856   论武弁通匪事   《申报》   1904 年 11 月 10 日   第 78 册   第 479 页

20857   论武昌屡次滋事   《申报》   1878 年 10 月 2 日   第 13 册   第 321 页

20858   论武昌匿名揭贴事   《申报》   1873 年 10 月 6 日   第 3 册   第 333 页

20859   论武官习气   《申报》   1889 年 6 月 14 日   第 34 册   第 935 页

20860   论武科   《申报》   1875 年 11 月 30 日   第 7 册   第 521 页

20861 论武科改试枪炮不宜全废弓矢 《申报》 1898 年 4 月 2 日 第 58 册 第 547 页

20862 论武科既停宜筹武士登进之路 《申报》 1902 年 2 月 13 日 第 70 册 第 221 页

20863 论武科童试先宜慎重取进以俟变通章程 《申报》 1898 年 3 月 23 日 第 58 册 第 481 页

20864 论武人习气 《申报》 1890 年 5 月 9 日 第 36 册 第 741 页

20865 论武试略宜变通 《申报》 1882 年 10 月 23 日 第 21 册 第 685 页

20866 论武试之宜废 《申报》 1897 年 11 月 28 日 第 57 册 第 549 页

20867 论武童闹考事 《申报》 1901 年 10 月 23 日 第 69 册 第 321 页

20868 论武孝廉拐案 《申报》 1886 年 7 月 7 日 第 29 册 第 37 页

20869 论武勇 《申报》 1889 年 11 月 1 日 第 35 册 第 765 页

20870 论武员偏见 《申报》 1880 年 1 月 2 日 第 16 册 第 5 页

20871 论武员宜究习西国兵法 《申报》 1874 年 9 月 5 日 第 5 册 第 229 页

20872 论舞禁与公娼 《中央日报》 1946 年 12 月 27 日 第 54 册 第 1088 页

20873 论务本 《申报》 1895 年 5 月 28 日 第 50 册 第 177 页

20874 论物价的前途 《中央日报》 1940 年 5 月 11 日 第 43 册 第 454 页

20875 论物价渐涨政策/景贤（星期评论） 《申报》 1944 年 12 月 3 日 第 386 册 第 501 页

20876 论物价配给 《申报》 1943 年 11 月 22 日 第 384 册 第 759 页

20877 论物价之贵 《申报》 1891 年 1 月 28 日 第 38 册 第 165 页

20878 论物资与物价/陈俊述（星期论坛） 《申报》 1948 年 11 月 7 日 第 399 册 第 252 页

20879 论误听疯话事 《申报》 1880 年 9 月 4 日 第 17 册 第 261 页

20880 论西班牙人讹诈中国 《申报》 1877 年 6 月 4 日 第 10 册 第 505 页

20881 论西班牙之乱 《申报》 1936 年 7 月 24 日 第 342 册 第 621 页

20882 论西包探防拿拆梢之勤 《申报》 1884 年 2 月 26 日 第 24 册 第 289 页

20883 论西报不应轻毁中国 《申报》 1888 年 3 月 8 日 第 32 册 第 359 页

20884 论西报讥中国屠城事 《申报》 1877 年 7 月 27 日 第 11 册 第 89 页

20885 论西报述近日华人在□当情形 《申报》 1878 年 1 月 9 日 第 12 册 第 29 页

20886 论西报述喀什噶尔事 《申报》 1876 年 9 月 12 日 第 9 册 第 249 页

20887 论西报述日本近事 《申报》 1874 年 8 月 10 日 第 5 册 第 137 页

20888 论西报述中国装兵赴台 《申报》 1884 年 12 月 6 日 第 25 册 第 903 页

20889　论西报言关东开垦事　《申报》　1875 年 3 月 5 日　第 6 册　第 197 页

20890　论西报言中国设立学堂事　《申报》　1881 年 9 月 9 日　第 19 册　第 281 页

20891　论西报疑沈喻氏罪名不应科拟事　《申报》　1877 年 5 月 4 日　第 10 册　第 401 页

20892　论西报英王加号议爱及中国帝升王降之说　《申报》　1876 年 5 月 4 日　第 8 册　第 405 页

20893　论西报赞中国陆军事　《申报》　1906 年 1 月 5 日　第 82 册　第 33 页

20894　论西报之徐氏地位观　《民国日报》　1919 年 2 月 26 日　第 19 册　第 578 页

20895　论西北建设　《大公报》　1932 年 4 月 26 日　第 107 册　第 564 页

20896　论西北善后　《大公报》　1930 年 10 月 27 日　第 98 册　第 664 页

20897　论西兵登岸事　《申报》　1883 年 5 月 10 日　第 22 册　第 655 页

20898　论西捕逃逸　《申报》　1885 年 7 月 18 日　第 27 册　第 103 页

20899　论西藏将来之局　《申报》　1902 年 11 月 30 日　第 72 册　第 631 页

20900　论西藏乱事　《申报》　1908 年 11 月 14 日　第 97 册　第 208 页

20901　论西法切于民生　《申报》　1880 年 10 月 7 日　第 17 册　第 393 页

20902　论西废割症之书　《申报》　1891 年 7 月 18 日　第 39 册　第 103 页

20903　论西妇死节事　《申报》　1892 年 7 月 27 日　第 41 册　第 567 页

20904　论西官留心禁淫戏事　《申报》　1887 年 6 月 23 日　第 30 册　第 1043 页

20905　论西官讯案之详　《申报》　1883 年 10 月 7 日　第 23 册　第 591 页

20906　论西国兵船多至香港事　《申报》　1876 年 5 月 3 日　第 8 册　第 401 页

20907　论西国贷银事　《申报》　1872 年 7 月 29 日　第 1 册　第 301 页

20908　论西国工作人勉学释愚后变局　《申报》　1875 年 8 月 23 日　第 7 册　第 181 页

20909　论西国监禁罚作苦工之例可以补中国刑政之不及　《申报》　1895 年 12 月 31 日　第 51 册　第 789 页

20910　论西国今胜于昔　《申报》　1887 年 8 月 28 日　第 31 册　第 357 页

20911　论西国七日各人休息事　《申报》　1872 年 6 月 13 日　第 1 册　第 145 页

20912　论西国书院藏书以供众览　《申报》　1892 年 3 月 6 日　第 40 册　第 339 页

20913　论西国学堂教习华童之善　《申报》　1894 年 2 月 2 日　第 46 册　第 205 页

20914　论西国医药　《申报》　1873 年 12 月 16 日　第 3 册　第 577 页

20915　论西国用兵中国亦有关系之处　《申报》　1878 年 4 月 2 日　第 12 册　第 289 页

20916 论西国预备兵之法可行于中国 《申报》 1902年8月27日 第71册 第803页

20917 论西国制炮更精 《申报》 1876年1月1日 第8册 第1页

20918 论西国自由之理相爱之情 《申报》 1887年10月2日 第31册 第589页

20919 论西货近日消流甚广 《申报》 1888年1月1日 第32册 第1页

20920 论西江近事 《申报》 1877年7月31日 第11册 第105页

20921 论西江与全国之关系 《申报》 1908年1月6日 第92册 第61页

20922 论西教事答教友来书 《申报》 1872年12月12日 第1册 第769页

20923 论西南经济建设 《大公报》 1939年4月29日 第142册 第474页

20924 论西人得保事 《申报》 1877年1月6日 第10册 第21页

20925 论西人电信保险拍卖诸事 《申报》 1872年6月1日 第1册 第105页

20926 论西人花会 《申报》 1887年5月13日 第30册 第779页

20927 论西人渐染浮嚣之习 《申报》 1883年10月25日 第23册 第699页

20928 论西人教人之善 《申报》 1882年4月20日 第20册 第485页

20929 论西人皆望中国富强 《申报》 1885年6月2日 第26册 第825页

20930 论西人皆愿中法言和 《申报》 1885年3月29日 第26册 第447页

20931 论西人救火之认真 《申报》 1888年4月26日 第32册 第659页

20932 论西人居处饮食之善 《申报》 1885年9月24日 第27册 第521页

20933 论西人捐赈有法 《申报》 1889年3月6日 第34册 第313页

20934 论西人立会之善中国宜委员入会以期交涉之易办 《申报》 1900年5月12日 第65册 第87页

20935 论西人谋止租界厘捐事 《申报》 1875年8月20日 第7册 第173页

20936 论西人能尽心于华事 《申报》 1888年4月29日 第32册 第677页

20937 论西人能为其难 《申报》 1889年3月5日 第34册 第307页

20938 论西人拟请上海租界添设一县事 《申报》 1875年6月10日 第6册 第529页

20939 论西人酿命事 《申报》 1900年5月17日 第65册 第127页

20940 论西人赛马之盛 《申报》 1879年5月13日 第14册 第461页

20941 论西人武备之日精 《申报》 1897年7月25日 第56册 第525页

20942 论西人武备之日精 《申报》 1897年7月30日 第56册 第555页

20943 论西人新创传声妙法 《申报》 1890年10月19日 第37册 第705页

20944 论西人宜知公堂闹事之由于误会 《申报》 1905年12月14日 第81册 第889页

20945 论西人议会审衙门事 《申报》 1875年1月18日 第6册 第57页

20946　论西人游历中土宜择地而蹈　《申报》　1898 年 5 月 10 日　第 59 册　第 55 页

20947　论西人舆地之学　《申报》　1895 年 1 月 2 日　第 49 册　第 9 页

20948　论西人欲行西法　《申报》　1876 年 8 月 10 日　第 9 册　第 137 页

20949　论西人援溺　《申报》　1881 年 9 月 3 日　第 19 册　第 257 页

20950　论西人执法之认真　《申报》　1887 年 3 月 3 日　第 30 册　第 325 页

20951　论西人助赈并无他意　《申报》　1878 年 6 月 22 日　第 12 册　第 569 页

20952　论西人自办教案　《申报》　1891 年 10 月 6 日　第 39 册　第 591 页

20953　论西人作事之详密　《申报》　1889 年 8 月 1 日　第 35 册　第 201 页

20954　论西人做事之坚忍　《申报》　1887 年 1 月 31 日　第 30 册　第 139 页

20955　论西商操演兵法　《申报》　1886 年 3 月 9 日　第 28 册　第 359 页

20956　论西商拟疏浚吴淞海口事　《申报》　1873 年 4 月 16 日　第 2 册　第 337 页

20957　论西商团练操演事　《申报》　1874 年 2 月 4 日　第 4 册　第 117 页

20958　论西使朝觐京师风闻事　《申报》　1873 年 5 月 24 日　第 2 册　第 469 页

20959　论西士述东洋事　《申报》　1874 年 6 月 4 日　第 4 册　第 507 页

20960　论西俗与中国古礼相合　《申报》　1882 年 4 月 6 日　第 20 册　第 401 页

20961　论西屋被盗事　《申报》　1874 年 3 月 19 日　第 4 册　第 241 页

20962　论西学贵乎精　《申报》　1888 年 2 月 3 日　第 32 册　第 201 页

20963　论西学生广额　《申报》　1888 年 5 月 8 日　第 32 册　第 731 页

20964　论西洋遣使来议澳门事　《申报》　1876 年 1 月 13 日　第 8 册　第 41 页

20965　论西洋人不秘密造办船炮　《申报》　1873 年 9 月 13 日　第 3 册　第 257 页

20966　论西药渐行于中土　《申报》　1888 年 1 月 29 日　第 32 册　第 175 页

20967　论西药将盛行于中国　《申报》　1895 年 10 月 2 日　第 51 册　第 207 页

20968　论西医将行于中国　《申报》　1887 年 9 月 14 日　第 31 册　第 467 页

20969　论西医验妓　《申报》　1876 年 8 月 17 日　第 9 册　第 161 页

20970　论西医诊视押犯　《申报》　1885 年 8 月 30 日　第 27 册　第 363 页

20971　论西友论设义学有益于世事　《申报》　1876 年 9 月 18 日　第 9 册　第 269 页

20972　论西员教练津军　《申报》　1881 年 6 月 20 日　第 18 册　第 657 页

20973　论西征军饷　《申报》　1877 年 4 月 20 日　第 10 册　第 353 页

20974　论西字报言中法划安南界事　《申报》　1886 年 4 月 1 日　第 28 册　第 497 页

20975　论西字日报所载山东事　《申报》　1873 年 11 月 29 日　第 3 册　第 521 页

20976 论西字新报屡驳申报事 《申报》 1872 年 12 月 13 日 第 1 册 第 773 页

20977 论西字新闻述伊犁事 《申报》、1882 年 1 月 13 日 第 20 册 第 49 页

20978 论息盗 《申报》 1874 年 12 月 25 日 第 5 册 第 611 页

20979 论息盗 《申报》 1876 年 11 月 23 日 第 9 册 第 497 页

20980 论牺牲权利 《大公报》 1929 年 8 月 2 日 第 91 册 第 516 页

20981 论惜字之义 《申报》 1895 年 12 月 14 日 第 51 册 第 683 页

20982 论锡茶畅旺 《申报》 1894 年 3 月 13 日 第 46 册 第 421 页

20983 论锡督密奏治理东省情形 《申报》 1909 年 5 月 17 日 第 100 册 第 226 页

20984 论习气 《申报》 1895 年 1 月 17 日 第 49 册 第 95 页

20985 论习俗奢华 《申报》 1881 年 9 月 23 日 第 19 册 第 337 页

20986 论习西学当以工艺为急务 《申报》 1896 年 12 月 29 日 第 54 册 第 749 页

20987 论习用火枪事 《申报》 1875 年 8 月 13 日 第 7 册 第 149 页

20988 论戏馆亟宜多辟门户以防意外 《申报》 1886 年 2 月 20 日 第 28 册 第 257 页

20989 论戏价不宜太减 《申报》 1885 年 10 月 7 日 第 27 册 第 603 页

20990 论戏曲改良与群治之关系 《申报》 1906 年 9 月 22 日 第 84 册 第 815 页

20991 论戏园 《申报》 1874 年 11 月 3 日 第 5 册 第 431 页

20992 论戏园节钱助赈事因述所见 《申报》 1877 年 5 月 25 日 第 10 册 第 473 页

20993 论夏驾桥征兵误民为匪案 《申报》 1908 年 4 月 9 日 第 93 册 第 530 页

20994 论夏门罢市事 《申报》 1905 年 9 月 1 日 第 81 册 第 1 页

20995 论厦地派捐事 《申报》 1886 年 1 月 5 日 第 28 册 第 25 页

20996 论厦门办理戏园交涉之失计 《申报》 1909 年 3 月 31 日 第 99 册 第 429 页

20997 论厦门厘局司巡之弊 《申报》 1892 年 6 月 2 日 第 41 册 第 207 页

20998 论厦门炮捐 《申报》 1892 年 12 月 1 日 第 42 册 第 575 页

20999 论厦门洋药局亏折事 《申报》 1886 年 4 月 8 日 第 28 册 第 539 页

21000 论厦门整顿厘务 《申报》 1893 年 8 月 24 日 第 44 册 第 813 页

21001 论厦门整顿煤油厘金事 《申报》 1893 年 11 月 15 日 第 45 册 第 509 页

21002 论先零涨跌不同 《申报》 1890 年 4 月 24 日 第 36 册 第 649 页

21003 论先令市面 《申报》 1893 年 7 月 24 日 第 44 册 第 599 页

21004 论暹法既和中国当为之善其后 《申报》 1893 年 8 月 6 日 第 44 册 第 689 页

21005 论暹法交涉事 《申报》 1893 年 5 月 23 日 第 44 册 第 157 页

21006 论暹法龃龉事 《申报》 1902 年 12 月 19 日 第 72 册 第 769 页

21007 论暹法联合 《申报》 1893 年 9 月 15 日 第 45 册 第 97 页

21008 论暹罗政府辞退英人改用法人事 《申报》 1902 年 11 月 2 日 第 72 册 第 433 页

21009 论暹王使其子出洋学业 《申报》 1885 年 8 月 3 日 第 27 册 第 199 页

21010 论暹王游历事 《申报》 1897 年 8 月 9 日 第 56 册 第 619 页

21011 论县政 《申报》 1944 年 5 月 16 日 第 385 册 第 473 页

21012 论县政建设/萧公权（星期论文） 《大公报》 1936 年 9 月 6 日 第 134 册 第 74 页

21013 论现筹赈款之难 《申报》 1885 年 8 月 24 日 第 27 册 第 325 页

21014 论现阶段经济问题/黄卓（星期论文） 《大公报》 1942 年 3 月 9 日 第 148 册 第 284 页

21015 论现设驻洋各官保护出洋华人实为中西均益事 《申报》 1876 年 11 月 21 日 第 9 册 第 489 页

21016 论现时军队之最大任务 《大公报》 1931 年 2 月 1 日 第 100 册 第 340 页

21017 论现行外汇管理政策 《民国日报》 1946 年 10 月 19 日 第 99 册 第 226 页

21018 论现行之中等教育制度 《申报》 1934 年 8 月 16 日 第 319 册 第 439 页

21019 论现宜整顿事 《申报》 1875 年 8 月 21 日 第 7 册 第 177 页

21020 论现在米价不减宜多采外洋之米以期有备无患 《申报》 1898 年 8 月 31 日 第 59 册 第 841 页

21021 论限价议价 《大公报》 1947 年 10 月 1 日 第 161 册 第 184 页

21022 论限用部编教科书有妨教育之进步 《申报》 1910 年 3 月 11 日 第 105 册 第 161 页

21023 论限用部编教科书有妨教育之进步（续） 《申报》 1910 年 3 月 12 日 第 105 册 第 178 页

21024 论限制进口与推广出口贸易 《民国日报》 1947 年 1 月 18 日 第 99 册 第 647 页

21025 论宪草审议：五五宪草不宜作为蓝本 《大公报》 1946 年 2 月 26 日 第 156 册 第 224 页

21026　论宪草一百五十一条　《中央日报》　1946 年 12 月 23 日　第 54 册　第 1040 页

21027　论宪草中的政府责任　《大公报》　1946 年 11 月 29 日　第 158 册　第 384 页

21028　论宪法草案　《中央日报》　1946 年 8 月 15 日　第 53 册　第 646 页

21029　论宪法草案不宜根据宪法大纲敬告纂拟宪法大臣　《申报》　1911 年 4 月 24 日　第 111 册　第 865 页

21030　论宪政编查馆之不职　《申报》　1908 年 12 月 30 日　第 97 册　第 897 页

21031　论宪政馆考核第一届筹备事宜　《申报》　1909 年 6 月 23 日　第 100 册　第 763 页

21032　论宪政进行与革党消灭之关系　《申报》　1908 年 12 月 26 日　第 97 册　第 841 页

21033　论陷阱宜禁　《申报》　1888 年 7 月 25 日　第 33 册　第 169 页

21034　论乡村复兴建设计划　《中央日报》　1948 年 8 月 6 日　第 59 册　第 814 页

21035　论乡村痞棍　《申报》　1883 年 8 月 27 日　第 23 册　第 345 页

21036　论乡民抗租风潮　《申报》　1912 年 1 月 3 日　第 116 册　第 31 页

21037　论乡民闹矿事　《申报》　1899 年 2 月 3 日　第 61 册　第 199 页

21038　论乡试拥挤之患　《申报》　1888 年 9 月 26 日　第 33 册　第 581 页

21039　论乡塾训蒙宜筹简易切用之法　《申报》　1898 年 9 月 27 日　第 60 册　第 189 页

21040　论乡闱士子供给折钱助赈　《申报》　1882 年 9 月 29 日　第 21 册　第 541 页

21041　论乡闱事　《申报》　1876 年 12 月 9 日　第 9 册　第 553 页

21042　论乡小学经费之易筹　《申报》　1910 年 7 月 23 日　第 107 册　第 368 页

21043　论乡小学之设备　《申报》　1910 年 8 月 2 日　第 107 册　第 532 页

21044　论乡小学之设备续　《申报》　1910 年 8 月 3 日　第 107 册　第 548 页

21045　论乡镇聚赌害民亟宜究办事　《申报》　1873 年 2 月 6 日　第 2 册　第 101 页

21046　论乡征扰累恭注二十五日谕旨后　《申报》　1883 年 10 月 1 日　第 23 册　第 555 页

21047　论香船覆没案　《申报》　1881 年 3 月 27 日　第 18 册　第 313 页

21048　论香港讹传事　《申报》　1886 年 6 月 3 日　第 28 册　第 881 页

21049　论香港各银行纸钞现银事　《申报》　1874 年 6 月 25 日　第 4 册　第 583 页

21050　论香港会捕盗匪事　《申报》　1891 年 9 月 6 日　第 39 册　第 411 页

21051   论香港缉私事   《申报》   1874 年 6 月 24 日   第 4 册   第 579 页

21052   论香港禁止军装出口   《申报》   1891 年 10 月 9 日   第 39 册   第 611 页

21053   论香港云龙轮船事   《申报》   1874 年 2 月 28 日   第 4 册   第 177 页

21054   论香客滋事   《申报》   1879 年 5 月 5 日   第 14 册   第 429 页

21055   论湘抚禁烟事   《申报》   1880 年 8 月 1 日   第 17 册   第 125 页

21056   论湘省振兴西学之速   《申报》   1898 年 1 月 14 日   第 58 册   第 77 页

21057   论湘豫烟禁   《大公报》   1931 年 4 月 28 日   第 101 册   第 700 页

21058   论详询电报善法   《申报》   1881 年 8 月 4 日   第 19 册   第 137 页

21059   论详约与草约异同   《申报》   1885 年 6 月 13 日   第 26 册   第 891 页

21060   论饷源   《申报》   1884 年 2 月 11 日   第 24 册   第 205 页

21061   论象山浆捐案   《申报》   1891 年 1 月 17 日   第 38 册   第 101 页

21062   论枭党掠人   《申报》   1887 年 5 月 26 日   第 30 册   第 863 页

21063   论枭匪不法事   《申报》   1899 年 9 月 26 日   第 63 册   第 177 页

21064   论枭匪横行抚剿皆难宜熟筹善后之法   《申报》   1903 年 6 月 6 日   第 74
册   第 239 页

21065   论枭匪劫人勒赎事   《申报》   1899 年 11 月 5 日   第 63 册   第 459 页

21066   论枭匪原起及其结束   《申报》   1908 年 3 月 5 日   第 93 册   第 49 页

21067   论枭匪原起及其结束（续）   《申报》   1908 年 3 月 6 日   第 93 册   第
61 页

21068   论枭患   《申报》   1903 年 6 月 30 日   第 74 册   第 403 页

21069   论消长   《申报》   1874 年 3 月 5 日   第 4 册   第 193 页

21070   论消除革命在实行立宪   《申报》   1907 年 7 月 27 日   第 89 册   第
317 页

21071   论消毒   《大公报》   1931 年 7 月 29 日   第 103 册   第 340 页

21072   论消弭理教   《申报》   1882 年 11 月 28 日   第 21 册   第 901 页

21073   论萧山渔妇事   《申报》   1876 年 8 月 15 日   第 9 册   第 153 页

21074   论小车夫被殴事   《申报》   1887 年 10 月 11 日   第 31 册   第 647 页

21075   论小工苦况   《申报》   1882 年 7 月 6 日   第 21 册   第 31 页

21076   论小工亦宜使知规例   《申报》   1881 年 10 月 23 日   第 19 册   第 457 页

21077   论小国宜图自振以绝觊觎   《申报》   1885 年 11 月 19 日   第 27 册   第
863 页

21078   论小火轮通行内河之利   《申报》   1890 年 4 月 25 日   第 36 册   第
655 页

21079   论小火轮拖带行船之险   《申报》   1897 年 1 月 1 日   第 55 册   第 1 页

21080   论小流氓   《申报》   1888 年 9 月 5 日   第 33 册   第 449 页

21081   论小流氓之滋蔓   《申报》   1890 年 1 月 7 日   第 36 册   第 37 页

21082 论小票盛行各处宜由上海移会禁止 《申报》 1881 年 11 月 23 日 第 19 册 第 581 页

21083 论小试 《申报》 1890 年 1 月 3 日 第 36 册 第 13 页

21084 论小试电车 《申报》 1893 年 9 月 19 日 第 45 册 第 123 页

21085 论小试冒籍 《申报》 1878 年 11 月 4 日 第 13 册 第 433 页

21086 论小试之弊 《申报》 1889 年 3 月 15 日 第 34 册 第 369 页

21087 论小说 《申报》 1889 年 5 月 29 日 第 34 册 第 833 页

21088 论小学校不能普设之原因 《申报》 1905 年 3 月 25 日 第 79 册 第 561 页

21089 论小学校不能普设之原因（续二十日稿） 《申报》 1905 年 3 月 27 日 第 79 册 第 581 页

21090 论小学校不能普设之原因（续二十二日稿） 《申报》 1905 年 3 月 29 日 第 79 册 第 597 页

21091 论小学校不能普设之原因（续二十四日稿） 《申报》 1905 年 4 月 3 日 第 79 册 第 637 页

21092 论小学宜添设本国史地一门/杨振声（星期论文） 《大公报》 1934 年 6 月 3 日 第 120 册 第 484 页

21093 论晓谕乡民不得滋扰西人事 《申报》 1882 年 1 月 12 日 第 20 册 第 45 页

21094 论孝弟二事 《申报》 1876 年 12 月 4 日 第 9 册 第 533 页

21095 论孝廉方正 《申报》 1881 年 3 月 3 日 第 18 册 第 217 页

21096 论孝媳 《申报》 1881 年 7 月 25 日 第 19 册 第 97 页

21097 论孝子剺臂奉母 《申报》 1872 年 12 月 17 日 第 1 册 第 785 页

21098 论校外修学之可贵 《申报》 1906 年 5 月 16 日 第 83 册 第 447 页

21099 论校外修学之可贵（续廿三日稿） 《申报》 1906 年 5 月 20 日 第 83 册 第 485 页

21100 论协济饷银 《申报》 1880 年 11 月 22 日 第 17 册 第 577 页

21101 论邪教点蜡事 《申报》 1873 年 6 月 30 日 第 2 册 第 593 页

21102 论邪教惑人事 《申报》 1873 年 5 月 5 日 第 2 册 第 401 页

21103 论械斗 《申报》 1888 年 12 月 16 日 第 33 册 第 1085 页

21104 论械斗 《申报》 1891 年 3 月 20 日 第 38 册 第 403 页

21105 论械斗宜防其渐 《申报》 1896 年 5 月 9 日 第 53 册 第 51 页

21106 论械门之风宜防其渐 《申报》 1879 年 8 月 25 日 第 15 册 第 221 页

21107 论谢御史请设审计院 《申报》 1909 年 1 月 9 日 第 98 册 第 105 页

21108 论心腹之患 《申报》 1887 年 7 月 16 日 第 31 册 第 95 页

21109 论心理建设 《中央日报》 1939 年 8 月 11 日 第 42 册 第 366 页

21110 论新报体裁 《申报》 1875 年 10 月 8 日 第 7 册 第 341 页

21111 论新报言土耳其国事 《申报》 1875 年 8 月 9 日 第 7 册 第 133 页

21112 论新昌燕山匪徒及平靖情节 《申报》 1873 年 8 月 19 日 第 3 册 第
      169 页

21113 论新滇督奏请拨款以济急需事 《申报》 1909 年 6 月 11 日 第 100 册
      第 583 页

21114 论新发现的复辟叛迹（言论） 《民国日报》 1925 年 8 月 7 日 第 58 册
      第 388 页

21115 论新法过奇难施实用 《申报》 1892 年 2 月 28 日 第 40 册 第 297 页

21116 论新官制之前途 《申报》 1911 年 9 月 3 日 第 114 册 第 38 页

21117 论新海关税则之实施 《大公报》 1929 年 1 月 18 日 第 88 册 第
      248 页

21118 论新化蓝田之浩劫 《申报》 1920 年 6 月 29 日 第 164 册 第 1091 页

21119 论新简日英德考察宪政大臣 《申报》 1907 年 9 月 11 日 第 90 册
      121 页

21120 论新疆购用耕织机器 《申报》 1878 年 12 月 14 日 第 13 册 第 573 页

21121 论新疆建设 《中央日报》 1947 年 1 月 4 日 第 55 册 第 50 页

21122 论新疆今后 《大公报》 1935 年 1 月 28 日 第 124 册 第 424 页

21123 论新疆垦田事 《申报》 1887 年 4 月 27 日 第 30 册 第 681 页

21124 论新疆蒙古之关系 《申报》 1907 年 6 月 27 日 第 88 册 第 719 页

21125 论新疆情形 《申报》 1878 年 3 月 30 日 第 12 册 第 281 页

21126 论新疆请派教习 《申报》 1893 年 3 月 2 日 第 43 册 第 333 页

21127 论新疆善后事 《申报》 1878 年 3 月 28 日 第 12 册 第 273 页

21128 论新疆形势之危险与布置之方针 《申报》 1907 年 1 月 20 日 第 86 册
      第 183 页

21129 论新疆有备 《申报》 1893 年 9 月 23 日 第 45 册 第 149 页

21130 论新教育宜重实利主义 《申报》 1912 年 4 月 7 日 第 117 册 第 59 页

21131 论新教育宜重实利主义续 《申报》 1912 年 4 月 8 日 第 117 册 第
      67 页

21132 论新阶段的战时政治 《大公报》 1941 年 5 月 22 日 第 146 册 第
      582 页

21133 论新借款以盐税为担保品并未违反《辛丑条约》 《申报》 1912 年 10 月
      16 日 第 119 册 第 151 页

21134 论新借款之分配 《申报》 1912 年 10 月 4 日 第 119 册 第 31 页

21135 论新旧参用之弊 《申报》 1905 年 7 月 28 日 第 80 册 第 745 页

21136 论新旧之战争（言论） 《民国日报》 1926 年 11 月 25 日 第 66 册 第

72 页

21137 论新民词输入与民德堕落之关系 《申报》 1906 年 12 月 13 日 第 85 册 第 645 页

21138 论新民国之政弊 《申报》 1912 年 7 月 3 日 第 118 册 第 21 页

21139 论新募勇营未可遽撤 《申报》 1884 年 5 月 22 日 第 24 册 第 801 页

21140 论新年赌博 《申报》 1887 年 2 月 2 日 第 30 册 第 151 页

21141 论新年禁赌 《申报》 1896 年 2 月 28 日 第 52 册 第 317 页

21142 论新年禁赌之善 《申报》 1897 年 2 月 18 日 第 55 册 第 255 页

21143 论新年禁放爆竹 《申报》 1900 年 2 月 11 日 第 64 册 第 213 页

21144 论新年景象 《申报》 1893 年 2 月 23 日 第 43 册 第 289 页

21145 论新年乐事 《申报》 1882 年 2 月 24 日 第 20 册 第 193 页

21146 论新年气候 《申报》 1883 年 3 月 7 日 第 22 册 第 297 页

21147 论新炮炸裂 《申报》 1887 年 6 月 7 日 第 30 册 第 939 页

21148 论新日英同盟 《申报》 1911 年 8 月 16 日 第 113 册 第 765 页

21149 论新署拟添押所 《申报》 1887 年 9 月 13 日 第 31 册 第 461 页

21150 论新同丰客栈事 《申报》 1876 年 10 月 10 日 第 9 册 第 345 页

21151 论新闻工作人员之训练 《中央日报》 1939 年 7 月 24 日 第 42 册 第 292 页

21152 论新闻日报馆事 《申报》 1874 年 3 月 12 日 第 4 册 第 217 页

21153 论"新闻宪章" 《中央日报》 1942 年 11 月 8 日 第 47 册 第 46 页

21154 论新闻纸当持正义 《申报》 1891 年 7 月 12 日 第 39 册 第 67 页

21155 论新闻纸之益 《申报》 1886 年 8 月 11 日 第 29 册 第 251 页

21156 论新闻自由 《中央日报》 1948 年 3 月 24 日 第 58 册 第 740 页

21157 论新银团日本宣言 《民国日报》 1920 年 5 月 19 日 第 27 册 第 240 页

21158 论新政府亟应联络北军 《申报》 1912 年 1 月 26 日 第 116 册 第 276 页

21159 论新政府今日急宜痛除虚骄之习 《申报》 1912 年 3 月 8 日 第 116 册 第 561 页

21160 论新政府施政方针 《中央日报》 1947 年 4 月 21 日 第 55 册 第 1068 页

21161 论信 《申报》 1895 年 5 月 22 日 第 50 册 第 135 页

21162 论信差获咎事 《申报》 1904 年 5 月 18 日 第 77 册 第 121 页

21163 论信用政策 《大公报》 1947 年 12 月 6 日 第 161 册 第 586 页

21164 论信属之好义 《申报》 1889 年 11 月 14 日 第 35 册 第 843 页

21165 论兴工通商 《申报》 1888 年 10 月 5 日 第 33 册 第 637 页

21166　论兴利本务　《申报》　1878 年 4 月 5 日　第 12 册　第 301 页

21167　论兴泉永道宪造园以憩西人事　《申报》　1886 年 1 月 3 日　第 28 册　第 13 页

21168　论兴水利以裕民食　《申报》　1877 年 12 月 19 日　第 11 册　第 589 页

21169　论刑法不可不严　《申报》　1896 年 8 月 9 日　第 53 册　第 647 页

21170　论刑法修正案中之"保安处分"　《申报》　1934 年 10 月 24 日　第 321 册　第 719 页

21171　论刑官造福　《申报》　1896 年 12 月 30 日　第 54 册　第 757 页

21172　论刑讯　《申报》　1876 年 3 月 14 日　第 8 册　第 229 页

21173　论刑讯　《申报》　1884 年 1 月 11 日　第 24 册　第 61 页

21174　论刑讯不宜废之原因与革除之要点　《申报》　1910 年 6 月 22 日　第 106 册　第 849 页

21175　论刑讯不宜废之原因与革除之要点（续）　《申报》　1910 年 6 月 23 日　第 106 册　第 867 页

21176　论刑讯难恃书金陵三牌楼旧案　《申报》　1881 年 11 月 4 日　第 19 册　第 505 页

21177　论刑讯宜政事　《申报》　1875 年 8 月 17 日　第 7 册　第 161 页

21178　论刑与德　《大公报》　1948 年 9 月 2 日　第 164 册　第 8 页

21179　论行兵步伐　《申报》　1884 年 3 月 27 日　第 24 册　第 467 页

21180　论行钞票可以济钱之不足　《申报》　1896 年 6 月 9 日　第 53 册　第 259 页

21181　论行刺王之春事　《申报》　1904 年 11 月 23 日　第 78 册　第 573 页

21182　论行海险生不测　《申报》　1881 年 8 月 29 日　第 19 册　第 237 页

21183　论行军设后路粮台并宽大之路　《申报》　1895 年 3 月 13 日　第 49 册　第 385 页

21184　论行军恃有利器而尤贵得人　《申报》　1895 年 3 月 11 日　第 49 册　第 373 页

21185　论行军以间谍为先　《申报》　1895 年 1 月 11 日　第 49 册　第 63 页

21186　论行军之要　《申报》　1896 年 1 月 13 日　第 52 册　第 79 页

21187　论行路之难　《申报》　1891 年 3 月 25 日　第 38 册　第 433 页

21188　论行七事以兴丝利　《申报》　1891 年 4 月 26 日　第 38 册　第 625 页

21189　论行善举宜取法于泰西　《申报》　1895 年 3 月 4 日　第 49 册　第 331 页

21190　论行政督察区制　《中央日报》　1948 年 3 月 17 日　第 58 册　第 676 页

21191　论行政机构的脱节：由自费留学生结汇问题说起　《大公报》　1947 年 2 月 28 日　第 159 册　第 422 页

21192　论行政效率　《大公报》　1940 年 2 月 9 日　第 144 册　第 158 页

21193　论行政院改组　《大公报》　1945 年 8 月 1 日　第 155 册　第 136 页

21194　论行庄增资　《中央日报》　1948 年 9 月 6 日　第 60 册　第 42 页

21195　论性情之不同　《申报》　1887 年 7 月 27 日　第 31 册　第 163 页

21196　论修复古迹　《申报》　1882 年 2 月 6 日　第 20 册　第 145 页

21197　论修旧船　《申报》　1881 年 5 月 23 日　第 18 册　第 545 页

21198　论修理宫殿及跸路设站事　《申报》　1901 年 6 月 16 日　第 68 册　第 277 页

21199　论修正公司法原则　《中央日报》　1945 年 6 月 20 日　第 51 册　第 116 页

21200　论修正进出口贸易办法　《民国日报》　1946 年 11 月 20 日　第 99 册　第 355 页

21201　论修治道路书晋抚张香涛中丞疏后　《申报》　1884 年 6 月 4 日　第 24 册　第 879 页

21202　论修治街道　《申报》　1883 年 3 月 10 日　第 22 册　第 311 页

21203　论秀才轻重　《申报》　1883 年 10 月 18 日　第 23 册　第 657 页

21204　论秀才作贼　《申报》　1897 年 12 月 1 日　第 57 册　第 567 页

21205　论徐壬癸图复女堂倌为邑尊重责事　《申报》　1873 年 3 月 6 日　第 2 册　第 197 页

21206　论徐世昌图陕之狡计（来论）/柏人　《民国日报》　1918 年 12 月 11 日　第 18 册　第 482 页

21207　论许观察谕饬堂董事　《申报》　1893 年 6 月 24 日　第 44 册　第 391 页

21208　论许河帅查明存水折后　《申报》　1893 年 11 月 8 日　第 45 册　第 461 页

21209　论许侍郎袁京卿奏请剿办拳匪事　《申报》　1901 年 3 月 17 日　第 67 册　第 405 页

21210　论恤刑　《申报》　1888 年 10 月 14 日　第 33 册　第 695 页

21211　论畜牧与国民经济之关系　《申报》　1910 年 3 月 21 日　第 105 册　第 322 页

21212　论畜牧与国民经济之关系（续）　《申报》　1910 年 3 月 22 日　第 105 册　第 338 页

21213　论续捐往赈东饥免致前攻尽废事　《申报》　1877 年 7 月 14 日　第 11 册　第 45 页

21214　论宣传　《大公报》　1929 年 6 月 8 日　第 90 册　第 612 页

21215　论宣传休战　《大公报》　1947 年 1 月 20 日　第 159 册　第 152 页

21216　论宣传休站　《大公报》　1946 年 5 月 30 日　第 156 册　第 596 页

21217　论宣传政策　《民国日报》　1921 年 2 月 27 日　第 31 册　第 672 页

21218   论宣示教育宗旨   《申报》   1906 年 4 月 4 日   第 83 册   第 31 页

21219   论宣示教育宗旨（续昨稿）   《申报》   1906 年 4 月 5 日   第 83 册   第 41 页

21220   论宣统五年召集国会问题   《申报》   1910 年 11 月 5 日   第 109 册   第 65 页

21221   论宣统元年之筹备立宪   《申报》   1909 年 1 月 26 日   第 98 册   第 226 页

21222   论选将   《申报》   1894 年 11 月 2 日   第 48 册   第 391 页

21223   论选将   《申报》   1894 年 12 月 8 日   第 48 册   第 615 页

21224   论选举   《大公报》   1948 年 4 月 29 日   第 162 册   第 718 页

21225   论选举调查之弊   《申报》   1908 年 12 月 14 日   第 97 册   第 667 页

21226   论选举法之关系   《申报》   1908 年 4 月 6 日   第 93 册   第 490 页

21227   论选举人名册中关于教职之资格   《申报》   1908 年 10 月 18 日   第 96 册   第 684 页

21228   论选举议员之难与议员之难为   《申报》   1909 年 9 月 26 日   第 102 册   第 370 页

21229   论选派议长议绅之办法   《申报》   1907 年 1 月 5 日   第 86 册   第 39 页

21230   论选器   《申报》   1894 年 11 月 4 日   第 48 册   第 403 页

21231   论选勇   《申报》   1894 年 11 月 3 日   第 48 册   第 397 页

21232   论学部禁阻学界干涉请开国会事   《申报》   1908 年 6 月 16 日   第 94 册   第 608 页

21233   论学部拟废去学堂奖励及变通留学生任用办法   《申报》   1910 年 6 月 12 日   第 106 册   第 682 页

21234   论学部提倡尚武精神   《申报》   1907 年 6 月 7 日   第 88 册   第 477 页

21235   论学部通饬学堂注重经学   《申报》   1906 年 2 月 28 日   第 82 册   第 411 页

21236   论学部限定女学生年岁   《申报》   1907 年 7 月 31 日   第 89 册   第 365 页

21237   论学部议行强迫教育新例   《申报》   1906 年 2 月 22 日   第 82 册   第 361 页

21238   论学官宜速裁废   《申报》   1910 年 12 月 25 日   第 109 册   第 865 页

21239   论学官宜速裁废续   《申报》   1910 年 12 月 27 日   第 109 册   第 897 页

21240   论学贵专门   《申报》   1892 年 3 月 16 日   第 40 册   第 399 页

21241   论学生   《申报》   1904 年 7 月 7 日   第 77 册   第 453 页

21242   论学生服役   《大公报》   1943 年 1 月 8 日   第 150 册   第 36 页

21243   论学生押解回华事   《申报》   1902 年 8 月 11 日   第 71 册   第 697 页

21244　论学生肇祸　《申报》　1902年8月10日　第71册　第691页

21245　论学生甄审问题　《大公报》　1947年3月31日　第159册　第626页

21246　论学署家丁与警察勇争殴事　《申报》　1902年8月29日　第71册　第819页

21247　论学术不可偏废　《申报》　1896年10月31日　第54册　第381页

21248　论学堂　《申报》　1903年2月16日　第73册　第235页

21249　论学堂不宜有争端　《申报》　1906年6月28日　第83册　第863页

21250　论学堂公地建造私宅事　《申报》　1906年4月22日　第83册　第211页

21251　论学堂课程宜简并宜设立专门学堂　《申报》　1902年11月11日　第72册　第493页

21252　论学堂仕进不宜混合为一　《申报》　1905年10月25日　第81册　第459页

21253　论学堂贴费　《申报》　1906年11月3日　第85册　第283页

21254　论学堂贴费（一续）　《申报》　1906年11月4日　第85册　第293页

21255　论学堂贴费（二续）　《申报》　1906年11月5日　第85册　第303页

21256　论学徒出洋有美意而无良法　《申报》　1882年1月22日　第20册　第85页

21257　论学徒苦况　《申报》　1882年3月10日　第20册　第255页

21258　论学务处亟宜归并学政　《申报》　1905年9月20日　第81册　第165页

21259　论学务处亟宜归并学政（续廿二日稿）　《申报》　1905年9月29日　第81册　第237页

21260　论学务处拟改文部　《申报》　1905年5月2日　第80册　第9页

21261　论学习俄国事务　《申报》　1880年12月24日　第17册　第705页

21262　论学习格致当以算学为本　《申报》　1895年2月17日　第49册　第241页

21263　论学习西法近效　《申报》　1881年5月15日　第18册　第513页

21264　论学习西法水师可以选用武员　《申报》　1882年2月10日　第20册　第161页

21265　论学习西学事　《申报》　1875年8月4日　第7册　第117页

21266　论学校贷金问题　《大公报》　1942年3月26日　第148册　第360页

21267　论学校读经/傅孟真（星期论文）　《大公报》　1935年4月7日　第125册　第598页

21268　论学校风潮　《大公报》　1947年4月3日　第159册　第646页

21269　论学校亟宜注重国文　《申报》　1905年4月6日　第79册　第663页

21270 论学校亟宜注重国文（续昨稿）   《申报》   1905 年 4 月 7 日   第 79 册
第 671 页

21271 论学校军训   《大公报》   1947 年 2 月 8 日   第 159 册   第 278 页

21272 论学校音乐之关系   《申报》   1906 年 5 月 3 日   第 83 册   第 321 页

21273 论学校运动会   《申报》   1907 年 10 月 22 日   第 90 册   第 621 页

21274 论学校运动会（续）   《申报》   1907 年 10 月 23 日   第 90 册   第 633 页

21275 论学院家丁借端勒索事   《申报》   1898 年 12 月 25 日   第 60 册   第
815 页

21276 论巡捕   《申报》   1875 年 6 月 9 日   第 6 册   第 525 页

21277 论巡捕   《申报》   1876 年 7 月 14 日   第 9 册   第 45 页

21278 论巡捕不足御盗   《申报》   1878 年 10 月 11 日   第 13 册   第 353 页

21279 论巡捕严防枪火之法   《申报》   1883 年 1 月 2 日   第 22 册   第 5 页

21280 论巡捕黉夜持械入城   《申报》   1883 年 7 月 24 日   第 23 册   第 139 页

21281 论巡捕越界断事   《申报》   1878 年 10 月 17 日   第 13 册   第 373 页

21282 论巡船防盗   《申报》   1879 年 3 月 4 日   第 14 册   第 193 页

21283 论巡船冒昧   《申报》   1878 年 12 月 28 日   第 13 册   第 621 页

21284 论巡丁不宜擅放洋枪   《申报》   1882 年 1 月 8 日   第 20 册   第 29 页

21285 论巡丁当严驾驭之法   《申报》   1886 年 12 月 10 日   第 29 册   第
1001 页

21286 论巡丁杀毙商人事   《申报》   1887 年 6 月 10 日   第 30 册   第 959 页

21287 论巡防不可独严于冬令   《申报》   1891 年 3 月 14 日   第 38 册   第
369 页

21288 论巡防局不准擅理词讼   《申报》   1892 年 8 月 20 日   第 41 册   第
727 页

21289 论巡防委员纵容局勇酿成命案   《申报》   1894 年 1 月 19 日   第 46 册
第 119 页

21290 论巡更畏贼   《申报》   1880 年 2 月 22 日   第 16 册   第 185 页

21291 论巡缉私盐   《申报》   1892 年 3 月 12 日   第 40 册   第 375 页

21292 论巡局委员不得滥用刑责   《申报》   1904 年 7 月 14 日   第 77 册   第
497 页

21293 论巡局委员滥行枷押之非   《申报》   1901 年 9 月 12 日   第 69 册   第
67 页

21294 论巡视华侨之结果   《申报》   1908 年 4 月 10 日   第 93 册   第 543 页

21295 论巡阅炮台   《申报》   1892 年 10 月 30 日   第 42 册   第 379 页

21296 论训导长制与导师制   《大公报》   1946 年 7 月 26 日   第 157 册   第
102 页

21297　论训练贵纯熟　《申报》　1896 年 11 月 20 日　第 54 册　第 511 页

21298　论训练与教育之关系　《申报》　1905 年 6 月 8 日　第 80 册　第 341 页

21299　论讯案禁人观听　《申报》　1879 年 4 月 29 日　第 14 册　第 405 页

21300　论讯办京控案　《申报》　1875 年 8 月 27 日　第 7 册　第 197 页

21301　论讯辩　《申报》　1875 年 8 月 19 日　第 7 册　第 169 页

21302　论逊位问题之大波折　《申报》　1912 年 1 月 25 日　第 116 册　第 268 页

21303　论殉路非上策　《申报》　1907 年 12 月 10 日　第 91 册　第 499 页

21304　论押犯之弊　《申报》　1885 年 4 月 17 日　第 26 册　第 553 页

21305　论押女毙母　《申报》　1879 年 5 月 10 日　第 14 册　第 449 页

21306　论鸦片公卖之说　《大公报》　1931 年 2 月 7 日　第 100 册　第 412 页

21307　论鸦片难禁　《申报》　1877 年 5 月 15 日　第 10 册　第 437 页

21308　论鸦片偷漏厘捐宜设法杜绝事　《申报》　1873 年 6 月 20 日　第 2 册　第 561 页

21309　论鸦片烟加税　《申报》　1878 年 2 月 16 日　第 12 册　第 137 页

21310　论鸦片烟之害　《申报》　1876 年 8 月 26 日　第 9 册　第 193 页

21311　论鸦片宜禁种并行　《申报》　1891 年 5 月 3 日　第 38 册　第 667 页

21312　论鸦片有可禁之机　《申报》　1883 年 3 月 14 日　第 22 册　第 331 页

21313　论鸦片只可种于旷地荒山海滨废土　《申报》　1893 年 6 月 4 日　第 44 册　第 247 页

21314　论衙蠹　《申报》　1878 年 1 月 1 日　第 12 册　第 1 页

21315　论衙蠹擅用私刑宜从严究办　《申报》　1899 年 7 月 26 日　第 62 册　第 649 页

21316　论衙署积弊　《申报》　1873 年 12 月 6 日　第 3 册　第 545 页

21317　论雅俗异趣　《申报》　1879 年 12 月 27 日　第 15 册　第 717 页

21318　论亚细亚大同盟（社论）　《民国日报》　1927 年 11 月 1 日　第 71 册　第 2 页

21319　论烟馆女堂倌　《申报》　1872 年 10 月 21 日　第 1 册　第 589 页

21320　论烟馆愈开愈多口宜设法限制　《申报》　1882 年 2 月 28 日　第 20 册　第 209 页

21321　论烟害　《申报》　1897 年 7 月 13 日　第 56 册　第 445 页

21322　论烟害　《申报》　1897 年 7 月 15 日　第 56 册　第 461 页

21323　论烟害　《申报》　1897 年 7 月 22 日　第 56 册　第 505 页

21324　论烟害之远　《申报》　1890 年 6 月 7 日　第 36 册　第 923 页

21325　论烟酒与卫生之关系　《申报》　1909 年 7 月 13 日　第 101 册　第 179 页

21326　论烟台叶二尹禁押铺事　《申报》　1893 年 8 月 19 日　第 44 册　第 779 页

21327 论延访使才 《申报》 1887 年 3 月 22 日 第 30 册 第 445 页

21328 论延聘西人须择真才 《申报》 1888 年 9 月 9 日 第 33 册 第 475 页

21329 论严办拐犯 《申报》 1881 年 9 月 13 日 第 19 册 第 297 页

21330 论严办流氓深得为治之要 《申报》 1896 年 12 月 18 日 第 54 册 第 683 页

21331 论严办台基案有益于风俗 《申报》 1890 年 9 月 13 日 第 37 册 第 477 页

21332 论严办淫凶事 《申报》 1899 年 4 月 4 日 第 61 册 第 557 页

21333 论严办纵火宵小 《申报》 1889 年 12 月 12 日 第 35 册 第 1019 页

21334 论严查保甲以靖地方 《申报》 1890 年 12 月 27 日 第 37 册 第 1141 页

21335 论严惩拐匪 《申报》 1894 年 5 月 18 日 第 47 册 第 123 页

21336 论严惩劣董事 《申报》 1899 年 9 月 30 日 第 63 册 第 205 页

21337 论严惩伪善事 《申报》 1904 年 5 月 26 日 第 77 册 第 179 页

21338 论严惩纵火事 《申报》 1904 年 11 月 17 日 第 78 册 第 531 页

21339 论严防俄船图逃之关系 《申报》 1905 年 4 月 24 日 第 79 册 第 825 页

21340 论严防放火 《申报》 1886 年 1 月 7 日 第 28 册 第 37 页

21341 论严禁私铸 《申报》 1891 年 4 月 3 日 第 38 册 第 487 页

21342 论严禁偷运 《申报》 1894 年 9 月 28 日 第 48 册 第 175 页

21343 论严究诬陷事 《申报》 1904 年 10 月 27 日 第 78 册 第 381 页

21344 论严究纵火 《申报》 1888 年 11 月 2 日 第 33 册 第 811 页

21345 论严申门禁 《申报》 1892 年 9 月 7 日 第 42 册 第 39 页

21346 论言官尽言 《申报》 1881 年 8 月 11 日 第 19 册 第 165 页

21347 论言官外迁 《申报》 1879 年 11 月 9 日 第 15 册 第 525 页

21348 论言官宜留余地 《申报》 1895 年 1 月 3 日 第 49 册 第 15 页

21349 论言官之言无益于事 《申报》 1879 年 2 月 12 日 第 14 册 第 125 页

21350 论言论自由 《大公报》 1937 年 2 月 18 日 第 136 册 第 626 页

21351 论言论自由 《中央日报》 1944 年 4 月 21 日 第 49 册 第 498 页

21352 论言责之难尽 《申报》 1884 年 11 月 21 日 第 25 册 第 817 页

21353 论沿海设立救生局事 《申报》 1874 年 1 月 3 日 第 4 册 第 9 页

21354 论沿江四省新协定 《民国日报》 1923 年 7 月 26 日 第 46 册 第 352 页

21355 论盐捕营亟宜整顿 《申报》 1906 年 5 月 28 日 第 83 册 第 559 页

21356 论盐贩抗官事 《申报》 1889 年 6 月 8 日 第 34 册 第 895 页

21357 论盐斤加价 《申报》 1908 年 7 月 14 日 第 95 册 第 178 页

21358 论盐斤加价（续） 《申报》 1908 年 7 月 15 日 第 95 册 第 193 页

21359 论盐斤增价之害 《申报》 1910 年 8 月 17 日 第 107 册 第 774 页

21360 论盐斤增价之害续 《申报》 1910 年 8 月 19 日 第 107 册 第 806 页

21361 论盐斤增价之害再续 《申报》 1910 年 8 月 22 日 第 107 册 第 853 页

21362 论盐捐不宜招商包办 《申报》 1887 年 4 月 21 日 第 30 册 第 645 页

21363 论盐务 《申报》 1875 年 6 月 23 日 第 6 册 第 573 页

21364 论盐务 《申报》 1876 年 7 月 11 日 第 9 册 第 33 页

21365 论盐枭亟宜痛惩 《申报》 1886 年 4 月 29 日 第 28 册 第 665 页

21366 论盐枭投诚 《申报》 1881 年 7 月 19 日 第 19 册 第 73 页

21367 论盐枭为患 《申报》 1885 年 5 月 5 日 第 26 册 第 657 页

21368 论盐与附税 《大公报》 1927 年 1 月 23 日 第 78 册 第 173 页

21369 论盐政处改盐法院之失当 《申报》 1911 年 8 月 26 日 第 113 册 第 944 页

21370 论盐政处坚持盐斤改售洋码之非计 《申报》 1910 年 7 月 5 日 第 107 册 第 71 页

21371 论盐政改革之不可缓 《申报》 1913 年 9 月 21 日 第 124 册 第 263 页

21372 论盐政改革之不可缓续 《申报》 1913 年 9 月 22 日 第 124 册 第 275 页

21373 论阎锡山积极行动的形势（一）：先从政治方面说起 《民国日报》 1930 年 3 月 19 日 第 85 册 第 264 页

21374 论阎锡山积极行动的形势（二）：由政治说到经济方面 《民国日报》 1930 年 3 月 20 日 第 85 册 第 278 页

21375 论阎锡山积极行动的形势（三）：最后在军事方面下一个测断 《民国日报》 1930 年 3 月 23 日 第 85 册 第 314 页

21376 论演炮伤人事 《申报》 1893 年 7 月 1 日 第 44 册 第 441 页

21377 论演戏救灾事 《申报》 1877 年 2 月 8 日 第 10 册 第 133 页

21378 论验尸积弊 《申报》 1892 年 5 月 10 日 第 41 册 第 57 页

21379 论谳员不应辞差 《申报》 1905 年 12 月 11 日 第 81 册 第 865 页

21380 论扬州保甲局禁祀邪神事 《申报》 1891 年 12 月 26 日 第 39 册 第 1081 页

21381 论扬州饥民不服遣散事 《申报》 1907 年 2 月 20 日 第 86 册 第 425 页

21382 论扬州警察之无状 《申报》 1906 年 10 月 9 日 第 85 册 第 67 页

21383 论扬州宜筹安置灾民之法 《申报》 1906 年 12 月 23 日 第 85 册 第 739 页

21384 论扬州资遣难民 《申报》 1884 年 2 月 17 日 第 24 册 第 241 页

21385　论杨君光第述山西灾状书因书其后　《申报》　1893 年 5 月 12 日　第 44 册　第 81 页

21386　论杨使请向日廷控告学生事愤书　《申报》　1907 年 5 月 10 日　第 88 册　第 127 页

21387　论杨树埔新筑花园　《申报》　1888 年 11 月 7 日　第 33 册　第 843 页

21388　论杨树浦巡防局员薄惩凶棍抢孀事　《申报》　1897 年 6 月 28 日　第 56 册　第 353 页

21389　论杨月楼发郡覆审一案　《申报》　1874 年 5 月 23 日　第 4 册　第 467 页

21390　论杨州兴办水利事　《申报》　1889 年 1 月 10 日　第 34 册　第 51 页

21391　论洋拆大有关于市面　《申报》　1883 年 4 月 10 日　第 22 册　第 485 页

21392　论洋场地气之迁移　《申报》　1889 年 12 月 7 日　第 35 册　第 987 页

21393　论洋场犯事妇女惩办宜严　《申报》　1889 年 11 月 8 日　第 35 册　第 807 页

21394　论洋场历年度岁情形　《申报》　1876 年 2 月 3 日　第 8 册　第 93 页

21395　论洋场团练　《申报》　1884 年 8 月 1 日　第 25 册　第 187 页

21396　论洋场止讹暗与古合　《申报》　1876 年 9 月 15 日　第 9 册　第 261 页

21397　论洋货厘金　《申报》　1892 年 11 月 5 日　第 42 册　第 415 页

21398　论洋枪自杀事　《申报》　1889 年 11 月 15 日　第 35 册　第 849 页

21399　论洋务不以考试得之　《申报》　1889 年 5 月 8 日　第 34 册　第 699 页

21400　论洋务当务其大　《申报》　1889 年 9 月 8 日　第 35 册　第 431 页

21401　论洋务首在得人　《申报》　1887 年 4 月 10 日　第 30 册　第 579 页

21402　论洋烟之禁宜自官场始　《申报》　1891 年 9 月 20 日　第 39 册　第 495 页

21403　论洋药加税　《申报》　1885 年 5 月 24 日　第 26 册　第 771 页

21404　论洋药局查禁冒充巡勇事　《申报》　1873 年 1 月 22 日　第 2 册　第 73 页

21405　论洋药捐局事　《申报》　1886 年 12 月 1 日　第 29 册　第 943 页

21406　论洋药巡丁滋扰　《申报》　1886 年 4 月 21 日　第 28 册　第 617 页

21407　论仰光未设领事官　《申报》　1897 年 4 月 16 日　第 55 册　第 607 页

21408　论仰光未设领事官　《申报》　1897 年 4 月 26 日　第 55 册　第 667 页

21409　论养廉　《大公报》　1943 年 8 月 30 日　第 151 册　第 270 页

21410　论养廉薪水可以充赈　《申报》　1878 年 7 月 20 日　第 13 册　第 69 页

21411　论养生　《申报》　1894 年 6 月 22 日　第 47 册　第 377 页

21412　论养生　《申报》　1897 年 8 月 31 日　第 56 册　第 755 页

21413　论养媳呼冤事　《申报》　1873 年 11 月 4 日　第 3 册　第 433 页

21414　论妖术有无　《申报》　1891 年 12 月 23 日　第 39 册　第 1061 页

21415 论妖妄 《申报》 1892 年 10 月 29 日 第 42 册 第 371 页

21416 论邀请状师 《申报》 1880 年 3 月 16 日 第 16 册 第 277 页

21417 论谣传墙上冒血惩办事 《申报》 1873 年 7 月 10 日 第 3 册 第 33 页

21418 论谣言不足据 《申报》 1889 年 6 月 21 日 第 34 册 第 981 页

21419 论谣言之害 《申报》 1908 年 11 月 25 日 第 97 册 第 378 页

21420 论咬去舌头奇闻 《申报》 1872 年 11 月 20 日 第 1 册 第 693 页

21421 论药 《申报》 1906 年 12 月 7 日 第 85 册 第 589 页

21422 论药厂飞灾事 《申报》 1901 年 4 月 7 日 第 67 册 第 533 页

21423 论药店东伙各宜以仁存心 《申报》 1886 年 3 月 12 日 第 28 册 第 377 页

21424 论药铺招牌及仿帖字宜求清晰 《申报》 1895 年 7 月 16 日 第 50 册 第 493 页

21425 论耶稣教中人来中土传教 《申报》 1872 年 12 月 20 日 第 1 册 第 797 页

21426 论夜点路灯得愈目疾记 《申报》 1872 年 12 月 30 日 第 1 册 第 829 页

21427 论夜巡放枪 《申报》 1880 年 10 月 27 日 第 17 册 第 473 页

21428 论夜游之害 《申报》 1887 年 9 月 2 日 第 31 册 第 391 页

21429 论一般外交方针 《大公报》 1935 年 6 月 7 日 第 126 册 第 596 页

21430 论伊侯游俄 《申报》 1901 年 12 月 13 日 第 69 册 第 635 页

21431 论衣冠贼 《申报》 1885 年 12 月 10 日 第 27 册 第 991 页

21432 论衣冠中贼 《申报》 1879 年 8 月 10 日 第 15 册 第 161 页

21433 论医 《申报》 1876 年 8 月 16 日 第 9 册 第 157 页

21434 论医馆验妓事 《申报》 1873 年 5 月 27 日 第 2 册 第 477 页

21435 论医生写方不应过于潦草 《申报》 1886 年 12 月 22 日 第 29 册 第 1073 页

21436 论医士勒索误人性命事 《申报》 1872 年 12 月 2 日 第 1 册 第 733 页

21437 论医院宜筹经久扩充之法 《申报》 1887 年 4 月 28 日 第 30 册 第 687 页

21438 论仪从之陋 《申报》 1876 年 8 月 7 日 第 9 册 第 125 页

21439 论宜昌土贱米贵事 《申报》 1886 年 4 月 28 日 第 28 册 第 659 页

21440 论宜得人以理财 《申报》 1892 年 8 月 14 日 第 41 册 第 687 页

21441 论宜法古以从民欲 《申报》 1895 年 9 月 23 日 第 51 册 第 149 页

21442 论宜复古法以通上下之情 《申报》 1895 年 9 月 9 日 第 51 册 第 53 页

21443 论宜固结民心 《申报》 1891 年 6 月 16 日 第 38 册 第 933 页

21444   论宜广设学校以裕人才   《申报》   1891 年 12 月 20 日   第 39 册   第 1043 页

21445   论宜广铸银钱   《申报》   1889 年 3 月 3 日   第 34 册   第 295 页

21446   论宜厚结俄欢   《申报》   1896 年 4 月 13 日   第 52 册   第 597 页

21447   论宜化导愚民以固邦交   《申报》   1892 年 2 月 21 日   第 40 册   第 255 页

21448   论宜亟设法广用客民以开荒田而裕民食事   《申报》   1878 年 5 月 9 日   第 12 册   第 417 页

21449   论宜谨出入以减免厘金上   《申报》   1893 年 3 月 5 日   第 43 册   第 351 页

21450   论宜谨出入以减免厘金下   《申报》   1893 年 3 月 12 日   第 43 册   第 393 页

21451   论宜禁止小钱   《申报》   1892 年 12 月 8 日   第 42 册   第 623 页

21452   论宜联络欧洲诸大国以成亚洲自强之局   《申报》   1887 年 2 月 6 日   第 30 册   第 175 页

21453   论宜遴选使才以重使事   《申报》   1892 年 7 月 10 日   第 41 册   第 455 页

21454   论宜去学校积弊以兴人材   《申报》   1894 年 9 月 18 日   第 48 册   第 111 页

21455   论宜榷烟酒以旺税务   《申报》   1890 年 2 月 16 日   第 36 册   第 229 页

21456   论宜如何节饷项减厘金裕利源以舒民力   《申报》   1893 年 1 月 8 日   第 43 册   第 47 页

21457   论宜设法弭盗以安闾阎事   《申报》   1875 年 12 月 9 日   第 7 册   第 553 页

21458   论宜设法以灭厘金   《申报》   1896 年 6 月 8 日   第 53 册   第 251 页

21459   论宜设商局以旺商务   《申报》   1892 年 7 月 31 日   第 41 册   第 593 页

21460   论宜设铁甲船坞   《申报》   1892 年 7 月 24 日   第 41 册   第 549 页

21461   论宜设洋务总局于上海   《申报》   1894 年 10 月 31 日   第 48 册   第 379 页

21462   论宜慎选出洋人员   《申报》   1887 年 6 月 26 日   第 30 册   第 1061 页

21463   论宜胜而后和   《申报》   1894 年 11 月 8 日   第 48 册   第 429 页

21464   论宜速设临时政府   《申报》   1911 年 12 月 8 日   第 115 册   第 538 页

21465   论宜停捐纳   《申报》   1893 年 3 月 19 日   第 43 册   第 437 页

21466   论宜通民情   《申报》   1887 年 5 月 1 日   第 30 册   第 705 页

21467   论宜推广购钱以救钱荒   《申报》   1896 年 2 月 7 日   第 52 册   第 223 页

21468   论宜效西法设立艺学   《申报》   1895 年 3 月 18 日   第 49 册   第 421 页

21469 论宜兴制造以广贸易 《申报》 1892 年 8 月 7 日 第 41 册 第 641 页

21470 论宜选拔真材 《申报》 1888 年 3 月 4 日 第 32 册 第 335 页

21471 论宜严杜接济以困倭人 《申报》 1894 年 12 月 27 日 第 48 册 第 729 页

21472 论宜严禁哈尔滨油以弭喉症 《申报》 1902 年 2 月 2 日 第 70 册 第 193 页

21473 论宜严审停棺不葬之例 《申报》 1892 年 1 月 6 日 第 40 册 第 33 页

21474 论宜永停捐纳 《申报》 1896 年 7 月 7 日 第 53 册 第 435 页

21475 论宜整顿厘务以兴丝利 《申报》 1891 年 3 月 8 日 第 38 册 第 333 页

21476 论宜正谬辟邪以崇祀典 《申报》 1890 年 12 月 8 日 第 37 册 第 1021 页

21477 论宜治运便民事 《申报》 1873 年 9 月 12 日 第 3 册 第 253 页

21478 论宜专设俄使 《申报》 1887 年 9 月 5 日 第 31 册 第 409 页

21479 论宜专设邮局 《申报》 1887 年 1 月 30 日 第 30 册 第 133 页

21480 论宜准开花会以佐饷需 《申报》 1894 年 12 月 29 日 第 48 册 第 739 页

21481 论宜自强以御外 《申报》 1894 年 10 月 2 日 第 48 册 第 199 页

21482 论移醮费以救贫民说 《申报》 1891 年 7 月 27 日 第 39 册 第 157 页

21483 论移民让河之善 《申报》 1889 年 7 月 26 日 第 35 册 第 163 页

21484 论移资助赈之难 《申报》 1878 年 6 月 15 日 第 12 册 第 545 页

21485 论遗勇 《申报》 1892 年 12 月 21 日 第 42 册 第 703 页

21486 论颐和园工程 《申报》 1908 年 5 月 5 日 第 94 册 第 54 页

21487 论已革举人童迥妄控宣广文事 《申报》 1897 年 3 月 1 日 第 55 册 第 321 页

21488 论已革张给谏被人勒诈案 《申报》 1883 年 7 月 11 日 第 23 册 第 61 页

21489 论己酉之进化 《申报》 1909 年 1 月 25 日 第 98 册 第 209 页

21490 论以德服人 《大公报》 1930 年 10 月 6 日 第 98 册 第 424 页

21491 论以工代赈 《申报》 1876 年 12 月 26 日 第 9 册 第 609 页

21492 论以工代赈 《申报》 1893 年 1 月 13 日 第 43 册 第 77 页

21493 论以色列之谜！《大公报》 1948 年 5 月 26 日 第 163 册 第 152 页

21494 论以神治病之缪 《申报》 1891 年 3 月 13 日 第 38 册 第 363 页

21495 论以西学培植人才为急务 《申报》 1895 年 7 月 6 日 第 50 册 第 431 页

21496 论蚁媒诱拐乡间妇女每有各处航船通同作弊 《申报》 1897 年 12 月 18 日 第 57 册 第 669 页

21497 论蚁蛀砲船 《申报》 1881年6月9日 第18册 第613页

21498 论义渡之便民 《申报》 1880年9月13日 第17册 第297页

21499 论义国投降与对日作战 《大公报》 1943年7月31日 第151册 第138页

21500 论义和拳匪万无可抚之理 《申报》 1900年6月21日 第65册 第401页

21501 论义使请准外人入中国农业学堂 《申报》 1907年9月7日 第90册 第73页

21502 论义学 《申报》 1876年7月6日 第9册 第17页

21503 论议和仍不能废战 《申报》 1895年1月8日 第49册 第45页

21504 论议和有十难 《申报》 1895年1月12日 第49册 第69页

21505 论议和有十要 《申报》 1895年1月13日 第49册 第75页

21506 论议和之后宜整饬海军 《申报》 1885年5月6日 第26册 第663页

21507 论议和之难 《申报》 1900年8月12日 第65册 第723页

21508 论议借外兵事 《申报》 1902年11月19日 第72册 第551页

21509 论议开苏路 《申报》 1902年9月23日 第72册 第147页

21510 论议兴蚕利 《申报》 1899年12月2日 第63册 第655页

21511 论议员交哄 《申报》 1901年3月10日 第67册 第361页

21512 论议员之性质 《申报》 1909年5月5日 第100册 第58页

21513 论议约大臣之当慎 《申报》 1905年11月26日 第81册 第737页

21514 论议约大臣之当慎（续初一日稿） 《申报》 1905年12月3日 第81册 第799页

21515 论议粤汉铁路事 《申报》 1902年9月26日 第72册 第169页

21516 论抑价收回当五铜钱 《申报》 1905年5月26日 第80册 第227页

21517 论译书 《申报》 1902年5月25日 第71册 第169页

21518 论译书为今日之急务 《申报》 1898年10月5日 第60册 第247页

21519 论译学 《申报》 1902年11月28日 第72册 第617页

21520 论译学当注重小学 《申报》 1905年7月29日 第80册 第753页

21521 论意兵动员赴阿 《申报》 1935年2月14日 第325册 第279页

21522 论意法争殴 《申报》 1881年7月29日 第19册 第113页

21523 论意共之失败 《中央日报》 1948年4月24日 第58册 第1020页

21524 论意及国皮拉米事 《申报》 1873年10月22日 第3册 第389页

21525 论意人请由三门湾筑铁路至杭州 《申报》 1899年6月24日 第62册 第417页

21526 论意人索取三门湾事 《申报》 1899年3月27日 第61册 第497页

21527 论意人要索事 《申报》 1899年9月9日 第63册 第57页

21528　论意人在美亦有被阻之虑　《申报》　1882 年 5 月 29 日　第 20 册　第 717 页

21529　论意外得财　《申报》　1877 年 4 月 2 日　第 10 册　第 289 页

21530　论因酒酿祸事　《申报》　1873 年 4 月 10 日　第 2 册　第 317 页

21531　论因贫短见　《申报》　1880 年 1 月 27 日　第 16 册　第 105 页

21532　论因色削禄事　《申报》　1872 年 10 月 28 日　第 1 册　第 613 页

21533　论因循之弊　《申报》　1881 年 4 月 20 日　第 18 册　第 413 页

21534　论因疑逼毙养媳事　《申报》　1881 年 4 月 5 日　第 18 册　第 349 页

21535　论阴谋取息变猪偿完事　《申报》　1872 年 11 月 19 日　第 1 册　第 689 页

21536　论淫祠偶像申南海令禁奉关圣之意　《申报》　1881 年 11 月 27 日　第 19 册　第 597 页

21537　论淫棍正法事　《申报》　1901 年 8 月 22 日　第 68 册　第 681 页

21538　论淫书淫画淫戏不宜看　《申报》　1873 年 3 月 7 日　第 2 册　第 201 页

21539　论淫戏难禁　《申报》　1881 年 8 月 2 日　第 19 册　第 129 页

21540　论淫戏之害　《申报》　1883 年 7 月 26 日　第 23 册　第 151 页

21541　论淫戏之禁宜严于淫书　《申报》　1896 年 9 月 15 日　第 54 册　第 89 页

21542　论银币　《申报》　1880 年 10 月 29 日　第 17 册　第 481 页

21543　论银币之弊　《申报》　1890 年 12 月 3 日　第 37 册　第 991 页

21544　论银借款（上）　《申报》　1932 年 8 月 10 日　第 295 册　第 223 页

21545　论银借款（下）　《申报》　1932 年 8 月 11 日　第 295 册　第 251 页

21546　论银流外□宜设法杜绝事　《申报》　1875 年 9 月 10 日　第 7 册　第 245 页

21547　论银票　《申报》　1874 年 3 月 10 日　第 4 册　第 209 页

21548　论银钱期票之弊状　《申报》　1882 年 4 月 15 日　第 20 册　第 455 页

21549　论银团质问美款事　《民国日报》　1916 年 11 月 28 日　第 6 册　第 326 页

21550　论银行本票与增发通货/史真（星期评论）　《申报》　1945 年 7 月 15 日　第 387 册　第 487 页

21551　论银行兑换券发行税条例　《大公报》　1931 年 8 月 17 日　第 103 册　第 568 页

21552　论银行无亏倒之弊　《申报》　1882 年 3 月 27 日　第 20 册　第 345 页

21553　论银行业收益税条例　《大公报》　1931 年 8 月 11 日　第 103 册　第 496 页

21554　论银行银号　《申报》　1879 年 10 月 11 日　第 15 册　第 409 页

21555　论银洋市风　《申报》　1880 年 1 月 3 日　第 16 册　第 9 页

21556　论银洋涨跌　《申报》　1879 年 6 月 10 日　第 14 册　第 575 页

21557　论银中提金事　《申报》　1876 年 4 月 4 日　第 8 册　第 301 页

21558　论鄞县挐娼事　《申报》　1875 年 8 月 7 日　第 7 册　第 129 页

21559　论鄞县甄别滋闹事　《申报》　1892 年 4 月 20 日　第 40 册　第 627 页

21560　论引见验看代以照像说　《申报》　1883 年 2 月 3 日　第 22 册　第 179 页

21561　论饮水清洁之法　《申报》　1874 年 5 月 25 日　第 4 册　第 471 页

21562　论隐恶雷击事　《申报》　1872 年 11 月 9 日　第 1 册　第 657 页

21563　论隐匿凶犯　《申报》　1880 年 9 月 27 日　第 17 册　第 353 页

21564　论印度　《申报》　1874 年 12 月 4 日　第 5 册　第 539 页

21565　论印度大饥事　《申报》　1874 年 3 月 11 日　第 4 册　第 213 页

21566　论印度法国二处传来奇谈　《申报》　1877 年 11 月 9 日　第 11 册　第 453 页

21567　论印度问题：一个朋友的呼吁　《中央日报》　1942 年 7 月 28 日　第 46 册　第 494 页

21568　论印度兴衰并英人治理之始　《申报》　1895 年 2 月 8 日　第 49 册　第 187 页

21569　论印度用西法纺织各布事　《申报》　1876 年 8 月 8 日　第 9 册　第 129 页

21570　论印度之革命运动（社论）　《民国日报》　1927 年 11 月 4 日　第 71 册　第 44 页

21571　论印度之统一/沙学浚（星期论文）　《大公报》　1942 年 9 月 20 日　第 149 册　第 354 页

21572　论印度之兴亡/沙学浚（星期论文）　《大公报》　1942 年 4 月 5 日　第 148 册　第 406 页

21573　论印度自设器机织造厂　《申报》　1874 年 10 月 16 日　第 5 册　第 371 页

21574　论印回分治　《中央日报》　1947 年 6 月 20 日　第 56 册　第 504 页

21575　论印局　《大公报》　1945 年 7 月 6 日　第 155 册　第 24 页

21576　论应试士子之苦　《申报》　1903 年 9 月 19 日　第 75 册　第 133 页

21577　论英兵船误用药弹事　《申报》　1897 年 10 月 4 日　第 57 册　第 201 页

21578　论英搭交兵为俄人之所利　《申报》　1899 年 11 月 15 日　第 63 册　第 527 页

21579　论英搭战事　《申报》　1899 年 12 月 17 日　第 63 册　第 763 页

21580　论英德联盟密约　《申报》　1898 年 11 月 28 日　第 60 册　第 633 页

21581　论英德两国实业竞争之真相　《申报》　1910 年 1 月 4 日　第 104 册　第 55 页

21582 论英俄不洽非中国之福 《申报》 1898 年 8 月 14 日 第 59 册 第 719 页

21583 论英俄猜忌 《申报》 1903 年 3 月 3 日 第 73 册 第 325 页

21584 论英俄互防坎巨提事 《申报》 1898 年 12 月 11 日 第 60 册 第 719 页

21585 论英俄交争事 《申报》 1873 年 2 月 13 日 第 2 册 第 125 页

21586 论英俄皆有欲取高丽海岛之说 《申报》 1885 年 6 月 18 日 第 26 册 第 921 页

21587 论英俄近日消息 《申报》 1885 年 4 月 24 日 第 26 册 第 595 页

21588 论英俄两国机谋 《申报》 1890 年 8 月 26 日 第 37 册 第 367 页

21589 论英俄两国用心不同 《申报》 1900 年 8 月 8 日 第 65 册 第 699 页

21590 论英俄协约于西藏之关系 《申报》 1907 年 10 月 9 日 第 90 册 第 457 页

21591 论英法的沪案倾向（言论） 《民国日报》 1925 年 7 月 12 日 第 58 册 第 112 页

21592 论英法谈话协调 《申报》 1935 年 2 月 7 日 第 325 册 第 62 页

21593 论英法之交亲 《申报》 1905 年 7 月 25 日 第 80 册 第 721 页

21594 论英工部议木椿筑堤及造花园事 《申报》 1872 年 8 月 15 日 第 1 册 第 361 页

21595 论英公堂严办纵火事 《申报》 1894 年 12 月 23 日 第 48 册 第 705 页

21596 论英宫保起用事 《申报》 1877 年 1 月 8 日 第 10 册 第 25 页

21597 论英国/蒋廷黻（星期论文） 《大公报》 1942 年 2 月 22 日 第 148 册 第 224 页

21598 论英国对远东应采的政策 《申报》（香港版） 1939 年 1 月 7 日 第 357 册 第 649 页

21599 论英国工制造以致富近日多仿华制以与中国争利而华民生业渐微 《申报》 1891 年 12 月 13 日 第 39 册 第 1001 页

21600 论英国近造火炮 《申报》 1875 年 9 月 30 日 第 7 册 第 313 页

21601 论英国拟由印度西藏造铁路以通云南事 《申报》 1873 年 9 月 29 日 第 3 册 第 309 页

21602 论英国派兵 《大公报》 1927 年 1 月 28 日 第 78 册 第 213 页

21603 论英国探遭害一事 《申报》 1875 年 4 月 22 日 第 6 册 第 361 页

21604 论英国退出印度的影响：兼欢迎首任印度驻华大使梅农氏 《中央日报》 1947 年 3 月 10 日 第 55 册 第 722 页

21605 论英国选战 《大公报》 1945 年 6 月 19 日 第 154 册 第 720 页

21606 论英国宜助中国以拒俄 《申报》 1890 年 8 月 8 日 第 37 册 第 249 页

21607 论英国议绅请在南洋设立商务公所事 《申报》 1899 年 10 月 20 日 第

63 册　第 341 页

21608　论英国议院会议中国宜挖煤事　《申报》　1873 年 4 月 12 日　第 2 册　第 325 页

21609　论英国应相助中国　《申报》　1884 年 12 月 4 日　第 25 册　第 893 页

21610　论英国与回部通商　《申报》　1874 年 7 月 18 日　第 5 册　第 61 页

21611　论英国政潮　《大公报》　1945 年 5 月 25 日　第 154 册　第 612 页

21612　论英国治印度事　《申报》　1875 年 10 月 1 日　第 7 册　第 317 页

21613　论英华会审事　《申报》　1872 年 10 月 19 日　第 1 册　第 585 页

21614　论英舰赴暹　《申报》　1893 年 6 月 15 日　第 44 册　第 327 页

21615　论英界查禁淫戏事　《申报》　1900 年 12 月 20 日　第 66 册　第 653 页

21616　论英界禁唱淫词事　《申报》　1901 年 1 月 17 日　第 67 册　第 97 页

21617　论英京大新闻馆事　《申报》　1875 年 1 月 14 日　第 6 册　第 45 页

21618　论英美啊拉巴麻节外生枝事　《申报》　1872 年 7 月 24 日　第 1 册　第 285 页

21619　论英美对日经济制裁　《申报》（香港版）　1938 年 12 月 16 日　第 357 册　第 475 页

21620　论英美联合制日　《申报》　1934 年 8 月 8 日　第 319 册　第 211 页

21621　论英美两国待中国人各不相同　《申报》　1877 年 5 月 10 日　第 10 册　第 421 页

21622　论英美劝日本握中国警察权之真相　《申报》　1906 年 4 月 19 日　第 83 册　第 181 页

21623　论英美劝日本握中国警察权之真相（续稿）　《申报》　1906 年 4 月 20 日　第 83 册　第 191 页

21624　论英美日三国将行联盟之关系　《申报》　1911 年 4 月 2 日　第 111 册　第 514 页

21625　论英美租界公廨宜专设监狱免寄禁犯人受病之苦　《申报》　1899 年 12 月 5 日　第 63 册　第 675 页

21626　论英灭缅甸　《申报》　1886 年 2 月 14 日　第 28 册　第 221 页

21627　论英民欲禁鸦片贩卖中国事　《申报》　1874 年 12 月 30 日　第 5 册　第 627 页

21628　论英勤远略之非计　《申报》　1899 年 12 月 8 日　第 63 册　第 699 页

21629　论英人调印度兵来沪驻扎事　《申报》　1900 年 8 月 16 日　第 65 册　第 745 页

21630　论英人戈君策略书后　《申报》　1880 年 9 月 8 日　第 17 册　第 277 页

21631　论英人购买中国书籍　《申报》　1877 年 12 月 25 日　第 11 册　第 609 页

21632　论英人经营缅甸　《申报》　1887 年 11 月 13 日　第 31 册　第 875 页

21633 论英人强占铜官山矿之狡谋 《申报》 1909 年 4 月 4 日 第 99 册 第 490 页

21634 论英人善于保守印度 《申报》 1890 年 8 月 17 日 第 37 册 第 305 页

21635 论英人善治地方 《申报》 1877 年 5 月 9 日 第 10 册 第 417 页

21636 论英人与中国商取哈密敦岛 《申报》 1885 年 7 月 28 日 第 27 册 第 163 页

21637 论英人预备之严 《申报》 1885 年 5 月 2 日 第 26 册 第 641 页

21638 论英人欲维持商务宜助中国早成和局 《申报》 1900 年 9 月 6 日 第 66 册 第 29 页

21639 论英日俄干涉坳西开案件 《民国日报》 1916 年 11 月 14 日 第 6 册 第 158 页

21640 论英日宜助中国拒俄以纾后患 《申报》 1900 年 8 月 9 日 第 65 册 第 705 页

21641 论英廷襄助西商团练 《申报》 1886 年 2 月 16 日 第 28 册 第 233 页

21642 论英外相解释九国公约 《申报》 1934 年 5 月 20 日 第 316 册 第 554 页

21643 论英廨控妻事 《申报》 1896 年 4 月 28 日 第 52 册 第 691 页

21644 论英刑司讯断碰船案 《申报》 1887 年 2 月 26 日 第 30 册 第 295 页

21645 论英巡捕头拘拿唱滩簧人送办事 《申报》 1894 年 4 月 29 日 第 46 册 第 739 页

21646 论英宜备兵以保属地 《申报》 1891 年 10 月 25 日 第 39 册 第 707 页

21647 论英宜乘胜与搭议和 《申报》 1900 年 3 月 4 日 第 64 册 第 339 页

21648 论英宜与日合力助华保全和局 《申报》 1900 年 3 月 15 日 第 64 册 第 415 页

21649 论英义关系 《申报》（汉口版） 1938 年 4 月 19 日 第 356 册 第 193 页

21650 论英义提携 《申报》（汉口版） 1938 年 4 月 21 日 第 356 册 第 197 页

21651 论英义协定与远东 《申报》（汉口版） 1938 年 4 月 20 日 第 356 册 第 195 页

21652 论英意关系 《申报》（香港版） 1938 年 4 月 16 日 第 356 册 第 585 页

21653 论英意提携 《申报》（香港版） 1938 年 4 月 25 日 第 356 册 第 621 页

21654 论英与中国商取高丽海岛事 《申报》 1885 年 7 月 2 日 第 27 册 第 7 页

21655　论迎春肇衅事　《申报》　1892 年 2 月 20 日　第 40 册　第 249 页

21656　论迎龙敝俗　《申报》　1891 年 9 月 1 日　第 39 册　第 381 页

21657　论迎神驱疫之非　《申报》　1902 年 7 月 6 日　第 71 册　第 453 页

21658　论迎神逐疫之非　《申报》　1894 年 6 月 29 日　第 47 册　第 433 页

21659　论迎铁牌以祈雨泽事　《申报》　1876 年 6 月 1 日　第 8 册　第 501 页

21660　论营兵不法　《申报》　1879 年 10 月 25 日　第 15 册　第 465 页

21661　论营官缺额扣饷之弊　《申报》　1903 年 5 月 17 日　第 74 册　第 103 页

21662　论营官诬良为盗　《申报》　1879 年 7 月 7 日　第 15 册　第 25 页

21663　论营官纵勇殃民事　《申报》　1902 年 8 月 14 日　第 71 册　第 717 页

21664　论营规宜肃　《申报》　1882 年 7 月 14 日　第 21 册　第 79 页

21665　论营号　《申报》　1882 年 6 月 11 日　第 20 册　第 795 页

21666　论营县互讦案　《申报》　1882 年 9 月 3 日　第 21 册　第 385 页

21667　论营勇为盗及诸不法事宜以重刑治之　《申报》　1898 年 6 月 5 日　第 59 册　第 219 页

21668　论营勇寻仇事　《申报》　1881 年 8 月 12 日　第 19 册　第 169 页

21669　论佣妇厌夫□讼　《申报》　1881 年 9 月 16 日　第 19 册　第 309 页

21670　论永禁看碍　《申报》　1881 年 7 月 13 日　第 19 册　第 49 页

21671　论永年轮土案：答独立评论记者庄生君　《中央日报》　1932 年 10 月 31 日　第 19 册　第 730 页

21672　论永停捐纳事　《申报》　1901 年 9 月 14 日　第 69 册　第 79 页

21673　论甬洋失事与近日战胜之故　《申报》　1885 年 3 月 5 日　第 26 册　第 319 页

21674　论勇丁哗噪事　《申报》　1900 年 8 月 23 日　第 65 册　第 783 页

21675　论用兵不宜过缓　《申报》　1894 年 10 月 13 日　第 48 册　第 265 页

21676　论用兵贵作其气　《申报》　1894 年 9 月 21 日　第 48 册　第 131 页

21677　论用兵谋国当先审己料敌　《申报》　1895 年 1 月 7 日　第 49 册　第 39 页

21678　论用兵宜先察敌情　《申报》　1895 年 1 月 31 日　第 49 册　第 143 页

21679　论用兵之事前面有拦阻军行之物　《申报》　1895 年 3 月 23 日　第 49 册　第 457 页

21680　论用兵之事前面有拦阻军行之物　《申报》　1895 年 3 月 30 日　第 49 册　第 501 页

21681　论用兵之事前面有拦阻军行之物　《申报》　1895 年 4 月 4 日　第 49 册　第 531 页

21682　论用兵之事与地势有关系　《申报》　1895 年 3 月 20 日　第 49 册　第 437 页

21683　论用才能　《申报》　1877 年 4 月 14 日　第 10 册　第 333 页

21684　论用红火钳事　《申报》　1876 年 2 月 10 日　第 8 册　第 117 页

21685　论用火油灯　《申报》　1875 年 3 月 2 日　第 6 册　第 185 页

21686　论用机器开浚高实运河　《申报》　1876 年 12 月 11 日　第 9 册　第 557 页

21687　论用客卿之利害　《申报》　1905 年 4 月 2 日　第 79 册　第 629 页

21688　论用人　《申报》　1876 年 12 月 14 日　第 9 册　第 569 页

21689　论用人　《申报》　1944 年 1 月 10 日　第 385 册　第 37 页

21690　论用人之弊　《申报》　1889 年 2 月 15 日　第 34 册　第 201 页

21691　论用人之量　《大公报》　1943 年 2 月 25 日　第 150 册　第 238 页

21692　论用人之难　《申报》　1889 年 1 月 13 日　第 34 册　第 67 页

21693　论用人之难　《申报》　1889 年 8 月 21 日　第 35 册　第 321 页

21694　论用人之难　《申报》　1898 年 12 月 3 日　第 60 册　第 667 页

21695　论用人之难朝市一体　《申报》　1883 年 3 月 4 日　第 22 册　第 285 页

21696　论用铁路火车宜先自南北通衢始　《申报》　1876 年 11 月 8 日　第 9 册　第 445 页

21697　论用新式枪炮之惨毒　《申报》　1878 年 1 月 14 日　第 12 册　第 45 页

21698　论用银钱票事　《申报》　1877 年 9 月 26 日　第 11 册　第 301 页

21699　论由中国击败日本　《大公报》　1944 年 2 月 15 日　第 152 册　第 200 页

21700　论邮部大借外债之利害　《申报》　1911 年 4 月 5 日　第 111 册　第 562 页

21701　论邮部收回电报商股　《申报》　1908 年 5 月 18 日　第 94 册　第 219 页

21702　论邮传部议借外债　《申报》　1908 年 7 月 13 日　第 95 册　第 166 页

21703　论邮政局宜变通寄物之法　《申报》　1901 年 12 月 11 日　第 69 册　第 623 页

21704　论邮政无私拆书信之权　《申报》　1907 年 8 月 28 日　第 89 册　第 701 页

21705　论游船窃案之多亟宜善后　《申报》　1879 年 9 月 18 日　第 15 册　第 317 页

21706　论游历人员之责任　《申报》　1887 年 11 月 10 日　第 31 册　第 855 页

21707　论游美观光团亟宜实行组织　《申报》　1911 年 3 月 28 日　第 111 册　第 434 页

21708　论游民　《申报》　1888 年 8 月 29 日　第 33 册　第 401 页

21709　论游学为今日之急务　《申报》　1898 年 10 月 14 日　第 60 册　第 313 页

21710　论游勇扰害宜严惩办　《申报》　1896 年 4 月 24 日　第 52 册　第 665 页

21711　论游勇扰民　《申报》　1893 年 10 月 10 日　第 45 册　第 263 页

21712　论游勇图劫事　《申报》　1886 年 2 月 17 日　第 28 册　第 239 页

21713　论有驳台之城　《申报》　1895 年 4 月 6 日　第 49 册　第 543 页

21714　论有可当筹弭变之策　《申报》　1891 年 9 月 12 日　第 39 册　第 447 页

21715　论有力之家宜保护同宗坟墓　《申报》　1886 年 5 月 4 日　第 28 册　第 695 页

21716　论有铁路必先求有养路之法　《申报》　1896 年 1 月 3 日　第 52 册　第 15 页

21717　论幼童受刑　《申报》　1891 年 5 月 20 日　第 38 册　第 769 页

21718　论幼童宜略知舆地之学　《申报》　1895 年 10 月 5 日　第 51 册　第 227 页

21719　论幼稚园注重游戏之原理　《申报》　1905 年 10 月 28 日　第 81 册　第 483 页

21720　论诱娼　《申报》　1882 年 5 月 20 日　第 20 册　第 663 页

21721　论诱拐逼娼案　《申报》　1881 年 5 月 20 日　第 18 册　第 533 页

21722　论诱获大院君之非　《申报》　1882 年 9 月 8 日　第 21 册　第 415 页

21723　论诱卖妇女之罪书奎帅奏折后　《申报》　1888 年 1 月 4 日　第 32 册　第 19 页

21724　论诱人犯法事　《申报》　1876 年 4 月 10 日　第 8 册　第 321 页

21725　论诱讯拐匪　《申报》　1894 年 6 月 12 日　第 47 册　第 299 页

21726　论渝共内讧/松轩（星期评论）　《申报》　1943 年 8 月 8 日　第 384 册　第 337 页

21727　论渝郡书院闹事　《申报》　1893 年 5 月 2 日　第 44 册　第 9 页

21728　论于陈的文化工作　《民国日报》　1920 年 1 月 8 日　第 25 册　第 94 页

21729　论于式枚奏陈立宪方略　《申报》　1908 年 6 月 24 日　第 94 册　第 714 页

21730　论余观察示禁台基事　《申报》　1899 年 11 月 6 日　第 63 册　第 465 页

21731　论余杭案　《申报》　1874 年 12 月 10 日　第 5 册　第 559 页

21732　论余杭客民猝至势实可危　《申报》　1879 年 1 月 15 日　第 14 册　第 49 页

21733　论余晋珊方伯札饬停撤淮扬公所封闭龙华禅寺事　《申报》　1900 年 12 月 17 日　第 66 册　第 635 页

21734　论盂兰盆会之无益　《申报》　1897 年 8 月 10 日　第 56 册　第 627 页

21735　论盂兰盛会之无益　《申报》　1892 年 9 月 2 日　第 42 册　第 7 页

21736　论鱼雷船之利　《申报》　1889 年 3 月 28 日　第 34 册　第 449 页

21737　论娱乐　《申报》（汉口版）　1938 年 6 月 27 日　第 356 册　第 331 页

21738　论娱乐　《申报》（香港版）　1938 年 6 月 29 日　第 356 册　第 881 页

21739 论愚夫佞佛为作恶犯法之基之源 《申报》 1897 年 6 月 12 日 第 56 册 第 257 页

21740 论愚民暴动于中国前途之危险（续十四日稿） 《申报》 1906 年 3 月 10 日 第 82 册 第 505 页

21741 论愚民暴动于中国前途之危险（再续十六日稿） 《申报》 1906 年 3 月 12 日 第 82 册 第 525 页

21742 论愚民暴动于中国前途之危险（三续十七日稿） 《申报》 1906 年 3 月 13 日 第 82 册 第 535 页

21743 论愚民暴动于中国前途之危险（续十九日稿） 《申报》 1906 年 3 月 17 日 第 82 册 第 575 页

21744 论愚民暴动于中国前途之危险（续二十二日稿） 《申报》 1906 年 3 月 18 日 第 82 册 第 585 页

21745 论愚民暴动于中国前途之危险 《申报》 1906 年 3 月 8 日 第 82 册 第 485 页

21746 论榆关英兵演习事件 《申报》 1934 年 8 月 10 日 第 319 册 第 271 页

21747 论舆图为行军之要 《申报》 1885 年 4 月 18 日 第 26 册 第 559 页

21748 论与俄人议约之当慎 《申报》 1906 年 1 月 10 日 第 82 册 第 73 页

21749 论宇宸断即以顺舆情 《申报》 1894 年 8 月 30 日 第 47 册 第 859 页

21750 论玉器掮客龚宝田私押客货事并及潘宦失玉疑案 《申报》 1896 年 7 月 29 日 第 53 册 第 579 页

21751 论驭吏之法 《申报》 1879 年 5 月 22 日 第 14 册 第 499 页

21752 论育蚕当仿行西法 《申报》 1891 年 4 月 12 日 第 38 册 第 541 页

21753 论狱囚谋变事 《申报》 1900 年 9 月 11 日 第 66 册 第 57 页

21754 论狱中重案 《申报》 1894 年 1 月 26 日 第 46 册 第 163 页

21755 论预备立宪后官之利益 《申报》 1908 年 3 月 17 日 第 93 册 第 197 页

21756 论预备立宪宜先组织政党（续十九日稿） 《申报》 1906 年 9 月 12 日 第 84 册 第 719 页

21757 论预备立宪宜先组织政党 《申报》 1906 年 9 月 7 日 第 84 册 第 669 页

21758 论预备立宪之难易 《申报》 1909 年 7 月 16 日 第 101 册 第 224 页

21759 论预备仪仗事 《申报》 1901 年 7 月 13 日 第 68 册 第 439 页

21760 论预算决算上准备之必要 《申报》 1910 年 2 月 28 日 第 104 册 第 907 页

21761 论预算决算上准备之必要（二续） 《申报》 1910 年 3 月 2 日 第 105 册 第 17 页

21762　论预算上事业扩张费与租税及公债之关系　《申报》　1911 年 2 月 20 日　第 110 册　第 709 页

21763　论预算上事业扩张费与租税及公债之关系续　《申报》　1911 年 2 月 22 日　第 110 册　第 741 页

21764　论预算问题　《大公报》　1935 年 5 月 2 日　第 126 册　第 20 页

21765　论预征钱粮及滥用非刑之弊　《申报》　1894 年 4 月 18 日　第 46 册　第 663 页

21766　论欲防水患宜讲求伐蛟之法　《申报》　1899 年 6 月 22 日　第 62 册　第 401 页

21767　论欲富强宜先讲求物产　《申报》　1895 年 6 月 8 日　第 50 册　第 249 页

21768　论欲禁盗贼宜严清娼赌烟馆　《申报》　1899 年 8 月 19 日　第 62 册　第 807 页

21769　论欲救中国当自尊崇游侠始：为黄勋伯事感书　《申报》　1907 年 5 月 12 日　第 88 册　第 152 页

21770　论欲立海军宜先讲求制造　《申报》　1896 年 12 月 10 日　第 54 册　第 635 页

21771　论欲弭民乱须筹民食　《申报》　1898 年 6 月 14 日　第 59 册　第 277 页

21772　论欲泯俄日之忌须由中国之自强　《申报》　1899 年 12 月 30 日　第 63 册　第 851 页

21773　论欲培国本先正人心　《申报》　1895 年 4 月 17 日　第 49 册　第 615 页

21774　论欲培植子弟必先尊崇师道　《申报》　1898 年 2 月 11 日　第 58 册　第 215 页

21775　论欲平广西之乱宜仿坚壁清野之法　《申报》　1903 年 11 月 28 日　第 75 册　第 617 页

21776　论欲事不可张皇　《申报》　1891 年 6 月 19 日　第 38 册　第 951 页

21777　论欲效西法　《申报》　1877 年 9 月 8 日　第 11 册　第 241 页

21778　论欲御外侮先靖内变　《申报》　1891 年 5 月 8 日　第 38 册　第 697 页

21779　论欲整顿茶务宜专设茶务局　《申报》　1899 年 5 月 28 日　第 62 册　第 205 页

21780　论谕拆草房　《申报》　1879 年 9 月 6 日　第 15 册　第 269 页

21781　论谕禁官员挟妓饮酒事　《申报》　1904 年 1 月 1 日　第 76 册　第 1 页

21782　论谕禁花油事　《申报》　1889 年 4 月 29 日　第 34 册　第 643 页

21783　论谕止衙参事　《申报》　1901 年 11 月 9 日　第 69 册　第 429 页

21784　论寓港粤商创平安堂预置太平棺事　《申报》　1886 年 6 月 11 日　第 28 册　第 933 页

21785　论寓沪甬绅索惩俄水手事　《申报》　1905 年 1 月 3 日　第 79 册　第

13 页

21786 论寓科举与学堂之非策 《申报》 1910 年 3 月 30 日 第 105 册 第
465 页

21787 论御敌仍当以炮台为重 《申报》 1884 年 8 月 25 日 第 25 册 第
331 页

21788 论御史奏参广西李镇沈道事 《申报》 1909 年 4 月 10 日 第 99 册 第
578 页

21789 论御使奏陈量入为出事 《申报》 1875 年 7 月 16 日 第 7 册 第 53 页

21790 论御水必思一劳永逸之法 《申报》 1886 年 5 月 21 日 第 28 册 第
797 页

21791 论御外侮尤宜靖内变 《申报》 1895 年 9 月 20 日 第 51 册 第 129 页

21792 论豫事望巨头猛省 《大公报》 1926 年 9 月 24 日 第 77 册 第 177 页

21793 论豫湘战事 《大公报》 1944 年 6 月 2 日 第 152 册 第 688 页

21794 论豫赈之难 《申报》 1887 年 10 月 21 日 第 31 册 第 717 页

21795 论豫中战事 《大公报》 1944 年 4 月 25 日 第 152 册 第 522 页

21796 论冤沉海底事略 《申报》 1872 年 11 月 23 日 第 1 册 第 705 页

21797 论冤莫能伸事 《申报》 1873 年 11 月 1 日 第 3 册 第 425 页

21798 论元和县叶大令被控事 《申报》 1896 年 8 月 25 日 第 53 册 第
753 页

21799 论元帅 《申报》 1880 年 9 月 28 日 第 17 册 第 357 页

21800 论圆半银币合银一两之制 《申报》 1909 年 4 月 17 日 第 99 册 第
682 页

21801 论圆光不足信 《申报》 1886 年 4 月 7 日 第 28 册 第 533 页

21802 论圆光邪术久干例禁 《申报》 1897 年 1 月 16 日 第 55 册 第 91 页

21803 论圆妙观近事 《申报》 1875 年 2 月 24 日 第 6 册 第 165 页

21804 论袁端二中丞才识之伟 《申报》 1900 年 11 月 9 日 第 66 册 第
409 页

21805 论袁观察提讯淫棍事 《申报》 1901 年 2 月 4 日 第 67 册 第 205 页

21806 论袁军后方补充 《民国日报》 1916 年 3 月 9 日 第 2 册 第 98 页

21807 论袁氏第二军之编制 《民国日报》 1916 年 3 月 11 日 第 2 册 第
122 页

21808 论袁氏之政治研究会 《民国日报》 1916 年 3 月 18 日 第 2 册 第
206 页

21809 论袁世凯 《申报》 1911 年 11 月 24 日 第 115 册 第 341 页

21810 论袁世凯之用人 《申报》 1911 年 12 月 16 日 第 115 册 第 650 页

21811 论袁树勋请将义丐宣付国史馆立传 《申报》 1909 年 7 月 23 日 第 101

册　第 331 页

21812　论袁张同人军机事　《申报》　1907 年 9 月 6 日　第 90 册　第 61 页

21813　论援高与援台轻重　《申报》　1884 年 12 月 17 日　第 25 册　第 965 页

21814　论援溺良法　《申报》　1882 年 4 月 16 日　第 20 册　第 461 页

21815　论援绥运动　《申报》　1936 年 11 月 18 日　第 346 册　第 449 页

21816　论援台之难　《申报》　1884 年 11 月 2 日　第 25 册　第 711 页

21817　论远东大局日趋于危迫　《申报》　1911 年 7 月 22 日　第 113 册　第 345 页

21818　论远东大局日趋于危迫续　《申报》　1911 年 7 月 23 日　第 113 册　第 363 页

21819　论远东顾问委员会　《大公报》　1945 年 10 月 27 日　第 155 册　第 512 页

21820　论远东新形势/张道行（星期论文）　《大公报》　1939 年 12 月 3 日　第 143 册　第 376 页

21821　论院试提覆　《申报》　1882 年 2 月 9 日　第 20 册　第 157 页

21822　论约束兵丁　《申报》　1891 年 12 月 9 日　第 39 册　第 977 页

21823　论阅报有大益于人　《申报》　1895 年 6 月 12 日　第 50 册　第 277 页

21824　论阅报者今昔程度之比较　《申报》　1906 年 2 月 5 日　第 82 册　第 225 页

21825　论粤材可用　《申报》　1877 年 4 月 26 日　第 10 册　第 373 页

21826　论粤东长寿寺案办理情形　《申报》　1881 年 12 月 27 日　第 19 册　第 717 页

21827　论粤东党祸联结不解之可虑　《申报》　1911 年 8 月 21 日　第 113 册　第 852 页

21828　论粤东盗患　《申报》　1890 年 12 月 10 日　第 37 册　第 1033 页

21829　论粤东盗劫试寓事　《申报》　1893 年 10 月 3 日　第 45 册　第 217 页

21830　论粤东盗贼横行亟宜捕治　《申报》　1899 年 12 月 21 日　第 63 册　第 793 页

21831　论粤东调兵剿匪事　《申报》　1897 年 5 月 9 日　第 56 册　第 51 页

21832　论粤东官绅冲突事　《申报》　1906 年 1 月 31 日　第 82 册　第 185 页

21833　论粤东归善县林大令禀揭勒索事　《申报》　1904 年 5 月 28 日　第 77 册　第 195 页

21834　论粤东火药局被焚事　《申报》　1893 年 7 月 7 日　第 44 册　第 483 页

21835　论粤东水灾　《申报》　1880 年 7 月 10 日　第 17 册　第 37 页

21836　论粤东闹姓事　《申报》　1873 年 3 月 27 日　第 2 册　第 269 页

21837　论粤东香山县民事后　《申报》　1874 年 1 月 19 日　第 4 册　第 61 页

21838 论粤东赈务不如迳解米石 《申报》 1885 年 7 月 12 日 第 27 册 第 67 页

21839 论粤督岑制军饬查私贩军火事 《申报》 1903 年 10 月 23 日 第 75 册 第 371 页

21840 论粤督禁赌 《申报》 1886 年 7 月 2 日 第 29 册 第 7 页

21841 论粤督陶公奏裁府学生员以兴学堂事 《申报》 1902 年 9 月 6 日 第 72 册 第 35 页

21842 论粤督英宫保□新报惩勇丁实为政治之助 《申报》 1875 年 5 月 17 日 第 6 册 第 445 页

21843 论粤督英宫保革职回京事 《申报》 1875 年 10 月 12 日 第 7 册 第 353 页

21844 论粤妇惨虐买孩 《申报》 1886 年 7 月 21 日 第 29 册 第 121 页

21845 论粤妇出洋可疑事 《申报》 1874 年 3 月 30 日 第 4 册 第 277 页

21846 论粤海关权使近事 《申报》 1886 年 7 月 9 日 第 29 册 第 49 页

21847 论粤汉借款当归罪于粤路股东 《申报》 1909 年 7 月 25 日 第 101 册 第 361 页

21848 论粤汉铁路新派督办 《申报》 1908 年 7 月 26 日 第 95 册 第 346 页

21849 论粤人反抗沙面苛例案 《民国日报》 1924 年 8 月 9 日 第 52 册 第 584 页

21850 论粤人助饷 《申报》 1883 年 12 月 22 日 第 23 册 第 1047 页

21851 论粤省包厘之善 《申报》 1900 年 5 月 29 日 第 65 册 第 223 页

21852 论粤省兵力单□ 《申报》 1879 年 2 月 8 日 第 14 册 第 113 页

21853 论粤省防务 《申报》 1884 年 1 月 25 日 第 24 册 第 145 页

21854 论粤省防务不可不严 《申报》 1884 年 5 月 28 日 第 24 册 第 837 页

21855 论粤省劣绅需索赌规近事 《申报》 1877 年 5 月 23 日 第 10 册 第 465 页

21856 论粤省请增号舍事 《申报》 1885 年 3 月 8 日 第 26 册 第 337 页

21857 论粤省械斗恶俗 《申报》 1897 年 11 月 2 日 第 57 册 第 389 页

21858 论粤省战时施政纲要 《申报》（香港版） 1939 年 5 月 16 日 第 358 册 第 610 页

21859 论粤省准运米出洋事 《申报》 1903 年 10 月 30 日 第 75 册 第 421 页

21860 论粤西祸始 《申报》 1903 年 8 月 4 日 第 74 册 第 663 页

21861 论粤西近事 《申报》 1903 年 6 月 10 日 第 74 册 第 265 页

21862 论粤西民变事 《申报》 1898 年 7 月 17 日 第 59 册 第 517 页

21863 论粤垣整顿保甲事 《申报》 1892 年 9 月 30 日 第 42 册 第 189 页

21864 论越兵获胜 《申报》 1883 年 9 月 27 日 第 23 册 第 531 页

21865 论越东搜拿奸细 《申报》 1883 年 12 月 8 日 第 23 册 第 963 页

21866 论越妇辱詈招殃及诅咒被谴事 《申报》 1873 年 3 月 21 日 第 2 册 第 249 页

21867 论越郡赌风 《申报》 1883 年 11 月 10 日 第 23 册 第 795 页

21868 论越南近事 《申报》 1886 年 6 月 17 日 第 28 册 第 969 页

21869 论越南军信 《申报》 1884 年 4 月 16 日 第 24 册 第 585 页

21870 论越南人情 《申报》 1884 年 2 月 4 日 第 24 册 第 163 页

21871 论越南失援 《申报》 1884 年 3 月 18 日 第 24 册 第 413 页

21872 论越南王被弑事 《申报》 1883 年 12 月 21 日 第 23 册 第 1041 页

21873 论越南问题 《中央日报》 1940 年 9 月 13 日 第 43 册 第 972 页

21874 论越难未已 《申报》 1885 年 7 月 15 日 第 27 册 第 85 页

21875 论越赏民变事 《申报》 1901 年 9 月 19 日 第 69 册 第 109 页

21876 论越事近状 《申报》 1883 年 10 月 13 日 第 23 册 第 627 页

21877 论越事有全胜之势 《申报》 1884 年 2 月 3 日 第 24 册 第 157 页

21878 论越信难闻 《申报》 1884 年 3 月 14 日 第 24 册 第 389 页

21879 论越狱 《申报》 1877 年 8 月 30 日 第 11 册 第 209 页

21880 论云间育婴堂事 《申报》 1886 年 9 月 26 日 第 29 册 第 535 页

21881 论云南匪乱失陷临安府事 《申报》 1903 年 5 月 24 日 第 74 册 第 151 页

21882 论云南后患之所在 《申报》 1908 年 5 月 27 日 第 94 册 第 341 页

21883 论云南矿务 《申报》 1878 年 4 月 27 日 第 12 册 第 377 页

21884 论云南矿务 《申报》 1884 年 2 月 28 日 第 24 册 第 299 页

21885 论云南普洱镇总兵高得元奉旨正法事 《申报》 1904 年 3 月 10 日 第 76 册 第 381 页

21886 论运漕陆便于水 《申报》 1888 年 12 月 13 日 第 33 册 第 1067 页

21887 论运解晋赈米麦事 《申报》 1878 年 3 月 12 日 第 12 册 第 217 页

21888 论运米易物售物增米以为行权赈灾之法 《申报》 1878 年 5 月 20 日 第 12 册 第 453 页

21889 论运米赈饥宜善其后 《申报》 1877 年 11 月 26 日 第 11 册 第 509 页

21890 论灾荒之后宜严查拐贩 《申报》 1892 年 9 月 16 日 第 42 册 第 97 页

21891 论灾民沽宝得价助赈事 《申报》 1877 年 1 月 12 日 第 10 册 第 41 页

21892 论灾民之众可悯而亦可虑 《申报》 1891 年 4 月 9 日 第 38 册 第 523 页

21893 论灾区太广赈项难筹事 《申报》 1877 年 10 月 5 日 第 11 册 第 333 页

21894 论栽种罂粟可无害于民而有益于国 《申报》 1891 年 3 月 15 日 第 38

册　第 375 页

21895　论载猪仔出洋之马利阿古士船案件　《申报》　1872 年 10 月 14 日　第 1
册　第 565 页

21896　论再醮　《申报》　1875 年 8 月 11 日　第 7 册　第 141 页

21897　论再开经济特科事　《申报》　1901 年 6 月 12 日　第 68 册　第 253 页

21898　论再铸铜圆之害　《申报》　1908 年 9 月 13 日　第 96 册　第 164 页

21899　论暂缓使臣罪名　《申报》　1880 年 7 月 16 日　第 17 册　第 61 页

21900　论暂劝修兵　《申报》　1894 年 8 月 18 日　第 47 册　第 783 页

21901　论暂停民众运动　《民国日报》　1928 年 1 月 11 日　第 72 册　第 142 页

21902　论灶民抗捐事　《申报》　1879 年 12 月 10 日　第 15 册　第 649 页

21903　论造成廉洁有能之政府　《大公报》　1930 年 11 月 14 日　第 99 册　第
160 页

21904　论造就人才　《申报》　1875 年 9 月 2 日　第 7 册　第 217 页

21905　论造就人才　《申报》　1892 年 4 月 2 日　第 40 册　第 513 页

21906　论造用宝钞　《申报》　1876 年 3 月 22 日　第 8 册　第 257 页

21907　论责己责人显分厚薄　《申报》　1885 年 7 月 10 日　第 27 册　第 55 页

21908　论责任内阁　《申报》　1910 年 7 月 18 日　第 107 册　第 286 页

21909　论责任内阁不能成立之由　《申报》　1907 年 9 月 28 日　第 90 册　第
326 页

21910　论责任内阁续　《申报》　1910 年 7 月 19 日　第 107 册　第 301 页

21911　论责任心　《中央日报》　1944 年 4 月 13 日　第 49 册　第 464 页

21912　论贼出关门　《申报》　1879 年 11 月 5 日　第 15 册　第 509 页

21913　论曾伯抚用李教士襄赞晋省赈务　《申报》　1878 年 1 月 19 日　第 12 册
第 65 页

21914　论曾爵帅徐州擒会匪事　《申报》　1886 年 10 月 13 日　第 29 册　第
639 页

21915　论增广苗童学额　《申报》　1881 年 4 月 19 日　第 18 册　第 409 页

21916　论增进中苏邦交　《大公报》　1944 年 10 月 2 日　第 153 册　第 424 页

21917　论赠勋专使　《民国日报》　1916 年 12 月 7 日　第 6 册　第 434 页

21918　论札学查县　《申报》　1882 年 3 月 30 日　第 20 册　第 363 页

21919　论闸北自治问题（言论）　《民国日报》　1926 年 3 月 3 日　第 62 册　第
22 页

21920　论诈伪宜禁　《申报》　1891 年 1 月 31 日　第 38 册　第 181 页

21921　论炸半岛　《大公报》　1943 年 8 月 16 日　第 151 册　第 208 页

21922　论斋匪　《申报》　1883 年 5 月 19 日　第 22 册　第 709 页

21923　论展缓乡试之善　《申报》　1901 年 6 月 11 日　第 68 册　第 247 页

21924   论战   《申报》   1884 年 9 月 10 日   第 25 册   第 423 页

21925   论战后日本国体   《大公报》   1944 年 1 月 31 日   第 152 册   第 132 页

21926   论战具   《申报》   1883 年 5 月 26 日   第 22 册   第 751 页

21927   论战时的高等教育   《申报》   1937 年 9 月 16 日   第 355 册   第 503 页

21928   论战时的民意机关   《申报》（香港版）   1938 年 4 月 10 日   第 356 册
第 561 页

21929   论战时建设   《申报》   1944 年 3 月 22 日   第 385 册   第 287 页

21930   论战时交通   《大公报》   1939 年 9 月 16 日   第 143 册   第 62 页

21931   论战时金融   《申报》   1937 年 9 月 8 日   第 355 册   第 439 页

21932   论战时粮食统制   《申报》   1939 年 1 月 15 日   第 361 册   第 262 页

21933   论战时统制对外贸易   《申报》   1938 年 12 月 15 日   第 360 册   第
228 页

21934   论战时医疗事业   《中央日报》   1939 年 6 月 2 日   第 42 册   第 86 页

21935   论战士授田   《大公报》   1945 年 5 月 28 日   第 154 册   第 626 页

21936   论战事渐有转机   《申报》   1894 年 11 月 22 日   第 48 册   第 517 页

21937   论战事将成   《申报》   1894 年 7 月 10 日   第 47 册   第 513 页

21938   论战臆说   《申报》   1884 年 7 月 22 日   第 25 册   第 127 页

21939   论战债问题之纠纷及其解决   《申报》   1934 年 6 月 9 日   第 317 册   第
260 页

21940   论栈房存米宜设法包卸   《申报》   1888 年 8 月 24 日   第 33 册   第
369 页

21941   论站笼非刑诘汉阳假银案   《申报》   1878 年 11 月 1 日   第 13 册   第
425 页

21942   论张长林控子忤逆事   《申报》   1902 年 1 月 3 日   第 70 册   第 13 页

21943   论张侍讲奏参台谏革员事   《申报》   1882 年 6 月 27 日   第 20 册   第
891 页

21944   论张谭二帅免抽杂厘告示后   《申报》   1891 年 7 月 23 日   第 39 册   第
133 页

21945   论张文襄之与项城   《申报》   1909 年 10 月 9 日   第 102 册   第 566 页

21946   论张堰贼匪水寨   《申报》   1879 年 4 月 26 日   第 14 册   第 393 页

21947   论张一麐的仲裁说   《民国日报》   1919 年 11 月 20 日   第 24 册   第
230 页

21948   论张知本所提修改宪法案   《中央日报》   1948 年 4 月 17 日   第 58 册
第 958 页

21949   论漳河神庙颁匾   《申报》   1878 年 11 月 21 日   第 13 册   第 493 页

21950   论招抚枭匪林得胜沈小妹事   《申报》   1904 年 4 月 1 日   第 76 册   第

521 页

21951 论招回寓美华人以开珲春金矿 《申报》 1891 年 7 月 29 日 第 39 册 第 169 页

21952 论招垦 《申报》 1874 年 4 月 3 日 第 4 册 第 295 页

21953 论招募蚕妇事 《申报》 1891 年 3 月 10 日 第 38 册 第 345 页

21954 论招商保险之利 《申报》 1881 年 3 月 12 日 第 18 册 第 253 页

21955 论招商局出售 《申报》 1884 年 8 月 2 日 第 25 册 第 193 页

21956 论招商局能得人 《申报》 1888 年 7 月 27 日 第 33 册 第 183 页

21957 论招商轮船局事 《申报》 1876 年 11 月 25 日 第 9 册 第 505 页

21958 论招商轮船运漕局告示后 《申报》 1885 年 3 月 21 日 第 26 册 第 401 页

21959 论召开圆桌会议 《民国日报》 1947 年 1 月 16 日 第 99 册 第 639 页

21960 论召用欧洲名将 《申报》 1880 年 6 月 30 日 第 16 册 第 701 页

21961 论赵炳麟奏参宪政馆之腐败 《申报》 1909 年 7 月 18 日 第 101 册 第 255 页

21962 论赵启霖革职事 《申报》 1907 年 5 月 18 日 第 88 册 第 225 页

21963 论赵侍御奏驳与考法官资格 《申报》 1910 年 8 月 16 日 第 107 册 第 757 页

21964 论照相认孩之善 《申报》 1893 年 11 月 7 日 第 45 册 第 455 页

21965 论折漕 《申报》 1899 年 10 月 26 日 第 63 册 第 385 页

21966 论折狱不外清理二字 《申报》 1891 年 11 月 25 日 第 39 册 第 893 页

21967 论浙防 《申报》 1894 年 11 月 25 日 第 48 册 第 535 页

21968 论浙防 《申报》 1895 年 2 月 4 日 第 49 册 第 163 页

21969 论浙抚密电搜查韩医家事 《申报》 1907 年 8 月 29 日 第 89 册 第 713 页

21970 论浙抚阅城斥撤委员会 《申报》 1877 年 6 月 25 日 第 10 册 第 585 页

21971 论浙赣线战事 《大公报》 1942 年 6 月 17 日 第 148 册 第 712 页

21972 论浙江水灾之原因 《申报》 1909 年 7 月 12 日 第 101 册 第 165 页

21973 论浙路拟归官办之谬说 《申报》 1907 年 10 月 19 日 第 90 册 第 583 页

21974 论浙乱无与于路事 《申报》 1908 年 1 月 15 日 第 92 册 第 169 页

21975 论浙省创办僧学堂事 《申报》 1905 年 3 月 11 日 第 79 册 第 443 页

21976 论浙省创设制造局 《申报》 1884 年 12 月 27 日 第 25 册 第 1019 页

21977 论浙省大学堂诸生滋闹事 《申报》 1903 年 4 月 3 日 第 73 册 第 539 页

21978　论浙省改铸铜元事　《申报》　1903 年 6 月 27 日　第 74 册　第 381 页

21979　论浙省各寺请归日本本愿寺保护事　《申报》　1904 年 12 月 10 日　第 78 册　第 683 页

21980　论浙省官场近事　《申报》　1883 年 7 月 18 日　第 23 册　第 103 页

21981　论浙省亟宜自兴铁路以杜外人揽权　《申报》　1905 年 5 月 31 日　第 80 册　第 271 页

21982　论浙省局务　《申报》　1880 年 2 月 29 日　第 16 册　第 213 页

21983　论浙省吏治之黑暗（续）　《申报》　1909 年 4 月 11 日　第 99 册　第 594 页

21984　论浙省吏治之黑暗　《申报》　1909 年 4 月 9 日　第 99 册　第 564 页

21985　论浙省水灾　《申报》　1882 年 9 月 10 日　第 21 册　第 427 页

21986　论浙闽事宜　《申报》　1876 年 7 月 21 日　第 9 册　第 69 页

21987　论浙闽外枪房节之弊　《申报》　1889 年 7 月 27 日　第 35 册　第 169 页

21988　论浙西水利　《申报》　1878 年 12 月 24 日　第 13 册　第 605 页

21989　论"真正的世界文明"　《中央日报》　1942 年 9 月 6 日　第 46 册　第 744 页

21990　论甄别京员　《申报》　1883 年 11 月 8 日　第 23 册　第 783 页

21991　论甄举人才案　《大公报》　1928 年 12 月 21 日　第 87 册　第 601 页

21992　论振兴工艺须择民间繁用之物本轻价贱者先行制造　《申报》　1898 年 9 月 6 日　第 60 册　第 37 页

21993　论振兴女学　《申报》　1893 年 1 月 20 日　第 43 册　第 121 页

21994　论振兴商务须顺商情　《申报》　1891 年 11 月 4 日　第 39 册　第 767 页

21995　论振兴商务宜设商务学堂　《申报》　1899 年 4 月 15 日　第 61 册　第 635 页

21996　论振兴中国事　《申报》　1875 年 8 月 31 日　第 7 册　第 209 页

21997　论赈饥感应事　《申报》　1876 年 12 月 18 日　第 9 册　第 581 页

21998　论赈济　《申报》　1877 年 7 月 13 日　第 11 册　第 41 页

21999　论赈捐　《申报》　1886 年 6 月 23 日　第 28 册　第 1005 页

22000　论赈务　《申报》　1877 年 2 月 3 日　第 10 册　第 117 页

22001　论赈务不可停止　《申报》　1878 年 8 月 12 日　第 13 册　第 145 页

22002　论赈务莫难于转运　《申报》　1878 年 6 月 7 日　第 12 册　第 517 页

22003　论赈务日见疲敝　《申报》　1878 年 10 月 16 日　第 13 册　第 369 页

22004　论赈务似宜兼行以工代赈之法　《申报》　1878 年 3 月 18 日　第 12 册　第 237 页

22005　论赈银不可侵蚀　《申报》　1876 年 12 月 22 日　第 9 册　第 597 页

22006　论镇海盗案　《申报》　1879 年 2 月 14 日　第 14 册　第 133 页

22007　论镇海施赈之善　《申报》　1885 年 4 月 15 日　第 26 册　第 541 页

22008　论镇江雷税务司禁关上诸人吸烟事　《申报》　1893 年 5 月 17 日　第 44 册　第 113 页

22009　论镇江贸易忽盛忽衰事　《申报》　1873 年 8 月 29 日　第 3 册　第 205 页

22010　论镇江七濠口迎赛五通神事　《申报》　1896 年 6 月 27 日　第 53 册　第 373 页

22011　论镇静　《大公报》　1929 年 8 月 16 日　第 91 册　第 740 页

22012　论镇洋奇案　《申报》　1893 年 12 月 7 日　第 45 册　第 657 页

22013　论争回西牢押犯事　《申报》　1905 年 8 月 13 日　第 80 册　第 873 页

22014　论争居书院　《申报》　1881 年 4 月 4 日　第 18 册　第 345 页

22015　论争利　《申报》　1888 年 9 月 22 日　第 33 册　第 555 页

22016　论争买电灯股票　《申报》　1882 年 6 月 20 日　第 20 册　第 849 页

22017　论征兵　《申报》　1906 年 12 月 2 日　第 85 册　第 547 页

22018　论征兵　《申报》　1906 年 5 月 19 日　第 83 册　第 475 页

22019　论征兵不可虐遇　《申报》　1907 年 1 月 9 日　第 86 册　第 79 页

22020　论征兵是肇事　《申报》　1910 年 2 月 17 日　第 104 册　第 720 页

22021　论征取积弊　《申报》　1881 年 1 月 7 日　第 18 册　第 25 页

22022　论征收米捐宜变通办理　《申报》　1899 年 11 月 30 日　第 63 册　第 641 页

22023　论征收学费标准　《大公报》　1948 年 2 月 5 日　第 162 册　第 220 页

22024　论征西近日情形　《申报》　1875 年 12 月 8 日　第 7 册　第 549 页

22025　论整顿保险　《申报》　1894 年 11 月 11 日　第 48 册　第 449 页

22026　论整顿捕务宜变通成法　《申报》　1897 年 6 月 5 日　第 56 册　第 215 页

22027　论整顿茶市　《申报》　1880 年 5 月 6 日　第 16 册　第 481 页

22028　论整顿茶业之法　《申报》　1881 年 12 月 4 日　第 19 册　第 625 页

22029　论整顿车夫事宜　《申报》　1885 年 10 月 18 日　第 27 册　第 669 页

22030　论整顿筹防捐事　《申报》　1875 年 5 月 1 日　第 6 册　第 393 页

22031　论整顿船政　《申报》　1896 年 9 月 29 日　第 54 册　第 177 页

22032　论整顿官学　《申报》　1883 年 4 月 26 日　第 22 册　第 577 页

22033　论整顿缉私　《申报》　1877 年 6 月 5 日　第 10 册　第 509 页

22034　论整顿厘金可否仍用赫君援照海关税务办理事　《申报》　1875 年 12 月 18 日　第 7 册　第 585 页

22035　论整顿吏治　《申报》　1893 年 1 月 6 日　第 43 册　第 33 页

22036　论整顿吏治　《申报》　1899 年 12 月 16 日　第 63 册　第 755 页

22037　论整顿吏治　《申报》　1899 年 3 月 25 日　第 61 册　第 485 页

22038　论整顿吏治须先厚给俸禄事　《申报》　1875 年 12 月 22 日　第 7 册　第

597 页

22039　论整顿吏治宜先加俸裁缺　《申报》　1901 年 10 月 12 日　第 69 册　第 251 页

22040　论整顿吏治宜先停止捐纳　《申报》　1898 年 11 月 5 日　第 60 册　第 471 页

22041　论整顿吏治之方针　《申报》　1907 年 1 月 30 日　第 86 册　第 281 页

22042　论整顿钱法　《申报》　1886 年 9 月 17 日　第 29 册　第 481 页

22043　论整顿水师　《申报》　1892 年 12 月 18 日　第 42 册　第 683 页

22044　论整顿丝茶两市　《申报》　1881 年 2 月 6 日　第 18 册　第 117 页

22045　论整顿台湾吏治以化生番　《申报》　1877 年 5 月 29 日　第 10 册　第 485 页

22046　论整顿西藏不可专循达赖之意见　《申报》　1908 年 8 月 12 日　第 95 册　第 584 页

22047　论整顿巡捕　《申报》　1883 年 8 月 2 日　第 23 册　第 193 页

22048　论整顿盐法　《申报》　1893 年 3 月 10 日　第 43 册　第 381 页

22049　论整顿盐务之必要　《申报》　1912 年 10 月 17 日　第 119 册　第 163 页

22050　论整顿盐务之必要续　《申报》　1912 年 10 月 19 日　第 119 册　第 187 页

22051　论整顿圆法　《申报》　1893 年 3 月 16 日　第 43 册　第 419 页

22052　论整顿圆法当先划一权量　《申报》　1905 年 9 月 21 日　第 81 册　第 173 页

22053　论整个的党　《大公报》　1930 年 2 月 18 日　第 94 册　第 708 页

22054　论整理浦滩　《申报》　1882 年 7 月 28 日　第 21 册　第 163 页

22055　论整理全国军队　《大公报》　1935 年 3 月 20 日　第 125 册　第 308 页

22056　论整理四川　《大公报》　1930 年 12 月 21 日　第 99 册　第 604 页

22057　论整理招商局事　《大公报》　1928 年 2 月 16 日　第 82 册　第 399 页

22058　论整肃政风　《申报》　1948 年 3 月 20 日　第 396 册　第 738 页

22059　论整兴商务先宜培植人才　《申报》　1899 年 1 月 19 日　第 61 册　第 109 页

22060　论郑编修奏大员子女均由皇上指婚　《申报》　1907 年 8 月 27 日　第 89 册　第 689 页

22061　论郑工之难　《申报》　1888 年 3 月 13 日　第 32 册　第 389 页

22062　论郑州河工宜速不宜迟　《申报》　1887 年 12 月 28 日　第 31 册　第 1163 页

22063　论政府不宜专守秘密主义　《申报》　1909 年 6 月 13 日　第 100 册　第 612 页

22064 论政府不应亟派赵尔巽至东三省 《申报》 1905 年 6 月 22 日 第 80 册 第 455 页

22065 论政府处于两败之地位 《申报》 1907 年 7 月 19 日 第 89 册 第 221 页

22066 论政府对待咨议局联合会之非议 《申报》 1911 年 7 月 4 日 第 113 册 第 53 页

22067 论政府对日交涉之手段 《申报》 1908 年 2 月 24 日 第 92 册 第 566 页

22068 论政府对于海外侨民被虐之漠视 《申报》 1912 年 11 月 5 日 第 119 册 第 391 页

22069 论政府对于资政院议员之质问 《申报》 1910 年 11 月 22 日 第 109 册 第 337 页

22070 论政府对于资政院议员之质问续 《申报》 1910 年 11 月 26 日 第 109 册 第 401 页

22071 论政府防范绅民之非计 《申报》 1907 年 11 月 20 日 第 91 册 第 251 页

22072 论政府根本上之误谬 《申报》 1911 年 7 月 12 日 第 113 册 第 183 页

22073 论政府核减各省行政费之非计 《申报》 1910 年 8 月 15 日 第 107 册 第 741 页

22074 论政府会议选举法 《申报》 1906 年 8 月 30 日 第 84 册 第 589 页

22075 论政府会议选举法（续） 《申报》 1906 年 8 月 31 日 第 84 册 第 599 页

22076 论政府将颁严重之报律 《申报》 1908 年 1 月 8 日 第 92 册 第 85 页

22077 论政府将重用使臣事 《申报》 1907 年 3 月 20 日 第 87 册 第 201 页

22078 论政府将重用使臣事（续）二月十六日 《申报》 1907 年 4 月 13 日 第 87 册 第 485 页

22079 论政府将重用使臣事（续初七日） 《申报》 1907 年 4 月 8 日 第 87 册 第 423 页

22080 论政府近日对待日本留学生事 《申报》 1905 年 2 月 18 日 第 79 册 第 275 页

22081 论政府近日搜罗财政之手段 《申报》 1908 年 5 月 14 日 第 94 册 第 169 页

22082 论政府近日外交之手段 《申报》 1905 年 7 月 16 日 第 80 册 第 649 页

22083 论政府近日用人之不当 《申报》 1906 年 2 月 23 日 第 82 册 第 369 页

22084　论政府近日之政策　《申报》　1907 年 1 月 7 日　第 86 册　第 59 页

22085　论政府近日之政策（续）　《申报》　1907 年 1 月 8 日　第 86 册　第 69 页

22086　论政府举办外币储蓄　《大公报》　1939 年 11 月 14 日　第 143 册　第 300 页

22087　论政府拟令各省司道以下会议条陈事　《申报》　1905 年 7 月 26 日　第 80 册　第 729 页

22088　论政府拟通饬州县出洋游历事　《申报》　1906 年 4 月 2 日　第 83 册　第 11 页

22089　论政府欺罔朝廷　《申报》　1907 年 12 月 27 日　第 91 册　第 703 页

22090　论政府轻视皖省　《申报》　1907 年 1 月 24 日　第 86 册　第 221 页

22091　论政府心理上之四大敌　《申报》　1908 年 2 月 19 日　第 92 册　第 506 页

22092　论政府行事之矛盾　《申报》　1907 年 10 月 30 日　第 90 册　第 717 页

22093　论政府行政之失败　《申报》　1907 年 8 月 8 日　第 89 册　第 461 页

22094　论政府行政之失败（续）　《申报》　1907 年 8 月 9 日　第 89 册　第 473 页

22095　论政府议撤领事裁判权　《申报》　1910 年 7 月 24 日　第 107 册　第 385 页

22096　论政府议将外债限年还清　《申报》　1908 年 1 月 23 日　第 92 册　第 265 页

22097　论政府议与各国订彼此入籍约　《申报》　1908 年 5 月 26 日　第 94 册　第 326 页

22098　论政府与民争利之非计　《申报》　1908 年 7 月 4 日　第 95 册　第 46 页

22099　论政府之对于留学生　《申报》　1907 年 3 月 28 日　第 87 册　第 291 页

22100　论政府之军威之所能及　《申报》　1908 年 1 月 24 日　第 92 册　第 277 页

22101　论政府之制造品　《申报》　1908 年 2 月 10 日　第 92 册　第 397 页

22102　论政局改造　《大公报》　1927 年 5 月 12 日　第 79 册　第 329 页

22103　论政制　《中央日报》　1939 年 2 月 28 日　第 41 册　第 818 页

22104　论政治出路　《申报》　1943 年 10 月 8 日　第 384 册　第 575 页

22105　论政治大计　《大公报》　1932 年 1 月 15 日　第 106 册　第 134 页

22106　论政治得失关键　《申报》　1943 年 9 月 25 日　第 384 册　第 523 页

22107　论政治的变化（专论）/胡朴安　《民国日报》　1946 年 12 月 30 日·第 99 册　第 567 页

22108　论政治家与国家之关系　《申报》　1910 年 7 月 9 日　第 107 册　第

139 页

22109　论政治家与国家之关系（续）　《申报》　1910 年 7 月 10 日　第 107 册
第 157 页

22110　论政治教育　《大公报》　1941 年 4 月 28 日　第 146 册　第 492 页

22111　论政治教育/陈之迈（星期论文）　《大公报》　1938 年 1 月 30 日　第 140
册　第 119 页

22112　论政治上的"以毒攻毒"　《申报》　1943 年 10 月 12 日　第 384 册　第
595 页

22113　论政治与暗杀：民主传统比民主制度更重要　《大公报》　1947 年 7 月 28
日　第 160 册　第 552 页

22114　论知府一官兼及宁波事　《申报》　1878 年 10 月 21 日　第 13 册　第
385 页

22115　论知人善任　《申报》　1887 年 8 月 31 日　第 31 册　第 377 页

22116　论知人之本　《申报》　1888 年 1 月 31 日　第 32 册　第 185 页

22117　论织布局规复之可喜　《申报》　1893 年 12 月 26 日　第 45 册　第 779 页

22118　论执法当从衙役始　《申报》　1893 年 6 月 28 日　第 44 册　第 421 页

22119　论直督饬实缺州县须先赴日本游历事　《申报》　1905 年 7 月 15 日　第 80
册　第 641 页

22120　论直督袁慰帅奏请加收酒捐事　《申报》　1902 年 9 月 19 日　第 72 册
第 121 页

22121　论直藩遇害事　《申报》　1900 年 11 月 27 日　第 66 册　第 515 页

22122　论"直接交涉"　《中央日报》　1932 年 10 月 17 日　第 19 册　第 618 页

22123　论直接税　《大公报》　1943 年 12 月 28 日　第 151 册　第 798 页

22124　论直隶藩司王方伯用印电请托事情致获重谴事　《申报》　1896 年 7 月 19
日　第 53 册　第 513 页

22125　论直隶积案之多书李伯相疏后　《申报》　1881 年 11 月 14 日　第 19 册
第 545 页

22126　论直隶水利　《申报》　1876 年 12 月 21 日　第 9 册　第 593 页

22127　论直隶水灾　《申报》　1872 年 9 月 19 日　第 1 册　第 481 页

22128　论直隶水灾　《申报》　1873 年 9 月 24 日　第 3 册　第 293 页

22129　论职官不宜与商争利　《申报》　1898 年 10 月 25 日　第 60 册　第 393 页

22130　论植树防荒　《申报》　1877 年 12 月 11 日　第 11 册　第 561 页

22131　论制备利器必先储人才　《申报》　1895 年 2 月 1 日　第 49 册　第 147 页

22132　论制茶宜用机器　《申报》　1888 年 9 月 28 日　第 33 册　第 593 页

22133　论制定宪法不宜师法日本　《申报》　1910 年 11 月 28 日　第 109 册　第
433 页

22134　论制定宪法之方法　《申报》　1910年9月27日　第108册　第417页

22135　论制定宪法之方法二续　《申报》　1910年9月29日　第108册　第450页

22136　论制定宪法之方法三续　《申报》　1910年9月30日　第108册　第465页

22137　论制定宪法之方法四续　《申报》　1910年10月2日　第108册　第498页

22138　论制定宪法之方法续　《申报》　1910年9月28日　第108册　第433页

22139　论制定约法之必要　《大公报》　1930年10月17日　第98册　第544页

22140　论制器　《申报》　1892年8月10日　第41册　第659页

22141　论制钱缺少当先鼓铸铜钱为急务　《申报》　1896年4月14日　第52册　第603页

22142　论制日本自有其道　《申报》　1894年10月15日　第48册　第277页

22143　论制盐政策　《申报》　1910年2月2日　第104册　第578页

22144　论制盐政策（续）　《申报》　1910年2月3日　第104册　第页596

22145　论制艺　《申报》　1874年3月26日　第4册　第265页

22146　论制造　《申报》　1873年11月28日　第3册　第517页

22147　论制造　《申报》　1874年7月28日　第5册　第93页

22148　论制造兵舰不如购自外洋　《申报》　1898年8月21日　第59册　第767页

22149　论制造不可畏难　《申报》　1884年5月10日　第24册　第729页

22150　论制造缓急之序　《申报》　1898年9月8日　第60册　第49页

22151　论制造新器物例准保其专利　《申报》　1896年1月1日　第52册　第1页

22152　论治布局火焚事　《申报》　1893年10月22日　第45册　第343页

22153　论治党　《大公报》　1930年10月22日　第98册　第604页

22154　论治道　《申报》　1892年1月12日　第40册　第71页

22155　论治匪便法　《申报》　1890年11月4日　第37册　第805页

22156　论治匪不宜主抚　《申报》　1908年2月7日　第92册　第362页

22157　论治匪之宜慎　《申报》　1907年3月31日　第87册　第327页

22158　论治国必先安民　《申报》　1892年5月8日　第41册　第45页

22159　论治国当以富教为先务　《申报》　1877年2月27日　第10册　第173页

22160　论治河　《申报》　1875年1月5日　第6册　第13页

22161　论治河捷柱　《申报》　1888年9月27日　第33册　第587页

22162　论治河久远之法必循禹时故道　《申报》　1884年5月1日　第24册　第

675 页

22163　论治河三事　《申报》　1875 年 7 月 21 日　第 7 册　第 69 页

22164　论治河宜筹一劳永逸之法　《申报》　1883 年 4 月 1 日　第 22 册　第 435 页

22165　论治黄河　《申报》　1875 年 3 月 3 日　第 6 册　第 189 页

22166　论治黄河及各海滨事　《申报》　1873 年 9 月 26 日　第 3 册　第 301 页

22167　论治流氓之法　《申报》　1891 年 5 月 9 日　第 38 册　第 703 页

22168　论治乱党贵清其源　《申报》　1894 年 2 月 27 日　第 46 册　第 331 页

22169　论治乱民当情法兼尽　《申报》　1898 年 6 月 29 日　第 59 册　第 385 页

22170　论治乱之故由于兵威之盛衰　《申报》　1895 年 11 月 14 日　第 51 册　第 491 页

22171　论治民贵善用其才　《申报》　1893 年 7 月 16 日　第 44 册　第 545 页

22172　论治民间械斗　《申报》　1886 年 5 月 25 日　第 28 册　第 825 页

22173　论治痧恶习　《申报》　1881 年 7 月 30 日　第 19 册　第 117 页

22174　论治上海事宜　《申报》　1872 年 8 月 24 日　第 1 册　第 393 页

22175　论治世不必偏重节俭　《申报》　1877 年 2 月 28 日　第 10 册　第 177 页

22176　论治世需有救时人才　《申报》　1877 年 10 月 8 日　第 11 册　第 341 页

22177　论治台今昔不同　《申报》　1892 年 7 月 12 日　第 41 册　第 467 页

22178　论治田必先兴水利　《申报》　1895 年 11 月 25 日　第 51 册　第 563 页

22179　论治乡之法　《申报》　1885 年 6 月 9 日　第 26 册　第 867 页

22180　论治烟馆妓馆其法不□而□　《申报》　1881 年 10 月 27 日　第 19 册　第 473 页

22181　论治洋场之难　《申报》　1877 年 7 月 12 日　第 11 册　第 37 页

22182　论治莠民宜先教养　《申报》　1899 年 6 月 10 日　第 62 册　第 307 页

22183　论治莠民宜用重典　《申报》　1890 年 5 月 16 日　第 36 册　第 785 页

22184　论致富　《申报》　1877 年 10 月 4 日　第 11 册　第 329 页

22185　论致富首在开矿　《申报》　1892 年 9 月 23 日　第 42 册　第 141 页

22186　论致富之本　《申报》　1888 年 3 月 21 日　第 32 册　第 439 页

22187　论致祭昭忠祠　《申报》　1881 年 11 月 7 日　第 19 册　第 517 页

22188　论致治首在得人　《申报》　1895 年 10 月 14 日　第 51 册　第 283 页

22189　论置产赡族事　《申报》　1876 年 3 月 20 日　第 8 册　第 249 页

22190　论置用轮船宜练水手事　《申报》　1875 年 5 月 11 日　第 6 册　第 425 页

22191　论中朝待藩属有差　《申报》　1885 年 9 月 26 日　第 27 册　第 535 页

22192　论中丞查案　《申报》　1879 年 3 月 13 日　第 14 册　第 229 页

22193　论中东传闻异辞　《申报》　1874 年 11 月 4 日　第 5 册　第 435 页

22194　论中东开矿缓急　《申报》　1882 年 11 月 10 日　第 21 册　第 793 页

22195   论中俄德联盟密函   《民国日报》   1922 年 10 月 1 日   第 41 册   第 412 页

22196   论中俄德联盟密函（二）   《民国日报》   1922 年 10 月 2 日   第 41 册   第 426 页

22197   论中俄德联盟密函（三）   《民国日报》   1922 年 10 月 3 日   第 41 册   第 440 页

22198   论中俄订立密约   《申报》   1901 年 3 月 13 日   第 67 册   第 379 页

22199   论中俄订约开采藏中诸矿事   《申报》   1903 年 4 月 14 日   第 73 册   第 615 页

22200   论中俄改定商约之为难   《申报》   1911 年 7 月 6 日   第 113 册   第 85 页

22201   论中俄关系   《大公报》   1927 年 12 月 18 日   第 81 册   第 623 页

22202   论中俄合办金矿   《申报》   1898 年 10 月 19 日   第 60 册   第 349 页

22203   论中俄和局   《申报》   1880 年 8 月 24 日   第 17 册   第 217 页

22204   论中俄交谊   《申报》   1896 年 9 月 21 日   第 54 册   第 127 页

22205   论中俄铁路治权条约之签押   《申报》   1909 年 5 月 21 日   第 100 册   第 282 页

22206   论中俄议约事   《申报》   1903 年 7 月 26 日   第 74 册   第 601 页

22207   论中俄议约之延缓   《申报》   1906 年 4 月 21 日   第 83 册   第 201 页

22208   论中俄战事利害   《申报》   1880 年 2 月 26 日   第 16 册   第 201 页

22209   论中法不愿失和之意   《申报》   1884 年 2 月 23 日   第 24 册   第 273 页

22210   论中法不至于战不已   《申报》   1883 年 7 月 8 日   第 23 册   第 43 页

22211   论中法大局   《申报》   1883 年 5 月 16 日   第 22 册   第 691 页

22212   论中法画安南地界事   《申报》   1886 年 2 月 11 日   第 28 册   第 205 页

22213   论中法悔和   《申报》   1884 年 7 月 5 日   第 25 册   第 25 页

22214   论中法皆有愿和之意   《申报》   1884 年 5 月 5 日   第 24 册   第 699 页

22215   论中法近日情形   《申报》   1884 年 9 月 11 日   第 25 册   第 427 页

22216   论中法开战大势   《申报》   1884 年 8 月 30 日   第 25 册   第 361 页

22217   论中法两国外助无人   《申报》   1884 年 4 月 15 日   第 24 册   第 579 页

22218   论中法目前大势   《申报》   1884 年 7 月 4 日   第 25 册   第 19 页

22219   论中法议定越界   《申报》   1883 年 9 月 29 日   第 23 册   第 543 页

22220   论中纺提高布价   《民国日报》   1946 年 9 月 5 日   第 99 册   第 26 页

22221   论中风   《申报》   1897 年 12 月 17 日   第 57 册   第 663 页

22222   论中共参加国府   《中央日报》   1946 年 8 月 30 日   第 53 册   第 778 页

22223   论中国□□联络蒙古   《申报》   1905 年 3 月 2 日   第 79 册   第 371 页

22224   论中国安插刘军之善   《申报》   1885 年 8 月 12 日   第 27 册   第 253 页

22225   论中国办警察之误   《申报》   1905 年 3 月 3 日   第 79 册   第 379 页

22226　论中国办理朝鲜事　《申报》　1894 年 6 月 16 日　第 47 册　第 329 页

22227　论中国办理洋土药牙将与盐务并重　《申报》　1898 年 3 月 30 日　第 58 册　第 527 页

22228　论中国办理洋务宜用精通西学之人　《申报》　1884 年 12 月 14 日　第 25 册　第 949 页

22229　论中国办理洋务之难　《申报》　1895 年 6 月 22 日　第 50 册　第 341 页

22230　论中国保火险之法　《申报》　1893 年 2 月 8 日　第 43 册　第 233 页

22231　论中国保全利益不在与闻日俄议和　《申报》　1905 年 7 月 1 日　第 80 册　第 527 页

22232　论中国北方风气刚劲　《申报》　1897 年 1 月 6 日　第 55 册　第 31 页

22233　论中国备兵太迟　《申报》　1884 年 11 月 10 日　第 25 册　第 753 页

22234　论中国必当振兴纺织　《申报》　1893 年 11 月 10 日　第 45 册　第 475 页

22235　论中国边防宜舍舟而用陆　《申报》　1885 年 2 月 22 日　第 26 册　第 261 页

22236　论中国边警之原因及其对付方法　《申报》　1911 年 3 月 9 日　第 111 册　第 131 页

22237　论中国边警之原因及其对付方法三续　《申报》　1911 年 3 月 12 日　第 111 册　第 177 页

22238　论中国边警之原因及其对付方法续　《申报》　1911 年 3 月 10 日　第 111 册　第 146 页

22239　论中国边警之原因及其对付方法再续　《申报》　1911 年 3 月 11 日　第 111 册　第 162 页

22240　论中国变法之利弊　《申报》　1895 年 1 月 9 日　第 49 册　第 51 页

22241　论中国兵船仅足自守海口　《申报》　1883 年 6 月 26 日　第 22 册　第 937 页

22242　论中国兵船迎送官员之弊　《申报》　1886 年 7 月 26 日　第 29 册　第 153 页

22243　论中国兵轮管驾宜先考试　《申报》　1886 年 4 月 14 日　第 28 册　第 575 页

22244　论中国兵轮游历外洋宜缓　《申报》　1886 年 8 月 24 日　第 29 册　第 331 页

22245　论中国兵权不可集于中央　《申报》　1907 年 1 月 2 日　第 86 册　第 11 页

22246　论中国不撤边防之善　《申报》　1885 年 5 月 7 日　第 26 册　第 669 页

22247　论中国不撤防务之善　《申报》　1884 年 7 月 2 日　第 25 册　第 7 页

22248　论中国不患人才之缺乏而患道德之堕落　《申报》　1909 年 10 月 2 日　第

102 册　第 466 页

22249　论中国不患无可用之人　《申报》　1899 年 1 月 14 日　第 61 册　第 79 页

22250　论中国不可不一战　《申报》　1884 年 7 月 16 日　第 25 册　第 91 页

22251　论中国不难于练兵而难于筹饷　《申报》　1900 年 4 月 28 日　第 64 册
第 753 页

22252　论中国不宜再创裁兵之议　《申报》　1900 年 11 月 1 日　第 66 册　第
361 页

22253　论中国财政宜注意消费税　《申报》　1911 年 1 月 15 日　第 110 册　第
226 页

22254　论中国财政宜注意消费税续　《申报》　1911 年 1 月 16 日　第 110 册　第
241 页

22255　论中国裁兵之失计　《申报》　1900 年 1 月 25 日　第 64 册　第 153 页

22256　论中国餐/吉田东祐（星期评论）　《申报》　1943 年 9 月 19 日　第 384
册　第 497 页

22257　论中国茶叶之疲　《申报》　1886 年 6 月 18 日　第 28 册　第 975 页

22258　论中国产铁之日盛　《申报》　1899 年 6 月 2 日　第 62 册　第 245 页

22259　论中国产土之多　《申报》　1893 年 3 月 26 日　第 43 册　第 483 页

22260　论中国崇尚文学　《申报》　1890 年 10 月 31 日　第 37 册　第 779 页

22261　论中国崇向西法　《申报》　1876 年 5 月 29 日　第 8 册　第 489 页

22262　论中国储才尤宜筹用才之法　《申报》　1897 年 2 月 23 日　第 55 册　第
285 页

22263　论中国处置俄逃舰之难　《申报》　1904 年 8 月 23 日　第 77 册　第
775 页

22264　论中国处置延吉厅之失策　《申报》　1908 年 11 月 1 日　第 97 册　第
2 页

22265　论中国创造铁路　《申报》　1886 年 4 月 13 日　第 28 册　第 569 页

22266　论中国词讼积弊　《申报》　1898 年 12 月 31 日　第 60 册　第 851 页

22267　论中国此时当明与法人示战　《申报》　1884 年 8 月 17 日　第 25 册　第
283 页

22268　论中国此时宜以培养元气为第一义　《申报》　1885 年 7 月 16 日　第 27
册　第 91 页

22269　论中国大度　《申报》　1884 年 9 月 26 日　第 25 册　第 509 页

22270　论中国大陆作战　《申报》　1945 年 3 月 29 日　第 387 册　第 239 页

22271　论中国当变法自强　《申报》　1894 年 10 月 22 日　第 48 册　第 323 页

22272　论中国当亟求御水之法　《申报》　1890 年 8 月 2 日　第 37 册　第 207 页

22273　论中国当推广水机　《申报》　1893 年 3 月 4 日　第 43 册　第 345 页

22274　论中国当选联盟理事　《大公报》　1926 年 9 月 19 日　第 77 册　第 145 页

22275　论中国当注意实业教育　《申报》　1906 年 11 月 7 日　第 85 册　第 323 页

22276　论中国当注意于俄　《申报》　1888 年 8 月 26 日　第 33 册　第 383 页

22277　论中国地保　《申报》　1882 年 12 月 14 日　第 21 册　第 997 页

22278　论中国读书之弊　《申报》　1895 年 8 月 28 日　第 50 册　第 777 页

22279　论中国俄患宜由英日美三国协力防维　《申报》　1900 年 10 月 4 日　第 66 册　第 193 页

22280　论中国法学系统　《中央日报》　1947 年 11 月 3 日　第 57 册　第 660 页

22281　论中国藩属与泰西各国不同　《申报》　1883 年 8 月 30 日　第 23 册　第 363 页

22282　论中国防弊之无益　《申报》　1897 年 9 月 19 日　第 57 册　第 109 页

22283　论中国防务北重于南　《申报》　1894 年 12 月 15 日　第 48 册　第 657 页

22284　论中国仿行西法渐有成效　《申报》　1890 年 12 月 19 日　第 37 册　第 1091 页

22285　论中国纺织之利宜加意振兴　《申报》　1898 年 12 月 4 日　第 60 册　第 675 页

22286　论中国匪患之难除　《申报》　1901 年 3 月 14 日　第 67 册　第 385 页

22287　论中国妇女佞佛陋俗　《申报》　1897 年 3 月 24 日　第 55 册　第 467 页

22288　论中国妇女之苦　《申报》　1880 年 2 月 27 日　第 16 册　第 205 页

22289　论中国富强之策轮船不如铁路　《申报》　1884 年 6 月 16 日　第 24 册　第 951 页

22290　论中国改革官制宜分定权限　《申报》　1905 年 2 月 24 日　第 79 册　第 323 页

22291　论中国改行新政之速　《申报》　1898 年 9 月 5 日　第 60 册　第 29 页

22292　论中国各公司宜速加整顿　《申报》　1886 年 3 月 6 日　第 28 册　第 341 页

22293　论中国各款出入宜一律改用银元　《申报》　1906 年 2 月 15 日　第 82 册　第 305 页

22294　论中国工艺有振兴之机　《申报》　1901 年 12 月 29 日　第 69 册　第 731 页

22295　论中国公司之难　《申报》　1883 年 11 月 4 日　第 23 册　第 759 页

22296　论中国官场与泰西情形不同　《申报》　1883 年 10 月 29 日　第 23 册　第 723 页

22297　论中国官吏之草菅人命　《申报》　1905 年 3 月 15 日　第 79 册　第

479 页

22298　论中国官体　《申报》　1883 年 7 月 10 日　第 23 册　第 55 页

22299　论中国广设学堂宜推及外洋各国　《申报》　1901 年 11 月 21 日　第 69 册　第 501 页

22300　论中国国民之性质　《申报》　1906 年 11 月 15 日　第 85 册　第 397 页

22301　论中国国民之性质（一续）　《申报》　1906 年 11 月 18 日　第 85 册　第 425 页

22302　论中国国民之最后立场　《大公报》　1935 年 6 月 29 日　第 126 册　第 948 页

22303　论中国海关准豆饼出口事　《申报》　1904 年 5 月 5 日　第 77 册　第 29 页

22304　论中国亟图自强不外练军制造　《申报》　1901 年 11 月 23 日　第 69 册　第 513 页

22305　论中国亟宜储备将材　《申报》　1899 年 12 月 14 日　第 63 册　第 741 页

22306　论中国亟宜推广市场　《申报》　1911 年 2 月 15 日　第 110 册　第 629 页

22307　论中国亟宜兴铁路以防戍伊犁　《申报》　1885 年 11 月 5 日　第 27 册　第 779 页

22308　论中国亟宜照会各国共守局外之例　《申报》　1884 年 9 月 5 日　第 25 册　第 395 页

22309　论中国亟宜整顿海军　《申报》　1900 年 2 月 8 日　第 64 册　第 193 页

22310　论中国亟宜整顿圆法　《申报》　1897 年 11 月 9 日　第 57 册　第 431 页

22311　论中国急宜改良教育　《申报》　1909 年 11 月 26 日　第 103 册　第 402 页

22312　论中国急宜改良教育（续）　《申报》　1909 年 11 月 27 日　第 103 册　第 418 页

22313　论中国急宜讲求格致之学　《申报》　1896 年 7 月 6 日　第 53 册　第 429 页

22314　论中国急宜以兵船游历外洋以壮国威　《申报》　1885 年 9 月 15 日　第 27 册　第 463 页

22315　论中国急宜整顿矿路以绝外人觊觎　《申报》　1899 年 5 月 23 日　第 62 册　第 165 页

22316　论中国急宜组织工会　《申报》　1908 年 2 月 26 日　第 92 册　第 590 页

22317　论中国家族制度为政治上之阻力及将来改良之方法　《申报》　1911 年 1 月 11 日　第 110 册　第 161 页

22318　论中国家族制度为政治上之阻力及将来改良之方法二续　《申报》　1911 年 1 月 13 日　第 110 册　第 194 页

22319　论中国家族制度为政治上之阻力及将来改良之方法三续　《申报》　1911年1月14日　第110册　第209页

22320　论中国家族制度为政治上之阻力及将来改良之方法续　《申报》　1911年1月12日　第110册　第178页

22321　论中国渐改西法　《申报》　1876年3月11日　第8册　第221页

22322　论中国渐知铁路之利　《申报》　1888年5月29日　第32册　第865页

22323　论中国将材　《申报》　1885年6月3日　第26册　第831页

22324　论中国将来之希望　《申报》　1910年4月9日　第105册　第625页

22325　论中国讲求武备　《申报》　1881年11月16日　第19册　第553页

22326　论中国教育之弊　《申报》　1906年12月3日　第85册　第555页

22327　论中国教育之弊（续）　《申报》　1906年12月5日　第85册　第571页

22328　论中国教育之法不及泰西　上　《申报》　1895年4月3日　第49册　第525页

22329　论中国教育之法不及泰西　中　《申报》　1895年4月9日　第49册　第563页

22330　论中国教育之法不及泰西　下　《申报》　1895年4月15日　第49册　第603页

22331　论中国今日亟宜仿造应用洋货（续）　《申报》　1909年3月10日　第99册　第127页

22332　论中国今日亟宜仿造应用洋货　《申报》　1909年3月9日　第99册　第113页

22333　论中国今日宜取稳健主义　《申报》　1912年6月24日　第117册　第829页

22334　论中国今日有可以速开国会之理由　《申报》　1908年5月25日　第94册　第314页

22335　论中国今日有为组织政党之机会　《申报》　1910年6月25日　第106册　第901页

22336　论中国今日有为组织政党之机会（续）　《申报》　1910年6月26日　第106册　第917页

22337　论中国今日之内情外势（二续）　《申报》　1909年11月13日　第103册　第193页

22338　论中国今日之内情外势（三续）　《申报》　1909年11月14日　第103册　第209页

22339　论中国今日之内情外势（四续）　《申报》　1909年11月24日　第103册　第370页

22340　论中国今日之内情外势（五续）　《申报》　1909 年 11 月 25 日　第 103 册　第 386 页

22341　论中国今日之内情外势　《申报》　1909 年 11 月 6 日　第 103 册　第 82 页

22342　论中国今日之内情外势（续）　《申报》　1909 年 11 月 7 日　第 103 册　第 97 页

22343　论中国今日之内情外势（六续）　《申报》　1909 年 12 月 11 日　第 103 册　第 641 页

22344　论中国今日之内情外势（七续）　《申报》　1909 年 12 月 12 日　第 103 册　第 660 页

22345　论中国今日之杀机　《申报》　1911 年 9 月 14 日　第 114 册　第 232 页

22346　论中国今日之危机　《申报》　1909 年 9 月 3 日　第 102 册　第 31 页

22347　论中国金价日贵亟宜设法开采　《申报》　1897 年 11 月 5 日　第 57 册　第 407 页

22348　论中国近日读书之不易　《申报》　1902 年 2 月 18 日　第 70 册　第 251 页

22349　论中国近日欲试士子以有用之学宜自典礼法律始　《申报》　1897 年 8 月 27 日　第 56 册　第 731 页

22350　论中国近世资格用人之弊　《申报》　1896 年 2 月 21 日　第 52 册　第 275 页

22351　论中国近岁民贫财匮之由　《申报》　1898 年 1 月 5 日　第 58 册　第 25 页

22352　论中国禁烟：译英国斯葛斯门报　《申报》　1907 年 6 月 16 日　第 88 册　第 587 页

22353　论中国京报异于外国新报　《申报》　1873 年 7 月 18 日　第 3 册　第 61 页

22354　论中国举行新政之弊　《申报》　1904 年 2 月 11 日　第 76 册　第 235 页

22355　论中国军械有更变之机　《申报》　1884 年 4 月 18 日　第 24 册　第 597 页

22356　论中国君权与学说之关系　《申报》　1907 年 1 月 12 日　第 86 册　第 109 页

22357　论中国君权与学说之关系　《申报》　1907 年 1 月 13 日　第 86 册　第 119 页

22358　论中国开浚河道宜用泰西机器　《申报》　1896 年 1 月 4 日　第 52 册　第 21 页

22359　论中国开矿之难　《申报》　1899 年 1 月 21 日　第 61 册　第 121 页

22360 论中国开矿之效 《申报》 1891 年 12 月 24 日 第 39 册 第 1069 页

22361 论中国开煤之益 《申报》 1882 年 3 月 28 日 第 20 册 第 351 页

22362 论中国开设博览会之益 《申报》 1886 年 7 月 10 日 第 29 册 第 55 页

22363 论中国科举之举为人心大害 《申报》 1896 年 5 月 30 日 第 53 册 第 191 页

22364 论中国矿产之富 《申报》 1887 年 7 月 24 日 第 31 册 第 145 页

22365 论中国矿务 《申报》 1877 年 9 月 12 日 第 11 册 第 253 页

22366 论中国矿务宜及时兴办 《申报》 1890 年 5 月 21 日 第 36 册 第 815 页

22367 论中国矿务有振兴之机 《申报》 1899 年 11 月 28 日 第 63 册 第 625 页

22368 论中国矿务之弊 《申报》 1891 年 12 月 29 日 第 39 册 第 1099 页

22369 论中国矿物盛衰关键 《申报》 1886 年 2 月 26 日 第 28 册 第 293 页

22370 论中国矿物有渐兴之机 《申报》 1888 年 6 月 21 日 第 32 册 第 1027 页

22371 论中国理财不如西国 《申报》 1876 年 12 月 25 日 第 9 册 第 605 页

22372 论中国理财宜法西人之稽核 《申报》 1901 年 11 月 26 日 第 69 册 第 531 页

22373 论中国理财治兵宜先除其弊 《申报》 1896 年 1 月 9 日 第 52 册 第 53 页

22374 论中国历朝常有邪术 《申报》 1876 年 9 月 19 日 第 9 册 第 273 页

22375 论中国历朝得失原委 《申报》 1876 年 7 月 3 日 第 9 册 第 5 页

22376 论中国立宪不成之可虑 《申报》 1905 年 7 月 14 日 第 80 册 第 633 页

22377 论中国练兵事 《申报》 1904 年 2 月 9 日 第 76 册 第 225 页

22378 论中国练兵宜派大员勤于简阅 《申报》 1902 年 12 月 4 日 第 72 册 第 659 页

22379 论中国练兵宜水陆并重 《申报》 1892 年 2 月 24 日 第 40 册 第 273 页

22380 论中国练兵之宗旨 《申报》 1905 年 3 月 23 日 第 79 册 第 545 页

22381 论中国煤铁之富美国金银之富 《申报》 1893 年 7 月 23 日 第 44 册 第 591 页

22382 论中国靡费之多 《申报》 1889 年 12 月 13 日 第 35 册 第 1025 页

22383 论中国密止北宁官军勿与法人开战 《申报》 1884 年 3 月 31 日 第 24 册 第 491 页

22384 论中国民气有发达之机 《申报》 1905 年 5 月 17 日 第 80 册 第

145 页

22385 论中国目下情形惟有一战 《申报》 1884 年 7 月 17 日 第 25 册 第 97 页

22386 论中国内忧未已 《申报》 1900 年 9 月 1 日 第 66 册 第 1 页

22387 论中国内忧在筹捐裁兵之未妥 《申报》 1902 年 5 月 13 日 第 71 册 第 85 页

22388 论中国内忧之可虑 《申报》 1895 年 10 月 10 日 第 51 册 第 257 页

22389 论中国内忧之可虑 《申报》 1900 年 6 月 2 日 第 65 册 第 255 页

22390 论中国培养人材在振兴学校变通选举 《申报》 1896 年 6 月 10 日 第 53 册 第 265 页

22391 论中国培养人材在振兴学校变通选举 《申报》 1896 年 6 月 6 日 第 53 册 第 237 页

22392 论中国贫富情形 《申报》 1876 年 9 月 29 日 第 9 册 第 309 页

22393 论中国贫弱之原 《申报》 1895 年 6 月 15 日 第 50 册 第 295 页

22394 论中国强邻逼处昌图变计 《申报》 1895 年 5 月 20 日 第 50 册 第 121 页

22395 论中国去鸦片之弊为第一要政 《申报》 1895 年 5 月 29 日 第 50 册 第 183 页

22396 论中国人不善营私 《申报》 1908 年 6 月 26 日 第 94 册 第 740 页

22397 论中国人才辈出亟宜及时甄拔 《申报》 1888 年 2 月 21 日 第 32 册 第 265 页

22398 论中国人才之少皆由于父母之溺爱 《申报》 1897 年 7 月 29 日 第 56 册 第 549 页

22399 论中国人口中多公名词 《申报》 1907 年 3 月 5 日 第 87 册 第 45 页

22400 论中国人心不可不一战 《申报》 1884 年 7 月 23 日 第 25 册 第 133 页

22401 论中国人心浮动之可忧 《申报》 1900 年 2 月 22 日 第 64 册 第 279 页

22402 论中国人心之可恃 《申报》 1900 年 1 月 4 日 第 64 册 第 19 页

22403 论中国日本效行西法事 《申报》 1877 年 1 月 29 日 第 10 册 第 97 页

22404 论中国商务宜知所以振兴之道 《申报》 1899 年 8 月 3 日 第 62 册 第 703 页

22405 论中国商务有振兴之机 《申报》 1895 年 12 月 17 日 第 51 册 第 701 页

22406 论中国商务有振兴之机 《申报》 1898 年 7 月 14 日 第 59 册 第 497 页

22407　论中国商务有振兴之机　《申报》　1902 年 11 月 20 日　第 72 册　第 557 页

22408　论中国商务之所以不振　《申报》　1892 年 6 月 8 日　第 41 册　第 247 页

22409　论中国商业不难振兴　《申报》　1911 年 1 月 21 日　第 110 册　第 321 页

22410　论中国商业之前途　《申报》　1907 年 3 月 19 日　第 87 册　第 191 页

22411　论中国设立学堂宜先定普通学章程　《申报》　1901 年 10 月 8 日　第 69 册　第 225 页

22412　论中国实行警察权之难及其原因　《申报》　1906 年 2 月 6 日　第 82 册　第 233 页

22413　论中国实行警察权之难及其原因（续昨稿）　《申报》　1906 年 2 月 7 日　第 82 册　第 241 页

22414　论中国使节所在宜留意人才　《申报》　1899 年 3 月 2 日　第 61 册　第 327 页

22415　论中国士人读书宜急通旧学新学以转国运　《申报》　1898 年 9 月 11 日　第 60 册　第 73 页

22416　论中国释道二教有衰废之机　《申报》　1898 年 8 月 4 日　第 59 册　第 647 页

22417　论中国收回招商局事　《申报》　1885 年 7 月 22 日　第 27 册　第 127 页

22418　论中国水师实为有用　《申报》　1884 年 8 月 26 日　第 25 册　第 337 页

22419　论中国丝业日衰必须设法挽回　《申报》　1898 年 11 月 25 日　第 60 册　第 613 页

22420　论中国四民之苦　《申报》　1895 年 8 月 21 日　第 50 册　第 729 页

22421　论中国送回大院君事　《申报》　1885 年 8 月 14 日　第 27 册　第 265 页

22422　论中国算学之日盛　《申报》　1898 年 5 月 27 日　第 59 册　第 159 页

22423　论中国所购之枪皆泰西东洋停止不用之件　《申报》　1874 年 1 月 20 日　第 4 册　第 65 页

22424　论中国铁路事宜　《申报》　1884 年 6 月 22 日　第 24 册　第 987 页

22425　论中国铁路有可兴之机　《申报》　1886 年 4 月 16 日　第 28 册　第 587 页

22426　论中国铁路之前途　《申报》　1910 年 7 月 25 日　第 107 册　第 401 页

22427　论中国通商各口宜多开小汇划庄以辅邮政之不逮　《申报》　1897 年 8 月 28 日　第 56 册　第 737 页

22428　论中国外藩各国近日情形　《申报》　1875 年 8 月 10 日　第 7 册　第 137 页

22429　论中国万不可允倭人割地之请　《申报》　1895 年 3 月 10 日　第 49 册　第 367 页

22430　论中国为朝鲜事不可不与日本一战　《申报》　1894 年 7 月 21 日　第 47 册　第 589 页

22431　论中国无书信馆之可惜　《申报》　1885 年 9 月 3 日　第 27 册　第 387 页

22432　论中国武备有转强之机　《申报》　1897 年 5 月 11 日　第 56 册　第 63 页

22433　论中国物产甚富宜仿行西制并讲求制造之法以开利源　《申报》　1891 年 12 月 6 日　第 39 册　第 959 页

22434　论中国西通大铁道之重要　《申报》　1913 年 7 月 27 日　第 123 册　第 349 页

22435　论中国西通大铁道之重要（二）　《申报》　1913 年 7 月 28 日　第 123 册　第 361 页

22436　论中国西通大铁道之重要（三）　《申报》　1913 年 7 月 29 日　第 123 册　第 371 页

22437　论中国西通大铁道之重要（四）　《申报》　1913 年 7 月 30 日　第 123 册　第 383 页

22438　论中国西通大铁道之重要（五）　《申报》　1913 年 7 月 31 日　第 123 册　第 395 页

22439　论中国西通大铁道之重要（六）　《申报》　1913 年 8 月 3 日　第 123 册　第 429 页

22440　论中国西通大铁道之重要（七）　《申报》　1913 年 8 月 4 日　第 123 册　第 441 页

22441　论中国西通大铁道之重要（八）　《申报》　1913 年 8 月 5 日　第 123 册　第 453 页

22442　论中国西通大铁道之重要（九）　《申报》　1913 年 8 月 6 日　第 123 册　第 465 页

22443　论中国西通大铁道之重要（十）　《申报》　1913 年 8 月 7 日　第 123 册　第 477 页

22444　论中国西通大铁道之重要（十一）　《申报》　1913 年 8 月 8 日　第 123 册　第 489 页

22445　论中国西通大铁道之重要（十二）　《申报》　1913 年 8 月 9 日　第 123 册　第 501 页

22446　论中国西通大铁道之重要（十三）　《申报》　1913 年 8 月 12 日　第 123 册　第 537 页

22447　论中国西通大铁道之重要（十四）　《申报》　1913 年 8 月 13 日　第 123 册　第 549 页

22448　论中国西学盛兴八股将废　《申报》　1897 年 6 月 24 日　第 56 册　第 329 页

22449 论中国吸鸦片人数 《申报》 1890年11月25日 第37册 第937页

22450 论中国习西法所以致弊之由 《申报》 1886年6月12日 第28册 第939页

22451 论中国饷需可借资于他国 《申报》 1884年12月11日 第25册 第931页

22452 论中国销售火柴之广宜设法多为制造 《申报》 1898年2月18日 第58册 第257页

22453 论中国新工业政策 《大公报》 1945年1月18日 第154册 第74页

22454 论中国新机实被康逆所阻 《申报》 1900年2月19日 第64册 第265页

22455 论中国新设炮台 《申报》 1875年5月10日 第6册 第421页

22456 论中国兴办矿务学堂事 《申报》 1888年8月18日 第33册 第329页

22457 论中国行驶轮船吃水宜浅 《申报》 1888年5月22日 第32册 第819页

22458 论中国行政法之可怪（续十一日） 《申报》 1908年11月10日 第97册 第143页

22459 论中国行政法之可怪 《申报》 1908年11月5日 第97册 第64页

22460 论中国需将才之亟 《申报》 1898年10月22日 第60册 第371页

22461 论中国选派钦使事 《申报》 1878年8月13日 第13册 第149页

22462 论中国选用西国各事 《申报》 1875年10月9日 第7册 第345页

22463 论中国学者将尚子书 《申报》 1878年7月18日 第13册 第61页

22464 论中国洋务之效 《申报》 1890年3月4日 第36册 第327页

22465 论中国一统之势独盛于元 《申报》 1884年5月12日 第24册 第741页

22466 论中国依附俄之失计 《申报》 1901年3月31日 第67册 第491页

22467 论中国宜保护商局 《申报》 1883年10月31日 第23册 第735页

22468 论中国宜编交涉史教科书 《申报》 1905年4月10日 第79册 第699页

22469 论中国宜变通律例 《申报》 1887年3月29日 第30册 第493页

22470 论中国宜采用德国联邦制度 《申报》 1906年10月8日 第85册 第59页

22471 论中国宜采金本位制 《申报》 1912年6月16日 第117册 第749页

22472 论中国宜创赛奇会 《申报》 1888年4月20日 第32册 第623页

22473 论中国宜多派游历人员研求西法 《申报》 1899年12月19日 第63册 第779页

22474　论中国宜多选学生研求矿学并详订矿律　《申报》　1903 年 7 月 18 日　第 74 册　第 545 页

22475　论中国宜仿泰西开赛珍会　《申报》　1883 年 5 月 5 日　第 22 册　第 629 页

22476　论中国宜仿西法以重工艺　《申报》　1897 年 1 月 7 日　第 55 册　第 37 页

22477　论中国宜仿西俗设戒酒戒烟等会　《申报》　1897 年 8 月 30 日　第 56 册　第 749 页

22478　论中国宜改良婚制　英国季理斐　《申报》　1913 年 7 月 23 日　第 123 册　第 301 页

22479　论中国宜改良婚制续　《申报》　1913 年 7 月 25 日　第 123 册　第 325 页

22480　论中国宜改良婚制续　英国季理斐　《申报》　1913 年 7 月 24 日　第 123 册　第 313 页

22481　论中国宜广设藏书之院　《申报》　1895 年 11 月 6 日　第 51 册　第 435 页

22482　论中国宜广设储蓄银行　《申报》　1906 年 9 月 11 日　第 84 册　第 709 页

22483　论中国宜广设女学塾　《申报》　1897 年 4 月 30 日　第 55 册　第 691 页

22484　论中国宜广行钞票以济银钱二币之不足　《申报》　1901 年 11 月 12 日　第 69 册　第 447 页

22485　论中国宜亟弭盗安民以祛政治进行之障碍英国季理斐　《申报》　1913 年 12 月 8 日　第 125 册　第 529 页

22486　论中国宜坚拒法人赔费之请　《申报》　1884 年 4 月 11 日　第 24 册　第 555 页

22487　论中国宜讲求测绘舆图　《申报》　1887 年 2 月 17 日　第 30 册　第 241 页

22488　论中国宜讲求外洋物产　《申报》　1898 年 12 月 17 日　第 60 册　第 761 页

22489　论中国宜讲求舆图之学　《申报》　1886 年 3 月 30 日　第 28 册　第 485 页

22490　论中国宜讲求种植之学　《申报》　1898 年 6 月 7 日　第 59 册　第 233 页

22491　论中国宜另设艺塾　《申报》　1890 年 10 月 15 日　第 37 册　第 679 页

22492　论中国宜求为工业国：选录商务官报　《申报》　1906 年 8 月 3 日　第 84 册　第 327 页

22493　论中国宜求为工业国（续）：选录商务官报　《申报》　1906 年 8 月 4 日　第 84 册　第 337 页

22494 论中国宜去粉饰之弊 《申报》 1885年8月27日 第27册 第343页

22495 论中国宜去浮夸之习 《申报》 1885年8月22日 第27册 第313页

22496 论中国宜全体协力以策国事之进行 《申报》 1913年9月20日 第124册 第251页

22497 论中国宜认真洋务 《申报》 1892年7月28日 第41册 第573页

22498 论中国宜设商务学堂 《申报》 1897年10月28日 第57册 第355页

22499 论中国宜设书信馆 《申报》 1877年8月14日 第11册 第153页

22500 论中国宜设专门学塾 《申报》 1898年7月28日 第59册 第595页

22501 论中国宜实力讲求兵政 《申报》 1900年7月5日 第65册 第497页

22502 论中国宜特设商部 《申报》 1893年11月17日 第45册 第523页

22503 论中国宜添置战舰恢复海军以御外侮 《申报》 1899年4月1日 第61册 第533页

22504 论中国宜推广通商口岸以绝外人觊觎 《申报》 1899年6月20日 第62册 第385页

22505 论中国宜兴商务 《申报》 1889年12月17日 第35册 第1049页

22506 论中国宜行教民之政 《申报》 1897年8月11日 第56册 第633页

22507 论中国宜行教民之政 《申报》 1897年8月14日 第56册 第651页

22508 论中国宜以团结人心为要图 《申报》 1898年10月7日 第60册 第261页

22509 论中国宜与于万国公法 《申报》 1885年11月28日 第27册 第917页

22510 论中国宜远树屏藩 《申报》 1893年4月2日 第43册 第527页

22511 论中国宜早送各国使臣出京以翼和议之速成 《申报》 1900年7月28日 第65册 第633页

22512 论中国宜重视商务 《申报》 1893年3月31日 第43册 第515页

22513 论中国宜重图表之学 《申报》 1902年10月5日 第72册 第231页

22514 论中国宜自设公司贩鸦片于印度 《申报》 1892年11月6日 第42册 第421页

22515 论中国应与英国议均分鸦片之利 《申报》 1875年8月26日 第7册 第193页

22516 论中国营务废弛 《申报》 1898年9月3日 第60册 第15页

22517 论中国营勇之不足恃 《申报》 1900年1月18日 第64册 第111页

22518 论中国用人宜除重文轻武之见 《申报》 1899年6月15日 第62册 第345页

22519 论中国游学生在美国考试事 《申报》 1903年4月1日 第73册 第525页

22520　论中国有转移之机　《申报》　1895年1月5日　第49册　第27页

22521　论中国与安缅接界形势　《申报》　1875年4月20日　第6册　第353页

22522　论中国与俄罗斯订立接连电线约章大非中国之利　《申报》　1892年9月4日　第42册　第19页

22523　论中国与秘鲁立和约　《申报》　1874年7月9日　第5册　第29页

22524　论中国与日本形势　《申报》　1874年6月23日　第4册　第575页

22525　论中国与日本战断不能持久　《申报》　1894年8月10日　第47册　第727页

22526　论中国与意法二国交涉事　《申报》　1899年11月27日　第63册　第617页

22527　论中国欲分缅地消息　《申报》　1886年1月24日　第28册　第139页

22528　论中国欲建铁路当行之以渐　《申报》　1891年3月29日　第38册　第457页

22529　论中国欲泯外侮宜靖内讧　《申报》　1899年6月29日　第62册　第457页

22530　论中国欲辟财之源当先节财之流　《申报》　1901年8月3日　第68册　第565页

22531　论中国欲清讼源宜严坐诬告　《申报》　1896年11月11日　第54册　第453页

22532　论中国欲人人识字必先以妇女识字为始并推言妇女不读书之害　《申报》　1897年1月17日　第55册　第95页

22533　论中国欲商务之兴宜亟求制造格物之法　《申报》　1897年10月14日　第57册　第267页

22534　论中国欲新理想宜专精格致　《申报》　1907年2月7日　第86册　第361页

22535　论中国欲振兴商务宜法日本　《申报》　1899年12月31日　第63册　第857页

22536　论中国欲植人材宜先端蒙养　《申报》　1896年4月15日　第52册　第609页

22537　论中国圆法之坏　《申报》　1903年4月30日　第73册　第735页

22538　论中国战船　《申报》　1884年1月24日　第24册　第139页

22539　论中国招人承办铁路之法　《申报》　1886年9月2日　第29册　第387页

22540　论中国振兴工艺宜先教各州县押犯一律学习　《申报》　1903年9月24日　第75册　第169页

22541　论中国振兴吏治之难　《申报》　1903年10月7日　第75册　第255页

22542 论中国振兴商务宜兼权内外设法保护 《申报》 1900年2月15日 第64册 第241页

22543 论中国振兴之机 《申报》 1901年5月22日 第68册 第127页

22544 论中国整顿蚕桑宜先设养蚕学堂 《申报》 1897年11月4日 第57册 第401页

22545 论中国整顿茶叶之要 《申报》 1886年6月20日 第28册 第987页

22546 论中国整顿营伍之难 《申报》 1902年4月24日 第70册 第671页

22547 论中国整理财政亟宜区别政务费皇室费 《申报》 1906年1月29日 第82册 第169页

22548 论中国政府对待留学生之谬 《申报》 1907年7月26日 第89册 第305页

22549 论中国之弊在不能务实 《申报》 1896年9月8日 第54册 第45页

22550 论中国之弊在空言无补 《申报》 1895年7月23日 第50册 第535页

22551 论中国之兵可胜日本 《申报》 1894年7月23日 第47册 第603页

22552 论中国之仿西法但得其似而不得其真 《申报》 1886年4月6日 第28册 第527页

22553 论中国之患不在今日之倭而在后日之兵 《申报》 1895年3月14日 第49册 第391页

22554 论中国之患不在日本而在俄 《申报》 1886年11月25日 第29册 第907页

22555 论中国之患俄为大 《申报》 1898年9月10日 第60册 第65页

22556 论中国之患在不能通力合作 《申报》 1896年12月20日 第54册 第695页

22557 论中国之患在乎欺 《申报》 1894年11月10日 第48册 第441页

22558 论中国之急救法当注重通俗教育 《申报》 1909年11月1日 第103册 第2页

22559 论中国之人可用 《申报》 1890年11月20日 第37册 第907页

22560 论中国之弱由于民智不开 《申报》 1898年9月28日 第60册 第195页

22561 论中国之退化 《申报》 1908年5月24日 第94册 第298页

22562 论中国之于缅以不救为救 《申报》 1885年12月15日 第27册 第1021页

22563 论中国之政党 《申报》 1908年3月10日 第93册 第109页

22564 论中国制办军火不可惜费 《申报》 1884年3月9日 第24册 第359页

22565　论中国制器渐精　《申报》　1891年8月4日　第39册　第207页

22566　论中国制造渐精　《申报》　1881年12月20日　第19册　第689页

22567　论中国制造日精　《申报》　1892年5月7日　第41册　第39页

22568　论中国制造有日兴之机　《申报》　1898年12月28日　第60册　第833页

22569　论中国制作日精　《申报》　1890年10月11日　第37册　第655页

22570　论中国治乱与人口之关系　《申报》　1907年7月20日　第89册　第233页

22571　论中国治乱与人口之关系（续）　《申报》　1907年7月21日　第89册　第245页

22572　论中国铸银之难　《申报》　1890年7月30日　第37册　第187页

22573　论中国自然之利莫盛于煤矿　《申报》　1889年12月25日　第35册　第1097页

22574　论中国自设机器织布厂必须兼改税则事　《申报》　1876年5月16日　第8册　第445页

22575　论中国自行管理电线事宜　《申报》　1883年5月1日　第22册　第607页

22576　论中国自造洋布　《申报》　1876年8月12日　第9册　第145页

22577　论中和交涉　《申报》　1911年2月25日　第110册　第789页

22578　论中和交涉续　《申报》　1911年2月26日　第110册　第805页

22579　论中华得国之难　《申报》　1876年7月4日　第9册　第9页

22580　论中华妇女之苦　《申报》　1895年9月18日　第51册　第117页

22581　论中华亟宜讲求蚕桑之利　《申报》　1895年6月5日　第50册　第229页

22582　论中华将来必能廓大　《申报》　1878年2月21日　第12册　第153页

22583　论中华轮船招商事　《申报》　1872年11月30日　第1册　第729页

22584　论中华去弊变法必先以学校为本　《申报》　1895年6月1日　第50册　第203页

22585　论中美合作　《中央日报》　1946年4月13日　第52册　第806页

22586　论中美经济关系　《中央日报》　1937年7月11日　第40册　第123页

22587　论中美联合兴办银行航业之关系　《申报》　1911年6月15日　第112册　第778页

22588　论中美联盟之机会　《申报》　1911年5月29日　第112册　第491页

22589　论中美两国交涉各事　《申报》　1877年5月21日　第10册　第457页

22590　论中美两国接待使臣厚薄悬殊　《申报》　1886年5月7日　第28册　第713页

22591　论中美平准基金协议　《中央日报》　1941 年 4 月 20 日　第 44 册　第 726 页

22592　论中美双边协定　《大公报》　1948 年 7 月 6 日　第 163 册　第 398 页

22593　论中葡立约　《申报》　1887 年 2 月 16 日　第 30 册　第 235 页

22594　论中葡新订商约第三第五款之附属章程　《申报》　1905 年 2 月 19 日　第 79 册　第 283 页

22595　论中日和议未必能成　《申报》　1895 年 5 月 2 日　第 50 册　第 7 页

22596　论中日借款问题　《申报》　1911 年 4 月 19 日　第 111 册　第 785 页

22597　论中日经济提携/吴其玉（星期论坛）　《申报》　1937 年 3 月 7 日　第 350 册　第 155 页

22598　论中日宜和　《申报》　1885 年 1 月 5 日　第 26 册　第 25 页

22599　论中日宜和衷以固亚洲之局　《申报》　1884 年 12 月 20 日　第 25 册　第 983 页

22600　论中日议和换约事　《申报》　1895 年 5 月 10 日　第 50 册　第 59 页

22601　论中日战争新形势　《申报》（香港版）　1938 年 12 月 8 日　第 357 册　第 417 页

22602　论中途岛海战　《大公报》　1942 年 6 月 9 日　第 148 册　第 678 页

22603　论中土议约　《大公报》　1926 年 11 月 16 日　第 77 册　第 595 页

22604　论中外各教　《申报》　1875 年 9 月 21 日　第 7 册　第 281 页

22605　论中外交涉事件宜速了不宜延缓　《申报》　1886 年 12 月 12 日　第 29 册　第 1013 页

22606　论中外取民之制　《申报》　1878 年 3 月 5 日　第 12 册　第 193 页

22607　论中外时事　《申报》　1875 年 9 月 13 日　第 7 册　第 253 页

22608　论中倭合约　《申报》　1895 年 5 月 5 日　第 50 册　第 25 页

22609　论中西茶业　《申报》　1881 年 5 月 25 日　第 18 册　第 553 页

22610　论中西大势　《申报》　1891 年 7 月 25 日　第 39 册　第 145 页

22611　论中西法律不同　《申报》　1876 年 6 月 17 日　第 8 册　第 557 页

22612　论中西风俗之异　《申报》　1875 年 1 月 4 日　第 6 册　第 9 页

22613　论中西各官为政情形　《申报》　1878 年 1 月 5 日　第 12 册　第 17 页

22614　论中西官役之所以异　《申报》　1891 年 7 月 30 日　第 39 册　第 175 页

22615　论中西互欺事　《申报》　1873 年 12 月 15 日　第 3 册　第 573 页

22616　论中西互习语言文字　《申报》　1874 年 12 月 16 日　第 5 册　第 579 页

22617　论中西婚嫁之不同　《申报》　1886 年 10 月 26 日　第 29 册　第 721 页

22618　论中西教养之得失　《申报》　1894 年 12 月 31 日　第 48 册　第 751 页

22619　论中西今昔互异各事　《申报》　1876 年 5 月 23 日　第 8 册　第 469 页

22620　论中西君号书　《申报》　1877 年 1 月 30 日　第 10 册　第 101 页

22621 论中西礼刑不同 《申报》 1875 年 8 月 25 日 第 7 册 第 189 页

22622 论中西礼仪不同 《申报》 1876 年 11 月 28 日 第 9 册 第 513 页

22623 论中西历学源流异同 《申报》 1887 年 1 月 9 日 第 30 册 第 49 页

22624 论中西历之所以不同 《申报》 1886 年 12 月 26 日 第 29 册 第 1097 页

22625 论中西律例有不同 《申报》 1879 年 4 月 28 日 第 14 册 第 401 页

22626 论中西贸易 《申报》 1886 年 3 月 1 日 第 28 册 第 311 页

22627 论中西贸易之盛衰 《申报》 1892 年 5 月 12 日 第 41 册 第 69 页

22628 论中西民情之不同 《申报》 1887 年 3 月 16 日 第 30 册 第 409 页

22629 论中西人不能和洽之故 《申报》 1901 年 7 月 22 日 第 68 册 第 493 页

22630 论中西人乘车损益之不同 《申报》 1889 年 7 月 30 日 第 35 册 第 189 页

22631 论中西赛会名同而实异 《申报》 1886 年 5 月 9 日 第 28 册 第 725 页

22632 论中西商贾不同 《申报》 1891 年 7 月 14 日 第 39 册 第 79 页

22633 论中西商务之盛衰 《申报》 1898 年 12 月 24 日 第 60 册 第 807 页

22634 论中西市道之不同 《申报》 1897 年 1 月 4 日 第 55 册 第 19 页

22635 论中西水患不同 《申报》 1882 年 12 月 21 日 第 21 册 第 1039 页

22636 论中西文字辞语之异 《申报》 1873 年 12 月 4 日 第 3 册 第 537 页

22637 论中西物产 《申报》 1881 年 3 月 28 日 第 18 册 第 317 页

22638 论中西刑法不同各因人情而定 《申报》 1897 年 3 月 7 日 第 55 册 第 357 页

22639 论中西学技志趣不同 《申报》 1882 年 6 月 14 日 第 20 册 第 813 页

22640 论中西巡警之冲突 《申报》 1908 年 6 月 14 日 第 94 册 第 581 页

22641 论中西讯案之异 《申报》 1875 年 6 月 11 日 第 6 册 第 533 页

22642 论中西养身之法不同 《申报》 1897 年 11 月 7 日 第 57 册 第 419 页

22643 论中西医学之所以不同 《申报》 1886 年 11 月 20 日 第 29 册 第 877 页

22644 论中西医学之异 《申报》 1887 年 7 月 31 日 第 31 册 第 189 页

22645 论中西用人同异 《申报》 1881 年 2 月 25 日 第 18 册 第 193 页

22646 论中西之学宜并取兼收 《申报》 1895 年 8 月 17 日 第 50 册 第 703 页

22647 论中西治疾之法不同 《申报》 1897 年 11 月 8 日 第 57 册 第 425 页

22648 论中西治世各法 《申报》 1875 年 10 月 7 日 第 7 册 第 337 页

22649 论中西治疫之不同 《申报》 1894 年 5 月 25 日 第 47 册 第 171 页

22650 论中兴 《申报》 1874 年 11 月 6 日 第 5 册 第 443 页

22651　论中兴人才之盛　《申报》　1890 年 5 月 30 日　第 36 册　第 871 页

22652　论中学校之管理法宜严　《申报》　1908 年 6 月 28 日　第 94 册　第 766 页

22653　论中央官制改革之希望　《申报》　1910 年 8 月 6 日　第 107 册　第 596 页

22654　论中央官制改革之希望续　《申报》　1910 年 8 月 7 日　第 107 册　第 613 页

22655　论中央教育会之前途　《申报》　1911 年 8 月 23 日　第 113 册　第 886 页

22656　论中央人事的更动　《大公报》　1946 年 5 月 18 日　第 156 册　第 548 页

22657　论中央人事调整　《大公报》　1944 年 11 月 21 日　第 153 册　第 640 页

22658　论中央银行之任务与政策/章正力（星期论坛）　《申报》　1948 年 3 月 21 日　第 396 册　第 748 页

22659　论中央与地方之权限问题　《申报》　1911 年 6 月 2 日　第 112 册　第 561 页

22660　论中野正刚的自身　《大公报》　1943 年 10 月 28 日　第 151 册　第 530 页

22661　论中英储备银行　《大公报》　1937 年 3 月 26 日　第 137 册　第 354 页

22662　论中英关系　《大公报》　1927 年 2 月 6 日　第 78 册　第 237 页

22663　论中英近信　《申报》　1875 年 9 月 11 日　第 7 册　第 249 页

22664　论中英可以无事　《申报》　1875 年 10 月 6 日　第 7 册　第 333 页

22665　论中英两国近日事　《申报》　1875 年 8 月 30 日　第 7 册　第 205 页

22666　论中英失和事　《申报》　1876 年 6 月 29 日　第 8 册　第 597 页

22667　论中英时事第三书　《申报》　1876 年 7 月 20 日　第 9 册　第 65 页

22668　论中英文化之合作兼告英国人士/杨人楩（星期论文）　《大公报》　1943 年 4 月 25 日　第 150 册　第 510 页

22669　论中英文武衙门人役　《申报》　1878 年 1 月 7 日　第 12 册　第 21 页

22670　论中英有团结之机　《申报》　1885 年 7 月 3 日　第 27 册　第 13 页

22671　论中之与日宜战而不宜和　《申报》　1894 年 12 月 6 日　第 48 册　第 603 页

22672　论种皮　《申报》　1876 年 1 月 17 日　第 8 册　第 53 页

22673　论种皮　《申报》　1878 年 12 月 5 日　第 13 册　第 541 页

22674　论种鸦片烟之害　《申报》　1877 年 11 月 17 日　第 11 册　第 481 页

22675　论种烟　《申报》　1887 年 4 月 17 日　第 30 册　第 621 页

22676　论种烟弛禁　《申报》　1876 年 4 月 1 日　第 8 册　第 293 页

22677　论种烟有弊而无利　《申报》　1896 年 6 月 23 日　第 53 册　第 347 页

22678　论种艺　《申报》　1893 年 1 月 12 日　第 43 册　第 71 页

22679　论种植之利　《申报》　1877 年 3 月 17 日　第 10 册　第 237 页

22680　论众议员不足代表人民之心理　《申报》　1912 年 7 月 28 日　第 118 册　第 271 页

22681　论重边防必重设海军　《申报》　1896 年 7 月 21 日　第 53 册　第 527 页

22682　论重惩种火匪徒　《申报》　1886 年 6 月 21 日　第 28 册　第 993 页

22683　论重工主义　《申报》　1905 年 4 月 25 日　第 79 册　第 833 页

22684　论重利盘剥　《申报》　1879 年 6 月 23 日　第 14 册　第 627 页

22685　论重民则国以富强　《申报》　1888 年 7 月 8 日　第 33 册　第 53 页

22686　论重庆市政　《大公报》　1942 年 12 月 14 日　第 149 册　第 722 页

22687　论重庆屠夫窘绅事　《申报》　1880 年 11 月 20 日　第 17 册　第 569 页

22688　论重设海军亟宜变通整顿　《申报》　1895 年 7 月 1 日　第 50 册　第 399 页

22689　论重申禁令　《申报》　1892 年 7 月 15 日　第 41 册　第 489 页

22690　论重兴海军之方法　《申报》　1909 年 2 月 24 日　第 98 册　第 604 页

22691　论州县办差　《申报》　1899 年 3 月 3 日　第 61 册　第 333 页

22692　论州县移调太繁　《申报》　1875 年 11 月 27 日　第 7 册　第 513 页

22693　论舟山开埠事　《申报》　1899 年 6 月 28 日　第 62 册　第 449 页

22694　论舟山与苏杭甬路之关系　《申报》　1907 年 12 月 25 日　第 91 册　第 679 页

22695　论舟山与苏杭甬路之关系（续）　《申报》　1907 年 12 月 28 日　第 91 册　第 715 页

22696　论周生逢凶化吉事　《申报》　1872 年 12 月 6 日　第 1 册　第 749 页

22697　论周侍读请撤回留学生之谬　《申报》　1907 年 8 月 15 日　第 89 册　第 545 页

22698　论粥厂宜速改教养局　《申报》　1905 年 10 月 27 日　第 81 册　第 475 页

22699　论粥厂之弊　《申报》　1887 年 2 月 24 日　第 30 册　第 283 页

22700　论珠宝业京苏两帮争讼事　《申报》　1907 年 7 月 1 日　第 89 册　第 1 页

22701　论主持风化当规其大　《申报》　1892 年 11 月 20 日　第 42 册　第 507 页

22702　论主客不相习之势　《申报》　1889 年 2 月 13 日　第 34 册　第 191 页

22703　论主客之祸　《申报》　1877 年 8 月 6 日　第 11 册　第 125 页

22704　论煮粥宜慎　《申报》　1893 年 9 月 16 日　第 45 册　第 103 页

22705　论助赈愈瘾事　《申报》　1880 年 11 月 25 日　第 17 册　第 589 页

22706　论驻防旗营宜设学塾　《申报》　1885 年 11 月 7 日　第 27 册　第 791 页

22707　论驻沪印度兵宜严加约束　《申报》　1900 年 9 月 20 日　第 66 册　第 111 页

22708　论著书　《申报》　1877 年 6 月 27 日　第 10 册　第 593 页

22709　论著书当纪述近事　《申报》　1888 年 1 月 22 日　第 32 册　第 135 页

22710　论著译小说之宜审慎：录月月小说报　《申报》　1906 年 11 月 8 日　第 85 册　第 332 页

22711　论著译小说之宜审慎（续）：录月月小说报　《申报》　1906 年 11 月 11 日　第 85 册　第 361 页

22712　论筑路政策　《大公报》　1932 年 7 月 18 日　第 109 册　第 208 页

22713　论铸钱宜先绝私毁　《申报》　1896 年 9 月 11 日　第 54 册　第 65 页

22714　论铸银币造铁路　《申报》　1890 年 6 月 22 日　第 36 册　第 1017 页

22715　论铸银绝弊之法　《申报》　1894 年 3 月 2 日　第 46 册　第 349 页

22716　论铸银圆可以补救钱法　《申报》　1877 年 7 月 18 日　第 11 册　第 57 页

22717　论铸银圆为便民要务　《申报》　1877 年 3 月 7 日　第 10 册　第 201 页

22718　论专售商局之非　《申报》　1884 年 8 月 22 日　第 25 册　第 313 页

22719　论专制国之迷信神权　《申报》　1907 年 1 月 6 日　第 86 册　第 49 页

22720　论转移风气　《大公报》　1943 年 12 月 22 日　第 151 册　第 772 页

22721　论转运莫善于筑火车马路　《申报》　1878 年 6 月 29 日　第 12 册　第 593 页

22722　论追理倒账不得其平　《申报》　1884 年 7 月 3 日　第 25 册　第 13 页

22723　论捉赌　《申报》　1879 年 3 月 10 日　第 14 册　第 213 页

22724　论捉赌　《申报》　1884 年 2 月 29 日　第 24 册　第 305 页

22725　论捉赌　《申报》　1894 年 4 月 20 日　第 46 册　第 679 页

22726　论酌减薪水　《申报》　1894 年 8 月 12 日　第 47 册　第 741 页

22727　论酌提漕粮运费事　《申报》　1901 年 10 月 31 日　第 69 册　第 373 页

22728　论酌提讼费之善　《申报》　1902 年 10 月 11 日　第 72 册　第 273 页

22729　论咨议局议员不宜与考优拔　《申报》　1909 年 5 月 16 日　第 100 册　第 212 页

22730　论资格用人之害　《申报》　1901 年 5 月 8 日　第 68 册　第 43 页

22731　论资遣游勇当用善法　《申报》　1896 年 3 月 30 日　第 52 册　第 513 页

22732　论资铜解部之累　《申报》　1879 年 10 月 23 日　第 15 册　第 457 页

22733　论资政院　《申报》　1910 年 5 月 26 日　第 106 册　第 402 页

22734　论资政院弹劾军机　《申报》　1910 年 12 月 14 日　第 109 册　第 689 页

22735　论资政院民选议员之当联络　《申报》　1910 年 10 月 6 日　第 108 册　第 562 页

22736　论资政院议案之无效　《申报》　1911 年 1 月 20 日　第 110 册　第 305 页

22737　论资政院议决之权力　《申报》　1910 年 10 月 13 日　第 108 册　第 673 页

22738　论资政院应提之议案　《申报》　1910 年 10 月 17 日　第 108 册　第

737 页

22739　论子弟出洋肄业事　《申报》　1872 年 8 月 16 日　第 1 册　第 365 页

22740　论字林报的干涉说　《民国日报》　1920 年 7 月 31 日　第 28 册　第 422 页

22741　论字林西报所言中英近事　《申报》　1876 年 8 月 25 日　第 9 册　第 189 页

22742　论字林西报新说　《申报》　1875 年 7 月 28 日　第 7 册　第 93 页

22743　论字林西报言中国必能盛行新报事　《申报》　1875 年 8 月 24 日　第 7 册　第 185 页

22744　论字林西报言中国防务事　《申报》　1875 年 7 月 17 日　第 7 册　第 57 页

22745　论字林西报印送匿名揭帖　《申报》　1891 年 9 月 30 日　第 39 册　第 555 页

22746　论自来水大有益于民生　《申报》　1892 年 2 月 19 日　第 40 册　第 243 页

22747　论自来水工程　《申报》　1883 年 4 月 15 日　第 22 册　第 515 页

22748　论自来水救火之妙　《申报》　1884 年 12 月 2 日　第 25 册　第 881 页

22749　论自来水之利　《申报》　1880 年 2 月 18 日　第 16 册　第 169 页

22750　论自力探险的重要/刘咸（专论）　《申报》　1948 年 4 月 12 日　第 397 册　第 90 页

22751　论自强大有转机　《申报》　1896 年 9 月 18 日　第 54 册　第 107 页

22752　论自强军营辞退德人事　《申报》　1897 年 12 月 27 日　第 57 册　第 723 页

22753　论自强首在致富　《申报》　1892 年 12 月 2 日　第 42 册　第 581 页

22754　论自强宜稍变旧法　《申报》　1894 年 9 月 26 日　第 48 册　第 161 页

22755　论自强在德不在力　《申报》　1896 年 5 月 4 日　第 53 册　第 21 页

22756　论自强之策不宜枝节为之　《申报》　1895 年 11 月 13 日　第 51 册　第 483 页

22757　论自强之计以培养人才为先务　《申报》　1894 年 8 月 17 日　第 47 册　第 775 页

22758　论自然节约　《申报》　1939 年 8 月 4 日　第 365 册　第 580 页

22759　论自私/郑华炽（专论）　《申报》　1948 年 7 月 30 日　第 398 册　第 234 页

22760　论自由教育与大学/杨人楩（星期论文）　《大公报》　1942 年 1 月 11 日　第 148 册　第 50 页

22761　论自由经济　《中央日报》　1946 年 2 月 9 日　第 52 册　第 428 页

22762 论自造银票以使通用事 《申报》 1877 年 3 月 22 日 第 10 册 第 253 页

22763 论自制宜先筹基本财产 《申报》 1910 年 9 月 2 日 第 108 册 第 17 页

22764 论自治风潮之原因与监督之关系 《申报》 1911 年 4 月 23 日 第 111 册 第 850 页

22765 论自治与官款 《申报》 1908 年 9 月 8 日 第 96 册 第 94 页

22766 论自治与官款（续十三日） 《申报》 1908 年 9 月 11 日 第 96 册 第 136 页

22767 论自治与人民之关系 《申报》 1909 年 9 月 19 日 第 102 册 第 264 页

22768 论自治与人民之关系（续） 《申报》 1909 年 9 月 20 日 第 102 册 第 280 页

22769 论自治运动 《大公报》 1926 年 10 月 19 日 第 77 册 第 371 页

22770 论自治之起点及调查之真相 《申报》 1908 年 12 月 18 日 第 97 册 第 724 页

22771 论自种鸦片之利 《申报》 1876 年 11 月 14 日 第 9 册 第 465 页

22772 论自铸银钱 《申报》 1877 年 4 月 16 日 第 10 册 第 337 页

22773 论自铸银钱之便 《申报》 1876 年 11 月 7 日 第 9 册 第 441 页

22774 论宗教妨害社会之进步 《申报》 1908 年 2 月 29 日 第 92 册 第 626 页

22775 论宗教妨害社会之进步（续昨） 《申报》 1908 年 3 月 1 日 第 93 册 第 2 页

22776 论宗室实行强迫教育之关系 《申报》 1909 年 5 月 7 日 第 100 册 第 86 页

22777 论宗室诉讼不归大理院审理之非 《申报》 1910 年 5 月 19 日 第 106 册 第 289 页

22778 论宗太守办理流民事 《申报》 1882 年 6 月 29 日 第 20 册 第 903 页

22779 论综合会谈 《中央日报》 1946 年 11 月 2 日 第 54 册 第 394 页

22780 论总工会被捣毁事（言论） 《民国日报》 1925 年 8 月 26 日 第 58 册 第 620 页

22781 论总考制 《大公报》 1940 年 6 月 1 日 第 144 册 第 612 页

22782 论总理衙门新禁华人冒充洋商 《申报》 1878 年 2 月 23 日 第 12 册 第 161 页

22783 论总署改为外部 《申报》 1901 年 7 月 28 日 第 68 册 第 529 页

22784 论总署改章 《申报》 1901 年 4 月 17 日 第 67 册 第 593 页

22785 论总署欲和之意 《申报》 1884 年 8 月 20 日 第 25 册 第 301 页

22786 论总署奏定官场与教中往来仪节 《申报》 1899 年 4 月 17 日 第 61 册

第 651 页

22787　论总统名义：吾不敢以假人　《民国日报》　1918 年 10 月 26 日　第 17 册
第 620 页

22788　论"总统制"：宪法平议之八/何永佶（星期论文）　《大公报》　1946 年
11 月 17 日　第 158 册　第 304 页

22789　论总投票　《大公报》　1930 年 2 月 25 日　第 94 册　第 820 页

22790　论纵火宜防　《申报》　1886 年 11 月 10 日　第 29 册　第 815 页

22791　论纵火之害　《申报》　1892 年 12 月 23 日　第 42 册　第 715 页

22792　论奏报工程　《申报》　1894 年 5 月 12 日　第 47 册　第 81 页

22793　论奏请缓行新律　《申报》　1906 年 5 月 13 日　第 83 册　第 417 页

22794　论租界包探宜严加约束　《申报》　1899 年 7 月 6 日　第 62 册　第 507 页

22795　论租界当急筹恢复治安之法　《申报》　1905 年 12 月 20 日　第 81 册　第
941 页

22796　论租界盗案　《申报》　1886 年 11 月 4 日　第 29 册　第 777 页

22797　论租界地保　《申报》　1883 年 1 月 18 日　第 22 册　第 99 页

22798　论租界放炮事　《申报》　1882 年 6 月 2 日　第 20 册　第 741 页

22799　论租界工部局　《申报》　1883 年 10 月 27 日　第 23 册　第 711 页

22800　论租界会审之难　《申报》　1881 年 3 月 4 日　第 18 册　第 221 页

22801　论租界禁放爆竹　《申报》　1884 年 2 月 18 日　第 24 册　第 247 页

22802　论租界居民今日应尽之义务　《申报》　1905 年 12 月 13 日　第 81 册　第
881 页

22803　论租界连破两赌案事　《申报》　1887 年 12 月 22 日　第 31 册　第
1127 页

22804　论租界流氓折稍党　《申报》　1872 年 11 月 15 日　第 1 册　第 677 页

22805　论租界损失之赔偿　《申报》　1906 年 1 月 16 日　第 82 册　第 121 页

22806　论租界巡警之冲突　《申报》　1908 年 6 月 11 日　第 94 册　第 541 页

22807　论租界谳员重惩革探事　《申报》　1898 年 2 月 26 日　第 58 册　第
305 页

22808　论租界宜仿港例广设义塾　《申报》　1893 年 4 月 30 日　第 43 册　第
721 页

22809　论租界宜广设义塾以弭小流氓之患　《申报》　1896 年 8 月 19 日　第 53
册　第 715 页

22810　论租界造屋巡捕得查验工料其法最善　《申报》　1896 年 12 月 4 日　第 54
册　第 599 页

22811　论租界之防御为多事（言论）　《民国日报》　1927 年 4 月 1 日　第 67 册
第 145 页

22812 论足用莫如开矿 《申报》 1878 年 5 月 1 日 第 12 册 第 389 页

22813 论族葬 《申报》 1902 年 8 月 1 日 第 71 册 第 631 页

22814 论阻挠新法 《申报》 1898 年 8 月 18 日 第 59 册 第 747 页

22815 论组织国际新闻协会之利益 《申报》 1910 年 6 月 2 日 第 106 册 第 518 页

22816 论组织沪杭甬路局苏人不当有抑浙人鼻息之意 《申报》 1908 年 4 月 12 日 第 93 册 第 571 页

22817 论组织沪杭甬路局苏人不当有抑浙人鼻息之意（续） 《申报》 1908 年 4 月 13 日 第 93 册 第 585 页

22818 论组织责任内阁之不可缓 《申报》 1910 年 3 月 14 日 第 105 册 第 210 页

22819 论最近法权交涉之趋势 《中央日报》 1931 年 3 月 21 日 第 13 册 第 915 页

22820 论最近和议：前事之回顾 《民国日报》 1918 年 10 月 24 日 第 17 册 第 596 页

22821 论最近和议：议和四大要素 《民国日报》 1918 年 10 月 23 日 第 17 册 第 588 页

22822 论最近战局 《申报》 1939 年 3 月 19 日 第 362 册 第 766 页

22823 论最近之劳动问题 《中央日报》 1931 年 8 月 26 日 第 15 册 第 647 页

22824 论遵化猎户除盗事 《申报》 1886 年 5 月 20 日 第 28 册 第 791 页

22825 论昨报登示禁毁钱事 《申报》 1899 年 8 月 21 日 第 62 册 第 823 页

22826 论昨报纪华官照会俄人禁米绕道出洋事 《申报》 1903 年 4 月 2 日 第 73 册 第 533 页

22827 论昨报所登日人索款事 《申报》 1898 年 2 月 14 日 第 58 册 第 233 页

22828 论昨日本报所登复查佛店及佛店仍开事 《申报》 1894 年 12 月 2 日 第 48 册 第 579 页

22829 论左道杀人 《申报》 1880 年 1 月 26 日 第 16 册 第 101 页

22830 论左道之害 《申报》 1891 年 5 月 1 日 第 38 册 第 655 页

22831 论左侯奏用杨中丞事 《申报》 1879 年 3 月 18 日 第 14 册 第 247 页

22832 论左帅饷绌拟借西债事 《申报》 1876 年 5 月 20 日 第 8 册 第 461 页

22833 论作令之难 《申报》 1894 年 5 月 4 日 第 47 册 第 23 页

22834 论坐车必有专权之人 《申报》 1891 年 7 月 16 日 第 39 册 第 91 页

22835 论做还魂茶宜禁 《申报》 1872 年 12 月 21 日 第 1 册 第 801 页

22836 罗案与内阁 《申报》 1922 年 11 月 29 日 第 186 册 第 597 页

22837   罗案之殇   《民国日报》   1922 年 11 月 22 日   第 42 册   第 290 页

22838   罗案之是非   《申报》   1922 年 11 月 28 日   第 186 册   第 575 页

22839   罗杰士来华与白银问题   《申报》   1934 年 4 月 13 日   第 315 册   第 361 页

22840   罗钧任君壮哉此行!   《大公报》   1933 年 8 月 26 日   第 115 册   第 788 页

22841   罗李晤面与莫洛托夫之言   《申报》   1933 年 11 月 10 日   第 310 册   第 274 页

22842   罗马·第二战场·东京   《大公报》   1944 年 6 月 7 日   第 152 册   第 710 页

22843   罗马教皇排解意阿争端   《申报》   1935 年 9 月 5 日   第 332 册   第 126 页

22844   罗马尼亚的投降   《大公报》   1944 年 8 月 26 日   第 153 册   第 258 页

22845   罗马尼亚的外交   《中央日报》   1938 年 11 月 16 日   第 41 册   第 272 页

22846   罗马尼亚外交的动向   《申报》   1936 年 12 月 23 日   第 347 册   第 580 页

22847   罗马尼亚危机与欧局   《申报》   1940 年 6 月 30 日   第 370 册   第 802 页

22848   罗马尼亚新王即位   《大公报》   1930 年 6 月 11 日   第 96 册   第 620 页

22849   罗马尼亚与英德经济战   《申报》   1940 年 2 月 4 日   第 368 册   第 482 页

22850   罗马尼亚政变之观察   《中央日报》   1932 年 10 月 26 日   第 19 册   第 690 页

22851   罗马占领与第二战场   《大公报》   1944 年 6 月 6 日   第 152 册   第 706 页

22852   罗邱的六次会谈   《中央日报》   1943 年 8 月 16 日   第 48 册   第 532 页

22853   罗邱会谈的"一句声明"   《大公报》   1943 年 5 月 29 日   第 150 册   第 658 页

22854   罗邱会谈与日寇   《中央日报》   1943 年 8 月 18 日   第 48 册   第 540 页

22855   罗邱会晤声中之国际大局   《申报》   1941 年 8 月 11 日   第 377 册   第 130 页

22856   罗邱会议与世界战局   《大公报》   1941 年 12 月 25 日   第 147 册   第 700 页

22857   罗邱三度会谈   《中央日报》   1942 年 6 月 21 日   第 46 册   第 256 页

22858   罗邱史会议空前的成就   《大公报》   1945 年 2 月 14 日   第 154 册   第 190 页

22859   罗斯福的伟大   《中央日报》   1944 年 1 月 30 日   第 49 册   第 144 页

22860 罗斯福第二步如何？ 《大公报》 1939 年 4 月 20 日 第 142 册 第 438 页

22861 罗斯福将致力国际和平乎？ 《申报》 1937 年 6 月 1 日 第 353 册 第 7 页

22862 罗斯福接受推选以后 《申报》 1940 年 7 月 22 日 第 371 册 第 290 页

22863 罗斯福竞选胜利 《大公报》 1936 年 11 月 5 日 第 135 册 第 60 页

22864 罗斯福可与来栖握手吗？ 《大公报》 1941 年 11 月 19 日 第 147 册 第 556 页

22865 罗斯福联任与美国政治趋势 《申报》 1936 年 11 月 7 日 第 346 册 第 167 页

22866 罗斯福氏胜利的意义 《申报》 1940 年 11 月 8 日 第 373 册 第 96 页

22867 罗斯福氏之重要表示 《申报》 1941 年 2 月 13 日 第 374 册 第 506 页

22868 罗斯福逝世以后 《申报》 1945 年 4 月 14 日 第 387 册 第 277 页

22869 罗斯福死后对于反轴心国的影响/陈彬龢（星期代论） 《申报》 1945 年 4 月 15 日 第 387 册 第 281 页

22870 罗斯福通电与世界大局 《大公报》 1939 年 4 月 18 日 第 142 册 第 430 页

22871 罗斯福宣布抗德决心 《大公报》 1941 年 10 月 29 日 第 147 册 第 472 页

22872 罗斯福宣誓紧急状态存在 《申报》 1941 年 5 月 29 日 第 376 册 第 339 页

22873 罗斯福演说与远东 《申报》 1941 年 10 月 30 日 第 378 册 第 365 页

22874 罗斯福与第二期新政 《中央日报》 1937 年 5 月 28 日 第 39 册 第 335 页

22875 罗斯福与石井菊次郎 《申报》 1933 年 5 月 26 日 第 304 册 第 661 页

22876 罗斯福与司法改革 《中央日报》 1937 年 5 月 11 日 第 39 册 第 125 页

22877 罗斯福与新自由主义/傅孟真（星期论文） 《大公报》 1945 年 4 月 29 日 第 154 册 第 502 页

22878 罗斯福与远东 《中央日报》 1933 年 2 月 22 日 第 21 册 第 492 页

22879 罗斯福政策转向欤强化欤 《大公报》 1934 年 4 月 11 日 第 119 册 第 584 页

22880 罗斯福政府经济政策之转变 《申报》 1934 年 10 月 27 日 第 321 册 第 811 页

22881 罗斯福政府之暗礁（一） 《申报》 1933 年 11 月 21 日 第 310 册 第 599 页

22882　罗斯福政府之暗礁（二）　《申报》　1933 年 11 月 22 日　第 310 册　第 628 页

22883　罗斯福之睦邻政策与广田外交　《申报》　1935 年 2 月 23 日　第 325 册 第 554 页

22884　罗斯福总统的卓见　《中央日报》　1942 年 2 月 25 日　第 45 册　第 864 页

22885　罗斯福总统就职　《中央日报》　1945 年 1 月 20 日　第 50 册　第 624 页

22886　罗斯福总统三人就职　《中央日报》　1941 年 1 月 21 日　第 44 册　第 348 页

22887　罗斯福总统与中国　《中央日报》　1945 年 4 月 16 日　第 50 册　第 980 页

22888　罗斯福总统之言　《中央日报》　1944 年 5 月 24 日　第 49 册　第 644 页

22889　罗斯赴日　《申报》　1936 年 6 月 10 日　第 341 册　第 251 页

22890　罗斯爵士来华　《申报》　1935 年 8 月 13 日　第 331 册　第 316 页

22891　罗斯托夫的克复　《申报》　1941 年 12 月 3 日　第 378 册　第 789 页

22892　罗斯托夫的克复　《大公报》　1943 年 2 月 16 日　第 150 册　第 196 页

22893　罗外长卸职视察新疆　《大公报》　1933 年 8 月 18 日　第 115 册　第 676 页

22894　罗文干被拘　《申报》　1922 年 11 月 20 日　第 186 册　第 411 页

22895　罗文干氏西巡之收获　《大公报》　1933 年 11 月 10 日　第 117 册　第 130 页

22896　罗总统播讲的感想　《中央日报》　1942 年 4 月 30 日　第 45 册　第 1132 页

22897　罗总统的千秋事业　《中央日报》　1939 年 11 月 5 日　第 42 册　第 716 页

22898　罗总统的伟大表示　《中央日报》　1942 年 10 月 16 日　第 46 册　第 998 页

22899　罗总统的租借报告　《中央日报》　1942 年 9 月 16 日　第 46 册　第 808 页

22900　罗总统对国会的咨文　《中央日报》　1945 年 1 月 8 日　第 50 册　第 574 页

22901　罗总统和平计划的重大意义　《申报》（香港版）　1939 年 4 月 18 日　第 358 册　第 386 页

22902　罗总统贤明的警告　《中央日报》　1942 年 6 月 7 日　第 46 册　第 168 页

22903　洛鄂之拙　《申报》　1924 年 3 月 29 日　第 200 册　第 605 页

22904　洛桑公约之效果　《申报》　1932 年 7 月 11 日　第 294 册　第 267 页

22905 洛桑会议后之演进 《大公报》 1932年7月9日 第109册 第100页

22906 洛桑会议与德国之国际地位 《中央日报》 1932年7月9日 第18册 第474页

22907 洛桑会议与中国 《大公报》 1932年6月14日 第108册 第444页

22908 洛桑会议之前途 《中央日报》 1932年6月19日 第18册 第314页

22909 洛桑会议之前途/彬 《申报》 1932年1月19日 第290册 第353页

22910 洛桑条约告成 《大公报》 1932年7月10日 第109册 第112页

22911 洛吴还高谈什么武力统一 《民国日报》 1923年5月11日 第45册 第134页

22912 洛吴湘赵间的关系论 《民国日报》 1923年8月27日 第46册 第802页

22913 洛阳电发表之江苏 《民国日报》 1922年4月26日 第38册 第770页

22914 落井与上饵 《申报》 1914年12月4日 第131册 第478页

22915 落星辨 《申报》 1886年9月10日 第29册 第437页

M

22916 麻木 《申报》 1926年4月7日 第222册 第141页

22917 麻木呢？残酷？ 《民国日报》 1921年12月24日 第36册 第718页

22918 麻木与过敏 《申报》 1925年9月22日 第216册 第473页

22919 马车游戏伤人论 《申报》 1873年4月28日 第2册 第377页

22920 马关条约五十年感言 《大公报》 1945年4月17日 第154册 第452页

22921 马来亚的阵垒拉开了 《大公报》 1948年6月29日 第163册 第356页

22922 马力解 《申报》 1895年12月21日 第51册 第729页

22923 马尼拉会议与新加坡谈话 《大公报》 1941年4月14日 第146册 第436页

22924 马尼拉之战 《中央日报》 1945年2月5日 第50册 第692页

22925 马尼拉的解放 《大公报》 1945年2月6日 第154册 第156页

22926 马尼拉战局展望 《申报》 1945年2月10日 第387册 第121页

22927 马赛案与欧洲和平 《大公报》 1934年12月12日 第123册 第606页

22928 马赛惨案后之南匈关系 《申报》 1934年10月21日 第321册 第626页

22929 马赛惨案与世界政局 《大公报》 1934 年 10 月 18 日 第 122 册 第 712 页

22930 马帅八上牯岭 《申报》 1946 年 9 月 15 日 第 390 册 第 186 页

22931 马帅出任国务卿新职 《民国日报》 1947 年 1 月 10 日 第 99 册 第 616 页

22932 马帅三上庐山 《中央日报》 1946 年 8 月 5 日 第 53 册 第 558 页

22933 马戏不创于西人说 《申报》 1882 年 7 月 5 日 第 21 册 第 25 页

22934 马相伯观察演说稿 《申报》 1906 年 9 月 18 日 第 84 册 第 775 页

22935 马歇尔归国任国务卿 《大公报》 1947 年 1 月 10 日 第 159 册 第 72 页

22936 马歇尔国务卿的信札 《中央日报》 1947 年 11 月 27 日 第 57 册 第 908 页

22937 马歇尔将军归来 《大公报》 1946 年 4 月 20 日 第 156 册 第 436 页

22938 马歇尔将军援华建议 《中央日报》 1947 年 11 月 12 日 第 57 册 第 752 页

22939 马歇尔特使的警告 《申报》 1946 年 5 月 22 日 第 388 册 第 874 页

22940 马歇尔特使抵华以后 《申报》 1945 年 12 月 21 日 第 387 册 第 747 页

22941 马歇尔特使返渝 《中央日报》 1946 年 4 月 19 日 第 52 册 第 842 页

22942 马歇尔特使莅渝 《中央日报》 1945 年 12 月 23 日 第 52 册 第 134 页

22943 马歇尔特使伟大的成就 《中央日报》 1946 年 3 月 13 日 第 52 册 第 620 页

22944 马贼论 《申报》 1904 年 7 月 4 日 第 77 册 第 435 页

22945 马占山将军公布慰劳捐收数 《申报》 1933 年 8 月 2 日 第 307 册 第 43 页

22946 马占山通电之意义 《大公报》 1932 年 4 月 15 日 第 107 册 第 454 页

22947 马占山之教忠! 《大公报》 1931 年 11 月 20 日 第 105 册 第 125 页

22948 马占山自卫守土 《中央日报》 1931 年 11 月 10 日 第 16 册 第 487 页

22949 玛礼逊评论中国财政感言 《申报》 1909 年 1 月 15 日 第 98 册 第 171 页

22950 码头捐与洋泾浜章程 《申报》 1921 年 4 月 10 日 第 169 册 第 685 页

22951 "骂曹"以后 《民国日报》 1923 年 10 月 12 日 第 47 册 第 596 页

22952 骂倒还是不够的 《民国日报》 1923 年 8 月 8 日 第 46 册 第 534 页

22953 骂与讨 《民国日报》 1922 年 1 月 12 日 第 37 册 第 150 页

22954 买卖与交易 《申报》 1918 年 6 月 23 日 第 152 册 第 834 页

22955 买平安之代价 《申报》 1920 年 10 月 11 日 第 166 册 第 717 页

22956　买人心　《申报》　1922年9月16日　第184册　第324页

22957　买留二十一条的大借款　《民国日报》　1923年3月3日　第44册　第30页

22958　麦克阿瑟将军与新几内亚海大捷　《中央日报》　1942年3月20日　第45册　第960页

22959　麦克唐纳访美之收获　《大公报》　1929.年10月19日　第92册　第756页

22960　麦克唐之外交　《大公报》　1929年10月4日　第92册　第532页

22961　麦纽逊法案　《中央日报》　1943年10月24日　第48册　第826页

22962　麦氏人口论与经济给养　《申报》　1941年9月16日　第377册　第596页

22963　麦帅对于援华的卓见　《申报》　1948年3月5日　第396册　第588页

22964　卖国　《申报》　1922年2月5日　第177册　第508页

22965　卖国奴　《申报》　1915年3月3日　第133册　第34页

22966　卖国说　《申报》　1881年5月29日　第18册　第569页

22967　卖猴者言　《申报》　1892年3月17日　第40册　第407页

22968　卖字助赈说　《申报》　1889年10月6日　第35册　第605页

22969　蛮力时代　《申报》　1923年2月21日　第188册　第888页

22970　满汉平议　《申报》　1907年7月13日　第89册　第147页

22971　满汉平议（续）　《申报》　1907年7月14日　第89册　第159页

22972　满吏叙官不离署说　《申报》　1879年10月21日　第15册　第449页

22973　满蒙除外　《申报》　1920年8月19日　第165册　第873页

22974　满蒙回藏建设杂论　《民国日报》　1917年2月4日　第7册　第314页

22975　满蒙回藏建设杂论（续）　《民国日报》　1917年2月5日　第7册　第326页

22976　满蒙回藏建设杂论（续）　《民国日报》　1917年2月6日　第7册　第338页

22977　满蒙交涉宜暂中止　《大公报》　1927年12月5日　第81册　第503页

22978　"满蒙"是日本的生命线吗（一）：谨贡献于国联调查团/彬　《申报》　1932年3月17日　第291册　第103页

22979　"满蒙"是日本的生命线吗（二）：谨贡献于国联调查团/彬　《申报》　1932年3月18日　第291册　第109页

22980　满蒙危机中（社论）　《民国日报》　1927年10月18日　第70册　第706页

22981　满蒙未来之风云　《申报》　1911年6月10日　第112册　第693页

22982　"满蒙议定书"的透视　《申报》　1936年4月10日　第339册　第

242 页

22983 "满蒙"正名 《申报》 1931 年 10 月 9 日 第 287 册 第 208 页

22984 满人与党人 《申报》 1914 年 5 月 8 日 第 128 册 第 118 页

22985 满三阅月之苏德战事 《申报》 1941 年 9 月 22 日 第 377 册 第 674 页

22986 满铁改组问题 《申报》 1933 年 11 月 26 日 第 310 册 第 745 页

22987 满意 《申报》 1916 年 5 月 22 日 第 140 册 第 332 页

22988 满意 《申报》 1916 年 7 月 9 日 第 141 册 第 130 页

22989 "满洲国"安在？ 《大公报》 1932 年 9 月 12 日 第 110 册 第 136 页

22990 满洲交涉悬案 《申报》 1911 年 8 月 31 日 第 113 册 第 1038 页

22991 满洲里会议与日苏关系 《申报》 1935 年 7 月 11 日 第 330 册 第 277 页

22992 满洲商况严重感言 《申报》 1920 年 12 月 26 日 第 167 册 第 967 页

22993 满洲问题继续讨论：日提先决条件与美提调和方案 《申报》 1929 年 11 月 7 日 第 264 册 第 171 页

22994 满洲问题开始讨论 《申报》 1929 年 11 月 6 日 第 264 册 第 144 页

22995 满洲问题讨论结果 《申报》 1929 年 11 月 8 日 第 264 册 第 197 页

22996 满洲之输入贸易（译时事新报） 《申报》 1905 年 12 月 4 日 第 81 册 第 807 页

22997 满洲之谣 《申报》 1913 年 12 月 13 日 第 125 册 第 606 页

22998 满洲自古为中国领土 《申报》 1921 年 11 月 15 日 第 175 册 第 329 页

22999 曼尼坡之战 《大公报》 1944 年 4 月 14 日 第 152 册 第 468 页

23000 慢性病的泰越纠纷 《申报》 1940 年 12 月 19 日 第 373 册 第 664 页

23001 慢性痼疾的泰越纠纷 《申报》 1940 年 11 月 11 日 第 373 册 第 136 页

23002 漫论沈鸿英叛变事 《民国日报》 1923 年 4 月 18 日 第 44 册 第 660 页

23003 漫谈通货与物价 《大公报》 1946 年 2 月 20 日 第 156 册 第 200 页

23004 漫谈突尼西亚之战：译自十二月二十一日大阪新闻（译论） 《申报》 1942 年 12 月 28 日 第 382 册 第 610 页

23005 漫谈物价管制 《申报》 1946 年 10 月 15 日 第 390 册 第 558 页

23006 漫天烽火过中秋 《大公报》 1942 年 9 月 24 日 第 149 册 第 372 页

23007 漫天烽火中的教育界 《大公报》 1946 年 10 月 17 日 第 158 册 第 104 页

23008 漫天烽火中的一条路 《大公报》 1946 年 8 月 23 日 第 157 册 第 258 页

23009 "忙"——"闲" 《民国日报》 1924 年 3 月 31 日 第 50 册 第 382 页

23010 芒市八莫之战 《中央日报》 1944 年 11 月 22 日 第 50 册 第 376 页

23011 芒市与八莫 《大公报》 1944 年 11 月 22 日 第 153 册 第 644 页

23012 盲动后的觉悟 《民国日报》 1924 年 2 月 18 日 第 49 册 第 560 页

23013 盲动与死静 《申报》 1919 年 2 月 16 日 第 156 册 第 595 页

23014 猫捕鼠说 《申报》 1891 年 7 月 6 日 第 39 册 第 31 页

23015 毛泽东路线是什么? 《中央日报》 1948 年 1 月 6 日 第 58 册 第 56 页

23016 毛泽东先生来了! 《大公报》 1945 年 8 月 29 日 第 155 册 第 258 页

23017 矛盾的现象 《民国日报》 1929 年 2 月 13 日 第 78 册 第 669 页

23018 矛盾的现状（专论）/胡朴安 《民国日报》 1946 年 7 月 12 日 第 98 册 第 293 页

23019 矛盾之弊 《申报》 1914 年 4 月 30 日 第 127 册 第 984 页

23020 矛盾之现象 《申报》 1931 年 5 月 23 日 第 282 册 第 557 页

23021 冒名募捐之可恶 《申报》 1920 年 10 月 30 日 第 166 册 第 1041 页

23022 冒雨寻梅记 《申报》 1891 年 1 月 13 日 第 38 册 第 77 页

23023 贸然出来 《申报》 1916 年 6 月 5 日 第 140 册 第 552 页

23024 贸易的政策与机构 《大公报》 1947 年 8 月 4 日 第 160 册 第 594 页

23025 贸易管制与缉私 《中央日报》 1947 年 11 月 26 日 第 57 册 第 896 页

23026 贸易入超与农业经济 《申报》 1934 年 9 月 5 日 第 320 册 第 140 页

23027 贸易自由何从强制? 《中央日报》 1932 年 3 月 12 日 第 17 册 第 401 页

23028 没办法才有真办法 《民国日报》 1920 年 4 月 13 日 第 26 册 第 584 页

23029 没收盛氏财产 《中央日报》 1929 年 9 月 27 日 第 7 册 第 703 页

23030 没有第二句话可说 《中央日报》 1933 年 3 月 10 日 第 21 册 第 652 页

23031 没有"面"的结合：中西政党之本质探微/吕克难（星期论文） 《大公报》 1948 年 3 月 21 日 第 162 册 第 478 页

23032 没有说话的时机 《中央日报》 1933 年 3 月 15 日 第 21 册 第 702 页

23033 眉语 《申报》 1885 年 9 月 8 日 第 27 册 第 417 页

23034 梅溪薛氏东藩纪要说 《申报》 1883 年 1 月 1 日 第 22 册 第 1 页

23035 媒介 《申报》 1919 年 12 月 18 日 第 161 册 第 823 页

23036 煤事答问 《申报》 1894 年 6 月 14 日 第 47 册 第 315 页

23037 煤说 《申报》 1878 年 5 月 11 日 第 12 册 第 425 页

23038   煤窑说   《申报》   1883 年 6 月 15 日   第 22 册   第 871 页

23039   每逢佳节思战士   大家出钱来劳军   《大公报》   1941 年 1 月 27 日   第 146 册   第 116 页

23040   每况愈下   《申报》   1922 年 8 月 25 日   第 183 册   第 514 页

23041   每日默念之重大意义   《申报》（汉口版）   1938 年 2 月 13 日   第 356 册   第 59 页

23042   美澳关系的检讨   《大公报》   1940 年 9 月 17 日   第 145 册   第 290 页

23043   美报界抨击海会   《申报》   1930 年 4 月 30 日   第 269 册   第 803 页

23044   美报中之中俄交涉观   《民国日报》   1929 年 9 月 8 日   第 82 册   第 123 页

23045   美参议员琼森之言   《申报》   1931 年 10 月 30 日   第 287 册   第 706 页

23046   美参院保留山东问题   《申报》   1919 年 11 月 21 日   第 161 册   第 355 页

23047   美参院毕特门决议案   《民国日报》   1931 年 2 月 26 日   第 90 册   第 576 页

23048   美参院否决加入世界法庭案   《申报》   1935 年 1 月 31 日   第 324 册   第 804 页

23049   美参院通过修正中立法   《中央日报》   1939 年 10 月 29 日   第 42 册   第 688 页

23050   美参院议决战争状态   《申报》   1917 年 4 月 6 日   第 145 册   第 650 页

23051   美钞·物价·财政   《大公报》   1946 年 4 月 29 日   第 156 册   第 472 页

23052   美出让战具声中应有的警惕   《申报》   1941 年 1 月 13 日   第 374 册   第 146 页

23053   美代表赴英之旅费问题   《大公报》   1933 年 7 月 18 日   第 115 册   第 242 页

23054   美贷援华与开放内河航权   《申报》   1948 年 1 月 31 日   第 396 册   第 284 页

23055   美德邦交   《申报》   1917 年 2 月 5 日   第 144 册   第 439 页

23056   美德关系的新阶段   《申报》   1941 年 6 月 16 日   第 376 册   第 562 页

23057   美德人之和平说   《申报》   1930 年 12 月 13 日   第 277 册   第 324 页

23058   美德战而不宣   《中央日报》   1941 年 11 月 5 日   第 45 册   第 406 页

23059   美对德政策   《中央日报》   1946 年 9 月 12 日   第 53 册   第 926 页

23060   美对日抗议内容的重要   《中央日报》   1938 年 11 月 26 日   第 41 册   第 314 页

23061   美对日外交硬化的趋势   《大公报》   1939 年 1 月 6 日   第 142 册   第 22 页

23062　美对日政策的歧途　《申报》　1948 年 3 月 31 日　第 396 册　第 844 页

23063　美对英法贷款　《民国日报》　1946 年 6 月 1 日　第 98 册　第 130 页

23064　美对英提海缩条件　《中央日报》　1932 年 8 月 21 日　第 19 册　第 162 页

23065　美俄参加与禁运军火　《申报》　1933 年 2 月 28 日　第 301 册　第 785 页

23066　美俄复交与中国　《大公报》　1933 年 10 月 27 日　第 116 册　第 816 页

23067　美俄关系与债务谈判　《大公报》　1935 年 2 月 15 日　第 124 册　第 664 页

23068　美俄果有共同对日之准备乎　《申报》　1932 年 9 月 10 日　第 296 册　第 259 页

23069　美俄接近之经济的动向　《大公报》　1933 年 10 月 24 日　第 116 册　第 774 页

23070　美俄日之三角关系　《大公报》　1932 年 6 月 2 日　第 108 册　第 324 页

23071　美法不战条约如何　《大公报》　1928 年 1 月 19 日　第 82 册　第 183 页

23072　美法对德问题之态度　《申报》　1931 年 6 月 16 日　第 283 册　第 415 页

23073　美法接洽中之战债问题　《大公报》　1932 年 12 月 26 日　第 111 册　第 664 页

23074　美法两不战条约案　《大公报》　1928 年 4 月 28 日　第 83 册　第 581 页

23075　美飞机队之沿太平洋飞行　《申报》　1934 年 7 月 21 日　第 318 册　第 608 页

23076　美飞机环游世界感想　《申报》　1931 年 7 月 1 日　第 284 册　第 11 页

23077　美菲关系与远东　《中央日报》　1939 年 11 月 19 日　第 42 册　第 772 页

23078　美副国务卿的三原则　《大公报》　1938 年 10 月 6 日　第 141 册　第 400 页

23079　美更迭驻华使节　《申报》　1945 年 11 月 29 日　第 387 册　第 647 页

23080　美共和党竞选胜利以后　《大公报》　1946 年 11 月 13 日　第 158 册　第 278 页

23081　美官商何如　《申报》　1926 年 7 月 17 日　第 225 册　第 405 页

23082　美国八十届国会开幕：美国朝野将对全世界负起荣誉的责任　《申报》　1948 年 1 月 7 日　第 396 册　第 44 页

23083　美国白银法案之将来与世界银市　《申报》　1935 年 1 月 12 日　第 324 册　第 257 页

23084　美国白银政策与中国现银出口　《申报》　1934 年 8 月 20 日　第 319 册　第 558 页

23085　美国本届国会的任务　《大公报》　1940 年 1 月 4 日　第 144 册　第 14 页

23086　美国不承认北庭的理由　《民国日报》　1921 年 11 月 9 日　第 36 册　第

112 页

23087 美国不会对日妥协 《大公报》 1939 年 12 月 18 日 第 143 册 第 436 页

23088 美国不忘西线! 《中央日报》 1941 年 4 月 30 日 第 44 册 第 768 页

23089 美国参加世界法庭 《申报》 1935 年 1 月 25 日 第 324 册 第 629 页

23090 美国参加战后国际机构的重大决策 《中央日报》 1943 年 10 月 28 日 第 48 册 第 842 页

23091 美国参战的先声 《中央日报》 1941 年 5 月 10 日 第 44 册 第 810 页

23092 美国朝野的不安 《申报》 1940 年 6 月 14 日 第 370 册 第 584 页

23093 美国沉默与日本积极备战 《申报》 1932 年 10 月 25 日 第 297 册 第 617 页

23094 美国承认关系 《申报》 1913 年 4 月 5 日 第 121 册 第 438 页

23095 美国充实军备 《申报》 1932 年 11 月 5 日 第 298 册 第 111 页

23096 美国充实军备 《申报》 1935 年 2 月 17 日 第 325 册 第 374 页

23097 美国大海军政策之解析:军需工业之发展 《申报》 1933 年 12 月 13 日 第 311 册 第 363 页

23098 美国大使说 《申报》 1873 年 7 月 7 日 第 3 册 第 21 页

23099 美国大选的前瞻:兼卜第三党的命运 《大公报》 1947 年 10 月 28 日 第 161 册 第 350 页

23100 美国大选的展望 《大公报》 1940 年 7 月 1 日 第 145 册 第 2 页

23101 美国大选揭晓 《中央日报》 1940 年 11 月 7 日 第 44 册 第 26 页

23102 美国大选揭晓了 《大公报》 1948 年 11 月 4 日 第 164 册 第 386 页

23103 美国大选罗斯福胜利 《大公报》 1932 年 11 月 10 日 第 111 册 第 112 页

23104 美国大选年与国际展望 《大公报》 1940 年 2 月 22 日 第 144 册 第 210 页

23105 美国大选前夕 《申报》 1940 年 11 月 3 日 第 373 册 第 32 页

23106 美国大选与国际展望 《大公报》 1940 年 10 月 24 日 第 145 册 第 436 页

23107 美国大选之观测 《大公报》 1936 年 10 月 14 日 第 134 册 第 614 页

23108 美国大选之前瞻 《中央日报》 1936 年 10 月 18 日 第 36 册 第 215 页

23109 美国大选之展望 《中央日报》 1932 年 10 月 28 日 第 19 册 第 706 页

23110 美国大总统选举发表 《申报》 1912 年 11 月 8 日 第 119 册 第 427 页

23111 美国贷款 《中央日报》 1940 年 12 月 3 日 第 44 册 第 134 页

23112 美国贷款与经济稳定 《大公报》 1947 年 11 月 12 日 第 161 册 第 442 页

23113　美国当前的任务　《中央日报》　1941 年 10 月 26 日　第 45 册　第 364 页

23114　美国德国与日本　《申报》　1941 年 9 月 11 日　第 377 册　第 532 页

23115　美国的长期援欧方案　《申报》　1947 年 12 月 22 日　第 395 册　第 826 页

23116　美国的大选与今后的外交政策/张忠绂（星期论文）　《大公报》　1940 年 7 月 21 日　第 145 册　第 68 页

23117　美国的对俄心理和派别　《民国日报》　1924 年 2 月 24 日　第 49 册　第 634 页

23118　美国的复兴运动　《大公报》　1946 年 4 月 19 日　第 156 册　第 432 页

23119　美国的海军声明　《大公报》　1938 年 4 月 6 日　第 140 册　第 410 页

23120　美国的海军预算与日本　《大公报》　1941 年 1 月 10 日　第 146 册　第 44 页

23121　美国的和平外交　《申报》　1936 年 8 月 17 日　第 343 册　第 428 页

23122　美国的假面具揭破了（言论）　《民国日报》　1927 年 4 月 6 日　第 67 册　第 186 页

23123　美国的经济门罗主义　《中央日报》　1940 年 6 月 28 日　第 43 册　第 656 页

23124　美国的经济威力：论美洲经济集团问题　《大公报》　1940 年 11 月 26 日　第 145 册　第 570 页

23125　美国的军略与政略　《中央日报》　1939 年 3 月 2 日　第 41 册　第 830 页

23126　美国的劳工政策/何凤山（星期论文）　《大公报》　1942 年 12 月 20 日　第 149 册　第 746 页

23127　美国的力量与责任　《大公报》　1942 年 7 月 13 日　第 149 册　第 60 页

23128　美国的立场与责任　《大公报》　1940 年 7 月 18 日　第 145 册　第 56 页

23129　美国的弭战运动　《申报》　1946 年 7 月 22 日　第 389 册　第 500 页

23130　美国的农村救济与中国的救济农村　《申报》　1933 年 5 月 5 日　第 304 册　第 96 页

23131　美国的农业政策/何凤山（星期论文）　《大公报》　1942 年 11 月 29 日　第 149 册　第 656 页

23132　美国的怒吼与剑锋　《中央日报》　1941 年 3 月 19 日　第 44 册　第 586 页

23133　美国的算盘：论美国特别国会的两大课题　《大公报》　1947 年 11 月 22 日　第 161 册　第 502 页

23134　美国的态度　《中央日报》　1937 年 9 月 29 日　第 40 册　第 678 页

23135　美国的通货膨胀　《大公报》　1947 年 10 月 11 日　第 161 册　第 248 页

23136　美国的鲜明态度　《中央日报》　1939 年 11 月 29 日　第 42 册　第 812 页

23137　美国的远东政策　《中央日报》　1939 年 11 月 11 日　第 42 册　第 740 页

23138　美国的远东政策　《申报》　1939 年 12 月 8 日　第 367 册　第 498 页

23139　美国的远东政策/张忠绂（星期论文）　《大公报》　1938 年 3 月 20 日　第 140 册　第 336 页

23140　美国的真面目　《中央日报》　1937 年 11 月 20 日　第 40 册　第 884 页

23141　美国的注意点　《大公报》　1940 年 2 月 12 日　第 144 册　第 170 页

23142　美国登陆吉尔贝特岛　《大公报》　1943 年 11 月 23 日　第 151 册　第 648 页

23143　美国动态与世界大局/张道行（星期论文）　《大公报》　1940 年 7 月 8 日　第 145 册　第 22 页

23144　美国独立纪念祝辞/本报同仁谨祝　《民国日报》　1919 年 7 月 4 日　第 22 册　第 38 页

23145　美国独立与中美　《申报》　1939 年 7 月 4 日　第 365 册　第 60 页

23146　美国对华贷款　《中央日报》　1940 年 2 月 16 日　第 43 册　第 62 页

23147　美国对华的传统友好政策　《中央日报》　1945 年 11 月 16 日　第 51 册　第 1014 页

23148　美国对华究将如何？　《申报》　1947 年 9 月 1 日　第 394 册　第 622 页

23149　美国对华实施租界法案　《中央日报》　1941 年 4 月 18 日　第 44 册　第 716 页

23150　美国对华态度　《大公报》　1927 年 4 月 30 日　第 79 册　第 233 页

23151　美国对华新借款　《民国日报》　1946 年 3 月 21 日　第 97 册　第 301 页

23152　美国对华新决策的开始　《申报》　1947 年 6 月 29 日　第 393 册　第 896 页

23153　美国对华政策不变　《申报》　1946 年 8 月 8 日　第 389 册　第 692 页

23154　美国对华政策的检讨　《申报》　1947 年 7 月 31 日　第 394 册　第 302 页

23155　美国对华政策的涟漪　《大公报》　1948 年 11 月 22 日　第 164 册　第 482 页

23156　美国对华政策的重申　《申报》　1946 年 12 月 20 日　第 391 册　第 598 页

23157　美国对华政策声明　《大公报》　1945 年 12 月 17 日　第 155 册　第 724 页

23158　美国对华政策要改变吗？　《申报》　1946 年 8 月 29 日　第 389 册　第 952 页

23159　美国对华政策之歧途　《申报》　1935 年 3 月 8 日　第 326 册　第 210 页

23160　美国对日将如何行动　《申报》　1940 年 1 月 27 日　第 368 册　第 366 页

23161　美国对日禁运问题　《中央日报》　1940 年 3 月 10 日　第 43 册　第

160 页

23162　美国对日举措的积极意义　《申报》　1940 年 2 月 16 日　第 368 册　第
582 页

23163　美国对日态度之澄清　《中央日报》　1940 年 9 月 27 日　第 43 册　第
1028 页

23164　美国对日通牒和中国的门户开放　《申报》（香港版）　1938 年 10 月 31 日
第 357 册　第 245 页

23165　美国对日政策不会变　《申报》　1949 年 2 月 23 日　第 400 册　第 324 页

23166　美国对日作战的决心：读杜鲁门总统咨文　《大公报》　1945 年 6 月 5 日
第 154 册　第 660 页

23167　美国对苏政策的动摇（译论）　《申报》　1943 年 3 月 21 日　第 383 册
第 560 页

23168　美国对外动向　《申报》（汉口版）　1938 年 7 月 5 日　第 356 册　第
347 页

23169　美国对外动向　《申报》（香港版）　1938 年 7 月 9 日　第 356 册　第
921 页

23170　美国对外政策不变　《中央日报》　1946 年 9 月 16 日　第 53 册　第
968 页

23171　美国对外政策之检讨　《大公报》　1936 年 2 月 21 日　第 130 册　第
570 页

23172　美国对于国际和平之责任　《申报》　1935 年 11 月 11 日　第 334 册　第
261 页

23173　美国对于世界和平的责任　《申报》　1947 年 4 月 7 日　第 393 册　第
62 页

23174　美国发表承认苏俄　《大公报》　1933 年 11 月 19 日　第 117 册　第
256 页

23175　美国法西斯蒂党十周年　《大公报》　1932 年 10 月 28 日　第 110 册　第
692 页

23176　美国防法案在议会中　《中央日报》　1941 年 2 月 1 日　第 44 册　第
392 页

23177　美国放弃金本位之意义　《申报》　1933 年 4 月 25 日　第 303 册　第
671 页

23178　美国放弃金本位制度（上）　《申报》　1933 年 4 月 23 日　第 303 册　第
621 页

23179　美国放弃金本位制度（下）　《申报》　1933 年 4 月 24 日　第 303 册　第
647 页

23180　美国废约以后　《中央日报》　1939 年 7 月 30 日　第 42 册　第 318 页

23181　美国废止美日商约　《申报》　1939 年 7 月 28 日　第 365 册　第 468 页

23182　美国复兴案之改革　《大公报》　1935 年 6 月 8 日　第 126 册　第 612 页

23183　美国复兴问题与罗斯福之货币政策　《申报》　1934 年 1 月 18 日　第 312 册　第 433 页

23184　美国复兴运动之前途　《申报》　1934 年 5 月 25 日　第 316 册　第 704 页

23185　美国复员后剩余资产对中国经建之关系：旅美观感（星期论文）/谷春帆　《大公报》　1945 年 3 月 11 日　第 154 册　第 294 页

23186　美国副总统的谈话　《中央日报》　1942 年 12 月 22 日　第 47 册　第 324 页

23187　美国改变金政策问题　《中央日报》　1937 年 7 月 15 日　第 40 册　第 171 页

23188　美国改善华侨待遇问题　《中央日报》　1943 年 4 月 23 日　第 47 册　第 1024 页

23189　美国阁潮的时代意义　《大公报》　1947 年 5 月 22 日　第 160 册　第 138 页

23190　美国工潮　《大公报》　1937 年 7 月 6 日　第 139 册　第 80 页

23191　美国工潮的持续性　《大公报》　1948 年 10 月 1 日　第 164 册　第 182 页

23192　美国工潮的教训　《大公报》　1946 年 6 月 10 日　第 156 册　第 640 页

23193　美国工潮感言　《大公报》　1941 年 3 月 1 日　第 146 册　第 248 页

23194　美国工潮与统制经济之本质的破绽　《大公报》　1934 年 7 月 25 日　第 121 册　第 360 页

23195　美国共和党之总统人选问题　《申报》　1936 年 6 月 12 日　第 341 册　第 301 页

23196　美国关岛设防与日本　《申报》　1940 年 1 月 14 日　第 368 册　第 188 页

23197　美国关切的中国民治　《申报》　1941 年 4 月 6 日　第 375 册　第 460 页

23198　美国国防程序与远东　《申报》　1940 年 9 月 2 日　第 372 册　第 18 页

23199　美国国会讨论中的"租界法案"　《申报》　1941 年 2 月 5 日　第 374 册　第 404 页

23200　美国国际关系的展望　《大公报》　1937 年 4 月 10 日　第 137 册　第 564 页

23201　美国国家主义昂扬与世界经济　《申报》　1933 年 6 月 25 日　第 305 册　第 697 页

23202　美国果将放弃菲律宾乎　《申报》　1935 年 3 月 24 日　第 326 册　第 693 页

23203　美国旱荒之救济　《申报》　1930 年 8 月 9 日　第 273 册　第 191 页

23204　美国护航与日本　《申报》　1941年5月9日　第376册　第93页

23205　美国还可观望吗?　《申报》　1949年4月20日　第400册　第748页

23206　美国会闭幕　《申报》　1935年8月30日　第331册　第765页

23207　美国会召开特别会议　《申报》　1947年11月18日　第395册　第486页

23208　美国积极加入民主阵线的重大意义　《申报》(香港版)　1939年2月3日　第357册　第860页

23209　美国极易制裁暴日　《大公报》　1939年11月9日　第143册　第280页

23210　美国记者失言之反响　《大公报》　1929年8月26日　第91册　第900页

23211　美国坚定政策的重申　《申报》　1946年3月4日　第388册　第337页

23212　美国坚定政策之实行　《申报》　1940年7月28日　第371册　第364页

23213　美国间谍案之谜　《大公报》　1948年8月21日　第163册　第674页

23214　美国减少天津驻军　《申报》　1931年6月27日　第283册　第718页

23215　美国见憎华人不如别图垦辟说　《申报》　1879年2月28日　第14册　第181页

23216　美国建舰计划与日本统治南洋群岛　《申报》　1933年4月6日　第303册　第163页

23217　美国建舰之新提案：太平洋上之狂潮　《申报》　1934年1月12日　第312册　第261页

23218　美国建造大海军的意义　《申报》　1940年1月9日　第368册　第120页

23219　美国将闹经济恐慌吗?　《大公报》　1947年7月4日　第160册　第406页

23220　美国将如何　《申报》　1940年11月29日　第373册　第376页

23221　美国将退出非战公约乎?　《申报》　1935年12月29日　第335册　第693页

23222　美国将修改中立法　《申报》　1935年12月19日　第335册　第449页

23223　美国将再贷款中国　《中央日报》　1940年11月23日　第44册　第94页

23224　美国将作重大决定　《申报》　1941年5月25日　第376册　第290页

23225　美国今后的动向　《大公报》　1941年4月12日　第146册　第428页

23226　美国金融风潮在经济史之意义　《申报》　1933年3月16日　第302册　第454页

23227　美国金融恐慌与世界经济　《申报》　1933年3月9日　第302册　第247页

23228   美国金条文案判决以后   《申报》   1935 年 2 月 21 日   第 325 册   第 494 页

23229   美国进一步援英   《大公报》   1941 年 7 月 12 日   第 147 册   第 46 页

23230   美国禁油与日本石油事业   《大公报》   1941 年 8 月 4 日   第 147 册   第 132 页

23231   美国禁运军需与日本   《申报》   1940 年 6 月 7 日   第 370 册   第 492 页

23232   美国经济复兴计划之实行   《申报》   1933 年 9 月 4 日   第 308 册   第 113 页

23233   美国惊人的裁军案   《大公报》   1932 年 6 月 24 日   第 108 册   第 544 页

23234   美国精神   《大公报》   1941 年 4 月 17 日   第 146 册   第 448 页

23235   美国竞选的新阶段：贺杜鲁门总统当选总统候选人   《申报》   1948 年 7 月 16 日   第 398 册   第 122 页

23236   美国竞选揭晓   《中央日报》   1938 年 11 月 13 日   第 41 册   第 258 页

23237   美国究竟如何？   《大公报》   1933 年 5 月 7 日   第 114 册   第 88 页

23238   美国举行"中国周"   《中央日报》   1942 年 4 月 13 日   第 45 册   第 1062 页

23239   美国军略的布置如何   《申报》   1941 年 2 月 14 日   第 374 册   第 518 页

23240   美国开始总检讨   《申报》   1940 年 1 月 19 日   第 368 册   第 258 页

23241   美国抗议与日本复牒   《申报》   1938 年 11 月 21 日   第 359 册   第 674 页

23242   美国考虑经济制裁   《申报》   1938 年 11 月 22 日   第 359 册   第 688 页

23243   美国扩充海军的展望   《大公报》   1940 年 3 月 19 日   第 144 册   第 314 页

23244   美国扩大对日禁运   《中央日报》   1940 年 7 月 28 日   第 43 册   第 784 页

23245   美国扩大国防生产   《大公报》   1941 年 10 月 24 日   第 147 册   第 450 页

23246   美国扩军计划防与谍问题   《申报》（香港版）   1938 年 12 月 12 日   第 357 册   第 449 页

23247   美国扩军与制日   《中央日报》   1940 年 2 月 21 日   第 43 册   第 82 页

23248   美国扩张海军案与远东问题   《申报》   1934 年 3 月 9 日   第 314 册   第 248 页

23249   美国蓝鹰运动之破绽   《申报》   1934 年 4 月 11 日   第 315 册   第 300 页

23250   美国李佳白先生复戈君朋云函   《申报》   1905 年 10 月 14 日   第 81 册   第 361 页

23251   美国李佳白先生论华工禁约   《申报》   1905 年 7 月 11 日   第 80 册   第

609 页

23252 美国李佳白先生论铁路有益于工 《申报》 1905 年 6 月 6 日 第 80 册 第 325 页

23253 美国李佳白先生论铁路有益于工（续初四日） 《申报》 1905 年 6 月 7 日 第 80 册 第 333 页

23254 美国李佳白先生演说日俄和约与中国之关系讲义 《申报》 1905 年 10 月 22 日 第 81 册 第 433 页

23255 美国李佳白先生演说中美之睦谊及如何改良美国苛待华人之法讲义 《申报》 1905 年 10 月 4 日 第 81 册 第 279 页

23256 美国立场坚定 《中央日报》 1941 年 11 月 28 日 第 45 册 第 496 页

23257 美国立国精神与国际现局 《申报》 1940 年 7 月 4 日 第 371 册 第 42 页

23258 美国轮船业反扶日 《大公报》 1948 年 10 月 12 日 第 164 册 第 248 页

23259 美国罗斯福总统就职 《申报》 1937 年 1 月 22 日 第 348 册 第 475 页

23260 美国麻省求颁纳妾新例 《申报》 1888 年 9 月 2 日 第 33 册 第 427 页

23261 美国煤矿的工潮 《申报》 1946 年 11 月 25 日 第 391 册 第 298 页

23262 美国煤矿工潮的观感 《申报》 1946 年 12 月 10 日 第 391 册 第 478 页

23263 美国煤矿工潮影响 《申报》 1946 年 12 月 8 日 第 391 册 第 454 页

23264 美国民主党竞选失败了 《民国日报》 1928 年 11 月 9 日 第 77 册 第 131 页

23265 美国民主党总选胜利 《申报》 1934 年 11 月 9 日 第 322 册 第 265 页

23266 美国民主纪念日 《申报》 1919 年 7 月 4 日 第 159 册 第 51 页

23267 美国民族的奇迹 《中央日报》 1941 年 3 月 21 日 第 44 册 第 594 页

23268 美国内外政策的新纪元 《申报》 1941 年 1 月 9 日 第 374 册 第 88 页

23269 美国能否为中国改变其银政策 《申报》 1935 年 6 月 10 日 第 329 册 第 253 页

23270 美国能领导世界吗?（星期论文）/何永佶 《大公报》 1947 年 7 月 27 日 第 160 册 第 546 页

23271 美国农潮之剖解 《大公报》 1933 年 11 月 14 日 第 117 册 第 186 页

23272 美国农业政策之趋向 《大公报》 1936 年 1 月 13 日 第 130 册 第 138 页

23273 美国努力的途径 《中央日报》 1940 年 2 月 26 日 第 43 册 第 104 页

23274 美国排日和亚洲同盟 《民国日报》 1924 年 6 月 15 日 第 51 册 第 594 页

23275 美国排日和亚洲同盟续 《民国日报》 1924 年 6 月 16 日 第 51 册 第 610 页

23276 美国批准白银协定与国内恐慌之救济 《申报》 1933 年 12 月 27 日 第 311 册 第 771 页

23277 美国驱逐留学生警告 《民国日报》 1924 年 7 月 23 日 第 52 册 第 364 页

23278 美国人对远东战事的观察 《中央日报》 1939 年 10 月 26 日 第 42 册 第 676 页

23279 美国人民的警觉! 《申报》 1947 年 8 月 11 日 第 394 册 第 412 页

23280 美国人民选择了杜鲁门 《大公报》 1948 年 11 月 5 日 第 164 册 第 392 页

23281 美国人升炮相庆 《申报》 1874 年 7 月 6 日 第 5 册 第 17 页

23282 美国人眼里的中国人：旅美观感之一（星期论文）/陈衡哲 《大公报》 1948 年 2 月 29 日 第 162 册 第 352 页

23283 美国人眼中之中国人（时论） 《民国日报》 1926 年 6 月 15 日 第 63 册 第 441 页

23284 美国人自有盘算 《大公报》 1949 年 1 月 4 日 第 164 册 第 621 页

23285 美国如何及时而动 《申报》 1940 年 1 月 23 日 第 368 册 第 314 页

23286 美国如何援华 《申报》 1940 年 11 月 22 日 第 373 册 第 283 页

23287 美国儒士李佳白民教相安讲义 《申报》 1905 年 12 月 25 日 第 81 册 第 981 页

23288 美国声明 《大公报》 1940 年 4 月 1 日 第 144 册 第 368 页

23289 美国声明放弃调处之后 《申报》 1947 年 1 月 31 日 第 392 册 第 314 页

23290 美国声明日本违反两公约 《大公报》 1937 年 10 月 8 日 第 139 册 第 445 页

23291 美国声明与英相演说 《申报》（香港版） 1939 年 3 月 20 日 第 358 册 第 154 页

23292 美国实施租借与中国 《申报》 1941 年 3 月 18 日 第 375 册 第 218 页

23293 美国苏联密约说 《申报》 1940 年 7 月 12 日 第 371 册 第 154 页

23294 美国苏联与远东 《申报》 1939 年 11 月 24 日 第 367 册 第 310 页

23295 美国速制机先! 《大公报》 1940 年 10 月 7 日 第 145 册 第 370 页

23296 美国所期待的 《申报》 1939 年 10 月 1 日 第 366 册 第 442 页

23297 美国态度之探测 《民国日报》 1931 年 10 月 16 日 第 94 册 第 565 页

23298 美国提议第二次缩军 《大公报》 1927 年 2 月 14 日 第 78 册 第 301 页

23299 美国提议废止潜水艇 《大公报》 1928 年 2 月 8 日 第 82 册 第 319 页

23300 美国铁路借款 《申报》 1916 年 10 月 8 日 第 142 册 第 630 页

23301 美国铁拳打动日本海军 《大公报》 1944 年 10 月 16 日 第 153 册 第 486 页

23302 美国统制经济的难关 《大公报》 1933 年 10 月 2 日 第 116 册 第 456 页

23303 美国统制经济之转化 《大公报》 1934 年 9 月 5 日 第 122 册 第 70 页

23304 美国吞并亚比尼西亚 《大公报》 1936 年 5 月 11 日 第 132 册 第 144 页

23305 美国外交的坚定性 《中央日报》 1944 年 4 月 11 日 第 49 册 第 456 页

23306 美国外交的新转向 《大公报》 1944 年 8 月 31 日 第 153 册 第 282 页

23307 美国外交的演变 《中央日报》 1949 年 1 月 10 日 第 60 册 第 854 页

23308 美国外交是怎么一回事? 《大公报》 1948 年 5 月 15 日 第 163 册 第 86 页

23309 美国外交有歧路吗? 《申报》 1946 年 9 月 15 日 第 390 册 第 186 页

23310 美国外交与联合国机构 《申报》 1947 年 9 月 8 日 第 394 册 第 692 页

23311 美国外交与欧洲和平 《申报》 1940 年 3 月 3 日 第 369 册 第 32 页

23312 美国外交政策 《中央日报》 1945 年 3 月 16 日 第 50 册 第 856 页

23313 美国外交政策不变 《申报》 1946 年 9 月 16 日 第 390 册 第 198 页

23314 美国外交政策的基础 《中央日报》 1944 年 3 月 23 日 第 49 册 第 372 页

23315 美国外交政策的转捩 《中央日报》 1947 年 3 月 18 日 第 55 册 第 788 页

23316 美国外交政策与世界前途 《大公报》 1946 年 5 月 24 日 第 156 册 第 572 页

23317 美国外相赴德之使命 《大公报》 1936 年 10 月 24 日 第 134 册 第 754 页

23318 美国威信系于所罗门：论第三次所罗门海战 《大公报》 1942 年 10 月 31 日 第 149 册 第 534 页

23319 美国维持银价会专员上法国政府书 《申报》 1903 年 11 月 15 日 第 75 册 第 529 页

23320 美国文化在中国（星期论文）/陈衡哲 《大公报》 1946 年 6 月 16 日 第 156 册 第 664 页

23321 美国握着最有力的武器 《申报》 1939 年 3 月 21 日 第 362 册 第

800 页

23322　美国五参议员的谠论　《大公报》　1943 年 10 月 13 日　第 151 册　第 462 页

23323　美国武装起来了　《大公报》　1940 年 9 月 11 日　第 145 册　第 266 页

23324　美国务副卿之建议　《中央日报》　1937 年 7 月 13 日　第 40 册　第 147 页

23325　美国务卿的更迭：从马歇尔到艾契逊　《申报》　1949 年 1 月 9 日　第 400 册　第 42 页

23326　美国务卿请求赞助海约　《申报》　1930 年 6 月 14 日　第 271 册　第 352 页

23327　美国务院否认奴隶作工　《申报》　1930 年 8 月 19 日　第 273 册　第 435 页

23328　美国物价暴落之观察　《大公报》　1948 年 2 月 25 日　第 162 册　第 328 页

23329　美国物价跌落对我国之影响　《民国日报》　1947 年 1 月 30 日　第 99 册　第 683 页

23330　美国物资援华的效用　《中央日报》　1946 年 9 月 5 日　第 53 册　第 852 页

23331　美国现代思想的转变　《申报》　1946 年 9 月 17 日　第 390 册　第 210 页

23332　美国新门罗主义与中国　《申报》　1936 年 11 月 13 日　第 346 册　第 322 页

23333　美国新税则之影响　《申报》　1930 年 6 月 17 日　第 271 册　第 434 页

23334　美国新政策的试金石　《申报》（香港版）　1938 年 8 月 25 日　第 356 册　第 1110 页

23335　美国新中立法案与禁油问题　《申报》　1936 年 1 月 10 日　第 336 册　第 180 页

23336　美国新中立法与远东　《申报》　1939 年 11 月 7 日　第 367 册　第 84 页

23337　美国新总统今日就职　《大公报》　1933 年 3 月 4 日　第 113 册　第 46 页

23338　美国新总统罗斯福就职　《申报》　1933 年 3 月 4 日　第 302 册　第 100 页

23339　美国修正中立法案与远东　《申报》　1939 年 10 月 19 日　第 366 册　第 682 页

23340　美国修正中立法的估价　《大公报》　1939 年 11 月 1 日　第 143 册　第 248 页

23341　美国需要罗斯福　《中央日报》　1944 年 11 月 9 日　第 50 册　第 316 页

23342　美国宣布紧急状态的意义　《申报》　1941 年 6 月 1 日　第 376 册　第

376 页

23343　美国宣布实行护航　《申报》　1941 年 9 月 19 日　第 377 册　第 634 页

23344　美国选举战正式开始　《大公报》　1948 年 6 月 22 日　第 163 册　第 314 页

23345　美国选举总统　《申报》　1916 年 11 月 9 日　第 143 册　第 148 页

23346　美国宜即加入国联　《大公报》　1934 年 9 月 28 日　第 122 册　第 406 页

23347　美国移民案与民族平等（一）　《民国日报》　1924 年 4 月 21 日　第 50 册　第 634 页

23348　美国移民案与民族平等（二）　《民国日报》　1924 年 4 月 22 日　第 50 册　第 646 页

23349　美国移民局苛待华侨　《大公报》　1948 年 10 月 16 日　第 164 册　第 272 页

23350　美国已到最后关头　《中央日报》　1941 年 5 月 29 日　第 44 册　第 894 页

23351　美国已作第二步制裁　《申报》　1941 年 8 月 3 日　第 377 册　第 30 页

23352　美国以银贷与中国说　《申报》　1931 年 2 月 3 日　第 279 册　第 62 页

23353　美国银价再提高之感想　《申报》　1935 年 4 月 13 日　第 327 册　第 352 页

23354　美国应采取两党一致的对华政策　《申报》　1947 年 1 月 25 日　第 392 册　第 246 页

23355　美国应该积极贡献和平　《大公报》　1946 年 9 月 16 日　第 157 册　第 402 页

23356　美国应该监视着太平洋：苏联也不要忘记了远东的敌人　《大公报》　1939 年 12 月 8 日　第 143 册　第 396 页

23357　美国应即取消限制华人移民法案　《大公报》　1943 年 5 月 19 日　第 150 册　第 616 页

23358　美国应急采鲜明的态度　《中央日报》　1938 年 11 月 6 日　第 41 册　第 228 页

23359　美国应加紧援华制日　《中央日报》　1940 年 11 月 24 日　第 44 册　第 98 页

23360　美国应考虑采用经济制裁　《申报》（香港版）　1938 年 11 月 26 日　第 357 册　第 351 页

23361　美国应早作明智的抉择！　《申报》　1947 年 6 月 22 日　第 393 册　第 826 页

23362　美国应作新的决策　《申报》　1947 年 6 月 27 日　第 393 册　第 876 页

23363　美国有参战的必要么　《中央日报》　1941 年 6 月 6 日　第 44 册　第

932 页

23364　美国舆论的动向　《大公报》　1937 年 11 月 29 日　第 139 册　第 653 页

23365　美国与巴拿马　《大公报》　1942 年 6 月 1 日　第 148 册　第 646 页

23366　美国与国联　《申报》　1934 年 8 月 17 日　第 319 册　第 469 页

23367　美国与加拿大合并问题　《申报》　1936 年 5 月 24 日　第 340 册　第 593 页

23368　美国与世界　《申报》（香港版）　1938 年 9 月 13 日　第 357 册　第 49 页

23369　美国与世界和平　《中央日报》　1940 年 1 月 9 日　第 42 册　第 980 页

23370　美国与世界和平　《大公报》　1940 年 3 月 21 日　第 144 册　第 322 页

23371　美国与太平洋　《申报》　1937 年 5 月 22 日　第 352 册　第 511 页

23372　美国与太平洋　《中央日报》　1941 年 7 月 13 日　第 44 册　第 1098 页

23373　美国与太平洋形势　《中央日报》　1941 年 1 月 12 日　第 44 册　第 310 页

23374　美国与修约　《大公报》　1928 年 7 月 27 日　第 85 册　第 262 页

23375　美国与渝共间的矛盾　《申报》　1945 年 6 月 30 日　第 387 册　第 453 页

23376　美国与远东　《中央日报》　1933 年 2 月 7 日　第 21 册　第 344 页

23377　美国与远东　《大公报》　1938 年 12 月 13 日　第 141 册　第 496 页

23378　美国与远东　《大公报》　1940 年 9 月 3 日　第 145 册　第 234 页

23379　美国与远东　《大公报》　1942 年 10 月 5 日　第 149 册　第 422 页

23380　美国与远东现局　《大公报》　1939 年 9 月 21 日　第 143 册　第 82 页

23381　美国与战后国际机构　《中央日报》　1943 年 6 月 17 日　第 48 册　第 264 页

23382　美国与中南美洲　《中央日报》　1940 年 7 月 14 日　第 43 册　第 724 页

23383　美国援华案的提出　《中央日报》　1948 年 2 月 19 日　第 58 册　第 430 页

23384　美国援华法案　《中央日报》　1948 年 4 月 6 日　第 58 册　第 864 页

23385　美国援华感言　《中央日报》　1947 年 12 月 26 日　第 57 册　第 1192 页

23386　美国援华计划的检讨　《申报》　1947 年 11 月 14 日　第 395 册　第 446 页

23387　美国援华问题的分析　《申报》　1947 年 12 月 19 日　第 395 册　第 796 页

23388　美国援华问题的新发展　《中央日报》　1948 年 10 月 22 日　第 60 册　第 396 页

23389　美国援华与远东前途　《大公报》　1941 年 3 月 18 日　第 146 册　第 318 页

23390　美国援外法案的沉重意义　《大公报》　1948 年 4 月 16 日　第 162 册　第

640 页

23391 美国援外法案签署之后 《申报》 1948 年 4 月 5 日 第 397 册 第 34 页

23392 美国远东外交动态 《中央日报》 1939 年 1 月 9 日 第 41 册 第 518 页

23393 美国远东政策不变 《申报》 1941 年 6 月 2 日 第 376 册 第 388 页

23394 美国远东政策的动向 《大公报》 1945 年 12 月 6 日 第 155 册 第 680 页

23395 美国远东政策应进一步 《大公报》 1941 年 2 月 20 日 第 146 册 第 212 页

23396 美国远视"未来" 《中央日报》 1940 年 1 月 7 日 第 42 册 第 972 页

23397 美国在阿拉斯加设防问题 《申报》 1934 年 7 月 26 日 第 318 册 第 746 页

23398 美国在动员 《大公报》 1942 年 1 月 9 日 第 148 册 第 42 页

23399 美国在华商业之危机 《中央日报》 1938 年 10 月 31 日 第 41 册 第 204 页

23400 美国在进步中 《大公报》 1938 年 8 月 22 日 第 141 册 第 224 页

23401 美国在西太平洋增防之意义 《申报》 1936 年 11 月 20 日 第 346 册 第 504 页

23402 美国在远东的军略计划 《申报》 1949 年 2 月 14 日 第 400 册 第 262 页

23403 美国在远东的责任 《大公报》 1939 年 9 月 9 日 第 143 册 第 34 页

23404 美国暂停金本位感言 《申报》 1933 年 3 月 8 日 第 302 册 第 215 页

23405 美国怎样进攻？ 《大公报》 1942 年 3 月 3 日 第 148 册 第 260 页

23406 美国怎样维持世界和平 《中央日报》 1940 年 5 月 28 日 第 43 册 第 526 页

23407 美国占领冰岛 《申报》 1941 年 7 月 10 日 第 376 册 第 872 页

23408 美国战后复员计画/方显廷（星期论文） 《大公报》 1945 年 6 月 24 日 第 154 册 第 740 页

23409 美国战略应当先解决日本 《大公报》 1941 年 5 月 25 日 第 146 册 第 594 页

23410 美国战时大学与学术研究/张其昀（星期论文） 《大公报》 1944 年 3 月 12 日 第 152 册 第 316 页

23411 美国战时社会巡礼/陶洁卿（星期论文） 《大公报》 1942 年 10 月 18 日 第 149 册 第 478 页

23412 美国照会 《大公报》 1932 年 1 月 9 日 第 106 册 第 74 页

23413 美国整肃不忠实分子运动 《中央日报》 1947 年 3 月 28 日 第 55 册 第 870 页

23414 美国正论之声 《中央日报》 1941 年 11 月 22 日 第 45 册 第 476 页

23415 美国政策·安平事件·轰炸延安 《大公报》 1946 年 8 月 6 日 第 157 册 第 156 页

23416 美国政策的演进 《申报》 1941 年 1 月 22 日 第 374 册 第 278 页

23417 美国政策的重申 《申报》 1945 年 12 月 6 日 第 387 册 第 675 页

23418 美国政策的综合观察 《大公报》 1940 年 2 月 20 日 第 144 册 第 202 页

23419 美国政府党之分裂 《申报》 1936 年 2 月 6 日 第 337 册 第 149 页

23420 美国政府之态度 《中央日报》 1933 年 2 月 28 日 第 21 册 第 552 页

23421 美国政局前途的展望 《申报》 1947 年 1 月 8 日 第 392 册 第 78 页

23422 美国政治季节的开始 《申报》 1948 年 6 月 22 日 第 397 册 第 688 页

23423 美国政治季节中的远东政策 《申报》 1940 年 7 月 23 日 第 371 册 第 302 页

23424 美国政治家与宗教家之对待华人 《申报》 1905 年 8 月 19 日 第 80 册 第 925 页

23425 美国之白银国有与世界经济 《大公报》 1934 年 8 月 15 日 第 121 册 第 664 页

23426 美国之饥民队 《申报》 1932 年 12 月 7 日 第 299 册 第 186 页

23427 美国之经济好况及其对外政策 《大公报》 1935 年 11 月 13 日 第 129 册 第 176 页

23428 美国之经济难关 《申报》 1930 年 11 月 23 日 第 276 册 第 599 页

23429 美国之救急委员会 《申报》 1930 年 12 月 2 日 第 277 册 第 33 页

23430 美国之救济失业计划 《中央日报》 1932 年 6 月 10 日 第 18 册 第 242 页

23431 美国之历史任务 《中央日报》 1939 年 12 月 29 日 第 42 册 第 932 页

23432 美国之两大合同 《申报》 1914 年 2 月 18 日 第 126 册 第 586 页

23433 美国之矛盾性 《大公报》 1928 年 1 月 6 日 第 82 册 第 53 页

23434 美国之谜 《大公报》 1940 年 4 月 18 日 第 144 册 第 436 页

23435 美国之态度 《申报》（香港版） 1938 年 11 月 13 日 第 357 册 第 297 页

23436 美国之态度 《申报》 1938 年 11 月 7 日 第 359 册 第 466 页

23437 美国之通牒 《申报》 1915 年 5 月 24 日 第 134 册 第 390 页

23438 美国之无敌海军计划 《申报》 1934 年 7 月 23 日 第 318 册 第 664 页

23439 美国之五年空军计画 《申报》 1935 年 12 月 8 日 第 335 册 第 177 页

23440 美国之新税则案 《申报》 1930 年 5 月 22 日 第 270 册 第 550 页

23441 美国之银辅币说 《申报》 1931 年 2 月 20 日 第 279 册 第 489 页

23442 美国之远东政策 《申报》 1935 年 1 月 9 日 第 324 册 第 177 页

23443 美国之远东政策 《申报》 1939 年 9 月 15 日 第 366 册 第 210 页

23444 美国之制日反对论 《申报》 1939 年 11 月 27 日 第 367 册 第 354 页

23445 美国之最优势海军案 《申报》 1934 年 3 月 11 日 第 314 册 第 306 页

23446 美国制裁暴日的可能 《大公报》 1938 年 12 月 7 日 第 141 册 第 472 页

23447 美国制裁暴日之步骤 《大公报》 1939 年 10 月 23 日 第 143 册 第 212 页

23448 美国制日应禁止生丝入口 《大公报》 1940 年 12 月 25 日 第 145 册 第 682 页

23449 美国"智囊团"的解析 《大公报》 1934 年 4 月 5 日 第 119 册 第 498 页

23450 美国中立法 《中央日报》 1938 年 12 月 1 日 第 41 册 第 336 页

23451 美国中立法的没落 《中央日报》 1941 年 11 月 13 日 第 45 册 第 438 页

23452 美国中立法的修正问题 《申报》（香港版） 1939 年 1 月 12 日 第 357 册 第 684 页

23453 美国中立法的修正问题 《申报》 1939 年 1 月 7 日 第 361 册 第 128 页

23454 美国中立法讨论的争点 《中央日报》 1939 年 10 月 23 日 第 42 册 第 664 页

23455 美国中立法修正问题 《中央日报》 1939 年 4 月 13 日 第 41 册 第 1062 页

23456 美国中立法修正问题 《中央日报》 1939 年 7 月 15 日 第 42 册 第 256 页

23457 美国中立法修正问题 《申报》 1939 年 9 月 26 日 第 366 册 第 374 页

23458 美国中立法修正问题 《中央日报》 1939 年 9 月 28 日 第 42 册 第 560 页

23459 美国中立法与国际地位 《申报》 1939 年 10 月 31 日 第 366 册 第 840 页

23460 美国中立法与远东 《中央日报》 1939 年 10 月 24 日 第 42 册 第 668 页

23461 美国中立与国际制裁 《申报》 1935 年 10 月 15 日 第 333 册 第 403 页

23462 美国中立与英法及远东 《申报》 1939 年 9 月 8 日 第 366 册 第 110 页

23463　美国中立与远东问题/张道行（星期论文）　《大公报》　1939年4月2日
第142册　第366页

23464　美国重申对德政策　《申报》　1946年9月8日　第390册　第90页

23465　美国助我复兴建国　《申报》　1946年9月2日　第390册　第14页

23466　美国资金的出路问题/吴景超（星期论文）　《大公报》　1945年2月4日
第154册　第146页

23467　美国总统竞选之现阶段　《申报》　1936年4月28日　第339册　第684页

23468　美国总统竞选之意义　《申报》　1936年10月30日　第345册　第745页

23469　美国总统选举的感喟　《民国日报》　1920年6月24日　第27册　第748页

23470　美国总统选举揭晓　《中央日报》　1932年11月10日　第20册　第74页

23471　美国总统选举以后　《申报》　1936年11月5日　第346册　第116页

23472　美国总统与教皇之作为　《申报》　1939年12月27日　第367册　第776页

23473　美国纵容日本的又一措施　《申报》　1947年8月17日　第394册　第472页

23474　美国租借法案的评价　《大公报》　1941年3月13日　第146册　第298页

23475　美国最近经济政策之矛盾　《大公报》　1935年2月27日　第124册　第856页

23476　美国最近之态度　《中央日报》　1932年5月28日　第18册　第138页

23477　美果将加紧扶日乎?　《申报》　1948年12月20日　第399册　第512页

23478　美海军的败北（译论）　《申报》　1943年2月23日　第383册　第362页

23479　美海军对日的新攻势　《大公报》　1945年2月17日　第154册　第202页

23480　美海军之决定性胜利　《中央日报》　1944年10月27日　第50册　第260页

23481　美海洋自由政策与日本　《中央日报》　1941年6月22日　第44册　第1000页

23482　美红会查灾报告书之教训　《大公报》　1929年10月2日　第92册　第500页

23483　美汇之前途　《申报》　1940 年 4 月 13 日　第 369 册　第 584 页

23484　美机纵横东方天空　《大公报》　1943 年 8 月 3 日　第 151 册　第 152 页

23485　美记者团在日言论之感想　《申报》　1929 年 8 月 15 日　第 261 册　第 407 页

23486　美加赓续联防　《大公报》　1947 年 2 月 21 日　第 159 册　第 376 页

23487　美加紧援华与日美关系　《申报》　1940 年 12 月 5 日　第 373 册　第 464 页

23488　美加联防　《申报》　1940 年 8 月 20 日　第 371 册　第 660 页

23489　美加联防的重要性　《大公报》　1940 年 8 月 27 日　第 145 册　第 206 页

23490　美加联防之诠释　《中央日报》　1940 年 8 月 28 日　第 43 册　第 908 页

23491　美舰队进击帛琉群岛　《大公报》　1944 年 4 月 1 日　第 152 册　第 408 页

23492　美舰活动的一种看法　《大公报》　1945 年 7 月 17 日　第 155 册　第 72 页

23493　美将放弃不承认主义?　《大公报》　1934 年 2 月 24 日　第 118 册　第 708 页

23494　美将修正移民法案　《申报》　1930 年 5 月 26 日　第 270 册　第 658 页

23495　美将有经济史上激烈行动说　《申报》　1931 年 6 月 29 日　第 283 册　第 777 页

23496　美金贬价在世界经济竞争上之意义　《大公报》　1934 年 1 月 24 日　第 118 册　第 314 页

23497　美金公债的发行　《中央日报》　1947 年 3 月 27 日　第 55 册　第 862 页

23498　美金债券的发行　《申报》　1947 年 4 月 1 日　第 393 册　第 2 页

23499　美金债券之发行　《大公报》　1947 年 4 月 11 日　第 159 册　第 698 页

23500　美决议停止甘姆岛军事行动　《申报》　1931 年 6 月 8 日　第 283 册　第 198 页

23501　美军登陆琉球大岛　《中央日报》　1945 年 4 月 2 日　第 50 册　第 924 页

23502　美军登陆硫磺岛　《中央日报》　1945 年 2 月 20 日　第 50 册　第 754 页

23503　美军登陆马绍尔群岛　《大公报》　1944 年 2 月 2 日　第 152 册　第 140 页

23504　美军登陆日本问题　《大公报》　1945 年 6 月 29 日　第 154 册　第 762 页

23505　美军登陆塞班岛　《中央日报》　1944 年 6 月 18 日　第 49 册　第 752 页

23506　美军进攻马绍尔群岛　《中央日报》　1944 年 2 月 2 日　第 49 册　第 158 页

23507　美军进击琉球的意义　《大公报》　1944 年 10 月 13 日　第 153 册　第 474 页

23508　美军进击琉球的意义　《大公报》　1945 年 10 月 13 日　第 155 册　第 452 页

23509　美军入印与统一战略　《中央日报》　1942 年 4 月 25 日　第 45 册　第 1112 页

23510　美军事代表抵华　《申报》　1941 年 10 月 9 日　第 378 册　第 108 页

23511　美军事使节团来华　《申报》　1941 年 8 月 28 日　第 377 册　第 348 页

23512　美军突袭琉球群岛　《中央日报》　1944 年 10 月 12 日　第 50 册　第 196 页

23513　美军退出中国的宣传　《申报》　1946 年 9 月 23 日　第 390 册　第 282 页

23514　美军完全占领塞班　《中央日报》　1944 年 7 月 11 日　第 49 册　第 862 页

23515　美军在吕宋登陆　《中央日报》　1945 年 1 月 11 日　第 50 册　第 588 页

23516　美军占领科隆以后　《中央日报》　1945 年 3 月 8 日　第 50 册　第 822 页

23517　美空军参战　《中央日报》　1942 年 7 月 4 日　第 46 册　第 338 页

23518　美空军的光辉　《中央日报》　1942 年 8 月 2 日　第 46 册　第 524 页

23519　美空军的健斗　《中央日报》　1942 年 8 月 13 日　第 46 册　第 594 页

23520　美空军二次轰炸日本　《中央日报》　1944 年 6 月 17 日　第 49 册　第 748 页

23521　美利坚国进士林乐知先生讲义　《申报》　1904 年 1 月 31 日　第 76 册　第 185 页

23522　美利坚国考略　《申报》　1892 年 6 月 6 日　第 41 册　第 235 页

23523　美棉与国棉　《申报》　1933 年 9 月 27 日　第 308 册　第 838 页

23524　美民主党放弃菲岛之因果　《申报》　1934 年 3 月 29 日　第 314 册　第 833 页

23525　美民主党竞选再胜以后　《大公报》　1934 年 11 月 14 日　第 123 册　第 196 页

23526　美民主党之哀的美敦书　《申报》　1931 年 2 月 1 日　第 279 册　第 11 页

23527　美南关系与特港问题　《大公报》　1946 年 8 月 29 日　第 157 册　第 294 页

23528　美尼问题　《大公报》　1928 年 1 月 15 日　第 82 册　第 143 页

23529　美批准欧洲四国和约　《申报》　1947 年 6 月 17 日　第 393 册　第 776 页

23530　美人之言　《申报》　1915 年 10 月 9 日　第 136 册　第 608 页

23531　美日大海空战的影响　《大公报》　1944 年 11 月 1 日　第 153 册　第 554 页

23532　美日调洽与中国（来论）/晋青　《民国日报》　1920 年 5 月 27 日　第 27 册　第 354 页

23533 美日调协与中国（来论）/晋青 《民国日报》 1920 年 5 月 26 日 第 27 册 第 340 页

23534 美日俄关系之推演如何 《大公报》 1933 年 12 月 23 日 第 117 册 第 736 页

23535 美日关系 《中央日报》 1940 年 2 月 7 日 第 43 册 第 26 页

23536 美日关系之谜 《申报》 1941 年 6 月 9 日 第 376 册 第 471 页

23537 美日海军实力之消长 《大公报》 1942 年 11 月 21 日 第 149 册 第 624 页

23538 美日和战关头 《申报》 1941 年 11 月 10 日 第 378 册 第 505 页

23539 美日和战之谜 《申报》 1941 年 12 月 8 日 第 378 册 第 853 页

23540 美日会开战吗? 《申报》 1941 年 2 月 4 日 第 374 册 第 392 页

23541 美日会谈必无结果 《中央日报》 1941 年 9 月 3 日 第 45 册 第 146 页

23542 美日间的谈判 《申报》 1941 年 8 月 25 日 第 377 册 第 308 页

23543 美日间减轻电费 《申报》 1929 年 10 月 25 日 第 263 册 第 715 页

23544 美日交涉的前途 《大公报》 1939 年 11 月 6 日 第 143 册 第 268 页

23545 美日经济关系与国交 《申报》 1940 年 3 月 17 日 第 369 册 第 222 页

23546 美日经济力量之比较/沙学浚（星期论文） 《大公报》 1940 年 4 月 14 日 第 144 册 第 420 页

23547 美日两国的对比 《申报》 1941 年 1 月 14 日 第 374 册 第 160 页

23548 美日两国海会之国内纠纷 《申报》 1930 年 7 月 22 日 第 272 册 第 521 页

23549 美日两国之岁入不足 《申报》 1930 年 8 月 23 日 第 273 册 第 540 页

23550 美日谅解之观察 《申报》 1934 年 3 月 24 日 第 314 册 第 685 页

23551 美日商约废止 《中央日报》 1939 年 7 月 28 日 第 42 册 第 310 页

23552 美日商约今日起失效 《大公报》 1940 年 1 月 26 日 第 144 册 第 102 页

23553 美日商约能重订么 《中央日报》 1939 年 9 月 17 日 第 42 册 第 516 页

23554 美日商约失效以后 《中央日报》 1940 年 1 月 26 日 第 42 册 第 1052 页

23555 美日谈判的底蕴 《申报》 1941 年 8 月 31 日 第 377 册 第 388 页

23556 美日谈判的基本问题 《申报》 1941 年 9 月 15 日 第 377 册 第 584 页

23557 美日谈判析观 《申报》 1941 年 11 月 20 日 第 378 册 第 627 页

23558 美日谈判展望 《大公报》 1941 年 8 月 30 日 第 147 册 第 218 页

23559 美日谈判中的德日关系 《申报》 1941 年 11 月 27 日 第 378 册 第 713 页

23560 美日外交接近与远东 《申报》 1934 年 3 月 23 日 第 314 册 第 654 页

23561 美日相忌论 《申报》 1899 年 2 月 20 日 第 61 册 第 267 页

23562 美日与英俄 《申报》 1924 年 4 月 16 日 第 201 册 第 326 页

23563 美日与中日 《申报》 1939 年 10 月 30 日 第 366 册 第 828 页

23564 美日再作会谈 《申报》 1941 年 12 月 2 日 第 378 册 第 777 页

23565 美日战否问题 《申报》 1940 年 10 月 22 日 第 372 册 第 680 页

23566 美儒李佳白先生布告去岁下半年尚贤堂办理情形 《申报》 1904 年 4 月 27 日 第 76 册 第 687 页

23567 美儒李佳白先生讲义 《申报》 1903 年 10 月 13 日 第 75 册 第 297 页

23568 美儒李佳白先生讲义 《申报》 1903 年 10 月 21 日 第 75 册 第 355 页

23569 美儒李佳白先生讲义 《申报》 1903 年 10 月 27 日 第 75 册 第 399 页

23570 美儒李佳白先生讲义 《申报》 1903 年 10 月 5 日 第 75 册 第 241 页

23571 美儒李佳白先生讲义 《申报》 1903 年 11 月 14 日 第 75 册 第 523 页

23572 美儒李佳白先生讲义 《申报》 1903 年 11 月 19 日 第 75 册 第 559 页

23573 美儒李佳白先生讲义 《申报》 1903 年 11 月 27 日 第 75 册 第 611 页

23574 美儒李佳白先生讲义 《申报》 1903 年 11 月 6 日 第 75 册 第 465 页

23575 美儒李佳白先生讲义 《申报》 1903 年 12 月 10 日 第 75 册 第 695 页

23576 美儒李佳白先生讲义 《申报》 1903 年 12 月 16 日 第 75 册 第 735 页

23577 美儒李佳白先生讲义 《申报》 1903 年 12 月 22 日 第 75 册 第 773 页

23578 美儒李佳白先生讲义 《申报》 1903 年 12 月 2 日 第 75 册 第 643 页

23579 美儒李佳白先生讲义 《申报》 1903 年 3 月 15 日 第 73 册 第 407 页

23580 美儒李佳白先生讲义 《申报》 1903 年 3 月 26 日 第 73 册 第 481 页

23581 美儒李佳白先生讲义 《申报》 1903 年 3 月 2 日 第 73 册 第 319 页

23582 美儒李佳白先生讲义 《申报》 1903 年 3 月 31 日 第 73 册 第 517 页

23583 美儒李佳白先生讲义 《申报》 1903 年 4 月 13 日 第 73 册 第 607 页

23584 美儒李佳白先生讲义 《申报》 1903 年 4 月 22 日 第 73 册 第 673 页

23585 美儒李佳白先生讲义 《申报》 1903 年 4 月 8 日 第 73 册 第 571 页

23586 美儒李佳白先生讲义 《申报》 1903 年 5 月 11 日 第 74 册 第 67 页

23587 美儒李佳白先生讲义 《申报》 1903 年 5 月 18 日 第 74 册 第 109 页

23588 美儒李佳白先生讲义 《申报》 1903 年 5 月 26 日 第 74 册 第 165 页

23589 美儒李佳白先生讲义 《申报》 1903 年 5 月 2 日 第 74 册 第 9 页

23590 美儒李佳白先生讲义 《申报》 1903 年 5 月 5 日 第 74 册 第 29 页

23591 美儒李佳白先生讲义 《申报》 1903 年 6 月 15 日 第 74 册 第 297 页

23592 美儒李佳白先生讲义 《申报》 1903 年 6 月 1 日 第 74 册 第 205 页

23593 美儒李佳白先生讲义 《申报》 1903 年 6 月 23 日 第 74 册 第 351 页

23594 美儒李佳白先生讲义 《申报》 1903 年 6 月 8 日 第 74 册 第 251 页

23595　美儒李佳白先生讲义　《申报》　1903 年 7 月 6 日　第 74 册　第 451 页

23596　美儒李佳白先生讲义　《申报》　1904 年 1 月 14 日　第 76 册　第 85 页

23597　美儒李佳白先生讲义　《申报》　1904 年 1 月 21 日　第 76 册　第 131 页

23598　美儒李佳白先生讲义　《申报》　1904 年 1 月 29 日　第 76 册　第 175 页

23599　美儒李佳白先生讲义　《申报》　1904 年 1 月 2 日　第 76 册　第 7 页

23600　美儒李佳白先生讲义　《申报》　1904 年 1 月 6 日　第 76 册　第 31 页

23601　美儒李佳白先生讲义　《申报》　1904 年 4 月 13 日　第 76 册　第 597 页

23602　美儒李佳白先生讲义　《申报》　1904 年 4 月 19 日　第 76 册　第 635 页

23603　美儒李佳白先生讲义　《申报》　1904 年 5 月 11 日　第 77 册　第 71 页

23604　美儒李佳白先生讲义　《申报》　1904 年 5 月 19 日　第 77 册　第 129 页

23605　美儒李佳白先生讲义　《申报》　1904 年 5 月 24 日　第 77 册　第 165 页

23606　美儒李佳白先生讲义　《申报》　1904 年 5 月 31 日　第 77 册　第 215 页

23607　美儒李佳白先生讲义　《申报》　1904 年 5 月 3 日　第 77 册　第 15 页

23608　美儒李佳白先生讲义　《申报》　1904 年 6 月 20 日　第 77 册　第 347 页

23609　美儒李佳白先生讲义　《申报》　1904 年 6 月 23 日　第 77 册　第 365 页

23610　美儒李佳白先生讲义　《申报》　1904 年 6 月 27 日　第 77 册　第 391 页

23611　美儒李佳白先生讲义　《申报》　1904 年 6 月 9 日　第 77 册　第 277 页

23612　美儒李佳白先生讲义　《申报》　1904 年 7 月 6 日　第 77 册　第 447 页

23613　美儒李佳白先生讲义　《申报》　1905 年 4 月 8 日　第 79 册　第 681 页

23614　美儒李佳白演说上海租界中外相安及治理之法　《申报》　1905 年 11 月 7 日　第 81 册　第 571 页

23615　美儒李君佳白讲义　《申报》　1903 年 3 月 8 日　第 73 册　第 357 页

23616　美商部之中美贸易观　《申报》　1930 年 12 月 29 日　第 277 册　第 754 页

23617　美商中国营业公司改组　《申报》　1935 年 9 月 27 日　第 332 册　第 732 页

23618　美上院通过保留案：勉励爱国同胞　《民国日报》　1919 年 11 月 21 日　第 24 册　第 242 页

23619　美使晋京　《大公报》　1929 年 2 月 26 日　第 88 册　第 872 页

23620　美使康君函送教士联会防讼释疑说略　《申报》　1903 年 5 月 7 日　第 74 册　第 43 页

23621　美使提案之结果　《大公报》　1927 年 2 月 11 日　第 78 册　第 277 页

23622　美术音乐事业之推进　《中央日报》　1937 年 4 月 24 日　第 38 册　第 661 页

23623　美苏对立与世界经济前途　《大公报》　1948 年 3 月 22 日　第 162 册　第 484 页

23624   美苏复交与日苏关系   《申报》   1933 年 3 月 21 日   第 302 册   第 606 页

23625   美苏复交与苏日近势   《申报》   1933 年 9 月 26 日   第 308 册   第 809 页

23626   美苏复交之时机   《申报》   1933 年 8 月 5 日   第 307 册   第 125 页

23627   美苏工业生产的速率比较/吴景超（专论）   《申报》   1948 年 3 月 13 日   第 396 册   第 668 页

23628   美苏关系   《中央日报》   1940 年 2 月 11 日   第 43 册   第 42 页

23629   美苏关系的症结   《申报》   1946 年 10 月 27 日   第 390 册   第 702 页

23630   美苏关系在蜕变   《大公报》   1946 年 5 月 8 日   第 156 册   第 508 页

23631   美苏关系在增进中   《中央日报》   1940 年 8 月 24 日   第 43 册   第 892 页

23632   美苏关系增进的征象   《中央日报》   1940 年 6 月 15 日   第 43 册   第 600 页

23633   美苏关系之新动向   《申报》   1933 年 10 月 23 日   第 309 册   第 726 页

23634   美苏国交发生裂痕（译论）   《申报》   1943 年 3 月 18 日   第 383 册   第 542 页

23635   美苏合作基础的检讨   《申报》   1940 年 9 月 11 日   第 372 册   第 136 页

23636   美苏合作与新帝国主义：对于史达林谈话的一些观感   《大公报》   1947 年 5 月 12 日   第 160 册   第 76 页

23637   美苏合作之间   《申报》   1946 年 9 月 24 日   第 390 册   第 294 页

23638   美苏和平之路   《民国日报》   1946 年 9 月 25 日   第 99 册   第 129 页

23639   美苏和谈试探中国的一幕插曲   《申报》   1948 年 5 月 21 日   第 397 册   第 432 页

23640   美苏和谈再起   《大公报》   1948 年 11 月 20 日   第 164 册   第 474 页

23641   美苏和协的进展   《申报》   1940 年 7 月 30 日   第 371 册   第 390 页

23642   美苏换文的重要性   《中央日报》   1941 年 8 月 10 日   第 45 册   第 48 页

23643   美苏两国外交函件   《中央日报》   1948 年 5 月 13 日   第 59 册   第 106 页

23644   美苏态度对照观   《申报》   1941 年 5 月 14 日   第 376 册   第 155 页

23645   美苏外交关系与远东局势   《申报》   1940 年 2 月 13 日   第 368 册   第 540 页

23646   美苏外交之前途/王成组（专论）   《申报》   1948 年 5 月 26 日   第 397 册   第 472 页

23647   美苏携手之推断   《申报》   1932 年 5 月 7 日   第 292 册   第 97 页

23648   美苏与今日之远东   《申报》   1940 年 5 月 20 日   第 370 册   第 254 页

23649   美苏在今后之国际   《申报》   1940 年 5 月 10 日   第 370 册   第 112 页

23650   美苏重开谈判的前提   《申报》   1948 年 9 月 9 日   第 398 册   第 552 页

23651　美通过对英贷款案　《民国日报》　1946 年 7 月 16 日　第 98 册　第 309 页

23652　美新税则与证券潮　《申报》　1930 年 6 月 19 日　第 271 册　第 490 页

23653　美新总统及其政府　《申报》　1913 年 4 月 16 日　第 121 册　第 581 页

23654　美修改白银案提议与我国币制前途　《申报》　1935 年 4 月 7 日　第 327 册　第 178 页

23655　美宣布缓付战债赔款一年　《申报》　1931 年 6 月 22 日　第 283 册　第 580 页

23656　美选举　《申报》　1930 年 11 月 10 日　第 276 册　第 257 页

23657　美要求托管太平洋岛屿　《大公报》　1947 年 2 月 26 日　第 159 册　第 408 页

23658　美以专家技术援华　《中央日报》　1941 年 7 月 1 日　第 44 册　第 1038 页

23659　美议会讨论援助希土　《大公报》　1947 年 3 月 21 日　第 159 册　第 560 页

23660　美议会选举　《申报》　1930 年 11 月 5 日　第 276 册　第 114 页

23661　美议会之经济报告　《申报》　1930 年 12 月 3 日　第 277 册　第 59 页

23662　美银国有一年来之成效　《申报》　1935 年 8 月 14 日　第 331 册　第 339 页

23663　美银行界风潮　《申报》　1930 年 11 月 19 日　第 276 册　第 494 页

23664　美应废除华人入境条例　《大公报》　1943 年 3 月 4 日　第 150 册　第 270 页

23665　美英法三国照会与日本　《申报》　1939 年 1 月 20 日　第 361 册　第 352 页

23666　美英法与虎谋皮　《大公报》　1937 年 11 月 12 日　第 139 册　第 585 页

23667　美英海军的初政：迫所罗门和窥吉斯卡　《大公报》　1942 年 8 月 12 日　第 149 册　第 186 页

23668　美英日之失业问题　《申报》　1930 年 10 月 23 日　第 275 册　第 574 页

23669　美英苏中四国召集联合国大会　《中央日报》　1945 年 3 月 6 日　第 50 册　第 814 页

23670　美英应以实力援泰　《中央日报》　1941 年 8 月 8 日　第 45 册　第 38 页

23671　美英珍贵的友谊　《中央日报》　1942 年 2 月 4 日　第 45 册　第 780 页

23672　美油船到了海参崴　《大公报》　1941 年 9 月 6 日　第 147 册　第 248 页

23673　美油船快到暴日领海　《中央日报》　1941 年 9 月 5 日　第 45 册　第 154 页

23674　美元恐慌的后果　《申报》　1947 年 8 月 6 日　第 394 册　第 362 页

23675　美元债券之发行　《申报》　1947 年 3 月 28 日　第 392 册　第 906 页

23676　美援加深东西欧的对立　《大公报》　1948 年 6 月 26 日　第 163 册　第 338 页

23677　美援价款的冻结问题　《申报》　1948 年 8 月 17 日　第 398 册　第 378 页

23678　美援与农村复兴　《申报》　1948 年 8 月 7 日　第 398 册　第 298 页

23679　美援与自助　《申报》　1948 年 2 月 20 日　第 396 册　第 452 页

23680　美援与自助/程天放（专论）　《申报》　1948 年 2 月 26 日　第 396 册　第 512 页

23681　美援运用成败的关键　《中央日报》　1948 年 6 月 15 日　第 59 册　第 388 页

23682　美援运用的三原则　《中央日报》　1948 年 6 月 23 日　第 59 册　第 456 页

23683　美援运用问题　《大公报》　1948 年 7 月 21 日　第 163 册　第 488 页

23684　美政府计划禁制俄货　《中央日报》　1931 年 7 月 2 日　第 15 册　第 15 页

23685　美政局与大选之展望　《大公报》　1935 年 11 月 21 日　第 129 册　第 290 页

23686　美之儿童节与日之少年全权　《申报》　1930 年 4 月 13 日　第 269 册　第 346 页

23687　美之海军派与公约　《申报》　1930 年 5 月 12 日　第 270 册　第 288 页

23688　美之经济潮与欧之政潮　《申报》　1930 年 11 月 20 日　第 276 册　第 523 页

23689　美之赛会与意之陈列所　《申报》　1920 年 11 月 21 日　第 167 册　第 361 页

23690　美之商务报告　《申报》　1930 年 12 月 16 日　第 277 册　第 406 页

23691　美之锁国政策　《申报》　1930 年 12 月 1 日　第 277 册　第 8 页

23692　美之武装中立说　《申报》　1917 年 3 月 3 日　第 145 册　第 38 页

23693　美之新税则与俄之新经济政策　《申报》　1930 年 11 月 21 日　第 276 册　第 548 页

23694　美志愿队空前功绩　《中央日报》　1942 年 1 月 28 日　第 45 册　第 750 页

23695　美制裁纳粹的新武器　《中央日报》　1941 年 10 月 7 日　第 45 册　第 282 页

23696　美中立法案与和平　《中央日报》　1937 年 6 月 6 日　第 39 册　第 445 页

23697　美中立法需要修改　《申报》（汉口版）　1938 年 7 月 12 日　第 356 册　第 361 页

23698　美中立法需要修改　《申报》（香港版）　1938 年 7 月 14 日　第 356 册 第 941 页

23699　美中立法与中日战事　《大公报》　1939 年 10 月 13 日　第 143 册　第 172 页

23700　美洲和平公约成立　《申报》　1936 年 12 月 18 日　第 347 册　第 451 页

23701　美洲冷战的第一回合　《申报》　1948 年 4 月 15 日　第 397 册　第 114 页

23702　美属夏威夷改邦之意义　《申报》　1934 年 3 月 31 日　第 314 册　第 889 页

23703　美驻华大使更迭　《民国日报》　1945 年 11 月 29 日　第 96 册　第 301 页

23704　美总统阐述的门罗主义　《申报》　1940 年 7 月 9 日　第 371 册　第 112 页

23705　美总统的广播演说　《中央日报》　1941 年 3 月 18 日　第 44 册　第 582 页

23706　美总统的"外交新政"/张忠绂（星期论文）　《大公报》　1941 年 1 月 19 日　第 146 册　第 80 页

23707　美总统对国会之新演辞　《大公报》　1936 年 1 月 6 日　第 130 册　第 54 页

23708　美总统对欧局之呼吁　《申报》　1939 年 4 月 17 日　第 363 册　第 294 页

23709　美总统对议会致词　《中央日报》　1941 年 1 月 8 日　第 44 册　第 294 页

23710　美总统减削税率　《申报》　1931 年 2 月 7 日　第 279 册　第 161 页

23711　美总统竞选序幕　《中央日报》　1936 年 6 月 16 日　第 34 册　第 917 页

23712　美总统拒绝再选之考察　《大公报》　1927 年 8 月 9 日　第 80 册　第 313 页

23713　美总统炉旁播讲　《中央日报》　1941 年 1 月 1 日　第 44 册　第 253 页

23714　美总统七月六日的声明　《中央日报》　1940 年 7 月 16 日　第 43 册　第 732 页

23715　美总统谈话所引起的反应　《申报》　1941 年 5 月 30 日　第 376 册　第 352 页

23716　美总统提议展缓战债一年　《中央日报》　1931 年 6 月 23 日　第 14 册　第 1023 页

23717　美总统脱离六国银行团之宣言书　《申报》　1913 年 4 月 20 日　第 121 册　第 633 页

23718　美总统协助犹太人的声明　《申报》　1946 年 10 月 7 日　第 390 册　第 450 页

23719　美总统宣言之影响金融界突然大变动　《申报》　1931 年 6 月 23 日　第 283 册　第 605 页

23720 美总统选举揭晓 《申报》 1932 年 11 月 10 日 第 298 册 第 245 页

23721 美总统演说 《中央日报》 1940 年 6 月 13 日 第 43 册 第 592 页

23722 美总统之和平申请书 《中央日报》 1933 年 5 月 20 日 第 22 册 第 476 页

23723 美总统之和平宣言 《大公报》 1933 年 5 月 19 日 第 114 册 第 256 页

23724 美租借法案成为法律 《中央日报》 1941 年 3 月 13 日 第 44 册 第 558 页

23725 门户开放与国际合作 《中央日报》 1946 年 3 月 15 日 第 52 册 第 632 页

23726 门户开放与排外主义 《中央日报》 1946 年 4 月 10 日 第 52 册 第 788 页

23727 "门户开放"与"势力范围" 《大公报》 1946 年 2 月 22 日 第 156 册 第 208 页

23728 门户开放与现阶段的中国均势/施志刚（专论） 《申报》 1946 年 2 月 21 日 第 388 册 第 279 页

23729 门户开放与现阶段的中国均势/施志刚（专论） 《申报》 1946 年 2 月 22 日 第 388 册 第 283 页

23730 盟邦日本陆军纪念日献言 《申报》 1944 年 3 月 10 日 第 385 册 第 245 页

23731 盟帮三大捷报 《中央日报》 1942 年 8 月 28 日 第 46 册 第 688 页

23732 盟国对日的基本政策 《申报》 1947 年 7 月 15 日 第 394 册 第 142 页

23733 盟国军略的全面行动：太平洋上的胜利，必需速设太平洋最高作战会议 《中央日报》 1943 年 2 月 15 日 第 47 册 第 638 页

23734 盟国空军与欧亚战场 《大公报》 1943 年 10 月 29 日 第 151 册 第 534 页

23735 盟国实力加强了！ 《中央日报》 1942 年 6 月 3 日 第 46 册 第 144 页

23736 盟国新战略 《中央日报》 1942 年 7 月 30 日 第 46 册 第 506 页

23737 盟军的攻势开始了 《中央日报》 1943 年 7 月 17 日 第 48 册 第 402 页

23738 盟军登陆法国南部 《大公报》 1944 年 8 月 17 日 第 153 册 第 216 页

23739 盟军对缅发动攻势 《中央日报》 1942 年 12 月 21 日 第 47 册 第 318 页

23740 盟军进入罗马 《大公报》 1944 年 6 月 5 日 第 152 册 第 702 页

23741 盟军需要统一战略 《中央日报》 1943 年 1 月 26 日 第 47 册 第 532 页

23742 盟说 《申报》 1891 年 1 月 6 日 第 38 册 第 33 页

23743　盟约欤？废纸欤？　《申报》　1931 年 11 月 22 日　第 288 册　第 536 页

23744　盟总不必庇护日皇　《大公报》　1948 年 9 月 17 日　第 164 册　第 98 页

23745　猛袭石龙不成后之逆军　《民国日报》　1923 年 11 月 23 日　第 48 册　第 320 页

23746　蒙巴顿将军抵印　《中央日报》　1943 年 10 月 8 日　第 48 册　第 754 页

23747　蒙巴顿勋爵使命之完成　《中央日报》　1943 年 10 月 22 日　第 48 册　第 818 页

23748　蒙巴顿与印局　《大公报》　1947 年 4 月 15 日　第 159 册　第 724 页

23749　蒙藏改部平议　《民国日报》　1916 年 9 月 14 日　第 5 册　第 158 页

23750　蒙藏教育问题　《中央日报》　1932 年 8 月 25 日　第 19 册　第 194 页

23751　蒙藏警讯感言　《申报》　1912 年 10 月 20 日　第 119 册　第 199 页

23752　蒙藏军情　《申报》　1913 年 7 月 7 日　第 123 册　第 86 页

23753　蒙藏与巴尔干两问题之研究　《申报》　1912 年 12 月 1 日　第 119 册　第 705 页

23754　蒙代表反对自治方案　《大公报》　1934 年 1 月 27 日　第 118 册　第 356 页

23755　蒙德娄会议闭幕　《申报》　1936 年 7 月 21 日　第 342 册　第 544 页

23756　蒙德娄会议延会以后　《中央日报》　1936 年 6 月 28 日　第 34 册　第 1061 页

23757　蒙匪扰乱地点考略　《民国日报》　1916 年 8 月 24 日　第 4 册　第 650 页

23758　蒙古被诱独立　《民国日报》　1919 年 3 月 23 日　第 20 册　第 264 页

23759　蒙古部落纪略　《申报》　1902 年 11 月 18 日　第 72 册　第 543 页

23760　蒙古代表团之建议　《大公报》　1928 年 12 月 18 日　第 87 册　第 565 页

23761　蒙古会议与对蒙根本方案　《大公报》　1930 年 5 月 29 日　第 96 册　第 452 页

23762　蒙古问题　《民国日报》　1931 年 5 月 17 日　第 92 册　第 183 页

23763　蒙古政治考　《申报》　1913 年 5 月 27 日　第 122 册　第 345 页

23764　蒙古政治考　《申报》　1913 年 5 月 29 日　第 122 册　第 373 页

23765　蒙古政治考　二续　《申报》　1913 年 5 月 30 日　第 122 册　第 387 页

23766　蒙古政治考　三续　《申报》　1913 年 5 月 31 日　第 122 册　第 399 页

23767　蒙古政治考　四续　《申报》　1913 年 6 月 1 日　第 122 册　第 413 页

23768　蒙古政治考　五续　《申报》　1913 年 6 月 2 日　第 122 册　第 427 页

23769　蒙古政治考　六续　《申报》　1913 年 6 月 3 日　第 122 册　第 441 页

23770　蒙古政治考　七续　《申报》　1913 年 6 月 4 日　第 122 册　第 455 页

23771　蒙古政治考　八续　《申报》　1913 年 6 月 5 日　第 122 册　第 467 页

23772　蒙古政治考　九续　《申报》　1913 年 6 月 6 日　第 122 册　第 479 页

23773　蒙古政治考　十续　《申报》　1913年6月7日　第122册　第493页

23774　蒙古之后患　《申报》　1921年10月25日　第174册　第535页

23775　蒙古之前途　《申报》　1919年3月30日　第157册　第474页

23776　蒙古之现状　《申报》　1913年6月15日　第122册　第603页

23777　蒙古之现状续　《申报》　1913年6月16日　第122册　第617页

23778　蒙古自治解决　《申报》　1933年12月8日　第311册　第223页

23779　蒙军与蒙匪　《申报》　1921年6月30日　第170册　第1068页

23780　蒙"满"边境冲突事件　《申报》　1939年7月6日　第365册　第98页

23781　蒙难纪念　《中央日报》　1932年6月16日　第18册　第290页

23782　蒙旗同胞的责任　《中央日报》　1939年2月17日　第41册　第752页

23783　蒙气　《申报》　1924年11月5日　第207册　第68页

23784　蒙陕　《申报》　1921年5月31日　第170册　第529页

23785　蒙师说　《申报》　1878年3月2日　第12册　第185页

23786　蒙事　《申报》　1921年4月15日　第169册　第771页

23787　蒙事议无结果　《申报》　1919年3月22日　第157册　第341页

23788　蒙事之将来　《申报》　1913年10月26日　第124册　第756页

23789　蒙塾宜讲求章句论　《申报》　1873年1月20日　第2册　第65页

23790　蒙小学堂教课宜用通行楷字刻书说　《申报》　1904年10月24日　第78册　第361页

23791　蒙养篇　《申报》　1887年9月30日　第31册　第577页

23792　蒙以养正说　《申报》　1899年10月9日　第63册　第265页

23793　蒙游纪略　《申报》　1898年10月15日　第60册　第319页

23794　蒙游纪略　《申报》　1898年10月16日　第60册　第327页

23795　蒙游纪略　《申报》　1898年10月17日　第60册　第333页

23796　蒙政会员兵离庙事件　《申报》　1936年2月29日　第337册　第757页

23797　孟恩远妙学段祺瑞　《民国日报》　1917年10月27日　第11册　第674页

23798　孟拱之捷　《大公报》　1944年6月29日　第152册　第804页

23799　孟渊私土案之剖解　《民国日报》　1916年8月13日　第4册　第518页

23800　梦境重重　《大公报》　1927年12月23日　第81册　第663页

23801　梦逃劫火记　《申报》　1890年6月12日　第36册　第955页

23802　梦想不到　《申报》　1916年5月7日　第140册　第92页

23803　梦想之大借款　《申报》　1922年10月25日　第185册　第533页

23804　梦缘小记　《申报》　1889年12月19日　第35册　第1061页

23805　弥尔奈湾败敌以后　《中央日报》　1942年9月2日　第46册　第720页

23806　迷离　《申报》　1926年10月13日　第228册　第344页

23807　迷离扑朔之世界　《申报》　1913 年 3 月 28 日　第 121 册　第 336 页

23808　迷离情势下之新危机　《申报》　1931 年 12 月 1 日　第 289 册　第 7 页

23809　迷离中的国际　《申报》　1940 年 11 月 1 日　第 373 册　第 4 页

23810　迷梦与觉悟　《申报》　1919 年 11 月 4 日　第 161 册　第 63 页

23811　迷途　《申报》　1918 年 1 月 7 日　第 150 册　第 78 页

23812　迷惘中之忧惧　《申报》　1931 年 12 月 2 日　第 289 册　第 30 页

23813　迷信与真信　《申报》　1920 年 9 月 28 日　第 166 册　第 472 页

23814　迷信与宗教　《民国日报》　1922 年 4 月 5 日　第 38 册　第 482 页

23815　米，有办法！　《大公报》　1940 年 9 月 10 日　第 145 册　第 262 页

23816　米的问题　《大公报》　1941 年 4 月 29 日　第 146 册　第 496 页

23817　米贵感言　《申报》　1929 年 10 月 4 日　第 263 册　第 100 页

23818　米贵善后策　《申报》　1911 年 9 月 6 日　第 114 册　第 90 页

23819　米贵问题　《申报》　1920 年 12 月 8 日　第 167 册　第 655 页

23820　米贵问题　《申报》　1920 年 5 月 11 日　第 164 册　第 197 页

23821　米贵之影响　《申报》　1920 年 6 月 26 日　第 164 册　第 1031 页

23822　米贵之原因　《申报》　1920 年 6 月 30 日　第 164 册　第 1115 页

23823　米贵之造因及其救济　《民国日报》　1930 年 3 月 30 日　第 85 册　第 412 页

23824　米价飞涨的危惧　《民国日报》　1919 年 10 月 15 日　第 23 册　第 542 页

23825　米价飞涨主管机关应速筹对策　《申报》　1943 年 7 月 4 日　第 384 册　第 193 页

23826　米价经不起刺激　《申报》　1944 年 7 月 4 日　第 386 册　第 11 页

23827　米价狂涨与农贷工作　《申报》　1945 年 6 月 1 日　第 387 册　第 387 页

23828　米价平议/张云搏（星期评论）　《申报》　1943 年 9 月 5 日　第 384 册　第 441 页

23829　米价奇涨　《申报》　1920 年 9 月 19 日　第 166 册　第 311 页

23830　米价与农民之救济　《申报》　1932 年 10 月 8 日　第 297 册　第 181 页

23831　米价重涨之取缔　《申报》　1934 年 8 月 31 日　第 319 册　第 891 页

23832　米恐慌之转机　《申报》　1920 年 7 月 1 日　第 165 册　第 11 页

23833　米粮出口研究　《民国日报》　1919 年 1 月 21 日　第 19 册　第 230 页

23834　米粮出口研究（二）　《民国日报》　1919 年 1 月 22 日　第 19 册　第 242 页

23835　米粮出口研究（三）　《民国日报》　1919 年 1 月 23 日　第 19 册　第 254 页

23836　米粮出口研究（四）　《民国日报》　1919 年 1 月 24 日　第 19 册　第 266 页

23837   米粮紧急措置的效果（译论）   《申报》   1945 年 6 月 20 日   第 387 册
第 431 页

23838   米粮紧急措置以后   《申报》   1945 年 6 月 20 日   第 387 册   第 431 页

23839   米粮紧急措置以后（译论）   《申报》   1945 年 6 月 26 日   第 387 册   第
445 页

23840   米粮问题与国民党   《民国日报》   1924 年 10 月 3 日   第 53 册   第
349 页

23841   米美尔选举问题   《大公报》   1935 年 10 月 1 日   第 128 册   第 438 页

23842   米内与议会／青山和夫（星期论文）   《大公报》   1940 年 2 月 18 日   第
144 册   第 194 页

23843   米市跌价与今后   《申报》   1941 年 5 月 20 日   第 376 册   第 230 页

23844   米市客言   《申报》   1898 年 9 月 19 日   第 60 册   第 133 页

23845   米统会的新任务   《申报》   1944 年 8 月 17 日   第 386 册   第 157 页

23846   米问题   《申报》   1920 年 6 月 29 日   第 164 册   第 1095 页

23847   米业执照之争议   《申报》   1921 年 6 月 22 日   第 170 册   第 914 页

23848   米与敌人   《大公报》   1940 年 12 月 2 日   第 145 册   第 588 页

23849   米与金融   《申报》   1920 年 6 月 13 日   第 164 册   第 791 页

23850   米与纱   《大公报》   1940 年 4 月 9 日   第 144 册   第 400 页

23851   弭变策   《申报》   1891 年 6 月 26 日   第 38 册   第 995 页

23852   弭兵祸说   《申报》   1904 年 3 月 13 日   第 76 册   第 403 页

23853   弭兵说   《申报》   1884 年 7 月 10 日   第 25 册   第 55 页

23854   弭兵说   《申报》   1894 年 3 月 19 日   第 46 册   第 461 页

23855   弭兵说   《申报》   1899 年 2 月 6 日   第 61 册   第 217 页

23856   弭兵说   《申报》   1903 年 4 月 23 日   第 73 册   第 681 页

23857   弭兵外的一个见解   《民国日报》   1923 年 8 月 6 日   第 46 册   第 506 页

23858   弭兵约论   《申报》   1891 年 11 月 11 日   第 39 册   第 809 页

23859   弭盗安良说   《申报》   1896 年 11 月 9 日   第 54 册   第 437 页

23860   弭盗说   《申报》   1886 年 10 月 21 日   第 29 册   第 691 页

23861   弭盗续说   《申报》   1886 年 11 月 7 日   第 29 册   第 797 页

23862   弭盗宜先绝其军火说一   《申报》   1897 年 6 月 10 日   第 56 册   第
245 页

23863   弭盗议   《申报》   1888 年 9 月 30 日   第 33 册   第 607 页

23864   弭盗治源说   《申报》   1877 年 8 月 29 日   第 11 册   第 205 页

23865   弭海盗策   《申报》   1892 年 12 月 16 日   第 42 册   第 671 页

23866   弭患说   《申报》   1889 年 4 月 1 日   第 34 册   第 475 页

23867   弭火患说   《申报》   1888 年 4 月 25 日   第 32 册   第 653 页

23868 弭火患说 《申报》 1898 年 12 月 21 日 第 60 册 第 787 页

23869 弭火患说 《申报》 1898 年 12 月 23 日 第 60 册 第 801 页

23870 弭火患说 《申报》 1899 年 2 月 16 日 第 61 册 第 243 页

23871 弭江浙水灾说 《申报》 1882 年 7 月 26 日 第 21 册 第 151 页

23872 弭教案浅说 《申报》 1899 年 6 月 9 日 第 62 册 第 299 页

23873 弭教祸论 《申报》 1901 年 6 月 27 日 第 68 册 第 343 页

23874 弭教祸说 《申报》 1901 年 4 月 27 日 第 67 册 第 653 页

23875 弭乱策 《申报》 1914 年 6 月 22 日 第 128 册 第 830 页

23876 弭乱说 《申报》 1900 年 9 月 12 日 第 66 册 第 63 页

23877 弭乱箴言 《申报》 1891 年 7 月 4 日 第 39 册 第 19 页

23878 弭疫刍言 《申报》 1883 年 9 月 21 日 第 23 册 第 495 页

23879 弭灾说 《申报》 1882 年 3 月 16 日 第 20 册 第 289 页

23880 弭灾要言 《申报》 1890 年 11 月 1 日 第 37 册 第 787 页

23881 敉盗策 《申报》 1890 年 12 月 22 日 第 37 册 第 1109 页

23882 敉匪颂并序 《申报》 1891 年 12 月 8 日 第 39 册 第 971 页

23883 敉教祸策 《申报》 1898 年 4 月 18 日 第 58 册 第 647 页

23884 秘鲁政变中之中国侨民 《民国日报》 1930 年 9 月 4 日 第 88 册 第 49 页

23885 秘鲁之革命 《申报》 1930 年 8 月 28 日 第 273 册 第 679 页

23886 秘密的可惜 《民国日报》 1922 年 7 月 18 日 第 40 册 第 236 页

23887 秘密革命 《申报》 1914 年 12 月 29 日 第 131 册 第 836 页

23888 秘密与会议性质 《民国日报》 1919 年 2 月 5 日 第 19 册 第 326 页

23889 密谋 《申报》 1916 年 1 月 20 日 第 138 册 第 274 页

23890 密约解 《申报》 1901 年 3 月 28 日 第 67 册 第 473 页

23891 密约释疑 《申报》 1901 年 4 月 11 日 第 67 册 第 557 页

23892 密约亡国之证 《民国日报》 1918 年 5 月 19 日 第 15 册 第 218 页

23893 密约宣布之根本观 《民国日报》 1919 年 2 月 7 日 第 19 册 第 350 页

23894 密约宣布之停顿 《申报》 1919 年 3 月 19 日 第 157 册 第 290 页

23895 密云不雨之欧局 《大公报》 1935 年 10 月 2 日 第 128 册 第 452 页

23896 棉纺织业之危机 《申报》 1936 年 7 月 28 日 第 342 册 第 717 页

23897 棉花掺水问题 《申报》 1920 年 10 月 1 日 第 166 册 第 517 页

23898 棉花通盘核论 《申报》 1872 年 6 月 17 日 第 1 册 第 157 页

23899 棉麦借款宜用诸农村 《大公报》 1933 年 10 月 1 日 第 116 册 第 440 页

23900 棉麦借款之教训 《大公报》 1934 年 3 月 6 日 第 119 册 第 74 页

23901 棉麦借款之用途 《申报》 1933 年 6 月 16 日 第 305 册 第 433 页

23902　棉米统制　《中央日报》　1933年9月21日　第23册　第816页

23903　棉纱业对认税之觉悟　《申报》　1920年4月4日　第163册　第635页

23904　免兵　《申报》　1915年3月14日　第133册　第206页

23905　免裁教职说　《申报》　1904年11月18日　第78册　第539页

23906　免除"隔膜"　《中央日报》　1929年9月26日　第7册　第691页

23907　免伍唐兼职底鬼戏　《民国日报》　1920年6月8日　第27册　第524页

23908　免战之良法　《民国日报》　1916年3月21日　第2册　第242页

23909　勉北战场各军　《大公报》　1937年10月27日　第139册　第521页

23910　勉本届出洋学生　《申报》　1932年8月15日　第295册　第355页

23911　勉参加远东之中国选手　《大公报》　1930年5月24日　第96册　第372页

23912　勉出川抗敌各部队　《大公报》　1937年9月30日　第139册　第413页

23913　勉东北军　《大公报》　1937年3月2日　第137册　第18页

23914　勉东北军之全体官佐　《大公报》　1937年4月27日　第137册　第804页

23915　勉端午劳军　《大公报》　1943年6月7日　第150册　第698页

23916　勉反宣战者　《民国日报》　1917年4月5日　第8册　第406页

23917　勉冯副总统　《民国日报》　1916年10月31日　第5册　第722页

23918　勉甘青宁三省主席　《大公报》　1931年6月11日　第102册　第496页

23919　勉高等考试及格人员　《中央日报》　1931年8月21日　第15册　第583页

23920　勉各界联合会：自觉的权威　《民国日报》　1919年8月7日　第22册　第410页

23921　勉国军将士　《中央日报》　1947年2月28日　第55册　第638页

23922　勉河北新省府　《大公报》　1935年7月11日　第127册　第148页

23923　勉华北运动界　《大公报》　1927年4月10日　第79册　第73页

23924　勉集训学生　《中央日报》　1938年10月19日　第41册　第150页

23925　勉空军将士　《大公报》　1937年10月24日　第139册　第509页

23926　勉力为国　《申报》　1924年6月2日　第203册　第27页

23927　勉励有光荣历史的湖南人　《民国日报》　1922年4月9日　第38册　第536页

23928　勉强　《申报》　1917年12月1日　第149册　第492页

23929　勉强　《申报》　1922年8月2日　第183册　第23页

23930　勉强统一之前车　《申报》　1923年2月2日　第188册　第637页

23931　勉强之一时间　《申报》　1928年9月16日　第250册　第451页

23932　勉青年军复员归来　《申报》　1946年6月11日　第389册　第90页

23933　勉青年三事　《民国日报》　1946 年 5 月 4 日　第 98 册　第 14 页

23934　勉全国本届毕业生　《大公报》　1935 年 6 月 24 日　第 126 册　第 868 页

23935　勉全国公务员工　《大公报》　1937 年 9 月 22 日　第 139 册　第 381 页

23936　勉使领人员研究班　《大公报》　1942 年 7 月 21 日　第 149 册　第 94 页

23937　勉讨徐护法之军政府　《民国日报》　1918 年 10 月 13 日　第 17 册　第 468 页

23938　勉讨徐护法之军政府　《民国日报》　1918 年 10 月 15 日　第 17 册　第 492 页

23939　勉投军学生　《大公报》　1943 年 12 月 1 日　第 151 册　第 682 页

23940　勉哉华洋义赈会救灾总会　《大公报》　1928 年 11 月 16 日　第 87 册　第 181 页

23941　勉浙军　《民国日报》　1916 年 4 月 24 日　第 2 册　第 650 页

23942　勉政治协商会议　《大公报》　1946 年 1 月 10 日　第 156 册　第 40 页

23943　勉中国学生界　《大公报》　1938 年 3 月 25 日　第 140 册　第 358 页

23944　勉中苏文化协会　《大公报》　1941 年 6 月 4 日　第 146 册　第 634 页

23945　勉重庆召集的国会　《民国日报》　1920 年 7 月 28 日　第 28 册　第 380 页

23946　勉诸将　《大公报》　1933 年 4 月 20 日　第 113 册　第 704 页

23947　勉驻平政委会诸委员　《大公报》　1933 年 6 月 17 日　第 114 册　第 662 页

23948　缅北奇兵与滇西攻势　《大公报》　1944 年 5 月 20 日　第 152 册　第 632 页

23949　缅边战事渐呈活泼　《大公报》　1944 年 1 月 27 日　第 152 册　第 116 页

23950　缅甸的政治暗杀　《申报》　1947 年 7 月 21 日　第 394 册　第 202 页

23951　缅甸独立的新曙光　《申报》　1947 年 1 月 5 日　第 392 册　第 42 页

23952　缅甸独立与中缅关系　《申报》　1947 年 10 月 31 日　第 395 册　第 306 页

23953　缅甸战场的新阶段　《中央日报》　1944 年 3 月 18 日　第 49 册　第 350 页

23954　缅甸战局的瞻望　《中央日报》　1942 年 5 月 5 日　第 46 册　第 22 页

23955　缅甸战局与罗斯福演说　《大公报》　1942 年 5 月 1 日　第 148 册　第 518 页

23956　缅甸之战　《中央日报》　1944 年 2 月 16 日　第 49 册　第 216 页

23957　缅甸作战的意义（译论）　《申报》　1943 年 3 月 10 日　第 383 册　第 482 页

23958　缅印作战检讨　《申报》　1944 年 2 月 23 日　第 385 册　第 191 页

23959　缅战结束·油管成功　《中央日报》　1945 年 5 月 7 日　第 50 册　第 1090 页

23960　面的攻略与线的争夺　《大公报》　1942 年 5 月 12 日　第 148 册　第 566 页

23961　面对现实·解决问题：论进出口结汇办法的改革　《中央日报》　1947 年 8 月 18 日　第 56 册　第 1110 页

23962　面粉出口退还原料小麦进口税评议　《申报》　1934 年 6 月 6 日　第 317 册　第 172 页

23963　面粉业之救济　《申报》　1934 年 10 月 5 日　第 321 册　第 134 页

23964　面之一字　《申报》　1928 年 1 月 17 日　第 242 册　第 359 页

23965　面子与法　《申报》　1917 年 6 月 12 日　第 146 册　第 740 页

23966　藐视　《申报》　1927 年 6 月 12 日　第 235 册　第 238 页

23967　妙哉英工业家的中国教育论（言论）　《民国日报》　1925 年 4 月 28 日　第 56 册　第 800 页

23968　灭华·仇苏·南进：暴日的虚狂症　《大公报》　1940 年 12 月 7 日　第 145 册　第 604 页

23969　灭十四国后之德意志/沙学浚（星期论文）　《大公报》　1941 年 5 月 18 日　第 146 册　第 566 页

23970　灭亡的"平和"与奴隶的"平和"　《大公报》　1938 年 12 月 12 日　第 141 册　第 492 页

23971　灭上海新法　《申报》　1914 年 7 月 10 日　第 129 册　第 146 页

23972　民不畏死（言论）　《民国日报》　1926 年 8 月 9 日　第 64 册　第 392 页

23973　民初国会可为殷鉴　《中央日报》　1948 年 5 月 15 日　第 59 册　第 122 页

23974　民党与官僚之争　《民国日报》　1916 年 5 月 12 日　第 3 册　第 134 页

23975　民党与官僚之争（续）　《民国日报》　1916 年 5 月 13 日　第 3 册　第 146 页

23976　民党与官僚之争（续十三日稿）　《民国日报》　1916 年 5 月 16 日　第 3 册　第 194 页

23977　民德与民识　《申报》　1914 年 7 月 20 日　第 129 册　第 306 页

23978　民法精神　续/胡汉民　《民国日报》　1929 年 11 月 24 日　第 83 册　第 388 页

23979　民法精神/胡汉民　《民国日报》　1929 年 11 月 23 日　第 83 册　第 376 页

23980　民法亲属继承两编之要点　《大公报》　1930 年 12 月 14 日　第 99 册　第 520 页

23981 民法亲属继承两编中之家族制度（专载）/胡汉民 《民国日报》 1930 年 12 月 21 日 第 89 册 第 611 页

23982 民法亲属继承两编中之家族制度（续）（专载）/胡汉民 《民国日报》 1930 年 12 月 22 日 第 89 册 第 622 页

23983 民法全部告成在即 《大公报》 1929 年 11 月 20 日 第 93 册 第 308 页

23984 民富而后国家富强说 《申报》 1895 年 12 月 18 日 第 51 册 第 707 页

23985 民国创造一周年之纪念 《申报》 1912 年 10 月 10 日 第 119 册 第 91 页

23986 民国二十八年国庆献词 《大公报》 1939 年 10 月 10 日 第 143 册 第 158 页

23987 民国二十二国庆辞 《大公报》 1933 年 10 月 10 日 第 116 册 第 570 页

23988 民国二十年国庆辞 《大公报》 1931 年 10 月 10 日 第 104 册 第 472 页

23989 民国二十年元旦祝辞 《大公报》 1931 年 1 月 1 日 第 100 册 第 4 页

23990 民国二十年之新希望 《申报》 1931 年 1 月 1 日 第 278 册 第 28 页

23991 民国二十年最切要之两事——敬教劝农（特载）/蒋中正 《民国日报》 1931 年 1 月 1 日 第 90 册 第 3 页

23992 民国二十七年国庆之辞 《大公报》 1938 年 10 月 10 日 第 141 册 第 416 页

23993 民国二十三年国庆纪念辞 《大公报》 1934 年 10 月 10 日 第 122 册 第 588 页

23994 民国二十五年国庆纪念之辞 《大公报》 1936 年 10 月 10 日 第 134 册 第 560 页

23995 民国二十五年元旦致辞 《大公报》 1936 年 1 月 1 日 第 130 册 第 4 页

23996 民国二十一年国庆辞 《大公报》 1932 年 10 月 10 日 第 110 册 第 472 页

23997 民国发行军需公债问题 《申报》 1912 年 2 月 27 日 第 116 册 第 477 页

23998 民国九年之国庆纪念 《申报》 1920 年 10 月 10 日 第 166 册 第 657 页

23999 民国九年之乐观 《申报》 1920 年 12 月 31 日 第 167 册 第 1051 页

24000 民国军政府当今急宜宣布之事 《申报》 1911 年 11 月 15 日 第 115 册 第 213 页

24001 民国来之新奇现象 《大公报》 1930 年 3 月 23 日 第 95 册 第 356 页

24002　民国廿五年后国人心理的改造/黄炎培（星期论文）　《大公报》　1937 年 1 月 24 日　第 136 册　第 318 页

24003　民国七年　《申报》　1918 年 1 月 1 日　第 150 册　第 2 页

24004　民国七年终之两希望　《申报》　1918 年 12 月 31 日　第 155 册　第 962 页

24005　民国三十二年的展望　《中央日报》　1943 年 1 月 1 日　第 47 册　第 384 页

24006　民国三十二年国庆献辞　《大公报》　1943 年 10 月 10 日　第 151 册　第 446 页

24007　民国三十二年元旦献辞　《大公报》　1943 年 1 月 1 日　第 150 册　第 2 页

24008　民国三十年国庆之辞　《大公报》　1941 年 10 月 10 日　第 147 册　第 390 页

24009　民国三十年岁首献辞　《大公报》　1941 年 1 月 1 日　第 146 册　第 2 页

24010　民国三十三年元旦献辞　《大公报》　1944 年 1 月 1 日　第 152 册　第 2 页

24011　民国三十一年国庆献辞　《大公报》　1942 年 10 月 10 日　第 149 册　第 442 页

24012　民国三十一年元旦献辞　《大公报》　1942 年 1 月 1 日　第 148 册　第 2 页

24013　民国十八年国庆纪念辞　《大公报》　1929 年 10 月 10 日　第 92 册　第 628 页

24014　民国十九年国庆　《大公报》　1930 年 10 月 10 日　第 98 册　第 472 页

24015　民国十年的国会开幕纪念日　《民国日报》　1921 年 4 月 8 日　第 32 册　第 532 页

24016　民国十年之教育　《申报》　1921 年 1 月 1 日　第 168 册　第 7 页

24017　民国十年之唯一希望　《申报》　1921 年 1 月 1 日　第 168 册　第 23 页

24018　民国十年之希望　《申报》　1921 年 1 月 1 日　第 168 册　第 11 页

24019　民国十五年　《申报》　1926 年 1 月 1 日　第 220 册　第 6 页

24020　民国十一年的国民应有的觉悟　《民国日报》　1922 年 1 月 1 日　第 37 册　第 3 页

24021　民国一周年前后之感想　《申报》　1913 年 1 月 3 日　第 120 册　第 2 页

24022　民国以来之兵祸　《申报》　1920 年 7 月 15 日　第 165 册　第 263 页

24023　民国与五代之比　《申报》　1921 年 1 月 26 日　第 168 册　第 408 页

24024　民国与袁政府　《民国日报》　1916 年 1 月 22 日　第 1 册　第 2 页

24025　民国政府六年正朔临时政府纪念祝辞　《民国日报》　1917 年 1 月 1 日

第 7 册　第 2 页

24026　民国之兵困　《申报》　1913 年 12 月 25 日　第 125 册　第 780 页

24027　民国之真精神　《申报》　1912 年 6 月 20 日　第 117 册　第 789 页

24028　民国总统开幕贡言　《申报》　1911 年 12 月 30 日　第 115 册　第 835 页

24029　民害　《申报》　1914 年 6 月 24 日　第 128 册　第 862 页

24030　民会促成会的分合（言论）　《民国日报》　1926 年 1 月 18 日　第 61 册　第 202 页

24031　民会与宪会　《申报》　1925 年 10 月 8 日　第 217 册　第 144 页

24032　民惠轮失事感言　《大公报》　1944 年 4 月 5 日　第 152 册　第 428 页

24033　民间猜度的屡中（言论）　《民国日报》　1926 年 9 月 16 日　第 59 册　第 183 页

24034　民间疾苦　《申报》　1928 年 10 月 2 日　第 251 册　第 35 页

24035　民间宣令知和约说　《申报》　1883 年 9 月 16 日　第 23 册　第 465 页

24036　民间用称宜归划一说　《申报》　1896 年 9 月 26 日　第 54 册　第 157 页

24037　民间舆论与人民参政　《申报》　1943 年 5 月 3 日　第 383 册　第 817 页

24038　民教不和说　《申报》　1886 年 9 月 8 日　第 29 册　第 423 页

24039　民教专家会议　《中央日报》　1933 年 2 月 4 日　第 21 册　第 314 页

24040　民军倒袁后之责任　《民国日报》　1916 年 4 月 1 日　第 2 册　第 374 页

24041　民军电拒和议　《民国日报》　1916 年 4 月 10 日　第 2 册　第 482 页

24042　民军威德之斟酌　《民国日报》　1916 年 4 月 22 日　第 2 册　第 626 页

24043　民军之步骤　《民国日报》　1916 年 5 月 29 日　第 3 册　第 338 页

24044　民力与组织　《民国日报》　1923 年 8 月 1 日　第 46 册　第 436 页

24045　民盟的宣传攻势　《中央日报》　1946 年 8 月 26 日　第 53 册　第 744 页

24046　民气何消寂至此　《民国日报》　1922 年 4 月 19 日　第 38 册　第 674 页

24047　民穷财尽　《大公报》　1927 年 12 月 27 日　第 81 册　第 695 页

24048　民权　《申报》　1944 年 6 月 12 日　第 385 册　第 567 页

24049　民权保障与司法独立　《大公报》　1933 年 2 月 10 日　第 112 册　第 452 页

24050　民权辨　《申报》　1901 年 5 月 6 日　第 68 册　第 31 页

24051　民权与财政　《申报》　1920 年 12 月 22 日　第 167 册　第 905 页

24052　民生亟须安定　《申报》　1944 年 11 月 15 日　第 386 册　第 445 页

24053　民生问题与疏散人口／人杰（星期评论）　《申报》　1945 年 1 月 14 日　第 387 册　第 39 页

24054　民生问题之最小限度设施　《大公报》　1928 年 8 月 15 日　第 85 册　第 451 页

24055　民生与社会　《申报》　1929 年 6 月 10 日　第 259 册　第 253 页

24056　民生与政治　《申报》　1929 年 1 月 5 日　第 254 册　第 87 页

24057　民生主义的土地政策（专载）　《民国日报》　1931 年 5 月 24 日　第 92 册　第 268 页

24058　民生主义的土地政策（专载）/谢征孚　《民国日报》　1931 年 5 月 25 日　第 92 册　第 277 页

24059　民生主义下的农工政策（言论）　《民国日报》　1927 年 5 月 6 日　第 68 册　第 71 页

24060　民生主义与共产（言论）　《民国日报》　1927 年 4 月 11 日　第 67 册　第 236 页

24061　民生主义与共产主义之异同（言论）　《民国日报》　1927 年 4 月 21 日　第 67 册　第 375 页

24062　民生主义与企业自由　《中央日报》　1945 年 5 月 17 日　第 50 册　第 1150 页

24063　民生主义与中国的农民/张荫麟（星期论坛）　《申报》　1937 年 3 月 14 日　第 350 册　第 328 页

24064　民食恐慌问题　《申报》　1937 年 11 月 25 日　第 355 册　第 1083 页

24065　民食问题　《申报》　1921 年 7 月 1 日　第 171 册　第 7 页

24066　民食问题与社会心理　《申报》　1945 年 6 月 5 日　第 387 册　第 397 页

24067　民食问题之隐忧　《申报》　1936 年 2 月 20 日　第 337 册　第 522 页

24068　民食问题中之洋米问题　《申报》　1935 年 1 月 20 日　第 324 册　第 490 页

24069　民食与政治　《民国日报》　1930 年 8 月 9 日　第 87 册　第 506 页

24070　民食之危机　《大公报》　1927 年 1 月 27 日　第 78 册　第 205 页

24071　民事调解法之真精神　《中央日报》　1930 年 1 月 12 日　第 9 册　第 141 页

24072　民俗奢侈宜禁说　《申报》　1880 年 3 月 30 日　第 16 册　第 333 页

24073　民为贵（上）　《申报》　1944 年 12 月 12 日　第 386 册　第 531 页

24074　民为贵（下）　《申报》　1944 年 12 月 13 日　第 386 册　第 535 页

24075　民心岂可迫压乎（言论）　《民国日报》　1927 年 1 月 8 日　第 67 册　第 56 页

24076　民心胜于武力（专论）/胡朴安　《民国日报》　1946 年 8 月 17 日　第 98 册　第 469 页

24077　民性与民意　《申报》　1920 年 9 月 13 日　第 166 册　第 208 页

24078　民选参议会　《大公报》　1945 年 10 月 20 日　第 155 册　第 482 页

24079　民选乎？极权乎？　《申报》　1946 年 8 月 28 日　第 389 册　第 940 页

24080　民选立法监察委员之设立与选举　《中央日报》　1932 年 4 月 6 日　第 17

册　第 501 页

24081　民选省长与王瑚　《申报》　1920 年 11 月 25 日　第 167 册　第 431 页

24082　民业铁路的管理者　《民国日报》　1922 年 12 月 14 日　第 42 册　第 580 页

24083　民亦劳止汔可小休　《大公报》　1928 年 5 月 24 日　第 84 册　第 231 页

24084　民意　《申报》　1942 年 12 月 21 日　第 382 册　第 554 页

24085　民意（言论）　《民国日报》　1926 年 11 月 28 日　第 66 册　第 96 页

24086　民意表示的效力　《民国日报》　1923 年 10 月 3 日　第 47 册　第 458 页

24087　民意的取舍欢　《民国日报》　1923 年 10 月 22 日　第 47 册　第 734 页

24088　民意的权威　《民国日报》　1921 年 4 月 28 日　第 32 册　第 812 页

24089　民意的权威：祝四届二次国民参政会开幕　《中央日报》　1946 年 3 月 20 日　第 52 册　第 662 页

24090　民意的燃烧　《民国日报》　1923 年 7 月 16 日　第 46 册　第 212 页

24091　民意对北庭对象之沉寂　《民国日报》　1922 年 6 月 13 日　第 39 册　第 588 页

24092　民意发展机会　《民国日报》　1920 年 6 月 23 日　第 27 册　第 734 页

24093　"民意""奸贼"哪可以代表人民　《民国日报》　1923 年 1 月 24 日　第 43 册　第 310 页

24094　民意上达　《申报》　1943 年 9 月 1 日　第 384 册　第 425 页

24095　民意已表示期望　《民国日报》　1946 年 11 月 23 日　第 99 册　第 368 页

24096　民意与国是　《申报》　1943 年 6 月 24 日　第 384 册　第 139 页

24097　民意与决心　《民国日报》　1919 年 6 月 25 日　第 21 册　第 650 页

24098　民意与民主（专论）/胡朴安　《民国日报》　1946 年 11 月 18 日　第 99 册　第 346 页

24099　民意与外交　《申报》　1936 年 2 月 18 日　第 337 册　第 468 页

24100　民意与政府之意　《申报》　1920 年 12 月 16 日　第 167 册　第 787 页

24101　民意与政客　《申报》　1920 年 8 月 7 日　第 165 册　第 665 页

24102　民意政治（上）（专论）/胡朴安　《民国日报》　1945 年 11 月 23 日　第 96 册　第 289 页

24103　民意政治（下）（专论）/胡朴安　《民国日报》　1945 年 11 月 24 日　第 96 册　第 291 页

24104　民意之武力（言论）　《民国日报》　1926 年 11 月 30 日　第 66 册　第 111 页

24105　民意之制裁　《中央日报》　1930 年 3 月 10 日　第 9 册　第 865 页

24106　民营航业的恢复　《中央日报》　1946 年 1 月 19 日　第 52 册　第 302 页

24107　民用航空的复航　《申报》　1947 年 3 月 17 日　第 392 册　第 796 页

24108　民与民冲突　《申报》　1920 年 12 月 6 日　第 167 册　第 623 页

24109　民政部奏调查户口章程折　《申报》　1909 年 1 月 14 日　第 98 册　第 161 页

24110　民政部奏请收化私钱折　《申报》　1907 年 7 月 12 日　第 89 册　第 135 页

24111　民政党组阁与中日外交　《大公报》　1929 年 7 月 3 日　第 91 册　第 36 页

24112　民政会议与编遣会议（一）　《申报》　1928 年 12 月 25 日　第 253 册　第 718 页

24113　民政会议与编遣会议（二）　《申报》　1928 年 12 月 26 日　第 253 册　第 745 页

24114　民政会议与编遣会议（三）　《申报》　1928 年 12 月 27 日　第 253 册　第 772 页

24115　民政会议与县长　《大公报》　1931 年 1 月 19 日　第 100 册　第 184 页

24116　民政与军政　《申报》　1920 年 12 月 13 日　第 167 册　第 746 页

24117　民之今日　《申报》　1926 年 10 月 8 日　第 228 册　第 169 页

24118　民之为民　《申报》　1926 年 12 月 26 日　第 230 册　第 618 页

24119　民治基础又进一步　《中央日报》　1940 年 12 月 24 日　第 44 册　第 220 页

24120　民治精神何在　《申报》　1920 年 7 月 10 日　第 165 册　第 185 页

24121　民治胜利的纪程碑　《申报》　1941 年 3 月 12 日　第 375 册　第 142 页

24122　民治与割据/陶希圣（星期论坛）　《申报》　1937 年 5 月 9 日　第 352 册　第 186 页

24123　民治运动　《大公报》　1926 年 11 月 18 日　第 77 册　第 611 页

24124　民治之动机　《申报》　1920 年 9 月 30 日　第 166 册　第 490 页

24125　民治之基础　《申报》　1920 年 11 月 23 日　第 167 册　第 391 页

24126　民治主义（一）：七年来之觉悟　《民国日报》　1918 年 9 月 17 日　第 17 册　第 152 页

24127　民治主义（二）：发展之一前提　《民国日报》　1918 年 9 月 18 日　第 17 册　第 164 页

24128　民治主义（三）：人民地位之警觉　《民国日报》　1918 年 9 月 19 日　第 17 册　第 176 页

24129　民治主义（四）：人民地位与将来　《民国日报》　1918 年 9 月 20 日　第 17 册　第 188 页

24130　民种学序　《申报》　1906 年 8 月 1 日　第 84 册　第 307 页

24131　民众的流动与逃亡　《中央日报》　1948 年 12 月 5 日　第 60 册　第

696 页

24132 民众观点上之时局 《大公报》 1930 年 2 月 15 日 第 94 册 第 660 页

24133 民众教育之进一步的实验 《申报》 1935 年 3 月 22 日 第 326 册 第 635 页

24134 民众今日之生路惟在打倒封建残余军阀 《中央日报》 1930 年 4 月 10 日 第 10 册 第 115 页

24135 民众没有动员么？ 《中央日报》 1938 年 10 月 4 日 第 41 册 第 82 页

24136 民众外交应注意之点 《申报》（香港版） 1938 年 7 月 30 日 第 356 册 第 1006 页

24137 民众慰劳马将军之心理 《申报》 1931 年 11 月 17 日 第 288 册 第 405 页

24138 民众应如何自求解放（时论） 《民国日报》 1926 年 7 月 6 日 第 64 册 第 51 页

24139 民众应如何自求解放（续）（时论） 《民国日报》 1926 年 7 月 7 日 第 64 册 第 61 页

24140 民众应注意日本出兵 《民国日报》 1928 年 4 月 26 日 第 73 册 第 830 页

24141 民众与武力（言论） 《民国日报》 1926 年 6 月 24 日 第 63 册 第 532 页

24142 民众与政府 《申报》 1928 年 4 月 2 日 第 245 册 第 34 页

24143 民众与政治 《申报》 1931 年 10 月 12 日 第 287 册 第 263 页

24144 民众之真知 《申报》 1927 年 4 月 18 日 第 233 册 第 336 页

24145 民众自卫武力：重新确定一个观念 《中央日报》 1948 年 1 月 30 日 第 58 册 第 280 页

24146 民主必须厉行法治 《中央日报》 1943 年 10 月 14 日 第 48 册 第 786 页

24147 民主党获选说与世界经济之展望 《申报》 1932 年 11 月 1 日 第 298 册 第 3 页

24148 民主的考验 《大公报》 1946 年 2 月 19 日 第 156 册 第 196 页

24149 民主国家大团结与我国当前的重要任务 《申报》（香港版） 1939 年 3 月 21 日 第 358 册 第 162 页

24150 民主国家的自误 《中央日报》 1948 年 3 月 6 日 第 58 册 第 576 页

24151 民主国家间的合作 《中央日报》 1941 年 5 月 8 日 第 44 册 第 802 页

24152 民主国家胜利之路 《中央日报》 1941 年 12 月 7 日 第 45 册 第 534 页

24153 民主阶石之国民参政会 《大公报》 1941 年 11 月 24 日 第 147 册 第

576 页

24154　民主经济和经济民主/伍启元（星期论文）　《大公报》　1946 年 2 月 17
　　　　日　第 156 册　第 188 页

24155　民主精神的试验　《民国日报》　1946 年 1 月 20 日　第 97 册　第 79 页

24156　民主康乐　《民国日报》　1946 年 9 月 9 日　第 99 册　第 50 页

24157　民主同盟的自决　《中央日报》　1947 年 10 月 4 日　第 57 册　第 346 页

24158　民主宪政的光明前程：祝蒋主席当选第一任总统　《申报》　1948 年 4 月
　　　　20 日　第 397 册　第 154 页

24159　民主宪政年的市政　《申报》　1947 年 1 月 6 日　第 392 册　第 54 页

24160　民主宪政与抗建　《中央日报》　1941 年 11 月 26 日　第 45 册　第 488 页

24161　民主匈牙利的丧钟　《申报》　1947 年 6 月 5 日　第 393 册　第 656 页

24162　民主要表里一致：论泰勒的犯罪壮举　《大公报》　1948 年 5 月 7 日　第
　　　　163 册　第 38 页

24163　民主与和平　《中央日报》　1941 年 12 月 25 日　第 45 册　第 606 页

24164　民主与农本（专论）/胡朴安　《民国日报》　1946 年 1 月 18 日　第 97 册
　　　　第 71 页

24165　民主政治的法宝　《中央日报》　1939 年 2 月 26 日　第 41 册　第 806 页

24166　民主政治的干城　《中央日报》　1944 年 11 月 8 日　第 50 册　第 312 页

24167　民主政治与独裁政治/丁文江（星期论文）　《大公报》　1934 年 12 月 18
　　　　日　第 123 册　第 696 页

24168　民主政治与国防　《中央日报》　1944 年 1 月 18 日　第 49 册　第 94 页

24169　民主政治与经济计划　《中央日报》　1944 年 1 月 19 日　第 49 册　第
　　　　98 页

24170　民主政治与政党之关系　《申报》　1912 年 9 月 19 日　第 118 册　第
　　　　801 页

24171　民主政治与政党之关系续　《申报》　1912 年 9 月 20 日　第 118 册　第
　　　　811 页

24172　民主政治怎样轨道化？由麦克阿瑟自我纠正说起　《大公报》　1948 年 3
　　　　月 20 日　第 162 册　第 472 页

24173　民主主义之国家：北京政府不当存在　《民国日报》　1918 年 4 月 4 日
　　　　第 14 册　第 406 页

24174　民族测验　《申报》　1944 年 11 月 21 日　第 386 册　第 463 页

24175　民族创作性底培育/李安宅（星期论坛）　《申报》　1937 年 3 月 28 日
　　　　第 350 册　第 671 页

24176　民族存亡之一大问题　《大公报》　1930 年 9 月 13 日　第 98 册　第
　　　　148 页

24177 民族的根本问题/潘光旦（星期论文） 《大公报》 1936 年 3 月 1 日 第 131 册 第 4 页

24178 民族的体格 《中央日报》 1939 年 12 月 5 日 第 42 册 第 836 页

24179 民族复兴的大宪章：读主席文告纪感 《申报》 1946 年 8 月 14 日 第 389 册 第 768 页

24180 民族复兴的一个条件/蒋廷黻（星期论文） 《大公报》 1934 年 7 月 8 日 第 121 册 第 106 页

24181 民族复兴与文艺 《中央日报》 1934 年 4 月 11 日 第 26 册 第 122 页

24182 民族复兴之精神基础 《大公报》 1934 年 5 月 15 日 第 120 册 第 208 页

24183 民族复兴之良机 《中央日报》 1932 年 2 月 6 日 第 17 册 第 263 页

24184 民族革命的三阶段/萧一山（星期论文） 《大公报》 1938 年 10 月 16 日 第 141 册 第 440 页

24185 民族工业之将来 《民国日报》 1946 年 8 月 11 日 第 98 册 第 434 页

24186 民族豪杰吴将军 《中央日报》 1939 年 12 月 6 日 第 42 册 第 840 页

24187 民族平等与中日旧事 《民国日报》 1924 年 5 月 9 日 第 51 册 第 98 页

24188 民族前途与青年前途 《中央日报》 1938 年 12 月 23 日 第 41 册 第 430 页

24189 民族人格之表现：吊宝山城中六百义士 《中央日报》 1937 年 9 月 11 日 第 40 册 第 612 页

24190 民族善性的实验 《民国日报》 1922 年 7 月 19 日 第 40 册 第 250 页

24191 民族生存 《中央日报》 1932 年 5 月 9 日 第 18 册 第 34 页

24192 民族团结的象征 《中央日报》 1944 年 3 月 7 日 第 49 册 第 302 页

24193 民族问题在今日的国际 《申报》 1940 年 7 月 29 日 第 371 册 第 378 页

24194 民族兴亡之歧途 《申报》 1933 年 3 月 31 日 第 302 册 第 900 页

24195 "民族形式"商兑/郭沫若（星期论文） 《大公报》 1940 年 6 月 9 日 第 144 册 第 644 页

24196 民族性之试验 《中央日报》 1931 年 9 月 24 日 第 15 册 第 999 页

24197 民族意志底趋向 《中央日报》 1947 年 7 月 29 日 第 56 册 第 906 页

24198 民族与国际智识（代论） 《民国日报》 1926 年 5 月 18 日 第 63 册 第 162 页

24199 民族与民主/陶希圣（星期论坛） 《申报》 1937 年 1 月 31 日 第 348 册 第 699 页

24200 民族运动之高潮与列强 《大公报》 1935 年 11 月 27 日 第 129 册 第

374 页

24201 民族战争与历史的教训/萧一山（星期论文） 《大公报》 1938 年 7 月 24 日 第 141 册 第 106 页

24202 民族之前途如何？吾人将何以自处？ 《申报》 1933 年 4 月 20 日 第 303 册 第 542 页

24203 民族之自信与自救 《中央日报》 1932 年 3 月 15 日 第 17 册 第 413 页

24204 民族主义不够/蒋廷黻（星期论文） 《大公报》 1935 年 9 月 15 日 第 128 册 第 702 页

24205 民族主义的国语运动 《中央日报》 1944 年 3 月 21 日 第 49 册 第 364 页

24206 民族主义的精神（言论） 《民国日报》 1927 年 4 月 9 日 第 67 册 第 220 页

24207 民族主义发微 《大公报》 1946 年 10 月 3 日 第 158 册 第 14 页

24208 民族主义与边政 《大公报》 1928 年 9 月 20 日 第 86 册 第 229 页

24209 民族主义与反民族主义的斗争 《民国日报》 1929 年 11 月 2 日 第 83 册 第 22 页

24210 民族主义与反民族主义的斗争 续 《民国日报》 1929 年 11 月 3 日 第 83 册 第 38 页

24211 民族主义与国际合作 《中央日报》 1943 年 11 月 24 日 第 48 册 第 956 页

24212 民族主义与国家主义（言论）/孙科 《民国日报》 1929 年 3 月 8 日 第 79 册 第 119 页

24213 民族主义与联俄政策（言论） 《民国日报》 1927 年 4 月 7 日 第 67 册 第 197 页

24214 民族自决下的帝国主义破绽（言论） 《民国日报》 1927 年 5 月 16 日 第 68 册 第 224 页

24215 民族自觉与自力更生 《中央日报》 1947 年 12 月 12 日 第 57 册 第 1056 页

24216 民族自信心的复兴/张纯明（星期论文） 《大公报》 1936 年 12 月 13 日 第 135 册 第 594 页

24217 民族自信心的具体化 《中央日报》 1944 年 2 月 26 日 第 49 册 第 258 页

24218 民族自尊与自信 《中央日报》 1946 年 8 月 1 日 第 53 册 第 526 页

24219 民族宗教生活的革创/林同济（星期论文） 《大公报》 1943 年 11 月 21 日 第 151 册 第 638 页

24220 泯灭心理上的畛域 《民国日报》 1945 年 10 月 24 日 第 96 册 第 231 页

24221 闽案 《申报》 1920 年 4 月 7 日 第 163 册 第 683 页

24222 闽案交涉 《申报》 1920 年 6 月 6 日 第 164 册 第 655 页

24223 闽案停顿后之鲁案 《申报》 1920 年 4 月 4 日 第 163 册 第 627 页

24224 闽案与日舰 《申报》 1919 年 12 月 6 日 第 161 册 第 611 页

24225 闽变告一段落后之政局 《大公报》 1934 年 1 月 11 日 第 118 册 第 132 页

24226 闽变后之党狱 《大公报》 1933 年 12 月 4 日 第 117 册 第 466 页

24227 闽变痛言 《申报》 1933 年 11 月 23 日 第 310 册 第 657 页

24228 闽变与华北 《大公报》 1933 年 11 月 24 日 第 117 册 第 326 页

24229 闽变与粤桂 《大公报》 1933 年 11 月 25 日 第 117 册 第 340 页

24230 闽变之又一教训 《大公报》 1934 年 1 月 16 日 第 118 册 第 202 页

24231 闽变之种种疑点 《大公报》 1933 年 11 月 22 日 第 117 册 第 298 页

24232 闽变中标榜之经济主义 《大公报》 1933 年 11 月 29 日 第 117 册 第 396 页

24233 闽防无船商 《申报》 1884 年 9 月 25 日 第 25 册 第 503 页

24234 闽抚移镇台湾论 《申报》 1875 年 7 月 29 日 第 7 册 第 97 页

24235 闽桂 《申报》 1924 年 4 月 4 日 第 201 册 第 64 页

24236 闽江战事失算失援说 《申报》 1884 年 8 月 31 日 第 25 册 第 367 页

24237 闽局 《申报》 1922 年 10 月 13 日 第 185 册 第 283 页

24238 闽局之剖析 《大公报》 1933 年 11 月 27 日 第 117 册 第 368 页

24239 闽局之收拾 《申报》 1923 年 1 月 23 日 第 188 册 第 443 页

24240 闽人对张绍曾态度 《民国日报》 1922 年 12 月 19 日 第 42 册 第 650 页

24241 闽陕非一部分问题 《民国日报》 1918 年 12 月 19 日 第 18 册 第 578 页

24242 闽省长林森就职 《民国日报》 1922 年 11 月 6 日 第 42 册 第 70 页

24243 闽事感言 《申报》 1912 年 11 月 20 日 第 119 册 第 571 页

24244 闽事与各督军 《申报》 1919 年 12 月 10 日 第 161 册 第 683 页

24245 闽事之变化 《申报》 1924 年 3 月 17 日 第 200 册 第 351 页

24246 闽与陕 《申报》 1918 年 9 月 29 日 第 154 册 第 468 页

24247 闽粤海防异同说 《申报》 1883 年 12 月 17 日 第 23 册 第 1017 页

24248 闽粤之形势 《申报》 1923 年 3 月 22 日 第 189 册 第 447 页

24249 闽中商务章程 《申报》 1902 年 2 月 17 日 第 70 册 第 245 页

24250 悯车夫文 《申报》 1897 年 4 月 8 日 第 55 册 第 555 页

24251 悯盗篇 《申报》 1894年3月24日 第46册 第497页

24252 悯佃文 《申报》 1888年11月26日 第33册 第961页

24253 悯号军文 《申报》 1893年9月6日 第45册 第35页

24254 悯妓女 《申报》 1889年11月18日 第35册 第867页

24255 悯妓女 《申报》 1891年4月6日 第38册 第505页

24256 悯妓女文 《申报》 1899年3月28日 第61册 第505页

24257 悯念湘鄂战区 《大公报》 1943年7月3日 第151册 第10页

24258 悯念浙赣战区 《大公报》 1942年9月12日 第149册 第320页

24259 悯士说 《申报》 1901年11月22日 第69册 第507页

24260 悯忧篇 《申报》 1889年7月14日 第35册 第83页

24261 悯灾文 《申报》 1889年10月14日 第35册 第653页

24262 敏捷与迟钝 《申报》 1945年3月1日 第387册 第173页

24263 名 《申报》 1917年6月4日 第146册 第602页

24264 名 《申报》 1929年4月3日 第257册 第62页

24265 名称与力量 《民国日报》 1922年3月11日 第38册 第138页

24266 名词 《申报》 1927年4月6日 第233册 第104页

24267 名词之褒贬 《申报》 1929年3月3日 第256册 第69页

24268 名分辨 《申报》 1896年11月10日 第54册 第445页

24269 名副其实的责任内阁：对何院长希望 《申报》 1949年3月15日 第400册 第468页

24270 名贵 《申报》 1915年9月22日 第136册 第336页

24271 名流之和平运动 《大公报》 1926年11月22日 第77册 第643页

24272 名目繁多 《申报》 1922年10月7日 第185册 第120页

24273 名实 《申报》 1925年12月5日 第219册 第86页

24274 名实辨 《申报》 1892年1月8日 第40册 第45页

24275 名实不符 《申报》 1920年5月12日 第164册 第205页

24276 名实相副说 《申报》 1900年5月21日 第65册 第159页

24277 名实与结果 《申报》 1928年8月16日 第249册 第432页

24278 名实与天津会议 《申报》 1921年5月5日 第170册 第75页

24279 名实与治乱 《民国日报》 1918年4月3日 第14册 第394页

24280 名士内阁 《申报》 1913年9月16日 第124册 第198页

24281 名式 《申报》 1925年8月20日 第215册 第388页

24282 名义 《申报》 1919年8月24日 第159册 第907页

24283 名义与实际 《申报》 1917年11月9日 第149册 第140页

24284 名义与实际 《申报》 1927年9月2日 第238册 第28页

24285 名誉 《申报》 1915年8月14日 第135册 第738页

24286　名誉博士学位之授予问题　《申报》　1935 年 10 月 18 日　第 333 册　第 492 页

24287　名誉第一　《申报》　1944 年 5 月 12 日　第 385 册　第 459 页

24288　名誉说　《申报》　1909 年 5 月 20 日　第 100 册　第 268 页

24289　名纸贺年说　《申报》　1883 年 2 月 14 日　第 22 册　第 199 页

24290　明白　《申报》　1924 年 9 月 16 日　第 206 册　第 278 页

24291　明白　《申报》　1925 年 12 月 7 日　第 219 册　第 129 页

24292　明白与暗昧　《申报》　1913 年 3 月 30 日　第 121 册　第 362 页

24293　明白与暗昧　《申报》　1916 年 5 月 2 日　第 140 册　第 18 页

24294　明白与不明白　《申报》　1927 年 4 月 8 日　第 233 册　第 140 页

24295　明白与怀疑　《申报》　1920 年 4 月 23 日　第 163 册　第 967 页

24296　明潮与暗潮　《申报》　1917 年 8 月 2 日　第 147 册　第 558 页

24297　明耻　《民国日报》　1918 年 5 月 9 日　第 15 册　第 98 页

24298　明耻　《大公报》　1927 年 1 月 6 日　第 78 册　第 37 页

24299　明耻教战　《大公报》　1931 年 10 月 7 日　第 104 册　第 436 页

24300　明朗健全的经济政策　《中央日报》　1946 年 8 月 20 日　第 53 册　第 690 页

24301　明礼义知廉耻解　《民国日报》　1946 年 5 月 10 日　第 98 册　第 42 页

24302　明目张胆　《申报》　1925 年 5 月 8 日　第 212 册　第 144 页

24303　明年的实施宪政　《申报》　1939 年 12 月 31 日　第 367 册　第 826 页

24304　明年度的市预算　《申报》　1946 年 12 月 12 日　第 391 册　第 502 页

24305　明年一月　《中央日报》　1939 年 11 月 8 日　第 42 册　第 728 页

24306　明日　《民国日报》　1916 年 10 月 9 日　第 5 册　第 458 页

24307　明日的文化/周太玄（星期论文）　《大公报》　1946 年 12 月 29 日　第 158 册　第 580 页

24308　明日开征之所得税　《中央日报》　1936 年 9 月 30 日　第 35 册　第 1101 页

24309　明慎用刑论　《申报》　1874 年 4 月 24 日　第 4 册　第 367 页

24310　明慎用刑说　《申报》　1892 年 3 月 28 日　第 40 册　第 481 页

24311　明示真相　《申报》　1928 年 5 月 20 日　第 246 册　第 534 页

24312　明是非辨曲直　《民国日报》　1945 年 11 月 13 日　第 96 册　第 269 页

24313　明是非——解决东北问题的关键　《中央日报》　1946 年 5 月 25 日　第 52 册　第 1058 页

24314　明天的群众表示　《民国日报》　1921 年 11 月 10 日　第 36 册　第 124 页

24315　明天的伟大纪念　《中央日报》　1939 年 7 月 6 日　第 42 册　第 216 页

24316　明显与隐伏　《申报》　1929 年 3 月 22 日　第 256 册　第 626 页

24317   明知故犯　《申报》　1924 年 11 月 18 日　第 207 册　第 291 页

24318   鸣呼今日之人心　《申报》　1911 年 10 月 24 日　第 114 册　第 935 页

24319   茗话　《申报》　1883 年 7 月 19 日　第 23 册　第 109 页

24320   茗楼闲话　《申报》　1890 年 2 月 10 日　第 36 册　第 193 页

24321   冥镪可以养人说　《申报》　1889 年 8 月 8 日　第 35 册　第 243 页

24322   冥顽不灵之库伦活佛　《申报》　1912 年 10 月 25 日　第 119 册　第 259 页

24323   冥想之骇事　《申报》　1913 年 11 月 3 日　第 125 册　第 30 页

24324   命案存疑　《申报》　1876 年 3 月 25 日　第 8 册　第 269 页

24325   命令　《申报》　1926 年 8 月 27 日　第 226 册　第 652 页

24326   命令辟谣　《申报》　1925 年 9 月 23 日　第 216 册　第 495 页

24327   命令与法律　《申报》　1920 年 11 月 5 日　第 167 册　第 75 页

24328   命令与势力　《申报》　1925 年 8 月 26 日　第 215 册　第 520 页

24329   命令与谣言　《申报》　1917 年 1 月 18 日　第 144 册　第 244 页

24330   命令之解释　《申报》　1916 年 6 月 3 日　第 140 册　第 520 页

24331   命令重于生命!　《中央日报》　1941 年 1 月 15 日　第 44 册　第 322 页

24332   命运　《申报》　1924 年 10 月 12 日　第 206 册　第 703 页

24333   命运所系　《申报》　1931 年 5 月 19 日　第 282 册　第 460 页

24334   谬妄之谣　《申报》　1917 年 12 月 8 日　第 149 册　第 604 页

24335   模范　《申报》　1915 年 7 月 18 日　第 135 册　第 294 页

24336   模范的平民　《民国日报》　1921 年 1 月 16 日　第 31 册　第 206 页

24337   模范国民　《申报》　1915 年 7 月 22 日　第 135 册　第 358 页

24338   模范国民（二）　《申报》　1915 年 7 月 23 日　第 135 册　第 374 页

24339   模范国民（三）　《申报》　1915 年 7 月 24 日　第 135 册　第 390 页

24340   模范国民（四）　《申报》　1915 年 7 月 25 日　第 135 册　第 406 页

24341   模范国民（五）　《申报》　1915 年 7 月 26 日　第 135 册　第 424 页

24342   模范国民（六）　《申报》　1915 年 7 月 27 日　第 135 册　第 440 页

24343   模范国民（七）　《申报》　1915 年 7 月 28 日　第 135 册　第 456 页

24344   模范国民（八）　《申报》　1915 年 7 月 29 日　第 135 册　第 472 页

24345   模糊隐约之时局　《申报》　1923 年 4 月 15 日　第 190 册　第 299 页

24346   魔鬼　《申报》　1916 年 9 月 5 日　第 142 册　第 68 页

24347   末次谈话与英美　《大公报》　1938 年 1 月 7 日　第 140 册　第 28 页

24348   末日裁判下的日军阀　《中央日报》　1946 年 7 月 6 日　第 53 册　第 300 页

24349   末着　《申报》　1925 年 12 月 10 日　第 219 册　第 188 页

24350   莫便欢喜两条废例（言论）　《民国日报》　1926 年 1 月 29 日　第 61 册

第 334 页

24351　莫便忘了外交（言论）　《民国日报》　1925 年 10 月 23 日　第 59 册　第 626 页

24352　莫待不可收拾时　《民国日报》　1922 年 11 月 4 日　第 42 册　第 42 页

24353　莫但看作孙段间事（言论）　《民国日报》　1925 年 1 月 4 日　第 55 册 第 26 页

24354　莫德惠等已抵俄京　《大公报》　1930 年 5 月 11 日　第 96 册　第 164 页

24355　莫德惠回国与中苏交涉　《大公报》　1930 年 12 月 28 日　第 99 册　第 688 页

24356　莫犯了对外的旧病：先笑而后号咷　《民国日报》　1921 年 11 月 26 日 第 36 册　第 344 页

24357　莫负新华门外的代表　《民国日报》　1919 年 8 月 30 日　第 22 册　第 686 页

24358　莫候消息·加紧奋斗　《中央日报》　1945 年 8 月 15 日　第 51 册　第 450 页

24359　莫忽视了东北教育　《大公报》　1947 年 4 月 10 日　第 159 册　第 692 页

24360　莫忽视了颜惠庆等：这是卖国借款的国贼总兵战　《民国日报》　1924 年 9 月 17 日　第 53 册　第 194 页

24361　莫洛托夫的惊人演说　《申报》　1946 年 9 月 17 日　第 390 册　第 210 页

24362　莫洛托夫的铁拳　《中央日报》　1945 年 5 月 12 日　第 50 册　第 1120 页

24363　莫洛托夫氏之演说　《申报》　1939 年 6 月 2 日　第 364 册　第 24 页

24364　莫洛托夫外交演说以后　《申报》（香港版）　1939 年 6 月 3 日　第 358 册 第 756 页

24365　莫洛托夫演说的两点：原子弹与管制日本　《大公报》　1945 年 11 月 8 日 第 155 册　第 564 页

24366　莫洛托夫演说面面观　《申报》　1939 年 11 月 3 日　第 367 册　第 30 页

24367　莫让北方更干枯　《大公报》　1948 年 6 月 24 日　第 163 册　第 326 页

24368　莫失尽人心！　《大公报》　1945 年 9 月 27 日　第 155 册　第 382 页

24369　莫斯科的保卫战　《申报》　1941 年 10 月 15 日　第 378 册　第 180 页

24370　莫斯科的炮声　《大公报》　1944 年 3 月 31 日　第 152 册　第 404 页

24371　莫斯科的三强会议　《申报》　1941 年 10 月 1 日　第 378 册　第 4 页

24372　莫斯科还是东京？　《申报》（香港版）　1939 年 6 月 5 日　第 358 册　第 770 页

24373　莫斯科会议闭幕之后　《申报》　1947 年 4 月 26 日　第 393 册　第 252 页

24374　莫斯科会议的一大考验　《申报》　1947 年 3 月 10 日　第 392 册　第 726 页

24375   莫斯科会议的准备工作   《中央日报》   1947 年 2 月 6 日   第 55 册   第
413 页

24376   莫斯科会议的最后关头   《申报》   1947 年 4 月 21 日   第 393 册   第
202 页

24377   莫斯科会议结束   《中央日报》   1947 年 4 月 26 日   第 55 册   第 1108 页

24378   莫斯科会议与远东   《中央日报》   1941 年 8 月 22 日   第 45 册   第 98 页

24379   莫斯科会议展望   《大公报》   1947 年 3 月 13 日   第 159 册   第 508 页

24380   莫斯科会议之教训   《民国日报》   1945 年 12 月 30 日   第 96 册   第
363 页

24381   莫斯科三国会议以后   《大公报》   1941 年 10 月 4 日 · 第 147 册   第
364 页

24382   莫斯科四外长会议开幕   《大公报》   1947 年 3 月 10 日   第 159 册   第
488 页

24383   莫斯科谈判难乐观：论东西德占领国的距离   《大公报》   1948 年 8 月 18
日   第 163 册   第 656 页

24384   莫斯科外长会议的失败   《大公报》   1947 年 4 月 28 日   第 159 册   第
812 页

24385   莫太辜负了国人的期望   《申报》   1946 年 10 月 9 日   第 390 册   第
474 页

24386   莫忘记了人民！   《大公报》   1946 年 5 月 16 日   第 156 册   第 540 页

24387   莫忘了民族间的奇耻大辱   《中央日报》   1930 年 5 月 9 日   第 10 册   第
455 页

24388   莫忘了外交   《大公报》   1946 年 7 月 25 日   第 157 册   第 98 页

24389   莫忘七七！：我们应主动促成对日和会   《大公报》   1948 年 7 月 7 日   第
163 册   第 404 页

24390   莫忘西北残匪   《中央日报》   1936 年 12 月 7 日   第 36 册   第 823 页

24391   莫污纯洁的劳工运动   《民国日报》   1922 年 10 月 20 日   第 41 册   第
674 页

24392   莫许北庭接受英美调停   《民国日报》   1922 年 2 月 1 日   第 37 册   第
330 页

24393   莫再做赎路的梦中之梦罢   《民国日报》   1922 年 2 月 7 日   第 37 册   第
412 页

24394   漠河金矿答问   《申报》   1888 年 4 月 6 日   第 32 册   第 539 页

24395   漠河金矿奏改新章系之以论   《申报》   1897 年 7 月 9 日   第 56 册   第
419 页

24396   漠视边防之教训   《大公报》   1929 年 8 月 28 日   第 91 册   第 932 页

24397　墨国请订约章论　《申报》　1900 年 1 月 5 日　第 64 册　第 25 页

24398　墨索里尼打倒以后　《中央日报》　1943 年 7 月 27 日　第 48 册　第 446 页

24399　墨索里尼的矛盾　《申报》（香港版）　1938 年 4 月 3 日　第 356 册　第 533 页

24400　墨索里尼的下台　《大公报》　1943 年 7 月 27 日　第 151 册　第 120 页

24401　墨索里尼政权的没落　《大公报》　1941 年 2 月 3 日　第 146 册　第 144 页

24402　墨索里尼之海军计划　《申报》　1930 年 5 月 21 日　第 270 册　第 522 页

24403　墨索里尼之示威演说　《大公报》　1936 年 11 月 7 日　第 135 册　第 88 页

24404　墨索里尼之演说　《申报》　1930 年 10 月 30 日　第 275 册　第 753 页

24405　墨索里尼之"远东冲突论"　《大公报》　1932 年 3 月 29 日　第 107 册　第 284 页

24406　墨西哥调查入境华人　《申报》　1930 年 7 月 15 日　第 272 册　第 352 页

24407　墨西哥将开世界会议　《申报》　1930 年 6 月 16 日　第 271 册　第 410 页

24408　墨西哥农村建设的经验/李安宅（星期论坛）　《申报》　1937 年 7 月 4 日　第 354 册　第 98 页

24409　墨西哥排华案　《大公报》　1931 年 9 月 17 日　第 104 册　第 195 页

24410　墨西哥排华事件　《民国日报》　1931 年 9 月 6 日　第 94 册　第 68 页

24411　墨西哥排华事件　《中央日报》　1931 年 9 月 7 日　第 15 册　第 787 页

24412　墨西哥新总统被刺　《申报》　1930 年 2 月 7 日　第 267 册　第 146 页

24413　墨西哥移民新法　《申报》　1930 年 10 月 2 日　第 275 册　第 35 页

24414　墨政府宣布废领判权　《中央日报》　1929 年 11 月 20 日　第 8 册　第 235 页

24415　墨子的和平说最宜于现在（专论）/胡朴安　《民国日报》　1946 年 4 月 7 日　第 97 册　第 370 页

24416　默测测的庚赔运动　《民国日报》　1924 年 9 月 24 日　第 53 册　第 280 页

24417　谋臣策士　《申报》　1915 年 9 月 24 日　第 136 册　第 368 页

24418　谋国的诚意　《中央日报》　1945 年 12 月 18 日　第 52 册　第 104 页

24419　谋国的基本态度　《中央日报》　1946 年 8 月 24 日　第 53 册　第 724 页

24420　谋国者　《申报》　1927 年 9 月 14 日　第 238 册　第 281 页

24421　谋取对日问题的转机　《申报》　1949 年 5 月 11 日　第 400 册　第 849 页

24422　谋事登记说（一）　《申报》　1928 年 3 月 24 日　第 244 册　第 572 页

24423　谋事登记说（二）　《申报》　1928 年 3 月 25 日　第 244 册　第 600 页

24424　谋与决　《申报》　1929 年 6 月 19 日　第 259 册　第 512 页

24425　某派攫取财政权　《民国日报》　1917 年 1 月 31 日　第 7 册　第 266 页

24426　某派某法　《申报》　1918 年 2 月 19 日　第 150 册　第 595 页

24427　亩捐充赈不如摊捐养廉说　《申报》　1878 年 1 月 17 日　第 12 册　第 57 页

24428　目的各别　《申报》　1920 年 6 月 2 日　第 164 册　第 579 页

24429　目的与行为　《民国日报》　1919 年 8 月 3 日　第 22 册　第 374 页

24430　目谋新语　《申报》　1887 年 5 月 27 日　第 30 册　第 869 页

24431　目谋赘言/秦德臣　《申报》　1887 年 6 月 13 日　第 30 册　第 979 页

24432　目前　《申报》　1915 年 4 月 2 日　第 133 册　第 510 页

24433　目前　《申报》　1928 年 8 月 21 日　第 249 册　第 582 页

24434　目前财政金融经济问题：论第二次地方金融会议的成就　《申报》（香港版）　1939 年 3 月 17 日　第 358 册　第 130 页

24435　目前的国内战局　《大公报》　1944 年 10 月 7 日　第 153 册　第 444 页

24436　目前的金融市场　《中央日报》　1943 年 9 月 8 日　第 48 册　第 628 页

24437　目前的抗战形势　《申报》（香港版）　1939 年 4 月 25 日　第 358 册　第 442 页

24438　目前的上海市民应该怎样　《申报》　1939 年 5 月 14 日　第 363 册　第 776 页

24439　目前的战局　《大公报》　1938 年 3 月 2 日　第 140 册　第 252 页

24440　目前第一应注意的事（专论）/胡朴安　《民国日报》　1946 年 10 月 20 日　第 99 册　第 229 页

24441　目前各省海防宜会救台湾说　《申报》　1884 年 10 月 29 日　第 25 册　第 691 页

24442　目前广东政治之要着　《民国日报》　1929 年 9 月 14 日　第 82 册　第 222 页

24443　目前国民革命的危机：退隐主义与出洋主义　《民国日报》　1928 年 3 月 2 日　第 73 册　第 20 页

24444　目前教育上几个实际问题　《申报》　1943 年 10 月 2 日　第 384 册　第 551 页

24445　目前经济问题：吁请大家沉着应付　《中央日报》　1947 年 10 月 18 日　第 57 册　第 496 页

24446　目前局势与处分汪精卫经过/胡汉民　《民国日报》　1929 年 12 月 22 日　第 83 册　第 841 页

24447　目前局势与处分汪精卫经过/胡汉民　《民国日报》　1929 年 12 月 23 日　第 83 册　第 856 页

24448 目前军事局面的分析 《民国日报》 1930 年 7 月 4 日 第 87 册 第 42 页

24449 目前全国之严重问题 《大公报》 1930 年 8 月 2 日 第 97 册 第 388 页

24450 目前时代谁与弱者讲理? 《大公报》 1934 年 1 月 30 日 第 118 册 第 398 页

24451 目前时局的大关键 《民国日报》 1922 年 8 月 30 日 第 40 册 第 824 页

24452 目前时局的两件事 《民国日报》 1946 年 7 月 13 日 第 98 册 第 297 页

24453 目前时局之注意点 《大公报》 1926 年 11 月 23 日 第 77 册 第 651 页

24454 目前市政应该怎么办 《民国日报》 1929 年 12 月 15 日 第 83 册 第 734 页

24455 目前是击溃日本的最好时机/龚德柏（星期论文） 《大公报》 1943 年 8 月 22 日 第 151 册 第 234 页

24456 目前我国政治上之危机/彬 《申报》 1932 年 3 月 23 日 第 291 册 第 147 页

24457 目前要事 《申报》 1913 年 11 月 22 日 第 125 册 第 300 页

24458 目前要务治东三省与治新疆并□说 《申报》 1879 年 3 月 19 日 第 14 册 第 251 页

24459 目前预防水灾之重要 《申报》 1932 年 5 月 25 日 第 292 册 第 451 页

24460 目前战局及其前途 《申报》（香港版） 1939 年 3 月 30 日 第 358 册 第 234 页

24461 目前政治上之亟务 《大公报》 1932 年 4 月 3 日 第 107 册 第 334 页

24462 目前政治上之需要 《大公报》 1931 年 12 月 14 日 第 105 册 第 344 页

24463 目前之澳洲 《大公报》 1943 年 5 月 6 日 第 150 册 第 560 页

24464 目前之军事政治 《中央日报》 1945 年 6 月 29 日 第 51 册 第 170 页

24465 目前最亟之务 《大公报》 1933 年 4 月 9 日 第 113 册 第 550 页

24466 牧令卮言 《申报》 1892 年 10 月 10 日 第 42 册 第 253 页

24467 牧民论 《申报》 1872 年 6 月 24 日 第 1 册 第 181 页

24468 募集兴国公债/彬 《申报》 1932 年 2 月 16 日 第 290 册 第 707 页

24469 募集御侮公债/彬 《申报》 1932 年 2 月 15 日 第 290 册 第 703 页

24470 募衣运动 《大公报》 1931 年 9 月 14 日 第 104 册 第 159 页

24471 募勇开山以实边防论 《申报》 1889 年 6 月 23 日 第 34 册 第 993 页

24472 募勇说 《申报》 1883 年 6 月 21 日 第 22 册 第 907 页

24473 募振不可专望纽约 《大公报》 1928 年 11 月 20 日 第 87 册 第 229 页

24474 募筑沿海救命墩以工代赈启 《申报》 1881年10月29日 第19册 第481页

24475 睦邻政策与邦交 《申报》 1936年8月7日 第343册 第164页

24476 睦谊之关系 《申报》 1905年6月13日 第80册 第381页

24477 慕尼黑协定后之国际大势 《申报》（香港版） 1938年11月7日 第357册 第273页

24478 暮气 《申报》 1916年12月26日 第143册 第998页

24479 暮气已深之中国民众（言论） 《民国日报》 1926年5月22日 第63册 第202页

24480 穆藕初振兴农业电感言 《申报》 1920年5月12日 第164册 第217页

N

24481 拿出信义来 《民国日报》 1946年4月29日 第97册 第457页

24482 拿什么来补偿战事牺牲（一） 《民国日报》 1920年9月11日 第29册 第142页

24483 拿什么来补偿战事牺牲（二） 《民国日报》 1920年9月12日 第29册 第156页

24484 拿什么来补偿战事牺牲（三） 《民国日报》 1920年9月13日 第29册 第170页

24485 拿获台基为转移风气之机说 《申报》 1882年2月14日 第20册 第177页

24486 哪里来的建设？ 《民国日报》 1923年11月20日 第48册 第276页

24487 内 《申报》 1917年9月2日 第148册 第20页

24488 内部 《申报》 1926年7月29日 第225册 第706页

24489 内部变化 《申报》 1926年9月23日 第227册 第560页

24490 内部调查全国幅员 《中央日报》 1931年2月27日 第13册 第667页

24491 内部与选举 《申报》 1920年12月10日 第167册 第685页

24492 内部之安定 《中央日报》 1932年5月27日 第18册 第130页

24493 内部之争 《申报》 1919年11月6日 第161册 第95页

24494 内藏危机的米内内阁 《大公报》 1940年1月25日 第144册 第98页

24495 内敌 《申报》 1922年3月6日 第178册 第100页

24496 内敌外敌 《申报》 1927年9月21日 第238册 第434页

24497　内地匪祸为严重问题　《大公报》　1933 年 8 月 11 日　第 115 册　第 578 页

24498　内地经济建设的要义　《中央日报》　1938 年 10 月 2 日　第 41 册　第 72 页

24499　内刚外柔　《申报》　1926 年 10 月 4 日　第 228 册　第 77 页

24500　内阁　《申报》　1917 年 11 月 29 日　第 149 册　第 460 页

24501　内阁辞职　《申报》　1917 年 3 月 5 日　第 145 册　第 74 页

24502　内阁辞职　《民国日报》　1917 年 3 月 6 日　第 8 册　第 46 页

24503　内阁辞职与时局　《申报》　1923 年 3 月 10 日　第 189 册　第 193 页

24504　内阁动摇　《申报》　1917 年 5 月 7 日　第 146 册　第 106 页

24505　内阁复职　《申报》　1923 年 3 月 20 日　第 189 册　第 406 页

24506　内阁改组　《申报》　1921 年 5 月 4 日　第 170 册　第 57 页

24507　内阁改组说　《申报》　1922 年 11 月 26 日　第 186 册　第 535 页

24508　内阁更迭　《申报》　1921 年 5 月 15 日　第 170 册　第 249 页

24509　内阁会议政务处酌定日英德宪法大臣考察宪政要目　《申报》　1907 年 12 月 5 日　第 91 册　第 439 页

24510　内阁会奏恭上尊谥庙号折　《申报》　1908 年 12 月 16 日　第 97 册　第 695 页

24511　内阁继任人　《民国日报》　1917 年 5 月 26 日　第 9 册　第 302 页

24512　内阁屡更感言　《申报》　1912 年 10 月 9 日　第 119 册　第 81 页

24513　内阁命运与财政　《申报》　1923 年 5 月 5 日　第 191 册　第 83 页

24514　内阁审议会议成立后之日本政局　《申报》　1935 年 5 月 28 日　第 328 册　第 737 页

24515　内阁问题　《申报》　1918 年 2 月 20 日　第 150 册　第 609 页

24516　内阁问题　《申报》　1918 年 3 月 22 日　第 151 册　第 320 页

24517　内阁问题　《申报》　1920 年 5 月 15 日　第 164 册　第 257 页

24518　内阁学士吴郁生奏沪宁铁路用款过巨请另筹接济以免续借受亏折　《申报》　1906 年 5 月 30 日　第 83 册　第 577 页

24519　内阁又动摇　《申报》　1919 年 9 月 23 日　第 160 册　第 399 页

24520　内阁与兵权　《申报》　1920 年 7 月 4 日　第 165 册　第 58 页

24521　内阁与财长　《申报》　1922 年 9 月 19 日　第 184 册　第 392 页

24522　内阁与国会　《申报》　1916 年 9 月 3 日　第 142 册　第 34 页

24523　内阁与四大难题　《申报》　1921 年 3 月 5 日　第 169 册　第 71 页

24524　内阁与拥护　《申报》　1920 年 7 月 3 日　第 165 册　第 39 页

24525　内阁与政策　《民国日报》　1916 年 11 月 16 日　第 6 册　第 182 页

24526　内阁与政局　《申报》　1922 年 12 月 22 日　第 187 册　第 463 页

24527　内阁与政局　《申报》　1922 年 7 月 18 日　第 182 册　第 388 页

24528　内阁与直奉　《申报》　1922 年 1 月 15 日　第 177 册　第 254 页

24529　内阁政纲不注重军备之评论　《申报》　1911 年 7 月 21 日　第 113 册　第 329 页

24530　内阁之恶运　《民国日报》　1917 年 4 月 27 日　第 8 册　第 670 页

24531　内阁之恶运（续）　《民国日报》　1917 年 4 月 28 日　第 8 册　第 682 页

24532　内阁之交替　《申报》　1917 年 11 月 24 日　第 149 册　第 380 页

24533　内阁之教训：内阁真相之浮露　《民国日报》　1917 年 3 月 8 日　第 8 册　第 70 页

24534　内阁之有无　《申报》　1922 年 12 月 11 日　第 187 册　第 221 页

24535　内阁之争　《申报》　1918 年 4 月 9 日　第 151 册　第 606 页

24536　内阁之作用　《申报》　1926 年 3 月 7 日　第 221 册　第 139 页

24537　内国形势之转变（言论）　《民国日报》　1926 年 7 月 28 日　第 64 册　第 272 页

24538　内河航行权问题的剖解　《申报》　1947 年 10 月 21 日　第 395 册　第 206

24539　内河行轮船以济赈捐说　《申报》　1888 年 5 月 15 日　第 32 册　第 773 页

24540　内河行驶轮船有益无损说　《申报》　1887 年 1 月 3 日　第 30 册　第 13 页

24541　内哄与议和　《民国日报》　1920 年 6 月 16 日　第 27 册　第 636 页

24542　内讧可虑说　《申报》　1884 年 10 月 18 日　第 25 册　第 631 页

24543　内讧时代之常识　《申报》　1920 年 7 月 22 日　第 165 册　第 403 页

24544　内讧与言行　《申报》　1919 年 12 月 17 日　第 161 册　第 807 页

24545　内讧与引奸　《申报》　1923 年 12 月 3 日　第 198 册　第 51 页

24546　内讧足召外侮论　《申报》　1904 年 12 月 19 日　第 78 册　第 737 页

24547　内力　《申报》　1915 年 2 月 21 日　第 132 册　第 616 页

24548　内乱乎？外患乎？　《中央日报》　1929 年 10 月 16 日　第 7 册　第 939 页

24549　内乱决不可长！　《中央日报》　1946 年 7 月 17 日　第 53 册　第 400 页

24550　内蒙古地方治理　《大公报》　1946 年 12 月 9 日　第 158 册　第 450 页

24551　内蒙古地方治理解决　《大公报》　1934 年 3 月 8 日　第 119 册　第 102 页

24552　内蒙古自治与御侮图存　《大公报》　1933 年 10 月 23 日　第 116 册　第 760 页

24553　内蒙古自治之商榷/吕复（星期论文）　《大公报》　1946 年 12 月 22 日

第 158 册　第 534 页

24554　内蒙要求自治问题　《中央日报》　1933 年 10 月 7 日　第 24 册　第 62 页

24555　内蒙之危机　《申报》　1934 年 1 月 15 日　第 312 册　第 345 页

24556　内蒙自治与华北经济之前路　《申报》　1933 年 11 月 4 日　第 310 册　第 96 页

24557　内蒙自治之前途　《申报》　1934 年 3 月 22 日　第 314 册　第 624 页

24558　内宁外忧说　《申报》　1884 年 5 月 7 日　第 24 册　第 711 页

24559　内情如何　《申报》　1918 年 8 月 12 日　第 153 册　第 693 页

24560　内田康哉之演词　《中央日报》　1932 年 8 月 28 日　第 19 册　第 218 页

24561　内外　《申报》　1915 年 12 月 24 日　第 137 册　第 874 页

24562　内外　《申报》　1916 年 12 月 16 日　第 143 册　第 826 页

24563　内外产品之沟通与调节　《大公报》　1937 年 6 月 30 日　第 138 册　第 872 页

24564　内外大势　《中央日报》　1945 年 4 月 5 日　第 50 册　第 936 页

24565　内外大势之注意点　《大公报》　1926 年 12 月 16 日　第 77 册　第 835 页

24566　内外夹攻中之危局　《大公报》　1933 年 4 月 5 日　第 113 册　第 494 页

24567　内外煎迫中之时局　《大公报》　1935 年 7 月 6 日　第 127 册　第 74 页

24568　内外两大事　《申报》　1917 年 4 月 20 日　第 145 册　第 892 页

24569　内外两和会之成败　《申报》　1919 年 5 月 14 日　第 158 册　第 215 页

24570　内外两难　《申报》　1917 年 1 月 13 日　第 144 册　第 172 页

24571　内外轻重说　《申报》　1893 年 5 月 6 日　第 44 册　第 39 页

24572　内外情势/张其昀（星期论文）　《大公报》　1944 年 12 月 17 日　第 153 册　第 746 页

24573　内外之别　《申报》　1919 年 3 月 28 日　第 157 册　第 442 页

24574　内外之祸根　《民国日报》　1917 年 4 月 25 日　第 8 册　第 646 页

24575　内务总长　《申报》　1916 年 11 月 25 日　第 143 册　第 452 页

24576　内务总长之否决　《申报》　1916 年 12 月 30 日　第 143 册　第 1062 页

24577　内应　《申报》　1925 年 11 月 28 日　第 218 册　第 547 页

24578　内忧亟于外患说　《申报》　1886 年 11 月 14 日　第 29 册　第 839 页

24579　内忧外患说　《申报》　1883 年 12 月 7 日　第 23 册　第 957 页

24580　内忧外患中之工业　《申报》　1936 年 7 月 17 日　第 342 册　第 443 页

24581　内忧外患中之粤军寇湘　《中央日报》　1931 年 9 月 12 日　第 15 册　第 847 页

24582　内忧与边警　《申报》　1933 年 12 月 24 日　第 311 册　第 690 页

24583　内与外及东与西　《大公报》　1935 年 12 月 4 日　第 129 册　第 468 页

24584　内债之破坏　《申报》　1923 年 4 月 4 日　第 190 册　第 68 页

24585   内债之危险   《申报》   1921 年 6 月 29 日   第 170 册   第 1049 页

24586   内战与外战   《申报》   1917 年 4 月 25 日   第 145 册   第 980 页

24587   内战愈延长文化愈低落   《大公报》   1946 年 10 月 21 日   第 158 册   第 130 页

24588   内战之浪费的牺牲   《大公报》   1930 年 6 月 14 日   第 96 册   第 656 页

24589   内战中铁路的状况（时论）   《民国日报》   1926 年 8 月 20 日   第 64 册   第 502 页

24590   内战中铁路的状况（续）（时论）   《民国日报》   1926 年 8 月 21 日   第 64 册   第 512 页

24591   内战自此终了：对外奋斗从兹开始   《民国日报》   1929 年 1 月 5 日   第 78 册   第 75 页

24592   内针外策   《申报》   1918 年 8 月 11 日   第 153 册   第 675 页

24593   内争   《申报》   1916 年 9 月 17 日   第 142 册   第 262 页

24594   内争不容再有！   《中央日报》   1945 年 8 月 21 日   第 51 册   第 486 页

24595   内争与国际干涉   《大公报》   1927 年 11 月 29 日   第 81 册   第 471 页

24596   内争与外祸   《申报》   1918 年 6 月 22 日   第 152 册   第 818 页

24597   内争与外祸   《申报》   1925 年 12 月 23 日   第 219 册   第 455 页

24598   内争之果效   《申报》   1913 年 6 月 26 日   第 122 册   第 752 页

24599   内政部提议限制姓名权   《大公报》   1936 年 5 月 20 日   第 132 册   第 270 页

24600   内政和外交该双方兼顾（言论）   《民国日报》   1925 年 7 月 9 日   第 58 册   第 81 页

24601   内政会议   《大公报》   1931 年 1 月 16 日   第 100 册   第 148 页

24602   内政会议的主要任务   《中央日报》   1941 年 12 月 6 日   第 45 册   第 530 页

24603   内政会议之观察   《中央日报》   1932 年 12 月 13 日   第 20 册   第 374 页

24604   内政上之两点：读蒋主席文告所得之启示   《大公报》   1944 年 1 月 3 日   第 152 册   第 14 页

24605   内政与外交   《申报》   1921 年 1 月 3 日   第 168 册   第 28 页

24606   内政之障碍   《中央日报》   1932 年 7 月 11 日   第 18 册   第 490 页

24607   内治与内争欤   《申报》   1915 年 6 月 8 日   第 134 册   第 644 页

24608   那不勒斯占领以后   《大公报》   1943 年 10 月 4 日   第 151 册   第 422 页

24609   那相平反大冤狱感言   《申报》   1909 年 7 月 27 日   第 101 册   第 391 页

24610   纳粹德国的丧钟   《中央日报》   1944 年 8 月 19 日   第 49 册   第 1026 页

24611   纳粹的趋向   《大公报》   1941 年 11 月 1 日   第 147 册   第 484 页

24612   纳粹攻势"冻结"   《大公报》   1941 年 12 月 5 日   第 147 册   第 620 页

24613 纳粹侵苏之剖析 《申报》 1941 年 7 月 11 日 第 376 册 第 884 页

24614 纳粹陷入两面作战 《大公报》 1943 年 9 月 22 日 第 151 册 第 368 页

24615 纳粹战犯的宣判 《申报》 1946 年 10 月 3 日 第 390 册 第 402 页

24616 纳尔逊先生的远见 《中央日报》 1944 年 11 月 18 日 第 50 册 第 358 页

24617 纳税不供伪庭的商榷 《民国日报》 1923 年 6 月 15 日 第 45 册 第 624 页

24618 纳税义务 《申报》 1939 年 4 月 24 日 第 363 册 第 420 页

24619 纳税与拒官 《申报》 1920 年 9 月 10 日 第 166 册 第 166 页

24620 奈何不如秦人：吾为他省军民之为叛督所挟者耻心 《民国日报》 1917 年 6 月 15 日 第 9 册 第 542 页

24621 奈黎元洪不受逢迎何：大元帅就职宣言之回顾 《民国日报》 1922 年 6 月 3 日 第 39 册 第 450 页

24622 男女分教合教平议 《申报》 1906 年 6 月 22 日 第 83 册 第 805 页

24623 男女平权说 《申报》 1897 年 12 月 14 日 第 57 册 第 645 页

24624 男女同校利弊问题的再讨论 《申报》 1943 年 6 月 5 日 第 384 册 第 25 页

24625 男女相见礼节辨 《申报》 1878 年 11 月 15 日 第 13 册 第 473 页

24626 男女以正婚姻以时说 《申报》 1898 年 7 月 8 日 第 59 册 第 451 页

24627 南澳精神 《大公报》 1938 年 7 月 28 日 第 141 册 第 124 页

24628 南北（言论） 《民国日报》 1926 年 10 月 3 日 第 65 册 第 322 页

24629 南北大局 《申报》 1920 年 4 月 2 日 第 163 册 第 591 页

24630 南北都有军阀吗 《民国日报》 1921 年 11 月 21 日 第 36 册 第 276 页

24631 南北攻守谈 《申报》 1926 年 7 月 26 日 第 225 册 第 638 页

24632 南北海军 《申报》 1920 年 7 月 24 日 第 165 册 第 431 页

24633 南北和议开会 《申报》 1919 年 2 月 20 日 第 156 册 第 659 页

24634 南北和议之动机 《申报》 1919 年 7 月 10 日 第 159 册 第 151 页

24635 南北开战中之曹锟 《申报》 1920 年 6 月 1 日 第 164 册 第 565 页

24636 南北傀儡的合演难 《申报》（香港版） 1938 年 9 月 1 日 第 357 册 第 1 页

24637 南北两凯旋 《申报》 1921 年 11 月 1 日 第 175 册 第 7 页

24638 南北两外交案 《大公报》 1927 年 4 月 12 日 第 79 册 第 89 页

24639 南北两宣言 《申报》 1918 年 8 月 19 日 第 153 册 第 814 页

24640 南北两异点 《申报》 1916 年 5 月 12 日 第 140 册 第 172 页

24641 南北两炸弹案 《申报》 1924 年 5 月 28 日 第 202 册 第 604 页

24642 南北两战事 《申报》 1927 年 10 月 4 日 第 239 册 第 70 页

24643   南北两战之消息   《申报》   1926 年 5 月 28 日   第 223 册   第 672 页

24644   南北两战之消息   《申报》   1926 年 7 月 9 日   第 225 册   第 203 页

24645   南北气候不齐说   《申报》   1879 年 6 月 21 日   第 14 册   第 619 页

24646   南北气象不同   《大公报》   1928 年 12 月 11 日   第 87 册   第 481 页

24647   南北势力变迁   《大公报》   1927 年 6 月 6 日   第 79 册   第 529 页

24648   南北统一纪念   《大公报》   1927 年 2 月 12 日   第 78 册   第 285 页

24649   南北统一纪念感言   《大公报》   1933 年 2 月 12 日   第 112 册   第 476 页

24650   南北统一纪念日   《大公报》   1928 年 2 月 12 日   第 82 册   第 359 页

24651   南北妥协说之另一观察   《大公报》   1927 年 2 月 17 日   第 78 册   第 325 页

24652   南北妥协之可能性若何   《大公报》   1927 年 5 月 19 日   第 79 册   第 385 页

24653   南北妥协之前提   《大公报》   1927 年 2 月 16 日   第 78 册   第 317 页

24654   南北误会   《申报》   1918 年 12 月 24 日   第 155 册   第 851 页

24655   南北相类   《申报》   1922 年 6 月 28 日   第 181 册   第 564 页

24656   南北遥对之战事   《申报》   1921 年 7 月 25 日   第 171 册   第 491 页

24657   南北议和之开端   《申报》   1919 年 2 月 4 日   第 156 册   第 403 页

24658   南北与奉直   《申报》   1922 年 1 月 4 日   第 177 册   第 50 页

24659   南北与靳安   《申报》   1919 年 11 月 19 日   第 161 册   第 323 页

24660   南北与皖直   《申报》   1919 年 9 月 6 日   第 160 册   第 87 页

24661   南北酝酿中之变局   《大公报》   1927 年 11 月 30 日   第 81 册   第 479 页

24662   南北战场与政治谣言   《申报》   1948 年 12 月 16 日   第 399 册   第 488 页

24663   南北战事观   《申报》   1926 年 7 月 23 日   第 225 册   第 558 页

24664   南北战事与大借款   《申报》   1918 年 5 月 30 日   第 152 册   第 454 页

24665   南北战谈   《申报》   1921 年 10 月 16 日   第 174 册   第 349 页

24666   南北战谈（二）   《申报》   1921 年 10 月 17 日   第 174 册   第 373 页

24667   南北战谈（三）   《申报》   1921 年 10 月 18 日   第 174 册   第 391 页

24668   南北战谈（四）   《申报》   1921 年 10 月 19 日   第 174 册   第 411 页

24669   南北政府与代表   《申报》   1919 年 10 月 3 日   第 160 册   第 579 页

24670   南北政府之可耻   《申报》   1920 年 4 月 11 日   第 163 册   第 747 页

24671   南北政局之变化观   《申报》   1920 年 4 月 9 日   第 163 册   第 719 页

24672   南北之变化说   《申报》   1920 年 4 月 2 日   第 163 册   第 595 页

24673   南北之纠纷   《申报》   1920 年 6 月 7 日   第 164 册   第 679 页

24674   南北之两调和难   《申报》   1924 年 6 月 26 日   第 203 册   第 563 页

24675   南北之战   《申报》   1921 年 7 月 4 日   第 171 册   第 67 页

24676　南漕改折论　《申报》　1898 年 10 月 20 日　第 60 册　第 357 页

24677　南漕改折论　《申报》　1898 年 10 月 21 日　第 60 册　第 365 页

24678　南漕折色私议　《申报》　1895 年 12 月 27 日　第 51 册　第 765 页

24679　南昌撤守与今后战局　《大公报》　1939 年 4 月 1 日　第 142 册　第 362 页

24680　南昌的新气象　《中央日报》　1934 年 4 月 1 日　第 26 册　第 2 页

24681　南昌退出后的战局　《中央日报》　1939 年 4 月 4 日　第 41 册　第 1022 页

24682　南琛游记　《申报》　1884 年 5 月 25 日　第 24 册　第 819 页

24683　南次郎的幻梦　《中央日报》　1945 年 7 月 30 日　第 51 册　第 356 页

24684　南大西洋海军战与美洲安全　《申报》　1939 年 12 月 20 日　第 367 册　第 672 页

24685　南代表提案正义：第一二三四条　《民国日报》　1919 年 5 月 15 日　第 21 册　第 170 页

24686　南方变化之断片的感想　《大公报》　1927 年 8 月 17 日　第 80 册　第 377 页

24687　南方教育事业之对外要求　《民国日报》　1924 年 5 月 28 日　第 51 册　第 326 页

24688　南方今后对俄如何　《大公报》　1927 年 8 月 24 日　第 80 册　第 433 页

24689　南方时局之观察　《大公报》　1927 年 6 月 22 日　第 79 册　第 657 页

24690　南方毋再作梦　《民国日报》　1918 年 1 月 5 日　第 13 册　第 38 页

24691　南方一致　《申报》　1918 年 12 月 2 日　第 155 册　第 498 页

24692　南方战事　《申报》　1926 年 8 月 26 日　第 226 册　第 629 页

24693　南方政局又酝酿变化　《大公报》　1927 年 11 月 10 日　第 81 册　第 319 页

24694　南方政局之壁上观　《大公报》　1927 年 12 月 12 日　第 81 册　第 575 页

24695　南方政局之趋势　《大公报》　1927 年 10 月 19 日　第 81 册　第 147 页

24696　南方之裁兵　《申报》　1921 年 12 月 28 日　第 176 册　第 541 页

24697　南方之关税余款　《申报》　1920 年 4 月 10 日　第 163 册　第 735 页

24698　南方之纠纷　《大公报》　1927 年 11 月 1 日　第 81 册　第 251 页

24699　南方之前途　《申报》　1919 年 11 月 16 日　第 161 册　第 267 页

24700　南方之政府　《民国日报》　1921 年 12 月 13 日　第 36 册　第 568 页

24701　南方之政府　《民国日报》　1921 年 12 月 14 日　第 36 册　第 582 页

24702　南方之政府　《民国日报》　1921 年 12 月 15 日　第 36 册　第 594 页

24703　南方之政府　《民国日报》　1921 年 12 月 16 日　第 36 册　第 608 页

24704　南共与中共　《中央日报》　1949 年 1 月 4 日　第 60 册　第 828 页

24705 南国政变与巴尔干   《中央日报》   1941 年 3 月 30 日   第 44 册   第 634 页

24706 南海危机与越南   《申报》   1940 年 8 月 8 日   第 371 册   第 506 页

24707 南海战事的形势   《中央日报》   1945 年 1 月 18 日   第 50 册   第 616 页

24708 南韩的选举   《大公报》   1948 年 5 月 17 日   第 163 册   第 98 页

24709 南韩叛乱的意义   《大公报》   1948 年 10 月 28 日   第 164 册   第 344 页

24710 南韩普选以后的朝鲜政局   《申报》   1948 年 5 月 19 日   第 397 册   第 412 页

24711 南极新地辨一   《申报》   1888 年 12 月 27 日   第 33 册   第 1151 页

24712 南极新地辨二   《申报》   1889 年 1 月 1 日   第 34 册   第 1 页

24713 南极新地辨三   《申报》   1889 年 1 月 3 日   第 34 册   第 13 页

24714 南进声中之日本内部情况   《申报》   1940 年 11 月 28 日   第 373 册   第 363 页

24715 南进欤？北进欤？   《申报》   1941 年 8 月 20 日   第 377 册   第 244 页

24716 南京病疫   《申报》   1918 年 3 月 21 日   第 151 册   第 304 页

24717 南京惨案中三个责任点（言论）   《民国日报》   1925 年 8 月 2 日   第 58 册   第 328 页

24718 南京城破   《申报》   1913 年 8 月 27 日   第 123 册   第 722 页

24719 南京的不幸事件   《大公报》   1947 年 5 月 21 日   第 160 册   第 132 页

24720 南京改组以后   《大公报》   1927 年 9 月 20 日   第 80 册   第 647 页

24721 南京何如   《申报》   1913 年 8 月 28 日   第 123 册   第 734 页

24722 南京和记案的事状与责任（言论）   《民国日报》   1925 年 7 月 5 日   第 58 册   第 41 页

24723 南京和谈消息如何？   《大公报》   1946 年 10 月 26 日   第 158 册   第 162 页

24724 南京和约纪念感言   《申报》   1929 年 8 月 29 日   第 261 册   第 823 页

24725 南京会议（一）：第一军议案之解剖   《民国日报》   1916 年 5 月 23 日   第 3 册   第 266 页

24726 南京会议（续）   《民国日报》   1916 年 5 月 26 日   第 3 册   第 302 页

24727 南京会议效果如何   《大公报》   1927 年 9 月 6 日   第 80 册   第 535 页

24728 南京会议与冯国璋   《民国日报》   1917 年 1 月 13 日   第 7 册   第 134 页

24729 南京教育会议   《大公报》   1928 年 5 月 22 日   第 84 册   第 211 页

24730 南京今日之会   《大公报》   1927 年 9 月 15 日   第 80 册   第 607 页

24731 南京杀征兵、苏州杀募兵合论   《申报》   1906 年 8 月 2 日   第 84 册   第 317 页

24732 南京市的除害兴利   《中央日报》   1947 年 4 月 7 日   第 55 册   第 952 页

24733 南京市政府之新举动：消灭封建思想方略之一 《民国日报》 1928 年 3 月 31 日 第 73 册 第 434 页

24734 南京市政建设 《中央日报》 1946 年 11 月 18 日 第 54 册 第 606 页

24735 南京事件 《大公报》 1927 年 3 月 27 日 第 78 册 第 629 页

24736 南京事件之两面 《大公报》 1927 年 3 月 30 日 第 78 册 第 653 页

24737 南京事件之责任 《大公报》 1927 年 3 月 29 日 第 78 册 第 645 页

24738 南京讨唐令 《大公报》 1927 年 10 月 22 日 第 81 册 第 171 页

24739 南京宣布裁厘加税 《大公报》 1927 年 7 月 2 日 第 80 册 第 9 页

24740 南京宣告独立 《申报》 1913 年 7 月 17 日 第 123 册 第 224 页

24741 南京宜开赛会以兴工商议 《申报》 1908 年 4 月 8 日 第 93 册 第 517 页

24742 南京又告独立 《申报》 1913 年 8 月 10 日 第 123 册 第 514 页

24743 南京又已取消独立 《申报》 1913 年 8 月 11 日 第 123 册 第 526 页

24744 南京与北京 《申报》 1913 年 8 月 30 日 第 123 册 第 758 页

24745 南京政府成立之希望 《民国日报》 1927 年 4 月 24 日 第 67 册 第 422 页

24746 南京政府之禁现出口令 《大公报》 1927 年 7 月 22 日 第 80 册 第 169

24747 南京之结局如何 《申报》 1913 年 8 月 19 日 第 123 册 第 622 页

24748 南京之学界谈话会 《大公报》 1936 年 1 月 14 日 第 130 册 第 150 页

24749 南京之谣 《申报》 1913 年 12 月 11 日 第 125 册 第 574 页

24750 南军诸领袖 《申报》 1913 年 8 月 29 日 第 123 册 第 745 页

24751 南开大学之新事业 《大公报》 1931 年 7 月 6 日 第 103 册 第 64 页

24752 南开学校二十五周年纪念 《大公报》 1929 年 10 月 17 日 第 92 册 第 724 页

24753 南康教案之感言 《申报》 1907 年 11 月 10 日 第 91 册 第 117 页

24754 南康教案之感言（续） 《申报》 1907 年 11 月 12 日 第 91 册 第 146 页

24755 南口战事观（言论） 《民国日报》 1926 年 7 月 23 日 第 64 册 第 221 页

24756 南口战争与大局（言论） 《民国日报》 1926 年 8 月 16 日 第 64 册 第 462 页

24757 南美革命潮流与经济之关系 《申报》 1930 年 10 月 6 日 第 275 册 第 144 页

24758 南美各国最近之动态及与中国之关系/袁同礼（星期论文） 《大公报》 1943 年 1 月 10 日 第 150 册 第 44 页

24759 南美之革命潮 《申报》 1931 年 2 月 23 日 第 279 册 第 567 页

24760　南美之革命潮流　《申报》　1930 年 9 月 4 日　第 274 册　第 88 页

24761　南美洲各国宜设代表　《申报》　1913 年 6 月 18 日　第 122 册　第 643 页

24762　南孟罗与北孟罗　《申报》　1921 年 3 月 11 日　第 169 册　第 173 页

24763　南宁战局与广西精神　《申报》　1939 年 11 月 26 日　第 367 册　第 336 页

24764　南侨归来　《中央日报》　1940 年 4 月 17 日　第 43 册　第 346 页

24765　南侨协会之成立　《中央日报》　1942 年 5 月 12 日　第 46 册　第 52 页

24766　南侵□军的新企图　《申报》（香港版）　1938 年 12 月 1 日　第 357 册　第 371 页

24767　南市难民区的建议　《申报》　1937 年 11 月 4 日　第 355 册　第 914 页

24768　南斯拉夫安内运动　《申报》　1935 年 7 月 6 日　第 330 册　第 145 页

24769　南斯拉夫国王被刺　《申报》　1934 年 10 月 12 日　第 321 册　第 350 页

24770　南斯拉夫加入轴心之后　《申报》　1941 年 3 月 23 日　第 375 册　第 283 页

24771　南太平洋反攻一周年　《大公报》　1943 年 8 月 10 日　第 151 册　第 182 页

24772　南太平洋挂红球了!　《中央日报》　1941 年 2 月 18 日　第 44 册　第 458 页

24773　南太平洋危机益迫　《申报》　1941 年 8 月 12 日　第 377 册　第 144 页

24774　南太平洋战果的惊异（译论）　《申报》　1943 年 2 月 22 日　第 383 册　第 346 页

24775　南太平洋之新危机　《申报》　1941 年 7 月 24 日　第 376 册　第 1050 页

24776　南通丸惨案　《申报》　1944 年 11 月 1 日　第 386 册　第 399 页

24777　南无主义北无诚意观　《民国日报》　1920 年 1 月 26 日　第 25 册　第 320 页

24778　南匈息争与法意关系　《申报》　1934 年 12 月 13 日　第 323 册　第 368 页

24779　南洋的不安　《大公报》　1945 年 10 月 18 日　第 155 册　第 474 页

24780　南洋的不安　《大公报》　1946 年 1 月 9 日　第 156 册　第 36 页

24781　南洋侨胞被迫归国者何多!　《中央日报》　1930 年 9 月 15 日　第 11 册　第 945 页

24782　南洋劝业会经营之大概：上海劝业协赞会席上之演说　《申报》　1909 年 4 月 14 日　第 99 册　第 640 页

24783　南洋劝业会经营之大概：上海劝业协赞会席上之演说（续）　《申报》　1909 年 4 月 15 日　第 99 册　第 654 页

24784　南洋劝业会开幕贡言　《申报》　1910 年 6 月 5 日　第 106 册　第 568 页

24785　南洋劝业会说略　《申报》　1909 年 3 月 27 日　第 99 册　第 372 页

24786　南洋劝业会说略（续）　《申报》　1909 年 3 月 28 日　第 99 册　第 386 页

24787　南洋劝业会说略（再续）　《申报》　1909 年 3 月 29 日　第 99 册　第 400 页

24788　南洋劝业会说略（三续）　《申报》　1909 年 3 月 31 日　第 99 册　第 430 页

24789　南洋劝业会说略（四续）　《申报》　1909 年 4 月 5 日　第 99 册　第 506 页

24790　南洋劝业会说略（五续）　《申报》　1909 年 4 月 6 日　第 99 册　第 520 页

24791　南洋劝业会说略（六续）　《申报》　1909 年 4 月 9 日　第 99 册　第 564 页

24792　南洋劝业会说略·（七续）　《申报》　1909 年 4 月 10 日　第 99 册　第 578 页

24793　南洋劝业会说略（八续）　《申报》　1909 年 4 月 22 日　第 99 册　第 752 页

24794　南洋劝业会说略（九续）　《申报》　1909 年 4 月 28 日　第 99 册　第 836 页

24795　南洋劝业会说略（十续）　《申报》　1909 年 4 月 29 日　第 99 册　第 850 页

24796　南洋劝业会说略（十一续）　《申报》　1909 年 5 月 5 日　第 100 册　第 58 页

24797　南洋劝业会说略（十二续）　《申报》　1909 年 5 月 22 日　第 100 册　第 296 页

24798　南洋为洪水之后最晚出之地论　《申报》　1882 年 11 月 20 日　第 21 册　第 853 页

24799　南洋卫地之新加坡/张其昀（星期论文）　《大公报》　1941 年 4 月 27 日　第 146 册　第 488 页

24800　南洋形势之紧张　《大公报》　1941 年 7 月 31 日　第 147 册　第 120 页

24801　南洋雪兰莪二十六埠总商会国会请愿代表兼澳洲华侨代表陆乃翔上政府书　《申报》　1910 年 6 月 17 日　第 106 册　第 764 页

24802　南洋雪兰莪二十六埠总商会国会请愿代表兼澳洲华侨代表陆乃翔上政府书　《申报》　1910 年 6 月 18 日　第 106 册　第 780 页

24803　南洋雪兰莪二十六埠总商会国会请愿代表兼澳洲华侨代表陆乃翔上政府书　《申报》　1910 年 6 月 19 日　第 106 册　第 797 页

24804　南洋烟草公司停业感言　《申报》　1930 年 2 月 8 日　第 267 册　第 175 页

24805　南洋沿海水师归并海军议　《申报》　1890 年 3 月 17 日　第 36 册　第 411 页

24806　南洋一幅紧张画面　《大公报》　1941 年 2 月 19 日　第 146 册　第 208 页

24807　南洋英荷两属及暹越各埠侨民促开国会请愿书　《申报》　1910 年 4 月 12 日　第 105 册　第 673 页

24808　南洋战局的展望　《中央日报》　1945 年 7 月 17 日　第 51 册　第 278 页

24809　南洋之战莫失掉时间　《大公报》　1942 年 1 月 31 日　第 148 册　第 130 页

24810　南洋资源与日本　《大公报》　1942 年 4 月 7 日　第 148 册　第 416 页

24811　南意关系与欧局　《申报》　1934 年 11 月 18 日　第 322 册　第 534 页

24812　南战杂感　《大公报》　1927 年 10 月 24 日　第 81 册　第 187 页

24813　南征北伐可以已矣　《大公报》　1926 年 9 月 3 日　第 77 册　第 18 页

24814　难　《申报》　1914 年 10 月 26 日　第 130 册　第 772 页

24815　难　《申报》　1916 年 3 月 9 日　第 139 册　第 130 页

24816　难得糊涂说　《申报》　1893 年 3 月 13 日　第 43 册　第 399 页

24817　难关　《申报》　1916 年 7 月 21 日　第 141 册　第 320 页

24818　难乎其为细胞　《大公报》　1928 年 2 月 14 日　第 82 册　第 379 页

24819　难乎其为县知事矣　《申报》　1914 年 7 月 23 日　第 129 册　第 352 页

24820　难乎为阁　《申报》　1921 年 9 月 20 日　第 173 册　第 380 页

24821　难局　《申报》　1928 年 7 月 6 日　第 248 册　第 156 页

24822　难民　《申报》　1920 年 11 月 8 日　第 167 册　第 135 页

24823　难民　《申报》　1928 年 7 月 5 日　第 248 册　第 127 页

24824　难民辨　《申报》　1879 年 11 月 27 日　第 15 册　第 597 页

24825　难民出关与东北开发　《大公报》　1928 年 4 月 2 日　第 83 册　第 321 页

24826　难民盗匪辨　《申报》　1879 年 8 月 29 日　第 15 册　第 237 页

24827　难民的出路　《中央日报》　1946 年 8 月 29 日　第 53 册　第 770 页

24828　难民回乡问题　《申报》（香港版）　1938 年 3 月 14 日　第 356 册　第 453 页

24829　难民回乡问题　《申报》（汉口版）　1938 年 3 月 8 日　第 356 册　第 105 页

24830　难民伤兵　《大公报》　1938 年 2 月 10 日　第 140 册　第 166 页

24831　难民生产　《申报》　1939 年 2 月 25 日　第 362 册　第 394 页

24832　难民十万　《申报》　1939 年 2 月 23 日　第 362 册　第 358 页

24833　难民说　《申报》　1883 年 8 月 19 日　第 23 册　第 297 页

24834 难民移垦三门湾问题/陈慎修（星期论坛） 《申报》 1948 年 5 月 30 日 第 397 册 第 504 页

24835 难民应走上国防生产之路 《申报》（香港版） 1938 年 6 月 19 日 第 356 册 第 841 页

24836 难民与食粮问题 《申报》 1937 年 11 月 29 日 第 355 册 第 1104 页

24837 难题 《申报》 1915 年 9 月 1 日 第 136 册 第 2 页

24838 难题 《申报》 1925 年 1 月 13 日 第 209 册 第 233 页

24839 难童献金感言 《大公报》 1938 年 6 月 11 日 第 140 册 第 716 页

24840 难为情之加入 《民国日报》 1917 年 3 月 23 日 第 8 册 第 250 页

24841 难言 《大公报》 1926 年 9 月 27 日 第 77 册 第 201 页

24842 难易 《申报》 1916 年 7 月 2 日 第 141 册 第 18 页

24843 难与易 《申报》 1929 年 3 月 13 日 第 256 册 第 364 页

24844 难在成后 《申报》 1924 年 6 月 21 日 第 203 册 第 444 页

24845 难在后 《申报》 1924 年 1 月 19 日 第 199 册 第 378 页

24846 难在人 《申报》 1928 年 2 月 9 日 第 243 册 第 203 页

24847 闹教篇 《申报》 1893 年 4 月 13 日 第 43 册 第 597 页

24848 闹捐总说 《申报》 1878 年 9 月 21 日 第 13 册 第 285 页

24849 闹粮闹捐事余论 《申报》 1878 年 8 月 31 日 第 13 册 第 213 页

24850 闹米风潮慨言 《申报》 1911 年 5 月 30 日 第 112 册 第 509 页

24851 嫩江苦战与吾人之努力 《民国日报》 1931 年 11 月 19 日 第 95 册 第 227 页

24852 能辨别 《申报》 1927 年 5 月 16 日 第 234 册 第 308 页

24853 能发不能收 《申报》 1917 年 6 月 9 日 第 146 册 第 690 页

24854 能发狂便是实力 《民国日报》 1923 年 10 月 7 日 第 47 册 第 516 页

24855 能革命才能自治 《民国日报》 1922 年 4 月 22 日 第 38 册 第 714 页

24856 能进步否 《申报》 1927 年 6 月 9 日 第 235 册 第 174 页

24857 能力 《申报》 1929 年 11 月 21 日 第 264 册 第 569 页

24858 能力与机会 《申报》 1924 年 12 月 20 日 第 208 册 第 373 页

24859 能力与手段 《申报》 1917 年 7 月 27 日 第 147 册 第 456 页

24860 能令 《申报》 1926 年 11 月 28 日 第 229 册 第 648 页

24861 能如是之和 《民国日报》 1918 年 10 月 19 日 第 17 册 第 540 页

24862 能司法即能统一 《申报》 1922 年 3 月 24 日 第 178 册 第 446 页

24863 能为地方上办事即为好官论 《申报》 1891 年 6 月 4 日 第 38 册 第 859 页

24864 能用人而后人乐为之用说 《申报》 1894 年 5 月 8 日 第 47 册 第 51 页

24865　能用众　《申报》　1927 年 4 月 26 日　第 233 册　第 485 页

24866　能与可　《申报》　1927 年 4 月 3 日　第 233 册　第 46 页

24867　能战而后可和论　《申报》　1885 年 1 月 18 日　第 26 册　第 103 页

24868　能自卫而后有和平/胡汉民　《民国日报》　1929 年 8 月 22 日　第 81 册　第 869 页

24869　尼案间评　《申报》　1880 年 10 月 11 日　第 17 册　第 409 页

24870　尼泊尔图并西藏说　《申报》　1930 年 2 月 28 日　第 267 册　第 755 页

24871　尼加拉圭之震灾　《申报》　1931 年 4 月 3 日　第 281 册　第 58 页

24872　尼米兹的战略　《中央日报》　1944 年 2 月 12 日　第 49 册　第 200 页

24873　泥淖与深渊　《中央日报》　1940 年 10 月 6 日　第 43 册　第 1064 页

24874　"泥足"的前途　《申报》　1937 年 9 月 13 日　第 355 册　第 479 页

24875　倪嗣冲　《民国日报》　1916 年 4 月 23 日　第 2 册　第 638 页

24876　倪嗣冲　《民国日报》　1918 年 3 月 20 日　第 14 册　第 230 页

24877　倪嗣冲包办外交通过事　《民国日报》　1917 年 5 月 3 日　第 9 册　第 26 页

24878　倪嗣冲病案　《民国日报》　1917 年 10 月 18 日　第 11 册　第 566 页

24879　倪嗣冲又到京　《申报》　1918 年 4 月 8 日　第 151 册　第 590 页

24880　倪之脱离说　《申报》　1917 年 5 月 30 日　第 146 册　第 516 页

24881　"你和我"与"大家来"/何永佶（星期论文）　《大公报》　1945 年 4 月 15 日　第 154 册　第 444 页

24882　你还不奋斗么：以良心为武器　引公道为后援　《民国日报》　1919 年 6 月 5 日　第 21 册　第 422 页

24883　你见了大罢课该怎样　《民国日报》　1920 年 4 月 15 日　第 26 册　第 612 页

24884　拟□运米京师□固根本论　《申报》　1876 年 10 月 30 日　第 9 册　第 413 页

24885　拟办江西九南福利种植有限公司计划书刘树堂　《申报》　1913 年 11 月 18 日　第 125 册　第 243 页

24886　拟办江西九南福利种植有限公司计划书刘树堂续　《申报》　1913 年 11 月 20 日　第 125 册　第 125 册

24887　拟办江西九南福利种植有限公司计划书刘树堂续　《申报》　1913 年 12 月 4 日　第 125 册　第 469 页

24888　拟办江西九南福利种植有限公司计划书刘树堂续　《申报》　1913 年 12 月 5 日　第 125 册　第 483 页

24889　拟办江西九南福利种植有限公司计划书刘树堂续　《申报》　1913 年 12 月 6 日　第 125 册　第 497 页

24890　拟不以伦说　《申报》　1876 年 8 月 5 日　第 9 册　第 121 页

24891　拟弛自种鸦片烟土禁论　《申报》　1872 年 7 月 9 日　第 1 册　第 233 页

24892　拟筹栖息乞丐处所议　《申报》　1882 年 12 月 28 日　第 21 册　第 1077 页

24893　拟除烟害说　《申报》　1902 年 2 月 20 日　第 70 册　第 263 页

24894　拟创建格致书院论　《申报》　1874 年 3 月 16 日　第 4 册　第 229 页

24895　拟创设博物院小引　《申报》　1888 年 8 月 19 日　第 33 册　第 335 页

24896　拟房捐助赈说　《申报》　1887 年 10 月 23 日　第 31 册　第 731 页

24897　拟复古者时巡之制议　《申报》　1896 年 9 月 23 日　第 54 册　第 139 页

24898　拟改义塾为时务学堂说　《申报》　1898 年 6 月 1 日　第 59 册　第 193 页

24899　拟甘省平回善后议　《申报》　1896 年 1 月 15 日　第 52 册　第 91 页

24900　拟各城乡宜添设义塾论　《申报》　1872 年 11 月 22 日　第 1 册　第 701 页

24901　拟购用机器轮船开浚吴淞海口议　《申报》　1872 年 7 月 12 日　第 1 册　第 245 页

24902　拟建水池议　《申报》　1872 年 5 月 10 日　第 1 册　第 29 页

24903　拟将苏府中学附属江苏师范学堂议　《申报》　1910 年 1 月 15 日　第 104 册　第 253 页

24904　拟将学社书院义塾均改为中西学堂议　《申报》　1898 年 7 月 7 日　第 59 册　第 445 页

24905　拟禁妓馆论　《申报》　1872 年 8 月 30 日　第 1 册　第 413 页

24906　拟禁鸦片说　《申报》　1887 年 3 月 14 日　第 30 册　第 397 页

24907　拟禁鸦片烟论　《申报》　1872 年 10 月 29 日　第 1 册　第 617 页

24908　拟禁种洋药议　《申报》　1890 年 3 月 2 日　第 36 册　第 313 页

24909　拟浚吴淞海口议　《申报》　1873 年 10 月 10 日　第 3 册　第 349 页

24910　拟开演善戏馆莫如禁绝各戏园淫戏论　《申报》　1873 年 4 月 8 日　第 2 册　第 309 页

24911　拟立禁约马车章程说　《申报》　1889 年 5 月 30 日　第 34 册　第 839 页

24912　拟弭内地会匪策　《申报》　1878 年 4 月 17 日　第 12 册　第 341 页

24913　拟请草盐商□　《申报》　1875 年 6 月 18 日　第 6 册　第 557 页

24914　拟请弛种罂粟之禁以塞漏卮而培国本　《申报》　1874 年 6 月 10 日　第 4 册　第 527 页

24915　拟请筹补救生方略　《申报》　1874 年 5 月 18 日　第 4 册　第 447 页

24916　拟请禁止野鸡设立夫头议　《申报》　1872 年 5 月 21 日　第 1 册　第 65 页

24917　拟请轮船捕剿香港海盗说　《申报》　1873 年 8 月 26 日　第 3 册　第

193 页

24918　拟请设华官于外国以保商民论　《申报》　1872 年 10 月 11 日　第 1 册
第 557 页

24919　拟请推广捐例以赈灾区说　《申报》　1883 年 12 月 14 日　第 23 册　第
999 页

24920　拟请西国传教牧师慎择端人说　《申报》　1874 年 6 月 16 日　第 4 册　第
549 页

24921　拟请宪委专理租案说　《申报》　1888 年 3 月 23 日　第 32 册　第 451 页

24922　拟请银行收用龙银归入商务条约说　《申报》　1901 年 9 月 28 日　第 69
册　第 163 页

24923　拟请约束西兵说　《申报》　1900 年 11 月 15 日　第 66 册　第 445 页

24924　拟请暂缓科举数年以全力督课学堂甄别仕宦议　《申报》　1898 年 8 月 3
日　第 59 册　第 639 页

24925　拟上当事筹峤淮灾书　《申报》　1877 年 1 月 25 日　第 10 册　第 85 页

24926　拟上高丽国王策富强书　《申报》　1884 年 4 月 26 日　第 24 册　第
645 页

24927　拟上海租界仿照香港延请华绅会议地方应办事宜议　《申报》　1873 年 8
月 27 日　第 3 册　第 197 页

24928　拟上外务部书　《申报》　1907 年 11 月 8 日　第 91 册　第 91 页

24929　拟上外务部书（续）　《申报》　1907 年 11 月 9 日　第 91 册　第 103 页

24930　拟设鸦片总司议　《申报》　1895 年 8 月 19 日　第 50 册　第 717 页

24931　拟设洋药总司议　《申报》　1885 年 11 月 10 日　第 27 册　第 809 页

24932　拟收恤穷民以战盗贼论　《申报》　1872 年 11 月 29 日　第 1 册　第
725 页

24933　拟添局收养强壮乞丐使之工作以儆口惰论　《申报》　1873 年 9 月 30 日
第 3 册　第 313 页

24934　拟王帅东渡谕日本檄　《申报》　1894 年 8 月 28 日　第 47 册　第 847 页

24935　拟为变通沪上石印书籍以平市价而免讼累章程　《申报》　1888 年 8 月 30
日　第 33 册　第 409 页

24936　拟西学生赴美国肄业事宜议　《申报》　1872 年 8 月 5 日　第 1 册　第
325 页

24937　拟向日本购求古本经书议　《申报》　1873 年 1 月 25 日　第 2 册　第
85 页

24938　拟行田捐以济军饷议　《申报》　1895 年 2 月 26 日　第 49 册　第 295 页

24939　拟询抱杞子轮船利弊论后　《申报》　1874 年 4 月 11 日　第 4 册　第
323 页

24940 拟烟馆难禁不如苛捐充赈备谷以利饥荒事 《申报》 1878 年 5 月 29 日 第 12 册 第 485 页

24941 拟招回美国华工广兴制造说 《申报》 1902 年 1 月 18 日 第 70 册 第 103 页

24942 拟制造局新刻西学书十三种总序 《申报》 1872 年 8 月 1 日 第 1 册 第 313 页

24943 逆大势 《申报》 1923 年 2 月 23 日 第 188 册 第 930 页

24944 逆度各新政之将来 《申报》 1905 年 9 月 24 日 第 81 册 第 197 页

24945 逆遇 《申报》 1913 年 5 月 7 日 第 122 册 第 78 页

24946 逆耳的忠告（专论）/胡朴安 《民国日报》 1946 年 10 月 3 日 第 99 册 第 161 页

24947 逆耳之忠言 《民国日报》 1928 年 2 月 1 日 第 72 册 第 339 页

24948 逆军总溃退声中：研究研究日本人的心理 《民国日报》 1928 年 6 月 1 日 第 74 册 第 486 页

24949 逆伦案剖视 《申报》 1939 年 10 月 22 日 第 366 册 第 722 页

24950 逆民意者必亡（言论） 《民国日报》 1926 年 12 月 18 日 第 66 册 第 256 页

24951 逆性之和平 《民国日报》 1916 年 9 月 11 日 第 5 册 第 122 页

24952 年复一年 《申报》 1913 年 12 月 23 日 第 125 册 第 750 页

24953 年关与米贵 《申报》 1920 年 12 月 30 日 第 167 册 第 1035 页

24954 年关之预备 《申报》 1919 年 12 月 14 日 第 161 册 第 747 页

24955 年假中学生组织 《民国日报》 1919 年 12 月 29 日 第 24 册 第 686 页

24956 年节放炮竹说 《申报》 1883 年 2 月 5 日 第 22 册 第 189 页

24957 年景异同说 《申报》 1878 年 12 月 31 日 第 13 册 第 629 页

24958 年终清洁大扫除 《民国日报》 1945 年 12 月 22 日 第 96 册 第 347 页

24959 廿事感言 《申报》 1921 年 1 月 10 日 第 168 册 第 144 页

24960 廿五年来之河北/张其昀（星期论文） 《大公报》 1936 年 10 月 12 日 第 134 册 第 584 页

24961 廿一国和会的闭幕 《申报》 1946 年 10 月 16 日 第 390 册 第 570 页

24962 念北方民众 《中央日报》 1930 年 3 月 18 日 第 9 册 第 953 页

24963 念捷克与波兰 《申报》 1939 年 11 月 20 日 第 367 册 第 262 页

24964 念三日上谕谨注（其一） 《申报》 1907 年 10 月 2 日 第 90 册 第 373 页

24965 念三日上谕谨注（其二） 《申报》 1907 年 10 月 3 日 第 90 册 第 385 页

24966 念上海 《中央日报》 1939 年 8 月 14 日 第 42 册 第 380 页

24967   念五四·看当今   《中央日报》   1948 年 5 月 4 日   第 59 册   第 28 页

24968   念兹在兹   《申报》   1927 年 10 月 31 日   第 239 册   第 657 页

24969   捏造"中俄同盟"之用意   《中央日报》   1933 年 2 月 13 日   第 21 册
第 404 页

24970   聂育夫之人工修治黄河说   《申报》   1935 年 5 月 12 日   第 328 册   第
295 页

24971   枭司孥办地棍   《申报》   1880 年 10 月 26 日   第 17 册   第 469 页

24973   宁案与英国   《大公报》   1928 年 3 月 28 日   第 83 册   第 271 页

24974   宁案之中美协定   《大公报》   1928 年 4 月 3 日   第 83 册   第 331 页

24975   宁案中美换文中之数点   《大公报》   1928 年 4 月 7 日   第 83 册   第
371 页

24976   宁波侨沪绅商与租界领袖德国总领事问答纪   《申报》   1905 年 1 月 2 日
第 79 册   第 7 页

24977   宁波同乡会   《申报》   1920 年 4 月 17 日   第 163 册   第 863 页

24978   宁汉与奉晋   《大公报》   1927 年 10 月 23 日   第 81 册   第 179 页

24979   宁汉之争点   《大公报》   1927 年 7 月 17 日   第 80 册   第 129 页

24980   宁会开幕   《大公报》   1928 年 2 月 3 日   第 82 册   第 269 页

24981   宁会宣言之感想   《大公报》   1928 年 2 月 9 日   第 82 册   第 329 页

24982   宁蒋行踪   《大公报》   1928 年 2 月 18 日   第 82 册   第 419 页

24983   宁取现实主义：对何院长希望之一   《申报》   1949 年 3 月 14 日   第 400
册   第 462 页

24984   宁人息事之见解   《申报》   1917 年 6 月 25 日   第 146 册   第 968 页

24985   宁死不投降   《大公报》   1938 年 8 月 11 日   第 141 册   第 180 页

24986   宁苏咨议局分合问题   《申报》   1908 年 12 月 27 日   第 97 册   第 856 页

24987   宁苏咨议局分合问题（续）   《申报》   1908 年 12 月 28 日   第 97 册   第
870 页

24988   宁台绍道薛禀浙抚部院刘   《申报》   1885 年 11 月 2 日   第 27 册   第
761 页

24989   宁唐战事与汪精卫   《大公报》   1927 年 10 月 27 日   第 81 册   第 211 页

24990   宁牺牲一切！：废约的主张必须坚持   《民国日报》   1928 年 7 月 22 日
第 75 册   第 375 页

24991   宁夏副督统志锐奏请改良新政折   《申报》   1907 年 7 月 7 日   第 89 册
第 73 页

24992   宁夏省   《大公报》   1929 年 1 月 10 日   第 88 册   第 120 页

24993   宁夏战后之西北   《申报》   1934 年 4 月 5 日   第 315 册   第 127 页

24994   宁夏战事之前途   《大公报》   1934 年 2 月 5 日   第 118 册   第 482 页

24995　宁夏之善后　《大公报》　1929 年 5 月 10 日　第 90 册　第 148 页

24996　宁学务处致江苏学会函　《申报》　1906 年 7 月 24 日　第 84 册　第 225 页

24997　宁属宜勤农桑论　《申报》　1874 年 4 月 7 日　第 4 册　第 307 页

24998　佞神论　《申报》　1892 年 12 月 28 日　第 42 册　第 745 页

24999　牛痘续论　《申报》　1875 年 1 月 29 日　第 6 册　第 97 页

25000　牛痘引证说上　《申报》　1875 年 3 月 6 日　第 6 册　第 201 页

25001　牛痘引证说下　《申报》　1875 年 3 月 8 日　第 6 册　第 205 页

25002　牛兰案　《大公报》　1931 年 9 月 5 日　第 104 册　第 52 页

25003　牛兰案平议　《申报》　1932 年 7 月 18 日　第 294 册　第 447 页

25004　牛兰案与司法独立　《中央日报》　1932 年 7 月 13 日　第 18 册　第 506 页

25005　牛兰案之感言　《大公报》　1931 年 8 月 18 日　第 103 册　第 580 页

25006　扭控　《申报》　1921 年 11 月 5 日　第 175 册　第 94 页

25007　狃　《申报》　1926 年 11 月 10 日　第 229 册　第 220 页

25008　纽伦堡的反苏联大会　《申报》　1936 年 9 月 15 日　第 344 册　第 400 页

25009　纽约时报的伟论　《中央日报》　1942 年 6 月 19 日　第 46 册　第 244 页

25010　纽约外长会议圆满结束　《申报》　1946 年 12 月 13 日　第 391 册　第 514 页

25011　农本局前途之展望　《中央日报》　1936 年 8 月 14 日　第 35 册　第 533 页

25012　农本局与救济农村　《申报》　1936 年 6 月 19 日　第 341 册　第 488 页

25013　农村贷款的具体化（译论）　《申报》　1945 年 4 月 16 日　第 387 册　第 283 页

25014　农村贷款与农业组织　《申报》　1945 年 4 月 28 日　第 387 册　第 309 页

25015　农村放款　《申报》　1935 年 2 月 8 日　第 325 册　第 94 页

25016　农村复兴与农业改良　《申报》　1948 年 7 月 27 日　第 398 册　第 210 页

25017　农村复兴与土地公有　《大公报》　1935 年 9 月 11 日　第 128 册　第 144 页

25018　农村复兴之现实条件　《申报》　1936 年 8 月 3 日　第 343 册　第 66 页

25019　农村经济的复兴　《中央日报》　1946 年 2 月 5 日　第 52 册　第 404 页

25020　农村经济更生之路：举办农村信用合作社　《申报》　1934 年 3 月 4 日　第 314 册　第 98 页

25021　农村经济注重调查　《申报》　1933 年 10 月 3 日　第 309 册　第 76 页

25022　农村救济声中之根本问题　《申报》　1933 年 5 月 27 日　第 304 册　第 688 页

25023　农村救济与农民合作社　《大公报》　1928 年 2 月 6 日　第 82 册　第 299 页

25024　农村破产中之安内问题　《申报》　1933 年 4 月 8 日　第 303 册　第 219 页

25025　农村衰落中食粮人口之概观　《申报》　1932 年 11 月 14 日　第 298 册　第 351 页

25026　农村衰颓之因果　《申报》　1933 年 4 月 16 日　第 303 册　第 444 页

25027　农村问题之严重　《申报》　1932 年 11 月 11 日　第 298 册　第 271 页

25028　农村消息/吉田东祐（星期评论）　《申报》　1944 年 5 月 21 日　第 385 册　第 491 页

25029　农村与农贷　《中央日报》　1940 年 6 月 12 日　第 43 册　第 588 页

25030　农贷的道义性（译论）　《申报》　1945 年 6 月 1 日　第 387 册　第 387 页

25031　农贷的实际工作/张华敏（星期论坛）　《申报》　1949 年 4 月 10 日　第 400 册　第 672 页

25032　农贷与农业　《中央日报》　1940 年 6 月 1 日　第 43 册　第 542 页

25033　农贷在今日　《大公报》　1948 年 4 月 2 日　第 162 册　第 552 页

25034　农地改革的先决条件　《申报》　1946 年 8 月 30 日　第 389 册　第 964 页

25035　农工并重的经济建设　《中央日报》　1945 年 10 月 13 日　第 51 册　第 810 页

25036　农工商部会同度支部奏复广西提款运锑办矿折　《申报》　1907 年 1 月 25 日　第 86 册　第 231 页

25037　农工商部会奏遵拟划一度量权衡制度图说总表及推行章程折　《申报》　1908 年 5 月 11 日　第 94 册　第 131 页

25038　农节中寄慰农民　《中央日报》　1943 年 2 月 8 日　第 47 册　第 604 页

25039　农力贵贱论　《申报》　1879 年 7 月 22 日　第 15 册　第 85 页

25040　农历新春谈市场（专论）/李荣廷　《民国日报》　1947 年 1 月 26 日　第 99 册　第 667 页

25041　农民节的感想　《大公报》　1946 年 2 月 4 日　第 156 册　第 136 页

25042　农民节感言（专论）/胡朴安　《民国日报》　1946 年 2 月 5 日　第 97 册　第 135 页

25043　农民节为农民诉苦　《申报》　1946 年 2 月 5 日　第 388 册　第 195 页

25044　农民生计与农村运动　《大公报》　1935 年 2 月 10 日　第 124 册　第 584 页

25045　农民问题的重要　《大公报》　1948 年 6 月 15 日　第 163 册　第 272 页

25046　农民运动宣传大纲（代论）　《民国日报》　1927 年 4 月 29 日　第 67 册

第 502 页

25047 农商轻重说 《申报》 1888 年 4 月 12 日 第 32 册 第 575 页

25048 农商学组力助力之丛说：录商务官报 《申报》 1906 年 11 月 23 日 第 85 册 第 469 页

25049 农学教育不宜忽视实习/陈振先（星期论文） 《大公报》 1934 年 5 月 27 日 第 120 册 第 386 页

25050 农业改进的成果 《中央日报》 1942 年 5 月 30 日 第 46 册 第 124 页

25051 农业金融与农业政策的配合 《中央日报》 1943 年 4 月 7 日 第 47 册 第 930 页

25052 农业生产与民族经济 《申报》 1941 年 11 月 18 日 第 378 册 第 603 页

25053 农业受着政治的牵累：迎中美农业合作团美方代表 《大公报》 1946 年 7 月 1 日 第 157 册 第 2 页

25054 农业与工业 《大公报》 1944 年 6 月 27 日 第 152 册 第 796 页

25055 农业与工业/廖家楠（星期评论） 《申报》 1944 年 6 月 25 日 第 385 册 第 611 页

25056 农业增产与机构一元化 《申报》 1944 年 8 月 18 日 第 386 册 第 161 页

25057 农业政策的成绩 《中央日报》 1940 年 5 月 22 日 第 43 册 第 500 页

25058 农战论 《申报》 1899 年 2 月 26 日 第 61 册 第 303 页

25059 农振刍议 《申报》 1935 年 2 月 9 日 第 325 册 第 129 页

25060 弄兵 《申报》 1920 年 7 月 9 日 第 165 册 第 153 页

25061 弄国民如婴儿之政府 《申报》 1911 年 7 月 9 日 第 113 册 第 134 页

25062 弄巧成拙 《申报》 1923 年 10 月 18 日 第 196 册 第 399 页

25063 弄小策忘大计 《申报》 1919 年 11 月 25 日 第 161 册 第 426 页

25064 奴才内阁成立了以后 《民国日报》 1924 年 1 月 14 日 第 49 册 第 182 页

25065 奴隶篇 《申报》 1903 年 6 月 22 日 第 74 册 第 345 页

25066 努力罢接生婆！：为政治协商会议而作/何永佶（星期论文） 《大公报》 1946 年 1 月 20 日 第 156 册 第 80 页

25067 努力北伐声中 《民国日报》 1928 年 3 月 30 日 第 73 册 第 420 页

25068 努力出钱努力竞赛 《中央日报》 1941 年 1 月 31 日 第 44 册 第 388 页

25069 努力春礼劳军运动！ 《大公报》 1940 年 1 月 30 日 第 144 册 第 118 页

25070 努力奋斗之俄德 《申报》 1931 年 6 月 7 日 第 283 册 第 171 页

25071　努力复员勿忘后方　《中央日报》　1945 年 8 月 26 日　第 51 册　第 516 页

25072　努力购储美金债券　《中央日报》　1942 年 4 月 10 日　第 45 册　第 1050 页

25073　努力航空建设　《中央日报》　1940 年 4 月 28 日　第 43 册　第 396 页

25074　努力黄灾农赈!　《大公报》　1933 年 10 月 22 日　第 116 册　第 746 页

25075　努力建国方针的说明　《民国日报》　1946 年 5 月 7 日　第 98 册　第 30 页

25076　努力剿匪认真救灾　《大公报》　1934 年 9 月 25 日　第 122 册　第 364 页

25077　努力剿共　《中央日报》　1930 年 8 月 12 日　第 11 册　第 519 页

25078　努力结束东北战事　《民国日报》　1946 年 4 月 20 日　第 97 册　第 421 页

25079　努力津市募捐运动!　《大公报》　1933 年 2 月 23 日　第 112 册　第 632 页

25080　努力救国飞机捐款!　《大公报》　1932 年 6 月 23 日　第 108 册　第 534 页

25081　努力抗战扑灭汪逆　《中央日报》　1940 年 3 月 28 日　第 43 册　第 250 页

25082　努力前锋的工作　《中央日报》　1938 年 10 月 15 日　第 41 册　第 132 页

25083　努力是成功之母：纪念"七七"十周年　《中央日报》　1947 年 7 月 7 日　第 56 册　第 678 页

25084　努力肃清烟毒　《中央日报》　1937 年 6 月 3 日　第 39 册　第 409 页

25085　努力绥靖，此其时矣!　《民国日报》　1930 年 8 月 28 日　第 87 册　第 762 页

25086　努力推进驿运　《中央日报》　1940 年 10 月 28 日　第 43 册　第 1156 页

25087　努力雪耻共除暴敌：纪念五九国耻二十八周年　《中央日报》　1943 年 5 月 9 日　第 48 册　第 50 页

25088　努力与思虑　《申报》　1927 年 9 月 12 日　第 238 册　第 240 页

25089　努力与镇静　《中央日报》　1939 年 5 月 12 日　第 42 册　第 17 页

25090　努力之时机　《申报》　1928 年 9 月 18 日　第 250 册　第 506 页

25091　努力之效果　《申报》　1923 年 7 月 17 日　第 193 册　第 356 页

25092　努力制服物价!　《中央日报》　1940 年 8 月 29 日　第 43 册　第 912 页

25093　努力中缅文化合作!　《中央日报》　1941 年 9 月 12 日　第 45 册　第 182 页

25094　努力准备大陆决战　《中央日报》　1945 年 4 月 10 日　第 50 册　第 956 页

25095　努力自害　《申报》　1923 年 10 月 3 日　第 196 册　第 41 页

25096　女工不如男工说　《申报》　1894 年 6 月 23 日　第 47 册　第 385 页

25097　女工会　《申报》　1920 年 5 月 29 日　第 164 册　第 513 页

25098　女国民的努力　《申报》　1944 年 9 月 15 日　第 386 册　第 249 页

25099　女界义赈会感言　《申报》　1920 年 12 月 11 日　第 167 册　第 705 页

25100　女闾防弊说　《申报》　1903 年 12 月 19 日　第 75 册　第 753 页

25101　女青年从军服务问题　《中央日报》　1944 年 11 月 3 日　第 50 册　第 290 页

25102　女权宜提倡改良服饰议　《申报》　1911 年 2 月 8 日　第 110 册　第 517 页

25103　女权宜提倡改良服饰议续　《申报》　1911 年 2 月 9 日　第 110 册　第 533 页

25104　女权与今日　《申报》　1913 年 3 月 14 日　第 121 册　第 157 页

25105　女堂宜次第禁及论　《申报》　1889 年 5 月 14 日　第 34 册　第 735 页

25106　女戏将盛行于沪上说　《申报》　1899 年 12 月 9 日　第 63 册　第 707 页

25107　女学防弊说　《申报》　1899 年 4 月 28 日　第 61 册　第 733 页

25108　女学堂论　《申报》　1903 年 4 月 24 日　第 73 册　第 689 页

25109　女学堂议　《申报》　1888 年 1 月 5 日　第 32 册　第 27 页

25110　女学堂余议　《申报》　1889 年 2 月 22 日　第 34 册　第 241 页

25111　女子财产承继权　《中央日报》　1929 年 5 月 16 日　第 6 册　第 153 页

25112　女子财产权之优越地位　《大公报》　1929 年 5 月 18 日　第 90 册　第 276 页

25113　女子参政运动　《民国日报》　1921 年 4 月 4 日　第 32 册　第 476 页

25114　女子服役问题　《大公报》　1944 年 1 月 21 日　第 152 册　第 90 页

25115　女子继承财产权之追溯问题　《大公报》　1929 年 12 月 20 日　第 93 册　第 788 页

25116　女子之财权与人权　《大公报》　1929 年 12 月 22 日　第 93 册　第 820 页

25117　疟疾国　《申报》　1915 年 1 月 15 日　第 132 册　第 188 页

25118　挪威对德宣战　《大公报》　1940 年 4 月 10 日　第 144 册　第 404 页

25119　诺贝尔奖金给奖　《申报》　1936 年 12 月 13 日　第 347 册　第 320 页

25120　诺否　《申报》　1915 年 11 月 20 日　第 137 册　第 308 页

25121　诺港失陷　苏舰队黑海无家　《大公报》　1942 年 9 月 8 日　第 149 册　第 302 页

25122　懦弱的人民（言论）　《民国日报》　1926 年 9 月 21 日　第 65 册　第 201 页

25123　懦弱与非真懦弱　《申报》　1920 年 8 月 9 日　第 165 册　第 705 页

O

25124　欧德伦将军　《中央日报》　1945 年 4 月 17 日　第 50 册　第 978 页

25125　欧德伦将军　《中央日报》　1946 年 9 月 17 日　第 53 册　第 978 页

25126　欧俄的经济地理　《大公报》　1941 年 8 月 22 日　第 147 册　第 190 页

25127　欧非战场新形势　《大公报》　1942 年 7 月 17 日　第 149 册　第 76 页

25128　欧甘协定　《申报》　1931 年 3 月 6 日　第 280 册　第 138 页

25129　欧会使命主张（续）　《民国日报》　1918 年 12 月 10 日　第 18 册　第 470 页

25130　欧会使命主张　《民国日报》　1918 年 12 月 9 日　第 18 册　第 458 页

25131　欧会之结果　《申报》　1919 年 4 月 26 日　第 157 册　第 910 页

25132　欧局　《中央日报》　1939 年 3 月 24 日　第 41 册　第 962 页

25133　欧局变化与中国　《大公报》　1939 年 8 月 28 日　第 142 册　第 556 页

25134　欧局变化中之英国外交　《大公报》　1935 年 4 月 24 日　第 125 册　第 872 页

25135　欧局不迷离　《中央日报》　1939 年 10 月 6 日　第 42 册　第 592 页

25136　欧局的分析　《大公报》　1944 年 2 月 1 日　第 152 册　第 136 页

25137　欧局的检讨/余协中（星期论文）　《大公报》　1940 年 1 月 21 日　第 144 册　第 82 页

25138　欧局的恐怖与打开策　《大公报》　1935 年 4 月 6 日　第 125 册　第 580 页

25139　欧局的两个谜　《中央日报》　1939 年 3 月 15 日　第 41 册　第 908 页

25140　欧局的明日　《中央日报》　1940 年 3 月 19 日　第 43 册　第 204 页

25141　欧局的新荡漾　《大公报》　1940 年 3 月 16 日　第 144 册　第 302 页

25142　欧局的新演变：从苏波纠纷说起　《申报》　1944 年 2 月 1 日　第 385 册　第 109 页

25143　欧局的演进　《大公报》　1939 年 2 月 2 日　第 142 册　第 130 页

25144　欧局的展望　《申报》　1940 年 12 月 24 日　第 373 册　第 742 页

25145　欧局的最后三天　《中央日报》　1938 年 9 月 28 日　第 41 册　第 56 页

25146　欧局东转：微妙紧张的德波关系　《中央日报》　1939 年 4 月 1 日　第 41 册　第 1010 页

25147　欧局恶化中应具的信心　《申报》　1940 年 6 月 13 日　第 370 册　第 572 页

25148　欧局纷扰与义大利　《申报》　1939 年 9 月 3 日　第 366 册　第 38 页

25149　欧局概观　《大公报》　1938 年 5 月 3 日　第 140 册　第 534 页

25150 欧局感言 《申报》 1940年9月8日 第372册 第94页

25151 欧局和缓之关键 《申报》（香港版） 1938年5月30日 第356册 第762页

25152 欧局缓和之转机 《申报》 1936年3月20日 第338册 第497页

25153 欧局紧张 《大公报》 1938年5月23日 第140册 第630页

25154 欧局紧张中之中日观 《大公报》 1935年4月12日 第125册 第678页

25155 欧局纠纷中之国联威信观 《申报》 1935年7月14日 第330册 第356页

25156 欧局剧变中的土耳其 《大公报》 1940年8月12日 第145册 第152页

25157 欧局开展与义大利 《申报》 1940年4月16日 第369册 第630页

25158 欧局两点 《大公报》 1940年3月25日 第144册 第338页

25159 欧局目前之枢纽 《大公报》 1936年2月8日 第130册 第414页

25160 欧局趋势如何 《大公报》 1938年3月19日 第140册 第330页

25161 欧局如何？ 《大公报》 1938年8月19日 第141册 第212页

25162 欧局述感 《申报》 1941年4月28日 第375册 第735页

25163 欧局微妙中的美国 《中央日报》 1939年10月2日 第42册 第576页

25164 欧局新动向 《申报》 1943年7月28日 第384册 第285页

25165 欧局形势鸟瞰 《申报》 1940年10月30日 第372册 第778页

25166 欧局演变中的义国动向 《大公报》 1939年11月16日 第143册 第308页

25167 欧局演变中的远东萌动 《申报》 1940年6月17日 第370册 第628页

25168 欧局一转 《大公报》 1938年9月16日 第141册 第320页

25169 欧局宜速安定 《申报》（香港版） 1938年5月11日 第356册 第686页

25170 欧局宜速安定 《申报》（汉口版） 1938年5月8日 第356册 第231页

25171 欧局与波罗的海 《申报》 1939年5月6日 第363册 第626页

25172 欧局与敌人 《中央日报》 1939年3月23日 第41册 第956页

25173 欧局与美国 《大公报》 1938年9月28日 第141册 第370页

25174 欧局与美国 《中央日报》 1939年4月2日 第41册 第1014页

25175 欧局与日本 《大公报》 1938年9月30日 第141册 第378页

25176 欧局与日本所彷徨 《申报》 1939年4月28日 第363册 第492页

25177 欧局与苏联 《大公报》 1938 年 9 月 13 日 第 141 册 第 308 页

25178 欧局与远东 《中央日报》 1940 年 5 月 7 日 第 43 册 第 436 页

25179 欧局之键 《申报》（汉口版） 1938 年 5 月 28 日 第 356 册 第 271 页

25180 欧局之暂时缓和 《大公报》 1935 年 10 月 22 日 第 128 册 第 734 页

25181 欧局之总检讨 《中央日报》 1936 年 12 月 1 日 第 36 册 第 751 页

25182 欧局中之匈牙利 《申报》 1939 年 8 月 22 日 第 365 册 第 862 页

25183 欧局转变的剖解 《申报》（汉口版） 1938 年 2 月 28 日 第 356 册 第 89 页

25184 欧局转稳 《中央日报》 1939 年 4 月 16 日 第 41 册 第 1078 页

25185 欧联会中之俄代表演说 《申报》 1931 年 5 月 20 日 第 282 册 第 484 页

25186 欧联委员会论战开始 《申报》 1931 年 5 月 18 日 第 282 册 第 438 页

25187 欧联之难题 《申报》 1931 年 1 月 18 日 第 278 册 第 264 页

25188 欧陆的三个角落 《大公报》 1941 年 6 月 30 日 第 146 册 第 728 页

25189 欧陆冬季攻势的展望 《大公报》 1944 年 11 月 2 日 第 153 册 第 558 页

25190 欧罗巴通市考略 《申报》 1876 年 8 月 1 日 第 9 册 第 105 页

25191 欧罗巴之病床 《申报》 1930 年 6 月 1 日 第 271 册 第 7 页

25192 欧美的失业工人观 《民国日报》 1921 年 1 月 8 日 第 31 册 第 94 页

25193 欧美国家银行制度及发用币纸利弊论 《申报》 1912 年 4 月 23 日 第 117 册 第 213 页

25194 欧美国家银行制度及发用币纸利弊论续 《申报》 1912 年 4 月 24 日 第 117 册 第 223 页

25195 欧美国家银行制度及发用币纸利弊论再续 《申报》 1912 年 4 月 25 日 第 117 册 第 233 页

25196 欧美和日本对华认识的不同及其影响/吴世昌（星期论坛） 《申报》 1937 年 4 月 11 日 第 351 册 第 256 页

25197 欧美经济之内外关系 《申报》 1930 年 7 月 21 日 第 272 册 第 499 页

25198 欧美列强海政论 《申报》 1910 年 3 月 31 日 第 105 册 第 481 页

25199 欧美列强海政论（续） 《申报》 1910 年 4 月 1 日 第 105 册 第 498 页

25200 欧美列强海政论（二续） 《申报》 1910 年 4 月 2 日 第 105 册 第 513 页

25201 欧美外交之感言 《申报》（香港版） 1939 年 5 月 12 日 第 358 册 第 578 页

25202 欧美现势与三头会议 《申报》 1945 年 6 月 19 日 第 387 册 第 429 页

25203　欧美与远东　《大公报》　1932 年 9 月 19 日　第 110 册　第 220 页

25204　欧美政局近闻　《申报》　1930 年 10 月 28 日　第 275 册　第 701 页

25205　欧美之酷冷与暴风　《申报》　1931 年 3 月 9 日　第 280 册　第 223 页

25206　欧人东渐之新航路　《申报》　1907 年 5 月 24 日　第 88 册　第 305 页

25207　欧事冷观　《申报》　1914 年 9 月 20 日　第 130 册　第 268 页

25208　欧西金银宜各自为价论　《申报》　1892 年 11 月 27 日　第 42 册　第 549 页

25209　欧亚二洲可致太平说　《申报》　1881 年 3 月 19 日　第 18 册　第 281 页

25210　欧亚机又遭袭击！　《申报》（香港版）　1938 年 9 月 6 日　第 357 册　第 21 页

25211　欧亚局势论　《申报》　1878 年 11 月 25 日　第 13 册　第 505 页

25212　欧亚两战场的关键　《中央日报》　1942 年 1 月 24 日　第 45 册　第 734 页

25213　欧亚战局的展望　《申报》　1943 年 5 月 14 日　第 383 册　第 883 页

25214　欧亚战局的中心　《中央日报》　1942 年 7 月 23 日　第 46 册　第 462 页

25215　欧亚战事联合为一：读美总统对国会咨文感言　《中央日报》　1943 年 9 月 20 日　第 48 册　第 682 页

25216　欧亚轴心的同床异梦　《申报》　1941 年 11 月 2 日　第 378 册　第 403 页

25217　欧战　《中央日报》　1939 年 9 月 4 日　第 42 册　第 464 页

25218　欧战·世界大局与中国　《大公报》　1940 年 6 月 12 日　第 144 册　第 656 页

25219　欧战爆发之后我们的抗战国策　《大公报》　1939 年 9 月 11 日　第 143 册　第 42 页

25220　欧战变局与东方道德观点　《申报》　1940 年 6 月 21 日　第 370 册　第 680 页

25221　欧战侧面观　《大公报》　1941 年 4 月 8 日　第 146 册　第 412 页

25222　欧战此一仗　《申报》　1940 年 5 月 22 日　第 370 册　第 280 页

25223　欧战的关键在地中海　《中央日报》　1940 年 12 月 17 日　第 44 册　第 190 页

25224　欧战的军事与外交　《中央日报》　1940 年 5 月 23 日　第 43 册　第 506 页

25225　欧战的严重发展　《申报》　1940 年 4 月 10 日　第 369 册　第 544 页

25226　欧战第二期开始欤　《申报》　1940 年 4 月 9 日　第 369 册　第 532 页

25227　欧战第三阶段如何揭幕？　《申报》　1940 年 6 月 4 日　第 370 册　第 450 页

25228　欧战动响的前途　《申报》　1940 年 1 月 17 日　第 368 册　第 230 页

25229　欧战对于上海中国人的启示　《申报》　1939 年 9 月 7 日　第 366 册　第 96 页

25230　欧战二周年与记者节　《申报》　1941 年 9 月 1 日　第 377 册　第 400 页

25231　欧战媾和论（一）媾和之幻用　《民国日报》　1916 年 12 月 20 日　第 6 册　第 590 页

25232　欧战媾和论（二）日本之态度　《民国日报》　1916 年 12 月 21 日　第 6 册　第 602 页

25233　欧战观感与中国之磁铁战　《中央日报》　1940 年 7 月 6 日　第 43 册　第 690 页

25234　欧战和议之征兆　《申报》　1916 年 12 月 14 日　第 143 册　第 792 页

25235　欧战和中国　《申报》（香港版）　1938 年 9 月 15 日　第 357 册　第 57 页

25236　欧战会发生吗?：一个根据事与理的分析　《中央日报》　1939 年 4 月 26 日　第 41 册　第 1118 页

25237　欧战急转直下矣!　《申报》　1940 年 6 月 18 日　第 370 册　第 640 页

25238　欧战加深敌人的苦恼　《中央日报》　1939 年 10 月 22 日　第 42 册　第 660 页

25239　欧战将给予远东的影响　《申报》（香港版）　1938 年 9 月 16 日　第 357 册　第 61 页

25240　欧战僵局的时间　《中央日报》　1940 年 1 月 31 日　第 42 册　第 1072 页

25241　欧战进入一新阶段　检讨英国当前的两个严重问题　《大公报》　1940 年 12 月 13 日　第 145 册　第 628 页

25242　欧战局势　《申报》　1944 年 12 月 27 日　第 386 册　第 579 页

25243　欧战剧烈时代　《申报》　1917 年 2 月 3 日　第 144 册　第 402 页

25244　欧战可以打击汉奸的谬论　《中央日报》　1939 年 9 月 7 日　第 42 册　第 476 页

25245　欧战扩大　《中央日报》　1940 年 4 月 11 日　第 43 册　第 318 页

25246　欧战扩大与上海前途　《申报》　1940 年 6 月 3 日　第 370 册　第 438 页

25247　欧战扩大与远东　《申报》　1940 年 4 月 11 日　第 369 册　第 558 页

25248　欧战扩展与集体安全　《中央日报》　1940 年 4 月 13 日　第 43 册　第 326 页

25249　欧战临头了!　《申报》（香港版）　1938 年 9 月 25 日　第 357 册　第 97 页

25250　欧战平和纪念　《大公报》　1926 年 11 月 11 日　第 77 册　第 555 页

25251　欧战平和纪念　《大公报》　1927 年 11 月 11 日　第 81 册　第 327 页

25252　欧战期中的美国外交　《中央日报》　1939 年 9 月 15 日　第 42 册　第 508 页

25253　欧战前途蠡测　《申报》　1939 年 11 月 14 日　第 367 册　第 178 页

25254　欧战趋势与东亚　《中央日报》　1941 年 6 月 5 日　第 44 册　第 928 页

25255　欧战时之德国与远东　《申报》　1940 年 9 月 1 日　第 372 册　第 4 页

25256　欧战四年　《大公报》　1943 年 9 月 1 日　第 151 册　第 278 页

25257　欧战西向与太平洋　《中央日报》　1940 年 5 月 13 日　第 43 册　第 463 页

25258　欧战现阶段局势与远东　《大公报》　1940 年 5 月 23 日　第 144 册　第 576 页

25259　欧战现阶段中之苏联　《申报》　1939 年 9 月 30 日　第 366 册　第 428 页

25260　欧战现势　《申报》　1944 年 12 月 21 日　第 386 册　第 559 页

25261　欧战新发展　《申报》　1940 年 5 月 12 日　第 370 册　第 138 页

25262　欧战新节段与列强　《申报》　1941 年 5 月 5 日　第 376 册　第 46 页

25263　欧战休战二十周纪念感言　《申报》（香港版）　1938 年 11 月 11 日　第 357 册　第 289 页

25264　欧战宣告停止　《中央日报》　1945 年 5 月 8 日　第 50 册　第 1096 页

25265　欧战迅速开展　《大公报》　1945 年 4 月 11 日　第 154 册　第 428 页

25266　欧战已临最后阶段　《大公报》　1945 年 3 月 26 日　第 154 册　第 360 页

25267　欧战有向近东推移的可能吗？　《申报》　1940 年 2 月 1 日　第 368 册　第 438 页

25268　欧战与敌人的苦闷　《中央日报》　1939 年 11 月 16 日　第 42 册　第 760 页

25269　欧战与国土　《申报》　1914 年 12 月 8 日　第 131 册　第 534 页

25270　欧战与美苏　《申报》　1941 年 4 月 20 日　第 375 册　第 632 页

25271　欧战与世界经济的破坏　《申报》　1939 年 9 月 28 日　第 366 册　第 402 页

25272　欧战与苏联经济　《中央日报》　1940 年 8 月 11 日　第 43 册　第 840 页

25273　欧战与我国贸易趋向　《大公报》　1939 年 11 月 20 日　第 143 册　第 324 页

25274　欧战与英美关系　《中央日报》　1940 年 9 月 15 日　第 43 册　第 980 页

25275　欧战与越南　《申报》　1940 年 8 月 27 日　第 371 册　第 748 页

25276　欧战再扩大的前夕　《申报》　1941 年 5 月 18 日　第 376 册　第 204 页

25277　欧战战局透视　《申报》　1945 年 4 月 30 日　第 387 册　第 315 页

25278　欧战之军事形势　《中央日报》　1940 年 12 月 28 日　第 44 册　第 236 页

25279　欧战之速决或持久　《中央日报》　1940 年 5 月 25 日　第 43 册　第 514 页

25280　欧战之新端倪　《申报》　1914 年 8 月 10 日　第 129 册　第 622 页

25281　欧战之异观　《申报》　1914 年 8 月 11 日　第 129 册　第 636 页

25282　欧战之自助：有志气、有希望、青年之中国　《民国日报》　1918 年 11 月 15 日　第 18 册　第 170 页

25283　欧战之自助（二）：有志气、有希望、青年之中国　《民国日报》　1918 年 11 月 16 日　第 18 册　第 182 页

25284　欧战之自助（三）：有志气、有希望、青年之中国　《民国日报》　1918 年 11 月 17 日　第 18 册　第 194 页

25285　欧战中的美国动态　《大公报》　1940 年 5 月 28 日　第 144 册　第 596 页

25286　欧战中的商战　《申报》　1940 年 4 月 30 日　第 369 册　第 830 页

25287　欧战中的西班牙　《大公报》　1940 年 12 月 6 日　第 145 册　第 600 页

25288　欧战中之巴尔干　《申报》　1940 年 3 月 24 日　第 369 册　第 316 页

25289　欧战中之欧洲各国　《申报》　1939 年 9 月 22 日　第 366 册　第 316 页

25290　欧战中之上海　《申报》　1939 年 9 月 5 日　第 366 册　第 68 页

25291　欧战重心在大西洋　《申报》　1941 年 4 月 24 日　第 375 册　第 682 页

25292　欧战转向？　《中央日报》　1940 年 10 月 23 日　第 43 册　第 1136 页

25293　欧战自胜利：中国则如何　《民国日报》　1919 年 6 月 27 日　第 21 册　第 674 页

25294　欧洲变局与远东　《申报》　1939 年 8 月 28 日　第 365 册　第 954 页

25295　欧洲搏斗的析视　《申报》　1941 年 4 月 30 日　第 375 册　第 760 页

25296　欧洲大局益趋尖锐　《申报》（汉口版）　1938 年 3 月 20 日　第 356 册　第 129 页

25297　欧洲大局益趋尖锐　《申报》（香港版）　1938 年 3 月 23 日　第 356 册　第 489 页

25298　欧洲大陆英雄之覆辙/蒋百里（星期论文）　《大公报》　1938 年 1 月 11 日　第 140 册　第 44 页

25299　欧洲大战发人深省　《大公报》　1940 年 5 月 24 日　第 144 册　第 580 页

25300　欧洲大战与意大利　《中央日报》　1939 年 9 月 5 日　第 42 册　第 468 页

25301　欧洲到了分合的关头！　《申报》　1947 年 7 月 11 日　第 394 册　第 102 页

25302　欧洲的和战问题　《大公报》　1938 年 9 月 27 日　第 141 册　第 366 页

25303　欧洲的经济战　《申报》　1939 年 11 月 23 日　第 367 册　第 298 页

25304　欧洲的精神战争　《中央日报》　1939 年 9 月 12 日　第 42 册　第 496 页

25305　欧洲的新变动　《申报》　1940 年 7 月 26 日　第 371 册　第 338 页

25306　欧洲的战云　《申报》　1937 年 9 月 14 日　第 355 册　第 487 页

25307　欧洲第二战场的开辟　《中央日报》　1944 年 5 月 2 日　第 49 册　第 548 页

25308 欧洲第二战场的开辟 《中央日报》 1944 年 6 月 7 日 第 49 册 第 704 页

25309 欧洲第二战场与亚陆 《大公报》 1943 年 3 月 23 日 第 150 册 第 356 页

25310 欧洲东线战局 《中央日报》 1944 年 11 月 28 日 第 50 册 第 402 页

25311 欧洲东战场鸟瞰 《申报》 1945 年 2 月 1 日 第 387 册 第 93 页

25312 欧洲对美之挑战（上）：洛桑公约签字后国际形势之转捩 《申报》 1932 年 7 月 27 日 第 294 册 第 651 页

25313 欧洲对美之挑战（下） 《申报》 1932 年 7 月 28 日 第 294 册 第 677 页

25314 欧洲二大对垒势力之消长 《申报》 1936 年 9 月 11 日 第 344 册 第 296 页

25315 欧洲分裂后的英国外交 《大公报》 1947 年 12 月 22 日 第 161 册 第 682 页

25316 欧洲分裂了！ 《申报》 1947 年 7 月 13 日 第 394 册 第 122 页

25317 欧洲风云与米美尔问题 《申报》 1935 年 10 月 5 日 第 333 册 第 117 页

25318 欧洲风云与远东 《申报》（香港版） 1939 年 4 月 13 日 第 358 册 第 346 页

25319 欧洲封锁战的扩大化 《大公报》 1939 年 12 月 2 日 第 143 册 第 372 页

25320 欧洲复兴案的展望：兼评两种冷战策略 《大公报》 1948 年 1 月 27 日 第 162 册 第 166 页

25321 欧洲各国以中法之和为利说 《申报》 1883 年 12 月 9 日 第 23 册 第 969 页

25322 欧洲各国之内政问题 《申报》 1931 年 6 月 15 日 第 283 册 第 389 页

25323 欧洲各国之政潮 《申报》 1929 年 10 月 27 日 第 263 册 第 777 页

25324 欧洲各国最近之政象 《申报》 1930 年 8 月 27 日 第 273 册 第 652 页

25325 欧洲国家阵线之酝酿 《中央日报》 1936 年 9 月 1 日 第 35 册 第 749 页

25326 欧洲合众国 《申报》 1930 年 5 月 19 日 第 270 册 第 473 页

25327 欧洲和平的黯淡 《申报》 1938 年 10 月 11 日 第 359 册 第 52 页

25328 欧洲和平的保证问题 《中央日报》 1939 年 10 月 13 日 第 42 册 第 624 页

25329 欧洲和平的可能性/崔书琴（星期论文） 《大公报》 1940 年 3 月 17 日 第 144 册 第 306 页

25330　欧洲和战的关键　《中央日报》　1939 年 7 月 13 日　第 42 册　第 248 页

25331　欧洲货币战　《中央日报》　1939 年 12 月 18 日　第 42 册　第 888 页

25332　欧洲集体安全制度之破裂　《申报》　1935 年 6 月 6 日　第 329 册　第 148 页

25333　欧洲僵局之继续性　《大公报》　1936 年 3 月 18 日　第 131 册　第 242 页

25334　欧洲交战国的作战目标　《申报》　1939 年 11 月 19 日　第 367 册　第 246 页

25335　欧洲金本位国家集团之新阵容　《申报》　1934 年 10 月 23 日　第 321 册　第 691 页

25336　欧洲金本位集团之动摇　《申报》　1935 年 4 月 3 日　第 327 册　第 61 页

25337　欧洲近象观　《申报》　1931 年 2 月 25 日　第 279 册　第 614 页

25338　欧洲经济合作会议开幕　《大公报》　1947 年 7 月 14 日　第 160 册　第 468 页

25339　欧洲经济会议　《中央日报》　1947 年 7 月 11 日　第 56 册　第 720 页

25340　欧洲经济会议闭幕　《申报》　1947 年 7 月 17 日　第 394 册　第 162 页

25341　欧洲经济战之又一幕：法西签订新商约　《中央日报》　1940 年 1 月 22 日　第 42 册　第 1032 页

25342　欧洲经济之新趋势　《申报》　1932 年 8 月 14 日　第 295 册　第 327 页

25343　欧洲局势的新评断　《申报》　1943 年 8 月 20 日　第 384 册　第 381 页

25344　欧洲局势已缓和否　《申报》　1939 年 5 月 16 日　第 363 册　第 814 页

25345　欧洲局势与思想背景/潘光旦（星期论文）　《大公报》　1936 年 11 月 15 日　第 135 册　第 200 页

25346　欧洲历史之一页　《大公报》　1927 年 11 月 7 日　第 81 册　第 299 页

25347　欧洲联邦计划之第二步　《申报》　1930 年 7 月 17 日　第 272 册　第 399 页

25348　欧洲联邦与国际联盟会　《申报》　1930 年 8 月 25 日　第 273 册　第 600 页

25349　欧洲联邦之近势　《申报》　1931 年 1 月 21 日　第 278 册　第 341 页

25350　欧洲两个计划的对峙　《中央日报》　1947 年 7 月 16 日　第 56 册　第 772 页

25351　欧洲两集团对峙之再起/傅孟真（星期论文）　《大公报》　1936 年 8 月 16 日　第 133 册　第 672 页

25352　欧洲两事　《大公报》　1942 年 6 月 3 日　第 148 册　第 654 页

25353　欧洲赔款问题之回顾　《大公报》　1932 年 7 月 7 日　第 109 册　第 76 页

25354　欧洲情势与中国民心（译论）　《申报》　1945 年 5 月 7 日　第 387 册　第 331 页

25355 欧洲人民阵线的前途（一） 《中央日报》 1936 年 11 月 3 日 第 36 册 第 413 页

25356 欧洲人民阵线的前途（二） 《中央日报》 1936 年 11 月 4 日 第 36 册 第 425 页

25357 欧洲"神风"吹落"日" 《大公报》 1939 年 10 月 26 日 第 143 册 第 224 页

25358 欧洲时局之究竟 《申报》 1923 年 1 月 11 日 第 188 册 第 202 页

25359 欧洲四强国协定 《申报》 1933 年 3 月 23 日 第 302 册 第 665 页

25360 欧洲所谓新秩序的难题 《申报》 1941 年 4 月 2 日 第 375 册 第 406 页

25361 欧洲外交的危机 《中央日报》 1932 年 9 月 27 日 第 19 册 第 458 页

25362 欧洲外交的新展开 《申报》 1936 年 12 月 27 日 第 347 册 第 680 页

25363 欧洲外交局势的转变 《申报》 1937 年 4 月 24 日 第 351 册 第 566 页

25364 欧洲外交战的新舞台 《大公报》 1939 年 10 月 4 日 第 143 册 第 134 页

25365 欧洲问题的教训 《大公报》 1938 年 10 月 7 日 第 141 册 第 404 页

25366 欧洲现势的分析 《申报》 1938 年 12 月 20 日 第 360 册 第 308 页

25367 欧洲小协约之新动向 《中央日报》 1937 年 4 月 9 日 第 38 册 第 475 页

25368 欧洲新和平运动的透视 《申报》（香港版） 1939 年 5 月 2 日 第 358 册 第 498 页

25369 欧洲新秩序的宪章（译论） 《申报》 1943 年 3 月 26 日 第 383 册 第 590 页

25370 欧洲形势又告紧张 《中央日报》 1946 年 8 月 18 日 第 53 册 第 672 页

25371 欧洲形势之推移：德波间之互不侵犯条约 《申报》 1933 年 11 月 20 日 第 310 册 第 571 页

25372 欧洲已临大战前夕 《大公报》 1942 年 5 月 14 日 第 148 册 第 574 页

25373 欧洲议会的前瞻 《申报》 1949 年 3 月 30 日 第 400 册 第 584 页

25374 欧洲展开一幕经济战 《申报》 1941 年 7 月 29 日 第 376 册 第 1115 页

25375 欧洲战局 《中央日报》 1939 年 11 月 18 日 第 42 册 第 768 页

25376 欧洲战局 《中央日报》 1939 年 9 月 24 日 第 42 册 第 544 页

25377 欧洲战局的新发展 《中央日报》 1944 年 7 月 5 日 第 49 册 第 826 页

25378 欧洲战局检讨 《申报》 1943 年 12 月 23 日 第 384 册 第 887 页

25379 欧洲战局与苏土关系 《大公报》 1941 年 3 月 24 日 第 146 册 第

342 页

25380　欧洲战局与远东　《大公报》　1939 年 9 月 2 日　第 143 册　第 6 页

25381　欧洲战局与政局　《申报》　1944 年 2 月 14 日　第 385 册　第 161 页

25382　欧洲战局与中日战局　《大公报》　1940 年 6 月 19 日　第 144 册　第 680 页

25383　欧洲战事感言　《申报》　1914 年 9 月 24 日　第 130 册　第 323 页

25384　欧洲战事后之纠葛　《申报》　1914 年 9 月 7 日　第 130 册　第 86 页

25385　欧洲战事与中国内债　《申报》　1914 年 8 月 13 日　第 129 册　第 664 页

25386　欧洲战事之将来　《申报》　1914 年 7 月 31 日　第 129 册　第 476 页

25387　欧洲战事之教训　《申报》　1914 年 8 月 3 日　第 129 册　第 520 页

25388　欧洲战事之教训（二）　《申报》　1914 年 8 月 9 日　第 129 册　第 606 页

25389　欧洲战事之影响　《申报》　1914 年 8 月 4 日　第 129 册　第 536 页

25390　欧洲战云与苏日冲突　《申报》（香港版）　1939 年 3 月 6 日　第 358 册　第 42 页

25391　欧洲战债削减问题　《中央日报》　1931 年 6 月 18 日　第 14 册　第 959 页

25392　欧洲战争的重要关键　《申报》　1940 年 5 月 21 日　第 370 册　第 266 页

25393　欧洲这面镜子　《大公报》　1946 年 8 月 5 日　第 157 册　第 150 页

25394　欧洲缜密研究中和平呼吁　《申报》　1939 年 11 月 13 日　第 367 册　第 166 页

25395　欧洲政局当前的危机　《申报》　1934 年 1 月 9 日　第 312 册　第 178 页

25396　欧洲政局之新纪元　《大公报》　1932 年 7 月 8 日　第 109 册　第 88 页

25397　欧洲政局之一线生机　《申报》　1933 年 12 月 23 日　第 311 册　第 658 页

25398　欧洲政治家的难题　《申报》　1935 年 9 月 29 日　第 332 册　第 782 页

25399　欧洲政治之动向：西门与墨索里尼晤面以后　《申报》　1934 年 1 月 6 日　第 312 册　第 95 页

25400　欧洲之大波澜　《大公报》　1936 年 3 月 8 日　第 131 册　第 102 页

25401　欧洲之二大恐慌说　《申报》　1909 年 5 月 9 日　第 100 册　第 113 页

25402　欧洲之二大恐慌说（续）　《申报》　1909 年 5 月 10 日　第 100 册　第 128 页

25403　欧洲之情势　《申报》　1914 年 7 月 29 日　第 129 册　第 444 页

25404　欧洲之天灾人祸　《申报》　1915 年 1 月 17 日　第 132 册　第 216 页

25405　欧洲之危机说　《申报》　1931 年 1 月 15 日　第 278 册　第 180 页

25406　欧洲之新形势（译万朝报）　《申报》　1906 年 1 月 14 日　第 82 册　第

105 页

25407 欧洲之战机 《申报》 1934 年 5 月 13 日 第 316 册 第 338 页

25408 欧洲重要会议说 《申报》 1931 年 1 月 16 日 第 278 册 第 207 页

25409 欧洲最近之外交形势（专载）/蒋作宾 《民国日报》 1931 年 5 月 20 日 第 92 册 第 220 页

25410 殴议员 《申报》 1920 年 12 月 8 日 第 167 册 第 646 页

25411 瓯脱之时 《申报》 1921 年 10 月 27 日 第 174 册 第 579 页

25412 瓯脱之时 《申报》 1925 年 12 月 30 日 第 219 册 第 591 页

25413 瓯脱之时间 《申报》 1915 年 6 月 9 日 第 134 册 第 662 页

25414 偶感 《大公报》 1930 年 4 月 30 日 第 95 册 第 964 页

25415 偶然、有意、善意、恶意 《申报》 1928 年 12 月 15 日 第 253 册 第 415 页

25416 偶阅儒林外史感而书此 《申报》 1896 年 8 月 20 日 第 53 册 第 721 页

P

25417 徘徊踟蹰中之西园寺 《中央日报》 1932 年 5 月 20 日 第 18 册 第 78 页

25418 徘徊歧路之美国银政策 《申报》 1935 年 8 月 26 日 第 331 册 第 661 页

25419 排除同己 《申报》 1926 年 6 月 26 日 第 224 册 第 615 页

25420 排除颓唐心理一致奋斗！ 《中央日报》 1931 年 11 月 19 日 第 16 册 第 595 页

25421 排货问题 《大公报》 1933 年 6 月 14 日 第 114 册 第 620 页

25422 排货责任不在中国 《大公报》 1932 年 3 月 19 日 第 107 册 第 184 页

25423 排满党驳议 《申报》 1901 年 12 月 28 日 第 69 册 第 725 页

25424 牌坊宜改筑移建说 《申报》 1879 年 12 月 19 日 第 15 册 第 685 页

25425 派出代表后的促成会（言论） 《民国日报》 1925 年 3 月 30 日 第 56 册 第 392 页

25426 派遣翰林游学之利病观 《申报》 1906 年 2 月 16 日 第 82 册 第 313 页

25427 派遣翰林游学之利病观（续昨稿） 《申报》 1906 年 2 月 17 日 第 82 册 第 321 页

25428 派遣翰林游学之利病观（二续昨稿） 《申报》 1906 年 2 月 18 日 第 82 册 第 329 页

25429　派员游历说　《申报》　1890 年 8 月 4 日　第 37 册　第 221 页

25430　盘剥探原说　《申报》　1882 年 11 月 5 日　第 21 册　第 763 页

25431　盘桓中途　《申报》　1914 年 4 月 1 日　第 127 册　第 504 页

25432　判断时事之方法　《申报》　1920 年 7 月 14 日　第 165 册　第 259 页

25433　判法之新变局　《民国日报》　1922 年 6 月 19 日　第 39 册　第 670 页

25434　叛案存疑　《申报》　1880 年 2 月 2 日　第 16 册　第 129 页

25435　叛党乱国之经过：自徐州会议至复辟实现　《民国日报》　1917 年 7 月 10 日　第 10 册　第 110 页

25436　叛党乱国之经过：（二续）自徐州会议至复辟实现　《民国日报》　1917 年 7 月 12 日　第 10 册　第 134 页

25437　叛党乱国之经过：（三续）自徐州会议至复辟实现　《民国日报》　1917 年 7 月 13 日　第 10 册　第 146 页

25438　叛党乱国之经过：（四续）自徐州会议至复辟实现　《民国日报》　1917 年 7 月 14 日　第 10 册　第 158 页

25439　叛党乱国之经过：（五续）自徐州会议至复辟实现　《民国日报》　1917 年 7 月 15 日　第 10 册　第 170 页

25440　叛党乱国之经过：（六续）自徐州会议至复辟实现　《民国日报》　1917 年 7 月 16 日　第 10 册　第 182 页

25441　叛党乱国之经过：（七续）自徐州会议至复辟实现　《民国日报》　1917 年 7 月 17 日　第 10 册　第 194 页

25442　叛党乱国之经过：（八续）自徐州会议至复辟实现　《民国日报》　1917 年 7 月 18 日　第 10 册　第 206 页

25443　叛国者的下场　《中央日报》　1946 年 5 月 16 日　第 52 册　第 1004 页

25444　叛逆队伍中的傀儡　《民国日报》　1930 年 8 月 22 日　第 87 册　第 677 页

25445　盼望殷富阶级自动捐款　《申报》　1943 年 6 月 11 日　第 384 册　第 61 页

25446　盼望整个财政计划　《大公报》　1931 年 8 月 16 日　第 103 册　第 556 页

25447　盼勿延宕　《民国日报》　1946 年 2 月 9 日　第 97 册　第 149 页

25448　盼协商诸公认清努力　《民国日报》　1946 年 1 月 26 日　第 97 册　第 103 页

25449　盼中央速决新方针　《民国日报》　1931 年 12 月 19 日　第 95 册　第 599 页

25449.1　彷徨中之日本对俄外交　《大公报》　1932 年 10 月 21 日　第 110 册　第 608 页

25450　庞德教授的临别赠言　《申报》　1946 年 9 月 19 日　第 390 册　第 234 页

25451 旁观 《申报》 1925 年 1 月 10 日 第 209 册 第 179 页

25452 抛售政策的检讨 《申报》 1949 年 4 月 16 日 第 400 册 第 718 页

25453 炮车载正义 《民国日报》 1917 年 8 月 11 日 第 10 册 第 494 页

25454 炮轰市街为人道所不容! 《大公报》 1931 年 11 月 28 日 第 105 册 第 208 页

25455 炮火下日寇之动向 《中央日报》 1945 年 3 月 23 日 第 50 册 第 884 页

25456 炮击山海关与新军缩案 《申报》 1932 年 12 月 13 日 第 299 册 第 357 页

25457 炮台水雷足资守御说 《申报》 1884 年 8 月 28 日 第 25 册 第 349 页

25458 跑马厅的未来 《申报》 1946 年 9 月 14 日 第 390 册 第 175 页

25459 陪都募债运动的成绩 《大公报》 1941 年 6 月 28 日 第 146 册 第 720 页

25460 培材原要论 《申报》 1893 年 8 月 31 日 第 44 册 第 861 页

25461 培养工商实用人才的意义/唐寿民(星期评论) 《申报》 1944 年 8 月 20 日 第 386 册 第 167 页

25462 培养西学人才议 《申报》 1889 年 1 月 6 日 第 34 册 第 31 页

25463 "培养正气"与"树立信心" 《申报》 1933 年 7 月 23 日 第 306 册 第 674 页

25464 培养子弟说 《申报》 1893 年 8 月 10 日 第 44 册 第 717 页

25465 培植人才宜亟兴蒙学堂说 《申报》 1902 年 3 月 2 日 第 70 册 第 323 页

25466 赔偿问题与德国工人 《民国日报》 1924 年 6 月 29 日 第 51 册 第 830 页

25467 赔偿问题之新发展 《民国日报》 1924 年 4 月 17 日 第 50 册 第 586 页

25468 赔偿物资的分配与运用 《大公报》 1947 年 11 月 4 日 第 161 册 第 392 页

25469 赔款与战债 《申报》 1931 年 5 月 8 日 第 282 册 第 168 页

25470 裴斐教授的错觉! 《申报》 1947 年 8 月 8 日 第 394 册 第 382 页

25471 裴克氏的铁路计划观 《民国日报》 1920 年 9 月 26 日 第 29 册 第 352 页

25472 配给增加 《申报》 1944 年 1 月 17 日 第 385 册 第 65 页

25473 配给制度平议 《大公报》 1947 年 3 月 8 日 第 159 册 第 474 页

25474 配合第二期抗战的教育 《中央日报》 1939 年 4 月 24 日 第 41 册 第 1110 页

25475 配合抗建需要的教育 《中央日报》 1944 年 10 月 5 日 第 50 册 第 156 页

25476 配米办法改善以后 《申报》 1947 年 5 月 15 日 第 393 册 第 446 页

25477 配售食粮·抑平物价 《中央日报》 1948 年 2 月 28 日 第 58 册 第 512 页

25478 喷火山上之暴敌 《申报》（汉口版） 1938 年 2 月 6 日 第 356 册 第 45 页

25479 抨南北妥协论调（社论） 《民国日报》 1927 年 5 月 19 日 第 68 册 第 266 页

25480 朋党论 《申报》 1889 年 2 月 20 日 第 34 册 第 229 页

25481 朋友 《申报》 1914 年 4 月 16 日 第 127 册 第 754 页

25482 彭素民驳徐佛苏劝议员北归 《民国日报》 1923 年 8 月 7 日 第 46 册 第 520 页

25483 蓬生麻中 《申报》 1929 年 6 月 24 日 第 259 册 第 658 页

25484 鹏灯宜禁说 《申报》 1893 年 3 月 23 日 第 43 册 第 463 页

25485 批评"批评中国国民党" 《民国日报》 1923 年 11 月 8 日 第 48 册 第 108 页

25486 批评"批评中国国民党"（二） 《民国日报》 1923 年 11 月 9 日 第 48 册 第 122 页

25487 批评"批评中国国民党"（三） 《民国日报》 1923 年 11 月 10 日 第 48 册 第 134 页

25488 批评"批评中国国民党"（四） 《民国日报》 1923 年 11 月 11 日 第 48 册 第 148 页

25489 批评史丹林报告 《申报》 1934 年 2 月 1 日 第 313 册 第 8 页

25490 批评苏省议会的丑相 《民国日报》 1921 年 10 月 30 日 第 35 册 第 808 页

25491 批评苏省议会的丑相 《民国日报》 1921 年 10 月 31 日 第 35 册 第 822 页

25492 披读吁和文电感言 《大公报》 1949 年 1 月 10 日 第 164 册 第 633 页

25492.1 否泰说 《申报》 1898 年 6 月 22 日 第 59 册 第 335 页

25493 辟剥夺恢复后国会职权的谬说 《民国日报》 1922 年 5 月 17 日 第 39 册 第 218 页

25494 辟"不合国情"说 《大公报》 1946 年 12 月 27 日 第 158 册 第 568 页

25495 辟吃素说 《申报》 1895 年 8 月 7 日 第 50 册 第 635 页

25496 辟党述 《申报》 1912 年 10 月 3 日 第 119 册 第 21 页

25497 辟德国承认伪满说 《申报》 1934 年 4 月 9 日 第 315 册 第 244 页

25498 辟敌方宣传 《大公报》 1937 年 12 月 30 日 第 139 册 第 778 页

25499 辟法统说（一）（言论） 《民国日报》 1926 年 4 月 16 日 第 62 册 第 462 页

25500 辟费唐报告之谬妄 《中央日报》 1931 年 7 月 4 日 第 15 册 第 39 页

25501 辟风水说 《申报》 1889 年 4 月 17 日 第 34 册 第 571 页

25502 辟风水说 《申报》 1896 年 6 月 17 日 第 53 册 第 309 页

25503 辟风水之谬 《申报》 1893 年 4 月 16 日 第 43 册 第 619 页

25504 辟港谣：剖解各报的记载 《民国日报》 1924 年 5 月 14 日 第 51 册 第 158 页

25505 辟革命复仇说 《申报》 1904 年 11 月 19 日 第 78 册 第 545 页

25506 辟官办国民大会说 《申报》 1920 年 8 月 26 日 第 165 册 第 999 页

25507 辟广东内变说：张天骥莫擎宇非内部人也 《民国日报》 1917 年 10 月 29 日 第 11 册 第 698 页

25508 辟和平的幻觉 《申报》 1937 年 7 月 24 日 第 354 册 第 603 页

25509 辟和议谬论/张其昀（星期论文） 《大公报》 1939 年 1 月 22 日 第 142 册 第 86 页

25510 辟欢祝声中之妖言 《民国日报》 1918 年 11 月 23 日 第 18 册 第 266 页

25511 辟还宫 《大公报》 1926 年 9 月 11 日 第 77 册 第 81 页

25512 辟缓卫国谬说 《中央日报》 1932 年 8 月 13 日 第 19 册 第 98 页

25513 辟荒木之谬论 《中央日报》 1932 年 7 月 12 日 第 18 册 第 498 页

25514 辟秽说 《申报》 1892 年 8 月 17 日 第 41 册 第 707 页

25515 辟假退位 《民国日报》 1916 年 4 月 19 日 第 2 册 第 590 页

25516 辟解决外交先修内政之主张 《申报》 1912 年 11 月 30 日 第 119 册 第 693 页

25517 辟界刍言 《申报》 1895 年 10 月 1 日 第 51 册 第 201 页

25518 辟界闲谈 《申报》 1895 年 11 月 17 日 第 51 册 第 511 页

25519 辟界续谈 《申报》 1895 年 11 月 24 日 第 51 册 第 557 页

25520 辟近卫的谬论 《申报》 1938 年 11 月 5 日 第 359 册 第 436 页

25521 辟近卫之谰言 《大公报》 1938 年 12 月 24 日 第 141 册 第 540 页

25522 辟禁止男女同学议（一） 《民国日报》 1922 年 12 月 9 日 第 42 册 第 512 页

25523 辟禁止男女同学议（二） 《民国日报》 1922 年 12 月 10 日 第 42 册 第 526 页

25524 辟局部议和 《民国日报》 1919 年 5 月 20 日 第 21 册 第 230 页

25525　辟迷信　《大公报》　1934 年 9 月 3 日　第 122 册　第 40 页

25526　辟谬篇　《申报》　1891 年 8 月 29 日　第 39 册　第 363 页

25527　辟"内战"：戡定叛乱是义战而非内战　《中央日报》　1936 年 6 月 25 日
　　　　第 34 册　第 1025 页

25528　辟日方之五项要求　《申报》　1931 年 10 月 23 日　第 287 册　第 534 页

25529　辟日人齐藤之密令说　《申报》　1914 年 12 月 1 日　第 131 册　第 436 页

25530　辟日人所谓"满蒙特殊权益"（一）　《申报》　1931 年 10 月 27 日　第
　　　　287 册　第 630 页

25531　辟日人所谓"满蒙特殊权益"（二）　《申报》　1931 年 10 月 28 日　第
　　　　287 册　第 655 页

25532　辟日人所谓"满蒙特殊权益"（三）　《申报》　1931 年 10 月 29 日　第
　　　　287 册　第 682 页

25533　辟日人造谣　《中央日报》　1932 年 2 月 22 日　第 17 册　第 327 页

25534　辟日政阀之谬说　《中央日报》　1932 年 2 月 9 日　第 17 册　第 275 页

25535　辟神怪　《大公报》　1932 年 10 月 24 日　第 110 册　第 644 页

25536　辟似是而非的联合政府论　《申报》　1946 年 4 月 9 日　第 388 册　第
　　　　546 页

25537　辟松冈之谬论　《大公报》　1933 年 2 月 7 日　第 112 册　第 416 页

25538　辟所谓扩大会议：在立法院纪念周上演讲（专载）/胡汉民　《民国日报》
　　　　1930 年 7 月 24 日　第 87 册　第 299 页

25539　辟所谓上海自由市　《申报》　1932 年 5 月 16 日　第 292 册　第 266 页

25540　辟铁路不可行说　《申报》　1888 年 8 月 5 日　第 33 册　第 243 页

25541　辟伪"国"　《大公报》　1932 年 1 月 16 日　第 106 册　第 144 页

25542　辟伪联邦说　《民国日报》　1918 年 2 月 17 日　第 13 册　第 458 页

25543　辟伪统一说　《民国日报》　1918 年 9 月 11 日　第 17 册　第 82 页

25544　辟巫觋说　《申报》　1879 年 3 月 15 日　第 14 册　第 237 页

25545　辟西报谬说　《申报》　1893 年 7 月 29 日　第 44 册　第 633 页

25546　辟西商疑议　《申报》　1876 年 1 月 12 日　第 8 册　第 37 页

25547　辟"先制宪"说　《民国日报》　1923 年 6 月 30 日　第 45 册　第 834 页

25548　辟邪白话（一）：非法政府不配说统一　《民国日报》　1918 年 12 月 4 日
　　　　第 18 册　第 398 页

25549　辟邪白话（二）：护的是与叛逆不两立之法　《民国日报》　1918 年 12 月 5
　　　　日　第 18 册　第 410 页

25550　辟邪白话（三）：护法政府与和平　《民国日报》　1918 年 12 月 6 日　第
　　　　18 册　第 422 页

25551　辟新孤立主义　并论中国抗战的世界地位　《大公报》　1943 年 1 月 5 日

第 150 册　第 24 页

25552 辟虚说　《申报》　1902 年 1 月 23 日　第 70 册　第 133 页

25553 辟谣　《申报》　1935 年 10 月 28 日　第 333 册　第 763 页

25554 辟谣的责任　《民国日报》　1921 年 3 月 24 日　第 32 册　第 322 页

25555 辟谣电　《申报》　1920 年 8 月 6 日　第 165 册　第 649 页

25556 辟谣与造谣　《申报》　1925 年 2 月 21 日　第 209 册　第 838 页

25557 辟谣与止谣之法　《申报》　1920 年 10 月 20 日　第 166 册　第 874 页

25558 辟谣之道　《大公报》　1929 年 3 月 9 日　第 89 册　第 132 页

25559 辟以止辟论　《申报》　1897 年 1 月 18 日　第 55 册　第 101 页

25560 辟庸报之"确讯"　《中央日报》　1929 年 6 月 25 日　第 6 册　第 637 页 ·

25561 辟袁　《申报》　1911 年 12 月 25 日　第 115 册　第 768 页

25562 辟张謇的保督裁兵电　《民国日报》　1920 年 11 月 7 日　第 30 册　第 86 页

25563 辟召集新国会说　《民国日报》　1917 年 9 月 2 日　第 11 册　第 14 页

25564 辟直接交涉　《申报》　1931 年 10 月 15 日　第 287 册　第 339 页

25565 辟中日直接交涉之幻想　《大公报》　1933 年 1 月 15 日　第 112 册　第 160 页

25566 辟资政院即国会之讆言　《申报》　1910 年 9 月 22 日　第 108 册　第 338 页

25567 辟资政院即国会之讆言　续　《申报》　1910 年 9 月 23 日　第 108 册　第 354 页

25568 皮毛与实际　《申报》　1915 年 10 月 31 日　第 136 册　第 966 页

25569 皮气与知识　《申报》　1920 年 6 月 10 日　第 164 册　第 743 页

25570 疲软　《申报》　1926 年 1 月 4 日　第 220 册　第 86 页

25571 琵琶考　《申报》　1892 年 3 月 10 日　第 40 册　第 363 页

25572 譬解　《申报》　1893 年 2 月 7 日　第 43 册　第 227 页

25573 譬如　《民国日报》　1922 年 2 月 17 日　第 37 册　第 546 页

25574 片段之日本时论　《申报》　1940 年 3 月 22 日　第 369 册　第 290 页

25575 片断的感想　《民国日报》　1928 年 9 月 14 日　第 76 册　第 220 页

25576 片马交涉始末记（一）　《申报》　1914 年 1 月 17 日　第 126 册　第 211 页

25577 片马交涉始末记（二）　《申报》　1914 年 1 月 18 日　第 126 册　第 226 页

25578 片马交涉始末记（三）　《申报》　1914 年 1 月 19 日　第 126 册　第 239 页

25579 片马交涉始末记（四）　《申报》　1914 年 1 月 20 日　第 126 册

253 页

25580　片马交涉始末记（五）　《申报》　1914 年 1 月 21 日　第 126 册　第 267 页

25581　片马交涉始末记（六）　《申报》　1914 年 2 月 9 日　第 126 册　第 447 页

25582　片马交涉始末记（七）　《申报》　1914 年 2 月 11 日　第 126 册　第 477 页

25583　片山内阁的保守性格　《大公报》　1947 年 6 月 3 日　第 160 册　第 214 页

25584　片山内阁的垮台　《大公报》　1948 年 2 月 14 日　第 162 册　第 262 页

25585　片山内阁的难关　《大公报》　1947 年 10 月 2 日　第 161 册　第 190 页

25586　片山踯躅歧途中　《大公报》　1947 年 5 月 30 日　第 160 册　第 188 页

25587　偏枯　《申报》　1921 年 7 月 19 日　第 171 册　第 369 页

25588　偏袒与取巧　《申报》　1920 年 6 月 17 日　第 164 册　第 861 页

25589　骈枝机关与兼差　《申报》　1921 年 4 月 20 日　第 169 册　第 859 页

25590　骗卖儿媳案　《申报》　1920 年 9 月 2 日　第 166 册　第 27 页

25591　拼命打仗踊跃献粮　《大公报》　1945 年 1 月 16 日　第 154 册　第 66 页

25592　贫民问题　《申报》　1929 年 12 月 10 日　第 265 册　第 265 页

25593　贫穷的征服/吴景超（星期论文）　《大公报》　1935 年 9 月 8 日　第 128 册　第 102 页

25594　贫弱探原说　《申报》　1878 年 7 月 11 日　第 13 册　第 37 页

25595　贫宜励志论　《申报》　1892 年 5 月 19 日　第 41 册　第 117 页

25596　贫与病的罢免：论英国社会保险的实行　《大公报》　1948 年 7 月 14 日　第 163 册　第 446 页

25597　品芳楼惨剧感言（社论）　《民国日报》　1927 年 11 月 6 日　第 71 册　第 72 页

25598　品兰雅集图记　《申报》　1888 年 4 月 7 日　第 32 册　第 545 页

25599　品味　《申报》　1889 年 3 月 7 日　第 34 册　第 319 页

25600　品味　《申报》　1890 年 3 月 26 日　第 36 册　第 469 页

25601　品香小记　《申报》　1888 年 2 月 25 日　第 32 册　第 289 页

25602　聘外交顾问官之感言　《申报》　1910 年 7 月 11 日　第 107 册　第 173 页

25603　聘外人为顾问官须预防流弊说　《申报》　1902 年 8 月 20 日　第 71 册　第 759 页

25604　平阿门南北分治之谬论　《大公报》　1927 年 11 月 2 日　第 81 册　第 259 页

25605　平不平说　《申报》　1885 年 10 月 14 日　第 27 册　第 645 页

25606 平常 《申报》 1929 年 1 月 16 日 第 254 册 第 399 页

25607 平常与流俗 《申报》 1929 年 6 月 18 日 第 259 册 第 482 页

25608 平朝鲜颂 《申报》 1882 年 10 月 1 日 第 21 册 第 553 页

25609 平等新约应一洗旧污 《大公报》 1942 年 10 月 19 日 第 149 册 第 484 页

25610 平等与均等均沾 《申报》 1930 年 1 月 13 日 第 266 册 第 295 页

25611 平等自由的灯塔 《中央日报》 1944 年 1 月 11 日 第 49 册 第 64 页

25612 平等自由的光明灯塔 《中央日报》 1943 年 1 月 13 日 第 47 册 第 458 页

25613 平定粮价对策/陈颖川（星期评论） 《申报》 1945 年 6 月 17 日 第 387 册 第 425 页

25614 平定物价的方法 《中央日报》 1939 年 12 月 10 日 第 42 册 第 856 页

25615 平定物价的根本观念 《中央日报》 1940 年 8 月 10 日 第 43 册 第 836 页

25616 平定西南 《民国日报》 1923 年 4 月 2 日 第 44 册 第 440 页

25617 平凡的政治论 《大公报》 1942 年 12 月 10 日 第 149 册 第 704 页

25618 平粉麦以安米市 《申报》 1940 年 1 月 25 日 第 368 册 第 340 页

25619 平奉及各路之交通 《大公报》 1928 年 10 月 20 日 第 86 册 第 581 页

25620 平奉路与东三省 《大公报》 1929 年 2 月 3 日 第 88 册 第 504 页

25621 平奉铁路局长问题 《大公报》 1928 年 10 月 1 日 第 86 册 第 361 页

25622 平市小学教员罢课 《大公报》 1948 年 10 月 21 日 第 164 册 第 302 页

25623 "平和""奋斗""救中国"（言论） 《民国日报》 1925 年 3 月 24 日 第 56 册 第 320 页

25624 平和救国 《民国日报》 1916 年 6 月 15 日 第 3 册 第 542 页

25625 平和其可望乎 《申报》 1912 年 12 月 10 日 第 119 册 第 815 页

25626 平和又进一步 《申报》 1918 年 10 月 15 日 第 154 册 第 732 页

25627 平和与同情的伟大——吊仲恺先生（言论） 《民国日报》 1925 年 8 月 23 日 第 58 册 第 583 页

25628 平和约与战争约 《申报》 1914 年 9 月 10 日 第 130 册 第 128 页

25629 平和之声 《申报》 1914 年 8 月 8 日 第 129 册 第 592 页

25630 平和之声 《申报》 1918 年 11 月 13 日 第 155 册 第 194 页

25631 平衡上海物价：应注其目光于闽货者 《民国日报》 1945 年 10 月 16 日 第 96 册 第 215 页

25632 平衡预算与管制物价 《大公报》 1947 年 11 月 8 日 第 161 册 第 416 页

25633　平话体　《申报》　1920 年 12 月 7 日　第 167 册　第 644 页

25634　平价工作的改进　《中央日报》　1941 年 12 月 2 日　第 45 册　第 512 页

25635　平价米分派的调整　《申报》　1945 年 3 月 28 日　第 387 册　第 237 页

25636　平价米中的穀稗水　《大公报》　1941 年 8 月 24 日　第 147 册　第 198 页

25637　平价与把握物资　《中央日报》　1942 年 3 月 24 日　第 45 册　第 976 页

25638　平郊发生战事　《申报》　1937 年 7 月 14 日　第 354 册　第 361 页

25639　平教案议　《申报》　1896 年 4 月 26 日　第 52 册　第 679 页

25640　平教会的实在贡献/蒋廷黻（星期论文）　《大公报》　1934 年 5 月 13 日　第 120 册　第 176 页

25641　平津党务之过去未来　《大公报》　1930 年 10 月 4 日　第 98 册　第 400 页

25642　平津地方当局应速起负责　《大公报》　1928 年 11 月 3 日　第 87 册　第 25 页

25643　平津冬令救济问题　《大公报》　1948 年 10 月 26 日　第 164 册　第 332 页

25644　平津各界速救护伤兵！　《大公报》　1933 年 3 月 19 日　第 113 册　第 256 页

25645　平津各界与救灾　《大公报》　1931 年 8 月 22 日　第 103 册　第 628 页

25646　平津各校宜即复课　《大公报》　1935 年 12 月 23 日　第 129 册　第 698 页

25647　平津各院校复课问题　《大公报》　1936 年 1 月 4 日　第 130 册　第 30 页

25648　平津浩劫中之国民　《中央日报》　1937 年 8 月 1 日　第 40 册　第 379 页

25649　平津华北与整个局面　《申报》　1933 年 5 月 18 日　第 304 册　第 447 页

25650　平津欢迎中之孔祥熙　《大公报》　1934 年 6 月 25 日　第 120 册　第 812 页

25651　平津间反动势力消灭以后　《民国日报》　1930 年 9 月 23 日　第 88 册　第 297 页

25652　平津教育界之教费运动　《大公报》　1932 年 3 月 27 日　第 107 册　第 264 页

25653　平津教育界之前途　《大公报》　1935 年 12 月 21 日　第 129 册　第 674 页

25654　平津近日之气象　《大公报》　1933 年 5 月 17 日　第 114 册　第 228 页

25655　平津京航空应亟改良　《大公报》　1931 年 5 月 11 日　第 102 册　第 124 页

25656　平津局势之转变　《申报》　1933 年 5 月 24 日　第 304 册　第 605 页

25657　平津沦陷一年　《大公报》　1938 年 7 月 30 日　第 141 册　第 132 页

25658　平津燃眉之急的两大问题　《大公报》　1928年8月30日　第85册　第601页

25659　平津危急　《申报》　1933年4月22日　第303册　第593页

25660　平津围城一月　《大公报》　1949年1月13日　第164册　第639页

25661　平津形势紧张中作最后的忠告　《申报》　1937年7月22日　第354册　第557页

25662　平津之青年思想问题　《申报》　1936年5月16日　第340册　第388页

25663　平津中小学开课　《大公报》　1947年2月6日　第159册　第262页

25664　平矜说　《申报》　1888年6月7日　第32册　第929页

25665　平静　《申报》　1917年3月17日　第145册　第294页

25666　平静无事　《申报》　1920年4月17日　第163册　第855页

25667　平均地权的立法　《中央日报》　1944年4月3日　第49册　第420页

25668　平乱　《申报》　1916年2月13日　第138册　第530页

25669　平乱宜速不宜缓论　《申报》　1882年11月6日　第21册　第769页

25670　平米价论　《申报》　1903年3月16日　第73册　第413页

25671　平米价议　《申报》　1902年6月14日　第71册　第303页

25672　平民生计　《申报》　1915年6月17日　第134册　第796页

25673　平民生计与国家生计　《申报》　1915年7月20日　第135册　第326页

25674　平民世纪在望/费孝通（星期论文）　《大公报》　1945年4月8日　第154册　第414页

25675　平民之孙先生：是中国人师保　不是军政府总裁　《民国日报》　1919年8月8日　第22册　第422页

25676　平民主义之馀议　《申报》　1912年10月21日　第119册　第211页

25677　平其不平（言论）　《民国日报》　1926年12月14日　第66册　第224页

25678　平时　《申报》　1926年11月15日　第229册　第343页

25679　平时与当事　《申报》　1920年4月24日　第163册　第983页

25680　平市国家主义派匿迹后　《民国日报》　1931年4月14日　第91册　第532页

25681　平市小学教员怠工风潮　《申报》　1933年10月15日　第309册　第459页

25682　平绥道上之凄凉　《大公报》　1931年3月15日　第101册　第172页

25683　平台乱策　《申报》　1888年11月16日　第33册　第899页

25684　平天下解　《申报》　1892年2月13日　第40册　第207页

25685　平棠慨言　《申报》　1902年7月11日　第71册　第487页

25686　平棠说　《申报》　1896年7月10日　第53册　第453页

25687   平粜与集团购米   《申报》   1940 年 1 月 10 日   第 368 册   第 134 页

25688   平倭刍议   《申报》   1894 年 9 月 29 日   第 48 册   第 181 页

25689   平倭小言   《申报》   1894 年 10 月 16 日   第 48 册   第 283 页

25690   平粜议   《申报》   1903 年 4 月 26 日   第 73 册   第 703 页

25691   平心而论冯玉祥（言论）   《民国日报》   1926 年 2 月 27 日   第 61 册
第 580 页

25692   平心静气论和谈   《申报》   1949 年 1 月 18 日   第 400 册   第 104 页

25693   平心静气循理守法   《民国日报》   1946 年 1 月 30 日   第 97 册   第
119 页

25694   平心之言（言论）   《民国日报》   1926 年 8 月 24 日   第 64 册   第
542 页

25695   平盐枭说   《申报》   1900 年 5 月 6 日   第 65 册   第 41 页

25696   平仰物价乎？安定币值乎？   《大公报》   1948 年 7 月 3 日   第 163 册
第 380 页

25697   平抑沪市物价   《申报》   1945 年 11 月 23 日   第 387 册   第 623 页

25698   平抑物价   《申报》   1944 年 11 月 20 日   第 386 册   第 461 页

25699   平抑物价的必要   《中央日报》   1939 年 7 月 12 日   第 42 册   第 244 页

25700   平抑物价第一   《申报》   1945 年 1 月 20 日   第 387 册   第 57 页

25701   平抑物价问题   《中央日报》   1939 年 11 月 1 日   第 42 册   第 700 页

25702   平抑物价问题与确立经济抗战政策/顾翊群（星期论文）   《大公报》
1940 年 4 月 7 日   第 144 册   第 392 页

25703   平抑涨风   《中央日报》   1949 年 2 月 7 日   第 60 册   第 945 页

25704   平榆通车后之难题   《申报》   1933 年 8 月 13 日   第 307 册   第 347 页

25705   平粤言和   《申报》   1918 年 4 月 6 日   第 151 册   第 558 页

25706   平沼内阁倒了！   《大公报》   1939 年 8 月 29 日   第 142 册   第 560 页

25707   平沼内阁的动向/陈博生（星期论文）   《大公报》   1939 年 3 月 5 日   第
142 册   第 254 页

25708   平沼有田永井在南京   《大公报》   1942 年 9 月 26 日   第 149 册   第
380 页

25709   平沼与东乡   《中央日报》   1945 年 4 月 11 日   第 50 册   第 960 页

25710   平沼与汪精卫密约   《申报》（香港版）   1939 年 4 月 7 日   第 358 册   第
298 页

25711   平争篇   《申报》   1891 年 10 月 28 日   第 39 册   第 725 页

25712   平政院   《申报》   1914 年 6 月 27 日   第 128 册   第 910 页

25713   平准基金之各方面/谷春帆（星期论文）   《大公报》   1941 年 8 月 31 日
第 147 册   第 222 页

25714 平准基金之运用 《申报》 1941年6月10日 第376册 第484页

25715 平准物价之初步工作 《申报》 1940年4月20日 第369册 第684页

25716 评北京解决约法手段之误 《民国日报》 1916年6月18日 第3册 第578页

25717 评币原内阁 《大公报》 1945年10月11日 第155册 第444页

25718 评毕勖勃之远东论 《大公报》 1935年3月5日 第125册 第68页

25719 评褚辅成氏货币革命论 《大公报》 1935年8月21日 第127册 第740页

25720 评大吉轮肇祸之细事 《民国日报》 1931年3月14日 第91册 第162页

25721 评大借款 《申报》 1913年5月1日 第122册 第2页

25722 评大隈和林权助之言 《民国日报》 1921年1月11日 第31册 第136页

25723 评"大学生与国难" 《大公报》 1935年5月1日 第126册 第4页

25724 评敌人的"山西歼灭战" 《申报》(汉口版) 1938年3月2日 第356册 第93页

25725 评调整汇率案 《大公报》 1946年8月20日 第157册 第240页

25726 评二中全会（一）/彬 《申报》 1932年3月10日 第291册 第55页

25727 评二中全会（二）/彬 《申报》 1932年3月11日 第291册 第61页

25728 评复活的联治说 《民国日报》 1924年8月1日 第52册 第490页

25729 评巩固战时金融两办法 《大公报》 1939年9月26日 第143册 第102页

25730 评管制日本政策 《大公报》 1945年9月25日 第155册 第374页

25731 评何东君的和平主张 《民国日报》 1923年9月27日 第47册 第374页

25732 评湖南自治草案第一条 《民国日报》 1920年9月4日 第29册 第44页

25733 评华莱士演说 《大公报》 1946年9月16日 第157册 第402页

25734 评吉田内阁 《大公报》 1946年5月22日 第156册 第564页

25735 评近卫的"大政翼赞会" 《大公报》 1940年9月23日 第145册 第314页

25736 评进口结汇新办法 《大公报》 1948年5月13日 第163册 第74页

25737 评"经济改革方案"/方显廷（星期论文） 《大公报》 1947年8月10日 第160册 第630页

25738 评开放外汇市场案（专论）/杨尔瑝 《民国日报》 1946年2月27日 第97册 第221页

25739　评黎元洪梗电　《民国日报》　1922 年 8 月 28 日　第 40 册　第 796 页

25740　评联总对华停运事　《大公报》　1946 年 7 月 15 日　第 157 册　第 58 页

25741　评芦田内阁　《大公报》　1948 年 3 月 12 日　第 162 册　第 424 页

25742　评论土地法原则　《大公报》　1929 年 1 月 9 日　第 88 册　第 104 页

25743　评罗邱宣言　《大公报》　1941 年 8 月 18 日　第 147 册　第 174 页

25744　评骆斯曼尔爵士在日之谈话　《申报》　1936 年 10 月 12 日　第 345 册　第 286 页

25745　评美国新中立法案：并敬告毕德门氏及美国朋友　《大公报》　1939 年 3 月 30 日　第 142 册　第 354 页

25746　评米粮贷款　《申报》　1946 年 3 月 11 日　第 388 册　第 376 页

25747　评米内内阁　《大公报》　1940 年 1 月 17 日　第 144 册　第 66 页

25748　评内阁属官制　《申报》　1911 年 7 月 17 日　第 113 册　第 264 页

25749　评内阁属官制续　《申报》　1911 年 7 月 19 日　第 113 册　第 295 页

25750　评农地改革案　《大公报》　1948 年 10 月 5 日　第 164 册　第 206 页

25751　评前昨两日的廖案纪录（言论）　《民国日报》　1925 年 8 月 29 日　第 58 册　第 656 页

25752　评"日本人民解放联盟纲领草案"　《大公报》　1944 年 3 月 23 日　第 152 册　第 368 页

25753　评日本言论界之远东和平观　《申报》　1932 年 12 月 20 日　第 299 册　第 549 页

25754　评沙面案的批评　《民国日报》　1924 年 7 月 28 日　第 52 册　第 445 页

25755　评实业部工业同业公会法草案　《大公报》　1936 年 12 月 24 日　第 135 册　第 748 页

25756　评收回沪廨协定（言论）　《民国日报》　1926 年 7 月 29 日　第 64 册　第 282 页

25757　评所谓币原政策/章士钊（专论）　《申报》　1945 年 11 月 28 日　第 387 册　第 643 页

25758　评所谓迂回战略　《申报》（汉口版）　1938 年 3 月 15 日　第 356 册　第 119 页

25759　评泰晤士报　《大公报》　1938 年 8 月 30 日　第 141 册　第 256 页

25760　评投机　《申报》　1939 年 11 月 11 日　第 367 册　第 132 页

25761　评外汇管理办法　《大公报》　1946 年 3 月 15 日　第 156 册　第 292 页

25762　评吴佩孚宥电　《民国日报》　1918 年 9 月 1 日　第 17 册　第 2 页

25763　评西报论美将至高丽情形　《申报》　1882 年 5 月 28 日　第 20 册　第 711 页

25764　评修正出版法　《申报》　1936 年 12 月 3 日　第 347 册　第 62 页

25765 评修正出版法施行细则 《申报》 1937 年 7 月 6 日 第 354 册 第 154 页

25766 评修正劳资争议处理法 《大公报》 1930 年 3 月 16 日 第 95 册 第 244 页

25767 评议工资办法述评 《申报》 1947 年 3 月 17 日 第 392 册 第 796 页

25768 评议物价的再实施 《申报》 1947 年 2 月 25 日 第 392 册 第 596 页

25769 评英国大选/傅孟真（星期论文） 《大公报》 1945 年 7 月 30 日 第 155 册 第 128 页

25770 评闸北罢市案的韩电 《民国日报》 1924 年 3 月 16 日 第 50 册 第 202 页

25771 评战 《申报》 1904 年 10 月 16 日 第 78 册 第 305 页

25772 评张群的"日本观感" 《申报》 1948 年 9 月 30 日 第 398 册 第 716 页

25773 评中俄协定草案 《民国日报》 1924 年 4 月 12 日 第 50 册 第 526 页

25774 评中共"和平建国纲领草案" 《中央日报》 1946 年 1 月 17 日 第 52 册 第 290 页

25775 评中国青年党宣言 《民国日报》 1945 年 12 月 20 日 第 96 册 第 343 页

25776 评中国协会年会报告 《民国日报》 1924 年 5 月 16 日 第 51 册 第 182 页

25777 评中华民国宪法草案修正案 《大公报》 1946 年 11 月 27 日 第 158 册 第 370 页

25778 评中美航空邮务合同 《大公报》 1929 年 5 月 22 日 第 90 册 第 340 页

25779 评中美商约 《大公报》 1946 年 11 月 7 日 第 158 册 第 240 页

25780 评最高经济委员会 《大公报》 1946 年 6 月 26 日 第 156 册 第 704 页

25781 评最近关于基督教会的事件 《申报》 1946 年 10 月 26 日 第 390 册 第 690 页

25782 评昨日所得中俄交涉消息 《民国日报》 1924 年 3 月 20 日 第 50 册 第 250 页

25783 凭吊日本议会 《大公报》 1942 年 12 月 26 日 第 149 册 第 772 页

25784 凭证与保证 《申报》 1919 年 3 月 27 日 第 157 册 第 426 页

25787 婆罗洲拟设华官佐治说 《申报》 1883 年 7 月 14 日 第 23 册 第 79 页

25788 迫害世界之日军暴行 《申报》 1931 年 9 月 21 日 第 286 册 第 589 页

25789 迫切的呼吁 《中央日报》 1946 年 6 月 29 日 第 53 册 第 240 页

25790 迫切期待粮食新机构 《申报》 1943 年 9 月 8 日 第 384 册 第 453 页

25791   迫田中坍台者谁欤?   《中央日报》   1929 年 7 月 2 日   第 6 册   第 721 页

25792   破产法案之根本精神   《大公报》   1935 年 4 月 13 日   第 125 册   第 694 页

25793   破产兴业之三障碍   《大公报》   1931 年 1 月 11 日   第 100 册   第 88 页

25794   破产形势   《申报》   1922 年 3 月 26 日   第 178 册   第 484 页

25795   破除成规   《申报》   1945 年 3 月 15 日   第 387 册   第 207 页

25796   破除恶习:关于总理诞辰的感想/胡汉民   《民国日报》   1928 年 11 月 15 日   第 77 册   第 228 页

25797   破除迷信   《申报》   1928 年 10 月 30 日   第 251 册   第 804 页

25798   破除情面说   《申报》   1892 年 9 月 26 日   第 42 册   第 161 页

25799   破冯国璋最近之奸   《民国日报》   1918 年 8 月 18 日   第 16 册   第 554 页

25800   破釜沉舟   《申报》   1932 年 2 月 28 日   第 290 册   第 790 页

25801   破格用人说   《申报》   1895 年 5 月 24 日   第 50 册   第 151 页

25802   破坏   《申报》   1919 年 8 月 27 日   第 159 册   第 959 页

25803   破坏裁兵与挑战者   《民国日报》   1923 年 2 月 23 日   第 43 册   第 624 页

25804   破坏国法的著名人物   《民国日报》   1922 年 6 月 4 日   第 39 册   第 464 页

25805   破坏和平的孙沈任命   《民国日报》   1923 年 3 月 23 日   第 44 册   第 302 页

25806   破坏和平统一者听诸!   《中央日报》   1931 年 9 月 14 日   第 15 册   第 875 页

25807   破坏和平之责   《申报》   1919 年 9 月 4 日   第 160 册   第 55 页

25808   破坏交通之责任   《申报》   1929 年 7 月 28 日   第 260 册   第 774 页

25809   破坏力和创造力   《民国日报》   1924 年 1 月 21 日   第 49 册   第 282 页

25810   破坏民治的阴谋   《民国日报》   1920 年 11 月 16 日   第 30 册   第 212 页

25811   破坏民治的阴谋(二)   《民国日报》   1920 年 11 月 17 日   第 30 册   第 226 页

25812   破坏与建设   《申报》   1920 年 7 月 31 日   第 165 册   第 545 页

25813   破坏与游戏   《申报》   1929 年 8 月 10 日   第 261 册   第 260 页

25814   破坏与组织   《申报》   1917 年 6 月 19 日   第 146 册   第 864 页

25815   破惑   《申报》   1875 年 11 月 18 日   第 7 册   第 481 页

25816   破例的美国外交和言论   《民国日报》   1923 年 12 月 25 日   第 48 册   第 762 页

25817 破裂不全之国务院 《申报》 1917 年 4 月 24 日 第 145 册 第 964 页

25818 破人治之迷梦：唯一的法治主义 《民国日报》 1916 年 6 月 1 日 第 3 册 第 374 页

25819 破徐氏为段庇护之言 《民国日报》 1919 年 2 月 27 日 第 19 册 第 590 页

25820 魄力与武断 《申报》 1917 年 11 月 30 日 第 149 册 第 476 页

25821 剖视匪军新战略 《中央日报》 1948 年 3 月 4 日 第 58 册 第 558 页

25822 剖视暹罗的排华政策 《大公报》 1948 年 8 月 31 日 第 163 册 第 734 页

25823 剖析欧战最近之演进 《申报》 1940 年 5 月 17 日 第 370 册 第 210 页

25824 剖知识阶级（言论） 《民国日报》 1927 年 5 月 17 日 第 68 册 第 233 页

25825 扑灭赤匪为全国同胞之责任 《中央日报》 1931 年 6 月 10 日 第 14 册 第 859 页

25826 扑灭第五纵队！ 《中央日报》 1942 年 7 月 15 日 第 46 册 第 412 页

25827 扑灭东北的火种！ 《申报》 1946 年 4 月 11 日 第 388 册 第 558 页

25828 扑灭反革命 《民国日报》 1924 年 10 月 20 日 第 53 册 第 484 页

25829 扑灭肺痨运动 《申报》 1941 年 11 月 18 日 第 378 册 第 603 页

25830 扑灭毫无人性的日阀！ 《大公报》 1943 年 4 月 24 日 第 150 册 第 506 页

25831 扑灭五月涨风！ 《申报》 1948 年 5 月 11 日 第 397 册 第 334 页

25832 扑灭现时的敌人（专论）/胡朴安 《民国日报》 1946 年 6 月 13 日 第 98 册 第 177 页

25833 扑朔迷离之英国外交 《大公报》 1936 年 3 月 6 日 第 131 册 第 74 页

25834 扑朔迷离中之满蒙交涉 《大公报》 1927 年 11 月 23 日 第 81 册 第 423 页

25835 葡国政变与学生 《申报》 1931 年 5 月 1 日 第 282 册 第 8 页

25836 葡人寻获印度记 《申报》 1898 年 3 月 4 日 第 58 册 第 349 页

25837 葡萄牙与中国 《申报》 1913 年 9 月 19 日 第 124 册 第 238 页

25838 葡之革命阴谋与匈之复辟谣 《申报》 1930 年 7 月 7 日 第 272 册 第 162 页

25839 葡殖民地要求自治 《申报》 1930 年 9 月 2 日 第 274 册 第 34 页

25840 蒲立德重来中国 《申报》 1948 年 5 月 5 日 第 397 册 第 274 页

25841 浦南的情势 《申报》 1937 年 11 月 9 日 第 355 册 第 960 页

25842 浦左平枭策 《申报》 1903 年 5 月 25 日 第 74 册 第 159 页

25843 浦左平枭议 《申报》 1904 年 6 月 7 日 第 77 册 第 263 页

25844　浦左枭哄记　《申报》　1903 年 5 月 21 日　第 74 册　第 129 页

25845　普恩莱逝世有感：法国今后之外交　《申报》　1934 年 10 月 18 日　第 321 册　第 535 页

25846　普及教育解放教育：从远东区基本教育会议说起　《大公报》　1947 年 9 月 5 日　第 161 册　第 26 页

25847　普及教育运动　《大公报》　1935 年 2 月 22 日　第 124 册　第 776 页

25848　普及宣慰　《民国日报》　1945 年 12 月 14 日　第 96 册　第 331 页

25849　普鲁士地方官厅职务处理法概论　《申报》　1911 年 5 月 5 日　第 112 册　第 66 页

25850　普庆甘霖声中的感想　《中央日报》　1943 年 5 月 25 日　第 48 册　第 146 页

25851　普设机关消费合作社　《中央日报》　1942 年 4 月 28 日　第 45 册　第 1124 页

25852　普选后的美国内政及外交　《申报》　1946 年 11 月 8 日　第 391 册　第 86 页

25853　普选结束与政治教育　《申报》　1947 年 11 月 24 日　第 395 册　第 546 页

25854　普议会解散运动失败　《民国日报》　1931 年 8 月 14 日　第 93 册　第 554 页

25855　溥仪称帝与日本备战　《大公报》　1934 年 1 月 8 日　第 118 册　第 90 页

25856　溥仪婚礼与送礼人　《民国日报》　1922 年 11 月 29 日　第 42 册　第 386 页

25857　溥仪僭号与国际政局　《大公报》　1934 年 3 月 7 日　第 119 册　第 88 页

25858　溥仪僭号远东愈危　《申报》　1934 年 1 月 10 日　第 312 册　第 204 页

25859　溥仪竟甘为傀儡？　《大公报》　1932 年 3 月 8 日　第 107 册　第 74 页

25860　溥仪先生！（言论）　《民国日报》　1925 年 2 月 22 日　第 55 册　第 574 页

25861　溥仪先生！（续）（言论）　《民国日报》　1925 年 2 月 23 日　第 55 册　第 586 页

25862　溥仪先生！（再续）（言论）　《民国日报》　1925 年 2 月 25 日　第 55 册　第 604 页

Q

25863　七参政员事件　《中央日报》　1941 年 3 月 9 日　第 44 册　第 540 页

25864　七号之命令　《申报》　1913 年 9 月 10 日　第 124 册　第 118 页

25865 七科学团体联合年会闭幕 《大公报》 1936 年 8 月 21 日 第 133 册 第 750 页

25866 七七劳军献金 《中央日报》 1944 年 7 月 3 日 第 49 册 第 818 页

25867 七日后之北方政局 《申报》 1923 年 9 月 8 日 第 195 册 第 160 页

25868 七日之消息 《申报》 1913 年 2 月 9 日 第 120 册 第 364 页

25869 七十二烈士不死！ 《大公报》 1937 年 3 月 29 日 第 137 册 第 396 页

25870 七十万水灾借款：扫尽中国颜面 《民国日报》 1917 年 10 月 16 日 第 11 册 第 542 页

25871 七五事件之解决 《中央日报》 1948 年 7 月 30 日 第 59 册 第 760 页

25872 七夕说 《申报》 1877 年 8 月 15 日 第 11 册 第 157 页

25873 七续刘张两制军遵旨谨拟采用西法第三折及附片 《申报》 1901 年 9 月 6 日 第 69 册 第 31 页

25874 七续新定学务章程 《申报》 1904 年 4 月 30 日 第 76 册 第 709 页

25875 七洋海军与英美关系（译论） 《申报》 1943 年 3 月 23 日 第 383 册 第 572 页

25876 七月初九日京报全录 《申报》 1874 年 8 月 21 日 第 5 册 第 237 页

25877 七月七日祀魁星水 《申报》 1896 年 8 月 16 日 第 53 册 第 693 页

25878 妻贤友义子孝官良 《申报》 1873 年 11 月 22 日 第 3 册 第 497 页

25879 凄凉悲哀之日本 《大公报》 1941 年 2 月 1 日 第 146 册 第 136 页

25880 期待的成熟 《申报》 1941 年 4 月 1 日 第 375 册 第 394 页

25881 期待的课题 《申报》 1940 年 6 月 20 日 第 370 册 第 666 页

25882 期待的时间过去了 《中央日报》 1939 年 1 月 4 日 第 41 册 第 488 页

25883 期待于大东亚战争的第四年/□之（星期评论） 《申报》 1944 年 12 月 10 日 第 386 册 第 525 页

25884 期待于二中全会者 《大公报》 1936 年 7 月 10 日 第 133 册 第 130 页

25885 期待于国府的勇气（译论） 《申报》 1943 年 4 月 16 日 第 383 册 第 716 页

25886 期待于警察当局者：二月十八日在赠金典礼会中演词/陈彬龢（代论） 《申报》 1945 年 2 月 19 日 第 387 册 第 145 页

25887 期待于李白 《中央日报》 1936 年 7 月 29 日 第 35 册 第 341 页

25888 期待于棉统会者 《申报》 1943 年 11 月 16 日 第 384 册 第 735 页

25889 期待于青年运动指导者 《申报》 1943 年 11 月 9 日 第 384 册 第 707 页

25890 期待于上海粮食新机构 《申报》 1943 年 9 月 4 日 第 384 册 第 437 页

25891 期待于新任市当局者 《申报》 1944 年 12 月 28 日 第 386 册 第

581 页

25892　期待于英国人之了解者　《中央日报》　1932 年 8 月 27 日　第 19 册　第 210 页

25893　期待于证券交易所开业　《申报》　1943 年 11 月 8 日　第 384 册　第 703 页

25894　期待着最后觉悟　《中央日报》　1946 年 9 月 29 日　第 53 册　第 1102 页

25895　期望不断发动监察权　《中央日报》　1942 年 7 月 9 日　第 46 册　第 374 页

25896　期望工程师学会　《申报》　1947 年 10 月 2 日　第 395 册　第 12 页

25897　期望国府肃清政治（评译）　《申报》　1944 年 4 月 21 日　第 385 册　第 387 页

25898　期望五中全会　《申报》（香港版）　1939 年 1 月 16 日　第 357 册　第 716 页

25899　期望五中全会　《申报》　1939 年 1 月 9 日　第 361 册　第 162 页

25900　期望于本届国民参政会者　《大公报》　1942 年 10 月 23 日　第 149 册　第 500 页

25901　期望于管理物价实施前　《申报》　1941 年 11 月 8 日　第 378 册　第 479 页

25902　期望于今日国联行政院常会　《申报》　1939 年 5 月 22 日　第 363 册　第 924 页

25903　期望于省市参议会　《中央日报》　1938 年 9 月 27 日　第 41 册　第 52 页

25904　期望于苏联　《申报》　1939 年 11 月 29 日　第 367 册　第 378 页

25905　期望于学校当局　《申报》　1945 年 1 月 29 日　第 387 册　第 85 页

25906　期限五日　《申报》　1918 年 5 月 5 日　第 152 册　第 66 页

25907　栖流公所教养兼施议　《申报》　1890 年 1 月 31 日　第 36 册　第 133 页

25908　欺　《申报》　1919 年 3 月 16 日　第 157 册　第 242 页

25909　欺骗与游荡　《申报》　1928 年 2 月 29 日　第 243 册　第 683 页

25910　欺罔国民之顾代阁　《大公报》　1926 年 11 月 3 日　第 77 册　第 491 页

25911　欺与梗　《申报》　1920 年 5 月 8 日　第 164 册　第 129 页

25912　齐柏林　《大公报》　1929 年 8 月 7 日　第 91 册　第 596 页

25913　齐鲁间的德星聚　《民国日报》　1922 年 7 月 7 日　第 40 册　第 84 页

25914　齐民说　《申报》　1896 年 4 月 18 日　第 52 册　第 627 页

25915　齐齐哈尔失陷国人应有与国存亡决心　《民国日报》　1931 年 11 月 20 日　第 95 册　第 246 页

25916　齐藤事件与日本议会　《大公报》　1940 年 2 月 6 日　第 144 册　第 146 页

25917 齐燮元的裁兵前提 《民国日报》 1923 年 1 月 31 日 第 43 册 第 406 页

25918 齐燮元请废巡阅 《申报》 1920 年 10 月 16 日 第 166 册 第 797 页

25919 齐亚诺访德与欧局 《中央日报》 1936 年 10 月 23 日 第 36 册 第 275 页

25920 齐亚诺之死 《大公报》 1944 年 1 月 15 日 第 152 册 第 64 页

25921 齐之谈话 《申报》 1920 年 11 月 15 日 第 167 册 第 255 页

25922 其几已见 《申报》 1920 年 10 月 20 日 第 166 册 第 869 页

25923 其名 《申报》 1917 年 12 月 7 日 第 149 册 第 588 页

25924 其实 《申报》 1918 年 4 月 14 日 第 151 册 第 686 页

25925 其实（二） 《申报》 1918 年 4 月 15 日 第 151 册 第 702 页

25926 其谁与归 《民国日报》 1930 年 1 月 14 日 第 84 册 第 168 页

25927 其心 《申报》 1926 年 5 月 26 日 第 223 册 第 624 页

25928 其一民意欲缓其二延期非延期天下已多事其三决战未决战 《申报》 1916 年 1 月 26 日 第 138 册 第 358 页

25929 其一内乱非内乱其二匪与兵其三行军地图 《申报》 1916 年 1 月 28 日 第 138 册 第 386 页

25930 其一年号其二拘捕搜查其三川边军情其四日俄条约 《申报》 1916 年 1 月 24 日 第 138 册 第 330 页

25931 其一先其所急其二贵州情形其三叙州已陷 《申报》 1916 年 1 月 27 日 第 138 册 第 372 页

25932 其一再论年号其二三大案其三态度不明 《申报》 1916 年 1 月 25 日 第 138 册 第 344 页

25933 其一展缓帝制与浮言 《申报》 1916 年 1 月 29 日 第 138 册 第 400 页

25934 其意何居 《申报》 1918 年 3 月 2 日 第 151 册 第 18 页

25935 奇寒劝赈说 《申报》 1893 年 1 月 21 日 第 43 册 第 127 页

25936 奇寒劝赈续说 《申报》 1893 年 1 月 22 日 第 43 册 第 133 页

25937 奇货 《申报》 1921 年 3 月 30 日 第 169 册 第 501 页

25938 奇疾惩淫说 《申报》 1891 年 9 月 15 日 第 39 册 第 465 页

25939 奇人辨诬 《申报》 1879 年 10 月 6 日 第 15 册 第 389 页

25940 奇异之变化 《申报》 1918 年 1 月 27 日 第 150 册 第 364 页

25941 奇异之矛盾 《申报》 1919 年 4 月 1 日 第 157 册 第 511 页

25942 歧路上之英国外交 《大公报》 1935 年 8 月 27 日 第 127 册 第 828 页

25943 歧途 《申报》 1917 年 10 月 12 日 第 148 册 第 694 页

25944 歧之又歧 《申报》 1926 年 1 月 9 日 第 220 册 第 183 页

25945 祈祷和平：四中全会之希望与华府会议之回顾/黄郛 《民国日报》 1930

年 11 月 10 日　第 89 册　第 112 页

25946　祈史总理惨案速破　《申报》　1934 年 11 月 15 日　第 322 册　第 444 页

25947　祈雪辞并序　《申报》　1887 年 12 月 30 日　第 31 册　第 1175 页

25948　祈雨答问　《申报》　1892 年 8 月 5 日　第 41 册　第 625 页

25949　祈雨无应说　《申报》　1879 年 7 月 2 日　第 15 册　第 5 页

25950　祈战死　《申报》　1944 年 5 月 8 日　第 385 册　第 447 页

25951　旗兵为盗宜严加推鞫论　《申报》　1901 年 4 月 10 日　第 67 册　第 551 页

25952　旗人滋事平论　《申报》　1878 年 9 月 2 日　第 13 册　第 217 页

25953　旗帜的认识　《民国日报》　1923 年 11 月 12 日　第 48 册　第 162 页

25954　旗帜分明　《申报》　1926 年 12 月 30 日　第 230 册　第 704 页

25955　乞儿语爱　《申报》　1887 年 8 月 15 日　第 31 册　第 279 页

25956　乞借度日之政府　《申报》　1921 年 1 月 9 日　第 168 册　第 124 页

25957　乞巧考　《申报》　1896 年 8 月 15 日　第 53 册　第 685 页

25958　乞巧说　《申报》　1885 年 8 月 17 日　第 27 册　第 283 页

25959　乞巧说　《申报》　1899 年 8 月 14 日　第 62 册　第 773 页

25960　乞振篇　《申报》　1895 年 9 月 4 日　第 51 册　第 21 页

25961　乞赈篇　《申报》　1897 年 3 月 27 日　第 55 册　第 485 页

25962　乞助山东急赈文　《申报》　1898 年 10 月 3 日　第 60 册　第 235 页

25963　企图破坏中美友谊者是谁?：读驻沪美总领首次演说词有感　《申报》　1948 年 2 月 7 日　第 396 册　第 354 页

25964　岂但张作霖?（言论）　《民国日报》　1925 年 12 月 4 日　第 60 册　第 398 页

25965　岂可再鼓励日本!　《申报》　1947 年 6 月 11 日　第 393 册　第 716 页

25966　岂容荷兰一意孤行?　《申报》　1947 年 7 月 27 日　第 394 册　第 262 页

25967　岂有此理的黎令　《民国日报》　1922 年 9 月 11 日　第 41 册　第 138 页

25968　岂有此理之武昌会议：外交问题　总统问题　《民国日报》　1918 年 4 月 24 日　第 14 册　第 646 页

25969　杞人之言　《申报》　1897 年 12 月 24 日　第 57 册　第 705 页

25970　杞忧　《大公报》　1927 年 3 月 14 日　第 78 册　第 525 页

25971　杞忧罪言　《申报》　1896 年 10 月 20 日　第 54 册　第 311 页

25972　起段苦衷　《申报》　1918 年 3 月 26 日　第 151 册　第 382 页

25973　起伏　《申报》　1919 年 9 月 28 日　第 160 册　第 487 页

25974　起伏离合　《申报》　1926 年 1 月 22 日　第 220 册　第 447 页

25975　起来，不愿做奴隶的人们! /谢云翼（专论）　《申报》　1946 年 5 月 23 日　第 388 册　第 882 页

25976　起来世界青年！　《大公报》　1945 年 11 月 3 日　第 155 册　第 542 页

25977　起码再打三年　《中央日报》　1940 年 4 月 9 日　第 43 册　第 308 页

25978　起迄　《申报》　1925 年 5 月 3 日　第 212 册　第 51 页

25979　起义纪念中的民众检阅（言论）　《民国日报》　1925 年 12 月 25 日　第 60 册　第 652 页

25980　起用张勋说　《申报》　1920 年 4 月 11 日　第 163 册　第 751 页

25981　气　《申报》　1915 年 1 月 12 日　第 132 册　第 146 页

25982　气　《申报》　1927 年 4 月 12 日　第 233 册　第 223 页

25983　气球答问　《申报》　1886 年 12 月 29 日　第 29 册　第 1115 页

25984　气球封　《申报》　1895 年 12 月 1 日　第 51 册　第 603 页

25985　气球体用说　《申报》　1890 年 10 月 1 日　第 37 册　第 595 页

25986　气球为行军要物论　《申报》　1900 年 12 月 16 日　第 66 册　第 629 页

25987　气盛者败　《申报》　1922 年 3 月 19 日　第 178 册　第 351 页

25988　气象　《申报》　1916 年 2 月 14 日　第 138 册　第 546 页

25989　气与力　《申报》　1927 年 3 月 15 日　第 232 册　第 312 页

25990　气与意　《申报》　1924 年 12 月 15 日　第 208 册　第 258 页

25991　气之说　《申报》　1925 年 12 月 14 日　第 219 册　第 271 页

25992　气之自制　《申报》　1929 年 6 月 13 日　第 259 册　第 340 页

25993　弃妇怨：暴日应作“重大之抉择”　《大公报》　1939 年 8 月 25 日　第 142 册　第 544 页

25994　弃国　《申报》　1921 年 3 月 21 日　第 169 册　第 353 页

25995　弃蒙古者谁　《申报》　1913 年 6 月 19 日　第 122 册　第 656 页

25996　弃琼州以专注越南说　《申报》　1884 年 2 月 10 日　第 24 册　第 199 页

25997　弃伊犁议　《申报》　1878 年 11 月 29 日　第 13 册　第 521 页

25998　汽车肇祸宜如何防止乎　《申报》　1935 年 10 月 23 日　第 333 册　第 628 页

25999　汽油代用品问题　《大公报》　1935 年 5 月 21 日　第 126 册　第 324 页

26000　泣告国民：如此有权无耻之违法政府何　《民国日报》　1917 年 6 月 14 日　第 9 册　第 530 页

26001　契其纲领　《申报》　1916 年 8 月 28 日　第 141 册 · 第 976 页

26002　砌路余议　《申报》　1880 年 8 月 13 日　第 17 册　第 173 页

26003　千变万化　《申报》　1916 年 5 月 21 日　第 140 册　第 316 页

26004　千差万错　《申报》　1915 年 9 月 17 日　第 136 册　第 256 页

26005　千夫所指　《申报》　1919 年 6 月 8 日　第 158 册　第 648 页

26006　千杆万枝　《申报》　1917 年 10 月 5 日　第 148 册　第 574 页

26007　千回百折　《申报》　1916 年 7 月 20 日　第 141 册　第 304 页

26008　千曲万折　《申报》　1917年7月29日　第147册　第490页

26009　迁都说　《申报》　1900年9月7日　第66册　第33页

26010　迁是就非的失脚　《民国日报》　1922年6月27日　第39册　第780页

26011　迁延时日　《申报》　1919年5月24日　第158册　第380页

26012　铅字印书宜用机器论　《申报》　1873年12月13日　第3册　第569页

26013　签了字便怎样　《民国日报》　1919年6月28日　第21册　第686页

26014　签票　《申报》　1921年10月3日　第174册　第46页

26015　签约后之善后　《申报》　1918年5月20日　第152册　第296页

26016　签约与国民　《申报》　1919年6月29日　第158册　第987页

26017　签字不签字　《申报》　1919年6月20日　第158册　第839页

26018　前敌后路　《申报》　1918年5月29日　第152册　第438页

26019　前方打仗　后方献金　《大公报》　1944年7月10日　第153册　第46页

26020　前方的民众　《中央日报》　1939年11月25日　第42册　第796页

26021　前方与后方　《民国日报》　1930年8月13日　第87册　第558页

26022　前方与后方国内与国外　《申报》（香港版）　1938年9月17日　第357册　第65页

26023　前后方军民打成一片　《中央日报》　1943年7月2日　第48册　第328页

26024　前后两种声浪　《民国日报》　1922年1月15日　第37册　第192页

26025　前后易地　《申报》　1926年3月2日　第221册　第28页

26026　前护理两江总署端午帅代递前署督臣遗折并胪陈政绩折　《申报》　1905年1月1日　第79册　第1页

26027　前进　《申报》　1944年7月5日　第386册　第15页

26028　前内阁　《申报》　1921年3月19日　第169册　第317页

26029　前日国联大会中英代表西门之言论　《中央日报》　1932年12月9日　第20册　第334页

26030　前三角　《申报》　1925年11月27日　第218册　第527页

26031　前上海县陆春江明府德政记　《申报》　1891年5月18日　第38册　第757页

26032　前事不忘　后事之师：日本退出国联十一周年　《大公报》　1943年3月27日　第150册　第374页

26033　前途　《申报》　1916年2月18日　第138册　第612页

26034　前途　《申报》　1926年8月16日　第226册　第376页

26035　前途黯淡之停战撤兵会议/彬　《申报》　1932年4月7日　第291册　第299页

26036　前途如何　《申报》　1915 年 12 月 30 日　第 137 册　第 970 页

26037　前途之危险　《申报》　1915 年 5 月 1 日　第 134 册　第 2 页

26038　前线的新气象　《申报》（香港版）　1939 年 4 月 17 日　第 358 册　第 378 页

26039　"前线最安全"　《中央日报》　1939 年 11 月 17 日　第 42 册　第 764 页

26040　前夜西广开之扰乱　《大公报》　1933 年 5 月 21 日　第 114 册　第 284 页

26041　前总统袁世凯去世　《申报》　1916 年 6 月 7 日　第 140 册　第 582 页

26042　钱币革命运动平议　《申报》　1932 年 9 月 8 日　第 296 册　第 205 页

26043　钱法论　《申报》　1887 年 2 月 1 日　第 30 册　第 145 页

26044　钱江大桥覆轮惨案　《申报》　1937 年 1 月 28 日　第 348 册　第 623 页

26045　钱路私议　《申报》　1896 年 10 月 29 日　第 54 册　第 369 页

26046　钱内阁　《申报》　1918 年 12 月 1 日　第 155 册　第 482 页

26047　钱内阁通过　《申报》　1918 年 12 月 15 日　第 155 册　第 706 页

26048　钱神论与钱本草　《申报》　1920 年 10 月 29 日　第 166 册　第 1029 页

26049　钱市大有转机说　《申报》　1884 年 11 月 23 日　第 25 册　第 829 页

26050　钱塘江大桥开工志喜　《申报》　1934 年 11 月 11 日　第 322 册　第 327 页

26051　钱塘江建桥之亟不容缓　《申报》　1933 年 10 月 29 日　第 309 册　第 904 页

26052　钱庄用票论　《申报》　1874 年 4 月 15 日　第 4 册　第 335 页

26053　乾县大战又开始矣　《民国日报》　1919 年 4 月 26 日　第 20 册　第 672 页

26054　潜伏与发动　《申报》　1923 年 3 月 12 日　第 189 册　第 239 页

26055　潜艇战争与输运　《大公报》　1943 年 5 月 11 日　第 150 册　第 582 页

26056　黔边之战　《中央日报》　1944 年 12 月 9 日　第 50 册　第 448 页

26057　黔矿告成记　《申报》　1890 年 3 月 27 日　第 36 册　第 475 页

26058　黔矿客述　《申报》　1889 年 5 月 25 日　第 34 册　第 807 页

26059　黔驴故技　《申报》　1920 年 9 月 19 日　第 166 册　第 303 页

26060　黔南山岳阵地的作用　《中央日报》　1944 年 12 月 13 日　第 50 册　第 464 页

26061　黔省财政紧缩感言　《申报》　1935 年 4 月 17 日　第 327 册　第 471 页

26062　黔省撤勇滋事善后失宜事　《申报》　1876 年 7 月 10 日　第 9 册　第 29 页

26063　黔游小记　《申报》　1889 年 10 月 21 日　第 35 册　第 697 页

26064　浅间丸事件与暴日反英　《大公报》　1940 年 1 月 29 日　第 144 册　第 114 页

26065　遣散军队　《申报》　1913 年 8 月 23 日　第 123 册　第 672 页

26066　遣散军队浅议　《申报》　1912 年 3 月 2 日　第 116 册　第 509 页

26067　遣勇末议　《申报》　1881 年 11 月 17 日　第 19 册　第 557 页

26068　遣重臣巡阅长江以弭匪乱议　《申报》　1900 年 9 月 19 日　第 66 册　第 105 页

26069　谴责颠倒是非的报人　《中央日报》　1946 年 8 月 10 日　第 53 册　第 600 页

26070　欠　《申报》　1921 年 6 月 6 日　第 170 册　第 641 页

26071　欠饷　《申报》　1920 年 9 月 8 日　第 166 册　第 121 页

26072　欠薪、市面、盗贼　《申报》　1923 年 1 月 14 日　第 188 册　第 261 页

26073　枪毙　《申报》　1918 年 6 月 28 日　第 152 册　第 914 页

26074　枪弹弹劾　《中央日报》　1931 年 8 月 6 日　第 15 册　第 395 页

26075　枪火亟宜根究说　《申报》　1880 年 10 月 8 日　第 17 册　第 397 页

26076　枪械救国说　《申报》　1923 年 7 月 15 日　第 193 册　第 312 页

26077　强大美军在北非登陆　《中央日报》　1942 年 11 月 11 日　第 47 册　第 66 页

26078　强调合作运动！　《中央日报》　1940 年 2 月 15 日　第 43 册　第 58 页

26079　强夺与供献　《申报》　1928 年 5 月 28 日　第 246 册　第 767 页

26080　强藩本务说　《申报》　1884 年 2 月 9 日　第 24 册　第 193 页

26081　强丐害民说　《申报》　1872 年 12 月 23 日　第 1 册　第 805 页

26082　强国莫先于三事论　《申报》　1899 年 6 月 7 日　第 62 册　第 285 页

26083　强化东亚总力战体制　《申报》　1943 年 3 月 25 日　第 383 册　第 584 页

26084　强化国民党抑强化国人：一个目的两种方法　《申报》　1944 年 1 月 15 日　第 385 册　第 57 页

26085　强化监察制度问题　《大公报》　1941 年 11 月 8 日　第 147 册　第 512 页

26086　强化经济行政的必要　《申报》　1947 年 4 月 17 日　第 393 册　第 162 页

26087　强化同业公会　《申报》　1945 年 2 月 2 日　第 387 册　第 97 页

26088　强化消防设施　《申报》　1945 年 5 月 21 日　第 387 册　第 363 页

26089　强化中国经济的方法（译论）　《申报》　1943 年 8 月 18 日　第 384 册　第 373 页

26090　强化中日合作：欢迎青木大臣　《申报》　1943 年 8 月 21 日　第 384 册　第 385 页

26091　强化中日合作的途径　《申报》　1943 年 8 月 23 日　第 384 册　第 393 页

26092　强力统一　《申报》　1918 年 3 月 29 日　第 151 册　第 430 页

26093　强迫课外运动　《中央日报》　1937 年 1 月 9 日　第 37 册　第 85 页

26094　强迫与虚伪　《申报》　1923 年 9 月 20 日　第 195 册　第 421 页

26095 强权外交又碰壁：义前殖民地问题展期讨论 《大公报》 1948 年 9 月 11 日 第 164 册 第 62 页

26096 强权与公理（言论） 《民国日报》 1926 年 10 月 12 日 第 65 册 第 414 页

26097 强权政治的死亡 《中央日报》 1945 年 4 月 30 日 第 50 册 第 1048 页

26098 强权政治与韩国悲剧 《申报》 1948 年 7 月 17 日 第 398 册 第 130 页

26099 强权之例 《申报》 1921 年 3 月 27 日 第 169 册 第 449 页

26100 强弱 《申报》 1919 年 3 月 18 日 第 157 册 第 274 页

26101 强弱易势 《大公报》 1938 年 8 月 10 日 第 141 册 第 176 页

26102 强弱之真理 《申报》 1915 年 12 月 1 日 第 137 册 第 492 页

26103 强为比附之流行语：为某报昨日时评发 《民国日报》 1916 年 10 月 17 日 第 5 册 第 554 页

26104 强颜为欢祝国庆 《申报》 1946 年 10 月 10 日 第 390 册 第 487 页

26105 强硬 《申报》 1915 年 1 月 24 日 第 132 册 第 314 页

26106 强硬外交 《申报》 1931 年 7 月 9 日 第 284 册 第 230 页

26107 强硬与软化 《申报》 1926 年 6 月 28 日 第 224 册 第 675 页

26108 强有力与助 《申报》 1925 年 9 月 28 日 第 216 册 第 607 页

26109 强有力之议会 《申报》 1913 年 4 月 7 日 第 121 册 第 466 页

26110 抢堵 《申报》 1924 年 7 月 16 日 第 204 册 第 350 页

26111 抢购、游资、与生产 《申报》 1948 年 10 月 5 日 第 399 册 第 32 页

26112 抢救东北流亡学生 《大公报》 1948 年 6 月 21 日 第 163 册 第 308 页

26113 抢救"丰灾"！ 《大公报》 1939 年 9 月 7 日 第 143 册 第 26 页

26114 抢救教师！ 《大公报》 1946 年 3 月 30 日 第 156 册 第 352 页

26115 抢救教育抢救青年：欢迎张伯苓先生 《大公报》 1947 年 3 月 19 日 第 159 册 第 546 页

26116 抢救教授！ 《大公报》 1946 年 4 月 2 日 第 156 册 第 364 页

26117 抢救流亡学生 《大公报》 1948 年 8 月 20 日 第 163 册 第 668 页

26118 抢救棉纺织业 《大公报》 1947 年 7 月 12 日 第 160 册 第 456 页

26119 抢救平津 《申报》 1937 年 7 月 30 日 第 354 册 第 741 页

26120 抢救青年抢救教授 《大公报》 1947 年 2 月 11 日 第 159 册 第 302 页

26121 抢救失学的学生 《中央日报》 1946 年 9 月 6 日 第 53 册 第 862 页

26122 抢救失学助学最乐 《申报》 1948 年 7 月 8 日 第 398 册 第 58 页

26123 抢救中等教育 《大公报》 1947 年 6 月 24 日 第 160 册 第 346 页

26124 抢掠人心 《申报》 1913 年 9 月 8 日 第 124 册 第 92 页

26125 抢修黄河大堤 《申报》 1947 年 7 月 8 日 第 394 册 第 72 页

26126 侨胞的新政党 《申报》 1946 年 9 月 2 日 第 390 册 第 14 页

26127　侨胞教育新厄运：告南洋英属当局　告热心侨胞教育者　《民国日报》
　　　　1920 年 12 月 30 日　第 30 册　第 830 页

26128　侨胞与抗战　《中央日报》　1939 年 6 月 10 日　第 42 册　第 118 页

26129　侨委会搜集苛例　《申报》　1929 年 10 月 18 日　第 263 册　第 508 页

26130　侨务的先决问题/周尚（专论）　《申报》　1947 年 4 月 16 日　第 393 册
　　　　第 152 页

26131　侨务经费少得可怜！　《申报》　1946 年 10 月 26 日　第 390 册　第
　　　　690 页

26132　侨务局　《申报》　1920 年 5 月 21 日　第 164 册　第 373 页

26133　侨务局成立　《民国日报》　1928 年 1 月 17 日　第 72 册　第 226 页

26134　侨务政策应该入宪　《申报》　1946 年 11 月 26 日　第 391 册　第 310 页

26135　巧滑奸□　《申报》　1919 年 6 月 26 日　第 158 册　第 939 页

26136　巧将　《申报》　1921 年 7 月 22 日　第 171 册　第 427 页

26137　巧妙与质实　《申报》　1925 年 7 月 14 日　第 214 册　第 257 页

26138　巧拙　《申报》　1918 年 4 月 16 日　第 151 册　第 718 页

26139　巧拙缓急　《申报》　1926 年 4 月 20 日　第 222 册　第 437 页

26140　巧拙之间　《大公报》　1946 年 4 月 23 日　第 156 册　第 448 页

26141　切不可"纵了大鱼"　《申报》　1943 年 4 月 11 日　第 383 册　第 686 页

26142　切莫忙昏了赎路　《民国日报》　1922 年 1 月 19 日　第 37 册　第 246 页

26143　切莫忙昏了赎路（二）：忘了华盛顿生死关头　《民国日报》　1922 年 1 月
　　　　20 日　第 37 册　第 260 页

26144　切莫偷懒　《申报》　1944 年 4 月 8 日　第 385 册　第 343 页

26145　切实保障公务员生活　《申报》　1943 年 3 月 17 日　第 383 册　第 536 页

26146　切实奉行国父的遗教　《中央日报》　1940 年 11 月 12 日　第 44 册　第
　　　　50 页

26147　切实施行施政方针！：庆祝国府奠都南京廿周纪念　《申报》　1947 年 4 月
　　　　18 日　第 393 册　第 172 页

26148　切实与虚浮　《申报》　1929 年 4 月 1 日　第 257 册　第 5 页

26149　切实援苏的先决条件　《中央日报》　1941 年 6 月 28 日　第 44 册　第
　　　　1024 页

26150　切问篇　《申报》　1887 年 3 月 17 日　第 30 册　第 415 页

26151　切勿再制造失业！　《申报》　1947 年 6 月 4 日　第 393 册　第 646 页

26152　且观其后　《申报》　1922 年 12 月 4 日　第 187 册　第 71 页

26153　且将靳阁来做借镜：国民注意福州事件　《民国日报》　1919 年 12 月 16
　　　　日　第 24 册　第 542 页

26154　且看　《大公报》　1927 年 2 月 21 日　第 78 册　第 357 页

26155 且看我们来克服□人 《申报》（香港版） 1938年8月17日 第356册 第1077页

26156 姜妇内阁 《申报》 1921年9月21日 第173册 第398页

26157 姜妇之主战法：非正式之曹张任命 《民国日报》 1917年12月18日 第12册 第566页

26158 窃钩者诛 《申报》 1921年3月25日 第169册 第417页

26159 锲而无舍 《申报》 1916年10月27日 第142册 第968页

26160 亲俄策上 《申报》 1888年2月29日 第32册 第313页

26161 亲俄策中 《申报》 1888年3月2日 第32册 第325页

26162 亲俄策下 《申报》 1888年3月7日 第32册 第353页

26163 亲藩宜游历外洋说 《申报》 1902年4月25日 第70册 第677页

26164 亲华之反证 《民国日报》 1916年9月29日 第5册 第338页

26165 亲仁善邻涵义之阐释 《申报》 1937年3月18日 第350册 第429页

26166 "亲日派"的使命 《申报》 1943年5月28日 第383册 第967页

26167 亲疏大小之别 《申报》 1914年11月16日 第131册 第222页

26168 亲往 《申报》 1920年4月6日 第163册 第671页

26169 "亲者所痛，仇者所快！"/胡适（星期论文） 《大公报》 1936年6月14日 第132册 第620页

26170 亲政颂并序 《申报》 1889年2月14日 第34册 第195页

26171 侵华日军最近动态 《申报》（香港版） 1939年3月23日 第358册 第178页

26172 侵略威胁下之拉丁美洲 《申报》 1940年4月18日 第369册 第658页

26173 侵略与反侵略 《申报》 1939年4月25日 第363册 第438页

26174 侵略与反侵略的消长 《申报》 1941年7月23日 第376册 第1037页

26175 侵略与奢侈 《民国日报》 1919年6月29日 第21册 第698页

26176 侵略者的良心谴责 《大公报》 1939年4月8日 第142册 第390页

26177 侵略者的双簧 《申报》（香港版） 1939年5月11日 第358册 第570页

26178 侵略阵线的悲哀 《申报》 1941年10月5日 第378册 第58页

26179 侵略主义的消毒剂 《中央日报》 1945年3月7日 第50册 第818页

26180 侵略主义者的收场 《中央日报》 1945年5月1日 第50册 第1054页

26181 侵吞与纳贿 《申报》 1914年6月7日 第128册 第592页

26182 钦案讯结书后 《申报》 1891年2月27日 第38册 第283页

26183　钦差大臣铁宝臣星使奏遵查江苏省司库局所进出款项情形折　《申报》
1905 年 1 月 14 日　第 79 册　第 79 页

26184　钦差大臣铁侍郎良奏请试办八省土膏统捐并派员经理情形折　《申报》
1905 年 1 月 26 日　第 79 册　第 151 页

26185　钦定商律　《申报》　1904 年 3 月 1 日　第 76 册　第 323 页

26186　钦定商律（续昨稿）　《申报》　1904 年 3 月 2 日　第 76 册　第 329 页

26187　钦定商律（续正月十六日报首所登）　《申报》　1904 年 3 月 11 日　第 76
册　第 387 页

26188　钦定商律（续正月二十五日报首所登）　《申报》　1904 年 3 月 12 日　第
76 册　第 395 页

26189　钦定商律　《申报》　1904 年 3 月 15 日　第 76 册　第 415 页

26190　钦廉隶桂问题　《申报》　1920 年 5 月 13 日　第 164 册　第 233 页

26191　钦天监用西儒治历源始考　《申报》　1897 年 1 月 28 日　第 55 册　第
159 页

26192　秦氏惨剧感言　《申报》　1934 年 5 月 9 日　第 316 册　第 219 页

26193　秦事痛语　《民国日报》　1919 年 2 月 4 日　第 19 册　第 314 页

26194　勤捕务以清盗源论　《申报》　1896 年 4 月 23 日　第 52 册　第 659 页

26195　勤参劾以汰冗员论　《申报》　1880 年 4 月 13 日　第 16 册　第 389 页

26196　勤工俭学问题　《民国日报》　1921 年 3 月 2 日　第 32 册　第 16 页

26197　勤工俭学问题　《民国日报》　1921 年 3 月 3 日　第 32 册　第 30 页

26198　勤工俭学问题　《民国日报》　1921 年 3 月 4 日　第 32 册　第 44 页

26199　勤工俭学问题　《民国日报》　1921 年 3 月 6 日　第 32 册　第 72 页

26200　勤工俭学问题　《民国日报》　1921 年 3 月 7 日　第 32 册　第 86 页

26201　勤工俭学问题　《民国日报》　1921 年 3 月 8 日　第 32 册　第 100 页

26202　勤工俭学问题　《民国日报》　1921 年 3 月 9 日　第 32 册　第 114 页

26203　勤俭　《申报》　1927 年 10 月 6 日　第 239 册　第 112 页

26204　勤俭建国·切实做事！　《中央日报》　1948 年 9 月 21 日　第 60 册　第
156 页

26205　勤俭建国运动　《中央日报》　1948 年 9 月 16 日　第 60 册　第 118 页

26206　勤俭为富强之本说　《申报》　1901 年 12 月 3 日　第 69 册　第 575 页

26207　勤俭运动与国民责任　《申报》　1948 年 9 月 22 日　第 398 册　第 656 页

26208　勤练民团说　《申报》　1911 年 11 月 23 日　第 115 册　第 327 页

26209　勤能补俭论　《申报》　1893 年 10 月 16 日　第 45 册　第 305 页

26210　青年的情绪　《大公报》　1948 年 7 月 17 日　第 163 册　第 464 页

26211　青年节感言：论青年学生与政治斗争　《大公报》　1947 年 3 月 29 日　第
159 册　第 612 页

26212　青岛　《申报》　1914 年 11 月 1 日　第 131 册　第 2 页

26213　青岛匪案的注意点　《民国日报》　1922 年 12 月 13 日　第 42 册　第 568 页

26214　青岛将来之处置　《申报》　1914 年 11 月 10 日　第 131 册　第 132 页

26215　青岛事件　《大公报》　1927 年 7 月 25 日　第 80 册　第 193 页

26216　青岛事件之严重性　《申报》　1936 年 12 月 5 日　第 347 册　第 115 页

26217　青岛事件中的双眼（言论）　《民国日报》　1925 年 5 月 30 日　第 57 册　第 400 页

26218　青岛问题之关系　《申报》　1919 年 5 月 5 日　第 158 册　第 66 页

26219　青岛以外之纠葛　《申报》　1914 年 8 月 24 日　第 129 册　第 818 页

26220　青岛以外之战区　《申报》　1914 年 11 月 12 日　第 131 册　第 162 页

26221　青岛最近之惊扰　《中央日报》　1936 年 12 月 9 日　第 36 册　第 847 页

26222　青年报国之大道　《中央日报》　1941 年 5 月 4 日　第 44 册　第 786 页

26223　青年从军运动的副作用/陈衡哲（星期论文）　《大公报》　1944 年 11 月 26 日　第 153 册　第 660 页

26224　青年党参加国大　《申报》　1946 年 11 月 17 日　第 391 册　第 202 页

26225　青年的出路（专论）/胡朴安　《民国日报》　1946 年 7 月 5 日　第 98 册　第 265 页

26226　青年的革命集团　《中央日报》　1938 年 12 月 24 日　第 41 册　第 434 页

26227　青年的康健问题/陈衡哲（星期论文）　《大公报》　1935 年 1 月 27 日　第 124 册　第 408 页

26228　青年的苦闷与警惕　《申报》　1949 年 4 月 26 日　第 400 册　第 789 页

26229　青年的歧途　《中央日报》　1946 年 5 月 14 日　第 52 册　第 992 页

26230　青年的时代　《大公报》　1944 年 3 月 29 日　第 152 册　第 394 页

26231　青年的心　《大公报》　1940 年 5 月 4 日　第 144 册　第 500 页

26232　青年的营养与健康　《中央日报》　1942 年 1 月 2 日　第 45 册　第 646 页

26233　青年对于建设空军之责任　《中央日报》　1941 年 8 月 15 日　第 45 册　第 68 页

26234　青年对于社会的责任　《民国日报》　1924 年 3 月 2 日　第 50 册　第 14 页

26235　青年烦闷季节　《大公报》　1947 年 6 月 27 日　第 160 册　第 364 页

26236　青年飞上天去！　《大公报》　1941 年 4 月 4 日　第 146 册　第 392 页

26237　青年改造问题　《民国日报》　1929 年 11 月 30 日　第 83 册　第 492 页

26238　青年何故不奋斗？　《中央日报》　1931 年 2 月 26 日　第 13 册　第 655 页

26239　青年健康问题之威胁　《申报》　1941 年 8 月 30 日　第 377 册　第 374 页

26240　青年教育的新角度　《中央日报》　1944 年 8 月 26 日　第 49 册　第 1058 页

26241　青年教育与人格感化　《大公报》　1936 年 10 月 27 日　第 134 册　第 796 页

26242　青年节献词　《申报》　1943 年 5 月 5 日　第 383 册　第 829 页

26243　青年今日之亟务　《中央日报》　1931 年 10 月 28 日　第 16 册　第 331 页

26244　青年军需要精神食粮　《中央日报》　1945 年 2 月 15 日　第 50 册　第 734 页

26245　青年劳动服务营　《中央日报》　1940 年 9 月 7 日　第 43 册　第 948 页

26246　青年立志之时　《中央日报》　1939 年 6 月 28 日　第 42 册　第 188 页

26247　青年立志之时！　《大公报》　1942 年 7 月 11 日　第 149 册　第 50 页

26248　青年如何利用暑假　《申报》　1932 年 7 月 1 日　第 294 册　第 3 页

26249　青年深入社会之新风气　《大公报》　1930 年 9 月 7 日　第 98 册　第 76 页

26250　青年升学择业的方针　《中央日报》　1943 年 6 月 26 日　第 48 册　第 302 页

26251　青年生活与国家生活　《中央日报》　1942 年 4 月 23 日　第 45 册　第 1104 页

26252　青年生活之纠正　《中央日报》　1932 年 6 月 5 日　第 18 册　第 202 页

26253　青年失学问题　《中央日报》　1938 年 10 月 5 日　第 41 册　第 86 页

26254　青年失业问题/傅孟真（星期论文）　《大公报》　1934 年 9 月 30 日　第 122 册　第 434 页

26255　青年思想的出路　《大公报》　1931 年 4 月 12 日　第 101 册　第 508 页

26256　青年思想的问题/梁实秋（星期论文）　《大公报》　1935 年 2 月 24 日　第 124 册　第 808 页

26257　青年团插秧队　《中央日报》　1940 年 5 月 17 日　第 43 册　第 480 页

26258　青年团第二次全代会　《中央日报》　1946 年 9 月 1 日　第 53 册　第 797 页

26259　青年学生气质之转变　《大公报》　1936 年 9 月 19 日　第 134 册　第 258 页

26260　青年应有的抱负　《中央日报》　1941 年 4 月 18 日　第 44 册　第 716 页

26261　青年应有的觉悟（专论）/胡朴安　《民国日报》　1946 年 7 月 8 日　第 98 册　第 277 页

26262　青年应有自信　《中央日报》　1941 年 1 月 7 日　第 44 册　第 290 页

26263　青年与党祸　《大公报》　1928 年 4 月 22 日　第 83 册　第 521 页

26264　青年与领袖欲　《大公报》　1929 年 2 月 5 日　第 88 册　第 536 页

26265 青年与民族运动：纪念第三界青年节 《中央日报》 1946 年 3 月 29 日 第 52 册 第 716 页

26266 青年与政治 《大公报》 1942 年 1 月 22 日 第 148 册 第 94 页

26267 青年运动不宜继续吗?：与蔡孑民先生商榷 《民国日报》 1928 年 8 月 2 日 第 75 册 第 553 页

26268 青年运动的新阶段 《中央日报》 1943 年 4 月 14 日 第 47 册 第 970 页

26269 青年运动的又一阶 《中央日报》 1944 年 5 月 4 日 第 49 册 第 556 页

26270 青年运动应注意的几点 《申报》（汉口版） 1938 年 6 月 21 日 第 356 册 第 319 页

26271 青年战斗科学 《中央日报》 1945 年 3 月 24 日 第 50 册 第 888 页

26272 青年之出路 《申报》 1931 年 7 月 2 日 第 284 册 第 41 页

26273 青年之出路与考试 《申报》 1931 年 6 月 28 日 第 283 册 第 747 页

26274 青年之烦闷季节 《大公报》 1930 年 6 月 9 日 第 96 册 第 596 页

26275 青年之烦闷季节又来 《大公报》 1931 年 5 月 17 日 第 102 册 第 196 页

26276 青年之救国责任 《中央日报》 1931 年 11 月 29 日 第 16 册 第 715 页

26277 青年之路 《大公报》 1941 年 5 月 5 日 第 146 册 第 522 页

26278 青年之路 《中央日报》 1943 年 3 月 30 日 第 47 册 第 884 页

26279 青年之路－自由中国：青年节为公祭戴季陶先生而作/潘公展（专论） 《申报》 1949 年 3 月 29 日 第 400 册 第 576 页

26280 青年之修养 《申报》 1931 年 7 月 6 日 第 284 册 第 153 页

26281 青年之运命与中国之运命 《大公报》 1927 年 9 月 9 日 第 80 册 第 719 页

26282 青年志士回家乡去 《中央日报》 1937 年 9 月 5 日 第 40 册 第 588 页

26283 青年中国之诞生：庆祝国民大会开幕 《中央日报》 1948 年 3 月 29 日 第 58 册 第 786 页

26284 轻举妄动 《申报》 1919 年 4 月 11 日 第 157 册 第 671 页

26285 轻率 《申报》 1922 年 6 月 27 日 第 181 册 第 544 页

26286 轻重 《申报》 1914 年 12 月 23 日 第 131 册 第 750 页

26287 轻重 《申报》 1919 年 11 月 22 日 第 161 册 第 371 页

26288 轻重颠倒说 《申报》 1888 年 10 月 11 日 第 33 册 第 675 页

26289 轻重与消涨 《申报》 1926 年 12 月 2 日 第 230 册 第 25 页

26290 清查接收工作展开 《大公报》 1946 年 8 月 2 日 第 157 册 第 132 页

26291 清议与国情 《大公报》 1944 年 1 月 6 日 第 152 册 第 26 页

26292 清案牍以息讼议 《申报》 1886 年 1 月 11 日 第 28 册 第 61 页

26293　清壁运动与清洁运动　《申报》　1935 年 5 月 23 日　第 328 册　第 597 页

26294　清查工作的对象　《申报》　1946 年 9 月 16 日　第 390 册　第 198 页

26295　清查积弊议　《申报》　1879 年 7 月 27 日　第 15 册　第 105 页

26296　清查洋栈囤米说　《申报》　1902 年 6 月 15 日　第 71 册　第 309 页

26297　清查与捐税　《申报》　1946 年 9 月 13 日　第 390 册　第 162 页

26298　清查租界匪徒议　《申报》　1887 年 9 月 12 日　第 31 册　第 455 页

26299　清除共匪间谍!　《中央日报》　1948 年 8 月 18 日　第 59 册　第 906 页

26300　清除间谍·守御江淮　《中央日报》　1948 年 12 月 21 日　第 60 册　第 764 页

26301　清党!（言论）　《民国日报》　1927 年 4 月 17 日　第 67 册　第 310 页

26302　清党的标准（言论）　《民国日报》　1927 年 4 月 19 日　第 67 册　第 342 页

26303　清党二十年　《中央日报》　1947 年 4 月 14 日　第 55 册　第 1010 页

26304　清党后党员的责任（言论）　《民国日报》　1927 年 4 月 22 日　第 67 册　第 390 页

26305　清党纪念日之感想　《中央日报》　1929 年 4 月 12 日　第 5 册　第 557 页

26306　清党纪念微言　《中央日报》　1933 年 4 月 12 日　第 22 册　第 110 页

26307　清党整政·划分敌我　《中央日报》　1948 年 11 月 9 日　第 60 册　第 534 页

26308　清党之回顾　《大公报》　1930 年 4 月 12 日　第 95 册　第 676 页

26309　清盗源说　《申报》　1899 年 5 月 16 日　第 62 册　第 111 页

26310　清帝逊位问题　《申报》　1912 年 1 月 17 日　第 116 册　第 204 页

26311　清寒学生的贷金问题　《申报》　1947 年 3 月 5 日　第 392 册　第 676 页

26312　清华当改隶教育部　《民国日报》　1929 年 4 月 20 日　第 79 册　第 866 页

26313　清华风潮　《大公报》　1930 年 7 月 6 日　第 97 册　第 64 页

26314　清华基金问题　《中央日报》　1929 年 4 月 24 日　第 5 册　第 681 页

26315　清华学潮　《大公报》　1931 年 5 月 30 日　第 102 册　第 352 页

26316　清华学校易长以后　《大公报》　1928 年 1 月 12 日　第 82 册　第 113 页

26317　清洁运动　《大公报》　1929 年 4 月 12 日　第 89 册　第 676 页

26318　清洁运动与公共卫生　《申报》　1936 年 4 月 16 日　第 339 册　第 390 页

26319　清理津市敌伪房产　《大公报》　1947 年 3 月 28 日　第 159 册　第 606 页

26320　清吏治说　《申报》　1900 年 11 月 14 日　第 66 册　第 439 页

26321　清粮末议　《申报》　1880 年 7 月 5 日　第 17 册　第 17 页

26322　清明说　《申报》　1892 年 4 月 4 日　第 40 册　第 527 页

26323　清明志感　《申报》　1896 年 4 月 3 日　第 52 册　第 537 页

26324　清史义例商兑　《申报》　1913 年 3 月 3 日　第 121 册　第 25 页

26325　清史义例商兑　《申报》　1913 年 3 月 5 日　第 121 册　第 49 页

26326　清事杂评　《申报》　1911 年 12 月 10 日　第 115 册　第 566 页

26327　清室与胡适之　《民国日报》　1924 年 11 月 11 日　第 54 册　第 81 页

26328　清算九一八重建东北　《大公报》　1945 年 9 月 18 日　第 155 册　第 344 页

26329　清算六年来的血账　《申报》　1937 年 9 月 18 日　第 355 册　第 519 页

26330　清算日本问题　《中央日报》　1948 年 6 月 25 日　第 59 册　第 474 页

26331　清算时期　《申报》　1926 年 3 月 29 日　第 221 册　第 630 页

26332　清心可以避暑说　《申报》　1892 年 7 月 6 日　第 41 册　第 427 页

26333　清野的合作　《民国日报》　1924 年 1 月 6 日　第 49 册　第 68 页

26334　清议与舆论　《申报》　1944 年 9 月 26 日　第 386 册　第 283 页

26335　清议之源泉在政府　《大公报》　1930 年 10 月 16 日　第 98 册　第 532 页

26336　清丈　《申报》　1914 年 12 月 13 日　第 131 册　第 604 页

26337　情报与舆论　《申报》　1942 年 12 月 28 日　第 382 册　第 610 页

26338　情法两尽说　《申报》　1897 年 7 月 24 日　第 56 册　第 517 页

26339　情感合理化　《申报》（香港版）　1938 年 5 月 6 日　第 356 册　第 666 页

26340　情理说　《申报》　1875 年 11 月 12 日　第 7 册　第 461 页

26341　情势平平　《申报》　1913 年 5 月 20 日　第 122 册　第 250 页

26342　情形紧急　《申报》　1914 年 10 月 1 日　第 130 册　第 422 页

26343　顷阅报章屡纪营兵为盗事有慨而书　《申报》　1898 年 6 月 8 日　第 59 册　第 239 页

26344　请爱护台湾这片干净土　《大公报》　1947 年 2 月 24 日　第 159 册　第 396 页

26345　请畅行大小银元议　《申报》　1896 年 1 月 27 日　第 52 册　第 163 页

26346　请惩安福　《申报》　1920 年 7 月 25 日　第 165 册　第 449 页

26347　请大家一致向外看　《申报》　1931 年 11 月 7 日　第 288 册　第 160 页

26348　请对旧联　《申报》　1874 年 2 月 3 日　第 4 册　第 113 页

26349　请弗再望外援　《中央日报》　1933 年 1 月 21 日　第 21 册　第 176 页

26350　请广设科目议　《申报》　1894 年 12 月 17 日　第 48 册　第 669 页

26351　请国会质问收买存土　《民国日报》　1916 年 2 月 17 日　第 7 册　第 466 页

26352　请国人一读十九路军的宣言　《申报》　1932 年 3 月 1 日　第 291 册　第 6 页

26353　请缓会试说　《申报》　1895 年 3 月 6 日　第 49 册　第 343 页

26354　请禁彩票　《申报》　1920 年 8 月 12 日　第 165 册　第 757 页

26355   请禁花鼓戏说   《申报》   1872 年 10 月 15 日   第 1 册   第 569 页

26356   请禁烧锅以重民食说   《申报》   1902 年 6 月 21 日   第 71 册   第 349 页

26357   请绝私铸论   《申报》   1872 年 9 月 30 日   第 1 册   第 517 页

26358   请军市当局与党部诸君注意   《大公报》   1928 年 11 月 28 日   第 87 册   第 325 页

26359   请军缩会议代表遥聆上海炮声/彬   《申报》   1932 年 2 月 14 日   第 290 册   第 697 页

26360   请浚河以免水灾议   《申报》   1873 年 8 月 2 日   第 3 册   第 113 页

26361   请开国会之理由书   《申报》   1908 年 3 月 7 日   第 93 册   第 73 页

26362   请开国会之理由书（续初四日稿）   《申报》   1908 年 3 月 9 日   第 93 册   第 97 页

26363   请开炉铸钱折稿   《申报》   1885 年 8 月 23 日   第 27 册   第 319 页

26364   请开西学特科议   《申报》   1902 年 3 月 23 日   第 70 册   第 461 页

26365   请开种鸦片烟禁论   《申报》   1874 年 5 月 20 日   第 4 册   第 455 页

26366   请看重查沪案的影响（言论）   《民国日报》   1926 年 9 月 14 日   第 59 册   第 159 页

26367   请孔氏谈话后有感   《申报》   1933 年 11 月 1 日   第 310 册   第 8 页

26368   请快停止神经战吧！   《大公报》   1946 年 3 月 28 日   第 156 册   第 344 页

26369   请敛干涉中国的手   《中央日报》   1947 年 3 月 17 日   第 55 册   第 780 页

26370   请领饷   《申报》   1922 年 1 月 10 日   第 177 册   第 160 页

26371   请刘省三爵中丞奏请台湾暂难改设省会折书后   《申报》   1886 年 1 月 30 日   第 28 册   第 175 页

26372   请留遗勇以为水利说   《申报》   1885 年 8 月 10 日   第 27 册   第 241 页

26373   请美国舆论注视远东的轰炸残杀   《中央日报》   1940 年 5 月 30 日   第 43 册   第 534 页

26374   请美国重行考虑对日政策   《申报》   1946 年 12 月 8 日   第 391 册   第 454 页

26375   请盟邦了解中国   《申报》   1946 年 7 月 10 日   第 389 册   第 372 页

26376   请免捐减税以振茶务议   《申报》   1887 年 11 月 19 日   第 31 册   第 915 页

26377   请青年科学家注意   《大公报》   1937 年 1 月 11 日   第 136 册   第 136 页

26378   请求不是奋斗   《民国日报》   1921 年 7 月 4 日   第 34 册   第 44 页

26379   请求批准中德新约的理由如此   《民国日报》   1928 年 9 月 27 日   第 76 册   第 423 页

26380 请求清室予谥之奇闻 《申报》 1920 年 12 月 30 日 第 167 册 第 1040 页

26381 请求全国读者共同拒毒 《大公报》 1931 年 7 月 4 日 第 103 册 第 40 页

26382 请求全国读者捐赈! 《大公报》 1931 年 8 月 20 日 第 103 册 第 604 页

26383 请求全国读者助赈! 《大公报》 1935 年 8 月 8 日 第 127 册 第 554 页

26384 请求全国军人觉悟! 《大公报》 1932 年 1 月 4 日 第 106 册 第 24 页

26385 请求市当局严厉禁赌 《申报》 1943 年 4 月 23 日 第 383 册 第 757 页

26386 请求修改商会法之疑问 《申报》 1920 年 4 月 3 日 第 163 册 第 615 页

26387 请求政府奖励农业生产 《申报》 1944 年 5 月 2 日 第 385 册 第 425 页

26388 请求政府下决心取缔囤积 《申报》 1943 年 4 月 6 日 第 383 册 第 656 页

26389 请求政府迅速改组米统会 《申报》 1944 年 5 月 17 日 第 385 册 第 477 页

26390 请全国国民表示力量 《中央日报》 1936 年 6 月 11 日 第 34 册 第 857 页

26391 请日员约束日人说 《申报》 1885 年 7 月 26 日 第 27 册 第 151 页

26392 请商界稳重 《大公报》 1948 年 11 月 6 日 第 164 册 第 398 页

26393 请设视学大臣议 《申报》 1903 年 9 月 16 日 第 75 册 第 109 页

26394 请设中央蚕丝会条议 《申报》 1908 年 6 月 17 日 第 94 册 第 620 页

26395 请设中央蚕丝会条议（续） 《申报》 1908 年 6 月 18 日 第 94 册 第 632 页

26396 请市民注意三事（言论） 《民国日报》 1925 年 12 月 26 日 第 60 册 第 664 页

26397 请孙总统覆曹吴江电 《民国日报》 1922 年 9 月 4 日 第 41 册 第 44 页

26398 请特设四部议 《申报》 1894 年 11 月 13 日 第 48 册 第 461 页

26399 请听各国代表之公论 《大公报》 1932 年 12 月 8 日 第 111 册 第 448 页

26400 请威尔基先生看中国战场 《大公报》 1942 年 10 月 7 日 第 149 册 第 430 页

26401 请问伦敦泰晤士报 《申报》 1947 年 7 月 8 日 第 394 册 第 72 页

26402　请问猪宪票如何投法　《民国日报》　1923 年 12 月 15 日　第 48 册　第 620 页

26403　请勿把持市面说　《申报》　1880 年 11 月 6 日　第 17 册　第 515 页

26404　请勿关闭和谈之门！　《申报》　1946 年 12 月 11 日　第 391 册　第 490 页

26405　请下肃清贪污的决心　《中央日报》　1947 年 1 月 22 日　第 55 册　第 264 页

26406　请先废一种最苛之捐　《大公报》　1933 年 12 月 29 日　第 117 册　第 820 页

26407　请先停手！　《大公报》　1945 年 12 月 20 日　第 155 册　第 736 页

26408　请新市长抑平米价！　《申报》　1946 年 5 月 20 日　第 388 册　第 858 页

26409　请严禁停棺说　《申报》　1880 年 3 月 14 日　第 16 册　第 269 页

26410　请要人少说闲话　《民国日报》　1930 年 6 月 11 日　第 86 册　第 545 页

26411　请移新年应酬费捐助东北义勇军　《申报》　1932 年 12 月 30 日　第 299 册　第 827 页

26412　请以理智答复困难　《申报》　1939 年 1 月 13 日　第 361 册　第 228 页

26413　请英国停止东京谈判　《中央日报》　1939 年 7 月 29 日　第 42 册　第 314 页

26414　请永停捐输实官议　《申报》　1893 年 2 月 5 日　第 43 册　第 215 页

26415　请永停捐输实官议　《申报》　1893 年 9 月 25 日　第 45 册　第 163 页

26416　请邮部奏报西潼洛潼路线感言　《申报》　1909 年 6 月 12 日　第 100 册　第 598 页

26417　请愿国会对于政府之希望　《申报》　1910 年 1 月 11 日　第 104 册　第 181 页

26418　请愿团带来的温暖　《大公报》　1948 年 1 月 30 日　第 162 册　第 184 页

26419　请赞助妇女界献金游行　《大公报》　1944 年 12 月 16 日　第 153 册　第 742 页

26420　请张人杰同志忠告国民党同志书以后（言论）　《民国日报》　1925 年 12 月 15 日　第 60 册　第 532 页

26421　请政府集议举办海军之期限　《申报》　1908 年 6 月 19 日　第 94 册　第 646 页

26422　请政府与外人议订交犯约章说　《申报》　1902 年 8 月 17 日　第 71 册　第 739 页

26423　请中苏实施关于大连之协定　《申报》　1947 年 1 月 8 日　第 392 册　第 78 页

26424　请种烟与榷烟并行论　《申报》　1889 年 6 月 2 日　第 34 册　第 859 页

26425　请重庆市民慰劳过境国民　《大公报》　1944 年 12 月 5 日　第 153 册　第 698 页

26426　请注意滇西的灾荒！　《大公报》　1946 年 9 月 11 日　第 157 册　第 372 页

26427　请注意十月十四日　《民国日报》　1931 年 10 月 4 日　第 94 册　第 425 页

26428　请准旗民出资为商议　《申报》　1902 年 4 月 20 日　第 70 册　第 645 页

26429　请自戴院长始　《民国日报》　1931 年 8 月 18 日　第 93 册　第 606 页

26430　请自悔始！/林同济（星期论文）　《大公报》　1943 年 4 月 18 日　第 150 册　第 480 页

26431　庆邸孙相奏改订外省官制折　《申报》　1907 年 7 月 16 日　第 89 册　第 184 页

26432　庆邸孙相奏改订外省官制折　《申报》　1907 年 7 月 17 日　第 89 册　第 198 页

26433　庆邸孙相奏改订外省官制（续）　《申报》　1907 年 7 月 18 日　第 89 册　第 209 页

26434　庆国府还都　《中央日报》　1946 年 5 月 5 日　第 52 册　第 938 页

26435　庆国宜先庆人：民治主义之世界　《民国日报》　1918 年 10 月 11 日　第 17 册　第 444 页

26436　庆会记盛　《申报》　1886 年 7 月 29 日　第 29 册　第 171 页

26437　庆联合国日　《中央日报》　1948 年 10 月 24 日　第 60 册　第 412 页

26438　庆欧洲盼亚洲　《大公报》　1945 年 5 月 9 日　第 154 册　第 546 页

26439　庆王辞职说　《申报》　1911 年 10 月 3 日　第 114 册　第 563 页

26440　庆祝北伐胜利（言论）　《民国日报》　1927 年 6 月 17 日　第 68 册　第 705 页

26441　庆祝北伐胜利感言（言论）　《民国日报》　1927 年 6 月 18 日　第 68 册　第 721 页

26442　庆祝本市工业会成立　《申报》　1948 年 8 月 22 日　第 398 册　第 418 页

26443　庆祝第三期北伐胜利的意义（言论）　《民国日报》　1927 年 6 月 19 日　第 68 册　第 737 页

26444　庆祝儿童节　展望新中国　《大公报》　1939 年 4 月 4 日　第 142 册　第 374 页

26445　庆祝二十一年元旦　《中央日报》　1932 年 1 月 1 日　第 17 册　第 3 页

26446　庆祝父亲节　《民国日报》　1946 年 8 月 8 日　第 98 册　第 416 页

26447　庆祝关税自主　《民国日报》　1929 年 2 月 1 日　第 78 册　第 527 页

26448　庆祝国府还都　《民国日报》　1946 年 5 月 5 日　第 98 册　第 18 页

26449　庆祝国府还都二周纪念吾人应有之反省与希望　《申报》　1943 年 3 月 30 日　第 383 册　第 614 页

26450　庆祝国府还都纪念　《申报》　1944 年 3 月 30 日　第 385 册　第 313 页

26451　庆祝国府还都五周年纪念　《申报》　1945 年 3 月 30 日　第 387 册　第 241 页

26452　庆祝国民会议开幕　《民国日报》　1931 年 5 月 5 日　第 92 册　第 39 页

26453　庆祝国民政府成立纪念（言论）　《民国日报》　1927 年 7 月 1 日　第 69 册　第 3 页

26454　庆祝记者节　《民国日报》　1946 年 9 月 1 日　第 99 册　第 2 页

26455　庆祝蒋总司令就职一周纪念（言论）　《民国日报》　1927 年 7 月 9 日　第 69 册　第 131 页

26456　庆祝剿匪胜利之意义：剿匪胜利实为我国民众一致之心理与后方同志共同努力所得之效果/蒋中正　《大公报》　1934 年 12 月 10 日　第 123 册　第 576 页

26457　庆祝剿匪胜利之意义：剿匪胜利实为我全国民众一致之心理与后方同志共同努力所得之效果　《申报》　1934 年 12 月 10 日　第 323 册　第 284 页

26458　庆祝美菲同享国庆　《民国日报》　1946 年 7 月 4 日　第 98 册　第 261 页

26459　庆祝欧战胜利结束　《中央日报》　1945 年 5 月 9 日　第 50 册　第 1102 页

26460　庆祝胜利　《申报》　1927 年 6 月 17 日　第 235 册　第 346 页

26461　庆祝胜利（二）　《申报》　1927 年 6 月 18 日　第 235 册　第 369 页

26462　庆祝胜利（三）　《申报》　1927 年 6 月 19 日　第 235 册　第 393 页

26463　庆祝胜利之所感　《中央日报》　1945 年 9 月 3 日　第 51 册　第 564 页

26464　庆祝十九年元旦　《大公报》　1930 年 1 月 1 日　第 94 册　第 4 页

26465　庆祝世界运动会揭幕　《申报》　1948 年 7 月 29 日　第 398 册　第 226 页

26466　庆祝苏联建国二十八周年纪念（专论）/邵力子　《民国日报》　1945 年 11 月 7 日　第 96 册　第 257 页

26467　庆祝我军克复马当　《中央日报》　1940 年 10 月 13 日　第 43 册　第 1096 页

26468　庆祝宪法草案公布：并纪念十五年前的今日　《中央日报》　1936 年 5 月 5 日　第 34 册　第 413 页

26469　庆祝英王加冕　《申报》　1937 年 5 月 12 日　第 352 册　第 259 页

26470　庆祝招商局七十五周年　《申报》　1947 年 12 月 16 日　第 395 册　第 766 页

26471　庆祝制宪成功　《民国日报》　1946 年 12 月 26 日　第 99 册　第 544 页

26472　庆祝总统副总统就任　《申报》　1948 年 5 月 20 日　第 397 册　第 420 页

26473　穷干与硬干　《大公报》　1933年11月9日　第117册　第116页

26474　穷官轻命说　《申报》　1880年1月5日　第16册　第17页

26475　穷官轻生说　《申报》　1880年5月30日　第16册　第577页

26476　穷极无聊　《申报》　1923年4月8日　第190册　第153页

26477　穷军阀的新生命　《民国日报》　1920年12月13日　第30册　第592页

26478　穷能倒阁　《申报》　1921年3月10日　第169册　第157页

26479　穷凶极恶解　《申报》　1921年10月13日　第174册　第290页

26480　穷则争　《申报》　1922年10月20日　第185册　第427页

26481　穹甲快船详说　《申报》　1887年10月9日　第31册　第635页

26482　琼防紧要说　《申报》　1884年1月21日　第24册　第121页

26483　琼斯遇害之教训　《申报》　1935年8月22日　第331册　第549页

26484　琼崖乱信宜筹海防说　《申报》　1878年11月8日　第13册　第449页

26485　丘吉尔报告之英日协定内容　《中央日报》　1940年7月21日　第43册　第754页

26486　丘吉尔首相的申明　《中央日报》　1945年2月22日　第50册　第762页

26487　丘吉尔之态度　《中央日报》　1940年6月7日　第43册　第568页

26488　邱吉尔/陈西滢（星期论文）　《大公报》　1940年6月2日　第144册　第616页

26489　邱吉尔到华盛顿　《大公报》　1943年5月13日　第150册　第590页

26490　邱吉尔的演说　《申报》　1946年3月16日　第388册　第404页

26491　邱吉尔鼓吹法德合作　《申报》　1946年9月21日　第390册　第258页

26492　邱吉尔广播的重大性——适机解决日本为战胜轴心之键　《大公报》　1941年8月26日　第147册　第202页

26493　邱吉尔警告暴日　《大公报》　1941年11月12日　第147册　第528页

26494　邱吉尔警告义大利与日本　《大公报》　1942年12月3日　第149册　第674页

26495　邱吉尔氏的警告　《申报》　1941年12月5日　第378册　第815页

26496　邱吉尔首相报告的要点　《大公报》　1944年2月25日　第152册　第244页

26497　邱吉尔下台的面面观　《申报》　1945年7月28日　第387册　第513页

26498　邱吉尔演说之前后　《大公报》　1941年8月27日　第147册　第206页

26499　邱吉尔以印度事攻击工党政府　《申报》　1930年8月22日　第273册　第516页

26500　邱史会晤与第二战场　《大公报》　1942年8月20日　第149册　第220页

26501　邱史会议与波兰问题　《大公报》　1944 年 10 月 23 日　第 153 册　第 516 页

26502　邱史历史的会谈　《中央日报》　1942 年 8 月 19 日　第 46 册　第 632 页

26503　邱相战争论之进步：并为英国舆论界进一步解　《大公报》　1943 年 5 月 27 日　第 150 册　第 650 页

26504　秋邀篇　《申报》　1886 年 9 月 21 日　第 29 册　第 505 页

26505　秋操祝辞　《申报》　1906 年 10 月 27 日　第 85 册　第 219 页

26506　秋高马壮敬勖军民　《中央日报》　1943 年 10 月 4 日　第 48 册　第 738 页

26507　秋季开学　《申报》　1935 年 8 月 25 日　第 331 册　第 632 页

26508　秋季开学谈学风　《中央日报》　1947 年 9 月 23 日　第 57 册　第 234 页

26509　秋节边工商业动态之观察　《申报》　1941 年 10 月 4 日　第 378 册　第 44 页

26510　秋节用途　《申报》　1922 年 9 月 13 日　第 184 册　第 264 页

26511　秋节与年关　《申报》　1922 年 10 月 5 日　第 185 册　第 83 页

26512　秋瑾之演说　《申报》　1907 年 7 月 22 日　第 89 册　第 257 页

26513　秋坰揽辔记　《申报》　1887 年 11 月 11 日　第 31 册　第 861 页

26514　秋凉病又多　《申报》　1946 年 10 月 14 日　第 390 册　第 546 页

26515　秋凉念难民和流亡学生　《大公报》　1948 年 9 月 30 日　第 164 册　第 176 页

26516　秋霖解　《申报》　1891 年 10 月 31 日　第 39 册　第 743 页

26517　秋试余谭　《申报》　1897 年 9 月 29 日　第 57 册　第 169 页

26518　秋收丰稔与农产储运　《中央日报》　1936 年 8 月 30 日　第 35 册　第 725 页

26519　秋汛中之防水问题　《申报》　1941 年 8 月 9 日　第 377 册　第 105 页

26520　秋已深矣　《大公报》　1928 年 9 月 16 日　第 86 册　第 181 页

26521　求安与求不安　《民国日报》　1930 年 9 月 16 日　第 88 册　第 200 页

26522　求才（言论）　《民国日报》　1927 年 6 月 24 日　第 68 册　第 817 页

26523　求才篇　《申报》　1898 年 12 月 10 日　第 60 册　第 713 页

26524　求福辨　《申报》　1880 年 4 月 16 日　第 16 册　第 401 页

26525　求和平当发暴力　《民国日报》　1918 年 12 月 17 日　第 18 册　第 554 页

26526　求己　《申报》　1925 年 7 月 8 日　第 214 册　第 137 页

26527　求救猪仔论　《申报》　1872 年 8 月 28 日　第 1 册　第 405 页

26528　求怜足以自存乎　《民国日报》　1919 年 9 月 30 日　第 23 册　第 350 页

26529　求明　《申报》　1928 年 11 月 20 日　第 252 册　第 552 页

26530　求去　《申报》　1922 年 7 月 30 日　第 182 册　第 647 页

26531　求人不如求己　《民国日报》　1919年8月14日　第22册　第494页

26532　求人不如求自己　《民国日报》　1920年7月26日　第28册　第352页

26533　求声图说　《申报》　1892年4月27日　第40册　第669页

26534　求实篇　《申报》　1907年2月4日　第86册　第331页

26535　求土地问题的彻底解决/萧铮（星期论坛）　《申报》　1949年4月24日　第400册　第780页

26536　求学校安定之道　《大公报》　1948年8月30日　第163册　第728页

26537　求雨说　《申报》　1901年11月13日　第69册　第453页

26538　求真和平：非南京会议席中之所谓和平　《民国日报》　1916年5月25日　第3册　第290页

26539　求振篇　《申报》　1891年11月23日　第39册　第881页

26540　求政府勿助长川乱！　《大公报》　1931年8月7日　第103册　第448页

26541　求知　《申报》　1928年11月19日　第252册　第522页

26542　求治之道　《大公报》　1945年3月21日　第154册　第338页

26543　求助与互助　《申报》　1921年11月3日　第175册　第49页

26544　泅海奇闻　《申报》　1875年11月5日　第7册　第437页

26545　区域公约与远东安全问题　《申报》　1936年9月24日　第344册　第650页

26546　区域集团？　《大公报》　1948年10月2日　第164册　第188页

26547　曲阜圣迹务须保存　《大公报》　1930年7月18日　第97册　第208页

26548　曲突徒薪　《申报》　1929年3月2日　第256册　第36页

26549　曲折　《申报》　1916年6月18日　第140册　第744页

26550　驱兵攻闽的本心　《民国日报》　1922年10月27日　第41册　第770页

26551　驱除专政毒虫的纪念日（言论）　《民国日报》　1927年6月4日　第68册　第501页

26552　驱共清党（言论）　《民国日报》　1927年4月20日　第67册　第358页

26553　驱邪说　《申报》　1881年10月3日　第19册　第377页

26554　驱疫说　《申报》　1894年5月26日　第47册　第177页

26555　驱蝇说　《申报》　1872年6月18日　第1册　第161页

26556　驱游惰以兴农业说　《申报》　1902年6月12日　第71册　第289页

26557　驱游惰以兴农业说（续昨稿）　《申报》　1902年6月13日　第71册　第295页

26558　驱张说　《申报》　1920年6月13日　第164册　第787页

26559　驱张与废督　《申报》　1920年6月14日　第164册　第815页

26560　驱逐了桂系再说别的　《民国日报》　1920 年 10 月 7 日　第 29 册　第 506 页

26561　驱逐阎冯两逆　《中央日报》　1930 年 11 月 29 日　第 12 册　第 719 页

26562　驱逐游僧议　《申报》　1893 年 4 月 10 日　第 43 册　第 575 页

26563　驱逐袁世凯之灵魂　《民国日报》　1922 年 3 月 7 日　第 38 册　第 84 页

26564　驱逐之新运动　《申报》　1920 年 8 月 20 日　第 165 册　第 895 页

26565　屈　《申报》　1928 年 1 月 29 日　第 242 册　第 498 页

26566　屈服　《申报》　1918 年 3 月 27 日　第 151 册　第 398 页

26567　屈服　《申报》　1920 年 3 月 30 日　第 163 册　第 547 页

26568　屈服　《申报》　1925 年 7 月 20 日　第 214 册　第 374 页

26569　屈服　《申报》　1925 年 9 月 8 日　第 216 册　第 159 页

26570　屈服日本的手段在炸弹　《大公报》　1945 年 7 月 31 日　第 155 册　第 132 页

26571　屈伸　《申报》　1922 年 3 月 27 日　第 178 册　第 505 页

26572　屈伸论　《申报》　1900 年 10 月 9 日　第 66 册　第 223 页

26573　屈映光　《民国日报》　1916 年 4 月 16 日　第 2 册　第 554 页

26574　屈与服　《申报》　1919 年 7 月 3 日　第 159 册　第 35 页

26575　祛弊说　《申报》　1907 年 12 月 16 日　第 91 册　第 571 页

26576　祛弊说　《申报》　1907 年 12 月 18 日　第 91 册　第 595 页

26577　祛匪　《申报》　1924 年 9 月 27 日　第 206 册　第 449 页

26578　祛舞弊之病根（专论）/胡朴安　《民国日报》　1946 年 9 月 26 日　第 99 册　第 133 页

26579　趋避说　《申报》　1880 年 3 月 6 日　第 16 册　第 237 页

26580　趋利反足以致害论　《申报》　1888 年 9 月 1 日　第 33 册　第 421 页

26581　趋向不同　《申报》　1920 年 10 月 23 日　第 166 册　第 911 页

26582　驱赌说　《申报》　1888 年 9 月 18 日　第 33 册　第 531 页

26583　衢案质疑来书　《申报》　1878 年 11 月 13 日　第 13 册　第 465 页

26584　取材异同说　《申报》　1891 年 7 月 21 日　第 39 册　第 121 页

26585　取得同情更应努力（言论）　《民国日报》　1925 年 6 月 11 日　第 57 册　第 530 页

26586　取缔报纸　《申报》　1911 年 9 月 10 日　第 114 册　第 162 页

26587　取缔毒药会议之议案　《申报》　1931 年 6 月 10 日　第 283 册　第 246 页

26588　取缔囤积的补充要点　《申报》　1948 年 9 月 14 日　第 398 册　第 592 页

26589　取缔囤积抬价的程序　《申报》　1947 年 3 月 8 日　第 392 册　第 706 页

26590　取缔公务员宴会　《中央日报》　1940 年 4 月 19 日　第 43 册　第 354 页

26591　取缔后之上海米粮　《申报》　1939 年 12 月 16 日　第 367 册　第 612 页

26592　取缔居奇办法之检讨　《申报》　1948 年 1 月 10 日　第 396 册　第 74 页

26593　取缔军人赌博　《中央日报》　1943 年 3 月 26 日　第 47 册　第 862 页

26594　取缔私学与整顿官学　《大公报》　1930 年 2 月 21 日　第 94 册　第 756 页

26595　取缔贴现浪潮　《申报》　1945 年 6 月 21 日　第 387 册　第 433 页

26596　取缔投机与导引游资并进　《申报》　1945 年 4 月 6 日　第 387 册　第 259 页

26597　取缔外国通信社问题　《大公报》　1931 年 4 月 13 日　第 101 册　第 520 页

26598　取缔外人在华的反宣传机关（言论）　《民国日报》　1927 年 4 月 2 日　第 67 册　第 153 页

26599　取缔物价上涨　《中央日报》　1940 年 6 月 16 日　第 43 册　第 604 页

26600　取缔学生与外交　《申报》　1920 年 5 月 7 日　第 164 册　第 121 页

26601　取缔重庆市的公卖行　《中央日报》　1940 年 12 月 18 日　第 44 册　第 194 页

26602　取缔走私消灭黑市　《申报》　1943 年 12 月 21 日　第 384 册　第 879 页

26603　取法乎下　《申报》　1923 年 7 月 10 日　第 193 册　第 206 页

26604　取决机关　《申报》　1917 年 4 月 15 日　第 145 册　第 806 页

26605　取巧为万败之源　《申报》　1920 年 10 月 13 日　第 166 册　第 758 页

26606　取巧与政治手段　《申报》　1926 年 5 月 7 日　第 223 册　第 146 页

26607　取巧者必败　《中央日报》　1930 年 2 月 25 日　第 9 册　第 701 页

26608　取士说　《申报》　1880 年 12 月 25 日　第 17 册　第 709 页

26609　取消　《申报》　1916 年 4 月 29 日　第 139 册　第 940 页

26610　取消　《申报》　1917 年 6 月 21 日　第 146 册　第 900 页

26611　取消北京政府　《申报》　1922 年 5 月 13 日　第 180 册　第 247 页

26612　取消不合格之律师更不可不取消合格之法官　《申报》　1912 年 10 月 27 日　第 119 册　第 283 页

26613　取消不平等条约（代论）　《民国日报》　1927 年 8 月 26 日　第 69 册　第 815 页

26614　取消不平等条约与内河航权　《大公报》　1926 年 10 月 6 日　第 77 册　第 273 页

26615　取消独立之各省　《申报》　1917 年 6 月 27 日　第 146 册　第 1000 页

26616　取消苛捐杂税之初步标准　《大公报》　1930 年 10 月 20 日　第 98 册　第 580 页

26617　取消苛捐杂税之呼吁　《大公报》　1930 年 10 月 14 日　第 98 册　第 508 页

26618　取消领券制度平议　《申报》　1938年12月11日　第360册　第166页

26619　取消年号之建议　《申报》　1916年2月20日　第138册　第646页

26620　取消清室优待条件与"国际信义"　《民国日报》　1924年11月12日　第54册　第89页

26621　取消市参议会制问题　《民国日报》　1928年9月16日　第76册　第252页

26622　取消自主与宣布统一　《民国日报》　1920年10月31日　第29册　第848页

26623　取销中美日无线电合同案　《大公报》　1928年8月17日　第85册　第471页

26624　取信与一致　《申报》　1922年11月19日　第186册　第388页

26625　取用人才论　《申报》　1873年10月15日　第3册　第365页

26626　取粤　《申报》　1918年4月7日　第151册　第574页

26627　娶妾之罪恶　《申报》　1920年6月3日　第164册　第611页

26628　去吧社会的渣滓！　《大公报》　1948年12月25日　第164册　第601页

26629　去兵：各方之根据　《民国日报》　1918年12月24日　第18册　第638页

26630　去兵（二）各方之根据　《民国日报》　1918年12月25日　第18册　第650页

26631　去秽所以去疫说　《申报》　1894年6月27日　第47册　第417页

26632　去留与国事　《申报》　1921年9月25日　第173册　第474页

26633　去名存实　《申报》　1923年4月28日　第190册　第567页

26634　去年此日！　《大公报》　1933年3月2日　第113册　第18页

26635　去年今日　《大公报》　1946年8月10日　第157册　第180页

26636　去年今日！　《大公报》　1934年5月31日　第120册　第442页

26637　去其所乘　《申报》　1914年7月25日　第129册　第382页

26638　去冗官议　《申报》　1889年11月7日　第35册　第801页

26639　去奢从俭说　《申报》　1893年2月10日　第43册　第243页

26640　去私篇　《申报》　1912年5月5日　第117册　第331页

26641　去疑　《申报》　1918年5月21日　第152册　第312页

26642　去疑　《申报》　1928年9月12日　第250册　第331页

26643　去争篇　《申报》　1912年2月24日　第116册　第453页

26644　去争篇续　《申报》　1912年2月26日　第116册　第469页

26645　全部计算　《申报》　1929年6月28日　第259册　第777页

26646　全代会之决议及宣言　《大公报》　1938年4月4日　第140册　第

402 页

26647 全党支持李代总统：责问中共诚意·争取全面和平 《中央日报》 1949
年 2 月 3 日 第 60 册 第 937 页

26648 全国报界共同宣言：我们对本届国联会的共鸣 《大公报》 1938 年 9 月 9
日 第 141 册 第 292 页

26649 全国财政会议开幕 《申报》 1934 年 5 月 21 日 第 316 册 第 586 页

26650 全国代表会竟展期！ 《大公报》 1933 年 6 月 2 日 第 114 册 第
452 页

26651 全国地政会议的召开 《申报》 1947 年 9 月 30 日 第 394 册 第 926 页

26652 全国动员实行战时生活 《大公报》 1942 年 2 月 19 日 第 148 册 第
212 页

26653 全国对外贸易之举行 《申报》 1947 年 9 月 16 日 第 394 册 第 772 页

26654 全国儿童年今日开幕 《大公报》 1935 年 8 月 1 日 第 127 册 第
452 页

26655 全国法界的冤狱赔偿运动 《申报》 1936 年 6 月 7 日 第 341 册 第
176 页

26656 全国奋起支持鲁南决战！ 《申报》（汉口版） 1938 年 4 月 22 日 第 356
册 第 199 页

26657 全国弗忘剿匪 《中央日报》 1932 年 8 月 14 日 第 19 册 第 106 页

26658 全国革命青年第三度大结合 《大公报》 1943 年 4 月 14 日 第 150 册
第 460 页

26659 全国更需要切实团结 《大公报》 1937 年 10 月 26 日 第 139 册 第
517 页

26660 全国工业协会开幕 《申报》 1946 年 11 月 10 日 第 391 册 第 110 页

26661 全国国民的期望 《中央日报》 1945 年 7 月 9 日 第 51 册 第 230 页

26662 全国国民建设储蓄银行 《民国日报》 1928 年 5 月 20 日 第 74 册 第
292 页

26663 全国航空会议 《民国日报》 1931 年 3 月 20 日 第 91 册 第 234 页

26664 全国和平会 《申报》 1918 年 12 月 23 日 第 155 册 第 834 页

26665 全国交通统制问题 《中央日报》 1936 年 12 月 6 日 第 36 册 第
811 页

26666 全国教师之使命 《中央日报》 1941 年 8 月 27 日 第 45 册 第 118 页

26667 全国教育会议的总成绩（代论）/陈彬龢 《民国日报》 1928 年 8 月 17
日 第 75 册 第 819 页

26668 全国教育会议的总成绩（代论）/陈彬龢 《民国日报》 1928 年 8 月 18
日 第 75 册 第 837 页

26669　全国教育会议的总成绩（代论）/陈彬龢　《民国日报》　1928 年 8 月 19 日　第 75 册　第 855 页

26670　全国教育会议的总成绩（代论）/陈彬龢　《民国日报》　1928 年 8 月 21 日　第 75 册　第 893 页

26671　全国教育会议的总成绩（代论）/陈彬龢　《民国日报》　1928 年 8 月 22 日　第 75 册　第 909 页

26672　全国教育会议开会　《大公报》　1930 年 4 月 15 日　第 95 册　第 724 页

26673　全国教育会议应注意的两个问题　《中央日报》　1930 年 4 月 17 日　第 10 册　第 203 页

26674　"全国解放政权"　《中央日报》　1946 年 9 月 2 日　第 53 册　第 808 页

26675　全国经济文化平均发展之必要　《大公报》　1928 年 10 月 13 日　第 86 册　第 497 页

26676　全国军民的觉悟　《大公报》　1939 年 4 月 10 日　第 142 册　第 398 页

26677　全国考铨会议今日开会　《大公报》　1934 年 11 月 1 日　第 123 册　第 4 页

26678　全国粮食会议　《申报》　1947 年 7 月 28 日　第 394 册　第 272 页

26679　全国律师代表大会之希望　《大公报》　1932 年 6 月 7 日　第 108 册　第 374 页

26680　全国律师协会之冤狱赔偿运动　《申报》　1935 年 6 月 5 日　第 329 册　第 119 页

26681　全国轮船业公会联合会开幕　《申报》　1947 年 7 月 3 日　第 394 册　第 22 页

26682　全国美展之功能　《中央日报》　1937 年 4 月 17 日　第 38 册　第 573 页

26683　全国民食问题　《申报》　1929 年 11 月 11 日　第 264 册　第 284 页

26684　全国农政会议之感想　《申报》　1929 年 12 月 4 日　第 265 册　第 96 页

26685　全国青年暑期总动员：恪遵领袖训话，实行农村服务　《中央日报》　1937 年 6 月 17 日　第 39 册　第 577 页

26686　全国青年诸君作何感想　《大公报》　1930 年 5 月 26 日　第 96 册　第 404 页

26687　全国人民应循的途径　《中央日报》　1947 年 1 月 30 日　第 55 册　第 326 页

26688　全国商会联合会开幕　《申报》　1946 年 11 月 1 日　第 391 册　第 2 页

26689　全国商民速发起裁兵协会　《大公报》　1928 年 6 月 26 日　第 84 册　第 561 页

26690　全国生产会议　《中央日报》　1939 年 5 月 10 日　第 42 册　第 13 页

26691　全国生产会议的展望　《中央日报》　1939 年 4 月 5 日　第 41 册　第

1028 页

26692　全国生产会议之收获　《中央日报》　1943 年 6 月 11 日　第 48 册　第 236 页

26693　全国士绅应负之责任/王晓籁（星期评论）　《申报》（香港版）　1939 年 1 月 29 日　第 357 册　第 820 页

26694　全国水利会议闭幕　《大公报》　1947 年 6 月 10 日　第 160 册　第 256 页

26695　全国司法会议闭幕　《大公报》　1935 年 9 月 21 日　第 128 册　第 290 页

26696　全国司法会议今日开幕　《大公报》　1935 年 9 月 16 日　第 128 册　第 216 页

26697　全国同胞只有一条路　《大公报》　1932 年 2 月 2 日　第 106 册　第 314 页

26698　全国童子军大检阅　《中央日报》　1936 年 10 月 8 日　第 36 册　第 87 页

26699　全国团结改造之新转机　《大公报》　1932 年 9 月 28 日　第 110 册　第 328 页

26700　全国文化界讨汪　《中央日报》　1939 年 9 月 1 日　第 42 册　第 452 页

26701　全国县政检讨会议　《中央日报》　1944 年 6 月 5 日　第 49 册　第 696 页

26702　全国心力的表现　《中央日报》　1939 年 2 月 15 日　第 41 册　第 740 页

26703　全国一致、共赴国难　《中央日报》　1932 年 2 月 17 日　第 17 册　第 307 页

26704　全国医师大会与科学　《申报》　1934 年 1 月 5 日　第 312 册　第 64 页

26705　全国医药师在行宪时共同努力的趋向/胡安定（星期论坛）　《申报》　1947 年 11 月 23 日　第 395 册　第 536 页

26706　全国义教委员会开会　《大公报》　1935 年 8 月 31 日　第 127 册　第 888 页

26707　全国运动大会今日开幕　《大公报》　1930 年 4 月 1 日　第 95 册　第 500 页

26708　全国运动会闭幕　《大公报》　1930 年 4 月 11 日　第 95 册　第 660 页

26709　全国运动会闭幕：论全运会的成就并欢送选手诸君　《申报》　1948 年 5 月 17 日　第 397 册　第 394 页

26710　全国运动会揭幕！　《申报》　1948 年 5 月 5 日　第 397 册　第 274 页

26711　全国运动会开会感言　《申报》　1924 年 5 月 23 日　第 202 册　第 492 页

26712　全国运动会与远东运动会　《大公报》　1930 年 3 月 15 日　第 95 册　第 228 页

26713　全国运动会展期问题　《中央日报》　1931 年 9 月 10 日　第 15 册　第 823 页

26714　全国战局之关键　《申报》　1926 年 12 月 25 日　第 230 册　第 591 页

26715　全国整军协议成立　《大公报》　1946 年 2 月 27 日　第 156 册　第 228 页

26716　全国之粮食管理　《申报》　1941 年 2 月 22 日　第 374 册　第 618 页

26717　全国职教会议开幕日献辞　《申报》　1934 年 12 月 7 日　第 323 册　第 193 页

26718　全国职业教育讨论会献辞　《大公报》　1937 年 5 月 6 日　第 138 册　第 74 页

26719　全国职业劳作展览会开幕　《申报》　1934 年 12 月 1 日　第 323 册　第 9 页

26720　全国智识青年的责任　《大公报》　1937 年 11 月 24 日　第 139 册　第 633 页

26721　全会举行后的我们　《民国日报》　1928 年 2 月 5 日　第 72 册　第 398 页

26722　全教会议闭幕感言　《中央日报》　1930 年 4 月 23 日　第 10 册　第 279 页

26723　全局与一部　《申报》　1929 年 1 月 19 日　第 254 册　第 488 页

26724　全力反攻　确保自由：听了威尔基先生的声明　《大公报》　1942 年 10 月 8 日　第 149 册　第 434 页

26725　全力击败日寇　《中央日报》　1943 年 4 月 19 日　第 47 册　第 1000 页

26726　"全美华侨华盛顿会议讨论会"驳斥北庭代表团所提原则　《民国日报》　1921 年 12 月 28 日　第 36 册　第 774 页

26727　"全美华侨华盛顿会议讨论会"驳斥北庭代表团所提原则　《民国日报》　1921 年 12 月 29 日　第 36 册　第 786 页

26728　全面反攻！普遍正义！永久和平！　《中央日报》　1943 年 1 月 4 日　第 47 册　第 406 页

26729　全面合作　《中央日报》　1942 年 2 月 18 日　第 45 册　第 836 页

26730　全面经济动员中　中层分子的责任　《大公报》　1942 年 11 月 26 日　第 149 册　第 644 页

26731　全面抗战的历程　《中央日报》　1944 年 1 月 28 日　第 49 册　第 136 页

26732　全面抗战的再认识　《申报》　1937 年 9 月 17 日　第 355 册　第 511 页

26733　全面抗战两周年：本报复刊献词　《大公报》　1939 年 8 月 13 日　第 142 册　第 496 页

26734　全面抗战三周年　《大公报》　1940 年 8 月 13 日　第 145 册　第 154 页

26735　全面抗战一周年　《大公报》　1938 年 8 月 13 日　第 141 册　第 188 页

26736　全面停战·永久停战　《中央日报》　1946 年 10 月 4 日　第 54 册　第 30 页

26737　全面停战的保证　《中央日报》　1946 年 10 月 16 日　第 54 册　第 172 页

26738　全面停站：恢复交通　《大公报》　1946 年 5 月 29 日　第 156 册　第

592 页

26739　全民战争与民意机关　《申报》　1944 年 3 月 27 日　第 385 册　第 305 页

26740　全球战局的新阶段　《中央日报》　1943 年 9 月 5 日　第 48 册　第 616 页

26741　全球战争与全球和平　《中央日报》　1942 年 12 月 4 日　第 47 册　第 212 页

26742　全权代表　《申报》　1918 年 12 月 19 日　第 155 册　第 770 页

26743　全世界谴责侵略者　《申报》（香港版）　1938 年 6 月 26 日　第 356 册　第 870 页

26744　全世界人类的损失：敬悼罗斯福总统　《中央日报》　1945 年 4 月 14 日　第 50 册　第 972 页

26745　全世界执行暴敌的死刑　《申报》（汉口版）　1938 年 6 月 24 日　第 356 册　第 325 页

26746　全体推翻之现在　《申报》　1914 年 2 月 6 日　第 126 册　第 402 页

26747　全印大会　《申报》　1931 年 3 月 31 日　第 280 册　第 791 页

26748　全印大会闭幕　《申报》　1931 年 4 月 2 日　第 281 册　第 32 页

26749　全印大会后的印度民族运动　《申报》　1936 年 4 月 17 日　第 339 册　第 418 页

26750　全运会闭幕　《大公报》　1933 年 10 月 20 日　第 116 册　第 718 页

26751　全运会的开幕　《中央日报》　1933 年 10 月 11 日　第 24 册　第 108 页

26752　权　《申报》　1920 年 9 月 13 日　第 166 册　第 209 页

26753　权　《申报》　1927 年 6 月 13 日　第 235 册　第 262 页

26754　权贵自揽说　《申报》　1891 年 10 月 17 日　第 39 册　第 659 页

26755　权力　《申报》　1916 年 5 月 8 日　第 140 册　第 108 页

26756　权力　《申报》　1916 年 7 月 5 日　第 141 册　第 66 页

26757　权力与天良　《申报》　1920 年 10 月 13 日　第 166 册　第 753 页

26758　权力与信用　《申报》　1919 年 8 月 22 日　第 159 册　第 875 页

26759　权力与正义　《民国日报》　1918 年 5 月 4 日　第 15 册　第 38 页

26760　权利　《申报》　1916 年 11 月 15 日　第 143 册　第 262 页

26761　权利　《申报》　1916 年 12 月 5 日　第 143 册　第 633 页

26762　权利　《申报》　1916 年 5 月 16 日　第 140 册　第 236 页

26763　权利　《申报》　1917 年 4 月 22 日　第 145 册　第 928 页

26764　权利　《申报》　1919 年 6 月 18 日　第 158 册　第 808 页

26765　权利势力　《申报》　1929 年 4 月 18 日　第 257 册　第 487 页

26766　权利思想　《申报》　1916 年 5 月 1 日　第 140 册　第 2 页

26767　权利义务　《申报》　1917 年 2 月 20 日　第 144 册　第 700 页

26768　权利与祸害　《申报》　1915 年 11 月 28 日　第 137 册　第 440 页

26769 权利与喜惧 《申报》 1929 年 2 月 1 日 第 255 册 第 7 页

26770 权论 《申报》 1894 年 12 月 10 日 第 48 册 第 627 页

26771 权威的日本论 《大公报》 1943 年 7 月 23 日 第 151 册 第 102 页

26772 权限 《申报》 1919 年 11 月 27 日 第 161 册 第 459 页

26773 权限冲突 《申报》 1918 年 7 月 3 日 第 153 册 第 32 页

26774 权限与权责 《申报》 1920 年 10 月 18 日 第 166 册 第 842 页

26775 权与力 《申报》 1927 年 11 月 4 日 第 240 册 第 71 页

26776 权与令 《申报》 1925 年 3 月 22 日 第 210 册 第 408 页

26777 权与用 《申报》 1920 年 12 月 21 日 第 167 册 第 875 页

26778 权在中国的善恶两大势力 《民国日报》 1923 年 4 月 9 日 第 44 册 第 536 页

26779 诠释国民党关于国民会议的训令（言论） 《民国日报》 1925 年 7 月 25 日 第 58 册 第 244 页

26780 诠释伪外部的俄悬案通函 《民国日报》 1924 年 6 月 22 日 第 51 册 第 710 页

26781 拳匪作乱有关上海市景说 《申报》 1900 年 6 月 12 日 第 65 册 第 331 页

26782 犬养毅被刺 《中央日报》 1932 年 5 月 16 日 第 18 册 第 62 页

26783 犬养毅死后之日本局势 《申报》 1932 年 5 月 17 日 第 292 册 第 287 页

26784 犬养之新政策 《申报》 1929 年 10 月 14 日 第 263 册 第 389 页

26785 劝 《申报》 1915 年 11 月 10 日 第 137 册 第 150 页

26786 劝 《申报》 1918 年 3 月 3 日 第 151 册 第 32 页

26787 劝罢兵说 《申报》 1874 年 8 月 3 日 第 5 册 第 113 页

26788 劝办铁甲战船说 《申报》 1874 年 10 月 12 日 第 5 册 第 355 页

26789 劝北京学生南下（社论） 《民国日报》 1927 年 10 月 27 日 第 70 册 第 831 页

26790 劝边僻广兴新学说 《申报》 1900 年 4 月 2 日 第 64 册 第 547 页

26791 劝捕房行善说 《申报》 1892 年 8 月 31 日 第 41 册 第 797 页

26792 劝布商舍伪求真议 《申报》 1872 年 12 月 27 日 第 1 册 第 821 页

26793 劝城内绅董举办自来水说 《申报》 1874 年 1 月 22 日 第 4 册 第 73 页

26794 劝出洋华商兴办团练议 《申报》 1898 年 9 月 20 日 第 60 册 第 139 页

26795 劝从军 《大公报》 1937 年 11 月 8 日 第 139 册 第 569 页

26796 劝醝商恤口丁说 《申报》 1880 年 10 月 14 日 第 17 册 第 421 页

26797　劝当质减利恤贫说　《申报》　1900 年 3 月 29 日　第 64 册　第 519 页

26798　劝导与觉悟　《申报》　1919 年 12 月 12 日　第 161 册　第 715 页

26799　劝典当让利说　《申报》　1880 年 11 月 19 日　第 17 册　第 565 页

26800　劝督军自退　《民国日报》　1919 年 9 月 4 日　第 23 册　第 38 页

26801　劝段徐曹　《申报》　1919 年 5 月 23 日　第 158 册　第 362 页

26802　劝防诱赌说　《申报》　1879 年 10 月 27 日　第 15 册　第 473 页

26803　劝妇女切勿轻生论　《申报》　1873 年 10 月 9 日　第 3 册　第 345 页

26804　劝妇女习医学说　《申报》　1896 年 5 月 10 日　第 53 册　第 57 页

26805　劝富人善处其富说　《申报》　1877 年 8 月 2 日　第 11 册　第 113 页

26806　劝富绅助赈说　《申报》　1888 年 6 月 24 日　第 32 册　第 1049 页

26807　劝告　《申报》　1918 年 12 月 3 日　第 155 册　第 515 页

26808　劝告　《民国日报》　1918 年 3 月 21 日　第 14 册　第 242 页

26809　劝告北京教育界!　《民国日报》　1921 年 3 月 26 日　第 32 册　第 350 页

26810　劝告筹款赎路声中两中人　《民国日报》　1922 年 1 月 23 日　第 37 册　第 302 页

26811　劝告今之论事者　《申报》　1912 年 8 月 2 日　第 118 册　第 321 页

26812　劝告息肩　《申报》　1920 年 4 月 25 日　第 163 册　第 1003 页

26813　劝告性质　《申报》　1915 年 4 月 18 日　第 133 册　第 778 页

26814　劝告学生开课观　《民国日报》　1920 年 4 月 28 日　第 26 册　第 776 页

26815　劝告与秘密会　《申报》　1915 年 11 月 19 日　第 137 册　第 292 页

26816　劝告与劝告者　《申报》　1916 年 9 月 1 日　第 142 册　第 2 页

26817　劝告与引诱　《申报》　1915 年 12 月 2 日　第 137 册　第 510 页

26818　劝告之政府　《申报》　1923 年 3 月 5 日　第 189 册　第 94 页

26819　劝各处富商运米至陕西销售说　《申报》　1901 年 1 月 23 日　第 67 册　第 133 页

26820　劝各处善士仿照扬州魏氏法解救吞服生烟以全民命说　《申报》　1885 年 9 月 1 日　第 27 册　第 375 页

26821　劝各处绅富筹办民团以卫桑梓说　《申报》　1900 年 7 月 17 日　第 65 册　第 569 页

26822　劝各国停战说　《申报》　1900 年 7 月 31 日　第 65 册　第 651 页

26823　劝各国勿追穷寇俾华民得安生业说　《申报》　1900 年 10 月 16 日　第 66 册　第 265 页

26824　劝各郡县广购中西有用书籍以兴实学说　《申报》　1901 年 9 月 25 日　第 69 册　第 145 页

26825　劝各善堂慎重施诊赠药说　《申报》　1893 年 3 月 27 日　第 43 册　第

489 页

26826　劝各省绅商踊跃输将说　《申报》　1894 年 12 月 24 日　第 48 册　第 711 页

26827　劝各省实力兴办团练以维时局论　《申报》　1899 年 12 月 7 日　第 63 册 第 691 页

26828　劝各乡绅富筹款收布以济民食说　《申报》　1900 年 7 月 14 日　第 65 册 第 551 页

26829　劝各乡镇施种牛痘说　《申报》　1894 年 5 月 20 日　第 47 册　第 135 页

26830　劝官民担负责任预备立宪　《申报》　1906 年 10 月 16 日　第 85 册　第 125 页

26831　劝胡吴蒋汪（社评）　《民国日报》　1927 年 9 月 24 日　第 70 册　第 344 页

26832　劝华人集股说　《申报》　1882 年 6 月 13 日　第 20 册　第 807 页

26833　劝华人慨轮印度赈款说　《申报》　1900 年 3 月 23 日　第 64 册　第 471 页

26834　劝华人速赴外洋经商说　《申报》　1878 年 11 月 12 日　第 13 册　第 461 页

26835　劝华人勿往旧金山说　《申报》　1881 年 11 月 22 日　第 19 册　第 577 页

26836　劝华商赈银宜托西人办理说　《申报》　1877 年 4 月 5 日　第 10 册　第 301 页

26837　劝及时戒烟说　《申报》　1885 年 11 月 20 日　第 27 册　第 869 页

26838　劝妓女从良说　《申报》　1887 年 5 月 16 日　第 30 册　第 799 页

26839　劝嫁女文　《申报》　1875 年 3 月 22 日　第 6 册　第 253 页

26840　劝减房租说　《申报》　1900 年 8 月 25 日　第 65 册　第 791 页

26841　劝减屋租说　《申报》　1903 年 7 月 2 日　第 74 册　第 419 页

26842　劝戒杀放生说　《申报》　1872 年 9 月 9 日　第 1 册　第 445 页

26843　劝戒食鸦片论　《申报》　1874 年 4 月 14 日　第 4 册　第 331 页

26844　劝诫学生文　《申报》　1901 年 7 月 5 日　第 68 册　第 391 页

26845　劝金陵绅富捐赈说　《申报》　1883 年 10 月 8 日　第 23 册　第 597 页

26846　劝进与劝退　《申报》　1916 年 3 月 28 日　第 139 册　第 434 页

26847　劝禁刻绮语淫词议　《申报》　1873 年 1 月 18 日　第 2 册　第 61 页

26848　劝救生会西人推行善愿说　《申报》　1899 年 11 月 23 日　第 63 册　第 585 页

26849　劝居家勿购蓄婢女说　《申报》　1903 年 8 月 20 日　第 74 册　第 785 页

26850　劝捐济良所经费说　《申报》　1904 年 12 月 30 日　第 78 册　第 807 页

26851　劝捐建博物馆铁屋说　《申报》　1875 年 9 月 23 日　第 7 册　第 289 页

26852　劝捐说　《申报》　1879 年 3 月 22 日　第 14 册　第 263 页

26853　劝廉说　《申报》　1891 年 3 月 24 日　第 38 册　第 427 页

26854　劝流寓外洋之华人速归以实台疆说　《申报》　1886 年 11 月 12 日　第 29 册　第 827 页

26855　劝卖捐票说　《申报》　1884 年 2 月 24 日　第 24 册　第 279 页

26856　劝民间自设小学堂说　《申报》　1901 年 5 月 18 日　第 68 册　第 103 页

26857　劝民说　《申报》　1873 年 8 月 5 日　第 3 册　第 121 页

26858　劝募济急善会捐款说　《申报》　1900 年 10 月 5 日　第 66 册　第 199 页

26859　劝募山东河南水灾急赈启　《申报》　1892 年 9 月 8 日　第 42 册　第 45 页

26860　劝募印度赈捐序　《申报》　1900 年 4 月 15 日　第 64 册　第 651 页

26861　劝募战时公债运动　《中央日报》　1941 年 3 月 4 日　第 44 册　第 518 页

26862　劝南北猛省　《大公报》　1926 年 9 月 2 日　第 77 册　第 9 页

26863　劝你还是明白拥护曹锟的好　《民国日报》　1924 年 1 月 16 日　第 49 册　第 210 页

26864　劝农家广种二麦以交来岁说　《申报》　1877 年 12 月 13 日　第 11 册　第 569 页

26865　劝票匪及早投诚说　《申报》　1900 年 11 月 22 日　第 66 册　第 485 页

26866　劝求名宜慎论　《申报》　1875 年 5 月 24 日　第 6 册　第 469 页

26867　劝人不裹足不如劝人不吸烟说　《申报》　1901 年 11 月 25 日　第 69 册　第 525 页

26868　劝人家为婴孩种牛痘不可存疑惧之心说　《申报》　1895 年 3 月 24 日　第 49 册　第 463 页

26869　劝人家勿搭凉棚以免火灾说　《申报》　1890 年 8 月 18 日　第 37 册　第 313 页

26870　劝人捐事须归核实说　《申报》　1873 年 4 月 14 日　第 2 册　第 329 页

26871　劝人切勿自尽说　《申报》　1892 年 8 月 8 日　第 41 册　第 647 页

26872　劝人勿娶妓为妾论　《申报》　1891 年 5 月 4 日　第 38 册　第 673 页

26873　劝人勿入讼庭以免名登日报说　《申报》　1891 年 7 月 5 日　第 39 册　第 25 页

26874　劝人勿烧香说　《申报》　1901 年 4 月 3 日　第 67 册　第 509 页

26875　劝人行乐说　《申报》　1872 年 12 月 7 日　第 1 册　第 753 页

26876　劝善堂殓尸宜为照相说　《申报》　1891 年 5 月 19 日　第 38 册　第 763 页

26877　劝善堂施诊宜慎聘名医说　《申报》　1891 年 6 月 22 日　第 38 册　第 969 页

26878　劝善有方说　《申报》　1893 年 8 月 3 日　第 44 册　第 667 页

26879　劝上海善士创设借钱局说　《申报》　1899 年 6 月 1 日　第 62 册　第 237 页

26880　劝士子体恤号军说　《申报》　1885 年 9 月 5 日　第 27 册　第 399 页

26881　劝世人学算学　《申报》　1895 年 12 月 11 日　第 51 册　第 665 页

26882　劝输海军捐启　《申报》　1906 年 6 月 1 日　第 83 册　第 597 页

26883　劝输海军捐启（续昨稿）　《申报》　1906 年 6 月 2 日　第 83 册　第 607 页

26884　劝速葬以除疫说　《申报》　1890 年 8 月 27 日　第 37 册　第 373 页

26885　劝添造豫园沿池栏杆事　《申报》　1874 年 7 月 31 日　第 5 册　第 105 页

26886　劝推广赈捐议　《申报》　1878 年 11 月 20 日　第 13 册　第 489 页

26887　劝退　《申报》　1916 年 5 月 4 日　第 140 册　第 48 页

26888　劝退派　《申报》　1918 年 9 月 20 日　第 154 册　第 324 页

26889　劝往来闽粤各轮船严查拐匪说　《申报》　1904 年 12 月 21 日　第 78 册　第 749 页

26890　劝位令之根本解决　《申报》　1912 年 8 月 16 日　第 118 册　第 461 页

26891　劝勿放爆竹说　《申报》　1886 年 1 月 26 日　第 28 册　第 151 页

26892　劝勿娶妓女说　《申报》　1885 年 11 月 18 日　第 27 册　第 857 页

26893　劝勿作无益说　《申报》　1882 年 3 月 26 日　第 20 册　第 339 页

26894　劝西国官宪禁民带枪说　《申报》　1874 年 10 月 6 日　第 5 册　第 335 页

26895　劝惜福说　《申报》　1878 年 5 月 15 日　第 12 册　第 437 页

26896　劝惜字古说　《申报》　1886 年 2 月 23 日　第 28 册　第 275 页

26897　劝惜字说　《申报》　1874 年 1 月 12 日　第 4 册　第 37 页

26898　劝孝惩淫说　《申报》　1896 年 9 月 9 日　第 54 册　第 51 页

26899　劝行善以弭灾说　《申报》　1882 年 7 月 13 日　第 21 册　第 73 页

26900　劝行善以弭灾说　《申报》　1899 年 1 月 28 日　第 61 册　第 163 页

26901　劝恤婢女说　《申报》　1880 年 10 月 17 日　第 17 册　第 433 页

26902　劝续赈篇　《申报》　1888 年 4 月 10 日　第 32 册　第 563 页

26903　劝沿浜建置护栏添设地火议　《申报》　1882 年 2 月 7 日　第 20 册　第 149 页

26904　劝业会与立宪　《申报》　1910 年 1 月 7 日　第 104 册　第 109 页

26905　劝业会与立宪（续）　《申报》　1910 年 1 月 9 日　第 104 册　第 145 页

26906　劝医生随时行善说　《申报》　1890 年 8 月 12 日　第 37 册　第 275 页

26907　劝移团拜之费以助赈款论　《申报》　1888 年 3 月 1 日　第 32 册　第 319 页

26908　劝应试士子勿夹带私货说　《申报》　1885 年 8 月 16 日　第 27 册　第

277 页

26909 劝用国货宜自妇女始 《申报》 1930 年 1 月 20 日 第 266 册 第 478 页

26910 劝幼童勿带重宝说 《申报》 1877 年 1 月 2 日 第 10 册 第 5 页

26911 劝谕中国水师 《申报》 1874 年 8 月 27 日 第 5 册 第 197 页

26912 劝葬不宜操切说 《申报》 1903 年 8 月 14 日 第 74 册 第 737 页

26913 劝振甘肃荒灾说 《申报》 1909 年 6 月 17 日 第 100 册 第 672 页

26914 劝振说 《申报》 1897 年 4 月 5 日 第 55 册 第 537 页

26915 劝赈刍言 《申报》 1889 年 12 月 6 日 第 35 册 第 981 页

26916 劝赈刍言 《申报》 1893 年 2 月 22 日 第 43 册 第 283 页

26917 劝赈刍言 《申报》 1897 年 6 月 22 日 第 56 册 第 317 页

26918 劝赈惠而不费说 《申报》 1893 年 9 月 7 日 第 45 册 第 41 页

26919 劝赈末议 《申报》 1889 年 7 月 29 日 第 35 册 第 181 页

26920 劝赈篇 《申报》 1901 年 8 月 6 日 第 68 册 第 583 页

26921 劝赈浅说 《申报》 1887 年 9 月 6 日 第 31 册 第 415 页

26922 劝赈山东饥民并荒年不能平粜说 《申报》 1877 年 3 月 10 日 第 10 册 第 213 页

26923 劝赈宜持大体说 《申报》 1888 年 7 月 10 日 第 33 册 第 67 页

26924 劝植养说 《申报》 1893 年 2 月 1 日 第 43 册 第 193 页

26925 劝中东息兵论 《申报》 1874 年 10 月 21 日 第 5 册 第 387 页

26926 劝中国茶商整顿茶务说 《申报》 1901 年 5 月 23 日 第 68 册 第 133 页

26927 劝中国共产党 《申报》 1945 年 12 月 5 日 第 387 册 第 671 页

26928 劝中国举行赛珍会说 《申报》 1902 年 8 月 22 日 第 71 册 第 771 页

26929 劝中西官绅急救北方难民说 《申报》 1904 年 2 月 20 日 第 76 册 第 263 页

26930 劝中英各官示禁华人勿往新金山以免受苦事 《申报》 1877 年 8 月 4 日 第 11 册 第 121 页

26931 劝助棉衣捐说 《申报》 1892 年 11 月 1 日 第 42 册 第 391 页

26932 劝助陕赈说 《申报》 1900 年 11 月 23 日 第 66 册 第 491 页

26933 劝助陕赈说（接昨稿） 《申报》 1900 年 11 月 24 日 第 66 册 第 497 页

26934 劝助行营医院经费说 《申报》 1895 年 2 月 10 日 第 49 册 第 199 页

26935 劝助豫赈文 《申报》 1887 年 10 月 19 日 第 31 册 第 703 页

26936 劝子弟勿阅淫书淫画淫戏论 《申报》 1874 年 4 月 8 日 第 4 册 第 311 页

26937 劝子弟勿至沪北习业说 《申报》 1891 年 3 月 30 日 第 38 册 第

463 页

26938　劝租界各房主减收租金以维市面说　《申报》　1900 年 7 月 15 日　第 65 册　第 557 页

26939　劝租界各烟馆早日闭歇　《申报》　1908 年 4 月 7 日　第 93 册　第 503 页

26940　却病约言　《申报》　1885 年 9 月 16 日　第 27 册　第 469 页

26941　却还内务部所定报律议　《申报》　1912 年 3 月 7 日　第 116 册　第 553 页

26942　却说雷诺探险　《大公报》　1948 年 4 月 7 日　第 162 册　第 584 页

26943　却疫论　《申报》　1873 年 8 月 7 日　第 3 册　第 129 页

26944　确保东北　《中央日报》　1948 年 2 月 25 日　第 58 册　第 484 页

26945　确保胜利成果：为纪念胜利日作　《中央日报》　1946 年 9 月 3 日　第 53 册　第 818 页

26946　确保太平洋的太平：太平洋战争五周年感言　《申报》　1946 年 12 月 7 日　第 391 册　第 442 页

26947　确定　《申报》　1918 年 12 月 30 日　第 155 册　第 946 页

26948　确定国际关系　《申报》　1915 年 1 月 21 日　第 132 册　第 272 页

26949　确定经济大计　并论生产局的任务　《大公报》　1944 年 11 月 17 日　第 153 册　第 622 页

26950　确定民用航空政策　《申报》　1946 年 9 月 14 日　第 390 册　第 175 页

26951　确定区分部为本党基本组织的原理（代论）/戴季陶　《民国日报》　1929 年 3 月 1 日　第 79 册　第 3 页

26952　确定战时经济政策　《申报》　1943 年 1 月 11 日　第 383 册　第 58 页

26953　确立民主政制的规模　《申报》　1946 年 3 月 9 日　第 388 册　第 366 页

26954　确立能动的对日国策　《大公报》　1935 年 6 月 27 日　第 126 册　第 916 页

26955　确立我国海军政策　《申报》　1946 年 7 月 21 日　第 389 册　第 490 页

26956　确立战时文化政策纲领　《申报》　1943 年 2 月 15 日　第 383 册　第 298 页

26957　确是教育上一大问题　《中央日报》　1929 年 9 月 28 日　第 7 册　第 715 页

26958　榷酒酤议　《申报》　1900 年 10 月 31 日　第 66 册　第 355 页

26959　榷宪口碑　《申报》　1899 年 4 月 26 日　第 61 册　第 719 页

26960　榷政私议　《申报》　1889 年 6 月 3 日　第 34 册　第 865 页

26961　榷政卮言　《申报》　1899 年 7 月 24 日　第 62 册　第 635 页

26962　群策与一致　《申报》　1925 年 6 月 7 日　第 213 册　第 111 页

26963　群小　《申报》　1924 年 12 月 4 日　第 208 册　第 53 页

26964　群雄　《申报》　1921年8月16日　第172册　第315页

26965　群众的地方工作　《民国日报》　1920年1月29日　第25册　第362页

26966　群众的指导者（一）　《民国日报》　1923年4月4日　第44册　第468页

26967　群众的指导者（二）　《民国日报》　1923年4月5日　第44册　第480页

26968　群众心理（言论）　《民国日报》　1926年12月11日　第66册　第200页

26969　群众宜注意南京事（言论）　《民国日报》　1927年3月28日　第67册　第114页

26970　群众运动　《申报》　1923年2月24日　第188册　第950页

26971　群众运动前的黑星　《民国日报》　1920年9月23日　第29册　第310页

26972　群众运动与促进者　《民国日报》　1920年3月5日　第26册　第58页

26973　群众运动与警察职权　《民国日报》　1923年2月26日　第43册　第666页

26974　群众之责任（言论）　《民国日报》　1927年3月25日　第67册　第91页

R

26975　然而晚矣　《申报》　1916年3月23日　第139册　第354页

26976　然诺　《申报》　1927年7月29日　第236册　第605页

26977　燃料问题　《申报》　1940年3月9日　第369册　第112页

26978　燃料问题　《申报》　1941年8月23日　第377册　第282页

26979　染布说　《申报》　1873年11月20日　第3册　第489页

26980　攘利有害市面说　《申报》　1882年10月30日　第21册　第727页

26981　攘日议　《申报》　1894年7月9日　第47册　第507页

26982　攘外与安内孰先？　《申报》　1933年1月20日　第300册　第410页

26983　让　《申报》　1915年10月12日　第136册　第656页

26984　让　《申报》　1918年2月3日　第150册　第460页

26985　让步　《申报》　1918年5月1日　第152册　第2页

26986　让步与猛进　《申报》　1918年6月6日　第152册　第566页

26987　让敌深入我国之莫斯科——武汉　《申报》（香港版）　1938年6月15日　第356册　第826页

26988　让人民多表达意见　《大公报》　1945年12月14日　第155册　第

712 页

26989　让日本毁灭吧！　《大公报》　1945 年 6 月 18 日　第 154 册　第 716 页

26990　让我们来献金　《申报》（香港版）　1938 年 8 月 6 日　第 356 册　第 1033 页

26991　让与退　《申报》　1929 年 5 月 4 日　第 258 册　第 65 页

26992　让主人来讲话！　《申报》　1949 年 1 月 5 日　第 400 册　第 16 页

26993　饶有意义之绥远赛马会　《大公报》　1932 年 11 月 12 日　第 111 册　第 136 页

26994　扰乱与不扰乱　《申报》　1928 年 6 月 9 日　第 247 册　第 236 页

26995　扰乱主义　《申报》　1927 年 5 月 19 日　第 234 册　第 363 页

26996　热河变局与中日前途　《大公报》　1933 年 3 月 8 日　第 113 册　第 102 页

26997　热河告急　《申报》　1932 年 12 月 21 日　第 299 册　第 576 页

26998　热河告急　《申报》　1932 年 7 月 20 日　第 294 册　第 489 页

26999　热河告急与华北治安会议　《申报》　1932 年 12 月 27 日　第 299 册　第 749 页

27000　热河林垦之研究　《申报》　1921 年 1 月 29 日　第 168 册　第 456 页

27001　热河失陷后之危机　《申报》　1933 年 3 月 6 日　第 302 册　第 160 页

27002　热河危机之潜伏　《中央日报》　1932 年 10 月 16 日　第 19 册　第 610 页

27003　热河问题　《申报》　1933 年 2 月 21 日　第 301 册　第 586 页

27004　热河问题已引起全国注意　《大公报》　1932 年 8 月 3 日　第 109 册　第 400 页

27005　热河问题与最后决心　《申报》　1933 年 2 月 13 日　第 301 册　第 363 页

27006　热河与锦州　《大公报》　1932 年 12 月 28 日　第 111 册　第 688 页

27007　热河与平津　《大公报》　1933 年 1 月 17 日　第 112 册　第 184 页

27008　热河战局之紧要关头　《大公报》　1933 年 2 月 28 日　第 112 册　第 702 页

27009　热河战起　《大公报》　1933 年 2 月 22 日　第 112 册　第 616 页

27010　热烈欢迎侨胞回国效命　《申报》（香港版）　1939 年 3 月 31 日　第 358 册　第 242 页

27011　热烈展开鞋袜劳军！　《中央日报》　1943 年 6 月 30 日　第 48 册　第 320 页

27012　热闹伤人说　《申报》　1890 年 9 月 23 日　第 37 册　第 543 页

27013　热情与理智　《大公报》　1946 年 2 月 25 日　第 156 册　第 220 页

27014　热望对俄复交之新趋势　《大公报》　1931 年 10 月 28 日　第 104 册　第 676 页

27015　热心于事　《申报》　1928 年 11 月 4 日　第 252 册　第 98 页

27016　热心与耐心：悼张莘夫先生　《中央日报》　1946 年 2 月 28 日　第 52 册　第 542 页

27017　热战意义之重大　《大公报》　1933 年 3 月 1 日　第 113 册　第 4 页

27018　人才·财力·时间　《申报》　1945 年 2 月 21 日　第 387 册　第 149 页

27019　人才的养成与保存/任鸿隽（星期论文）　《大公报》　1944 年 2 月 20 日　第 152 册　第 220 页

27020　人才调剂问题　《中央日报》　1939 年 11 月 24 日　第 42 册　第 792 页

27021　人才囿于风气说　《申报》　1895 年 8 月 13 日　第 50 册　第 675 页

27022　人才怎样才能下注　《中央日报》　1947 年 11 月 25 日　第 57 册　第 886 页

27023　人才之解剖　《申报》　1928 年 4 月 19 日　第 245 册　第 458 页

27024　人道　《申报》　1916 年 3 月 11 日　第 139 册　第 162 页

27025　人的权能和选举　《民国日报》　1920 年 10 月 18 日　第 29 册　第 670 页

27026　人定胜天　《大公报》　1935 年 7 月 12 日　第 127 册　第 162 页

27027　人多言杂　《申报》　1924 年 10 月 19 日　第 206 册　第 810 页

27028　人格　《申报》　1915 年 9 月 21 日　第 136 册　第 320 页

27029　人格　《申报》　1920 年 6 月 9 日　第 164 册　第 725 页

27030　人格教育　《申报》　1932 年 9 月 13 日　第 296 册　第 353 页

27031　人格破产　《申报》　1920 年 6 月 26 日　第 164 册　第 1041 页

27032　人格说　《申报》　1908 年 2 月 11 日　第 92 册　第 410 页

27033　人各一心　《申报》　1918 年 3 月 11 日　第 151 册　第 148 页

27034　人工与时会　《申报》　1928 年 6 月 12 日　第 247 册　第 323 页

27035　人贵自知　《大公报》　1937 年 2 月 8 日　第 136 册　第 528 页

27036　人海作战　《中央日报》　1948 年 1 月 16 日　第 58 册　第 154 页

27037　人和非人的区别　《民国日报》　1924 年 1 月 13 日　第 49 册　第 168 页

27038　人和事的脱节　《申报》　1944 年 8 月 11 日　第 386 册　第 139 页

27039　人祸我福　《申报》　1918 年 5 月 15 日　第 152 册　第 216 页

27040　人祸无尽　《申报》　1925 年 9 月 19 日　第 216 册　第 404 页

27041　人口过剩与工业化/方显廷（星期论文）　《大公报》　1937 年 4 月 11 日　第 137 册　第 577 页

27042　人口疏散问题答客问　《申报》　1945 年 5 月 4 日　第 387 册　第 323 页

27043　人口数量的一个政策/潘光旦（星期论文）　《大公报》　1940 年 9 月 29 日　第 145 册　第 338 页

27044　人类不齐明于俗尚事为不同论　《申报》　1890 年 10 月 12 日　第 37 册　第 661 页

27045   人类大觉醒之年：中华民国三十七年元旦献辞   《大公报》   1948 年 1 月 1 日   第 162 册   第 2 页

27046   人类大试炼的关头   《大公报》   1948 年 1 月 13 日   第 162 册   第 82 页

27047   人类合作与生产建设：马克斯、乔治与韦尔斯之学说   《申报》   1941 年 10 月 21 日   第 378 册   第 255 页

27048   人类和平的福音：读四国联合宣言   《中央日报》   1943 年 11 月 2 日   第 48 册   第 862 页

27049   人类历史创造年   《中央日报》   1944 年 1 月 1 日   第 49 册   第 2 页

27050   人类平等：全世界在进行中   《民国日报》   1918 年 6 月 24 日   第 15 册   第 650 页

27051   人类平等（二）：民生主义之发轫   《民国日报》   1918 年 6 月 25 日   第 15 册   第 662 页

27052   人类平等（三）：民生主义之发轫   《民国日报》   1918 年 6 月 26 日   第 15 册   第 663 页

27053   人类在原子的歧途上   《大公报》   1946 年 7 月 10 日   第 157 册   第 38 页

27054   人类自然现状   《民国日报》   1919 年 11 月 18 日   第 24 册   第 206 页

27055   人力车风潮平议   《申报》   1934 年 7 月 31 日   第 318 册   第 886 页

27056   人力车管理问题   《民国日报》   1946 年 10 月 21 日   第 99 册   第 233 页

27057   人力的供求   《中央日报》   1942 年 5 月 23 日   第 46 册   第 96 页

27058   "人力交流"   《申报》   1943 年 5 月 29 日   第 383 册   第 973 页

27059   人马之用异而同说   《申报》   1887 年 6 月 2 日   第 30 册   第 907 页

27060   人民当负建国的责任（专论）/胡朴安   《民国日报》   1945 年 10 月 29 日   第 96 册   第 239 页

27061   人民的和平条件/孟公亮（星期论坛）   《申报》   1949 年 2 月 27 日   第 400 册   第 348 页

27062   人民的军队（言论）   《民国日报》   1925 年 11 月 17 日   第 60 册   第 194 页

27063   人民的期望   《中央日报》   1946 年 1 月 16 日   第 52 册   第 284 页

27064   人民的祈求   《大公报》   1948 年 12 月 28 日   第 164 册   第 607 页

27065   人民的信仰与法（专论）/胡朴安   《民国日报》   1947 年 1 月 31 日   第 99 册   第 687 页

27066   人民对全代大会应请愿颁布约法   《大公报》   1929 年 2 月 24 日   第 88 册   第 840 页

27067   人民何以保全自主（言论）   《民国日报》   1926 年 12 月 27 日   第 66 册   第 327 页

27068 人民将何以自救？ 《申报》 1949 年 4 月 21 日 第 400 册 第 756 页

27069 人民纳税义务之分别观 《申报》 1920 年 10 月 15 日 第 166 册 第 790 页

27070 人民努力的总队伍：云南起义纪念日的感想 《民国日报》 1924 年 12 月 25 日 第 54 册 第 526 页

27071 人民身体之自由与逮捕拘禁/刘伯昌（星期论文） 《大公报》 1944 年 5 月 14 日 第 152 册 第 606 页

27072 人民身体自由的保障 《中央日报》 1944 年 8 月 1 日 第 49 册 第 950 页

27073 人民生活中的宪法 《中央日报》 1947 年 5 月 29 日 第 56 册 第 284 页

27074 人民所望 《申报》 1925 年 2 月 5 日 第 209 册 第 531 页

27075 人民团体协助防遏走私之有效方法 《申报》 1936 年 6 月 6 日 第 341 册 第 147 页

27076 人民望谁来讨贼 《民国日报》 1923 年 10 月 30 日 第 47 册 第 848 页

27077 人民惟依法始有纳税义务 《大公报》 1931 年 6 月 12 日 第 102 册 第 508 页

27078 人民无叛国的自由 《中央日报》 1947 年 4 月 9 日 第 55 册 第 968 页

27079 人民武装的必要 《民国日报》 1924 年 9 月 10 日 第 53 册 第 110 页

27080 人民厌物 《申报》 1920 年 12 月 18 日 第 167 册 第 823 页

27081 人民要活得下去，国家要强的起来！：戡乱建国总动员的意义 《申报》 1948 年 1 月 19 日 第 396 册 第 164 页

27082 人民要活下去！：为北方人民呼吁 《大公报》 1947 年 6 月 9 日 第 160 册 第 250 页

27083 人民要认清自己的权利（言论） 《民国日报》 1925 年 2 月 11 日 第 55 册 第 426 页

27084 人民应有之觉悟（言论） 《民国日报》 1927 年 3 月 23 日 第 67 册 第 74 页

27085 人民应与政府合力铲赤 《中央日报》 1931 年 4 月 27 日 第 14 册 第 327 页

27086 人民有生存权与受教育权 《大公报》 1946 年 12 月 16 日 第 158 册 第 496 页

27087 人民与国会 《民国日报》 1916 年 8 月 15 日 第 4 册 第 542 页

27088 人民与监察院 《大公报》 1931 年 2 月 4 日 第 100 册 第 376 页

27089 人民与政府 《大公报》 1930 年 12 月 30 日 第 99 册 第 712 页

27090 人民愿意吗：巩固北洋派正统 袁世凯势力复活 《民国日报》 1922 年 5

月 30 日　第 39 册　第 396 页

27091　人民怎样实现和平主张?　《申报》　1949 年 2 月 15 日　第 400 册　第 268 页

27092　人民战争　《申报》　1944 年 8 月 15 日　第 386 册　第 151 页

27093　人民之唯一主张　《申报》　1924 年 11 月 27 日　第 207 册　第 443 页

27094　人民之心理　《申报》　1913 年 9 月 18 日　第 124 册　第 226 页

27095　人命案应依法办理　《申报》　1946 年 10 月 4 日　第 390 册　第 414 页

27096　人能用器不能用人说　《申报》　1884 年 3 月 15 日　第 24 册　第 395 页

27097　人情形势之启衅者: 宪法会议之形式　启衅与否之人情　《民国日报》 1916 年 12 月 11 日　第 6 册　第 482 页

27098　人情之政界　《申报》　1920 年 4 月 10 日　第 163 册　第 731 页

27099　人权·人道·人性　《中央日报》　1946 年 4 月 1 日　第 52 册　第 734 页

27100　人权保障的实例: 美国一军长掌掴士兵的事件　《大公报》　1943 年 11 月 27 日　第 151 册　第 664 页

27101　人权保障之真实效力　《大公报》　1931 年 5 月 7 日　第 102 册　第 76 页

27102　人权法草案缓议　《民国日报》　1930 年 2 月 1 日　第 84 册　第 388 页

27103　人权法之实际性　《大公报》　1930 年 1 月 26 日　第 94 册　第 372 页

27104　人权问题　《民国日报》　1921 年 1 月 27 日　第 31 册　第 360 页

27105　人权与生存: 读联合国"人权宣言"有感　《大公报》　1948 年 12 月 8 日 第 164 册　第 546 页

27106　人人而悦　《申报》　1925 年 4 月 25 日　第 211 册　第 450 页

27107　人人无办法　《申报》　1925 年 1 月 6 日　第 209 册　第 107 页

27108　人人须购公债!　《中央日报》　1942 年 10 月 21 日　第 46 册　第 1030 页

27109　人人宜具"三不"心理　《申报》(汉口版)　1938 年 2 月 18 日　第 356 册　第 69 页

27110　人人注意　《申报》　1928 年 5 月 30 日　第 246 册　第 821 页

27111　人日卮言　《申报》　1896 年 2 月 22 日　第 52 册　第 281 页

27112　人日卮言　《申报》　1900 年 2 月 6 日　第 64 册　第 181 页

27113　人若不自知　《申报》　1929 年 4 月 10 日　第 257 册　第 261 页

27114　人赦与人权　《大公报》　1930 年 12 月 23 日　第 99 册　第 628 页

27115　人身藏府支体相应说　《申报》　1878 年 7 月 6 日　第 13 册　第 21 页

27116　人身血质考　《申报》　1891 年 3 月 22 日　第 38 册　第 415 页

27117　人生的权利和义务　《民国日报》　1929 年 9 月 13 日　第 82 册　第 206 页

27118 人生的权利和义务 《民国日报》 1929 年 9 月 14 日 第 82 册 第 222 页

27119 人生平气法 《申报》 1920 年 9 月 25 日 第 166 册 第 419 页

27120 人生问题 《申报》 1928 年 10 月 18 日 第 251 册 第 465 页

27121 人生问题（二） 《申报》 1928 年 10 月 19 日 第 251 册 第 494 页

27122 人生问题（三） 《申报》 1928 年 10 月 20 日 第 251 册 第 521 页

27123 人生问题（四） 《申报》 1928 年 10 月 21 日 第 251 册 第 554 页

27124 人生问题（五） 《申报》 1928 年 10 月 22 日 第 251 册 第 584 页

27125 人生问题（六） 《申报》 1928 年 10 月 23 日 第 251 册 第 609 页

27126 人生之难事 《申报》 1924 年 2 月 10 日 第 199 册 第 698 页

27127 人生之妄费 《申报》 1920 年 9 月 18 日 第 166 册 第 300 页

27128 人世间事 《申报》 1927 年 10 月 22 日 第 239 册 第 460 页

27129 人世间无尽善事 《申报》 1920 年 12 月 3 日 第 167 册 第 563 页

27130 人世之戒备 《申报》 1928 年 3 月 30 日 第 244 册 第 722 页

27131 人事健全和职权统一：米统会成功的先决条件 《申报》 1944 年 2 月 17 日 第 385 册 第 171 页

27132 人事进退 《大公报》 1946 年 4 月 10 日 第 156 册 第 396 页

27133 人事问题的正当解决 《中央日报》 1939 年 12 月 19 日 第 42 册 第 892 页

27134 人事行政的改进 《中央日报》 1940 年 3 月 7 日 第 43 册 第 146 页

27135 人事行政的将来 《中央日报》 1942 年 9 月 17 日 第 46 册 第 814 页

27136 人事之坦途与荆棘 《申报》 1920 年 9 月 16 日 第 166 册 第 268 页

27137 人兽□□说 《申报》 1899 年 4 月 13 日 第 61 册 第 619 页

27138 人兽之分胜负之辨 《申报》（汉口版） 1938 年 3 月 7 日 第 356 册 第 103 页

27139 人为的政党内阁 《申报》 1912 年 9 月 26 日 第 118 册 第 875 页

27140 人我之观 《申报》 1925 年 2 月 1 日 第 209 册 第 455 页

27141 人我之间 《申报》 1919 年 4 月 10 日 第 157 册 第 655 页

27142 人我之界（时论） 《民国日报》 1926 年 9 月 3 日 第 65 册 第 23 页

27143 人侮与自侮（一） 《申报》 1931 年 7 月 14 日 第 284 册 第 355 页

27144 人侮与自侮（二） 《申报》 1931 年 7 月 15 日 第 284 册 第 384 页

27145 人心 《申报》 1915 年 9 月 8 日 第 136 册 第 112 页

27146 人心 《申报》 1916 年 3 月 1 日 第 139 册 第 2 页

27147 人心 《申报》 1916 年 6 月 9 日 第 140 册 第 610 页

27148 人心 《申报》 1917 年 7 月 21 日 第 147 册 第 354 页

27149 人心 《申报》 1925 年 12 月 31 日 第 219 册 第 611 页

27150　人心变诈说　《申报》　1879 年 9 月 10 日　第 15 册　第 285 页

27151　人心不安　《申报》　1915 年 6 月 24 日　第 134 册　第 908 页

27152　人心不同　《申报》　1917 年 12 月 3 日　第 149 册　第 524 页

27153　人心浅短之表现　《申报》　1922 年 10 月 11 日　第 185 册　第 245 页

27154　人心未死　《申报》　1932 年 8 月 18 日　第 295 册　第 429 页

27155　人心未厌乱　《申报》　1921 年 2 月 12 日　第 168 册　第 576 页

27156　人心未厌战　《申报》　1920 年 8 月 18 日　第 165 册　第 853 页

27157　人心与经济　《申报》　1924 年 8 月 23 日　第 205 册　第 510 页

27158　人心与军事　《民国日报》　1923 年 1 月 10 日　第 43 册　第 118 页

27159　人心之依赖　《申报》　1915 年 2 月 18 日　第 132 册　第 570 页

27160　人妖之徐冯　《民国日报》　1918 年 8 月 30 日　第 16 册　第 698 页

27161　人与官　《申报》　1920 年 9 月 8 日　第 166 册　第 134 页

27162　人与人间　《申报》　1928 年 2 月 13 日　第 243 册　第 307 页

27163　人与世界之关系　《申报》　1920 年 11 月 24 日　第 167 册　第 420 页

27164　人与事　《申报》　1914 年 12 月 15 日　第 131 册　第 632 页

27165　人与事　《申报》　1920 年 9 月 22 日　第 166 册　第 368 页

27166　人与事　《申报》　1934 年 8 月 29 日　第 319 册　第 829 页

27167　人与事之分配　《申报》　1927 年 5 月 4 日　第 234 册　第 68 页

27168　人与事之界说　《申报》　1928 年 11 月 7 日　第 252 册　第 181 页

27169　人与兽　《申报》　1920 年 8 月 19 日　第 165 册　第 883 页

27170　人与我之比　《申报》　1928 年 4 月 4 日　第 245 册　第 82 页

27171　人欲篇　《申报》　1890 年 12 月 7 日　第 37 册　第 1015 页

27172　人员游历之目的：译大阪朝日新闻　《申报》　1905 年 8 月 4 日　第 80 册　第 801 页

27173　人杂言庞　《申报》　1927 年 2 月 6 日　第 231 册　第 670 页

27174　人造的饥荒　《申报》　1941 年 6 月 7 日　第 376 册　第 447 页

27175　人找事事找人　《大公报》　1927 年 5 月 6 日　第 79 册　第 281 页

27176　人之解释　《申报》　1914 年 12 月 22 日　第 131 册　第 736 页

27177　人之力量　《申报》　1920 年 8 月 20 日　第 165 册　第 901 页

27178　人之力量　《申报》　1927 年 12 月 31 日　第 241 册　第 684 页

27179　人之三要件　《申报》　1928 年 2 月 10 日　第 243 册　第 228 页

27180　人之四端　《申报》　1929 年 7 月 1 日　第 260 册　第 8 页

27181　人之问题　《申报》　1916 年 8 月 25 日　第 141 册　第 924 页

27182　人之性质　《申报》　1928 年 2 月 1 日　第 243 册　第 7 页

27183　人之于事　《申报》　1929 年 4 月 29 日　第 257 册　第 803 页

27184　人治法治的消长　《民国日报》　1922 年 6 月 14 日　第 39 册　第 602 页

27185 人治与法治之过渡 《民国日报》 1916 年 6 月 10 日 第 3 册 第 482 页

27186 人种的颜色与境遇 《民国日报》 1924 年 5 月 2 日 第 51 册 第 14 页

27187 人主好游说 《申报》 1880 年 4 月 23 日 第 16 册 第 429 页

27188 人自为战 《申报》 1925 年 12 月 19 日 第 219 册 第 374 页

27189 仁和邵义上增中丞筹备宪政条议 《申报》 1909 年 5 月 30 日 第 100 册 第 409 页

27190 仁和邵义上增中丞筹备宪政条议（续） 《申报》 1909 年 5 月 31 日 第 100 册 第 423 页

27191 仁济堂一龙池观龙记 《申报》 1892 年 4 月 26 日 第 40 册 第 663 页

27192 仁民爱物篇 《申报》 1889 年 7 月 13 日 第 35 册 第 77 页

27193 仁民及物篇 《申报》 1903 年 8 月 6 日 第 74 册 第 679 页

27194 仁术篇 《申报》 1889 年 6 月 22 日 第 34 册 第 987 页

27195 仁勇之言（言论） 《民国日报》 1926 年 3 月 6 日 第 62 册 第 52 页

27196 壬辰年本馆协振所收解总结清单并系以论 《申报》 1893 年 2 月 25 日 第 43 册 第 303 页

27197 壬辰年上海市情综论 《申报》 1893 年 2 月 14 日 第 43 册 第 265 页

27198 壬午科浙江乡试题名录 《申报》 1882 年 10 月 24 日 第 21 册 第 691 页

27199 忍 《申报》 1929 年 5 月 11 日 第 258 册 第 266 页

27200 忍耐 《申报》 1916 年 7 月 10 日 第 141 册 第 146 页

27201 忍耐有尽期·让步有止境 《中央日报》 1946 年 10 月 29 日 第 54 册 第 332 页

27202 忍耐与坚强 《中央日报》 1932 年 4 月 18 日 第 17 册 第 549 页

27203 忍让的目的 《中央日报》 1946 年 1 月 31 日 第 52 册 第 374 页

27204 忍辱当年 雪耻今日！ 《大公报》 1943 年 5 月 3 日 第 150 册 第 546 页

27205 忍辱负重与心灰意懒 《中央日报》 1929 年 6 月 16 日 第 6 册 第 529 页

27206 忍受之中立 《申报》 1914 年 8 月 26 日 第 129 册 第 846 页

27207 忍痛 《申报》 1919 年 8 月 21 日 第 159 册 第 859 页

27208 忍痛十年埋头建设 《中央日报》 1939 年 10 月 17 日 第 42 册 第 640 页

27209 忍与解决 《申报》 1926 年 5 月 9 日 第 223 册 第 200 页

27210 忍之限度 《申报》 1928 年 7 月 11 日 第 248 册 第 322 页

27211 忍之一字 《申报》 1928 年 3 月 2 日 第 244 册 第 28 页

27212 认清环境认清责任：敬告全国大学生 《申报》 1931 年 9 月 7 日 第 286

册 第 187 页

27213 认清几件基本事实! 《申报》 1946 年 5 月 31 日 第 388 册 第 946 页

27214 认清目前政局的解决 《民国日报》 1946 年 2 月 25 日 第 97 册 第 213 页

27215 认清时局之真相:民意动员中应有之信念 《中央日报》 1936 年 10 月 21 日 第 36 册 第 251 页

27216 认清战争本质动员知识分子 《中央日报》 1948 年 11 月 23 日 第 60 册 第 628 页

27217 认清政治僵局的症结 《申报》 1946 年 5 月 15 日 第 388 册 第 818 页

27218 认识北太平洋时代 《大公报》 1944 年 8 月 23 日 第 153 册 第 244 页

27219 认识东北问题 《中央日报》 1946 年 4 月 21 日 第 52 册 第 854 页

27220 认识科学/任鸿隽(星期论文) 《大公报》 1944 年 10 月 22 日 第 153 册 第 510 页

27221 认识美国 《大公报》 1944 年 5 月 8 日 第 152 册 第 582 页

27222 认识青年 《申报》 1931 年 7 月 4 日 第 284 册 第 92 页

27223 认识事情的真相:关于广州意外事件 《中央日报》 1948 年 1 月 18 日 第 58 册 第 174 页

27224 认识苏联/公孙震(星期论文) 《大公报》 1944 年 5 月 21 日 第 152 册 第 636 页

27225 认识危机争取生存:双十节献词 《中央日报》 1948 年 10 月 10 日 第 60 册 第 304 页

27226 认识新中国 加强新合作 《大公报》 1942 年 11 月 25 日 第 149 册 第 640 页

27227 认识与冲动 《申报》 1929 年 6 月 4 日 第 259 册 第 69 页

27228 认识与奋斗 《申报》 1945 年 3 月 7 日 第 387 册 第 187 页

27229 认识这一战的性质吗 《民国日报》 1924 年 8 月 29 日 第 52 册 第 748 页

27230 认事与认人 《申报》 1929 年 6 月 26 日 第 259 册 第 717 页

27231 认真 《申报》 1927 年 7 月 30 日 第 236 册 第 625 页

27232 任劳任怨 《申报》 1928 年 12 月 21 日 第 253 册 第 596 页

27233 任其自然 《申报》 1918 年 6 月 11 日 第 152 册 第 646 页

27234 任事之后 《申报》 1927 年 4 月 24 日 第 233 册 第 446 页

27235 任事之见 《申报》 1928 年 1 月 11 日 第 242 册 第 216 页

27236 任性 《申报》 1922 年 8 月 16 日 第 183 册 第 324 页

27237 任用客卿说 《申报》 1901 年 12 月 20 日 第 69 册 第 677 页

27238 韧战精神 《申报》 1937 年 11 月 1 日 第 355 册 第 883 页

27239 仍当共负建国的责任 《民国日报》 1946 年 2 月 7 日 第 97 册 第 141 页

27240 日澳贸易战的展开 《申报》 1936 年 6 月 27 日 第 341 册 第 705 页

27241 日澳贸易战之观察 《申报》 1936 年 6 月 1 日 第 341 册 第 8 页

27242 日报登记与检查新闻 《中央日报》 1929 年 9 月 10 日 第 7 册 第 495 页

27243 日报公会致胡汉民君书 《申报》 1912 年 4 月 15 日 第 117 册 第 137 页

27244 日报论略 《申报》 1896 年 7 月 27 日 第 53 册 第 563 页

27245 日报评论中国政党 《申报》 1911 年 6 月 21 日 第 112 册 第 881 页

27246 日报评论中国政党续 《申报》 1911 年 6 月 25 日 第 112 册 第 948 页

27247 日报评论中国政党再续 《申报》 1911 年 6 月 26 日 第 112 册 第 965 页

27248 日报之造谣诅咒 《大公报》 1932 年 10 月 8 日 第 110 册 第 448 页

27249 日暴行自画口供 《申报》（汉口版） 1938 年 2 月 14 日 第 356 册 第 61 页

27250 日本阿部内阁的挣扎 《申报》 1940 年 1 月 11 日 第 368 册 第 148 页

27251 日本八十四届议会之展望 《申报》 1943 年 12 月 30 日 第 384 册 第 915 页

27252 日本罢工的意义 《大公报》 1948 年 4 月 8 日 第 162 册 第 590 页

27253 日本保守势力的再抬头 《申报》 1947 年 10 月 17 日 第 395 册 第 166 页

27254 日本报纸论美国政策失败 《中央日报》 1932 年 9 月 6 日 第 19 册 第 290 页

27255 日本暴变的由来 《大公报》 1936 年 3 月 2 日 第 131 册 第 18 页

27256 日本备战美俄震惊！ 《大公报》 1932 年 9 月 7 日 第 110 册 第 76 页

27257 日本本届议会的成就（译论） 《申报》 1943 年 3 月 20 日 第 383 册 第 554 页

27258 日本逼我益急：日皇批准承认伪国矣 《中央日报》 1932 年 9 月 14 日 第 19 册 第 354 页

27259 日本兵船考 《申报》 1893 年 6 月 6 日 第 44 册 第 261 页

27260 日本兵船考补遗 《申报》 1893 年 6 月 12 日 第 44 册 第 303 页

27261 日本不肯撤兵之野心（来论）/佐治 《民国日报》 1920 年 4 月 14 日 第 26 册 第 598 页

27262 日本不宜拒英人调处说 《申报》 1904 年 5 月 1 日 第 77 册 第 1 页

27263 日本不愿早开和会 《大公报》 1948 年 7 月 26 日 第 163 册 第 518 页

27264   日本财界之对华空气   《大公报》   1927年3月2日   第78册   第429页

27265   日本财政方针及其对中国的影响   《申报》   1936年3月15日   第338册   第368页

27266   日本财政经济的破绽与军政内阁/青山和夫（星期论文）   《大公报》   1941年10月26日   第147册   第460页

27267   日本财政之萧条景象   《申报》   1930年6月23日   第271册   第602页

27268   日本参战么?   《大公报》   1940年7月15日   第145册   第44页

27269   日本策动伪组织的排外运动   《申报》   1939年4月27日   第363册   第474页

27270   日本长期作战的把握何在?   《申报》   1939年1月26日   第361册   第456页

27271   日本长期作战的把握何在?   《申报》（香港版）   1939年1月30日   第357册   第828页

27272   日本朝野两党提携说   《申报》   1930年5月9日   第270册   第205页

27273   日本朝野之呼吁   《申报》   1940年5月29日   第370册   第370页

27274   日本撤兵竟展期   《大公报》   1929年4月18日   第89册   第772页

27275   日本承认伪国与世界和平   《申报》   1932年9月14日   第296册   第379页

27276   日本承认伪国与世界之危机   《申报》   1932年9月15日   第296册   第413页

27277   日本承认伪国之理论根据   《大公报》   1932年8月19日   第109册   第592页

27278   日本承认伪国之效力   《中央日报》   1932年6月18日   第18册   第306页

27279   日本诚意何在?   《大公报》   1937年7月16日   第139册   第224页

27280   日本赤字财政的前途   《申报》   1939年4月23日   第363册   第402页

27281   日本筹议开发北方经济   《大公报》   1935年7月13日   第127册   第176页

27282   日本此届政争之人的问题   《申报》   1931年3月15日   第280册   第375页

27283   日本存金究有多少?   《申报》（香港版）   1938年10月29日   第357册   第237页

27284   日本答复为何迟迟?   《大公报》   1945年8月14日   第155册   第192页

27285   日本答复修约提议   《大公报》   1926年11月12日   第77册   第563页

27286   日本答覆朝鲜排华案抗议   《大公报》   1931年7月15日   第103册

172 页

27287　日本大典之史的一瞥　《大公报》　1928 年 11 月 10 日　第 87 册　第 109 页

27288　日本大学校总长学生训（译东报）　《申报》　1906 年 3 月 15 日　第 82 册　第 555 页

27289　日本大增陆军寇沪　《大公报》　1932 年 2 月 15 日　第 106 册　第 438 页

27290　日本大政变之观测　《申报》　1936 年 2 月 27 日　第 337 册　第 705 页

27291　日本"大政翼赞运动"的蜕变　《申报》　1941 年 3 月 17 日　第 375 册　第 206 页

27292　日本代表在国联之宣言　《大公报》　1931 年 10 月 16 日　第 104 册　第 532 页

27293　日本单独借款：日本国民应更正之　《民国日报》　1919 年 9 月 28 日　第 23 册　第 326 页

27294　日本当局告调查团者如此：调查团诸君将甘受蒙蔽乎　《中央日报》　1932 年 7 月 17 日　第 18 册　第 538 页

27295　日本的必胜议会　《申报》　1944 年 2 月 4 日　第 385 册　第 121 页

27296　日本的毒化政策　《申报》　1938 年 12 月 1 日　第 360 册　第 4 页

27297　日本的毒化政策　《申报》（香港版）　1938 年 12 月 7 日　第 357 册　第 409 页

27298　日本的对华侨态度如何　《民国日报》　1923 年 9 月 20 日　第 47 册　第 276 页

27299　日本的对华新观点　《大公报》　1937 年 2 月 17 日　第 136 册　第 612 页

27300　日本的对华政策　《申报》　1937 年 5 月 24 日　第 352 册　第 559 页

27301　日本的反战巨头　《大公报》　1940 年 11 月 13 日　第 145 册　第 518 页

27302　日本的负伤与瑟缩　《大公报》　1942 年 12 月 5 日　第 149 册　第 682 页

27303　日本的复杂怪奇和其他/静观（星期论文）　《大公报》　1941 年 8 月 3 日　第 147 册　第 128 页

27304　日本的阁潮　《申报》　1939 年 12 月 28 日　第 367 册　第 788 页

27305　日本的国际近况　《申报》　1940 年 3 月 26 日　第 369 册　第 344 页

27306　日本的国际阴谋　《中央日报》　1939 年 12 月 9 日　第 42 册　第 852 页

27307　日本的海军复牒　《大公报》　1938 年 2 月 14 日　第 140 册　第 182 页

27308　日本的吉田内阁　《申报》　1946 年 5 月 20 日　第 388 册　第 858 页

27309　日本的几个国际课题　《申报》　1940 年 12 月 18 日　第 373 册　第 650 页

27310　日本的经济武装问题　《中央日报》　1945 年 1 月 10 日　第 50 册　第 584 页

27311　日本的精神没落/陈时（来论）　《申报》（汉口版）　1938 年 2 月 5 日　第 356 册　第 43 页

27312　日本的决战政治与非常立法　《申报》　1945 年 7 月 6 日　第 387 册　第 467 页

27313　日本的路　《申报》（汉口版）　1938 年 2 月 19 日　第 356 册　第 71 页

27314　日本的泥足表现　《申报》（香港版）　1938 年 3 月 16 日　第 356 册　第 461 页

27315　日本的侵略与投机　《中央日报》　1940 年 6 月 26 日　第 43 册　第 646 页

27316　日本的认识　《大公报》　1935 年 6 月 17 日　第 126 册　第 756 页

27317　日本的三条路/王芸生（星期论文）　《大公报》　1944 年 12 月 31 日　第 153 册　第 802 页

27318　日本的"神"　《大公报》　1945 年 2 月 10 日　第 154 册　第 172 页

27319　日本的文化使节　《申报》　1936 年 8 月 24 日　第 343 册　第 612 页

27320　日本的无力与无信（上）　《大公报》　1941 年 9 月 2 日　第 147 册　第 230 页

27321　日本的无力与无信（下）　《大公报》　1941 年 9 月 3 日　第 147 册　第 234 页

27322　日本的吓美宣传　《大公报》　1941 年 4 月 26 日　第 146 册　第 484 页

27323　日本的心腹大患　《申报》（香港版）　1938 年 9 月 2 日　第 357 册　第 5 页

27324　日本的新党运动　《大公报》　1940 年 6 月 8 日　第 144 册　第 640 页

27325　日本的新国防计划　《大公报》　1940 年 3 月 18 日　第 144 册　第 310 页

27326　日本的新困难与新策略　《申报》（香港版）　1939 年 5 月 27 日　第 358 册　第 698 页

27327　日本的新南进政策　《申报》　1940 年 2 月 22 日　第 368 册　第 664 页

27328　日本的"新政治体制"　《大公报》　1940 年 8 月 14 日　第 145 册　第 156 页

27329　日本的宣传家的怪象（言论）　《民国日报》　1925 年 6 月 17 日　第 57 册　第 590 页

27330　日本的增产运动/允中（星期评论）　《申报》　1943 年 12 月 19 日　第 384 册　第 871 页

27331　日本的战时教育　《申报》　1945 年 6 月 12 日　第 387 册　第 413 页

27332　日本的镇静　《申报》　1941 年 3 月 20 日　第 375 册　第 244 页

27333　日本的挣扎　《申报》　1940 年 3 月 25 日　第 369 册　第 332 页

27334　日本的政潮与工潮　《申报》　1947 年 2 月 2 日　第 392 册　第 338 页

27335 日本的政制与政策 《申报》 1940 年 3 月 27 日 第 369 册 第 356 页

27336 日本的政治攻势 《申报》 1940 年 3 月 19 日 第 369 册 第 250 页

27337 日本的政治季节 《申报》 1939 年 12 月 25 日 第 367 册 第 750 页

27338 日本的政治阴谋 《申报》 1939 年 2 月 4 日 第 362 册 第 64 页

27339 日本的桎梏 《大公报》 1940 年 5 月 31 日 第 144 册 第 608 页

27340 日本的转变 《申报》 1940 年 11 月 26 日 第 373 册 第 339 页

27341 日本的总选举 《大公报》 1942 年 4 月 15 日 第 148 册 第 450 页

27342 日本等些什么？ 《申报》 1941 年 6 月 29 日 第 376 册 第 728 页

27343 日本地方自治制度调查记叙言 《申报》 1909 年 8 月 26 日 第 101 册 第 848 页

27344 日本地势军实考 《申报》 1892 年 5 月 9 日 第 41 册 第 51 页

27345 日本帝国的丧钟/张其昀（星期论文） 《大公报》 1940 年 2 月 25 日 第 144 册 第 222 页

27346 日本第二次吞炸弹 《申报》 1937 年 8 月 20 日 第 355 册 第 301 页

27347 日本第六十三届议会之展望 《申报》 1932 年 8 月 24 日 第 295 册 第 583 页

27348 日本第一任大使递国书 《大公报》 1935 年 6 月 15 日 第 126 册 第 724 页

27349 日本调整对苏关系 《申报》 1937 年 1 月 9 日 第 348 册 第 159 页

27350 日本调整美日现状 《申报》 1939 年 9 月 25 日 第 366 册 第 362 页

27351 日本调整外交关系 《申报》 1933 年 12 月 26 日 第 311 册 第 746 页

27352 日本迭开五相会议的检讨 《申报》 1939 年 3 月 25 日 第 362 册 第 868 页

27353 日本东京市复兴纪念会 《大公报》 1930 年 3 月 28 日 第 95 册 第 436 页

27354 日本动向的检讨 《申报》 1941 年 12 月 1 日 第 378 册 第 763 页

27355 日本动向的剖析 《申报》 1941 年 7 月 3 日 第 376 册 第 780 页

27356 日本都新闻所论 《申报》 1940 年 11 月 18 日 第 373 册 第 230 页

27357 日本毒化中国问题 《大公报》 1934 年 5 月 19 日 第 120 册 第 266 页

27358 日本毒辣外交之新成功 《申报》 1931 年 11 月 25 日 第 288 册 第 610 页

27359 日本黩武主义的抬头 《中央日报》 1946 年 7 月 26 日 第 53 册 第 476 页

27360 日本对安南的企图 《申报》（香港版） 1938 年 11 月 4 日 第 357 册 第 261 页

27361 日本对第三国政策的强化 《申报》（香港版） 1939 年 5 月 29 日 第 358

册　第 714 页

27362　日本对东北铁路自由行动　《大公报》　1931 年 12 月 15 日　第 105 册
　　　　第 352 页

27363　日本对俄态度之转变　《大公报》　1932 年 5 月 15 日　第 108 册　第
　　　　144 页

27364　日本对华的谬误（言论）　《民国日报》　1926 年 2 月 1 日　第 61 册　第
　　　　370 页

27365　日本对华的新旧原则　《大公报》　1936 年 10 月 8 日　第 134 册　第
　　　　532 页

27366　日本对华经济策略的检讨　《申报》　1939 年 10 月 17 日　第 366 册　第
　　　　656 页

27367　日本对华经济策危言　《民国日报》　1919 年 11 月 11 日　第 24 册　第
　　　　122 页

27368　日本对华经济控制与贸易连击制　《申报》（香港版）　1938 年 12 月 22 日
　　　　第 357 册　第 529 页

27369　日本对华经济控制与贸易连击制　《申报》　1938 年 12 月 8 日　第 360 册
　　　　第 118 页

27370　日本对华贸易好转中之日钞问题　《申报》　1936 年 1 月 11 日　第 336 册
　　　　第 210 页

27371　日本对华目的之究竟　《中央日报》　1932 年 5 月 15 日　第 18 册　第
　　　　58 页

27372　日本对华强硬政策与抗日运动　《申报》　1931 年 10 月 7 日　第 287 册
　　　　第 159 页

27373　日本对华外交更生策　《大公报》　1933 年 9 月 19 日　第 116 册　第
　　　　266 页

27374　日本对华外交之趋向　《申报》　1936 年 2 月 8 日　第 337 册　第 200 页

27375　日本对华外交之新阵势　《申报》　1933 年 6 月 9 日　第 305 册　第
　　　　234 页

27376　日本对华文化事业的中国南部人民意思　《民国日报》　1924 年 4 月 2 日
　　　　第 50 册　第 406 页

27377　日本对华文化事业的中国南部人民意思（二）　《民国日报》　1924 年 4
　　　　月 3 日　第 50 册　第 418 页

27378　日本对华新认识之呼声　《大公报》　1937 年 1 月 8 日　第 136 册　第
　　　　94 页

27379　日本对华新政策（译论）　《申报》　1943 年 3 月 5 日　第 383 册　第
　　　　442 页

27380　日本对华新政策感言　《申报》　1943 年 3 月 13 日　第 383 册　第 506 页

27381　日本对华宣战问题　《申报》（香港版）　1938 年 10 月 6 日　第 357 册
第 141 页

27382　日本对华政策　《大公报》　1927 年 2 月 27 日　第 78 册　第 405 页

27383　日本对华政策与中国对日政策　《大公报》　1928 年 8 月 11 日　第 85 册
第 411 页

27384　日本对华之经济战　《申报》　1939 年 11 月 17 日　第 367 册　第 220 页

27385　日本对华之投资力　《中央日报》　1937 年 4 月 1 日　第 38 册　第 379 页

27386　日本对华作战兵力之推算/张君劢（星期论文）　《大公报》　1938 年 4 月
17 日　第 140 册　第 458 页

27387　日本"对满国策"之强化　《大公报》　1934 年 7 月 16 日　第 121 册　第
226 页

27388　日本对满国策之悬案　《大公报》　1934 年 8 月 6 日　第 121 册　第
534 页

27389　日本对满蒙积极政策与其手段　《大公报》　1927 年 8 月 19 日　第 80 册
第 403 页

27390　日本对满新机关之剖析　《大公报》　1932 年 7 月 28 日　第 109 册　第
328 页

27391　日本对美外交的新姿态　《申报》　1940 年 11 月 14 日　第 373 册　第
174 页

27392　日本对美与对苏　《申报》　1940 年 10 月 8 日　第 372 册　第 496 页

27393　日本对苏进攻的作用　《申报》（香港版）　1939 年 6 月 2 日　第 358 册
第 746 页

27394　日本对苏联的恫吓　《大公报》　1938 年 7 月 20 日　第 141 册　第 90 页

27395　日本对外贸易的开放问题　《申报》　1947 年 7 月 21 日　第 394 册　第
202 页

27396　日本对英国的恫吓　《申报》（香港版）　1939 年 5 月 13 日　第 358 册
第 586 页

27397　日本对英美的进攻　《申报》（香港版）　1939 年 3 月 13 日　第 358 册
第 98 页

27398　日本对英心理之变迁　《大公报》　1928 年 12 月 8 日　第 87 册　第
445 页

27399　日本对于国联之侮辱欺骗　《中央日报》　1932 年 3 月 18 日　第 17 册
第 425 页

27400　日本对中国抗议之诡辩　《大公报》　1932 年 4 月 10 日　第 107 册　第
404 页

27401　日本多行不义必自□　《申报》（香港版）　1938 年 8 月 29 日　第 356 册　第 1125 页

27402　日本恶浪与国联　《申报》　1931 年 11 月 29 日　第 288 册　第 707 页

27403　日本二·二六事件判决　《大公报》　1936 年 7 月 8 日　第 133 册　第 102 页

27404　日本法政大学地方自治讲习科开讲辞　《申报》　1907 年 11 月 30 日　第 91 册　第 377 页

27405　日本反苏的一贯性　《大公报》　1941 年 7 月 5 日　第 147 册　第 18 页

27406　日本反英与英国的强韧性　《申报》（香港版）　1939 年 4 月 29 日　第 358 册　第 474 页

27407　日本纺织工业应有限制　《大公报》　1948 年 2 月 12 日　第 162 册　第 250 页

27408　日本纺织业不应扩充!　《申报》　1947 年 7 月 2 日　第 394 册　第 12 页

27409　日本非能果胜中国说　《申报》　1895 年 11 月 30 日　第 51 册　第 597 页

27410　日本废除"四党政策协定"以后　《申报》　1948 年 1 月 22 日　第 396 册　第 194 页

27411　日本分化美国内部的骗术　《中央日报》　1939 年 12 月 28 日　第 42 册　第 928 页

27412　日本封锁中国海岸问题　《申报》　1939 年 6 月 1 日　第 364 册　第 4 页

27413　日本封锁中国海全部　《申报》　1939 年 6 月 29 日　第 364 册　第 562 页

27414　日本复兴成功之感想　《申报》　1930 年 3 月 24 日　第 268 册　第 648 页

27415　日本改定法律沿革考　《申报》　1905 年 7 月 12 日　第 80 册　第 617 页

27416　日本改定法律沿革考（续初十日稿）　《申报》　1905 年 7 月 13 日　第 80 册　第 625 页

27417　日本改定法律沿革考（续十一日稿）　《申报》　1905 年 7 月 17 日　第 80 册　第 657 页

27418　日本改定法律沿革考（续十五日稿）　《申报》　1905 年 7 月 19 日　第 80 册　第 673 页

27419　日本改定法律沿革考（续十七日稿）　《申报》　1905 年 7 月 20 日　第 80 册　第 681 页

27420　日本改定法律沿革考（续十八日稿）　《申报》　1905 年 7 月 21 日　第 80 册　第 689 页

27421　日本改定法律沿革考（续十九日稿）　《申报》　1905 年 7 月 22 日　第 80 册　第 697 页

27422　日本改革学制　《申报》　1930 年 4 月 16 日　第 269 册　第 421 页

27423　日本感受的经济压力　《大公报》　1941 年 9 月 14 日　第 147 册　第

280 页

27424 日本高度国防问题 《中央日报》 1937 年 6 月 18 日 第 39 册 第 589 页

27425 日本高丽持久不战考 《申报》 1872 年 9 月 7 日 第 1 册 第 441 页

27426 日本阁潮告一段落 《大公报》 1937 年 2 月 3 日 第 136 册 第 458 页

27427 日本阁员演辞之检视 《申报》 1939 年 1 月 23 日 第 361 册 第 406 页

27428 日本革命的现阶段/青山和夫（星期论文） 《大公报》 1938 年 8 月 21 日 第 141 册 第 220 页

27429 日本更迭外务大臣 《大公报》 1933 年 9 月 15 日 第 116 册 第 206 页

27430 日本工商业发展之因素 《申报》 1935 年 6 月 27 日 第 329 册 第 702 页

27431 日本工业水准岂可再予提高？ 《申报》 1947 年 10 月 3 日 第 395 册 第 22 页

27432 日本公使佐分利自杀 《申报》 1929 年 11 月 30 日 第 264 册 第 820 页

27433 日本攻锦不啻向世界挑战 《大公报》 1931 年 12 月 25 日 第 105 册 第 434 页

27434 日本攻热时之外交策略 《大公报》 1933 年 2 月 24 日 第 112 册 第 646 页

27435 日本攻我愈急矣！ 《大公报》 1931 年 12 月 19 日 第 105 册 第 384 页

27436 日本共产党案感言 《大公报》 1928 年 4 月 12 日 第 83 册 第 421 页

27437 日本股票市场的风波 《大公报》 1941 年 7 月 15 日 第 147 册 第 58 页

27438 日本贯彻对华新政策之途径 《申报》 1943 年 6 月 22 日 第 384 册 第 127 页

27439 日本广田内阁之概观 《大公报》 1936 年 3 月 12 日 第 131 册 第 158 页

27440 日本广田外交之所谓新方针：对欧美外交转变对华如既定步骤 《申报》 1933 年 9 月 16 日 第 308 册 第 492 页

27441 日本国会与中日外交 《大公报》 1928 年 12 月 25 日 第 87 册 第 649 页

27442 日本国力的根柢 《大公报》 1935 年 6 月 18 日 第 126 册 第 772 页

27443 日本国力衰颓之黄金梦 《申报》 1932 年 12 月 19 日 第 299 册 第 521 页

27444 日本国内改装之完成与中国时局 《申报》 1943 年 7 月 21 日 第 384 册

第 259 页

27445　日本果退出国联乎　《申报》　1932 年 11 月 26 日　第 298 册　第 685 页

27446　日本果退出国联乎？　《中央日报》　1932 年 9 月 22 日　第 19 册　第 418 页

27447　日本海军的命运　《中央日报》　1944 年 7 月 15 日　第 49 册　第 878 页

27448　日本海军第一回尝试决战　《大公报》　1944 年 6 月 24 日　第 152 册　第 782 页

27449　日本海军魂（其一）　《申报》　1945 年 5 月 24 日　第 387 册　第 369 页

27450　日本海军魂（其二）　《申报》　1945 年 5 月 25 日　第 387 册　第 371 页

27451　日本海军快要"薫"死了！　《大公报》　1945 年 3 月 23 日　第 154 册　第 346 页

27452　日本海军野心与中国　《申报》　1940 年 2 月 25 日　第 368 册　第 704 页

27453　日本海陆兵制沿革考　《申报》　1895 年 4 月 14 日　第 49 册　第 597 页

27454　日本海陆军的丑态　《申报》（香港版）　1939 年 6 月 29 日　第 358 册　第 962 页

27455　日本海约精查会之相持　《申报》　1930 年 9 月 17 日　第 274 册　第 416 页

27456　日本何时参加新海约　《中央日报》　1936 年 8 月 18 日　第 35 册　第 581 页

27457　日本何以在此时宣言领导东亚　《大公报》　1934 年 5 月 2 日　第 120 册　第 18 页

27458　日本荷印交涉破裂　《中央日报》　1941 年 6 月 21 日　第 44 册　第 994 页

27459　日本横滨怡和洋行制茶记：录商务官报代论　《申报》　1906 年 5 月 21 日　第 83 册　第 495 页

27460　日本换了海军大臣　《大公报》　1944 年 7 月 18 日　第 153 册　第 80 页

27461　日本恢复理智欤？　《申报》　1939 年 10 月 25 日　第 366 册　第 762 页

27462　日本回训发出后　《申报》　1930 年 4 月 4 日　第 269 册　第 90 页

27463　日本汇价之前途　《中央日报》　1937 年 5 月 10 日　第 39 册　第 113 页

27464　日本会发生革命吗？　《民国日报》　1920 年 3 月 19 日　第 26 册　第 252 页

27465　日本火药库爆炸的观察　《申报》（香港版）　1939 年 3 月 4 日　第 358 册　第 26 页

27466　日本积极阻挠技术合作　《大公报》　1933 年 7 月 29 日　第 115 册　第 396 页

27467　日本激增军费　《中央日报》　1932 年 10 月 1 日　第 19 册　第 490 页

27468　日本吉田内阁的危机　《申报》　1947年1月12日　第392册　第126页

27469　日本急于布置东北路权　《大公报》　1931年10月23日　第104册　第616页

27470　日本急欲结束对华战事的歧路　《申报》　1939年11月16日　第367册　第206页

27471　日本加入德义同盟否？　《申报》　1939年8月8日　第365册　第646页

27472　日本坚持小幡使华　《申报》　1929年12月28日　第265册　第764页

27473　日本减俸潮之近势　《申报》　1931年5月27日　第282册　第657页

27474　日本将大举进犯！　《申报》（汉口版）　1938年3月12日　第356册　第113页

27475　日本将如何试探　《申报》　1940年3月7日　第369册　第84页

27476　日本将用兵越南吗？　《申报》　1940年9月6日　第372册　第68页

27477　日本将执行"九原则"乎？　《申报》　1949年4月8日　第400册　第656页

27478　日本劫夺东北关税问题　《申报》　1932年6月24日　第293册　第513页

27479　日本解散议会　《大公报》　1930年1月22日　第94册　第308页

27480　日本解散议会　《大公报》　1937年1月23日　第136册　第304页

27481　日本今后的策略　《申报》　1940年4月15日　第369册　第616页

27482　日本今日对华政策之解剖　《申报》　1928年6月22日　第247册　第599页

27483　日本今日后之政局　《民国日报》　1924年5月26日　第51册　第302页

27484　日本今日之大陆政策　《中央日报》　1932年8月5日　第19册　第34页

27485　日本今日之对华政策　《申报》　1928年6月23日　第247册　第627页

27486　日本今日之对华政策（二）　《申报》　1928年6月24日　第247册　第656页

27487　日本今日之对华政策（三）　《申报》　1928年6月25日　第247册　第684页

27488　日本今日之态度　《申报》　1915年4月22日　第133册　第844页

27489　日本金解禁与英美借款　《申报》　1929年11月18日　第264册　第486页

27490　日本金融风潮与中国　《大公报》　1927年4月25日　第79册　第193页

27491 日本金融最近的趋向 《中央日报》 1937 年 1 月 22 日 第 37 册 第 241 页

27492 日本近卫就职以后 《申报》 1940 年 7 月 25 日 第 371 册 第 326 页

27493 日本近卫内阁之经济政策 《大公报》 1937 年 6 月 19 日 第 138 册 第 710 页

27494 日本近卫内阁之前途 《大公报》 1937 年 6 月 4 日 第 138 册 第 488 页

27495 日本进攻海南岛的用意 《申报》 1939 年 2 月 12 日 第 362 册 第 208 页

27496 日本进攻苏联的检讨 《申报》（香港版） 1938 年 12 月 2 日 第 357 册 第 375 页

27497 日本进攻英苏的用意 《申报》（香港版） 1939 年 6 月 6 日 第 358 册 第 780 页

27498 日本进退失据 《申报》 1941 年 12 月 7 日 第 378 册 第 841 页

27499 日本进卫内阁的动向 《中央日报》 1940 年 7 月 20 日 第 43 册 第 750 页

27500 日本进行两手续 《申报》 1932 年 9 月 13 日 第 296 册 第 353 页

27501 日本进占越南以后 《申报》 1941 年 7 月 26 日 第 376 册 第 1074 页

27502 日本禁止我国农工出关 《申报》 1935 年 3 月 20 日 第 326 册 第 577 页

27503 日本禁阻华工出关问题 《大公报》 1935 年 3 月 22 日 第 125 册 第 340 页

27504 日本经济方面的严重困难 《申报》 1940 年 10 月 28 日 第 372 册 第 753 页

27505 日本"经济复兴五年计划"的批判 《申报》 1948 年 6 月 18 日 第 397 册 第 656 页

27506 日本经济界观察一斑 《民国日报》 1919 年 11 月 13 日 第 24 册 第 146 页

27507 日本经济界近况 《申报》 1930 年 3 月 17 日 第 268 册 第 458 页

27508 日本经济进入崩溃阶段 《大公报》 1940 年 3 月 20 日 第 144 册 第 318 页

27509 日本经济上危机之解剖/陈博生（星期论文） 《大公报》 1938 年 1 月 23 日 第 140 册 第 92 页

27510 日本经济危机与日满一体经济方案 《申报》 1937 年 6 月 17 日 第 353 册 第 430 页

27511 日本竞选之劣点 《申报》 1930 年 2 月 15 日 第 267 册 第 379 页

27512 日本竞欲称霸太平洋 《大公报》 1938 年 4 月 9 日 第 140 册 第 424 页

27513 日本竞欲阻止各国助华 《大公报》 1933 年 7 月 26 日 第 115 册 第 354 页

27514 日本静冈之火 《大公报》 1940 年 1 月 16 日 第 144 册 第 62 页

27515 日本就要进攻苏联 《大公报》 1937 年 10 月 4 日 第 139 册 第 429 页

27516 日本举办的国际测验 《申报》 1940 年 8 月 2 日 第 371 册 第 428 页

27517 日本拒绝长江开放航运 《申报》（香港版） 1938 年 11 月 15 日 第 357 册 第 309 页

27518 日本拒绝国联邀请之后 《大公报》 1938 年 9 月 24 日 第 141 册 第 354 页

27519 日本拒绝后的比京会议 《大公报》 1937 年 10 月 29 日 第 139 册 第 529 页

27520 日本决心承认伪国 《大公报》 1932 年 7 月 12 日 第 109 册 第 136 页

27521 日本决战力量的根源 《申报》 1945 年 6 月 9 日 第 387 册 第 405 页

27522 日本军部统治之强化 《大公报》 1935 年 7 月 19 日 第 127 册 第 262 页

27523 日本军部又发声明！ 《大公报》 1933 年 5 月 16 日 第 114 册 第 214 页

27524 日本军部与中国问题 《大公报》 1936 年 2 月 4 日 第 130 册 第 366 页

27525 日本军阀的惊惧 《申报》（香港版） 1939 年 1 月 24 日 第 357 册 第 780 页

27526 日本军阀的迷梦/邵力子（星期论文） 《大公报》 1943 年 3 月 21 日 第 150 册 第 346 页

27527 日本军阀果能觉醒乎 《申报》 1933 年 3 月 27 日 第 302 册 第 785 页

27528 日本军阀能不能觉悟？ 《大公报》 1939 年 4 月 26 日 第 142 册 第 462 页

27529 日本军阀之责任 《大公报》 1931 年 12 月 3 日 第 105 册 第 252 页

27530 日本军国主义的末路 《中央日报》 1946 年 1 月 6 日 第 52 册 第 224 页

27531 日本开发中国的幻想 《申报》（香港版） 1938 年 11 月 25 日 第 357 册 第 347 页

27532 日本开始再武装 《大公报》 1948 年 5 月 21 日 第 163 册 第 122 页

27533 日本觊觎东北中之军事策略 《中央日报》 1931 年 7 月 28 日 第 15 册 第 311 页

27534　日本考察团将离沪　《大公报》　1937 年 3 月 22 日　第 137 册　第 298 页

27535　日本恐怖势力复活　《申报》　1947 年 11 月 27 日　第 395 册　第 576 页

27536　日本窥伺华北说之由来　《大公报》　1932 年 6 月 25 日　第 108 册　第 554 页

27537　日本扩张海军　《申报》　1934 年 7 月 16 日　第 318 册　第 469 页

27538　日本扩张军备之影响　《申报》　1935 年 7 月 29 日　第 330 册　第 730 页

27539　日本来华学生团观　《民国日报》　1919 年 8 月 5 日　第 22 册　第 386 页

27540　日本来年度的预算　《申报》　1940 年 12 月 30 日　第 373 册　第 822 页

27541　日本劳动组合之大集会　《民国日报》　1924 年 4 月 30 日　第 50 册　第 746 页

27542　日本劳工党领袖铃木文治之渡欧　《中央日报》　1932 年 10 月 21 日　第 19 册　第 650 页

27543　日本立场何尝取消?　《申报》　1934 年 4 月 29 日　第 315 册　第 845 页

27544　日本两政党　《申报》　1931 年 4 月 13 日　第 281 册　第 325 页

27545　日本林内阁成立　《申报》　1937 年 2 月 3 日　第 349 册　第 63 页

27546　日本林内阁辞职　《大公报》　1937 年 6 月 1 日　第 138 册　第 446 页

27547　日本林内阁辞职　《中央日报》　1937 年 6 月 2 日　第 39 册　第 397 页

27548　日本临时赔偿优先实施　《申报》　1947 年 7 月 12 日　第 394 册　第 112 页

27549　日本临时议会的议题　《大公报》　1941 年 11 月 7 日　第 147 册　第 508 页

27550　日本临时议会开幕　《申报》　1943 年 6 月 17 日　第 384 册　第 97 页

27551　日本临时议会之检讨　《申报》　1941 年 11 月 17 日　第 378 册　第 591 页

27552　日本留学生之忠告　《申报》　1905 年 3 月 6 日　第 79 册　第 403 页

27553　日本鲁庵曾根先生纪念碑　《申报》　1890 年 1 月 5 日　第 36 册　第 25 页

27554　日本陆海军精锐进驻广州湾（译论）　《申报》　1943 年 3 月 2 日　第 383 册　第 418 页

27555　日本陆军大异动后之军部动向　《大公报》　1935 年 7 月 25 日　第 127 册　第 352 页

27556　日本陆军将佐大更动之意义　《申报》　1935 年 7 月 25 日　第 330 册　第 634 页

27557　日本陆上交通之梦　《大公报》　1942 年 7 月 2 日　第 149 册　第 6 页

27558　日本论坛的中日战争观　《中央日报》　1939 年 6 月 22 日　第 42 册　第 164 页

27559 日本满铁改革问题与中国 《大公报》 1930 年 2 月 6 日 第 94 册 第 516 页

27560 日本满铁会社与铁路交涉 《大公报》 1931 年 1 月 14 日 第 100 册 第 124 页

27561 日本满铁总裁之新任命 《大公报》 1931 年 6 月 17 日 第 102 册 第 568 页

27562 日本贸易开放与中国经济 《大公报》 1947 年 6 月 23 日 第 160 册 第 340 页

27563 日本蔑视国联之铁证 《中央日报》 1931 年 10 月 17 日 第 16 册 第 195 页

27564 日本民政党主张撤兵之是 《大公报》 1927 年 6 月 17 日 第 79 册 第 617 页

27565 日本民众应积极认识田中的阴谋 《民国日报》 1928 年 5 月 9 日 第 74 册 第 115 页

27566 日本民主化的阴影 《申报》 1945 年 12 月 25 日 第 387 册 第 771 页

27567 日本民主化的障碍 《申报》 1946 年 4 月 3 日 第 388 册 第 508 页

27568 日本民主建筑在何处? 《大公报》 1947 年 11 月 5 日 第 161 册 第 398 页

27569 日本民族的侵略性/陶孟和(星期论文) 《大公报》 1944 年 5 月 28 日 第 152 册 第 666 页

27570 "日本民族性"序 《民国日报》 1928 年 6 月 28 日 第 74 册 第 938 页

27571 日本明年度预算的波折 《申报》 1933 年 12 月 1 日 第 311 册 第 8 页

27572 日本谋和的诚伪 《申报》 1940 年 11 月 19 日 第 373 册 第 244 页

27573 日本谋垄断东亚之由来 《大公报》 1934 年 4 月 23 日 第 119 册 第 766 页

27574 日本内部的矛盾 《申报》(香港版) 1938 年 3 月 11 日 第 356 册 第 441 页

27575 日本内阁风潮 《申报》 1915 年 7 月 31 日 第 135 册 第 506 页

27576 日本内阁改组 《申报》 1931 年 4 月 15 日 第 281 册 第 374 页

27577 日本内阁改组概观 《申报》 1939 年 8 月 29 日 第 365 册 第 970 页

27578 日本内阁改组与今后动向 《申报》 1940 年 12 月 23 日 第 373 册 第 728 页

27579 日本内阁更迭 《大公报》 1937 年 1 月 26 日 第 136 册 第 346 页

27580 日本内阁总辞职 《申报》 1939 年 1 月 5 日 第 361 册 第 98 页

27581 日本内外危机严重 《申报》(香港版) 1939 年 5 月 15 日 第 358 册

第 602 页

27582 日本南进的展望 《申报》 1941 年 2 月 10 日 第 374 册 第 470 页

27583 日本南进了吗? 《大公报》 1940 年 12 月 24 日 第 145 册 第 278 页

27584 日本南进野心的露骨表示 《申报》 1940 年 6 月 6 日 第 370 册 第 478 页

27585 日本南进中的太平洋新形势/胡愈之（星期评论） 《申报》（香港版） 1939 年 3 月 5 日 第 358 册 第 34 页

27586 日本南侵之因果 《申报》 1938 年 10 月 19 日 第 359 册 第 180 页

27587 日本能打开中国僵局乎 《大公报》 1933 年 8 月 23 日 第 115 册 第 746 页

27588 日本能维持现状吗? 《大公报》 1941 年 8 月 20 日 第 147 册 第 182 页

27589 日本能学步德国么? 《申报》 1940 年 5 月 23 日 第 370 册 第 292 页

27590 日本徘徊中之两问题 《申报》 1930 年 3 月 26 日 第 268 册 第 698 页

27591 日本派兵济南 《大公报》 1927 年 5 月 29 日 第 79 册 第 465 页

27592 日本派野村渡美 《中央日报》 1932 年 9 月 3 日 第 19 册 第 266 页

27593 日本庞大军事预算的里面 《申报》 1936 年 11 月 25 日 第 346 册 第 632 页

27594 日本庞大军事预算的展望 《申报》（香港版） 1939 年 2 月 10 日 第 357 册 第 916 页

27595 日本赔偿问题 《大公报》 1946 年 10 月 28 日 第 158 册 第 176 页

27596 日本赔偿问题的检讨 《申报》 1946 年 11 月 11 日 第 391 册 第 122 页

27597 日本赔偿问题应早解决 《申报》 1947 年 3 月 21 日 第 392 册 第 836 页

27598 日本赔偿与中国工业 《大公报》 1946 年 11 月 16 日 第 158 册 第 298 页

27599 日本赔款与复兴市政 《申报》 1946 年 8 月 4 日 第 389 册 第 644 页

27600 日本批准非战公约之波澜 《大公报》 1929 年 6 月 18 日 第 90 册 第 772 页

27601 日本贫乏说 《申报》 1895 年 4 月 1 日 第 49 册 第 513 页

27602 日本破坏中国沿海航业问题 《申报》 1939 年 4 月 13 日 第 363 册 第 224 页

27603 日本普选成绩 《大公报》 1928 年 2 月 23 日 第 82 册 第 469 页

27604 日本普选揭晓 《申报》 1949 年 1 月 26 日 第 400 册 第 160 页

27605 日本歧途上 《大公报》 1940 年 6 月 10 日 第 144 册 第 648 页

27606　日本企图控制租界的迷梦　《申报》　1939 年 3 月 2 日　第 362 册　第 478 页

27607　日本签降一周年　《申报》　1946 年 9 月 3 日　第 390 册　第 26 页

27608　日本前任首相滨口雄辛逝世　《申报》　1931 年 8 月 27 日　第 285 册　第 726 页

27609　日本强乎弱乎辨　《大公报》　1943 年 8 月 21 日　第 151 册　第 230 页

27610　日本强化国内态势与中国/艾明（星期评论）　《申报》　1943 年 10 月 3 日　第 384 册　第 555 页

27611　日本强化外汇管理　《申报》　1937 年 1 月 11 日　第 348 册　第 208 页

27612　日本抢米风潮的严重性　《大公报》　1939 年 12 月 21 日　第 143 册　第 448 页

27613　日本侵华必败之论断　《中央日报》　1939 年 3 月 21 日　第 41 册　第 944 页

27614　日本侵华的新步伐　《申报》（香港版）　1939 年 4 月 10 日　第 358 册　第 322 页

27615　日本侵华战略的检讨　《申报》　1940 年 8 月 12 日　第 371 册　第 558 页

27616　日本侵华战事的穷途　《申报》　1940 年 4 月 22 日　第 369 册　第 714 页

27617　日本侵略与长江开放　《申报》　1939 年 12 月 17 日　第 367 册　第 628 页

27618　日本侵略者的新攻势　《申报》（香港版）　1939 年 6 月 22 日　第 358 册　第 906 页

27619　日本侵略者之新的冒险　《申报》（香港版）　1939 年 2 月 24 日　第 357 册　第 972 页

27620　日本青年拓殖内蒙说　《民国日报》　1931 年 3 月 23 日　第 91 册　第 271 页

27621　日本求和之谜　《大公报》　1945 年 7 月 23 日　第 155 册　第 98 页

27622　日本全体留学生敬告我国人　《申报》　1905 年 10 月 2 日　第 81 册　第 261 页

27623　日本犬养总理遇刺　《大公报》　1932 年 5 月 16 日　第 108 册　第 154 页

27624　日本人的思想如此：四月选举所见　《大公报》　1947 年 5 月 1 日　第 160 册　第 2 页

27625　日本人口问题及移民案之解剖　《民国日报》　1921 年 10 月 13 日　第 35 册　第 576 页

27626　日本人口问题及移民案之解剖　《民国日报》　1921 年 10 月 14 日　第 35 册　第 588 页

27627　日本人论世界战局　《大公报》　1943 年 1 月 4 日　第 150 册　第 20 页

27628 日本人民吾友也   《民国日报》   1919年9月10日   第23册   第110页

27629 日本人民吾友也（续）   《民国日报》   1919年9月11日   第24册   第122页

27630 日本人士对华新认识   《大公报》   1937年2月9日   第136册   第542页

27631 日本人应速大彻大悟   《民国日报》   1928年4月22日   第73册   第766页

27632 日本人之对于中国留学生   《申报》   1907年4月15日   第87册   第511页

27633 日本人之对于中国留学生（续）   《申报》   1907年4月16日   第87册   第523页

27634 日本人之造谣术   《中央日报》   1933年2月6日   第21册   第334页

27635 日本认识之错误   《申报》   1939年12月9日   第367册   第512页

27636 日本任命建川使苏   《申报》   1940年9月12日   第372册   第150页

27637 日本如此编造明年预算   《大公报》   1943年12月16日   第151册   第746页

27638 日本擅在成都设领问题   《申报》   1936年8月6日   第343册   第139页

27639 日本商业衰落之现象   《申报》   1930年8月7日   第273册   第146页

27640 日本设置贸易省风潮的说明   《申报》   1939年10月12日   第366册   第586页

27641 日本失业问题严重   《申报》   1930年3月20日   第268册   第541页

27642 日本诗学源流考   《申报》   1890年7月7日   第37册   第39页

27643 日本实施新闻统制   《申报》   1936年3月29日   第338册   第722页

27644 日本实行金解禁   《申报》   1930年1月11日   第266册   第239页

27645 日本实行金再禁（一）   《申报》   1931年12月15日   第289册   第357页

27646 日本实行金再禁（二）   《申报》   1931年12月16日   第289册   第383页

27647 日本食粮问题与土地问题   《大公报》   1945年11月5日   第155册   第552页

27648 日本使臣赴京都   《申报》   1874年8月20日   第5册   第173页

27649 日本市电工潮   《申报》   1930年4月25日   第269册   第672页

27650 日本是吃人的民族：为世界新闻事业提笔诛   《大公报》   1942年7月27日   第149册   第120页

27651 日本是否马上加入德意军事同盟？   《申报》（香港版）   1939年6月8日

第 358 册 第 796 页

27652 日本四月选举管窥 《大公报》 1947 年 4 月 14 日 第 159 册 第 718 页

27653 日本苏联之空中宣传战争 《申报》 1936 年 8 月 31 日 第 343 册 第 790 页

27654 日本速成朝热铁道之用意 《申报》 1934 年 6 月 5 日 第 317 册 第 141 页

27655 日本所谓东方会议 《大公报》 1927 年 6 月 21 日 第 79 册 第 649 页

27656 日本所谓东洋门罗主义 《大公报》 1932 年 11 月 30 日 第 111 册 第 352 页

27657 日本所谓二千六百年建国祭/佚存（星期论文） 《大公报》 1940 年 11 月 10 日 第 145 册 第 504 页

27658 日本所谓国防缺陷 《申报》 1930 年 7 月 28 日 第 272 册 第 666 页

27659 日本台湾银行案 《大公报》 1927 年 4 月 19 日 第 79 册 第 145 页

27660 日本态度与美日谈话 《申报》 1941 年 9 月 4 日 第 377 册 第 440 页

27661 日本特攻政治的出发：日本第八十七次临时议会的意义 《申报》 1945 年 6 月 11 日 第 387 册 第 411 页

27662 日本田中内阁 《大公报》 1927 年 4 月 21 日 第 79 册 第 161 页

27663 日本田中义一氏逝世 《大公报》 1929 年 9 月 30 日 第 92 册 第 468 页

27664 日本通告废弃海约 《大公报》 1934 年 12 月 27 日 第 123 册 第 828 页

27665 日本通告退出国际联盟 《大公报》 1933 年 3 月 28 日 第 113 册 第 382 页

27666 日本通告退盟以后 《大公报》 1933 年 4 月 1 日 第 113 册 第 438 页

27667 日本统制华北纸业之意义 《申报》 1936 年 10 月 2 日 第 345 册 第 36 页

27668 日本统制伪满经济 《申报》 1934 年 9 月 17 日 第 320 册 第 519 页

27669 日本统治伪国之强化 《大公报》 1934 年 12 月 16 日 第 123 册 第 664 页

27670 日本统治下的东北 《大公报》 1934 年 9 月 20 日 第 122 册 第 288 页

27671 日本投降二周年 《大公报》 1947 年 9 月 3 日 第 161 册 第 14 页

27672 日本投降了 《大公报》 1945 年 8 月 16 日 第 155 册 第 200 页

27673 日本投降三周年 《申报》 1948 年 8 月 15 日 第 398 册 第 362 页

27674 日本突起反美宣传 《申报》 1939 年 9 月 21 日 第 366 册 第 302 页

27675 日本土地将化为战场 《大公报》 1944 年 9 月 9 日 第 153 册 第 324 页

27676　日本退出反共公约说　《申报》　1939 年 10 月 6 日　第 366 册　第 512 页

27677　日本退出国联　《申报》　1933 年 3 月 28 日　第 302 册　第 812 页

27678　日本退出国联生效　《申报》　1935 年 3 月 28 日　第 326 册　第 803 页

27679　日本退出国联生效与今后之局势　《大公报》　1935 年 3 月 27 日　第 125 册　第 420 页

27680　日本退出国联之推测　《申报》　1933 年 2 月 23 日　第 301 册　第 642 页

27681　日本退出海军会议之影响　《申报》　1936 年 1 月 16 日　第 336 册　第 336 页

27682　日本退出五国海会以后　《大公报》　1936 年 1 月 17 日　第 130 册　第 186 页

27683　日本外汇管理之强化　《大公报》　1937 年 1 月 13 日　第 136 册　第 164 页

27684　日本外交策略与海军谈话　《申报》　1934 年 6 月 20 日　第 317 册　第 591 页

27685　日本外交当局听更迭观　《民国日报》　1919 年 12 月 8 日　第 24 册　第 446 页

27686　日本外交的动态　《中央日报》　1939 年 6 月 17 日　第 42 册　第 144 页

27687　日本外交的穷途　《申报》　1940 年 11 月 25 日　第 373 册　第 326 页

27688　日本外交的透视　《申报》　1940 年 5 月 9 日　第 370 册　第 100 页

27689　日本外交攻势的全败　《申报》　1940 年 4 月 2 日　第 369 册　第 436 页

27690　日本外交官吏换声中之有田使华消息　《申报》　1933 年 9 月 23 日　第 308 册　第 712 页

27691　日本外交新阵线　《申报》　1934 年 10 月 7 日　第 321 册　第 201 页

27692　日本外交与其国民性　《大公报》　1941 年 2 月 17 日　第 146 册　第 200 页

27693　日本外交账之清算　《申报》　1932 年 10 月 24 日　第 297 册　第 597 页

27694　日本外交之分化运动：日本联美政策前途与英日苏日关系　《申报》　1933 年 12 月 2 日　第 311 册　第 37 页

27695　日本外交之活跃　《大公报》　1933 年 12 月 8 日　第 117 册　第 522 页

27696　日本外交之困境　《申报》　1940 年 4 月 28 日　第 369 册　第 798 页

27697　日本外交之失态　《民国日报》　1930 年 6 月 23 日　第 86 册　第 707 页

27698　日本外交之失态 续　《民国日报》　1930 年 6 月 24 日　第 86 册　第 722 页

27699　日本外交之新转向：所谓大亚细亚同盟如是　《申报》　1933 年 7 月 4 日　第 306 册　第 106 页

27700　日本外交总动员之鸟瞰　《申报》　1934 年 4 月 3 日　第 315 册　第 70 页

27701 日本外务大臣之外交演说 《大公报》 1933年1月22日 第112册 第244页

27702 日本外务省之声明 《大公报》 1934年4月20日 第119册 第718页

27703 日本往何处去？ 《申报》 1941年7月20日 第376册 第1000页

27704 日本往何处去？ 《大公报》 1946年7月8日 第157册 第30页

27705 日本望悲剧的路前进 《大公报》 1947年12月19日 第161册 第664页

27706 日本危机深刻化 《申报》（香港版） 1938年3月26日 第356册 第502页

27707 日本为经济而战乎 《申报》 1939年6月26日 第364册 第508页

27708 日本伪国缔约 《中央日报》 1932年9月5日 第19册 第282页

27709 日本文学源流考 《申报》 1890年6月26日 第36册 第1043页

27710 日本无产妇女大会之纷扰 《申报》 1931年2月10日 第279册 第239页

27711 日本无产阶级斗争的革命化：与帝国主义支配阶级统治的破绽/青山和夫（星期论文） 《大公报》 1939年10月22日 第143册 第208页

27712 "日本无政治家！" 《中央日报》 1939年1月26日 第41册 第621页

27713 日本夕雾水雷艇宴宾记 《申报》 1899年6月11日 第62册 第315页

27714 日本西伯利亚的过去及将来（来论）/国英 《民国日报》 1920年5月13日 第27册 第156页

27715 日本西伯利亚的过去及将来（续）（来论）/国英 《民国日报》 1920年5月14日 第27册 第170页

27716 日本西进威胁与东非 《大公报》 1935年4月18日 第125册 第776页

27717 日本显以满洲为保护国 《大公报》 1932年9月3日 第110册 第28页

27718 日本现阶段的"华北政策" 《大公报》 1936年7月25日 第133册 第346页

27719 日本现金出口解禁 《大公报》 1929年11月22日 第93册 第340页

27720 日本向何处去？ 《申报》（汉口版） 1938年7月10日 第356册 第357页

27721 日本向何处去？ 《申报》（香港版） 1938年7月8日 第356册 第917页

27722 日本向正义人道挑战 《申报》（香港版） 1938年8月27日 第356册

第 1118 页

27723　日本小米内阁组成　《大公报》　1944 年 7 月 23 日　第 153 册　第 102 页

27724　日本新大使来沪　《大公报》　1936 年 6 月 22 日　第 132 册　第 732 页

27725　日本新阁的难产　《申报》　1937 年 1 月 29 日　第 348 册　第 647 页

27726　日本新阁趋势的检讨　《申报》　1940 年 1 月 22 日　第 368 册　第 302 页

27727　日本新阁与战争罪犯　《中央日报》　1945 年 10 月 8 日　第 51 册　第 774 页

27728　日本新攻势与战局　《申报》　1939 年 7 月 17 日　第 365 册　第 294 页

27729　日本"新满蒙铁路政策"如何　《大公报》　1930 年 12 月 18 日　第 99 册　第 568 页

27730　日本新内阁成立/陈彬龢（代论）　《申报》　1944 年 7 月 24 日　第 386 册　第 81 页

27731　日本新内阁的第一声　《民国日报》　1924 年 7 月 1 日　第 52 册　第 4 页

27732　日本新内阁与东北问题　《大公报》　1932 年 5 月 27 日　第 108 册　第 264 页

27733　日本新内阁与美日关系　《申报》　1940 年 1 月 16 日　第 368 册　第 218 页

27734　日本新内阁与议会　《大公报》　1937 年 2 月 16 日　第 136 册　第 598 页

27735　日本新内阁之观测　《中央日报》　1937 年 6 月 7 日　第 39 册　第 457 页

27736　日本新内阁之前途　《申报》　1932 年 5 月 24 日　第 292 册　第 431 页

27737　日本新内阁之前途　《大公报》　1934 年 7 月 5 日　第 121 册　第 64 页

27738　日本新内阁之外交方针　《大公报》　1932 年 6 月 4 日　第 108 册　第 344 页

27739　日本新闻电中之经济提携　《大公报》　1935 年 2 月 16 日　第 124 册　第 680 页

27740　日本新闻界的民主运动　《大公报》　1945 年 10 月 31 日　第 155 册　第 530 页

27741　日本新宪法的批判　《申报》　1946 年 11 月 7 日　第 391 册　第 74 页

27742　日本修改选举法问题　《中央日报》　1937 年 5 月 21 日　第 39 册　第 249 页

27743　日本宣传调停欧战的动机　《大公报》　1941 年 2 月 21 日　第 146 册　第 216 页

27744　日本宣告废除海约　《申报》　1934 年 12 月 9 日　第 323 册　第 253 页

27745　日本宣告废约与日美关系　《申报》　1934 年 12 月 24 日　第 323 册　第 698 页

27746　日本选举不能判断之原因　《大公报》　1928 年 1 月 30 日　第 82 册　第

229 页

27747 日本选举战的检讨 《大公报》 1937 年 4 月 22 日 第 137 册 第 734 页

27748 日本学生选举权问题 《申报》 1931 年 3 月 2 日 第 280 册 第 39 页

27749 日本学校步武泰西 《申报》 1895 年 4 月 29 日 第 49 册 第 695 页

27750 日本学校考实 《申报》 1895 年 5 月 12 日 第 50 册 第 71 页

27751 "日本研究丛书"序言 《民国日报》 1928 年 6 月 27 日 第 74 册 第 923 页

27752 日本宜崇尚汉学说 《申报》 1891 年 7 月 13 日 第 39 册 第 73 页

27753 日本宜与中国和好议 《申报》 1895 年 2 月 21 日 第 49 册 第 265 页

27754 日本已易新内阁矣 《申报》 1912 年 12 月 11 日 第 119 册 第 827 页

27755 日本已战败矣! 《大公报》 1932 年 2 月 13 日 第 106 册 第 418 页

27756 日本以齐藤实组阁 《大公报》 1932 年 5 月 23 日 第 108 册 第 224 页

27757 日本议会闭会感言 《大公报》 1931 年 3 月 28 日 第 101 册 第 328 页

27758 日本议会的狂妄空气 《大公报》 1938 年 1 月 25 日 第 140 册 第 100 页

27759 日本议会解散 《申报》 1914 年 12 月 27 日 第 131 册 第 808 页

27760 日本议会解散 《大公报》 1934 年 12 月 7 日 第 123 册 第 530 页

27761 日本议会解散后 《申报》 1930 年 1 月 23 日 第 266 册 第 552 页

27762 日本议会解散之检讨 《大公报》 1936 年 1 月 22 日 第 130 册 第 246 页

27763 日本议会今日闭幕 《大公报》 1943 年 3 月 10 日 第 150 册 第 296 页

27764 日本议会开会之后展望 《中央日报》 1933 年 1 月 25 日 第 21 册 第 214 页

27765 日本议会说些什么? 《大公报》 1945 年 6 月 12 日 第 154 册 第 690 页

27766 日本议会之暴力化 《大公报》 1931 年 2 月 9 日 第 100 册 第 436 页

27767 日本议会之纷扰 《申报》 1915 年 6 月 10 日 第 134 册 第 680 页

27768 日本议会之情状 《申报》 1930 年 5 月 15 日 第 270 册 第 367 页

27769 日本议会中之暴乱行为 《申报》 1931 年 2 月 9 日 第 279 册 第 214 页

27770 日本议会中之政战 《申报》 1931 年 1 月 30 日 第 278 册 第 575 页

27771 日本议会中之中日问题 《大公报》 1933 年 1 月 31 日 第 112 册 第 332 页

27772 日本亦畏国际孤立乎? 《大公报》 1932 年 9 月 27 日 第 110 册 第 316 页

27773 "日本银行事业和财政"序 《民国日报》 1928 年 7 月 6 日 第 75 册

第 95 页

27774　日本应付太平洋会的手段　《民国日报》　1921 年 10 月 5 日　第 35 册
第 470 页

27775　日本樱岛大地震　《申报》　1914 年 1 月 15 日　第 126 册　第 184 页

27776　日本有吉前大使的卓论　《大公报》　1936 年 9 月 8 日　第 134 册　第
102 页

27777　日本有田大使北来　《大公报》　1936 年 3 月 23 日　第 131 册　第 310 页

27778　日本有田外相之外交演说　《大公报》　1936 年 5 月 8 日　第 132 册　第
102 页

27779　日本又大地震　《申报》　1930 年 11 月 27 日　第 276 册　第 701 页

27780　日本又扩大军事预算　《申报》　1934 年 8 月 13 日　第 319 册　第 351 页

27781　日本又伸张南进触须　《申报》（香港版）　1938 年 9 月 26 日　第 357 册
第 101 页

27782　日本又要爬起来了　《大公报》　1948 年 2 月 19 日　第 162 册　第 292 页

27783　日本舆论界三思之　《中央日报》　1937 年 4 月 20 日　第 38 册　第
613 页

27784　日本与不战条约　《大公报》　1928 年 5 月 29 日　第 84 册　第 281 页

27785　日本与德义同盟　《申报》　1939 年 5 月 10 日　第 363 册　第 702 页

27786　日本与国联　《大公报》　1932 年 11 月 21 日　第 111 册　第 244 页

27787　日本与荷印间的交涉/张忠绂（星期论文）　《大公报》　1941 年 6 月 22
日　第 146 册　第 704 页

27788　日本与美国苏联　《申报》　1939 年 11 月 10 日　第 367 册　第 120 页

27789　日本与蒙古　《大公报》　1932 年 12 月 30 日　第 111 册　第 712 页

27790　日本与三国同盟的再检讨　《申报》　1941 年 9 月 29 日　第 377 册　第
772 页

27791　日本与世界和平　《大公报》　1933 年 11 月 7 日　第 117 册　第 88 页

27792　日本与苏联　《申报》　1940 年 8 月 5 日　第 371 册　第 468 页

27793　日本与伪国　《大公报》　1933 年 2 月 21 日　第 112 册　第 602 页

27794　日本与未来之伦敦海军会议　《大公报》　1929 年 11 月 16 日　第 93 册
第 244 页

27795　日本与有色民族　《大公报》　1931 年 12 月 4 日　第 105 册　第 260 页

27796　日本与中国　《大公报》　1927 年 4 月 3 日　第 79 册　第 17 页

27797　日本与轴心关系分析　《中央日报》　1941 年 9 月 14 日　第 45 册　第
190 页

27798　日本预算与美日关系　《申报》　1949 年 4 月 1 日　第 400 册　第 600 页

27799　日本再度出兵后之反响　《大公报》　1928 年 4 月 23 日　第 83 册　第

531 页

27800　日本再度拒绝参加比京会议　《申报》　1937 年 11 月 14 日　第 355 册
第 1004 页

27801　日本在东北的准备　《大公报》　1941 年 9 月 23 日　第 147 册　第 316 页

27802　日本在干些什么?　《大公报》　1943 年 7 月 13 日　第 151 册　第 56 页

27803　日本在国联之一变再变　《大公报》　1931 年 11 月 23 日　第 105 册　第
148 页

27804　日本在华纱厂与原棉进口税　《申报》　1934 年 7 月 29 日　第 318 册　第
827 页

27805　日本在军事与外交之最后挣扎　《申报》　1939 年 8 月 1 日　第 365 册
第 532 页

27806　日本在满机关改革案　《大公报》　1934 年 9 月 16 日　第 122 册　第
226 页

27807　日本在野党之宣言　《申报》　1915 年 5 月 19 日　第 134 册　第 306 页

27808　日本赞成国际调查之狡黠　《大公报》　1931 年 11 月 21 日　第 105 册
第 129 页

27809　日本怎么样?　《大公报》　1941 年 6 月 24 日　第 146 册　第 708 页

27810　日本怎样答复美国? 东条英机已有说明!　《大公报》　1941 年 12 月 1 日
第 147 册　第 604 页

27811　日本增兵赴山东　《大公报》　1927 年 7 月 7 日　第 80 册　第 49 页

27812　日本增兵华北之立场何在　《申报》　1936 年 5 月 19 日　第 340 册　第
467 页

27813　日本战败与战后问题/青山和夫、盐见圣策（星期论文）　《大公报》
1945 年 8 月 5 日　第 155 册　第 152 页

27814　日本战报撒大谎: 谈布岛的海空大战　《大公报》　1943 年 11 月 16 日
第 151 册　第 616 页

27815　日本战犯的开审　《申报》　1946 年 5 月 9 日　第 388 册　第 770 页

27816　日本战犯的判决　《大公报》　1948 年 11 月 17 日　第 164 册　第 462 页

27817　日本战犯的上诉问题　《申报》　1948 年 12 月 14 日　第 399 册　第
474 页

27818　日本战犯的宣判　《申报》　1948 年 11 月 14 日　第 399 册　第 294 页

27819　日本战犯的宣判　《大公报》　1948 年 11 月 8 日　第 164 册　第 410 页

27820　日本战犯审讯应早结束　《申报》　1947 年 7 月 1 日　第 394 册　第 2 页

27821　日本战犯受审　《中央日报》　1946 年 5 月 3 日　第 52 册　第 926 页

27822　日本战犯应早定谳　《申报》　1947 年 6 月 1 日　第 393 册　第 616 页

27823　日本战时财政的危机　《申报》（香港版）　1938 年 11 月 27 日　第 357 册

第 355 页

27824 日本战时外交的方向 《申报》 1945 年 5 月 31 日 第 387 册 第 385 页

27825 日本战时之人口与兵源 《申报》 1940 年 2 月 28 日 第 368 册 第 746 页

27826 日本战争罪犯近卫交麿 《大公报》 1945 年 10 月 16 日 第 155 册 第 466 页

27827 日本战罪应与纳粹同科 《大公报》 1942 年 10 月 28 日 第 149 册 第 522 页

27828 日本召集议会 《中央日报》 1932 年 12 月 24 日 第 20 册 第 482 页

27829 日本真急需获得食盐吗?：麦克阿瑟元帅的烟幕弹/李烛尘（星期论文）《大公报》 1947 年 3 月 2 日 第 159 册 第 434 页

27830 日本整军备武之新认识 《申报》 1934 年 4 月 30 日 第 315 册 第 875 页

27831 日本政变及其动向的剖述 《申报》（香港版） 1939 年 1 月 5 日 第 357 册 第 627 页

27832 日本政变之概观 《大公报》 1929 年 7 月 2 日 第 91 册 第 20 页

27833 日本政策的再检讨 《申报》（香港版） 1939 年 7 月 10 日 第 358 册 第 1050 页

27834 日本政潮险恶 《申报》 1929 年 11 月 22 日 第 264 册 第 596 页

27835 日本政党与军阀 《大公报》 1940 年 2 月 2 日 第 144 册 第 130 页

27836 日本政党政治之障碍物 《大公报》 1930 年 8 月 11 日 第 97 册 第 496 页

27837 日本政敌的前途 《大公报》 1937 年 4 月 3 日 第 137 册 第 466 页

27838 日本政府的动员令 《民国日报》 1919 年 11 月 22 日 第 24 册 第 254 页

27839 日本政界赃案足资中国鉴戒 《大公报》 1929 年 12 月 10 日 第 93 册 第 628 页

27840 日本政局变动 《申报》 1934 年 7 月 3 日 第 318 册 第 78 页

27841 日本政局大破裂 《民国日报》 1924 年 2 月 8 日 第 49 册 第 442 页

27842 日本政局的不安 《民国日报》 1931 年 4 月 13 日 第 91 册 第 520 页

27843 日本政局的动向 《申报》 1947 年 5 月 25 日 第 393 册 第 546 页

27844 日本政局的动向 11 1948 年 10 月 14 日 第 399 册 第 96 页

27845 日本政局的尴尬 《大公报》 1948 年 11 月 30 日 第 164 册 第 514 页

27846 日本政局的前途 《大公报》 1936 年 8 月 11 日 第 133 册 第 598 页

27847 日本政局的展望 《申报》 1937 年 4 月 15 日 第 351 册 第 354 页

27848 日本政局析观 《申报》 1940 年 6 月 10 日 第 370 册 第 536 页

27849 日本政局与中日关系 《大公报》 1937 年 4 月 13 日 第 137 册 第 606 页

27850 日本政局之波动 《申报》 1940 年 6 月 27 日 第 370 册 第 762 页

27851 日本政局之测度与我国东方外交 《民国日报》 1916 年 10 月 11 日 第 5 册 第 482 页

27852 日本政局之测度与我国东方外交（续） 《民国日报》 1916 年 10 月 12 日 第 5 册 第 494 页

27853 日本政局之测度与我国东方外交（二续） 《民国日报》 1916 年 10 月 13 日 第 5 册 第 506 页

27854 日本政局之极端化 《大公报》 1932 年 5 月 21 日 第 108 册 第 204 页

27855 日本政局之前途 《大公报》 1928 年 5 月 31 日 第 84 册 第 301 页

27856 日本政局之前途 《大公报》 1929 年 12 月 26 日 第 93 册 第 884 页

27857 日本政局之前途 《中央日报》 1937 年 5 月 3 日 第 39 册 第 27 页

27858 日本政局之形势 《大公报》 1936 年 3 月 7 日 第 131 册 第 88 页

27859 日本政局转趋安定 《大公报》 1933 年 12 月 6 日 第 117 册 第 494 页

27860 日本政友会减税协议 《申报》 1930 年 7 月 6 日 第 272 册 第 135 页

27861 日本政友会满韩调查会书后 《申报》 1910 年 10 月 7 日 第 108 册 第 577 页

27862 日本政友会之倒阁运动 《申报》 1930 年 9 月 30 日 第 274 册 第 747 页

27863 日本政战如何 《大公报》 1928 年 4 月 26 日 第 83 册 第 561 页

27864 日本政战如何 《大公报》 1929 年 2 月 9 日 第 88 册 第 600 页

27865 日本政战杂观 《大公报》 1928 年 4 月 30 日 第 83 册 第 601 页

27866 日本政战之结算 《大公报》 1928 年 2 月 24 日 第 82 册 第 479 页

27867 日本政争之最近倾向 《大公报》 1934 年 12 月 5 日 第 123 册 第 500 页

27868 日本政治不安的演进 《申报》 1940 年 3 月 11 日 第 369 册 第 142 页

27869 日本政治的动向 《中央日报》 1948 年 3 月 16 日 第 58 册 第 666 页

27870 日本政治的没落 《大公报》 1938 年 3 月 7 日 第 140 册 第 276 页

27871 日本政治底流之剖视 《大公报》 1941 年 1 月 13 日 第 146 册 第 54 页

27872 日本政治经济之趋势 《中央日报》 1937 年 6 月 21 日 第 39 册 第 625 页

27873 日本政治之动向 《大公报》 1935 年 9 月 17 日 第 128 册 第 232 页

27874 日本之八大新政策 《中央日报》 1937 年 4 月 15 日 第 38 册 第 547 页

27875 日本之暴力政变 《大公报》 1936 年 2 月 27 日 第 130 册 第 642 页

27876 日本之备战热 《大公报》 1933 年 8 月 6 日 第 115 册 第 508 页

27877 日本之补充海军计划 《申报》 1933 年 7 月 19 日 第 306 册 第 558 页

27878 日本之不景气 《申报》 1930 年 6 月 15 日 第 271 册 第 380 页

27879 日本之朝鲜疑狱 《申报》 1929 年 12 月 19 日 第 265 册 第 516 页

27880 日本之赤子公债 《中央日报》 1936 年 11 月 11 日 第 36 册 第 509 页

27881 日本之大连交易所事件 《申报》 1930 年 2 月 11 日 第 267 册 第 265 页

27882 日本之对华观念 《大公报》 1936 年 8 月 14 日 第 133 册 第 642 页

27883 日本之法西斯蒂运动 《大公报》 1932 年 3 月 21 日 第 107 册 第 204 页

27884 日本之纲纪问题与齐藤内阁 《申报》 1934 年 2 月 23 日 第 313 册 第 563 页

27885 日本之工潮与扩军 《中央日报》 1937 年 4 月 27 日 第 38 册 第 697 页

27886 日本之国策协定运动 《申报》 1933 年 11 月 2 日 第 310 册 第 39 页

27887 日本之国际收支问题 《中央日报》 1937 年 6 月 14 日 第 39 册 第 537 页

27888 日本之过去现在未来：我等所求于中国的是什么？/青山和夫（星期论文） 《大公报》 1943 年 7 月 5 日 第 151 册 第 18 页

27889 日本之海约与预算 《申报》 1930 年 7 月 30 日 第 272 册 第 712 页

27890 日本之和平运动 《申报》 1939 年 10 月 18 日 第 366 册 第 668 页

27891 日本之积极自主的外交 《大公报》 1936 年 3 月 28 日 第 131 册 第 380 页

27892 日本之减俸潮 《申报》 1931 年 5 月 24 日 第 282 册 第 585 页

27893 日本之减俸风潮 《中央日报》 1931 年 5 月 28 日 第 14 册 第 711 页

27894 日本之减俸问题 《申报》 1929 年 10 月 17 日 第 263 册 第 481 页

27895 日本之"经济外交" 《大公报》 1936 年 7 月 21 日 第 133 册 第 288 页

27896 日本之经济危机 《中央日报》 1937 年 5 月 27 日 第 39 册 第 323 页

27897 日本之窘状 《申报》（香港版） 1938 年 3 月 6 日 第 356 册 第 421 页

27898 日本之狂暴 《申报》 1933 年 2 月 8 日 第 301 册 第 218 页

27899 日本之满蒙统制与移民案 《大公报》 1932 年 6 月 8 日 第 108 册 第 384 页

27900 日本之满铁组织改革案 《大公报》 1929 年 5 月 11 日 第 90 册 第 164 页

27901 日本之矛盾外交/翰 《申报》 1932年1月20日 第290册 第379页

27902 日本之内阁企划厅 《中央日报》 1937年7月1日 第40册 第3页

27903 日本之南进 《申报》 1936年6月5日 第341册 第119页

27904 日本之侵满预算案 《中央日报》 1933年2月5日 第21册 第324页

27905 日本之三日限 《申报》 1913年9月28日 第124册 第356页

27906 日本之失业公债 《申报》 1930年11月24日 第276册 第627页

27907 日本之失业公债 《申报》 1930年12月6日 第277册 第138页

27908 日本之所谓企业整备 《大公报》 1943年6月19日 第150册 第750页

27909 日本之所谓强硬外交 《申报》 1933年8月10日 第307册 第265页

27910 日本之外交方针 《申报》 1933年8月30日 第307册 第844页

27911 日本之外交与政局 《大公报》 1934年2月26日 第118册 第736页

27912 日本之屋租问题 《申报》 1929年11月20日 第264册 第540页

27913 日本之夏季轰炸与德国闪电战 《申报》 1940年8月18日 第371册 第634页

27914 日本之新满蒙政策 《申报》 1930年12月12日 第277册 第297页

27915 日本之新内阁 《申报》 1939年9月1日 第366册 第4页

27916 日本之新外交政策 《中央日报》 1933年1月8日 第21册 第46页

27917 日本之"新"外交政策 《大公报》 1936年8月18日 第133册 第702页

27918 日本之虚愿 《申报》 1939年9月27日 第366册 第388页

27919 日本之选举战 《申报》 1924年5月12日 第202册 第254页

27920 日本之延宕政策 《申报》 1932年11月29日 第298册 第774页

27921 日本之右倾运动/彬 《申报》 1932年4月17日 第291册 第447页

27922 日本之预算难 《申报》 1930年9月23日 第274册 第567页

27923 日本之战的新阶段 《中央日报》 1945年2月17日 第50册 第742页

27924 日本之战时预算 《申报》 1933年6月27日 第305册 第754页

27925 日本之政事 《申报》 1914年11月26日 第131册 第366页

27926 日本之政治时季 《申报》 1929年12月14日 第265册 第375页

27927 日本之自给自足政策 《中央日报》 1937年4月19日 第38册 第601页

27928 日本之总选举 《申报》 1915年3月28日 第133册 第430页

27929 日本之左倾运动/彬 《申报》 1932年4月18日 第291册 第465页

27930 日本支配阶级的动摇与民众的反战运动/青山和夫（星期论文） 《大公报》 1939年1月8日 第142册 第30页

27931　日本知识阶级之失业救济　《申报》　1930 年 3 月 14 日　第 268 册　第 366 页

27932　日本中间内阁说　《申报》　1929 年 11 月 27 日　第 264 册　第 738 页

27933　日本中止提出抵货条约案　《申报》　1933 年 6 月 20 日　第 305 册　第 550 页

27934　日本众议院的解散　《申报》　1937 年 4 月 2 日　第 351 册　第 39 页

27935　日本重定准备金价值　《中央日报》　1937 年 7 月 24 日　第 40 册　第 281 页

27936　日本重工业技术的贫乏　《大公报》　1941 年 5 月 28 日　第 146 册　第 606 页

27937　日本重整军备的警号！　《申报》　1948 年 5 月 10 日　第 397 册　第 324 页

27938　日本准备退出海军协约　《申报》　1934 年 1 月 16 日　第 312 册　第 376 页

27939　日本总选的结果　《大公报》　1946 年 4 月 18 日　第 156 册　第 428 页

27940　日本总选的趋势　《申报》　1948 年 12 月 30 日　第 399 册　第 578 页

27941　日本总选揭晓　《申报》　1937 年 5 月 4 日　第 352 册　第 63 页

27942　日本总选举　《大公报》　1930 年 2 月 22 日　第 94 册　第 772 页

27943　日本总选举的前夜　《申报》　1937 年 4 月 26 日　第 351 册　第 615 页

27944　日本总选举的趋势　《申报》　1947 年 4 月 22 日　第 393 册　第 212 页

27945　日本总选举后之政局　《大公报》　1936 年 2 月 24 日　第 130 册　第 606 页

27946　日本总选举结果　《大公报》　1930 年 2 月 24 日　第 94 册　第 804 页

27947　日本总选举之观察　《申报》　1936 年 2 月 11 日　第 337 册　第 279 页

27948　日本总选举之后　《大公报》　1942 年 5 月 8 日　第 148 册　第 550 页

27949　日本组阁的风潮　《大公报》　1946 年 5 月 13 日　第 156 册　第 528 页

27950　日本组织新党运动　《中央日报》　1937 年 5 月 24 日　第 39 册　第 285 页

27951　日本最高战争指导会议　《申报》　1944 年 8 月 22 日　第 386 册　第 173 页

27952　日本最后必跟着轴心走　《大公报》　1941 年 7 月 2 日　第 147 册　第 6 页

27953　日本最近的□□冒险　《申报》（香港版）　1939 年 5 月 17 日　第 358 册　第 618 页

27954　日本最近的政情　《大公报》　1945 年 11 月 24 日　第 155 册　第 630 页

27955　日本最近对华政策　《中央日报》　1931 年 8 月 29 日　第 15 册　第

683 页

27956 日本最近经济政策动向 《中央日报》 1937 年 3 月 24 日 第 38 册 第 281 页

27957 日本最近之作为 《申报》 1939 年 12 月 22 日 第 367 册 第 702 页

27958 日本最新之失败 《申报》 1939 年 11 月 6 日 第 367 册 第 72 页

27959 日本佐藤外相之对华外交观 《大公报》 1937 年 3 月 10 日 第 137 册 第 130 页

27960 日兵藤原失踪事件感言 《申报》 1934 年 9 月 23 日 第 320 册 第 702 页

27961 日兵在济南之暴行 《民国日报》 1928 年 5 月 4 日 第 74 册 第 35 页

27962 日参谋部训令之关健 《民国日报》 1919 年 2 月 13 日 第 19 册 第 422 页

27963 日厂罢工与民族争斗（言论） 《民国日报》 1925 年 2 月 17 日 第 55 册 第 510 页

27964 日厂工潮的解决谈（言论） 《民国日报》 1925 年 2 月 20 日 第 55 册 第 552 页

27965 日承认伪国后之国际影响 《大公报》 1932 年 9 月 10 日 第 110 册 第 112 页

27966 日承认伪国之世界的意义 《大公报》 1932 年 9 月 16 日 第 110 册 第 184 页

27967 日代表之太平洋西部防御说 《申报》 1929 年 12 月 11 日 第 265 册 第 294 页

27968 日得人和说 《申报》 1904 年 9 月 5 日 第 78 册 第 31 页

27969 日德反共协定的检讨 《申报》 1936 年 11 月 28 日 第 346 册 第 709 页

27970 日德贩卖军械于中国之竞争：译大阪每日新闻 《申报》 1907 年 7 月 10 日 第 89 册 第 112 页

27971 日德联盟之可能性如何？ 《大公报》 1934 年 5 月 23 日 第 120 册 第 328 页

27972 日德秘密协定说 《申报》 1934 年 10 月 25 日 第 321 册 第 750 页

27973 日德同盟的传说 《申报》 1936 年 1 月 5 日 第 336 册 第 49 页

27974 日德同盟说之考察 《大公报》 1936 年 11 月 23 日 第 135 册 第 314 页

27975 日德协定成立后之日德关系及日苏关系 《大公报》 1936 年 12 月 8 日 第 135 册 第 524 页

27976 日德协定与中国 《大公报》 1936 年 11 月 27 日 第 135 册 第 370 页

27977　日德义关系之剖析　《申报》　1939 年 8 月 10 日　第 365 册　第 678 页

27978　日德义协定纪念：不单独对英美媾和　《申报》　1943 年 12 月 11 日　第 384 册　第 839 页

27979　日德意军事同盟　《申报》　1939 年 2 月 14 日　第 362 册　第 244 页

27980　日德之流言　《申报》　1914 年 9 月 23 日　第 130 册　第 310 页

27981　日德之失业问题　《申报》　1930 年 8 月 24 日　第 273 册　第 568 页

27982　日地位加速降落　《申报》（香港版）　1938 年 7 月 11 日　第 356 册　第 929 页

27983　日牒复文　《申报》　1920 年 5 月 19 日　第 164 册　第 329 页

27984　日东武备论　《申报》　1893 年 4 月 24 日　第 43 册　第 681 页

27985　日动向与民主集团对策　《中央日报》　1941 年 4 月 24 日　第 44 册　第 742 页

27986　日独占远东和欧美对策　《中央日报》　1938 年 12 月 10 日　第 41 册　第 374 页

27987　日俄邦交之展望　《中央日报》　1932 年 10 月 23 日　第 19 册　第 666 页

27988　日俄不侵条约问题　《大公报》　1936 年 8 月 25 日　第 133 册　第 808 页

27989　日俄对于满洲之野心　《申报》　1912 年 10 月 24 日　第 119 册　第 247 页

27990　日俄关系之波动　《申报》　1934 年 6 月 25 日　第 317 册　第 740 页

27991　日俄关系之观察　《申报》　1934 年 12 月 26 日　第 323 册　第 754 页

27992　日俄关系之紧张及其影响　《申报》　1935 年 12 月 27 日　第 335 册　第 646 页

27993　日俄海战之预言　《申报》　1905 年 4 月 18 日　第 79 册　第 771 页

27994　日俄互不侵犯条约果能成立乎　《申报》　1932 年 9 月 28 日　第 296 册　第 747 页

27995　日俄将议订不侵犯条约　《大公报》　1932 年 10 月 27 日　第 110 册　第 680 页

27996　日俄紧张与日本政局　《大公报》　1933 年 10 月 12 日　第 116 册　第 604 页

27997　日俄亲善与中国　《大公报》　1927 年 12 月 13 日　第 81 册　第 583 页

27998　日俄妥协之可能性：苏俄出售中东路问题之现势　《申报》　1934 年 9 月 26 日　第 320 册　第 791 页

27999　日俄协约感言赵廷炳　《申报》　1912 年 8 月 4 日　第 118 册　第 341 页

28000　日俄形势　《大公报》　1936 年 2 月 18 日　第 130 册　第 534 页

28001　日俄渔业交涉解决　《民国日报》　1931 年 4 月 29 日　第 91 册　第 714 页

28002　日俄战事不能持久论　《申报》　1904 年 2 月 21 日　第 76 册　第 269 页

28003　日俄战争三十周年之回顾　《申报》　1935 年 3 月 10 日　第 326 册　第 268 页

28004　日俄之外交战　《大公报》　1934 年 9 月 6 日　第 122 册　第 84 页

28005　日耳曼帝国与希脱拉　《申报》　1934 年 3 月 3 日　第 314 册　第 68 页

28006　日阀的迷蒙还未醒　《申报》（香港版）　1939 年 3 月 16 日　第 358 册　第 122 页

28007　日阀或将扩大冒险　《大公报》　1938 年 4 月 14 日　第 140 册　第 446 页

28008　日阀且慢得意！　《大公报》　1932 年 9 月 4 日　第 110 册　第 40 页

28009　日法政局与军缩　《申报》　1930 年 3 月 3 日　第 268 册　第 67 页

28010　日方关于张学良之宣传　《大公报》　1933 年 8 月 17 日　第 115 册　第 662 页

28011　日方谣传之密约　《中央日报》　1933 年 8 月 10 日　第 23 册　第 398 页

28012　日方应负制止走私的责任　《中央日报》　1936 年 5 月 18 日　第 34 册　第 569 页

28013　日高大局论　《申报》　1879 年 5 月 28 日　第 14 册　第 523 页

28014　日阁改组的酝酿　《申报》　1940 年 10 月 24 日　第 372 册　第 704 页

28015　日阁更迭与对华之影响　《民国日报》　1931 年 12 月 14 日　第 95 册　第 540 页

28016　日阁更迭与所谓新政体制　《申报》　1940 年 7 月 18 日　第 371 册　第 236 页

28017　日阁决议废止华府条约　《大公报》　1934 年 12 月 4 日　第 123 册　第 486 页

28018　日股票市场对战争风说之敏感　《大公报》　1935 年 9 月 25 日　第 128 册　第 348 页

28019　日贵族院之新团体　《申报》　1930 年 2 月 17 日　第 267 册　第 439 页

28020　日海军军令部长免职事件　《大公报》　1930 年 6 月 12 日　第 96 册　第 632 页

28021　日海军在南海演习　《申报》　1940 年 4 月 8 日　第 369 册　第 520 页

28022　日荷谈判的危机　《大公报》　1941 年 6 月 6 日　第 146 册　第 642 页

28023　日荷谈判与石油问题　《大公报》　1941 年 5 月 27 日　第 146 册　第 602 页

28024　日荷谈判中断以后　《大公报》　1941 年 6 月 21 日　第 146 册　第 700 页

28025　日还愿与英一致吗？（言论）　《民国日报》　1925 年 7 月 19 日　第 58 册　第 183 页

28026　日皇救助水灾感言　《申报》　1931 年 8 月 25 日　第 285 册　第 674 页

28027　日货在华之发展　《申报》　1936 年 5 月 29 日　第 340 册　第 719 页

28028　日机滥炸重庆事件　《申报》(香港版)　1939 年 5 月 8 日　第 358 册　第 546 页

28029　日机袭击中航飞机　《大公报》　1938 年 8 月 25 日　第 141 册　第 236 页

28030　日机袭炸荷兰港　《大公报》　1942 年 6 月 5 日　第 148 册　第 662 页

28031　日机已窥伺北平　《大公报》　1933 年 5 月 12 日　第 114 册　第 158 页

28032　日加关税战之意义　《大公报》　1935 年 7 月 24 日　第 127 册　第 338 页

28033　日近卫内阁总辞职　《申报》　1941 年 10 月 17 日　第 378 册　第 205 页

28034　日井上前藏相突遭暗杀感言：日本往那里去/彬　《申报》　1932 年 2 月 10 日　第 290 册　第 669 页

28035　日军暴行与日本民族性　《中央日报》　1932 年 2 月 19 日　第 17 册　第 315 页

28036　日军暴行之扩大　《申报》　1931 年 11 月 11 日　第 288 册　第 259 页

28037　日军暴行之世界的损失　《民国日报》　1928 年 7 月 31 日　第 75 册　第 521 页

28038　日军部国防小册所表现之日本经济问题　《大公报》　1934 年 10 月 16 日　第 122 册　第 682 页

28039　日军操纵上海海关的危机　《申报》　1939 年 6 月 10 日　第 364 册　第 178 页

28040　日军阀的骗局及其结果　《申报》(香港版)　1939 年 2 月 6 日　第 357 册　第 884 页

28041　日军阀毁法第一声　《民国日报》　1920 年 7 月 5 日　第 28 册　第 58 页

28042　日军反战的认识　《申报》(香港版)　1939 年 2 月 8 日　第 357 册　第 900 页

28043　日军改变战略　《申报》(香港版)　1938 年 9 月 19 日　第 357 册　第 73 页

28044　日军攻热果已开始　《大公报》　1932 年 7 月 20 日　第 109 册　第 232 页

28045　日军攻热与我们的总动员　《申报》　1933 年 2 月 22 日　第 301 册　第 612 页

28046　日军果能抑止世界一致之舆论乎/彬　《申报》　1932 年 2 月 24 日　第 290 册　第 759 页

28047　日军进攻热河　《中央日报》　1932 年 7 月 22 日　第 18 册　第 578 页

28048　日军进攻襄樊的检讨　《申报》　1939 年 6 月 4 日　第 364 册　第 64 页

28049　日军进展不已　《申报》　1928 年 5 月 8 日　第 246 册　第 195 页

28050　日军竟声明全线总攻　《大公报》　1933 年 5 月 10 日　第 114 册　第 130 页

28051　日军竟实行封锁天津英法租界　《申报》　1939 年 6 月 15 日　第 364 册　第 276 页

28052　日军决不撤退之明证　《民国日报》　1931 年 10 月 14 日　第 94 册　第 539 页

28053　日军窥伺滇缅路　《申报》　1941 年 10 月 27 日　第 378 册　第 328 页

28054　日军梦想中的会师武汉　《申报》（香港版）　1938 年 9 月 12 日　第 357 册　第 45 页

28055　日军侵犯海南岛的政治作用　《申报》（香港版）　1939 年 2 月 13 日　第 357 册　第 940 页

28056　日军蹂躏下难民之惨状与救济　《中央日报》　1932 年 3 月 25 日　第 17 册　第 453 页

28057　日军所至鬼祟百出　《中央日报》　1932 年 4 月 15 日　第 17 册　第 537 页

28058　日军突然占据沈阳　《申报》　1931 年 9 月 20 日　第 286 册　第 553 页

28059　日军突袭热河　《申报》　1932 年 8 月 22 日　第 295 册　第 537 页

28060　日军退出滦东与我国之对策（上）　《申报》　1933 年 4 月 29 日　第 303 册　第 776 页

28061　日军退出滦东与我国之对策（下）　《申报》　1933 年 4 月 30 日　第 303 册　第 806 页

28062　日军又犯热河　《中央日报》　1932 年 8 月 23 日　第 19 册　第 178 页

28063　日军又在山海关寻衅!　《大公报》　1933 年 1 月 3 日　第 112 册　第 16 页

28064　日军在长春示威　《申报》　1929 年 8 月 31 日　第 261 册　第 879 页

28065　日军在海南岛登陆　《申报》（香港版）　1939 年 2 月 11 日　第 357 册　第 924 页

28066　日军在海南岛登陆之展望　《申报》　1939 年 2 月 13 日　第 362 册　第 226 页

28067　日军在廊坊之暴行　《中央日报》　1937 年 7 月 28 日　第 40 册　第 329 页

28068　日军在粤登陆之检讨　《申报》　1938 年 10 月 13 日　第 359 册　第 84 页

28069　日军占领沈阳长春营口等处　《大公报》　1931 年 9 月 20 日　第 104 册　第 231 页

28070　日军之大操　《申报》　1929 年 8 月 19 日　第 261 册　第 521 页

28071　日军总攻淞沪已两日　《大公报》　1932 年 2 月 22 日　第 106 册　第 508 页

28072　日空军之暴行　《中央日报》　1937 年 9 月 10 日　第 40 册　第 608 页

28073   日空军之独立组织问题   《中央日报》   1937 年 5 月 17 日   第 39 册   第 201 页

28074   日寇崩溃的开始   《中央日报》   1942 年 6 月 9 日   第 46 册，第 182 页

28075   日寇崩溃的开始   《中央日报》   1943 年 2 月 11 日   第 47 册   第 616 页

28076   日寇撤兵在以退为进   《民国日报》   1931 年 12 月 1 日   第 95 册   第 383 页

28077   日寇当心你的后门！   《大公报》   1944 年 11 月 24 日   第 153 册   第 652 页

28078   日寇的"大东亚省"   《大公报》   1942 年 11 月 3 日   第 149 册   第 548 页

28079   日寇的飞机生产问题   《中央日报》   1944 年 8 月 11 日   第 49 册   第 992 页

28080   日寇的孤苦！   《中央日报》   1940 年 6 月 22 日   第 43 册   第 630 页

28081   日寇的海军避战论   《中央日报》   1944 年 7 月 29 日   第 49 册   第 938 页

28082   日寇的进攻方向   《中央日报》   1942 年 4 月 15 日   第 45 册   第 1070 页

28083   日寇的恐怖   《中央日报》   1942 年 10 月 22 日   第 46 册   第 1036 页

28084   日寇的欺骗政策   《中央日报》   1943 年 8 月 20 日   第 48 册   第 548 页

28085   日寇的三大错误   《中央日报》   1943 年 12 月 8 日   第 48 册   第 1016 页

28086   日寇的一种罪恶   《大公报》   1943 年 11 月 15 日   第 151 册   第 612 页

28087   日寇的忧惶恐惧   《中央日报》   1945 年 2 月 16 日   第 50 册   第 738 页

28088   日寇的政治阴谋   《中央日报》   1944 年 11 月 23 日   第 50 册   第 380 页

28089   日寇的最后强心剂！   《中央日报》   1943 年 9 月 25 日   第 48 册   第 702 页

28090   日寇动向与中国的责任   《中央日报》   1944 年 6 月 9 日   第 49 册   第 712 页

28091   日寇对澳洲的攻势   《中央日报》   1943 年 4 月 20 日   第 47 册   第 1006 页

28092   日寇放射的最后毒素   《中央日报》   1945 年 4 月 3 日   第 50 册   第 928 页

28093   日寇高谈"世界和平"   《中央日报》   1944 年 9 月 16 日   第 50 册   第 70 页

28094   日寇海军再度后退论   《中央日报》   1944 年 9 月 11 日   第 50 册   第 48 页

28095   日寇军火生产的穷途   《中央日报》   1943 年 9 月 30 日   第 48 册   第 722 页

28096 日寇军政改组之意义 《中央日报》 1944 年 2 月 23 日 第 49 册 第 246 页

28097 日寇梦想中的"东亚堡垒" 《中央日报》 1943 年 7 月 31 日 第 48 册 第 462 页

28098 日寇摸进他们的墓门 《中央日报》 1938 年 10 月 17 日 第 41 册 第 142 页

28099 日寇内部的动摇 《中央日报》 1943 年 7 月 3 日 第 48 册 第 332 页

28100 日寇那里去? 《中央日报》 1943 年 6 月 16 日 第 48 册 第 260 页

28101 日寇南进声中之太平洋军事形势 《中央日报》 1941 年 3 月 20 日 第 44 册 第 590 页

28102 日寇乞和的副作用 《中央日报》 1945 年 3 月 26 日 第 50 册 第 896 页

28103 日寇侵略世界行动的开始! 《中央日报》 1940 年 9 月 14 日 第 43 册 第 976 页

28104 日寇侵扰华南 《中央日报》 1938 年 10 月 16 日 第 41 册 第 136 页

28105 日寇侵越后我抗战形势 《中央日报》 1940 年 10 月 3 日 第 43 册 第 1052 页

28106 日寇如此"归还租界" 《大公报》 1943 年 3 月 18 日 第 150 册 第 334 页

28107 日寇失败的开端 《中央日报》 1942 年 5 月 10 日 第 46 册 第 44 页

28108 日寇外交动向之分析 《中央日报》 1940 年 10 月 24 日 第 43 册 第 1140 页

28109 日寇无可解除的内在予盾 《中央日报》 1943 年 11 月 1 日 第 48 册 第 858 页

28110 日寇宣传战的失败 《中央日报》 1944 年 8 月 23 日 第 49 册 第 1046 页

28111 日寇又逼占黑省矣 《民国日报》 1931 年 11 月 6 日 第 95 册 第 61 页

28112 日寇又一阴谋 《民国日报》 1931 年 9 月 29 日 第 94 册 第 363 页

28113 日寇在中国战场的挣扎 《大公报》 1943 年 11 月 24 日 第 151 册 第 652 页

28114 日寇政局的再动摇 《中央日报》 1944 年 10 月 29 日 第 50 册 第 274 页

28115 日寇政治的切腹 《中央日报》 1943 年 7 月 14 日 第 48 册 第 390 页

28116 日寇之空军 《中央日报》 1941 年 7 月 31 日 第 44 册 第 1174 页

28117 日寇之两大国内问题 《中央日报》 1945 年 1 月 27 日 第 50 册 第 652 页

28118　日寇最焦灼的一阶段　《中央日报》　1943 年 11 月 19 日　第 48 册　第 934 页

28119　日寇最近军事动向　《中央日报》　1941 年 5 月 17 日　第 44 册　第 840 页

28120　日款问题　《民国日报》　1916 年 9 月 22 日　第 5 册　第 254 页

28121　日款问题（续）：（二）老实不赞成送矿总长　《民国日报》　1916 年 9 月 23 日　第 5 册　第 266 页

28122　日款问题（续）：（三）不废约之尤危　《民国日报》　1916 年 9 月 24 日　第 5 册　第 278 页

28123　日浪人大暴动之尝试　《民国日报》　1932 年 1 月 21 日　第 96 册　第 138 页

28124　日历是革命燃料（言论）　《民国日报》　1926 年 1 月 1 日　第 61 册　第 2 页

28125　日林陆相表示消极　《申报》　1935 年 9 月 3 日　第 332 册　第 71 页

28126　"日满议定书"内容检讨　《大公报》　1932 年 9 月 17 日　第 110 册　第 196 页

28127　日煤与国煤　《申报》　1933 年 10 月 4 日　第 309 册　第 106 页

28128　日美不侵犯条约之前程　《申报》　1934 年 7 月 24 日　第 318 册　第 691 页

28129　日美对于伦敦海约之内潮　《申报》　1930 年 7 月 11 日　第 272 册　第 254 页

28130　日美股票之涨跌　《申报》　1930 年 5 月 5 日　第 270 册　第 96 页

28131　日美关系张弛的前途　《申报》　1939 年 11 月 9 日　第 367 册　第 108 页

28132　日美海军的决战/朱如松（星期评论）　《申报》　1945 年 5 月 27 日　第 387 册　第 375 页

28133　日美互许与中国　《民国日报》　1920 年 1 月 9 日　第 25 册　第 108 页

28134　日美互致交欢书简　《大公报》　1934 年 3 月 23 日　第 119 册　第 314 页

28135　日美间及日澳间商战之意义　《大公报》　1936 年 6 月 2 日　第 132 册　第 452 页

28136　日美两国海空军之竞赛：军缩会议失败后之太平洋形势　《申报》　1933 年 12 月 6 日　第 311 册　第 162 页

28137　日美协商大警告：亡国之大动机　六大疑问　《民国日报》　1917 年 11 月 9 日　第 12 册　第 98 页

28138　日美协商大警告（二）：书面上之疑问　韦白君之解释　《民国日报》　1917 年 11 月 10 日　第 12 册　第 110 页

28139　日美协商大警告（三）：美政策失败之程度　告同具此爱国心者　《民国日

报》 1917 年 11 月 11 日 第 12 册 第 122 页

28140 日美协商大警告（四）：军械借款与协商 讨逆与拒款 皆二而一 《民国日报》 1917 年 11 月 12 日 第 12 册 第 134 页

28141 日美之军约问题 《申报》 1930 年 5 月 27 日 第 270 册 第 684 页

28142 日棉厂工潮形势 《申报》 1930 年 4 月 14 日 第 269 册 第 373 页

28143 日棉业反对印增棉货保护税 《申报》 1930 年 3 月 11 日 第 268 册 第 283 页

28144 日谋华南 《申报》 1934 年 5 月 5 日 第 316 册 第 101 页

28145 日暮途穷之阎锡山 《中央日报》 1930 年 9 月 25 日 第 11 册 第 1069 页

28146 日暮途远的轴心攻势 《申报》 1941 年 1 月 19 日 第 374 册 第 232 页

28147 日内阁辞职 《申报》 1924 年 6 月 8 日 第 203 册 第 158 页

28148 日内阁的更迭 《申报》 1937 年 6 月 2 日 第 353 册 第 36 页

28149 日内阁的更迭 《申报》 1941 年 7 月 18 日 第 376 册 第 974 页

28150 日内阁对华之新时代外交 《申报》 1930 年 3 月 1 日 第 268 册 第 10 页

28151 日内阁改组 《中央日报》 1931 年 12 月 14 日 第 16 册 第 895 页

28152 日内阁加紧对华侵略我乐观其成决不震惊 《申报》（汉口版） 1938 年 5 月 30 日 第 356 册 第 275 页

28153 日内阁将有更迭 《申报》 1931 年 12 月 12 日 第 289 册 第 275 页

28154 日内阁总辞后 《申报》 1931 年 4 月 14 日 第 281 册 第 349 页

28155 日内田辞职：日本政局动摇东亚风云紧急 《申报》 1933 年 9 月 15 日 第 308 册 第 462 页

28156 日内田继任满铁总裁 《申报》 1931 年 6 月 13 日 第 283 册 第 328 页

28157 日内瓦此会与中国 《大公报》 1932 年 11 月 22 日 第 111 册 第 256 页

28158 日内瓦海军会议（时论） 《民国日报》 1927 年 8 月 27 日 第 69 册 第 836 页

28159 日内瓦舌战中之中日问题 《大公报》 1932 年 11 月 25 日 第 111 册 第 292 页

28160 日内瓦外交的运用 《申报》 1937 年 9 月 21 日 第 355 册 第 543 页

28161 日内瓦以外之中日争斗 《申报》 1932 年 11 月 23 日 第 298 册 第 602 页

28162 日内瓦与罗马之外交战 《申报》 1935 年 9 月 17 日 第 332 册 第 474 页

28163 日内瓦与热河 《大公报》 1933 年 2 月 14 日 第 112 册 第 504 页

28164　日内瓦之两大问题　《中央日报》　1931 年 5 月 24 日　第 14 册　第 659 页

28165　日内瓦之外交战　《申报》　1932 年 11 月 24 日　第 298 册　第 632 页

28166　日派大使赴满　《中央日报》　1932 年 8 月 19 日　第 19 册　第 146 页

28167　日派野村特使赴美　《申报》　1932 年 8 月 29 日　第 295 册　第 717 页

28168　日期　《申报》　1915 年 3 月 18 日　第 133 册　第 270 页

28169　日侨在沪北之暴举　《民国日报》　1931 年 10 月 12 日　第 94 册　第 515 页

28170　日趋积极的美国远东政策　《申报》　1940 年 9 月 16 日　第 372 册　第 210 页

28171　日趋紧张之日美关系　《中央日报》　1940 年 10 月 12 日　第 43 册　第 1092 页

28172　日趋严重的法越冲突　《申报》　1946 年 12 月 29 日　第 391 册　第 706 页

28173　日趋严重的公务员生活问题　《申报》　1943 年 6 月 4 日　第 384 册　第 19 页

28174　日全蚀观测意义/胡继勤（星期论文）　《大公报》　1941 年 9 月 21 日　第 147 册　第 308 页

28175　日全食　《申报》　1941 年 9 月 20 日　第 377 册　第 646 页

28176　日人不智之宣传　《民国日报》　1931 年 10 月 1 日　第 94 册　第 387 页

28177　日人拆毁北陵支路事件　《大公报》　1929 年 7 月 1 日　第 91 册　第 4 页

28178　日人反对国联技术合作　《申报》　1933 年 8 月 4 日　第 307 册　第 100 页

28179　日人反省之最后机会　《中央日报》　1931 年 10 月 14 日　第 16 册　第 159 页

28180　日人鼓吹满洲独立　《申报》　1931 年 9 月 29 日　第 286 册　第 788 页

28181　日人将正式承认伪国　《申报》　1932 年 8 月 26 日　第 295 册　第 635 页

28182　日人开发我国经济的梦想　《申报》（香港版）　1938 年 5 月 26 日　第 356 册　第 745 页

28183　日人口吻　《申报》　1914 年 11 月 29 日　第 131 册　第 408 页

28184　日人扩展封锁与上海市面　《申报》　1940 年 7 月 20 日　第 371 册　第 260 页

28185　日人卵翼下之白俄独立运动　《申报》　1932 年 8 月 9 日　第 295 册　第 199 页

28186　日人论华辨　《申报》　1899 年 9 月 12 日　第 63 册　第 81 页

28187　日人其自省（一）　《申报》　1931 年 9 月 24 日　第 286 册　第 663 页

28188　日人其自省（二）　《申报》　1931年9月25日　第286册　第689页

28189　日人岂一愚至此?　《民国日报》　1928年3月25日　第73册　第350页

28190　日人启衅客述　《申报》　1894年8月16日　第47册　第769页

28191　日人侵略东北之急进　《中央日报》　1931年6月28日　第14册　第1083页

28192　日人所谓基本原则　《申报》　1931年10月25日　第287册　第581页

28193　日人武力干涉检货之教训　《中央日报》　1931年8月16日　第15册　第519页

28194　日人已感排货苦痛矣　《中央日报》　1931年10月12日　第16册　第135页

28195　日人又唱远东门罗主义　《中央日报》　1932年8月24日　第19册　第186页

28196　日人欲重演济南惨案耶?　《中央日报》　1931年7月7日　第15册　第79页

28197　日人之恫吓手段　《申报》　1933年3月13日　第302册　第366页

28198　日人之狂吠　《中央日报》　1931年12月11日　第16册　第859页

28199　日人之满洲根本谈　《申报》　1907年5月9日　第88册　第113页

28200　日人之所谓自卫　《申报》　1932年9月2日　第296册　第33页

28201　日人之统一满蒙与满鲜策　《申报》　1931年6月21日　第283册　第555页

28202　日如犯越　我必自卫：读王外长的声明　《大公报》　1940年8月29日　第145册　第214页

28203　日纱厂之节约问题　《申报》　1930年4月9日　第269册　第229页

28204　日商侵略中国市场之计划　《申报》　1930年11月7日　第276册　第172页

28205　日甚一日　《申报》　1927年2月28日　第231册　第1061页

28206　日食刍言　《申报》　1887年8月23日　第31册　第327页

28207　日食观测之答客难/张钰哲（星期论文）　《大公报》　1942年1月4日　第148册　第22页

28208　日食考　《申报》　1897年3月19日　第55册　第435页

28209　日使回国　《大公报》　1933年3月24日　第113册　第326页

28210　日使南来　《民国日报》　1918年5月13日　第15册　第146页

28211　日使诱我默认出兵保留案　《民国日报》　1920年11月29日　第30册　第394页

28212　日使之再告　《申报》　1915年11月5日　第137册　第68页

28213　日使佐分利氏到任　《大公报》　1929 年 10 月 8 日　第 92 册　第 596 页

28214　日事客谈　《申报》　1884 年 12 月 18 日　第 25 册　第 971 页

28215　日苏邦交与日伪军情　《申报》　1937 年 5 月 7 日　第 352 册　第 140 页

28216　日苏不侵犯条约果能实现么　《申报》　1936 年 8 月 16 日　第 343 册　第 400 页

28217　日苏冲突的新阶段　《申报》（香港版）　1938 年 7 月 19 日　第 356 册　第 962 页

28218　日苏冲突激剧　《申报》　1933 年 5 月 7 日　第 304 册　第 153 页

28219　日苏冲突与中日战争　《申报》（香港版）　1938 年 8 月 1 日　第 356 册　第 1013 页

28220　日苏风云紧急之观测　《申报》　1934 年 8 月 5 日　第 319 册　第 127 页

28221　日苏关系逼紧恶化　《申报》　1933 年 11 月 13 日　第 310 册　第 365 页

28222　日苏关系恶化　《申报》　1933 年 10 月 13 日　第 309 册　第 390 页

28223　日苏关系与中国　《大公报》　1936 年 4 月 18 日　第 131 册　第 678 页

28224　日苏关系之动向　《大公报》　1935 年 10 月 18 日　第 128 册　第 678 页

28225　日苏关系之恶化　《申报》　1936 年 4 月 3 日　第 339 册　第 65 页

28226　日苏关系之归趋　《大公报》　1936 年 1 月 29 日　第 130 册　第 294 页

28227　日苏关系之推移与世界经济恐慌强化　《申报》　1933 年 12 月 22 日　第 311 册　第 628 页

28228　日苏关系之现阶段　《大公报》　1936 年 5 月 15 日　第 132 册　第 200 页

28229　日苏关系之一张一弛　《申报》　1932 年 9 月 29 日　第 296 册　第 771 页

28230　日苏果将不免于一战乎/彬　《申报》　1932 年 4 月 25 日　第 291 册　第 569 页

28231　日苏果将不免于一战乎（续）/彬　《申报》　1932 年 4 月 26 日　第 291 册　第 581 页

28232　日苏黑龙江事件　《申报》　1937 年 7 月 3 日　第 354 册　第 66 页

28233　日苏互不侵犯条约搁浅　《申报》　1933 年 1 月 19 日　第 300 册　第 387 页

28234　日苏缓冲地带之提议　《申报》　1934 年 9 月 24 日　第 320 册　第 735 页

28235　日苏间形势之推测　《申报》（汉口版）　1938 年 7 月 21 日　第 356 册　第 379 页

28236　日苏间之最近边境事件　《大公报》　1936 年 7 月 7 日　第 133 册　第 88 页

28237　日苏纠纷与苏联出卖中东路　《申报》　1933 年 5 月 10 日　第 304 册　第 231 页

28238　日苏军事对立　《申报》　1933 年 2 月 6 日　第 301 册　第 158 页

28239 日苏外交斗争声中之国际政局 《大公报》 1934年1月31日 第118册 第412页

28240 日苏渔业纠纷 《申报》 1938年12月22日 第360册 第342页

28241 日苏渔业问题 《申报》 1937年1月7日 第348册 第113页

28242 日苏之外交战 《申报》 1934年8月23日 第319册 第646页

28243 日苏中立关系及其前途 《申报》 1945年4月13日 第387册 第275页

28244 日通货现状与外汇 《中央日报》 1937年4月7日 第38册 第451页

28245 日伪货币同盟计划之主要目标 《大公报》 1934年11月7日 第123册 第94页

28246 日伪经济统制之透视 《申报》 1934年4月7日 第315册 第182页

28247 日伪签约之实现 《中央日报》 1932年9月17日 第19册 第378页

28248 日文"重庆政权之分析"序/吉田东祐(星期评论) 《申报》 1945年2月4日 第387册 第103页

28249 日无对苏作战能力 《申报》(汉口版) 1938年7月24日 第356册 第385页

28250 日无对苏作战能力 《申报》(香港版) 1938年7月26日 第356册 第990页

28251 日现阁外交与日本社会 《大公报》 1936年12月12日 第135册 第580页

28252 日械入境之试验:张作霖据以造反 《民国日报》 1918年3月7日 第14册 第74页

28253 日新阁施政原则之一:缓和国内各种对立势力 《中央日报》 1937年6月10日 第39册 第489页

28254 日新内阁所谓侵华强化 《申报》(香港版) 1938年6月1日 第356册 第770页

28255 日新又新 《大公报》 1943年7月15日 第151册 第66页

28256 日选举民政党胜利 《申报》 1930年2月24日 第267册 第644页

28257 日议会场中之纷扰 《申报》 1930年5月1日 第270册 第9页

28258 日议会的新形势 《申报》 1937年1月19日 第348册 第401页

28259 日议会解散形势 《申报》 1929年11月14日 第264册 第366页

28260 日议会开幕后之形势 《申报》 1929年12月26日 第265册 第711页

28261 日议会开始 《申报》 1930年4月22日 第269册 第590页

28262 日议会里的报告与质问 《大公报》 1944年1月24日 第152册 第104页

28263 日议会一再流血 《申报》 1931 年 2 月 8 日 第 279 册 第 190 页

28264 日议会之舌战与关键 《申报》 1930 年 5 月 3 日 第 270 册 第 36 页

28265 日议会之准备 《申报》 1930 年 4 月 15 日 第 269 册 第 396 页

28266 日议会中之争论点 《申报》 1930 年 4 月 29 日 第 269 册 第 777 页

28267 日英改定同盟协约感言 《申报》 1911 年 7 月 26 日 第 113 册 第 413 页

28268 日英关系与中国 《大公报》 1937 年 3 月 25 日 第 137 册 第 340 页

28269 日英关系之分析观 《大公报》 1935 年 8 月 14 日 第 127 册 第 640 页

28270 日英及日荷商战声中之日英提携说 《大公报》 1934 年 8 月 29 日 第 121 册 第 864 页

28271 日英间之结合 《申报》 1925 年 7 月 12 日 第 214 册 第 220 页

28272 日英交涉之趋势如何 《大公报》 1937 年 5 月 27 日 第 138 册 第 374 页

28273 日英美海军缩减会议 《大公报》 1927 年 3 月 23 日 第 78 册 第 597 页

28274 日英商战开始欤 《大公报》 1934 年 5 月 9 日 第 120 册 第 118 页

28275 日英同盟说与中国 《大公报》 1927 年 8 月 8 日 第 80 册 第 305 页

28276 日英同盟之可能性如何 《大公报》 1927 年 5 月 13 日 第 79 册 第 337 页

28277 日英与日俄 《大公报》 1936 年 7 月 29 日 第 133 册 第 406 页

28278 日英之失业问题 《申报》 1929 年 10 月 29 日 第 263 册 第 837 页

28279 日用必需品的分配 《中央日报》 1942 年 4 月 17 日 第 45 册 第 1080 页

28280 日用生活品调整之推行 《申报》 1940 年 2 月 24 日 第 368 册 第 690 页

28281 日宇垣陆相辞职说 《申报》 1930 年 6 月 13 日 第 271 册 第 325 页

28282 "日圆集团"与英美 《申报》 1938 年 12 月 18 日 第 360 册 第 276 页

28283 "日圆集团"与英美 《申报》(香港版) 1938 年 12 月 27 日 第 357 册 第 569 页

28284 日月诞辰辨 《申报》 1878 年 12 月 17 日 第 13 册 第 581 页

28285 日越合作的进展（译论） 《申报》 1943 年 3 月 14 日 第 383 册 第 514 页

28286 日越经济协定 《大公报》 1941 年 5 月 8 日 第 146 册 第 534 页

28287 日增重兵进犯华北 《申报》 1937 年 7 月 15 日 第 354 册 第 385 页

28288 日政府答复抗议 《申报》 1931 年 7 月 12 日 第 284 册 第 306 页

28289 日政府的海运新政策 《民国日报》 1922 年 4 月 6 日 第 38 册 第 494 页

28290 日政府将自择之三途径 《民国日报》 1931 年 10 月 18 日 第 94 册 第 591 页

28291 日政府竟继续援段乎：不然何来此三百万 《民国日报》 1918 年 12 月 3 日 第 18 册 第 386 页

28292 日政府之狂吠 《中央日报》 1931 年 10 月 29 日 第 16 册 第 343 页

28293 日政友会之宣言 《申报》 1931 年 1 月 22 日 第 278 册 第 368 页

28294 日之对华政策：久原蛮性政策与芳泽怀柔政策之比较观 《民国日报》 1928 年 11 月 29 日 第 77 册 第 459 页

28295 日众院以决议恫吓美国 美何愚竟给东条以政治资本？ 《大公报》 1941 年 11 月 20 日 第 147 册 第 560 页

28296 日驻军强化后的华北 《申报》 1936 年 5 月 30 日 第 340 册 第 746 页

28297 日纵韩民排华之背景 《民国日报》 1931 年 7 月 13 日 第 93 册 第 158 页

28298 戎首 《申报》 1924 年 8 月 20 日 第 205 册 第 442 页

28299 戎首在冯段 《民国日报》 1917 年 10 月 2 日 第 11 册 第 374 页

28300 茸城宋养初侍卿遗事述 《申报》 1901 年 4 月 6 日 第 67 册 第 527 页

28301 荣辱与生存 《申报》 1928 年 5 月 17 日 第 246 册 第 448 页

28302 荣仲华相国薨逝感言 《申报》 1903 年 4 月 17 日 第 73 册 第 637 页

28303 容纳法 《申报》 1914 年 5 月 28 日 第 128 册 第 438 页

28304 容忍 《申报》 1922 年 7 月 5 日 第 182 册 第 96 页

28305 容他们抖擞卖国吗？ 《民国日报》 1921 年 5 月 18 日 第 33 册 第 240 页

28306 融洽中之谣诼 《申报》 1925 年 5 月 16 日 第 212 册 第 301 页

28307 柔力与刚力 《申报》 1922 年 12 月 7 日 第 187 册 第 134 页

28308 柔能克刚论 《申报》 1887 年 6 月 25 日 第 30 册 第 1055 页

28309 肉搏之期 《申报》 1926 年 12 月 28 日 第 230 册 第 663 页

28310 如此渡此空前国难 《大公报》 1932 年 7 月 16 日 第 109 册 第 184 页

28311 如此国家！ 《大公报》 1931 年 11 月 2 日 第 105 册 第 16 页

28312 如此检查新闻！ 《大公报》 1933 年 5 月 29 日 第 114 册 第 396 页

28313 "如此天皇"！/董又孤（星期论文） 《大公报》 1941 年 9 月 19 日 第 147 册 第 300 页

28314 如何 《申报》 1916 年 12 月 8 日 第 143 册 第 686 页

28315 如何安定川局 《申报》 1932 年 10 月 18 日 第 297 册 第 443 页

28316 如何安定物价 《申报》 1936 年 11 月 9 日 第 346 册 第 220 页

28317   如何安慰良心   《申报》（香港版）   1938 年 4 月 13 日   第 356 册   第 573 页

28318   如何安慰忠勇将士   《申报》   1937 年 9 月 20 日   第 355 册   第 533 页

28319   如何安慰自己之良心！   《申报》（汉口版）   1938 年 4 月 9 日   第 356 册   第 173 页

28320   如何办理冬赈   《申报》   1943 年 11 月 29 日   第 384 册   第 787 页

28321   如何保持优势准备反攻   《申报》（香港版）   1938 年 12 月 17 日   第 357 册   第 483 页

28322   如何报我忠勇将士？   《大公报》   1932 年 2 月 25 日   第 106 册   第 538 页

28323   如何避免和谈的暗礁？   《申报》   1949 年 4 月 5 日   第 400 册   第 632 页

28324   如何避免时代的悲剧   《大公报》   1933 年 11 月 11 日   第 117 册   第 144 页

28325   如何才可以挽留蔡孑民先生   《民国日报》   1923 年 1 月 22 日   第 43 册   第 282 页

28326   如何参加世界童军大会   《中央日报》   1937 年 6 月 12 日   第 39 册   第 513 页

28327   如何惩治傀儡   《申报》（香港版）   1938 年 4 月 6 日   第 356 册   第 545 页

28328   如何惩治傀儡？   《申报》（汉口版）   1938 年 4 月 2 日   第 356 册   第 155 页

28329   如何澄清吏治   《民国日报》   1930 年 8 月 30 日   第 87 册   第 786 页

28330   如何澄清这混乱的市面   《申报》   1947 年 2 月 12 日   第 392 册   第 458 页

28331   如何筹措工业建设资金：创设中国复兴工业金融公司/赵同连（星期论坛）   《申报》   1946 年 2 月 17 日   第 388 册   第 259 页

28332   如何储备经济人才   《中央日报》   1943 年 5 月 19 日   第 48 册   第 110 页

28333   如何处理日本？：与美国人谈对日政策   《大公报》   1948 年 6 月 19 日   第 163 册   第 296 页

28334   如何处置汉奸   《大公报》   1945 年 10 月 3 日   第 155 册   第 408 页

28335   如何创造更伟大之历史/彬   《申报》   1932 年 3 月 3 日   第 291 册   第 15 页

28336   如何促进航空建设？   《大公报》   1933 年 5 月 1 日   第 114 册   第 4 页

28337   如何促进我国蚕丝事业   《申报》   1935 年 3 月 6 日   第 326 册   第

155 页

28338 如何促进宪政实施? 《大公报》 1943 年 10 月 21 日 第 151 册 第 500 页

28339 如何达到清明政治? 《大公报》 1940 年 8 月 20 日 第 145 册 第 178 页

28340 如何答复日寇暴行? 《大公报》 1944 年 2 月 3 日 第 152 册 第 146 页

28341 如何打倒毒物 《大公报》 1931 年 3 月 9 日 第 101 册 第 100 页

28342 如何打倒贪污? 《大公报》 1933 年 6 月 13 日 第 114 册 第 606 页

28343 如何打开国家出路? 《大公报》 1932 年 5 月 18 日 第 108 册 第 174 页

28344 如何到繁荣之路? 《申报》 1933 年 10 月 31 日 第 309 册 第 964 页

28345 如何抵抗国内之外文报纸 《中央日报》 1932 年 8 月 2 日 第 19 册 第 10 页

28346 如何调节非常情感 《申报》 1935 年 6 月 19 日 第 329 册 第 491 页

28347 如何渡此难关（专论）/胡朴安 《民国日报》 1946 年 3 月 17 日 第 97 册 第 285 页

28348 如何渡过年关? 《民国日报》 1946 年 12 月 11 日 第 99 册 第 454 页

28349 如何对待俄国 《大公报》 1929 年 8 月 19 日 第 91 册 第 788 页

28350 如何对待日寇之暴举 《民国日报》 1931 年 9 月 20 日 第 94 册 第 249 页

28351 如何对付曲线的苏联外交/陈彬龢 《民国日报》 1929 年 8 月 14 日 第 81 册 第 736 页

28352 如何对付曲线的苏联外交 续/陈彬龢 《民国日报》 1929 年 8 月 15 日 第 81 册 第 752 页

28353 如何对付曲线的苏联外交 续/陈彬龢 《民国日报》 1929 年 8 月 16 日 第 81 册 第 765 页

28354 如何对付这个世界的捣乱鬼 《大公报》 1927 年 5 月 9 日 第 79 册 第 305 页

28355 如何而可 《申报》 1926 年 11 月 17 日 第 229 册 第 390 页

28356 如何而能切实执行? 《中央日报》 1929 年 6 月 19 日 第 6 册 第 565 页

28357 如何而消弭内战乎 《申报》 1932 年 10 月 2 日 第 297 册 第 33 页

28358 如何发挥治水效率? 《大公报》 1933 年 8 月 25 日 第 115 册 第 774 页

28359 如何防止经济的继续恶化 《申报》 1948 年 11 月 9 日 第 399 册 第

264 页

28360　如何防止资金逃避（专论）/李荣廷　《民国日报》　1946 年 11 月 11 日　第 99 册　第 320 页

28361　如何防止资源劫夺　《大公报》　1940 年 4 月 23 日　第 144 册　第 456 页

28362　如何抚慰战区人民？　《大公报》　1933 年 4 月 24 日　第 113 册　第 760 页

28363　如何赴此严重之国难　《中央日报》　1931 年 9 月 25 日　第 15 册　第 1011 页

28364　如何改变心理（上）（专论）/胡朴安　《民国日报》　1945 年 12 月 2 日　第 96 册　第 307 页

28365　如何改变心理（中）（专论）/胡朴安　《民国日报》　1945 年 12 月 3 日　第 96 册　第 309 页

28366　如何改变心理（下）（专论）/胡朴安　《民国日报》　1945 年 12 月 4 日　第 96 册　第 311 页

28367　如何改进政治？　《大公报》　1946 年 7 月 23 日　第 157 册　第 90 页

28368　如何改善管制办法　《申报》　1947 年 5 月 28 日　第 393 册　第 576 页

28369　如何感应？　《申报》　1941 年 3 月 10 日　第 375 册　第 118 页

28370　如何给付纱布价款　《申报》　1943 年 12 月 17 日　第 384 册　第 863 页

28371　如何根本消弭共祸　《大公报》　1935 年 8 月 3 日　第 127 册　第 482 页

28372　如何根绝汉奸　《大公报》　1934 年 4 月 10 日　第 119 册　第 570 页

28373　如何工业化　《大公报》　1943 年 4 月 28 日　第 150 册　第 524 页

28374　如何巩固法币地位？——所望于中英美三国金融会议者　《大公报》　1941 年 10 月 16 日　第 147 册　第 418 页

28375　如何巩固经济基础　《申报》　1936 年 12 月 24 日　第 347 册　第 609 页

28376　如何固我热防？　《大公报》　1933 年 1 月 12 日　第 112 册　第 124 页

28377　如何管制物价？　《申报》　1943 年 1 月 21 日　第 383 册　第 138 页

28378　如何贯彻禁毒政策？　《大公报》　1934 年 12 月 8 日　第 123 册　第 544 页

28379　如何规定工资？　《申报》　1946 年 4 月 19 日　第 388 册　第 606 页

28380　如何规复东北？九一八第十二周年应事筹画的问题　《大公报》　1943 年 9 月 18 日　第 151 册　第 350 页

28381　如何捍卫绥边　《申报》　1936 年 11 月 6 日　第 346 册　第 141 页

28382　如何唤起民众/黄炎培（星期论文）　《大公报》　1936 年 8 月 30 日　第 133 册　第 880 页

28383　如何获得光荣和平？　《申报》　1948 年 12 月 23 日　第 399 册　第 532 页

28384 如何集中意志 《申报》 1936 年 2 月 13 日 第 337 册 第 330 页

28385 如何纪念孙中山先生 《申报》 1932 年 11 月 12 日 第 298 册 第 295 页

28386 如何纪念五一 《中央日报》 1930 年 5 月 1 日 第 10 册 第 379 页

28387 如何加强物产之统制 《申报》 1940 年 3 月 23 日 第 369 册 第 302 页

28388 如何湔雪国耻 《中央日报》 1929 年 5 月 9 日 第 6 册 第 73 页

28389 如何建设农村：为中华农学会第二十届年会作 《中央日报》 1937 年 7 月 7 日 第 40 册 第 75 页

28390 如何建设西北 《大公报》 1942 年 8 月 21 日 第 149 册 第 224 页

28391 如何奖进贫寒优秀学生？ 《大公报》 1936 年 4 月 11 日 第 131 册 第 580 页

28392 如何接受友邦日本隆重的礼物 《申报》 1943 年 7 月 1 日 第 384 册 第 181 页

28393 如何节省物资？ 《申报》 1948 年 10 月 18 日 第 399 册 第 124 页

28394 如何结束共乱？ 《大公报》 1933 年 4 月 2 日 第 113 册 第 452 页

28395 如何解决车荒 《中央日报》 1938 年 12 月 28 日 第 41 册 第 452 页

28396 如何"解决日本事件"/邵毓麟（星期论文） 《大公报》 1943 年 1 月 3 日 第 150 册 第 16 页

28397 如何解决学生失学问题？ 《申报》 1946 年 8 月 18 日 第 389 册 第 816 页

28398 如何救济当前之丝业危机 《申报》 1933 年 10 月 19 日 第 309 册 第 590 页

28399 如何救济东北劫后之民 《大公报》 1930 年 1 月 8 日 第 94 册 第 84 页

28400 如何救济棉业？ 《大公报》 1933 年 11 月 18 日 第 117 册 第 242 页

28401 如何救济民食 《申报》 1940 年 7 月 6 日 第 371 册 第 70 页

28402 如何救济侨胞？ 《中央日报》 1942 年 3 月 5 日 第 45 册 第 898 页

28403 如何救亡 《申报》 1933 年 3 月 19 日 第 302 册 第 548 页

28404 如何救灾/彬 《申报》 1932 年 4 月 13 日 第 291 册 第 383 页

28405 如何可以统一中国（言论） 《民国日报》 1926 年 9 月 12 日 第 65 册 第 112 页

28406 如何克服生产隘路/刘云舫（星期评论） 《申报》 1944 年 10 月 1 日 第 386 册 第 299 页

28407 如何联合 《申报》 1920 年 9 月 3 日 第 166 册 第 39 页

28408 如何领会马将军之教训 《申报》 1931 年 12 月 10 日 第 289 册 第 228 页

28409　如何能安善　《申报》　1927 年 2 月 9 日　第 231 册　第 743 页

28410　如何能使全国人能写能读/陈振先（星期论文）　《大公报》　1934 年 11 月 11 日　第 123 册　第 152 页

28411　如何培养优良的学风！/周缉熙（星期论坛）　《申报》　1948 年 4 月 18 日　第 397 册　第 138 页

28412　如何扑灭烈性毒品？　《大公报》　1934 年 5 月 14 日　第 120 册　第 192 页

28413　如何求段祺瑞拒约　《民国日报》　1918 年 5 月 11 日　第 15 册　第 122 页

28414　如何取缔外国通信社　《申报》　1936 年 6 月 9 日　第 341 册　第 227 页

28415　如何去扑灭反宣传与反动者/胡汉民　《民国日报》　1929 年 9 月 26 日　第 82 册　第 421 页

28416　如何确保经管的成功？：献给上海区第一次经管会议　《申报》　1948 年 10 月 7 日　第 399 册　第 48 页

28417　如何如何　《申报》　1919 年 11 月 17 日　第 161 册　第 291 页

28418　如何善处内外难局　《大公报》　1936 年 9 月 21 日　第 134 册　第 288 页

28419　如何善导青年思想？　《大公报》　1935 年 3 月 15 日　第 125 册　第 228 页

28420　如何善用美援　《申报》　1948 年 5 月 12 日　第 397 册　第 344 页

28421　如何实施文化宣传政策纲要　《申报》　1943 年 6 月 14 日　第 384 册　第 79 页

28422　如何实施新刑法之保安处分？　《大公报》　1934 年 11 月 8 日　第 123 册　第 108 页

28423　如何实现国民经济总动员　《申报》　1943 年 3 月 4 日　第 383 册　第 434 页

28424　如何实现"军事整理案"　《大公报》　1928 年 12 月 14 日　第 87 册　第 517 页

28425　如何实现汪主席遗志/陈彬龢（代论）　《申报》　1944 年 11 月 18 日　第 386 册　第 453 页

28426　如何实现有效率的政治　《大公报》　1930 年 10 月 26 日　第 98 册　第 652 页

28427　如何实行统制经济？　《大公报》　1933 年 9 月 10 日　第 116 册　第 134 页

28428　如何实行土地改革　《大公报》　1948 年 4 月 17 日　第 162 册　第 646 页

28429　如何实行宪政？　《大公报》　1939 年 9 月 30 日　第 143 册　第 118 页

28430　如何使段下台（言论）　《民国日报》　1926 年 2 月 7 日　第 61 册　第

444 页

28431 如何使个人感情趋于合理化 《申报》 1933 年 11 月 24 日 第 310 册
第 685 页

28432 如何使烟祸永不复萌 《中央日报》 1941 年 6 月 3 日 第 44 册 第
918 页

28433 如何纾潮梅之急？（社评） 《民国日报》 1927 年 9 月 25 日 第 70 册
第 358 页

28434 如何疏导游资？：建议当局开办银元存款 《申报》 1949 年 5 月 21 日
第 400 册 第 889 页

28435 如何肃清贪污 《申报》（汉口版） 1938 年 5 月 25 日 第 356 册 第
265 页

28436 如何肃清贪污 《申报》（香港版） 1938 年 5 月 29 日 第 356 册 第
758 页

28437 如何肃清鸦片 《申报》 1932 年 5 月 20 日 第 292 册 第 345 页

28438 如何提高行政效能 《大公报》 1945 年 3 月 15 日 第 154 册 第 312 页

28439 如何提早胜利 《中央日报》 1942 年 5 月 22 日 第 46 册 第 92 页

28440 如何填补限价的漏洞？ 《申报》 1948 年 8 月 31 日 第 398 册 第
488 页

28441 如何推动纲领之实施 《申报》（汉口版） 1938 年 4 月 16 日 第 356 册
第 187 页

28442 如何推进出口贸易 《申报》 1947 年 2 月 1 日 第 392 册 第 326 页

28443 如何推进建国救国工作 《大公报》 1937 年 4 月 5 日 第 137 册 第
494 页

28444 如何推销救国公债/黄卓（星期论文） 《大公报》 1937 年 10 月 3 日
第 139 册 第 425 页

28445 如何完成大东亚战争 《申报》 1943 年 5 月 9 日 第 383 册 第 853 页

28446 如何完成国防化工/范旭东（星期论文） 《大公报》 1941 年 5 月 11 日
第 146 册 第 546 页

28447 如何完成西北干路？ 《大公报》 1932 年 11 月 15 日 第 111 册 第
172 页

28448 如何挽回国内外经济的危机（专论）/李荣廷 《民国日报》 1946 年 12
月 29 日 第 99 册 第 561 页

28449 如何挽救工业界之危机/潘士浩（专论） 《申报》 1946 年 4 月 12 日
第 388 册 第 564 页

28450 如何挽救工业危机 《申报》 1946 年 3 月 18 日 第 388 册 第 416 页

28451 如何挽救华北？ 《大公报》 1934 年 8 月 30 日 第 121 册 第 878 页

28452   如何挽救目前的经济国难：元月十三日在国府纪念周之重要报告（专载）/
蒋中正   《民国日报》   1930 年 1 月 15 日   第 84 册   第 176 页

28453   如何挽救世界的危机?：对于自卑心理与悲观气氛的清算   《申报》   1947
年 10 月 24 日   第 395 册   第 236 页

28454   如何挽救五万万两以上之入超?   《大公报》   1932 年 10 月 30 日   第 110
册   第 716 页

28455   如何挽救中国经济上之危机   《申报》   1932 年 6 月 17 日   第 293 册   第
347 页

28456   如何为长期之鏖战   《大公报》   1932 年 2 月 27 日   第 106 册   第 558 页

28457   如何为烈士之家属善后/彬   《申报》   1932 年 2 月 9 日   第 290 册   第
665 页

28458   如何为贫困之群众造福   《申报》   1941 年 5 月 31 日   第 376 册   第
363 页

28459   如何为善   《申报》   1926 年 12 月 27 日   第 230 册   第 643 页

28460   如何维护国家之主权   《申报》   1936 年 11 月 30 日   第 346 册   第
764 页

28461   如何维护学生爱国运动   《申报》   1935 年 12 月 25 日   第 335 册   第
601 页

28462   如何稳定国币汇价   《大公报》   1941 年 10 月 25 日   第 147 册   第
456 页

28463   如何稳定今日的人心（专论）/胡朴安   《民国日报》   1946 年 3 月 24 日
第 97 册   第 313 页

28464   如何稳定人心（专论）/胡朴安   《民国日报》   1946 年 5 月 3 日   第 98
册   第 10 页

28465   如何限制日本工业水准?   《申报》   1947 年 11 月 17 日   第 395 册   第
476 页

28466   如何消减矛盾的现象   《申报》   1946 年 12 月 7 日   第 391 册   第 442 页

28467   如何消灭食米恐慌   《申报》   1939 年 8 月 24 日   第 365 册   第 894 页

28468   如何以求情感之合理化   《申报》（汉口版）   1938 年 5 月 4 日   第 356 册
第 223 页

28469   如何以最短时间完成中国战后建设（专论）   《申报》   1946 年 3 月 6 日
第 388 册   第 349 页

28470   如何抑平物价的涨风!   《申报》   1948 年 6 月 7 日   第 397 册   第
568 页

28471   如何抑制粮价的上涨   《申报》   1949 年 4 月 23 日   第 400 册   第 772 页

28472   如何应付此"多边"外交   《大公报》   1934 年 1 月 10 日   第 118 册   第

118 页

28473　如何应付当前之粮食问题　《申报》　1936 年 10 月 31 日　第 345 册　第 774 页

28474　如何应付对日外交　《中央日报》　1931 年 7 月 22 日　第 15 册　第 255 页

28475　如何应付美国白银政策?　《大公报》　1934 年 2 月 28 日　第 118 册　第 764 页

28476　如何应付物价的新蠢动?　《申报》　1947 年 6 月 28 日　第 393 册　第 886 页

28477　如何应付严重的新局面　《大公报》　1933 年 4 月 14 日　第 113 册　第 620 页

28478　如何应付英日同盟　《民国日报》　1928 年 12 月 2 日　第 77 册　第 510 页

28479　如何应付中俄会议　《大公报》　1930 年 3 月 22 日　第 95 册　第 340 页

28480　如何有效使用美援　《中央日报》　1948 年 4 月 3 日　第 58 册　第 836 页

28481　如何与暴俄肉搏　《民国日报》　1929 年 8 月 13 日　第 81 册　第 717 页

28482　如何与日军作持久之抗争/彬　《申报》　1932 年 2 月 8 日　第 290 册　第 661 页

28483　如何援助侨胞之困厄　《申报》　1932 年 11 月 25 日　第 298 册　第 657 页

28484　如何增加工业生产/潘文安（星期评论）　《申报》　1943 年 6 月 6 日　第 384 册　第 31 页

28485　如何招徕外汇资金　《申报》　1948 年 8 月 2 日　第 398 册　第 258 页

28486　如何拯救苏北?　《民国日报》　1946 年 7 月 1 日　第 98 册　第 249 页

28487　如何整顿人事　《申报》　1947 年 1 月 10 日　第 392 册　第 102 页

28488　如何整顿学风　《中央日报》　1948 年 2 月 24 日　第 58 册　第 474 页

28489　如何整理"海河整理委员会"　《大公报》　1930 年 10 月 19 日　第 98 册　第 568 页

28490　如何整理军费　《大公报》　1929 年 8 月 15 日　第 91 册　第 724 页

28491　如何重建世界秩序　《申报》　1940 年 7 月 1 日　第 371 册　第 4 页

28492　如何准备实行计划经济/黄卓（星期论文）　《大公报》　1938 年 4 月 24 日　第 140 册　第 490 页

28493　如何作育新民?　《大公报》　1940 年 2 月 26 日　第 144 册　第 226 页

28494　如何做东亚的独立人民　《大公报》　1943 年 3 月 2 日　第 150 册　第 260 页

28495　如环之成败　《申报》　1920 年 7 月 22 日　第 165 册　第 389 页

28496 如见康有为之肺肝：康氏最近致总统书之索引 《民国日报》 1916 年 11 月 17 日 第 6 册 第 194 页

28497 如见康有为之肺肝：康氏最近致总统书之索引（一续） 《民国日报》 1916 年 11 月 18 日 第 6 册 第 206 页

28498 如见康有为之肺肝：康氏最近致总统书之索引（二续） 《民国日报》 1916 年 11 月 19 日 第 6 册 第 218 页

28499 如见康有为之肺肝：康氏最近致总统书之索引（三续） 《民国日报》 1916 年 11 月 20 日 第 6 册 第 230 页

28500 如见康有为之肺肝：康氏最近致总统书之索引（四续） 《民国日报》 1916 年 11 月 21 日 第 6 册 第 242 页

28501 如临天敌 《申报》 1919 年 8 月 30 日 第 159 册 第 1011 页

28502 如梦 《申报》 1919 年 12 月 24 日 第 161 册 第 927 页

28503 如期召开国民大会 《中央日报》 1945 年 7 月 26 日 第 51 册 第 332 页

28504 如是 《申报》 1918 年 7 月 4 日 第 153 册 第 48 页

28505 如是如是 《申报》 1918 年 12 月 7 日 第 155 册 第 579 页

28506 "如是我观"感言 《大公报》 1942 年 4 月 24 日 第 148 册 第 488 页

28507 如限完成禁政 《中央日报》 1939 年 11 月 7 日 第 42 册 第 724 页

28508 如限制定宪法的期待 《中央日报》 1946 年 12 月 19 日 第 54 册 第 990 页

28509 如行群山 《申报》 1922 年 7 月 1 日 第 182 册 第 6 页

28510 如意 《申报》 1919 年 10 月 29 日 第 160 册 第 1062 页

28511 如蝇 《申报》 1922 年 5 月 8 日 第 180 册 第 149 页

28512 儒冠误人说 《申报》 1890 年 11 月 23 日 第 37 册 第 925 页

28513 儒家思想与世界和平：向旧金山会议献议之六/何永佶（星期论文） 《大公报》 1945 年 6 月 3 日 第 154 册 第 650 页

28514 濡者事之贼 《大公报》 1929 年 3 月 13 日 第 89 册 第 196 页

28515 辱国病民之收买鸦片策：丁义华君演说之抽想 冯华甫一日造三天大谎 《民国日报》 1917 年 2 月 16 日 第 7 册 第 458 页

28516 辱国的贿选 《民国日报》 1923 年 10 月 2 日 第 47 册 第 444 页

28517 入汴程途纪略 《申报》 1903 年 3 月 6 日 第 73 册 第 343 页

28518 入超激增与外人在华金融势力之活跃 《申报》 1932 年 11 月 21 日 第 298 册 第 549 页

28519 入川铁路线问题 《申报》 1936 年 3 月 24 日 第 338 册 第 595 页

28520 入縠 《申报》 1929 年 3 月 18 日 第 256 册 第 510 页

28521 入社之词（代论） 《民国日报》 1927 年 5 月 7 日 第 68 册 第 87 页

28522　入于穷途　《申报》　1920 年 11 月 22 日　第 167 册　第 373 页

28523　溽暑怀念国军将士：并论中国战场之重要性　《大公报》　1943 年 7 月 24 日　第 151 册　第 106 页

28524　软化　《申报》　1922 年 11 月 6 日　第 186 册　第 114 页

28525　软弱无能之政府　《大公报》　1926 年 10 月 26 日　第 77 册　第 427 页

28526　芮恩施之建议　《申报》　1920 年 9 月 1 日　第 166 册　第 7 页

28527　瑞典式体操法之开祖海立克林传　《申报》　1906 年 8 月 17 日　第 84 册　第 463 页

28528　瑞典式体操法之开祖海立克林传（续）　《申报》　1906 年 8 月 18 日　第 84 册　第 473 页

28529　瑞士制详论　《申报》　1913 年 10 月 5 日　第 124 册　第 453 页

28530　瑞士制详论（二）　《申报》　1913 年 10 月 6 日　第 124 册　第 467 页

28531　瑞士制详论（三）　《申报》　1913 年 10 月 12 日　第 124 册　第 553 页

28532　瑞士制详论（四）　《申报》　1913 年 10 月 13 日　第 124 册　第 567 页

28533　瑞士制详论（五）　《申报》　1913 年 10 月 14 日　第 124 册　第 581 页

28534　瑞士制详论（六）　《申报》　1913 年 10 月 15 日　第 124 册　第 597 页

28535　瑞士制详论（七）　《申报》　1913 年 10 月 16 日　第 124 册　第 611 页

28536　瑞雪颂并序　《申报》　1888 年 2 月 17 日　第 32 册　第 243 页

28537　瑞雪兆丰年　《大公报》　1942 年 2 月 16 日　第 148 册　第 200 页

28538　闰二月初一日之江苏人　《申报》　1909 年 3 月 18 日　第 99 册　第 243 页

28539　若何进行　《申报》　1927 年 1 月 23 日　第 231 册　第 502 页

28540　若省之肉　《申报》　1925 年 5 月 21 日　第 212 册　第 410 页

28541　若隐若现之出兵说　《申报》　1915 年 3 月 12 日　第 133 册　第 176 页

28542　若有若无　《申报》　1917 年 4 月 10 日　第 145 册　第 720 页

28543　若有所待　《申报》　1918 年 1 月 21 日　第 150 册　第 280 页

28544　若在合法政府之下我绝对不赞成与匪议和　《民国日报》　1923 年 5 月 17 日　第 45 册　第 218 页

28545　若之何　《申报》　1915 年 5 月 27 日　第 134 册　第 440 页

28546　弱　《申报》　1923 年 5 月 21 日　第 191 册　第 437 页

28547　弱干强枝　《申报》　1918 年 4 月 20 日　第 151 册　第 780 页

28548　弱国该联合御盗　《民国日报》　1921 年 12 月 27 日　第 36 册　第 760 页

28549　弱国自处之道　《中央日报》　1941 年 8 月 7 日　第 45 册　第 34 页

28550　弱省多重兵　《申报》　1925 年 5 月 12 日　第 212 册　第 224 页

28551　弱小民族反帝运动之现势　《申报》　1936 年 2 月 16 日　第 337 册　第 412 页

28552   弱者之声   《申报》   1925 年 4 月 29 日   第 211 册   第 531 页

S（上）

注：由于 S 部分的篇名太多，因分册需要，自 Shū（书）以后的部分归入下册。

28553   卅七年度的本市预算   《申报》   1947 年 9 月 13 日   第 394 册   第 742 页

28554   萨代阁之揣测   《申报》   1920 年 5 月 20 日   第 164 册   第 352 页

28555   萨尔投票给予我人之感想   《申报》   1935 年 1 月 18 日   第 324 册   第 432 页

28556   萨尔投票与欧洲和平大局   《申报》   1935 年 1 月 15 日   第 324 册   第 343 页

28557   萨尔投票之过程与影响   《大公报》   1935 年 1 月 14 日   第 124 册   第 200 页

28558   萨尔瓦多承认伪满   《申报》   1934 年 5 月 24 日   第 316 册   第 673 页

28559   萨尔问题   《申报》   1934 年 1 月 19 日   第 312 册   第 461 页

28560   萨尔问题解决   《申报》   1930 年 9 月 14 日   第 274 册   第 343 页

28561   萨尔问题之检讨   《大公报》   1934 年 11 月 22 日   第 123 册   第 310 页

28562   萨尔问题之教训   《大公报》   1935 年 1 月 16 日   第 124 册   第 232 页

28563   萨尔问题之前途   《申报》   1934 年 5 月 6 日   第 316 册   第 132 页

28564   萨尔问题之展望   《申报》   1934 年 11 月 2 日   第 322 册   第 45 页

28565   萨尔重归于德   《中央日报》   1935 年 1 月 17 日   第 29 册   第 178 页

28566   萨哈连岛的油矿问题/翁文灏（星期论文）   《大公报》   1935 年 4 月 23 日   第 125 册   第 856 页

28567   萨华王朝没落的感想   《申报》   1946 年 6 月 15 日   第 389 册   第 126 页

28568   塞班岛战役得失   《申报》   1944 年 7 月 19 日   第 386 册   第 63 页

28569   塞班海战的影响   《中央日报》   1944 年 6 月 24 日   第 49 册   第 778 页

28570   塞班完全占领了！   《大公报》   1944 年 7 月 11 日   第 153 册   第 50 页

28571   塞班与加迈   《大公报》   1944 年 6 月 19 日   第 152 册   第 762 页

28572   塞港与北非   《大公报》   1942 年 7 月 3 日   第 149 册   第 10 页

28573   塞漏卮论   《申报》   1888 年 12 月 25 日   第 33 册   第 1139 页

28574   塞漏卮莫若禁钱业空盘论   《申报》   1881 年 8 月 22 日   第 19 册   第 209 页

28575   塞漏卮议   《申报》   1885 年 8 月 13 日   第 27 册   第 259 页

28576   塞与迷   《申报》   1927 年 4 月 21 日   第 233 册   第 388 页

28577   赛会答问   《申报》   1887 年 10 月 10 日   第 31 册   第 641 页

28578   赛会徒费无益论   《申报》   1879 年 7 月 8 日   第 15 册   第 29 页

28579　赛会以开民智论　《申报》　1896年3月2日　第52册　第335页

28580　赛马场中之民众　《大公报》　1929年5月19日　第90册　第292页

28581　赛马外纪　《申报》　1891年5月2日　第38册　第661页

28582　三八妇女节瞭望　《大公报》　1942年3月8日　第148册　第280页

28583　"三八节"的认识　《中央日报》　1941年3月8日　第44册　第536页

28584　三八节感言　《中央日报》　1931年3月8日　第13册　第775页

28585　三八节勉妇女同胞　《大公报》　1940年3月8日　第144册　第270页

28586　三驳南北国会哪一个是合法的　《民国日报》　1923年5月24日　第45册　第316页

28587　三才篇　《申报》　1890年5月31日　第36册　第877页

28588　三叉路上的战争（言论）　《民国日报》　1925年11月14日　第60册　第158页

28589　三场以时务策士论　《申报》　1897年8月16日　第56册　第663页

28590　三乘槎客自由界说　《申报》　1904年4月11日　第76册　第585页

28591　三辞三代　《申报》　1920年6月4日　第164册　第619页

28592　三大责任　《申报》　1919年6月2日　第158册　第543页

28593　三大主义　《民国日报》　1917年6月25日　第9册　第662页

28594　三大主义（续）　《民国日报》　1917年6月26日　第9册　第674页

28595　三大主义（二）（续）：段祺瑞梁启超等之罪案　《民国日报》　1917年6月27日　第9册　第686页

28596　三大主义（三）（续）：我之一主张　《民国日报》　1917年6月28日　第9册　第698页

28597　三大主义之途中：民权主义之劫运　《民国日报》　1918年6月28日　第15册　第698页

28598　三大主义之途中（二）：国民感觉之强弱　《民国日报》　1918年6月29日　第15册　第710页

28599　三大主义之途中（三）：民生主义当拔帜以兴　《民国日报》　1918年6月30日　第15册　第722页

28600　三道命令　《申报》　1922年1月1日　第177册　第4页

28601　三低政策　《中央日报》　1948年7月17日　第59册　第660页

28602　三定　《申报》　1916年8月22日　第141册　第872页

28603　三督军会议　《申报》　1918年7月30日　第153册　第472页

28604　三毒　《申报》　1920年6月10日　第164册　第737页

28605　三反　《申报》　1921年1月16日　第168册　第239页

28606　三方面　《申报》　1921年7月6日　第171册　第107页

28607　三方说好　《申报》　1922年11月1日　第186册　第3页

28608　三方整理　《申报》　1925 年 12 月 29 日　第 219 册　第 574 页

28609　三个半月来战局的检讨　《中央日报》　1941 年 4 月 17 日　第 44 册　第 712 页

28610　三国对日联合声明　《大公报》　1945 年 7 月 28 日　第 155 册　第 118 页

28611　三国共同维持中欧均势　《申报》　1937 年 5 月 21 日　第 352 册　第 485 页

28612　三国海军会议　《大公报》　1927 年 6 月 23 日　第 79 册　第 665 页

28613　三国海军会议散伙　《大公报》　1927 年 8 月 6 日　第 80 册　第 289 页

28614　三国会谈与苏联及日本　《申报》　1941 年 3 月 26 日　第 375 册　第 320 页

28615　三国会议成功之可能性　《申报》　1935 年 8 月 16 日　第 331 册　第 390 页

28616　三国会议签立议定书　《中央日报》　1936 年 11 月 15 日　第 36 册　第 553 页

28617　三国会议与义亚争端　《大公报》　1935 年 8 月 16 日　第 127 册　第 668 页

28618　三国或四国协约　《申报》　1921 年 12 月 7 日　第 176 册　第 130 页

28619　三国警告日本造舰　《申报》（汉口版）　1938 年 2 月 7 日　第 356 册　第 47 页

28620　三国军盟的悲哀　《中央日报》　1941 年 2 月 14 日　第 44 册　第 442 页

28621　三国盟约的缔结与远东　《申报》　1940 年 9 月 30 日　第 372 册　第 390 页

28622　三国盟约的分析观　《申报》　1940 年 9 月 29 日　第 372 册　第 376 页

28623　三国盟约与美国　《申报》　1941 年 6 月 19 日　第 376 册　第 600 页

28624　三国侵略协定与我战时经济　《中央日报》　1940 年 10 月 5 日　第 43 册　第 1060 页

28625　三国劝告文之看法　《申报》　1929 年 12 月 5 日　第 265 册　第 127 页

28626　三国声明与日本　《大公报》　1945 年 2 月 15 日　第 154 册　第 194 页

28627　三国使节将星来上海　《申报》　1939 年 5 月 31 日　第 363 册　第 1086 页

28628　三国提案　《大公报》　1932 年 2 月 4 日　第 106 册　第 334 页

28629　三国同盟的表里　《申报》　1940 年 10 月 16 日　第 372 册　第 600 页

28630　三国同盟的新估价　《申报》　1940 年 12 月 26 日　第 373 册　第 770 页

28631　三国同盟与苏联　《大公报》　1940 年 10 月 9 日　第 145 册　第 378 页

28632　三国外长会议　《大公报》　1945 年 12 月 15 日　第 155 册　第 716 页

28633　三国外长会议　《中央日报》　1945 年 12 月 15 日　第 52 册　第 86 页

28634 三国外长会议的结果 《大公报》 1945 年 12 月 29 日 第 155 册 第 772 页

28635 三国外长会议与远东局势 《申报》 1945 年 12 月 22 日 第 387 册 第 753 页

28636 三国协定成立以后之欧洲 《申报》 1934 年 3 月 21 日 第 314 册 第 595 页

28637 三国协定说 《申报》 1930 年 3 月 23 日 第 268 册 第 621 页

28638 三国志论 《申报》 1872 年 6 月 20 日 第 1 册 第 169 页

28639 三韩平议 《申报》 1888 年 7 月 9 日 第 33 册 第 59 页

28640 三患 《申报》 1918 年 2 月 24 日 第 150 册 第 673 页

28641 三件事的反证 《民国日报》 1920 年 4 月 3 日 第 26 册 第 460 页

28642 三江文孤论 《申报》 1879 年 11 月 19 日 第 15 册 第 565 页

28643 三角恋爱中的宋子文 《申报》 1945 年 1 月 15 日 第 387 册 第 43 页

28644 三角亲家 《申报》 1920 年 9 月 4 日 第 166 册 第 51 页

28645 三角式之国会 《申报》 1920 年 4 月 11 日 第 163 册 第 755 页

28646 三角式之外交人才：中日协约之旧人 《民国日报》 1916 年 10 月 4 日 第 5 册 第 398 页

28647 三角相争 《申报》 1919 年 9 月 14 日 第 160 册 第 235 页

28648 三戒备 《申报》 1916 年 2 月 17 日 第 138 册 第 596 页

28649 三届参政员名单公布 《中央日报》 1942 年 7 月 28 日 第 46 册 第 494 页

28650 三届历次全体会议与戡乱事件及本届会议前途之预测 《民国日报》 1931 年 6 月 15 日 第 92 册 第 514 页

28651 三届历次全体会议与戡乱事件及本届会议前途之预测（下） 《民国日报》 1931 年 6 月 18 日 第 92 册 第 554 页

28652 三究竟 《申报》 1917 年 10 月 6 日 第 148 册 第 591 页

28653 三巨头会议之伟大成功 《中央日报》 1945 年 2 月 14 日 第 50 册 第 730 页

28654 三力 《申报》 1927 年 2 月 27 日 第 231 册 第 1037 页

28655 三联制的中心 《中央日报》 1943 年 5 月 28 日 第 48 册 第 164 页

28656 三领袖将如何各要人将如何/默 《申报》 1932 年 1 月 12 日 第 290 册 第 181 页

28657 三论川事 《大公报》 1938 年 2 月 5 日 第 140 册 第 146 页

28658 三论发堂择配之善 《申报》 1889 年 7 月 11 日 第 35 册 第 65 页

28659 三论费唐报告之谬妄 《中央日报》 1931 年 7 月 19 日 第 15 册 第 215 页

28660 三论国民党与宪政 《申报》 1945 年 8 月 10 日 第 387 册 第 539 页

28661 三论沪廨交涉（言论） 《民国日报》 1926 年 8 月 12 日 第 64 册 第 422 页

28662 三论"剿匪"与"造匪" 《申报》 1932 年 7 月 4 日 第 294 册 第 87 页

28663 三论金币借款：看美国如何 《民国日报》 1918 年 8 月 14 日 第 16 册 第 506 页

28664 三论经济紧急措施方案 《大公报》 1947 年 2 月 19 日 第 159 册 第 362 页

28665 三论内阁改组问题 《民国日报》 1917 年 3 月 3 日 第 8 册 第 18 页

28666 三论取法西人未可厚非 《申报》 1891 年 10 月 18 日 第 39 册 第 665 页

28667 三论日本出兵 《大公报》 1927 年 6 月 4 日 第 79 册 第 513 页

28668 三论社会节约 《大公报》 1938 年 7 月 14 日 第 141 册 第 64 页

28669 三论食米对策 《申报》 1944 年 12 月 19 日 第 386 册 第 553 页

28670 三论外汇平准及最近汇价之跌/谷春帆（星期论文） 《大公报》 1941 年 11 月 2 日 第 147 册 第 488 页

28671 三论新借款与六国银行团 《申报》 1912 年 10 月 1 日 第 119 册 第 1 页

28672 三论中苏复交 《申报》 1932 年 5 月 14 日 第 292 册 第 223 页

28673 三马路亟宜加阔说 《申报》 1891 年 3 月 3 日 第 38 册 第 305 页

28674 三美具（言论） 《民国日报》 1926 年 5 月 15 日 第 63 册 第 132 页

28675 三门湾开埠意见书（专件）/王丙庆 《民国日报》 1920 年 8 月 28 日 第 28 册 第 814 页

28676 三民主义 《民国日报》 1921 年 2 月 1 日 第 31 册 第 430 页

28677 三民主义 《大公报》 1927 年 6 月 8 日 第 79 册 第 545 页

28678 三民主义的法治精神：祝中华法学会第二届年会 《中央日报》 1943 年 7 月 24 日 第 48 册 第 432 页

28679 三民主义的纲要：在北平陆大演词/蒋中正 《民国日报》 1929 年 7 月 19 日 第 81 册 第 303 页

28680 三民主义的纲要 续：在北平陆大演词/蒋中正 《民国日报》 1929 年 7 月 20 日 第 81 册 第 319 页

28681 三民主义的建国政策 《中央日报》 1943 年 9 月 7 日 第 48 册 第 624 页

28682 三民主义的历史观（专载）/蓝渭滨 《民国日报》 1931 年 3 月 11 日 第 91 册 第 130 页

28683 三民主义的外交原则/张道行（星期论文） 《大公报》 1942 年 2 月 15 日 第 148 册 第 196 页

28684 "三民主义的中正论" 《民国日报》 1931 年 8 月 20 日 第 93 册 第 633 页

28685 三民主义的中正论（专载） 《民国日报》 1931 年 8 月 21 日 第 93 册 第 647 页

28686 三民主义共和国：五五宪草的第一条 《大公报》 1944 年 1 月 11 日 第 152 册 第 48 页

28687 三民主义即最高的训条（言论） 《民国日报》 1927 年 4 月 14 日 第 67 册 第 269 页

28688 三民主义绝非赤化（言论） 《民国日报》 1926 年 9 月 4 日 第 65 册 第 32 页

28689 三民主义为达到世界大同的途径（专载）/吴稚晖 《民国日报》 1931 年 5 月 14 日 第 92 册 第 150 页

28690 三民主义为达到世界大同的途径（专载）/吴稚晖 《民国日报》 1931 年 5 月 15 日 第 92 册 第 162 页

28691 三民主义与共产主义 《大公报》 1927 年 5 月 15 日 第 79 册 第 353 页

28692 三民主义与教育（言论） 《民国日报》 1925 年 4 月 21 日 第 56 册 第 702 页

28693 三民主义之出路在救死 《大公报》 1928 年 11 月 5 日 第 87 册 第 49 页

28694 三年 《申报》 1914 年 12 月 28 日 第 131 册 第 822 页

28695 三年计划的配合技术/甘乃口（星期论文） 《大公报》 1941 年 7 月 20 日 第 147 册 第 78 页

28696 三年似水不纪念胜利 《大公报》 1948 年 9 月 3 日 第 164 册 第 14 页

28697 三年之三害 《申报》 1914 年 1 月 4 日 第 126 册 第 30 页

28698 三评川路风潮 《申报》 1911 年 9 月 15 日 第 114 册 第 252 页

28699 三歧 《申报》 1925 年 11 月 3 日 第 218 册 第 43 页

28700 三强外长会议的成就 《申报》 1945 年 12 月 29 日 第 387 册 第 795 页

28701 三强外长会议的召开 《申报》 1945 年 12 月 13 日 第 387 册 第 704 页

28702 三请国会质问收买存土 《民国日报》 1916 年 2 月 19 日 第 7 册 第 482 页

28703 三全大会闭幕以后：纪念黄花岗死难烈士之感想 《民国日报》 1929 年 3

月 29 日　第 79 册　第 500 页

28704　三全大会之重要使命（来论）/曾养甫　《民国日报》　1929 年 3 月 15 日
第 79 册　第 249 页

28705　三全代会所亟应努力者　《大公报》　1929 年 3 月 19 日　第 89 册　第
292 页

28706　三全会最小限度之工作　《大公报》　1932 年 12 月 13 日　第 111 册　第
508 页

28707　三权并立　《申报》　1914 年 3 月 14 日　第 127 册　第 210 页

28708　三权与三力　《申报》　1916 年 9 月 22 日　第 142 册　第 346 页

28709　三人小组的大成功　《大公报》　1946 年 3 月 13 日　第 156 册　第 284 页

28710　三人小组会谈　《民国日报》　1946 年 1 月 8 日　第 97 册　第 32 页

28711　三日内的沪案交涉（言论）　《民国日报》　1925 年 10 月 3 日　第 59 册
第 388 页

28712　三色旗和五色旗下的革命精神　《民国日报》　1923 年 7 月 14 日　第 46
册　第 184 页

28713　三省长　《申报》　1920 年 9 月 21 日　第 166 册　第 339 页

28714　三省会剿电奏稿　《申报》　1903 年 1 月 7 日　第 73 册　第 37 页

28715　三省军整会开幕　《中央日报》　1937 年 6 月 1 日　第 39 册　第 383 页

28716　三十八年元旦献辞　《申报》　1949 年 1 月 1 日　第 400 册　第 2 页

28717　三十七年国庆献辞　《申报》　1948 年 10 月 10 日　第 399 册　第 71 页

28718　三十七年元旦献辞　《中央日报》　1948 年 1 月 1 日　第 58 册　第 2 页

28719　三十三年国庆感言　《中央日报》　1944 年 10 月 10 日　第 50 册　第
176 页

28720　三十四年元旦献辞　《中央日报》　1945 年 1 月 1 日　第 50 册　第 542 页

28721　三十万大兵　《申报》　1922 年 4 月 1 日　第 179 册　第 4 页

28722　三十五年国庆纪念献辞　《中央日报》　1946 年 10 月 10 日　第 54 册　第
94 页

28723　三十五年元旦献辞　《申报》　1946 年 1 月 1 日　第 388 册　第 4 页

28724　三事　《申报》　1921 年 10 月 7 日　第 174 册　第 126 页

28725　三事解决　《申报》　1916 年 8 月 31 日　第 141 册　第 1026 页

28726　三四之术　《申报》　1914 年 4 月 19 日　第 127 册　第 804 页

28727　三讨论会　《大公报》　1927 年 1 月 25 日　第 78 册　第 189 页

28728　三头会议的结果　《申报》　1945 年 8 月 6 日　第 387 册　第 531 页

28729　三头会议与欧局　《申报》　1945 年 2 月 12 日　第 387 册　第 127 页

28730　三位一体的策略　《申报》（汉口版）　1938 年 1 月 29 日　第 356 册　第
29 页

28731　三五领袖皆应感严重责任　《大公报》　1931 年 11 月 4 日　第 105 册　第 40 页

28732　三峡水电计画之经济意义/谷春帆（星期论文）　《大公报》　1945 年 12 月 16 日　第 155 册　第 720 页

28733　三献言于友邦日本经济使节团　《申报》　1943 年 7 月 12 日　第 384 册　第 225 页

28734　三星期　《申报》　1918 年 6 月 12 日　第 152 册　第 662 页

28735　三勖智识青年从军　《大公报》　1944 年 10 月 19 日　第 153 册　第 498 页

28736　三续北洋大臣袁宫保颁发各州县教案简明要览　《申报》　1904 年 8 月 11 日　第 77 册　第 693 页

28737　三续鄂督张制军江督魏制军会奏江南制造局移建新厂折　《申报》　1904 年 6 月 22 日　第 77 册　第 359 页

28738　三续湖广总督张宫保湖北巡抚端抚军会奏鄂省筹设大学堂折　《申报》　1903 年 1 月 16 日　第 73 册　第 91 页

28739　三续沪宁铁路条议　《申报》　1905 年 9 月 15 日　第 81 册　第 121 页

28740　三续黄思永等请商部代奏沪宁铁路严核浮滥预筹赎款公呈附件　《申报》　1905 年 12 月 2 日　第 81 册　第 789 页

28741　三续江南机器制造局总办赵观察详陈整顿局务禀稿　《申报》　1903 年 11 月 7 日　第 75 册　第 473 页

28742　三续江西巡抚李勉林中丞复奏变通政务折稿　《申报》　1901 年 7 月 3 日　第 68 册　第 379 页

28743　三续刘张两制军合奏变通政事先育人才折　《申报》　1901 年 8 月 13 日　第 68 册　第 625 页

28744　三续刘张两制军遵旨筹议变法第二折　《申报》　1901 年 8 月 27 日　第 68 册　第 711 页

28745　三续刘张两制军遵旨谨拟采用西法第三折　《申报》　1901 年 9 月 2 日　第 69 册　第 7 页

28746　三续盛宣怀答复江苏京官沪宁铁路函稿并附驳义　《申报》　1905 年 10 月 19 日　第 81 册　第 407 页

28747　三续松江瞿□岑明经继昌创练全国民兵及筹款事宜万言书　《申报》　1904 年 7 月 19 日　第 77 册　第 531 页

28748　三续新订学务章程　《申报》　1904 年 4 月 15 日　第 76 册　第 609 页

28749　三续中国利弊宜变通治法为善后议　《申报》　1895 年 4 月 5 日　第 49 册　第 537 页

28750　三续种棉辑要　《申报》　1889 年 11 月 25 日　第 35 册　第 911 页

28751　　三巡阅使下的匪警　《民国日报》　1923 年 11 月 22 日　第 48 册　第 306 页

28752　　三要人与十九省电　《申报》　1916 年 4 月 6 日　第 139 册　第 578 页

28753　　"三一"奇耻之回顾与前瞻　《申报》　1933 年 3 月 1 日　第 302 册　第 8 页

28754　　三原因　《申报》　1917 年 3 月 31 日　第 145 册　第 542 页

28755　　三月二十九日与三月十八日（来论）　《民国日报》　1926 年 3 月 29 日　第 62 册　第 282 页

28756　　三月来的战局　《中央日报》　1938 年 10 月 1 日　第 41 册　第 68 页

28757　　三月五日的日本　《大公报》　1944 年 3 月 11 日　第 152 册　第 312 页

28758　　三灾论　《大公报》　1928 年 3 月 19 日　第 83 册　第 181 页

28759　　三者合一之为信　《申报》　1929 年 7 月 3 日　第 260 册　第 69 页

28760　　三整　《申报》　1928 年 6 月 10 日　第 247 册　第 268 页

28761　　三政团合并　《民国日报》　1917 年 2 月 15 日　第 7 册　第 446 页

28762　　三中立国　《申报》　1914 年 10 月 11 日　第 130 册　第 562 页

28763　　三中全会闭幕　《中央日报》　1932 年 12 月 22 日　第 20 册　第 462 页

28764　　三中全会闭幕　《申报》　1937 年 2 月 23 日　第 349 册　第 461 页

28765　　三中全会闭幕　《大公报》　1947 年 3 月 25 日　第 159 册　第 586 页

28766　　三中全会闭幕之后　《大公报》　1932 年 12 月 22 日　第 111 册　第 616 页

28767　　三中全会的成就　《中央日报》　1947 年 3 月 25 日　第 55 册　第 846 页

28768　　三中全会后之政府工作　《大公报》　1932 年 12 月 29 日　第 111 册　第 700 页

28769　　三中全会开幕　《申报》　1932 年 12 月 15 日　第 299 册　第 408 页

28770　　三中全会开幕　《大公报》　1947 年 3 月 15 日　第 159 册　第 520 页

28771　　三中全会开幕辞　《中央日报》　1932 年 12 月 15 日　第 20 册　第 392 页

28772　　三中全会开幕献辞　《中央日报》　1947 年 3 月 15 日　第 55 册　第 762 页

28773　　三中全会以后　《大公报》　1947 年 3 月 27 日　第 159 册　第 600 页

28774　　三中全会议案感言　《大公报》　1932 年 12 月 18 日　第 111 册　第 568 页

28775　　三中全会之重大责任　《大公报》　1932 年 11 月 2 日　第 111 册　第 16 页

28776　　三忠举襄记　《申报》　1901 年 4 月 29 日　第 67 册　第 665 页

28777　　三种结果　《申报》　1926 年 3 月 1 日　第 221 册　第 6 页

28778　　三种人觉悟　《申报》　1928 年 11 月 14 日　第 252 册　第 371 页

28779 三种人觉悟（二） 《申报》 1928 年 11 月 15 日 第 252 册 第 400 页

28780 三种审察 《申报》 1926 年 12 月 18 日 第 230 册 第 401 页

28781 三种问题 《申报》 1922 年 10 月 17 日 第 185 册 第 367 页

28782 三种消灭 《申报》 1916 年 8 月 19 日 第 141 册 第 820 页

28783 三种有害的宣传：自卑、骑墙、排外 《中央日报》 1946 年 8 月 5 日 第 53 册 第 559 页

28784 三种专卖正式实施 《中央日报》 1942 年 8 月 15 日 第 46 册 第 606 页

28785 三周 《申报》 1928 年 3 月 12 日 第 244 册 第 280 页

28786 散 《申报》 1928 年 5 月 16 日 第 246 册 第 421 页

28787 散兵之害 《申报》 1925 年 1 月 14 日 第 209 册 第 249 页

28788 散漫无纪之国家 《申报》 1920 年 9 月 11 日 第 166 册 第 169 页

28789 丧心病狂问题 《申报》 1921 年 4 月 6 日 第 169 册 第 621 页

28790 缫丝三利说 《申报》 1882 年 8 月 9 日 第 21 册 第 235 页

28791 扫除 《申报》 1922 年 11 月 5 日 第 186 册 第 91 页

28792 扫除 《申报》 1922 年 5 月 25 日 第 180 册 第 495 页

28793 扫除反覆 《申报》 1920 年 8 月 3 日 第 165 册 第 597 页

28794 扫除建设障碍 《申报》 1929 年 2 月 24 日 第 255 册 第 504 页

28795 扫除全国文盲 《申报》 1936 年 6 月 4 日 第 341 册 第 95 页

28796 扫除文盲与推行注音汉字 《申报》 1935 年 4 月 24 日 第 327 册 第 661 页

28797 扫除烟毒治本说 《申报》 1906 年 3 月 9 日 第 82 册 第 495 页

28798 扫除政治革新的障碍 《申报》 1945 年 6 月 27 日 第 387 册 第 447 页

28799 扫孽与造孽 《申报》 1917 年 7 月 16 日 第 147 册 第 266 页

28800 扫清 《申报》 1918 年 4 月 30 日 第 151 册 第 940 页

28801 僧道宜令婚配论 《申报》 1873 年 10 月 21 日 第 3 册 第 385 页

28802 杀兵与杀民 《申报》 1921 年 6 月 13 日 第 170 册 第 761 页

28803 杀父案 《民国日报》 1921 年 3 月 23 日 第 32 册 第 308 页

28804 杀机 《申报》 1926 年 8 月 12 日 第 226 册 第 273 页

28805 杀奸案书后 《申报》 1882 年 5 月 5 日 第 20 册 第 575 页

28806 杀林白水者谁耶（言论） 《民国日报》 1926 年 8 月 8 日 第 64 册 第 382 页

28807 杀气弥漫 《申报》 1913 年 7 月 9 日 第 123 册 第 114 页

28808 杀气弥漫 《申报》 1923 年 3 月 7 日 第 189 册 第 134 页

28809 杀人 《申报》 1914 年 3 月 22 日 第 127 册 第 340 页

28810 杀人媚人说 《申报》 1876 年 7 月 17 日 第 9 册 第 53 页

28811 杀人媚人说 《申报》 1881 年 7 月 8 日 第 19 册 第 29 页

28812 杀人之恐 《申报》 1918 年 6 月 20 日 第 152 册 第 786 页

28813 杀张案之法律论与感情论 《大公报》 1932 年 9 月 9 日 第 110 册 第 100 页

28814 沙班的袭击 《大公报》 1944 年 4 月 22 日 第 152 册 第 508 页

28815 沙樊二工人案之余波 《大公报》 1927 年 8 月 27 日 第 80 册 第 457 页

28816 沙赫特和国社党领袖的冲突 《申报》 1936 年 5 月 20 日 第 340 册 第 493 页

28817 沙赫特"领土扩张论"的透视 《申报》 1936 年 12 月 16 日 第 347 册 第 397 页

28818 沙基惨案纪念（言论） 《民国日报》 1927 年 6 月 23 日 第 68 册 第 801 页

28819 沙基惨杀案发生后之广州（言论） 《民国日报》 1925 年 8 月 27 日 第 58 册 第 632 页

28820 沙基惨杀案发生后之广州（续）（言论） 《民国日报》 1925 年 8 月 28 日 第 58 册 第 644 页

28821 沙兰与少数民族问题 《大公报》 1934 年 9 月 17 日 第 122 册 第 242 页

28822 沙面案的外交对手（言论） 《民国日报》 1925 年 6 月 28 日 第 57 册 第 702 页

28823 沙面案中的洋商 《民国日报》 1924 年 8 月 7 日 第 52 册 第 560 页

28824 沙面大惨案的性质（言论） 《民国日报》 1925 年 6 月 26 日 第 57 册 第 682 页

28825 沙面海边禁止华人行路案 《民国日报》 1924 年 5 月 15 日 第 51 册 第 170 页

28826 沙面抗例案的胜利点 《民国日报》 1924 年 8 月 13 日 第 52 册 第 616 页

28827 沙面事件中工人条件 《民国日报》 1924 年 7 月 20 日 第 52 册 第 315 页

28828 沙面事件中三要点 《民国日报》 1924 年 7 月 19 日 第 52 册 第 298 页

28829 沙市民变论 《申报》 1898 年 5 月 16 日 第 59 册 第 91 页

28830 沙逊爵士救济中国金融方案之检讨 《申报》 1935 年 3 月 29 日 第 326 册 第 829 页

28831 纱布配给程序商榷 《申报》 1943 年 9 月 23 日 第 384 册 第 515 页

28832 纱布收买以后怎样？ 《申报》 1943 年 9 月 21 日 第 384 册 第 507 页

28833 纱价暴落与棉业统制会 《申报》 1933 年 11 月 30 日 第 310 册 第 860 页

28834 痧痘探原论 《申报》 1890 年 5 月 5 日 第 36 册 第 715 页

28835 痧疫辨 《申报》 1902 年 7 月 21 日 第 71 册 第 553 页

28836 傻干 《民国日报》 1929 年 12 月 28 日 第 83 册 第 937 页

28837 山本满铁社长之满洲论 《大公报》 1929 年 3 月 2 日 第 89 册 第 20 页

28838 山东撤兵 《申报》 1928 年 11 月 25 日 第 252 册 第 701 页

28839 山东的新危机 《民国日报》 1922 年 4 月 8 日 第 38 册 第 522 页

28840 山东韩刘之争 《中央日报》 1932 年 9 月 23 日 第 19 册 第 426 页

28841 山东剿匪军事之形势 《中央日报》 1947 年 8 月 2 日 第 56 册 第 946 页

28842 山东接防问题之真相 《大公报》 1929 年 4 月 21 日 第 89 册 第 820 页

28843 山东事件预备之一：希望各界联合会 延揽有经验学问者 组织专门委员会 《民国日报》 1919 年 9 月 18 日 第 23 册 第 218 页

28844 山东外交关系之回顾 《大公报》 1928 年 5 月 10 日 第 84 册 第 91 页

28845 山东问题：日政府与人民 《民国日报》 1919 年 5 月 4 日 第 21 册 第 38 页

28846 山东问题（二）：青岛攻取之前后 《民国日报》 1919 年 5 月 5 日 第 21 册 第 50 页

28847 山东问题感言（代论）/汪兆铭 《民国日报》 1919 年 9 月 12 日 第 24 册 第 134 页

28848 山东问题警告 《民国日报》 1920 年 1 月 10 日 第 25 册 第 122 页

28849 山东问题警告（二） 《民国日报》 1920 年 1 月 11 日 第 25 册 第 136 页

28850 山东问题演说 《民国日报》 1919 年 5 月 6 日 第 21 册 第 62 页

28851 山东问题演说（二） 《民国日报》 1919 年 5 月 8 日 第 20 册 第 86 页

28852 山东乡村建设研究院最近工作概况/梁漱溟（星期论文） 《大公报》 1934 年 6 月 17 日 第 120 册 第 694 页

28853 山东巡抚张奏稿 《申报》 1887 年 10 月 7 日 第 31 册 第 623 页

28854 山东巡抚周玉山中丞筹议兴业弭盗事宜折 《申报》 1904 年 10 月 21 日 第 78 册 第 339 页

28855 山东灾民之慰安与救济 《大公报》 1928 年 4 月 15 日 第 83 册 第

451 页

28856　山东战场　《申报》　1914 年 8 月 22 日　第 129 册　第 790 页

28857　山东之人民　《申报》　1914 年 9 月 12 日　第 130 册　第 156 页

28858　山东之善后　《申报》　1922 年 3 月 5 日　第 178 册　第 78 页

28859　山海关战端已开　《申报》　1933 年 1 月 7 日　第 300 册　第 80 页

28860　山海关撞车惨剧　《大公报》　1928 年 4 月 18 日　第 83 册　第 481 页

28861　山客新谈　《申报》　1894 年 3 月 5 日　第 46 册　第 367 页

28862　山西差徭客述　《申报》　1879 年 7 月 25 日　第 15 册　第 97 页

28863　山西经济统制问题　《大公报》　1934 年 6 月 11 日　第 120 册　第 604 页

28864　山西民众应速奋起　《大公报》　1931 年 2 月 5 日　第 100 册　第 388 页

28865　山西善后　《大公报》　1930 年 11 月 26 日　第 99 册　第 304 页

28866　山西善后仍为严重问题　《大公报》　1931 年 3 月 6 日　第 101 册　第 64 页

28867　山西善后问题　《民国日报》　1931 年 2 月 6 日　第 90 册　第 351 页

28868　山西善后应当急进　《大公报》　1931 年 3 月 25 日　第 101 册　第 292 页

28869　山西善后之最后机会　《大公报》　1931 年 4 月 21 日　第 101 册　第 616 页

28870　山西水牛解禁　《民国日报》　1930 年 7 月 16 日　第 87 册　第 198 页

28871　山西田赋改征实物的经验　《大公报》　1941 年 7 月 22 日　第 147 册　第 86 页

28872　山西形势之历史观　《大公报》　1927 年 11 月 3 日　第 81 册　第 267 页

28873　山西巡抚奏开办武备学堂折　《申报》　1902 年 4 月 17 日　第 70 册　第 625 页

28874　山西巡抚奏开办武备学堂折（续昨折）　《申报》　1902 年 4 月 18 日　第 70 册　第 631 页

28875　山西巡抚奏开办武备学堂折（再续昨折）　《申报》　1902 年 4 月 19 日　第 70 册　第 637 页

28876　山西与湖南　《申报》　1926 年 6 月 1 日　第 224 册　第 4 页

28877　山西战局与今后趋势　《申报》（汉口版）　1938 年 3 月 9 日　第 356 册　第 107 页

28878　山西战事　《申报》　1937 年 11 月 8 日　第 355 册　第 951 页

28879　山西战事的意义　《申报》（香港版）　1938 年 3 月 3 日　第 356 册　第 409 页

28880　山西政治经济的回顾与建议（专论）/李荣廷　《民国日报》　1946 年 12 月 22 日　第 99 册　第 520 页

28881　山西之查货风潮　《申报》　1920 年 5 月 27 日　第 164 册　第 477 页

28882　山阳丸放行了！　《大公报》　1939 年 12 月 19 日　第 143 册　第 440 页

28883　山雨欲来的国际时局　《申报》　1941 年 3 月 2 日　第 375 册　第 16 页

28884　山雨欲来之欧洲政局　《申报》　1933 年 3 月 20 日　第 302 册　第 577 页

28885　删除浮文　《申报》　1924 年 1 月 16 日　第 199 册　第 318 页

28886　姗姗来迟的日本预算　《大公报》　1940 年 12 月 11 日　第 145 册　第 620 页

28887　陕北起义之观察　《民国日报》　1916 年 2 月 11 日　第 1 册　第 180 页

28888　陕抚升竹帅拟订大学堂详细章程　《申报》　1902 年 6 月 17 日　第 71 册　第 321 页

28889　陕抚升竹帅拟订大学堂详细章程奏明立案折　《申报》　1902 年 6 月 16 日　第 71 册　第 315 页

28890　陕甘大局　《大公报》　1937 年 1 月 14 日　第 136 册　第 178 页

28891　陕甘教育问题　《大公报》　1937 年 3 月 5 日　第 137 册　第 60 页

28892　陕甘军事　《大公报》　1935 年 10 月 8 日　第 128 册　第 538 页

28893　陕甘军事　《大公报》　1935 年 9 月 9 日　第 128 册　第 116 页

28894　陕甘人民之末日　《大公报》　1929 年 5 月 5 日　第 90 册　第 68 页

28895　陕甘善后　《大公报》　1937 年 1 月 6 日　第 136 册　第 66 页

28896　陕甘善后：杨于及其部属最后自决之时　《中央日报》　1937 年 1 月 10 日　第 37 册　第 97 页

28897　陕甘善后亟应推进　《大公报》　1937 年 4 月 9 日　第 137 册　第 550 页

28898　陕甘善后宜迅速办理　《大公报》　1929 年 7 月 11 日　第 91 册　第 164 页

28899　陕甘食粮问题　《大公报》　1929 年 8 月 20 日　第 91 册　第 804 页

28900　陕甘问题感言　《申报》　1937 年 1 月 14 日　第 348 册　第 279 页

28901　陕晋间之军事形势　《大公报》　1936 年 2 月 25 日　第 130 册　第 618 页

28902　陕局解决以后　《大公报》　1937 年 2 月 10 日　第 136 册　第 556 页

28903　陕局解决之第一步　《大公报》　1937 年 2 月 4 日　第 136 册　第 472 页

28904　陕局解决之原则　《大公报》　1937 年 1 月 18 日　第 136 册　第 234 页

28905　陕局之波折与斡旋　《申报》　1937 年 2 月 6 日　第 349 册　第 145 页

28906　陕局之最后关头　《大公报》　1937 年 1 月 25 日　第 136 册　第 332 页

28907　陕乱感言　《大公报》　1926 年 10 月 2 日　第 77 册　第 241 页

28908　陕闽之烟祸　《申报》　1920 年 12 月 15 日　第 167 册　第 773 页

28909　陕南　《申报》　1918 年 10 月 6 日　第 154 册　第 580 页

28910　陕人痛言：关于张端玑入陕后之声明　《民国日报》　1919 年 3 月 19 日　第 20 册　第 216 页

28911　陕省宜办营田以实仓储说　《申报》　1900 年 10 月 26 日　第 66 册　第

325 页

28912   陕事当力谋根本解决   《民国日报》   1919 年 4 月 10 日   第 20 册   第 480 页

28913   陕事痛言：南方代表注意   陕西人注意   《民国日报》   1919 年 3 月 1 日   第 20 册   第 2 页

28914   陕事责任之下解   《民国日报》   1919 年 2 月 25 日   第 19 册   第 566 页

28915   陕事之怀疑   《申报》   1919 年 4 月 4 日   第 157 册   第 559 页

28916   陕事之责在徐世昌   《民国日报》   1919 年 2 月 28 日   第 19 册   第 602 页

28917   陕西地震   《申报》   1920 年 12 月 21 日   第 167 册   第 883 页

28918   陕西精神/张其昀（星期论文）   《大公报》   1941 年 10 月 5 日   第 147 册   第 368 页

28919   陕西起义周年纪念慨言（来论）/华原   《民国日报》   1919 年 1 月 25 日   第 19 册   第 278 页

28920   陕西善后   《大公报》   1930 年 11 月 9 日   第 99 册   第 100 页

28921   陕西停战之疑问   《申报》   1919 年 3 月 13 日   第 157 册   第 194 页

28922   陕西与福建   《申报》   1918 年 9 月 23 日   第 154 册   第 372 页

28923   陕西之伟大建设：泾惠渠放水典礼感言   《中央日报》   1932 年 6 月 23 日   第 18 册   第 346 页

28924   陕湘闽   《申报》   1920 年 5 月 27 日   第 164 册   第 473 页

28925   陕阎自尽   《申报》   1921 年 8 月 27 日   第 172 册   第 538 页

28926   陕灾   《申报》   1929 年 10 月 3 日   第 263 册   第 72 页

28927   陕灾急赈会之善后   《大公报》   1930 年 7 月 4 日   第 97 册   第 40 页

28928   陕灾急赈应继续努力   《大公报》   1930 年 5 月 28 日   第 96 册   第 436 页

28929   陕灾宣传周之精神   《大公报》   1930 年 5 月 16 日   第 96 册   第 244 页

28930   陕灾以工代赈之亟务   《大公报》   1930 年 8 月 24 日   第 97 册   第 652 页

28931   陕灾之造因及目前之转机   《大公报》   1930 年 5 月 15 日   第 96 册   第 228 页

28932   陕赈宣传周结束之声明   《大公报》   1930 年 5 月 18 日   第 96 册   第 275 页

28933   陕赈责任宜由全国共负之   《大公报》   1930 年 6 月 4 日   第 96 册   第 536 页

28934   汕头登陆之分析观   《申报》   1939 年 6 月 24 日   第 364 册   第 468 页

28935   汕头事件感言   《大公报》   1937 年 5 月 28 日   第 138 册   第 388 页

28936　善变主义的手段　《民国日报》　1922年10月6日　第41册　第480页

28937　善处流亡学生的问题　《申报》　1948年9月23日　第398册　第664页

28938　善导思想　《大公报》　1928年4月29日　第83册　第591页

28939　善恶之奋斗　《申报》　1920年11月9日　第167册　第156页

28940　善恶之最浅近说　《申报》　1927年5月22日　第234册　第423页

28941　善非望报说　《申报》　1892年3月2日　第40册　第315页

28942　善分真伪说　《申报》　1891年4月11日　第38册　第535页

28943　善后　《申报》　1917年7月17日　第147册　第282页

28944　善后　《申报》　1925年3月7日　第210册　第119页

28945　善后策　《申报》　1900年7月2日　第65册　第479页

28946　善后策　《申报》　1930年1月12日　第266册　第268页

28947　善后策设防第二　《申报》　1885年7月1日　第27册　第1页

28948　善后策设官第一　《申报》　1885年6月21日　第26册　第939页

28949　善后策裕饷第三　《申报》　1885年7月5日　第27册　第25页

28950　善后刍言　《申报》　1895年3月22日　第49册　第449页

28951　善后刍言　《申报》　1900年11月3日　第66册　第373页

28952　善后刍言二　《申报》　1900年11月10日　第66册　第415页

28953　善后刍言三　《申报》　1900年11月17日　第66册　第457页

28954　善后会议闭会　《申报》　1925年4月22日　第211册　第396页

28955　善后会议的性质　《民国日报》　1924年12月13日　第54册　第385页

28956　善后会议的贻留（言论）　《民国日报》　1925年4月20日　第56册　第686页

28957　善后会议的预料（言论）　《民国日报》　1925年1月8日　第55册　第80页

28958　善后会议的主客观（言论）　《民国日报》　1925年2月2日　第55册　第318页

28959　善后会议暮景　《申报》　1925年4月7日　第211册　第115页

28960　善后会议之善后　《申报》　1925年4月15日　第211册　第263页

28961　善后会议自会收场（言论）　《民国日报》　1925年3月28日　第56册　第368页

28962　善后借款之疑问　《民国日报》　1916年8月21日　第4册　第614页

28963　善后救济工作的检讨　《申报》　1946年8月10日　第389册　第717页

28964　善后局　《申报》　1916年7月27日　第141册　第414页

28965　善后十策　《申报》　1895年4月28日　第49册　第689页

28966　善后问题　《申报》　1920年8月2日　第165册　第585页

28967　善后与赔偿　《申报》　1924年10月22日　第206册　第858页

28968　善后与善现　《申报》　1925 年 7 月 11 日　第 214 册　第 198 页

28969　善机已动诸君努力　《大公报》　1930 年 5 月 17 日　第 96 册　第 259 页

28970　善尽我们的责任　《中央日报》　1941 年 12 月 10 日　第 45 册　第 547 页

28971　善救物资须公平分配　《大公报》　1947 年 5 月 7 日　第 160 册　第 42 页

28972　善举不难为说　《申报》　1889 年 7 月 25 日　第 35 册　第 157 页

28973　善举筹费刍言　《申报》　1900 年 1 月 16 日　第 64 册　第 99 页

28974　善举宜求认真说　《申报》　1885 年 7 月 30 日　第 27 册　第 175 页

28975　善举真伪辨　《申报》　1902 年 9 月 5 日　第 72 册　第 27 页

28976　善善恶恶说　《申报》　1893 年 2 月 11 日　第 43 册　第 249 页

28977　善食运动　《民国日报》　1930 年 12 月 14 日　第 89 册　第 527 页

28978　善堂董事宜重俸薪论　《申报》　1897 年 8 月 13 日　第 56 册　第 645 页

28979　善堂经费酌拨晋赈说　《申报》　1879 年 7 月 20 日　第 15 册　第 77 页

28980　善堂施诊宜慎选良医说　《申报》　1892 年 4 月 11 日　第 40 册　第 569 页

28981　善堂司事不可倚势说　《申报》　1879 年 12 月 12 日　第 15 册　第 657 页

28982　善堂宜防流弊说　《申报》　1880 年 3 月 31 日　第 16 册　第 337 页

28983　善堂宜仿西法以臻美善论　《申报》　1893 年 9 月 3 日　第 45 册　第 15 页

28984　善忘　《申报》　1925 年 12 月 12 日　第 219 册　第 228 页

28985　善现问题　《申报》　1920 年 12 月 22 日　第 167 册　第 891 页

28986　善用美援·努力自助　《中央日报》　1948 年 5 月 3 日　第 59 册　第 20 页

28987　善用时间　《申报》　1924 年 12 月 12 日　第 208 册　第 199 页

28988　善与美之原质　《申报》　1920 年 11 月 16 日　第 167 册　第 281 页

28989　善哉美国海军司令之言　《大公报》　1927 年 10 月 4 日　第 81 册　第 25 页

28990　善者用其力　《申报》　1927 年 11 月 10 日　第 240 册　第 208 页

28991　擅离职守与破坏纲纪　《民国日报》　1929 年 4 月 30 日　第 79 册　第 1036 页

28992　"伤兵之父"段绳武先生　《大公报》　1944 年 7 月 13 日　第 153 册　第 58 页

28993　"伤兵之友"运动　《大公报》　1940 年 4 月 5 日　第 144 册　第 384 页

28994　伤寒温邪辨　《申报》　1886 年 9 月 3 日　第 29 册　第 393 页

28995　伤心的回顾（一）（言论）　《民国日报》　1925 年 3 月 16 日　第 56 册　第 212 页

28996　伤心的回顾（二）（言论）　《民国日报》　1925 年 3 月 17 日　第 56 册

第 226 页

28997 伤心的回顾（三）（言论）　《民国日报》　1925 年 3 月 18 日　第 56 册
第 240 页

28998 伤心痛哭之主权者　《民国日报》　1920 年 1 月 16 日　第 25 册　第
206 页

28999 商包牙税问题　《大公报》　1930 年 6 月 10 日　第 96 册　第 608 页

29000 商部剖行改良茶业剖文并章程　《申报》　1906 年 6 月 8 日　第 83 册　第
667 页

29001 商部户部会奏议复吴郁生奏筹款接济沪宁铁路折　《申报》　1906 年 6 月
13 日　第 83 册　第 717 页

29002 商部户部会奏议复吴郁生奏筹款接济沪宁铁路折（续昨稿）　《申报》
1906 年 6 月 14 日　第 83 册　第 727 页

29003 商部会同法律大臣奏议定商律续拟破产律折　《申报》　1906 年 4 月 30 日
第 83 册　第 291 页

29004 商部外务部奏遵旨会议湘省绅商请设铁道支路总公司先将常辰一路集股试办
折　《申报》　1904 年 7 月 23 日　第 77 册　第 555 页

29005 商部奏筹办商业模范银行折　《申报》　1906 年 6 月 12 日　第 83 册　第
707 页

29006 商部奏定商会简明章程　《申报》　1904 年 3 月 21 日　第 76 册　第
453 页

29007 商部奏江苏绅士筹筑本省铁路折　《申报》　1906 年 6 月 17 日　第 83 册
第 757 页

29008 商部奏拟订商标注册试办章程折　《申报》　1904 年 8 月 18 日　第 77 册
第 741 页

29009 商埠外日侨死伤之事实如何　《大公报》　1928 年 5 月 7 日　第 84 册　第
61 页

29010 商船兴废论　《申报》　1884 年 8 月 14 日　第 25 册　第 265 页

29011 商贾论　《申报》　1872 年 5 月 11 日　第 1 册　第 33 页

29012 商贾入官论　《申报》　1872 年 12 月 4 日　第 1 册　第 741 页

29013 商界与外交　《大公报》　1926 年 11 月 1 日　第 77 册　第 475 页

29014 商界之表示　《申报》　1920 年 4 月 28 日　第 163 册　第 1067 页

29015 商决时局的基础　《中央日报》　1946 年 10 月 21 日　第 54 册　第 234 页

29016 商联会选举立法委员　《民国日报》　1928 年 11 月 14 日　第 77 册　第
213 页

29017 商民应自行遵令裁厘　《大公报》　1930 年 12 月 22 日　第 99 册　第
616 页

29018　商民自动反日之创举　《民国日报》　1931 年 7 月 19 日　第 93 册　第 226 页

29019　商品式的总统　《民国日报》　1923 年 1 月 8 日　第 43 册　第 90 页

29020　商人该援华侨一手　《民国日报》　1921 年 9 月 26 日　第 35 册　第 346 页

29021　商人之厄运　《申报》　1913 年 5 月 3 日　第 122 册　第 26 页

29022　商谈又搬回莫斯科去了　《大公报》　1948 年 9 月 20 日　第 164 册　第 116 页

29023　商谈与诚意　《中央日报》　1946 年 5 月 28 日　第 52 册　第 1076 页

29024　商统会调整以后　《申报》　1944 年 7 月 1 日　第 386 册　第 1 页

29025　商统会各级机构厉行自肃　《申报》　1943 年 6 月 28 日　第 384 册　第 163 页

29026　商统会工作亟待开展：关于商统会基层机构几个法令的商榷　《申报》　1943 年 5 月 18 日　第 383 册　第 907 页

29027　商团与政府　《民国日报》　1924 年 8 月 18 日　第 52 册　第 640 页

29028　商务部议奏公司注册试办章程折　《申报》　1904 年 7 月 5 日　第 77 册　第 441 页

29029　商务部奏请振兴农务折　《申报》　1903 年 12 月 5 日　第 75 册　第 663 页

29030　商务刍言　《申报》　1890 年 11 月 27 日　第 37 册　第 949 页

29031　商务刍言　《申报》　1892 年 7 月 8 日　第 41 册　第 441 页

29032　商务论略 上　《申报》　1889 年 12 月 27 日　第 35 册　第 1109 页

29033　商务论略 中　《申报》　1889 年 12 月 28 日　第 35 册　第 1115 页

29034　商务论略 下　《申报》　1890 年 1 月 1 日　第 36 册　第 1 页

29035　商务通于兵法说　《申报》　1890 年 11 月 26 日　第 37 册　第 943 页

29036　商务印书馆复业　《申报》　1932 年 8 月 2 日　第 295 册　第 27 页

29037　商务总会欢迎海军大臣感书　《申报》　1909 年 9 月 1 日　第 102 册　第 2 页

29038　商业驳破产律议　《申报》　1906 年 6 月 23 日　第 83 册　第 815 页

29039　商业补助机关之不备：录商务官报　《申报》　1906 年 8 月 19 日　第 84 册　第 483 页

29040　商业补助机关之不备（续）：录商务官报　《申报》　1906 年 8 月 20 日　第 84 册　第 491 页

29041　商业不振中之两问题　《申报》　1930 年 9 月 11 日　第 274 册　第 267 页

29042　商业登记法草案再商榷　《申报》　1947 年 10 月 7 日　第 395 册　第 62 页

29043 商业登记与合伙责任 《中央日报》 1937年6月30日 第39册 第732页

29044 商业会议中之两问题 《申报》 1931年5月7日 第282册 第143页

29045 商业上之苦闷 《大公报》 1930年6月19日 第96册 第716页

29046 商业银行提存外汇 《中央日报》 1948年9月8日 第60册 第56页

29047 商业资本与工业资本 《中央日报》 1945年5月25日 第50册 第1198页

29048 商约 《申报》 1931年4月30日 第281册 第772页

29049 商约既成喜而敬书于后 《申报》 1902年9月12日 第72册 第75页

29050 赏得其当说 《申报》 1890年3月25日 第36册 第463页

29051 赏罚 《申报》 1921年3月2日 第169册 第20页

29052 赏罚不明 《申报》 1917年9月17日 第148册 第274页

29053 赏罚严明说 《申报》 1894年11月9日 第48册 第435页

29054 赏罚与迟速 《申报》 1928年11月2日 第252册 第38页

29055 上层智识分子的责任 《大公报》 1940年5月10日 第144册 第524页

29056 上端午帅论长江要塞书 《申报》 1909年10月8日 第102册 第552页

29057 上各省都督书 《申报》 1911年11月14日 第115册 第199页

29058 上贵阳制军陈筱帅挽回借款书 《申报》 1907年11月1日 第91册 第1页

29059 上海报纸与北军入浙 《民国日报》 1917年1月10日 第7册 第98页

29060 上海北新书局"小猪八戒"风潮 《中央日报》 1932年11月1日 第20册 第2页

29061 上海兵役如何办理妥善 《申报》 1948年3月18日 第396册 第718页

29062 上海城内地方宜加整顿说 《申报》 1881年12月18日 第19册 第681页

29063 上海城内宜设水船以便民用论 《申报》 1872年12月10日 第1册 第761页

29064 上海筹改特别市的我见（一）（言论） 《民国日报》 1925年2月14日 第55册 第468页

29065 上海筹改特别市的我见（二）（言论） 《民国日报》 1925年2月15日 第55册 第482页

29066 上海筹改特别市的我见（三）（言论） 《民国日报》 1925年2月16日

第 55 册 第 496 页

29067 上海筹赈无已时说 《申报》 1883 年 8 月 1 日 第 23 册 第 187 页

29068 上海创设国际俱乐部 《申报》 1931 年 7 月 11 日 第 284 册 第 280 页

29069 上海大炮声又响矣 《申报》 1937 年 8 月 14 日 第 355 册 第 260 页

29070 上海当前的紧要工作/陈彬龢（代论） 《申报》 1945 年 1 月 22 日 第 387 册 第 65 页

29071 上海当前之食住问题 《申报》 1940 年 12 月 7 日 第 373 册 第 490 页

29072 上海的今年春节 《申报》 1940 年 2 月 11 日 第 368 册 第 508 页

29073 上海的警察（社评） 《民国日报》 1927 年 9 月 11 日 第 70 册 第 172 页

29074 上海的三次暴行 《中央日报》 1948 年 2 月 4 日 第 58 册 第 322 页

29075 上海的生活费指数 《申报》 1940 年 9 月 10 日 第 372 册 第 122 页

29076 上海的物价飞涨 《申报》 1939 年 6 月 22 日 第 364 册 第 430 页

29077 上海地位应如何改良 《大公报》 1927 年 2 月 8 日 第 78 册 第 253 页

29078 上海电话加价问题 《申报》 1935 年 8 月 21 日 第 331 册 第 523 页

29079 上海电力公司工潮平议 《申报》 1946 年 1 月 27 日 第 388 册 第 153 页

29080 上海法公廨撤销 《中央日报》 1931 年 8 月 4 日 第 15 册 第 371 页

29081 上海法租界光辉之前途 《申报》 1940 年 3 月 1 日 第 369 册 第 4 页

29082 上海反汉奸运动的重大意义：国民精神总动员在沦陷区 《申报》（香港版） 1939 年 4 月 27 日 第 358 册 第 458 页

29083 上海房租的新标准 《申报》 1949 年 3 月 10 日 第 400 册 第 430 页

29084 上海富豪的试金石 《申报》 1948 年 8 月 3 日 第 398 册 第 266 页

29085 上海富有资产者之苦闷 《申报》 1940 年 10 月 19 日 第 372 册 第 636 页

29086 上海革新警政 《民国日报》 1946 年 3 月 18 日 第 97 册 第 289 页

29087 上海各团体欢迎江侍御感言 《申报》 1910 年 4 月 26 日 第 105 册 第 897 页

29088 上海各学校的收费问题 《申报》 1949 年 2 月 9 日 第 400 册 第 232 页

29089 上海工潮与傅逆之死 《大公报》 1940 年 10 月 14 日 第 145 册 第 400 页

29090 上海工潮与食粮问题 《中央日报》 1940 年 3 月 3 日 第 43 册 第 128 页

29091 上海工潮中之新问题 《大公报》 1927 年 4 月 16 日 第 79 册 第 121 页

29092　上海工商业的危机　《申报》　1939 年 5 月 11 日　第 363 册　第 720 页

29093　上海工商业之前瞻　《申报》　1939 年 11 月 2 日　第 367 册　第 16 页

29094　上海公共租界改选董事与租界前途　《申报》　1940 年 4 月 3 日　第 369
册　第 448 页

29095　上海公共租界特区法院改组问题　《中央日报》　1932 年 7 月 24 日　第 18
册　第 594 页

29096　上海公共租界之华人市民权问题　《大公报》　1928 年 4 月 5 日　第 83 册
第 351 页

29097　上海公开讲学之鹄的　《申报》　1941 年 5 月 10 日　第 376 册　第 106 页

29098　上海和会成功！　《大公报》　1931 年 11 月 8 日　第 105 册　第 88 页

29099　上海和会关键　《大公报》　1931 年 11 月 6 日　第 105 册　第 64 页

29100　上海华人应自建公花园　《申报》　1920 年 6 月 18 日　第 164 册　第
893 页

29101　上海华童公众学堂落成纪　《申报》　1904 年 11 月 14 日　第 78 册　第
509 页

29102　上海会议破裂后的努力（言论）　《民国日报》　1925 年 6 月 19 日　第 57
册　第 610 页

29103　上海机联会十周纪念感言　《申报》　1937 年 6 月 15 日　第 353 册　第
377 页

29104　上海机器局第五号轮船小纪　《申报》　1872 年 7 月 4 日　第 1 册　第
217 页

29105　上海将如何　《民国日报》　1931 年 11 月 11 日　第 95 册　第 125 页

29106　上海交通问题　《民国日报》　1924 年 2 月 20 日　第 49 册　第 593 页

29107　上海教育界最近纠纷事件　《申报》　1939 年 7 月 9 日　第 365 册　第
152 页

29108　上海教育上的危机　《申报》　1943 年 8 月 25 日　第 384 册　第 399 页

29109　上海教育问题　《申报》　1942 年 12 月 19 日　第 382 册　第 538 页

29110　上海教育现阶段的检讨　《申报》　1939 年 6 月 11 日　第 364 册　第
200 页

29111　上海节之意义　《申报》　1937 年 3 月 22 日　第 350 册　第 529 页

29112　上海今日举行人口普查　《申报》　1948 年 11 月 8 日　第 399 册　第
258 页

29113　上海经济之虚荣　《申报》　1938 年 10 月 17 日　第 359 册　第 148 页

29114　上海居民的节约储蓄　《申报》　1940 年 9 月 20 日　第 372 册　第 258 页

29115　上海居住问题之严重性　《申报》　1940 年 9 月 7 日　第 372 册　第 80 页

29116　上海局势　《中央日报》　1939 年 3 月 1 日　第 41 册　第 824 页

29117　上海开辟城门造谣感言　《申报》　1909 年 8 月 11 日　第 101 册　第 616 页

29118　上海可免兵祸　《申报》　1913 年 7 月 22 日　第 123 册　第 290 页

29119　上海恐慌之根本救济　《大公报》　1935 年 3 月 1 日　第 125 册　第 4 页

29120　上海乐事解　《申报》　1877 年 10 月 13 日　第 11 册　第 361 页

29121　上海临时救济难民协会成立　《申报》　1945 年 1 月 12 日　第 387 册　第 33 页

29122　上海米粮缺乏观　《民国日报》　1920 年 5 月 12 日　第 27 册　第 142 页

29123　上海米粮之限价　《申报》　1939 年 5 月 28 日　第 363 册　第 1034 页

29124　上海民党斥章太炎书　《民国日报》　1922 年 9 月 1 日　第 41 册　第 2 页

29125　上海奈何不响应陕赈　《大公报》　1930 年 6 月 23 日　第 96 册　第 764 页

29126　上海奈何留杨善德祸沪　《民国日报》　1916 年 4 月 14 日　第 2 册　第 530 页

29127　上海难民问题之处置　《申报》　1948 年 12 月 1 日　第 399 册　第 396 页

29128　上海钱业营业新方针之检讨　《申报》　1935 年 2 月 25 日　第 325 册　第 619 页

29129　上海青年往那儿走?　《申报》　1939 年 1 月 29 日　第 361 册　第 510 页

29130　上海人的觉悟:先公后私?先私后公?只私无公?　《申报》　1944 年 6 月 6 日　第 385 册　第 545 页

29131　上海人的自觉　《申报》　1946 年 5 月 21 日　第 388 册　第 866 页

29132　上海人口疏散问题　《申报》　1944 年 12 月 26 日　第 386 册　第 575 页

29133　上海人士应培养定力　《申报》　1941 年 8 月 5 日　第 377 册　第 56 页

29134　上海日报之事　《申报》　1874 年 5 月 12 日　第 4 册　第 427 页

29135　上海日军实力发动/默　《申报》　1932 年 1 月 29 日　第 290 册　第 602 页

29136　上海三友社劳资的纠纷　《中央日报》　1932 年 9 月 1 日　第 19 册　第 250 页

29137　上海商会纠纷　《中央日报》　1929 年 4 月 26 日　第 5 册　第 701 页

29138　上海商界会议参与商约演说词　《申报》　1907 年 7 月 29 日　第 89 册　第 341 页

29139　上海商界会议参与商约演说词　《申报》　1907 年 7 月 30 日　第 89 册　第 353 页

29140　上海商务总会上度支部论铸钱币书(再续)　《申报》　1907 年 12 月 2 日　第 91 册　第 402 页

29141　上海社会的净化　《申报》　1946 年 4 月 10 日　第 388 册　第 552 页

29142   上海社会二三事   《申报》   1943年6月30日   第384册   第175页

29143   上海申报双十复刊祝辞   《申报》（香港版）   1938年10月10日   第357册   第157页

29144   上海市兵役问题   《申报》   1947年7月18日   第394册   第172页

29145   上海市参议会的成就   《申报》   1947年6月6日   第393册   第666页

29146   上海市场的新变动   《申报》   1939年6月8日   第364册   第140页

29147   上海市场一个月   《中央日报》   1948年9月24日   第60册   第180页

29148   上海市场之憧憬   《申报》   1941年5月27日   第376册   第316页

29149   上海市党务   《民国日报》   1931年7月4日   第93册   第40页

29150   上海市的户口普查   《申报》   1948年10月29日   第399册   第194页

29151   上海市的精神建设   《民国日报》   1945年10月9日   第96册   第199页

29152   上海市的征兵问题/方秋苇（专论）   《申报》   1947年5月10日   第393册   第396页

29153   上海市房屋租赁管理   《民国日报》   1945年11月10日   第96册   第263页

29154   上海市经济复兴之期望   《民国日报》   1945年10月13日   第96册   第209页

29155   上海市面谈   《申报》   1911年10月25日   第114册   第953页

29156   上海市面总论   《申报》   1879年1月20日   第14册   第65页

29157   上海市民当心火灾   《申报》   1949年1月28日   第400册   第174页

29158   上海市民的迫切呼号   《申报》   1947年5月27日   第393册   第566页

29159   上海市民的试金石   《申报》   1948年12月18日   第399册   第500页

29160   上海市民的一大考验   《申报》   1947年7月27日   第394册   第262页

29161   上海市民福利学会的特殊性/张一鹏（星期评论）   《申报》   1943年7月4日   第384册   第193页

29162   上海市民认清时局   《民国日报》   1945年11月21日   第96册   第285页

29163   上海市推行识字教育开始志感   《申报》   1935年5月1日   第328册   第9页

29164   上海市预算问题   《申报》   1947年1月18日   第392册   第198页

29165   上海市浙江路与河南路之抉择   《民国日报》   1945年11月28日   第96册   第299页

29166   上海市政的兴革   《申报》   1946年9月10日   第390册   第126页

29167   上海市政府组织规程的检讨   《申报》   1947年3月11日   第392册   第736页

29168　上海市属七县应加调整　《申报》　1945 年 1 月 23 日　第 387 册　第 67 页

29169　上海丝业会馆于关圣前拈阄分彩醵资助赈序　《申报》　1885 年 12 月 2 日　第 27 册　第 941 页

29170　上海私立大学合并议　《民国日报》　1928 年 6 月 22 日　第 74 册　第 841 页

29171　上海特别市市中心区域建设计划（专载）/沈怡　《民国日报》　1929 年 12 月 14 日　第 83 册　第 715 页

29172　上海特别市运动（言论）　《民国日报》　1926 年 12 月 3 日　第 66 册　第 136 页

29173　上海停战协定签字　《大公报》　1932 年 5 月 6 日　第 108 册　第 54 页

29174　上海停战协定与东北问题　《申报》　1932 年 5 月 6 日　第 292 册　第 81 页

29175　上海投机市场之新转变　《申报》　1936 年 3 月 25 日　第 338 册　第 619 页

29176　上海土案不容含糊了事　《大公报》　1928 年 11 月 29 日　第 87 册　第 337 页

29177　上海外汇问题的"症结"　《申报》　1939 年 7 月 1 日　第 365 册　第 4 页

29178　上海文报局与昌栈高易行内三处协赈公所催收册捐应解四十一批山东赈款并述潘严二君告急书　《申报》　1887 年 9 月 4 日　第 31 册　第 403 页

29179　上海五馆配五行说　《申报》　1888 年 3 月 20 日　第 32 册　第 433 页

29180　上海物价的高涨　《申报》　1939 年 9 月 14 日　第 366 册　第 194 页

29181　上海县汪公去思碑　《申报》　1904 年 7 月 2 日　第 77 册　第 421 页

29182　上海限制提现与禁止入口　《申报》　1939 年 7 月 5 日　第 365 册　第 80 页

29183　上海兴亡上海人有责　《申报》　1944 年 4 月 10 日　第 385 册　第 351 页

29184　上海形势转移之关键　《民国日报》　1932 年 1 月 25 日　第 96 册　第 176 页

29185　上海休战非根本问题　《大公报》　1932 年 2 月 29 日　第 106 册　第 578 页

29186　上海需要一纯粹的人民团体　《申报》　1942 年 12 月 12 日　第 382 册　第 482 页

29187　上海洋场序　《申报》　1872 年 9 月 13 日　第 1 册　第 461 页

29188　上海一周　《中央日报》　1948 年 8 月 30 日　第 59 册　第 1000 页

29189　上海宜仿立借钱局说　《申报》　1883 年 11 月 20 日　第 23 册　第 855 页

29190 上海宜仿粤东设西学馆议   《申报》   1886 年 3 月 13 日   第 28 册   第 383 页

29191 上海银根今年愈紧   《申报》   1873 年 12 月 25 日   第 3 册   第 609 页

29192 上海饮水秽害亟宜清洁论   《申报》   1873 年 2 月 28 日   第 2 册   第 177 页

29193 上海英兵大举布防   《大公报》   1927 年 2 月 28 日   第 78 册   第 413 页

29194 上海英军防区问题   《中央日报》   1940 年 8 月 20 日   第 43 册   第 876 页

29195 上海游资问题   《大公报》   1941 年 8 月 7 日   第 147 册   第 144 页

29196 上海游资须谋稳定   《申报》   1940 年 4 月 6 日   第 369 册   第 490 页

29197 上海与东北系在一条阵线   《大公报》   1932 年 3 月 16 日   第 107 册   第 154 页

29198 上海与广州之比较（代论）   《民国日报》   1926 年 11 月 29 日   第 66 册   第 104 页

29199 上海与南洋劝业会之关系：招待上海实业界诸君茶话会席上演说   《申报》   1909 年 5 月 27 日   第 100 册   第 366 页

29200 上海与南洋劝业会之关系（续）   《申报》   1909 年 5 月 28 日   第 100 册   第 380 页

29201 上海与英国兵   《大公报》   1927 年 3 月 6 日   第 78 册   第 461 页

29202 上海圆桌会议问题   《大公报》   1932 年 5 月 22 日   第 108 册   第 214 页

29203 上海粤路股东共济会致广东粤路股东共济会书：论粤路公司改良问题   《申报》   1909 年 8 月 1 日   第 101 册   第 464 页

29204 上海战局   《申报》   1937 年 10 月 25 日   第 355 册   第 821 页

29205 上海战事之重要性   《大公报》   1932 年 2 月 9 日   第 106 册   第 378 页

29206 上海征兵抽签今日举行   《申报》   1948 年 3 月 23 日   第 396 册   第 766 页

29207 上海整顿市面扼要说   《申报》   1888 年 2 月 18 日   第 32 册   第 249 页

29208 上海之法治   《申报》   1939 年 5 月 19 日   第 363 册   第 868 页

29209 上海之法治   《申报》（香港版）   1939 年 5 月 24 日   第 358 册   第 674 页

29210 上海之公共交通问题   《申报》   1935 年 7 月 21 日   第 330 册   第 535 页

29211 上海之监狱   《申报》   1920 年 4 月 2 日   第 163 册   第 599 页

29212 上海之恐怖   《申报》   1932 年 1 月 30 日   第 290 册   第 617 页

29213 上海之炮声   《申报》   1915 年 12 月 6 日   第 137 册   第 578 页

29214 上海之特别军法处   《大公报》   1927 年 8 月 18 日   第 80 册   第 385 页

29215 上海之严重学潮   《大公报》   1931 年 12 月 11 日   第 105 册   第 318 页

29216 上海中立区问题 《申报》 1937 年 8 月 25 日 第 355 册 第 330 页

29217 上海驻军问题 《民国日报》 1919 年 8 月 25 日 第 22 册 第 626 页

29218 上海驻军问题（二） 《民国日报》 1919 年 8 月 26 日 第 22 册 第 638 页

29219 上海咨议局章程原起草员议复预备立宪公会书：为湖北咨议局创办所投书办难事 《申报》 1908 年 3 月 3 日 第 93 册 第 25 页

29220 上海总商会之改革谈 《申报》 1920 年 10 月 31 日 第 166 册 第 1059 页

29221 上海租界安全问题平议 《申报》 1939 年 3 月 17 日 第 362 册 第 730 页

29222 上海租界的前途 《申报》 1941 年 4 月 11 日 第 375 册 第 519 页

29223 上海租界问题 《申报》 1937 年 11 月 13 日 第 355 册 第 995 页

29224 上海租界与"歹土" 《申报》 1939 年 10 月 24 日 第 366 册 第 750 页

29225 上课第一！ 《申报》 1949 年 5 月 4 日 第 400 册 第 822 页

29226 上论蠲免民欠钱粮书后 《申报》 1875 年 5 月 4 日 第 6 册 第 401 页

29227 上年度之我国对外贸易 《申报》 1936 年 2 月 3 日 第 337 册 第 69 页

29228 上苏路公司拒款意见书二 《申报》 1907 年 11 月 2 日 第 91 册 第 15 页

29229 上苏路公司拒款意见书一 《申报》 1907 年 11 月 2 日 第 91 册 第 15 页

29230 上台下台 《申报》 1917 年 11 月 19 日 第 149 册 第 300 页

29231 上下交困之象 《申报》 1920 年 9 月 8 日 第 166 册 第 129 页

29232 上下协力澄清吏治 《申报》 1944 年 11 月 22 日 第 386 册 第 467 页

29233 上下一行 《申报》 1927 年 1 月 6 日 第 231 册 第 126 页

29234 上下之情宜通说 《申报》 1894 年 1 月 31 日 第 46 册 第 195 页

29235 上宪不易为说 《申报》 1880 年 4 月 5 日 第 16 册 第 357 页

29236 上行下效 《申报》 1916 年 12 月 22 日 第 143 册 第 930 页

29237 上薛笃弼书 《民国日报》 1928 年 10 月 20 日 第 76 册 第 874 页

29238 上薛笃弼书 《民国日报》 1928 年 10 月 21 日 第 76 册 第 891 页

29239 上一礼拜红绿茶市情论 《申报》 1872 年 8 月 26 日 第 1 册 第 397 页

29240 上已述乙酉金陵修禊事 《申报》 1896 年 4 月 17 日 第 52 册 第 621 页

29241 上谕恭录 《申报》 1884 年 6 月 15 日 第 24 册 第 945 页

29242 上谕恭录 《申报》 1885 年 7 月 14 日 第 27 册 第 79 页

29243 上月二十八日报纪道示照登一则书后 《申报》 1897 年 12 月 29 日 第

57 册　第 735 页

29244　上浙江抚宪刘中丞条陈　《申报》　1885 年 9 月 6 日　第 27 册　第 405 页

29245　上浙路股东会意见书　《申报》　1910 年 9 月 12 日　第 108 册　第 177 页

29246　上驻东钦使开井图说并石灰有益于沙田说　《申报》　1887 年 1 月 2 日
　　　　第 30 册　第 7 页

29247　尚未上轨　《申报》　1922 年 6 月 7 日　第 181 册　第 121 页

29248　尚无端倪　《申报》　1925 年 6 月 12 日　第 213 册　第 199 页

29249　尚武说　《申报》　1905 年 3 月 26 日　第 79 册　第 571 页

29250　尚武与右文　《申报》　1920 年 12 月 23 日　第 167 册　第 922 页

29251　尚贤堂肄业生秦百里开智培才篇上　《申报》　1904 年 1 月 30 日　第 76
　　　　册　第 179 页

29252　尚贤学堂李佳白先生第十五次报告　《申报》　1905 年 5 月 11 日　第 80
　　　　册　第 89 页

29253　尚质篇　《申报》　1898 年 7 月 12 日　第 59 册　第 481 页

29254　尚质篇　《申报》　1898 年 7 月 5 日　第 59 册　第 431 页

29255　烧天香考　《申报》　1892 年 9 月 1 日　第 42 册　第 1 页

29256　稍安勿躁　《申报》　1920 年 11 月 13 日　第 167 册　第 217 页

29257　稍变　《申报》　1918 年 11 月 2 日　第 155 册　第 18 页

29258　稍为国家留点体面　《民国日报》　1946 年 8 月 19 日　第 98 册　第
　　　　482 页

29259　稍有转机　《申报》　1917 年 1 月 5 日　第 144 册　第 52 页

29260　苕客奇谈　《申报》　1886 年 1 月 4 日　第 28 册　第 19 页

29261　少残杀少破坏　《大公报》　1948 年 3 月 18 日　第 162 册　第 460 页

29262　少号召多建议　《申报》　1937 年 9 月 1 日　第 355 册　第 380 页

29263　"少数民族"名词的纠正：并论中国边疆问题/张其昀（星期论坛）　《申
　　　　报》　1946 年 3 月 24 日　第 388 册　第 448 页

29264　"奢侈即敌人"——再论战时消费节约　《申报》　1943 年 2 月 2 日　第
　　　　383 册　第 234 页

29265　奢侈税捐与廉俭政治　《大公报》　1928 年 3 月 8 日　第 83 册　第 71 页

29266　奢俭论　《申报》　1872 年 5 月 9 日　第 1 册　第 25 页

29267　奢俭论　《申报》　1873 年 12 月 10 日　第 3 册　第 557 页

29268　舌人解　《申报》　1904 年 8 月 2 日　第 77 册　第 623 页

29269　舍不得牺牲者的责任　《民国日报》　1921 年 11 月 3 日　第 36 册　第
　　　　28 页

29270　舍此无他法　《申报》　1915 年 3 月 20 日　第 133 册　第 302 页

29271　舍得　《申报》　1927 年 7 月 15 日　第 236 册　第 308 页

29272　舍短取长　《大公报》　1931 年 4 月 26 日　第 101 册　第 676 页

29273　舍生取义与毁家纾难　《中央日报》　1944 年 4 月 29 日　第 49 册　第 534 页

29274　舍我其谁　《申报》　1919 年 9 月 26 日　第 160 册　第 448 页

29275　舍正路　《申报》　1919 年 10 月 13 日　第 160 册　第 782 页

29276　设策自害　《申报》　1924 年 1 月 20 日　第 199 册　第 404 页

29277　设法保护在美华人论　《申报》　1882 年 5 月 23 日　第 20 册　第 681 页

29278　设法以五日由汉口达四川说　《申报》　1874 年 1 月 17 日　第 4 册　第 57 页

29279　设官以保海外华工议　《申报》　1902 年 3 月 17 日　第 70 册　第 419 页

29280　设计纲的建立与运用　《中央日报》　1941 年 2 月 12 日　第 44 册　第 436 页

29281　设计基础工作的推进　《中央日报》　1941 年 1 月 23 日　第 44 册　第 356 页

29282　设立官票局议　《申报》　1887 年 7 月 5 日　第 31 册　第 25 页

29283　设立国际宣传局　《大公报》　1930 年 1 月 24 日　第 94 册　第 340 页

29284　设立监察使之商榷　《申报》　1934 年 6 月 26 日　第 317 册　第 772 页

29285　设立教董论　《申报》　1901 年 8 月 5 日　第 68 册　第 577 页

29286　设立经济管制局的商榷　《申报》　1948 年 7 月 26 日　第 398 册　第 202 页

29287　设立经济设计院之建议　《大公报》　1940 年 5 月 27 日　第 144 册　第 592 页

29288　设立军财交统一委员会之建议　《大公报》　1928 年 7 月 24 日　第 85 册　第 231 页

29289　设立商务学堂议　《申报》　1899 年 4 月 16 日　第 61 册　第 643 页

29290　设立苏维埃地带　《申报》　1941 年 3 月 21 日　第 375 册　第 258 页

29291　设身处地替中国想一想！　《申报》　1947 年 9 月 15 日　第 394 册　第 762 页

29292　设乡官议　《申报》　1902 年 1 月 10 日　第 70 册　第 55 页

29293　设想明年度预算　《大公报》　1942 年 9 月 21 日　第 149 册　第 360 页

29294　设置东北中立带问题　《中央日报》　1946 年 7 月 30 日　第 53 册　第 508 页

29295　社会安定运动　《申报》　1947 年 6 月 8 日　第 393 册　第 686 页

29296　社会不安之因素　《申报》　1940 年 8 月 31 日　第 371 册　第 796 页

29297　社会道德的崩溃/陈衡哲（星期论文）　《大公报》　1943 年 8 月 1 日　第 151 册　第 142 页

29298 "社会的反映"与反省 《民国日报》 1924年7月4日 第52册 第51页

29299 社会的改造与教育的运用：在考试院总理纪念周演讲（专载）邵元冲 《民国日报》 1931年4月14日 第91册 第538页

29300 社会的改造与教育的运用：在考试院总理纪念周演讲（专载）邵元冲 《民国日报》 1931年4月15日 第91册 第550页

29301 社会的改造与教育的运用：在考试院总理纪念周演讲（专载）邵元冲 《民国日报》 1931年4月16日 第91册 第562页

29302 社会的同情心 《民国日报》 1923年1月25日 第43册 第322页

29303 社会对于工部局与华捕 《申报》 1940年12月10日 第373册 第532页

29304 社会服务与精神动员 《中央日报》 1942年3月14日 第45册 第934页

29305 社会福利事业与冬赈 《申报》 1943年11月4日 第384册 第687页

29306 社会改革性的经济政策 《中央日报》 1947年6月9日 第56册 第392页

29307 社会改良主义之必要 《申报》 1909年2月18日 第98册 第528页

29308 社会公道的意义与使命/陈衡哲（星期论文） 《大公报》 1944年8月20日 第153册 第228页

29309 社会建设与物价管制 《中央日报》 1941年10月25日 第45册 第360页

29310 社会教育的一个要点 《大公报》 1941年11月13日 第147册 第532页

29311 社会教育与地方自治 《中央日报》 1943年11月15日 第48册 第918页

29312 社会教育之本质 《申报》 1933年7月28日 第306册 第813页

29313 社会节约 《大公报》 1938年6月24日 第140册 第774页

29314 社会进化概说（论载） 《民国日报》 1927年7月3日 第69册 第46页

29315 社会经济的两路口 《中央日报》 1946年12月17日 第54册 第966页

29316 社会经济转变中的一个严重问题 《大公报》 1940年4月29日 第144册 第480页

29317 社会救济事业的扩展 《中央日报》 1944年1月20日 第49册 第102页

29318 社会科学者应当努力 《大公报》 1930年2月19日 第94册 第

724 页

29319　社会领导人物的必要条件　《申报》　1945 年 4 月 7 日　第 387 册　第 261 页

29320　社会批判力与禁烟三年计划/吉田东祐（星期评论）　《申报》　1944 年 2 月 27 日　第 385 册　第 205 页

29321　社会上之小危险　《申报》　1917 年 1 月 30 日　第 144 册　第 332 页

29322　社会上最大危机　《大公报》　1926 年 11 月 2 日　第 77 册　第 483 页

29323　社会生活规律之自觉　《中央日报》　1947 年 2 月 19 日　第 55 册　第 566 页

29324　社会事业　《申报》　1944 年 6 月 8 日　第 385 册　第 551 页

29325　社会事业与安老问题　《申报》　1944 年 11 月 2 日　第 386 册　第 401 页

29326　社会危机之两种省察　《大公报》　1928 年 2 月 20 日　第 82 册　第 439 页

29327　社会先于个人　《申报》　1945 年 3 月 23 日　第 387 册　第 225 页

29328　社会行动的动向　《中央日报》　1943 年 2 月 9 日　第 47 册　第 608 页

29329　社会行政的推进　《中央日报》　1940 年 11 月 16 日　第 44 册　第 66 页

29330　社会虚症　《申报》　1944 年 7 月 17 日　第 386 册　第 57 页

29331　社会游资的转向　《中央日报》　1944 年 1 月 29 日　第 49 册　第 140 页

29332　社会之真危机　《申报》　1932 年 6 月 11 日　第 293 册　第 211 页

29333　社会组织　《申报》　1927 年 4 月 15 日　第 233 册　第 279 页

29334　社论：澄清选举之标准谈　《申报》　1923 年 3 月 13 日　第 189 册　第 259 页

29335　社论：第二临城其在陇海乎　《申报》　1923 年 5 月 12 日　第 191 册　第 237 页

29336　社论：国人亦念胶济铁路乎（一）　《申报》　1923 年 2 月 25 日　第 188 册　第 974 页

29337　社论：国人亦念胶济铁路乎（二）　《申报》　1923 年 2 月 26 日　第 188 册　第 994 页

29338　社论：护宪之精神　《申报》　1923 年 4 月 10 日　第 190 册　第 196 页

29339　社论：敬告国人　《申报》　1923 年 3 月 24 日　第 189 册　第 487 页

29340　社论：论加税　《申报》　1923 年 3 月 3 日　第 189 册　第 48 页

29341　社论：论蜀乱　《申报》　1923 年 3 月 16 日　第 189 册　第 320 页

29342　社论：论议员本不代表民意　《申报》　1923 年 5 月 6 日　第 191 册　第 107 页

29343　社论：论赈灾之冷淡　《申报》　1924 年 7 月 26 日　第 204 册　第 578 页

29344　社论：送诸代表赴世界教育会议　《申报》　1923 年 6 月 4 日　第 192 册

第 71 页

29345　社论：我所注意之政府办理临城劫案三大要点　《申报》　1923 年 5 月 14 日　第 191 册　第 285 页

29346　社论：吾国民对于日本大劫之态度　《申报》　1923 年 9 月 5 日　第 195 册　第 96 页

29347　社论：增修宪草谈/汤斐予　《申报》　1923 年 6 月 5 日　第 192 册　第 93 页

29348　社评之评　《民国日报》　1923 年 5 月 8 日　第 45 册　第 92 页

29349　社说：对于英国退还赔款之意见　《申报》　1923 年 3 月 30 日　第 189 册　第 616 页

29350　社说：论广东九江商团事　《申报》　1924 年 8 月 16 日　第 205 册　第 348 页

29351　社说：苏州河考　《申报》　1923 年 2 月 27 日　第 188 册　第 1018 页

29352　社说一：九年来中华民国之重心　《申报》　1920 年 10 月 10 日　第 166 册　第 672 页

29353　社说二：说庆　《申报》　1920 年 10 月 10 日　第 166 册　第 672 页

29354　社说三：国庆与国民大会　《申报》　1920 年 10 月 10 日　第 166 册　第 676 页

29355　社说四：去年国庆纪念以来山东问题之经过　《申报》　1920 年 10 月 10 日　第 166 册　第 684 页

29356　社说五：一年内之乐观　《申报》　1920 年 10 月 10 日　第 166 册　第 688 页

29357　社说六：对于女子解放之感想　《申报》　1920 年 10 月 10 日　第 166 册　第 688 页

29358　社说七：一周年上海金融界之回顾　《申报》　1920 年 10 月 10 日　第 166 册　第 692 页

29359　社说八：民国九年来中俄对外蒙交涉之回顾　《申报》　1920 年 10 月 10 日　第 166 册　第 696 页

29360　社说九：省自治　《申报》　1920 年 10 月 10 日　第 166 册　第 700 页

29361　射策臆说　《申报》　1897 年 10 月 1 日　第 57 册　第 183 页

29362　射之道　《申报》　1929 年 3 月 4 日　第 256 册　第 98 页

29363　涉海刍言　《申报》　1887 年 4 月 20 日　第 30 册　第 639 页

29364　赦张勋　《申报》　1918 年 5 月 12 日　第 152 册　第 178 页

29365　摄政王交谕改良学务感言　《申报》　1909 年 4 月 28 日　第 99 册　第 836 页

29366　摄政王交谕改良学务感言（续）　《申报》　1909 年 4 月 29 日　第 99 册

第 850 页

29367　摄政与监国之研究　《申报》　1909 年 1 月 4 日　第 98 册　第 40 页

29368　摄政之争　《申报》　1923 年 6 月 21 日　第 192 册　第 434 页

29369　申报二万五千号纪念辞　《申报》　1947 年 9 月 20 日　第 394 册　第 813 页

29370　申报复刊辞　《申报》　1938 年 10 月 10 日　第 359 册　第 3 页

29371　申报馆赋　《申报》　1873 年 2 月 15 日　第 2 册　第 133 页

29372　申本报名分辨之意推论名义名实二端　《申报》　1896 年 11 月 14 日　第 54 册　第 473 页

29373　申江居不易说　《申报》　1889 年 12 月 16 日　第 35 册　第 1043 页

29374　申江新报缘起　《申报》　1872 年 5 月 6 日　第 1 册　第 13 页

29375　申禁逆书以杜乱萌议　《申报》　1904 年 12 月 17 日　第 78 册　第 725 页

29376　申禁试士带盐示谕书后　《申报》　1879 年 8 月 20 日　第 15 册　第 201 页

29377　申论白银问题　《大公报》　1934 年 3 月 1 日　第 119 册　第 4 页

29378　申论弼教以明伦为亟　《申报》　1898 年 8 月 20 日　第 59 册　第 759 页

29379　申论慈善机关实施疏散办法/陈彬龢（代论）　《申报》　1945 年 3 月 20 日　第 387 册　第 219 页

29380　申论德兵占据胶州湾炮台事　《申报》　1897 年 11 月 23 日　第 57 册　第 519 页

29381　申论东抚奏陈改元事宜　《申报》　1909 年 3 月 12 日　第 99 册　第 155 页

29382　申论东抚奏陈改元事宜（续）　《申报》　1909 年 3 月 15 日　第 99 册　第 198 页

29383　申论共产国际的再出现　《申报》　1947 年 10 月 9 日　第 395 册　第 82 页

29384　申论国家兴衰之道　《申报》　1943 年 5 月 7 日　第 383 册　第 841 页

29385　申论国民参政会收复东北四省的决议案/张忠绂（星期论文）　《大公报》　1941 年 12 月 7 日　第 147 册　第 628 页

29386　申论海防以巩海疆　《申报》　1895 年 7 月 8 日　第 50 册　第 443 页

29387　申论和平正义之战：读谷大使谈话书感　《申报》　1945 年 7 月 2 日　第 387 册　第 459 页

29388　申论恢复地方自治　《民国日报》　1917 年 10 月 4 日　第 11 册　第 398 页

29389　申论金融救济　《大公报》　1945 年 9 月 21 日　第 155 册　第 356 页

29390　申论紧缩　《大公报》　1942 年 1 月 26 日　第 148 册　第 110 页

29391　申论开放内河航权之不当/程学江（专论）　《申报》　1947 年 11 月 28 日　第 395 册　第 586 页

29392　申论两种亲日派　《申报》　1943 年 5 月 26 日　第 383 册　第 955 页

29393　申论民主政体/何永佶（星期论文）　《大公报》　1944 年 9 月 4 日　第 153 册　第 304 页

29394　申论全面限价　《中央日报》　1942 年 12 月 24 日　第 47 册　第 336 页

29395　申论十九日申报沪滨琐事内第三节所记　《申报》　1893 年 7 月 3 日　第 44 册　第 453 页

29396　申论时事新报是非主义：事实上之考察　《民国日报》　1917 年 11 月 15 日　第 12 册　第 170 页

29397　申论时事新报是非主义（续一）：先唤汤梁下台　再来说超然　《民国日报》　1917 年 11 月 16 日　第 12 册　第 182 页

29398　申论是非与利害：为自由主义再进一解　《中央日报》　1948 年 4 月 15 日　第 58 册　第 942 页

29399　申论守法与护法　《大公报》　1944 年 8 月 8 日　第 153 册　第 176 页

29400　申论松郡西南乡农田歉收宜由官劝业户减成收租以纾佃困　《申报》　1897 年 12 月 20 日　第 57 册　第 681 页

29401　申论苏联与远东　《申报》　1940 年 10 月 4 日　第 372 册　第 440 页

29402　申论台湾海面大捷　《申报》　1944 年 10 月 17 日　第 386 册　第 349 页

29403　申论同乡会办理疏散工作要点/陈彬龢（代论）　《申报》　1945 年 3 月 21 日　第 387 册　第 221 页

29404　申论统一作战　《中央日报》　1941 年 12 月 28 日　第 45 册　第 618 页

29405　申论仵作之弊　《申报》　1900 年 4 月 26 日　第 64 册　第 737 页

29406　申论物价对策及机构问题　《申报》　1943 年 8 月 7 日　第 384 册　第 333 页

29407　申论物价对策与战时经济　《申报》　1943 年 2 月 24 日　第 383 册　第 370 页

29408　申论物资动员　《申报》　1943 年 3 月 20 日　第 383 册　第 554 页

29409　申论西报言军律事　《申报》　1879 年 3 月 17 日　第 14 册　第 243 页

29410　申论乡土工业：乡土复员论之三/费孝通（星期论文）　《大公报》　1948 年 3 月 14 日　第 162 册　第 436 页

29411　申论新结汇办法　《中央日报》　1947 年 8 月 19 日　第 56 册　第 1120 页

29412　申论英日东京谈判　《中央日报》　1939 年 7 月 27 日　第 42 册　第 306 页

29413　申论粤港关系与中国大局　《大公报》　1928 年 3 月 5 日　第 83 册　第 41 页

29414 申论招兵与裁兵 《大公报》 1928年7月10日 第85册 第91页

29415 申论中国妇女宜皆读书识字之益并拟中国宜设女学校开女科第颁女法律
　　　　《申报》 1897年1月23日 第55册 第131页

29416 申论中国总动员 《申报》 1939年3月13日 第362册 第662页

29417 申论中西商贾交易通行现银彼此有益事 《申报》 1873年6月3日 第2
　　　　册 第501页

29418 申明场规示书后 《申报》 1879年10月1日 第15册 第369页

29419 申明反对烟酒借款的真意 《民国日报》 1919年11月5日 第24册
　　　　第50页

29420 申前论厘捐原委未尽之意 《申报》 1898年4月11日 第58册 第
　　　　601页

29421 申讨辽伪省府 《民国日报》 1931年11月16日 第95册 第187页

29422 申外时局扼要论 《申报》 1891年10月10日 第39册 第617页

29423 申物性说意 《申报》 1875年11月20日 第7册 第489页

29424 申新七厂拍卖事件 《申报》 1935年2月27日 第325册 第674页

29425 伸长头颈听斫 《民国日报》 1920年7月13日 第28册 第170页

29426 身份登记的示范 《中央日报》 1942年7月31日 第46册 第512页

29427 身家性命之儿戏 《申报》 1921年7月13日 第171册 第247页

29428 绅董不可轻信说 《申报》 1888年7月17日 第33册 第115页

29429 绅富捐论 《申报》 1900年12月2日 第66册 第545页

29430 绅衿论 《申报》 1872年6月6日 第1册 第121页

29431 绅衿说 《申报》 1887年3月28日 第30册 第485页

29432 深仇宿恨 《申报》 1927年11月11日 第240册 第231页

29433 深刻之谈 《申报》 1915年10月28日 第136册 第918页

29434 深虑续论 《申报》 1883年9月20日 第23册 第489页

29435 深入民间 《申报》 1933年10月1日 第309册 第8页

29436 深入农村后观感/闵贤（星期评论） 《申报》 1944年11月5日 第386
　　　　册 第411页

29437 深圳惨案应速解决 《民国日报》 1946年12月12日 第99册 第
　　　　460页

29438 深知"政本"者何以自解（言论） 《民国日报》 1925年2月5日 第
　　　　55册 第358页

29439 神道辨 《申报》 1878年6月19日 第12册 第557页

29440 神豆说 《申报》 1895年11月8日 第51册 第447页

29441 神痘牛痘阐发 《申报》 1875年5月28日 第6册 第485页

29442 神风精神 《申报》 1944年11月16日 第386册 第447页

29443　神经过敏　《大公报》　1927 年 4 月 4 日　第 79 册　第 25 页

29444　神经有病　《申报》　1917 年 12 月 13 日　第 149 册　第 684 页

29445　神圣抗战的展开：牺牲的初步　《中央日报》　1937 年 8 月 14 日　第 40 册　第 487 页

29446　神圣抗战七周年　《中央日报》　1944 年 7 月 7 日　第 49 册　第 834 页

29447　神仙难解曹吴劫　《民国日报》　1922 年 10 月 19 日　第 41 册　第 660 页

29448　神仙说上　《申报》　1890 年 3 月 12 日　第 36 册　第 381 页

29449　神仙说下　《申报》　1890 年 3 月 14 日　第 36 册　第 393 页

29450　沈家本曷为而入法部乎　《申报》　1907 年 6 月 7 日　第 88 册　第 477 页

29451　沈钧儒等七人案开审　《申报》　1937 年 6 月 11 日　第 353 册　第 273 页

29452　沈钧儒等一案公判　《大公报》　1937 年 6 月 11 日　第 138 册　第 592 页

29453　沈钧儒等一案起诉感言　《大公报》　1937 年 4 月 6 日　第 137 册　第 508 页

29454　沈阳地方维持会可以已矣　《大公报》　1931 年 10 月 26 日　第 104 册　第 652 页

29455　沈制军核复修复河运疏书后　《申报》　1879 年 10 月 9 日　第 15 册　第 401 页

29456　审核市预算的最后阶段　《申报》　1946 年 9 月 22 日　第 390 册　第 270 页

29457　审机说　《申报》　1884 年 12 月 23 日　第 25 册　第 997 页

29458　审机说　《申报》　1895 年 6 月 7 日　第 50 册　第 243 页

29459　审计制度论一　《申报》　1912 年 10 月 26 日　第 119 册　第 271 页

29460　审计制度论二　《申报》　1912 年 10 月 28 日　第 119 册　第 295 页

29461　审计制度论三　《申报》　1912 年 10 月 29 日　第 119 册　第 307 页

29462　审判上的基本要求　《中央日报》　1947 年 11 月 13 日　第 57 册　第 764 页

29463　审慎　《申报》　1928 年 9 月 11 日　第 250 册　第 305 页

29464　审慎就职之阁员　《申报》　1923 年 1 月 9 日　第 188 册　第 165 页

29465　审慎考究　《申报》　1919 年 6 月 13 日　第 158 册　第 727 页

29466　审讯日本战犯问题　《大公报》　1946 年 9 月 4 日　第 157 册　第 330 页

29467　甚嚣尘上之欧洲战债问题　《申报》　1932 年 12 月 3 日　第 299 册　第 69 页

29468　慎保使臣以维和局说　《申报》　1900 年 7 月 13 日　第 65 册　第 545 页

29469　慎独解　《申报》　1873 年 11 月 21 日　第 3 册　第 493 页

29470　慎防火药肇祸说　《申报》　1899 年 1 月 30 日　第 61 册　第 175 页

29471　慎防"饥饿出口"！　《申报》　1947 年 7 月 9 日　第 394 册　第 82 页

29472   慎防奸细说   《申报》   1884 年 1 月 17 日   第 24 册   第 97 页

29473   慎防今年之黄河   《大公报》   1936 年 3 月 26 日   第 131 册   第 352 页

29474   慎防军火说   《申报》   1900 年 8 月 14 日   第 65 册   第 733 页

29475   慎防迷药害人说   《申报》   1899 年 9 月 24 日   第 63 册   第 163 页

29476   慎防逆党煽惑海外华人说   《申报》   1898 年 11 月 14 日   第 60 册   第
535 页

29477   慎防日本重整军备！   《申报》   1947 年 5 月 23 日   第 393 册   第 526 页

29478   慎防土匪说   《申报》   1880 年 9 月 19 日   第 17 册   第 321 页

29479   慎火篇   《申报》   1890 年 10 月 8 日   第 37 册   第 637 页

29480   慎疾说   《申报》   1888 年 7 月 14 日   第 33 册   第 93 页

29481   慎疾说   《申报》   1904 年 8 月 25 日   第 77 册   第 789 页

29482   慎名器而清流品论   《申报》   1876 年 11 月 9 日   第 9 册   第 449 页

29483   慎始   《申报》   1928 年 6 月 5 日   第 247 册   第 128 页

29484   慎听断以免株连说   《申报》   1900 年 9 月 28 日   第 66 册   第 157 页

29485   慎勿轻敌！   《中央日报》   1932 年 2 月 16 日   第 17 册   第 303 页

29486   慎刑说   《申报》   1886 年 11 月 1 日   第 29 册   第 759 页

29487   慎刑说   《申报》   1896 年 7 月 1 日   第 53 册   第 397 页

29488   慎选参随以佐使臣不逮说   《申报》   1902 年 4 月 27 日   第 70 册   第
691 页

29489   慎选马夫论   《申报》   1882 年 8 月 26 日   第 21 册   第 337 页

29490   慎选使才说   《申报》   1891 年 4 月 13 日   第 38 册   第 547 页

29491   慎言篇   《申报》   1893 年 5 月 3 日   第 44 册   第 17 页

29492   慎用火油说   《申报》   1891 年 8 月 31 日   第 39 册   第 375 页

29493   慎用省县长官   《申报》   1944 年 6 月 24 日   第 385 册   第 607 页

29494   慎重考试说   《申报》   1902 年 3 月 26 日   第 70 册   第 479 页

29495   慎重幕僚说   《申报》   1903 年 5 月 3 日   第 74 册   第 17 页

29496   慎重使才说   《申报》   1900 年 5 月 14 日   第 65 册   第 103 页

29497   慎重首次普选   《申报》   1947 年 11 月 3 日   第 395 册   第 336 页

29498   慎重佐使人才说   《申报》   1901 年 7 月 15 日   第 68 册   第 451 页

29499   升官发财/吉田东祐（星期评论）   《申报》   1943 年 8 月 29 日   第 384
册   第 415 页

29500   升官与世袭   《申报》   1924 年 1 月 5 日   第 199 册   第 90 页

29501   生财新论   《申报》   1890 年 10 月 9 日   第 37 册   第 643 页

29502   生财有道说   《申报》   1899 年 1 月 6 日   第 61 册   第 31 页

29503   生产·限制与物价问题   《申报》   1943 年 4 月 3 日   第 383 册   第
638 页

29504　生产贷款·国外购料　《中央日报》　1948 年 10 月 21 日　第 60 册　第 388 页

29505　生产贷款的几个原则　《中央日报》　1948 年 2 月 6 日　第 58 册　第 340 页

29506　生产贷款开放问题　《中央日报》　1948 年 1 月 27 日　第 58 册　第 254 页

29507　生产贷款之理论的及政策的观察/徐建平（星期论文）　《大公报》　1947 年 8 月 3 日　第 160 册　第 588 页

29508　生产第一　《大公报》　1946 年 4 月 12 日　第 156 册　第 404 页

29509　生产会议　《大公报》　1943 年 6 月 1 日　第 150 册　第 672 页

29510　生产建设的节约/谷春帆（星期论文）　《大公报》　1941 年 2 月 16 日　第 146 册　第 196 页

29511　生产建设之前途　《大公报》　1934 年 2 月 22 日　第 118 册　第 680 页

29512　生产三要素之利用　《大公报》　1928 年 6 月 2 日　第 84 册　第 321 页

29513　生产事业的借款　《民国日报》　1921 年 1 月 18 日　第 31 册　第 234 页

29514　生产事业的生死关头　《中央日报》　1946 年 12 月 12 日　第 54 册　第 904 页

29515　生产事业之放款　《中央日报》　1947 年 2 月 21 日　第 55 册　第 584 页

29516　生产要素在战斗中合作　《中央日报》　1944 年 11 月 30 日　第 50 册　第 410 页

29517　生产与消费相关说　《申报》　1907 年 8 月 26 日　第 89 册　第 677 页

29518　生产原料的分配问题　《申报》　1948 年 10 月 15 日　第 399 册　第 104 页

29519　生存竞争　《申报》　1925 年 3 月 8 日　第 210 册　第 140 页

29520　生活　《申报》　1926 年 7 月 11 日　第 225 册　第 256 页

29521　生活程度与生产问题　《申报》　1941 年 10 月 7 日　第 378 册　第 83 页

29522　生活革新之路/周太玄（星期论文）　《大公报》　1947 年 3 月 30 日　第 159 册　第 618 页

29523　生活基本　《申报》　1940 年 5 月 4 日　第 370 册　第 34 页

29524　生活上的决战体制（译论）　《申报》　1943 年 2 月 26 日　第 383 册　第 386 页

29525　生活问题　《申报》　1919 年 8 月 1 日　第 159 册　第 512 页

29526　生活指数"解冻"的后果　《申报》　1947 年 5 月 31 日　第 393 册　第 606 页

29527　生计　《申报》　1914 年 11 月 30 日　第 131 册　第 422 页

29528　生计　《申报》　1915 年 8 月 22 日　第 135 册　第 869 页

29529　生计革命　《申报》　1914 年 4 月 23 日　第 127 册　第 870 页

29530　生命权身体权之战争：自卫而已矣　《民国日报》　1916 年 3 月 7 日　第 2 册　第 74 页

29531　生命线乎　《申报》　1932 年 10 月 13 日　第 297 册　第 309 页

29532　生命与国家　《申报》　1916 年 8 月 5 日　第 141 册　第 568 页

29533　生杀说　《申报》　1908 年 1 月 25 日　第 92 册　第 287 页

29534　生生死死之丙辰　《民国日报》　1916 年 2 月 6 日　第 1 册　第 120 页

29535　生死辨　《申报》　1906 年 9 月 1 日　第 84 册　第 609 页

29536　生死存亡在此一举　《民国日报》　1928 年 5 月 6 日　第 74 册　第 69 页

29537　生死关头　《申报》　1924 年 10 月 5 日　第 206 册　第 575 页

29538　生死关头上的日寇　《中央日报》　1941 年 11 月 30 日　第 45 册　第 504 页

29539　生物学与国防／胡先骕（星期论文）　《大公报》　1946 年 6 月 9 日　第 156 册　第 636 页

29540　生涯各别　《申报》　1927 年 9 月 20 日　第 238 册　第 412 页

29541　声势　《申报》　1926 年 11 月 21 日　第 229 册　第 486 页

29542　声势淘淘　《申报》　1917 年 6 月 2 日　第 146 册　第 566 页

29543　声讨叛逆　《民国日报》　1929 年 10 月 15 日　第 82 册　第 740 页

29544　声讨阎锡山！　《中央日报》　1930 年 4 月 8 日　第 10 册　第 91 页

29545　声罪致讨论　《申报》　1879 年 1 月 30 日　第 14 册　第 81 页

29546　胜　《申报》　1921 年 9 月 2 日　第 173 册　第 28 页

29547　胜败　《申报》　1916 年 10 月 14 日　第 142 册　第 746 页

29548　胜败　《申报》　1925 年 10 月 23 日　第 217 册　第 487 页

29549　胜败　《申报》　1927 年 8 月 7 日　第 237 册　第 131 页

29550　胜败还是第二个问题　《民国日报》　1923 年 4 月 29 日　第 44 册　第 810 页

29551　胜败无常论　《申报》　1904 年 6 月 12 日　第 77 册　第 297 页

29552　胜败之数　《申报》　1911 年 11 月 29 日　第 115 册　第 411 页

29553　胜败之消息与人心　《申报》　1920 年 7 月 18 日　第 165 册　第 311 页

29554　胜不可恃说　《申报》　1880 年 7 月 7 日　第 17 册　第 25 页

29555　胜残篇　《申报》　1892 年 8 月 6 日　第 41 册　第 633 页

29556　胜法后论　《申报》　1884 年 4 月 7 日　第 24 册　第 531 页

29557　胜负之数　《申报》　1924 年 9 月 6 日　第 206 册　第 105 页

29558　胜后心理的检讨　《申报》（汉口版）　1938 年 4 月 18 日　第 356 册　第 191 页

29559　胜后心理的检讨　《申报》（香港版）　1938 年 4 月 22 日　第 356 册　第

609 页

29560　胜利　《申报》　1919 年 12 月 3 日　第 161 册　第 562 页

29561　胜利·公道·永久和平：关于英美苏的政治问题　《大公报》　1943 年 10 月 8 日　第 151 册　第 438 页

29562　胜利逼人　《大公报》　1945 年 6 月 13 日　第 154 册　第 694 页

29563　胜利的把握在我们手中　《申报》　1937 年 8 月 21 日　第 355 册　第 307 页

29564　胜利的保障　《中央日报》　1940 年 7 月 10 日　第 43 册　第 708 页

29565　胜利的代价是什么？　《大公报》　1946 年 8 月 16 日　第 157 册　第 216 页

29566　胜利的国庆　《大公报》　1945 年 10 月 10 日　第 155 册　第 438 页

29567　胜利的精神因素　《中央日报》　1942 年 9 月 13 日　第 46 册　第 788 页

29568　胜利第一！　《大公报》　1943 年 6 月 12 日　第 150 册　第 720 页

29569　胜利第一的施政方针　《中央日报》　1948 年 12 月 24 日　第 60 册　第 776 页

29570　胜利富强之路　《中央日报》　1945 年 6 月 1 日　第 51 册　第 2 页

29571　胜利后的第一国庆日　《中央日报》　1945 年 10 月 10 日　第 51 册　第 786 页

29572　胜利后的工程师节　《申报》　1946 年 6 月 6 日　第 389 册　第 46 页

29573　胜利后的首届劳动节　《申报》　1946 年 5 月 1 日　第 388 册　第 700 页

29574　胜利后首届父亲节　《申报》　1946 年 8 月 8 日　第 389 册　第 692 页

29575　胜利基础已定　继续再打三年　《大公报》　1940 年 4 月 2 日　第 144 册　第 372 页

29576　胜利纠纷之大局　《大公报》　1943 年 8 月 9 日　第 151 册　第 178 页

29577　胜利绝无幸致　《大公报》　1941 年 3 月 21 日　第 146 册　第 330 页

29578　胜利劳军　《中央日报》　1945 年 9 月 21 日　第 51 册　第 672 页

29579　胜利劳军献金　《大公报》　1945 年 9 月 24 日　第 155 册　第 370 页

29580　胜利两年的感想：兼答大美晚报的疑问　《申报》　1947 年 9 月 3 日　第 394 册　第 642 页

29581　胜利年的经济展望　《中央日报》　1941 年 1 月 9 日　第 44 册　第 298 页

29582　胜利年军事之展望　《中央日报》　1941 年 1 月 11 日　第 44 册　第 306 页

29583　胜利日献辞　《中央日报》　1948 年 9 月 3 日　第 60 册　第 18 页

29584　胜利日致全国军民　《中央日报》　1947 年 9 月 3 日　第 57 册　第 22 页

29585　胜利生活/陈彬龢（代论）　《申报》　1944 年 5 月 22 日　第 385 册　第 495 页

29586　胜利声中的苏联建军节　《大公报》　1944 年 2 月 23 日　第 152 册　第 234 页

29587　胜利声中之警惕　《中央日报》　1945 年 1 月 12 日　第 50 册　第 592 页

29588　胜利外交的曙光　《中央日报》　1941 年 1 月 10 日　第 44 册　第 302 页

29589　胜利以来的认识　《民国日报》　1946 年 9 月 3 日　第 99 册　第 14 页

29590　胜利与后方　《大公报》　1943 年 6 月 4 日　第 150 册　第 686 页

29591　胜利在艰苦之后　《大公报》　1944 年 7 月 3 日　第 153 册　第 12 页

29592　胜利在望东北在望："九一八"十二周年慰东北同胞　《中央日报》　1943 年 9 月 18 日　第 48 册　第 670 页

29593　胜利在握宪政在望　《中央日报》　1943 年 9 月 13 日　第 48 册　第 648 页

29594　胜利之炬　《中央日报》　1939 年 9 月 9 日　第 42 册　第 484 页

29595　胜利之路！和平之路！：读赫尔国务卿的广播演说　《大公报》　1944 年 4 月 11 日　第 152 册　第 454 页

29596　胜利之年　《大公报》　1940 年 1 月 22 日　第 144 册　第 86 页

29597　胜利中的美国动向/胡霖（星期论文）　《大公报》　1945 年 8 月 19 日　第 155 册　第 212 页

29598　胜利周年纪念日　《大公报》　1946 年 9 月 3 日　第 157 册　第 324 页

29599　胜算　《民国日报》　1916 年 2 月 22 日　第 1 册　第 312 页

29600　胜游小记　《申报》　1886 年 7 月 22 日　第 29 册　第 129 页

29601　胜者之罪累　《申报》　1926 年 5 月 19 日　第 223 册　第 444 页

29602　省察过去与努力将来　《申报》　1937 年 4 月 20 日　第 351 册　第 474 页

29603　省长民选　《申报》　1920 年 11 月 30 日　第 167 册　第 526 页

29604　省长问题　《民国日报》　1916 年 7 月 30 日　第 4 册　第 350 页

29605　省长问题（续）　《民国日报》　1916 年 7 月 31 日　第 4 册　第 362 页

29606　省长问题（二续）　《民国日报》　1916 年 8 月 2 日　第 4 册　第 386 页

29607　省长问题（三续）　《民国日报》　1916 年 8 月 3 日　第 4 册　第 398 页

29608　省长问题（四续）　《民国日报》　1916 年 8 月 4 日　第 4 册　第 410 页

29609　省长问题（五续）　《民国日报》　1916 年 8 月 9 日　第 4 册　第 470 页

29610　省长问题　《申报》　1920 年 7 月 7 日　第 165 册　第 121 页

29611　省长问题　《申报》　1920 年 9 月 5 日　第 166 册　第 69 页

29612　省长问题　《申报》　1922 年 7 月 6 日　第 182 册　第 116 页

29613　省长问题（二）　《申报》　1920 年 7 月 8 日　第 165 册　第 139 页

29614　省长问题之三反　《申报》　1920 年 9 月 23 日　第 166 册　第 374 页

29615　省长选任问题　《申报》　1912 年 9 月 21 日　第 118 册　第 821 页

29616　省长与督军　《申报》　1920 年 9 月 7 日　第 166 册　第 118 页

29617　省长与废督　《申报》　1920 年 9 月 20 日　第 166 册　第 323 页

29618　省非地方区域之名称　《申报》　1920 年 11 月 6 日　第 167 册　第 103 页

29619　省府合署办公与整饬吏治　《大公报》　1934 年 9 月 1 日　第 122 册　第 4 页

29620　省府移保　《大公报》　1935 年 6 月 4 日　第 126 册　第 548 页

29621　省官制案改正问题四　《申报》　1912 年 9 月 29 日　第 118 册　第 905 页

29622　省官制案修改问题　《申报》　1912 年 9 月 23 日　第 118 册　第 841 页

29623　省官制案修改问题（二）　《申报》　1912 年 9 月 24 日　第 118 册　第 851 页

29624　省官制案修改问题（三）　《申报》　1912 年 9 月 25 日　第 118 册　第 863 页

29625　省官制草案修正事项之讨论　《申报》　1912 年 8 月 13 日　第 118 册　第 431 页

29626　省官制草案修正事项之讨论二　《申报》　1912 年 8 月 14 日　第 118 册　第 441 页

29627　省会移苏说　《申报》　1920 年 12 月 7 日　第 167 册　第 639 页

29628　省经济建设的动向　《中央日报》　1939 年 3 月 29 日　第 41 册　第 992 页

29629　省区应否重画？/罗开富（星期论文）　《大公报》　1947 年 12 月 14 日　第 161 册　第 634 页

29630　省无益说　《申报》　1878 年 7 月 9 日　第 13 册　第 29 页

29631　省县自治的财政基础　《大公报》　1948 年 8 月 13 日　第 163 册　第 626 页

29632　省县自治通则草案的商榷　《申报》　1947 年 12 月 12 日　第 395 册　第 726 页

29633　省县自治通则草案评介：论第一章总则　《中央日报》　1947 年 12 月 17 日　第 57 册　第 1104 页

29634　省县自治通则问题　《中央日报》　1948 年 6 月 14 日　第 59 册　第 380 页

29635　省宪法　《申报》　1921 年 6 月 17 日　第 170 册　第 826 页

29636　省刑颂　《申报》　1892 年 12 月 6 日　第 42 册　第 607 页

29637　省议会　《申报》　1916 年 8 月 16 日　第 141 册　第 766 页

29638　省议会不叫齐燮元以苏省还之苏民　《民国日报》　1924 年 9 月 3 日　第 53 册　第 26 页

29639　省议会恢复以后　《民国日报》　1916 年 8 月 18 日　第 4 册　第 578 页

29640　省议会恢复以后（续）　《民国日报》　1916 年 8 月 19 日　第 4 册　第

590 页

29641　省议会恢复以后（再续）　《民国日报》　1916 年 8 月 20 日　第 4 册　第 602 页

29642　省议会急宜恢复　《民国日报》　1916 年 7 月 28 日　第 4 册　第 326 页

29643　省议会联合会　《申报》　1920 年 2 月 5 日　第 162 册　第 579 页

29644　省议会迁苏说　《申报》　1920 年 12 月 10 日　第 167 册　第 681 页

29645　省营实业之建设问题/陈安仁（星期论坛）　《申报》　1948 年 2 月 23 日　第 396 册　第 482 页

29646　省政改革方案草案　《中央日报》　1947 年 8 月 8 日　第 56 册　第 1008 页

29647　省政改革方案平议/储子润（星期论坛）　《申报》　1947 年 8 月 25 日　第 394 册　第 552 页

29648　省政改制问题　《大公报》　1933 年 10 月 14 日　第 116 册　第 632 页

29649　省制观　《民国日报》　1916 年 9 月 1 日　第 5 册　第 2 页

29650　省制观　《民国日报》　1916 年 9 月 2 日　第 5 册　第 14 页

29651　省制通过之前后：议员初无负宪法　《民国日报》　1917 年 1 月 12 日　第 7 册　第 122 页

29652　省制与军队　《申报》　1917 年 1 月 9 日　第 144 册　第 114 页

29653　省制与民选　《申报》　1916 年 11 月 3 日　第 143 册　第 38 页

29654　省制与统一/徐尔信（星期论坛）　《申报》　1946 年 5 月 19 日　第 388 册　第 850 页

29655　省自治　《申报》　1920 年 11 月 8 日　第 167 册　第 140 页

29656　"省自治草案"的批评　《民国日报》　1921 年 3 月 10 日　第 32 册　第 128 页

29657　省自治的参考材料：（一）主权者和技师　《民国日报》　1920 年 10 月 16 日　第 29 册　第 642 页

29658　省自治的参考材料：（二）省长和选举　《民国日报》　1920 年 10 月 17 日　第 29 册　第 656 页

29659　省自治的实施程序：省县自治通则草案评介　《中央日报》　1947 年 12 月 20 日　第 57 册　第 1134 页

29660　省自治非联省自治　《中央日报》　1947 年 11 月 6 日　第 57 册　第 692 页

29661　省自治运动的方面　《民国日报》　1920 年 9 月 19 日　第 29 册　第 254 页

29662　省自治运动中弱点谈　《民国日报》　1920 年 11 月 26 日　第 30 册　第 352 页

29663　圣德颂　《申报》　1889 年 11 月 12 日　第 35 册　第 831 页

29664　圣地和平问题　《大公报》　1948 年 12 月 6 日　第 164 册　第 538 页

29665　圣地无和平　《大公报》　1948 年 11 月 25 日　第 164 册　第 494 页

29666　圣地之战　《大公报》　1948 年 5 月 3 日　第 163 册　第 14 页

29667　圣明天纵说　《申报》　1894 年 12 月 20 日　第 48 册　第 687 页

29668　圣人与诗人　《申报》　1907 年 7 月 15 日　第 89 册　第 171 页

29669　圣雄甘地的绝食壮举（译论）　《申报》　1943 年 2 月 25 日　第 383 册　第 378 页

29670　"圣"与"雄"的分水线：由甘地的精神感召说起　《大公报》　1948 年 1 月 24 日　第 162 册　第 148 页

29671　圣约翰大学当机立断　《中央日报》　1948 年 6 月 4 日　第 59 册　第 294 页

29672　盛传李根源为部下所杀　《民国日报》　1920 年 9 月 30 日　第 29 册　第 408 页

29673　"盛世危言" /傅孟真（星期论文）　《大公报》　1943 年 5 月 2 日　第 150 册　第 542 页

29674　盛杏荪宫保奏请恩准建立专祠事　《申报》　1902 年 9 月 13 日　第 72 册　第 81 页

29675　盛宣怀答复江苏京官沪宁铁路函稿并附驳义　《申报》　1905 年 10 月 16 日　第 81 册　第 379 页

29676　盛宣怀奏逗借各国总债办理国帑并清还铁路借款片　《申报》　1906 年 3 月 31 日　第 82 册　第 719 页

29677　盛宣怀奏复沪宁铁路情形片　《申报》　1906 年 4 月 1 日　第 83 册　第 1 页

29678　盛宣怀奏复苏杭甬铁路草约自可作废折　《申报》　1906 年 4 月 3 日　第 83 册　第 21 页

29679　盛宣怀奏请裁撤勘矿总公司拨款专办晋矿折　《申报》　1906 年 5 月 2 日　第 83 册　第 311 页

29680　尸气病人说　《申报》　1894 年 5 月 1 日　第 47 册　第 1 页

29681　失败　《申报》　1916 年 4 月 20 日　第 139 册　第 800 页

29682　失败是成功之母　《中央日报》　1944 年 9 月 9 日　第 50 册　第 38 页

29683　失败与成功　《申报》　1920 年 4 月 26 日　第 163 册　第 1023 页

29684　失败与觉悟　《申报》　1920 年 4 月 26 日　第 163 册　第 1031 页

29685　失败者之成功　《申报》　1924 年 5 月 3 日　第 202 册　第 47 页

29686　失败者之一幕　《申报》　1925 年 1 月 1 日　第 209 册　第 7 页

29687　失北宁电音问答　《申报》　1884 年 3 月 17 日　第 24 册　第 407 页

29688   失策   《申报》   1929 年 5 月 27 日   第 258 册   第 730 页

29689   失民心   《申报》   1916 年 3 月 5 日   第 139 册   第 66 页

29690   失去国民性之弱点   《申报》   1928 年 5 月 18 日   第 246 册   第 476 页

29691   失望   《申报》   1917 年 7 月 20 日   第 147 册   第 336 页

29692   失业救济与慈善事业   《大公报》   1929 年 12 月 24 日   第 93 册   第 852 页

29693   失业问题的忠告   《申报》   1946 年 9 月 16 日   第 390 册   第 198 页

29694   失业问题为全世界性质   《申报》   1930 年 10 月 9 日   第 275 册   第 223 页

29695   失业问题应统筹救济办法/曾昭抡（星期论文）   《大公报》   1938 年 2 月 27 日   第 140 册   第 238 页

29696   失业问题与各国之政争   《申报》   1931 年 1 月 28 日   第 278 册   第 525 页

29697   失业与金贵   《申报》   1930 年 6 月 18 日   第 271 册   第 463 页

29698   失业与失学   《大公报》   1928 年 2 月 22 日   第 82 册   第 459 页

29699   失业与无业   《中央日报》   1931 年 1 月 26 日   第 13 册   第 271 页

29700   失意之国家   《申报》   1921 年 10 月 24 日   第 174 册   第 514 页

29701   失意之人   《申报》   1914 年 3 月 17 日   第 127 册   第 258 页

29702   师辨   《申报》   1889 年 6 月 20 日   第 34 册   第 975 页

29703   师道与学风   《大公报》   1941 年 4 月 10 日   第 146 册   第 420 页

29704   师范教育的改进   《中央日报》   1938 年 10 月 24 日   第 41 册   第 174 页

29705   师范教育运动的开展   《申报》   1947 年 4 月 3 日   第 393 册   第 22 页

29706   师克在和说   《申报》   1911 年 12 月 13 日   第 115 册   第 608 页

29707   师生如何可以合作?（言论）   《民国日报》   1926 年 7 月 17 日   第 64 册   第 162 页

29708   师说   《申报》   1872 年 8 月 17 日   第 1 册   第 369 页

29709   师说   《申报》   1877 年 6 月 29 日   第 10 册   第 601 页

29710   师说   《申报》   1895 年 6 月 4 日   第 50 册   第 223 页

29711   师说   《申报》   1896 年 7 月 11 日   第 53 册   第 459 页

29712   师说   《申报》   1908 年 5 月 21 日   第 94 册   第 259 页

29713   师说续   《申报》   1890 年 10 月 2 日   第 37 册   第 601 页

29714   师巫说   《申报》   1880 年 11 月 26 日   第 17 册   第 593 页

29715   诗坛劝戒   《申报》   1897 年 10 月 16 日   第 57 册   第 279 页

29716   施剑翘案与社会观点   《大公报》   1935 年 11 月 19 日   第 129 册   第 262 页

29717   施君肇基笔译上海创设万国红十字支会会议大旨   《申报》   1904 年 3 月

14 日　第 76 册　第 409 页

29718　施行所得税　《中央日报》　1936 年 7 月 12 日　第 35 册　第 137 页

29719　施行县组织法的意义　续：地方自治的根本问题　《民国日报》　1929 年
10 月 25 日　第 82 册　第 902 页

29720　施行县组织法的意义　续：地方自治的根本问题　《民国日报》　1929 年
10 月 26 日　第 82 册　第 918 页

29721　施行县组织法的意义：地方自治的根本问题　《民国日报》　1929 年 10 月
24 日　第 82 册　第 886 页

29722　施行宪政之准备/萧公权（星期论文）　《大公报》　1937 年 5 月 2 日　第
138 册　第 18 页

29723　施行政治当利用民族特性（专论）/胡朴安　《民国日报》　1946 年 4 月 6
日　第 97 册　第 366 页

29724　施医药不如施衣食论　《申报》　1892 年 12 月 31 日　第 42 册　第 765 页

29725　施肇基与马占山　《大公报》　1931 年 11 月 25 日　第 105 册　第 172 页

29726　施政方针贵在实行！　《申报》　1946 年 9 月 13 日　第 390 册　第 162 页

29727　施政方针在立法院　《中央日报》　1948 年 6 月 12 日　第 59 册　第
362 页

29728　施粥刍言　《申报》　1888 年 2 月 6 日　第 32 册　第 219 页

29729　十八年的过去与十九年工作的开始（专载）/胡汉民　《民国日报》　1930
年 1 月 4 日　第 84 册　第 34 页

29730　"十二八"的教训　《大公报》　1942 年 12 月 8 日　第 149 册　第 696 页

29731　十二年国庆日的三句话　《民国日报》　1923 年 10 月 10 日　第 47 册　第
558 页

29732　十二中全会　《大公报》　1944 年 5 月 27 日　第 152 册　第 662 页

29733　十二中全会的精神　《中央日报》　1944 年 5 月 27 日　第 49 册　第
656 页

29734　十号报　《申报》　1886 年 5 月 11 日　第 28 册　第 737 页

29735　十九国委员会之失败　《中央日报》　1932 年 12 月 23 日　第 20 册　第
472 页

29736　十九路军告全国民众书　《中央日报》　1932 年 3 月 3 日　第 17 册　第
365 页

29737　十九路军失败之鉴戒　《大公报》　1934 年 1 月 15 日　第 118 册　第
188 页

29738　十九年国庆之回忆及今后之希望　《中央日报》　1930 年 10 月 10 日　第
12 册　第 115 页

29739　十九年一月一日将到　《中央日报》　1929 年 12 月 25 日　第 8 册　第

689 页

29740 十六国经济会议重开 《中央日报》 1948 年 3 月 15 日 第 58 册 第
658 页

29741 十六年——十七年 《民国日报》 1928 年 1 月 1 日 第 72 册 第 3 页

29742 十六省都督主张简任省长电书后 《申报》 1912 年 11 月 4 日 第 119 册
第 379 页

29743 十年来的宝贵收获 《申报》 1941 年 9 月 18 日 第 377 册 第 622 页

29744 十年来之中国经济建设/方显廷（星期论文） 《大公报》 1936 年 11 月 1
日 第 135 册 第 4 页

29745 十年如何 《申报》 1921 年 1 月 1 日 第 168 册 第 4 页

29746 十年双十节 《申报》 1921 年 10 月 10 日 第 174 册 第 187 页

29747 十年中之奋斗：纪念总理逝世十周年 《中央日报》 1935 年 3 月 12 日
第 29 册 第 814 页

29748 十七届华北运动会开幕 《大公报》 1933 年 7 月 12 日 第 115 册 第
158 页

29749 十日内之变化何如 《申报》 1918 年 10 月 2 日 第 154 册 第 517 页

29750 十三年元月一日以后的全民努力点 《民国日报》 1924 年 1 月 1 日 第
49 册 第 3 页

29751 十三年正月二十二日京报全录 《申报》 1874 年 3 月 10 日 第 4 册 第
281 页

29752 十三日设立资政院上谕谨注 《申报》 1907 年 9 月 22 日 第 90 册 第
254 页

29753 十四年来的沉痛 《民国日报》 1929 年 5 月 9 日 第 80 册 第 121 页

29754 十天的奋斗 《中央日报》 1939 年 5 月 15 日 第 42 册 第 28 页

29755 十条贡献政府（专论）/胡朴安 《民国日报》 1946 年 9 月 10 日 第 99
册 第 57 页

29756 十五年来的中国土地改革运动：为中国地政学会年会作/萧净（专论）
《申报》 1947 年 4 月 6 日 第 393 册 第 52 页

29757 十五年以来之中国（言论） 《民国日报》 1926 年 10 月 16 日 第 65 册
第 454 页

29758 十五日上谕谨注 《申报》 1908 年 12 月 10 日 第 97 册 第 603 页

29759 十续新定学务章程 《申报》 1904 年 5 月 17 日 第 77 册 第 115 页

29760 十一年了！ 《大公报》 1942 年 9 月 18 日 第 149 册 第 346 页

29761 十一年中之奋斗：国民政府成立纪念 《中央日报》 1936 年 7 月 1 日
第 35 册 第 3 页

29762 十一月十六日以前 《申报》 1931 年 10 月 26 日 第 287 册 第 608 页

29763 十一中全会的收获 《大公报》 1943年9月14日 第151册 第332页

29764 十一中全会之伟大成就 《中央日报》 1943年9月14日 第48册 第654页

29765 十月朝考 《申报》 1892年11月21日 第42册 第513页

29766 十月革命节之国人心理 《民国日报》 1924年11月7日 第54册 第49页

29767 十月革命与苏联抗战 《中央日报》 1942年11月7日 第47册 第40页

29768 十中全会闭幕 《大公报》 1942年11月28日 第149册 第652页

29769 十中全会的使命 《中央日报》 1942年11月14日 第47册 第86页

29770 什九纷乱 《申报》 1922年7月17日 第182册 第368页

29771 什么？"民六""民八" 《民国日报》 1922年9月6日 第41册 第70页

29772 什么叫"和平"？ 《中央日报》 1940年4月16日 第43册 第340页

29773 什么叫"断然处置" 《大公报》 1927年4月24日 第79册 第185页

29774 什么是个人中心的武力 《中央日报》 1930年2月23日 第9册 第673页

29775 什么是合作金库/夏高波（专论） 《申报》 1946年3月8日 第388册 第360页

29776 什么是监察院的责职？续/胡汉民 《民国日报》 1929年9月25日 第82册 第408页

29777 什么是监察院的责职？/胡汉民 《民国日报》 1929年9月24日 第82册 第392页

29778 什么是救国教育/任鸿隽（星期论文） 《大公报》 1934年10月28日 第122册 第858页

29779 什么是民主政治的精神？ 《中央日报》 1940年11月10日 第44册 第40页

29780 什么是孙传芳最聪明的态度？（言论） 《民国日报》 1926年7月21日 第64册 第202页

29781 什么是我们的前提？ 《中央日报》 1929年3月15日 第5册 第251页

29782 什么是我们的外交路线？ 《申报》（香港版） 1938年9月4日 第357册 第13页

29783 什么是"新纵断的国际"（言论） 《民国日报》 1926年9月4日 第59册 第38页

29784　什么是学生就迫切的要求（代论）　《民国日报》　1926 年 1 月 25 日　第 61 册　第 286 页

29785　什么是政党　《民国日报》　1922 年 9 月 8 日　第 41 册　第 96 页

29786　什么是政党　《民国日报》　1922 年 9 月 9 日　第 41 册　第 110 页

29787　什么是政党　《民国日报》　1922 年 9 月 10 日　第 41 册　第 124 页

29788　石龙战况中的观察　《民国日报》　1923 年 11 月 16 日　第 48 册　第 220 页

29789　石唐叛变与修明政治/胡汉民　《民国日报》　1929 年 12 月 12 日　第 83 册　第 685 页

29790　石印芥子园书传二三集序　《申报》　1888 年 9 月 13 日　第 33 册　第 499 页

29791　石印芥子园图传序　《申报》　1887 年 11 月 2 日　第 31 册　第 801 页

29792　石印翼教丛编序　《申报》　1898 年 12 月 12 日　第 60 册　第 725 页

29793　石油的竞争　《民国日报》　1924 年 3 月 21 日　第 50 册　第 262 页

29794　石友三叛变　《中央日报》　1931 年 7 月 29 日　第 15 册　第 319 页

29795　时代和精神　《民国日报》　1921 年 2 月 12 日　第 31 册　第 484 页

29796　时代精神在那里？　《大公报》　1942 年 2 月 20 日　第 148 册　第 216 页

29797　时代落伍者之悲哀　《大公报》　1927 年 12 月 9 日　第 81 册　第 551 页

29798　时代前驱者之悲哀　《中央日报》　1931 年 7 月 16 日　第 15 册　第 179 页

29799　时代与奋斗　《申报》　1925 年 2 月 7 日　第 209 册　第 569 页

29800　时代之病时代之艾　《大公报》　1945 年 12 月 18 日　第 155 册　第 728 页

29801　"时"的解决与"神"的裁判　《大公报》　1932 年 11 月 13 日　第 111 册　第 148 页

29802　时乎时乎不再来！：愿中共慎勿失此最后的良机　《申报》　1946 年 10 月 18 日　第 390 册　第 594 页

29803　时机　《申报》　1918 年 6 月 7 日　第 152 册　第 582 页

29804　时机　《申报》　1918 年 7 月 21 日　第 153 册　第 324 页

29805　时机　《申报》　1924 年 10 月 11 日　第 206 册　第 689 页

29806　时机论　《申报》　1913 年 3 月 27 日　第 121 册　第 324 页

29807　时机与环境　《申报》　1928 年 9 月 23 日　第 250 册　第 647 页

29808　时机与困难　《申报》　1922 年 2 月 28 日　第 177 册　第 948 页

29809　时机之贼　《申报》　1924 年 3 月 12 日　第 200 册　第 242 页

29810　时间的因素　《申报》　1941 年 8 月 22 日　第 377 册　第 270 页

29811　时间观念与数目观念　《大公报》　1928 年 9 月 12 日　第 86 册　第

133 页

29812 时间问题 《申报》 1920 年 11 月 24 日 第 167 册 第 411 页

29813 时间问题 《申报》 1927 年 6 月 27 日 第 235 册 第 568 页

29814 时局悲观 《申报》 1922 年 6 月 5 日 第 181 册 第 85 页

29815 时局侧面观 《大公报》 1927 年 2 月 20 日 第 78 册 第 349 页

29816 时局沉闷中的新发展 《民国日报》 1921 年 2 月 11 日 第 31 册 第 470 页

29817 时局当前之曙光 《中央日报》 1931 年 8 月 7 日 第 15 册 第 407 页

29818 时局到最紧关头 《大公报》 1937 年 7 月 19 日 第 139 册 第 268 页

29819 时局的矛盾性 《大公报》 1933 年 12 月 7 日 第 117 册 第 508 页

29820 时局的趋势 《大公报》 1926 年 10 月 15 日 第 77 册 第 339 页

29821 时局的曙光 《申报》 1936 年 12 月 21 日 第 347 册 第 531 页

29822 时局的演变 《中央日报》 1946 年 8 月 11 日 第 53 册 第 610 页

29823 时局的重要发展 《中央日报》 1946 年 7 月 22 日 第 53 册 第 442 页

29824 时局的注意点 《大公报》 1927 年 3 月 11 日 第 78 册 第 501 页

29825 时局的转机·中共的转机 《中央日报》 1946 年 6 月 7 日 第 53 册 第 52 页

29826 时局短言 《申报》 1916 年 7 月 24 日 第 141 册 第 368 页

29827 时局感言 《大公报》 1930 年 9 月 19 日 第 98 册 第 220 页

29828 时局关键论 《申报》 1913 年 4 月 19 日 第 121 册 第 619 页

29829 时局关键千钧一发 《大公报》 1946 年 10 月 19 日 第 158 册 第 116 页

29830 时局和国民党的使命 《民国日报》 1924 年 11 月 3 日 第 54 册 第 20 页

29831 时局混沌中之苦闷 《大公报》 1931 年 6 月 7 日 第 102 册 第 448 页

29832 时局急进之端倪 《申报》 1923 年 6 月 28 日 第 192 册 第 590 页

29833 时局急转直下 《大公报》 1926 年 11 月 20 日 第 77 册 第 627 页

29834 时局揭幕后之不明点 《大公报》 1930 年 4 月 4 日 第 95 册 第 548 页

29835 时局近观 《申报》 1919 年 7 月 25 日 第 159 册 第 396 页

29836 时局决于中共的态度 《民国日报》 1946 年 10 月 4 日 第 99 册 第 165 页

29837 时局抉微 《申报》 1925 年 1 月 5 日 第 209 册 第 87 页

29838 时局乐观 《民国日报》 1946 年 7 月 23 日 第 98 册 第 337 页

29839 时局漫谈 《民国日报》 1946 年 7 月 27 日 第 98 册 第 353 页

29840 时局前途观 《申报》 1917 年 9 月 4 日 第 148 册 第 54 页

29841 时局善后之安全保障 《大公报》 1930 年 10 月 13 日 第 98 册 第

496 页

29842   时局善后之三大难题   《大公报》   1930 年 11 月 8 日   第 99 册   第 88 页

29843   时局谈   《申报》   1913 年 3 月 1 日   第 121 册   第 1 页

29844   时局谈   《申报》   1913 年 3 月 6 日   第 121 册   第 63 页

29845   时局谈   《申报》   1913 年 3 月 7 日   第 121 册   第 74 页

29846   时局谈   《申报》   1913 年 3 月 8 日   第 121 册   第 86 页

29847   时局谈   《申报》   1913 年 3 月 9 日   第 121 册   第 98 页

29848   时局谈   《申报》   1913 年 3 月 11 日   第 121 册   第 122 页

29849   时局谈   《申报》   1913 年 3 月 12 日   第 121 册   第 135 页

29850   时局谈   《申报》   1913 年 3 月 13 日   第 121 册   第 146 页

29851   时局谈   《申报》   1913 年 3 月 15 日   第 121 册   第 170 页

29852   时局谈   《申报》   1913 年 3 月 16 日   第 121 册   第 182 页

29853   时局谈   《申报》   1913 年 3 月 17 日   第 121 册   第 194 页

29854   时局谈   《申报》   1913 年 3 月 18 日   第 121 册   第 206 页

29855   时局谈   《申报》   1913 年 3 月 19 日   第 121 册   第 218 页

29856   时局问题   《民国日报》   1916 年 6 月 5 日   第 3 册   第 422 页

29857   时局问题：收束军队   《民国日报》   1916 年 7 月 29 日   第 4 册   第 338 页

29858   时局问题之根本解决（上）   《民国日报》   1916 年 6 月 11 日   第 3 册 第 494 页

29859   时局问题之根本解决（中）   《民国日报》   1916 年 6 月 12 日   第 3 册 第 506 页

29860   时局问题之根本解决（下）   《民国日报》   1916 年 6 月 13 日   第 3 册 第 518 页

29861   时局现阶段   《大公报》   1946 年 6 月 27 日   第 156 册   第 708 页

29862   时局现状   《申报》   1922 年 9 月 26 日   第 184 册   第 539 页

29863   时局严重问题简单   《大公报》   1932 年 7 月 15 日   第 109 册   第 172 页

29864   时局演变的必然性   《大公报》   1933 年 11 月 21 日   第 117 册   第 284 页

29865   时局又浮动   《申报》   1913 年 11 月 14 日   第 125 册   第 188 页

29866   时局又一展开（言论）   《民国日报》   1926 年 3 月 2 日   第 62 册   第 12 页

29867   时局与北方   《大公报》   1936 年 7 月 3 日   第 133 册   第 32 页

29868   时局与东北   《大公报》   1930 年 2 月 27 日   第 94 册   第 852 页

29869   时局与东南民众   《大公报》   1930 年 8 月 3 日   第 97 册   第 400 页

29870   时局与督军   《申报》   1917 年 5 月 16 日   第 146 册   第 264 页

29871　时局与国民　《大公报》　1936 年 6 月 12 日　第 132 册　第 592 页

29872　时局与国民责任　《大公报》　1929 年 10 月 5 日　第 92 册　第 852 页

29873　时局与旧历　《申报》　1921 年 2 月 11 日　第 168 册　第 556 页

29874　时局与上海居民　《申报》　1940 年 10 月 12 日　第 372 册　第 546 页

29875　时局与天津市民　《大公报》　1928 年 6 月 5 日　第 84 册　第 351 页

29876　时局与外交　《大公报》　1930 年 4 月 5 日　第 95 册　第 564 页

29877　时局与外人　《大公报》　1927 年 3 月 26 日　第 78 册　第 621 页

29878　时局与外人之态度　《大公报》　1930 年 5 月 20 日　第 96 册　第 308 页

29879　时局与中国　《申报》　1914 年 8 月 21 日　第 129 册　第 776 页

29880　时局杂感　《大公报》　1927 年 4 月 17 日　第 79 册　第 129 页

29881　时局杂感　《大公报》　1929 年 3 月 20 日　第 89 册　第 308 页

29882　时局杂谈　《申报》　1913 年 11 月 19 日　第 125 册　第 258 页

29883　时局这羯鼓：为取消独立说发　《民国日报》　1916 年 7 月 14 日　第 4 册　第 158 页

29884　时局真相的解释　《大公报》　1937 年 7 月 17 日　第 139 册　第 238 页

29885　时局症结所在　《大公报》　1946 年 8 月 14 日　第 157 册　第 204 页

29886　时局之表里　《申报》　1925 年 2 月 2 日　第 209 册　第 475 页

29887　时局之不可测　《申报》　1915 年 11 月 25 日　第 137 册　第 390 页

29888　时局之定力　《中央日报》　1936 年 12 月 14 日　第 36 册　第 907 页

29889　时局之风雨表　《申报》　1922 年 4 月 8 日　第 179 册　第 145 页

29890　时局之感想　《申报》　1919 年 11 月 24 日　第 161 册　第 411 页

29891　时局之骨髓（一）：认定题目，以明白简只出之　《民国日报》　1916 年 6 月 16 日　第 3 册　第 554 页

29892　时局之骨髓（二）：国民之大信　有效之言行　《民国日报》　1916 年 6 月 17 日　第 3 册　第 566 页

29893　时局之归宿　《大公报》　1927 年 6 月 9 日　第 79 册　第 553 页

29894　时局之激化　《大公报》　1946 年 8 月 12 日　第 157 册　第 192 页

29895　时局之解剖　《申报》　1917 年 9 月 5 日　第 148 册　第 72 页

29896　时局之解剖（二）　《申报》　1917 年 9 月 6 日　第 148 册　第 88 页

29897　时局之解剖（三）　《申报》　1917 年 9 月 7 日　第 148 册　第 106 页

29898　时局之解剖（四）　《申报》　1917 年 9 月 8 日　第 148 册　第 124 页

29899　时局之乐观　《申报》　1912 年 6 月 5 日　第 117 册　第 639 页

29900　时局之里面　《申报》　1923 年 2 月 20 日　第 188 册　第 865 页

29901　时局之谜　《大公报》　1928 年 2 月 11 日　第 82 册　第 349 页

29902　时局之谜　《申报》　1933 年 5 月 20 日　第 304 册　第 501 页

29903　时局之谜（言论）　《民国日报》　1925 年 10 月 21 日　第 59 册　第

602 页

29904　时局之谜　《大公报》　1927 年 7 月 5 日　第 80 册　第 33 页

29905　时局之前途　《申报》　1917 年 5 月 13 日　第 146 册　第 210 页

29906　时局之三大罅隙　《申报》　1925 年 2 月 20 日　第 209 册　第 819 页

29907　时局之说明　《大公报》　1935 年 6 月 13 日　第 126 册　第 692 页

29908　时局之一段落：伤心之往事　今后之警觉　《民国日报》　1916 年 4 月 29
日　第 2 册　第 710 页

29909　时局之一段落（续）：伤心之往事　今后之警觉　《民国日报》　1916 年 4
月 30 日　第 2 册　第 722 页

29910　时局之一段落（再续）：伤心之往事　今后之警觉　《民国日报》　1916 年
5 月 1 日　第 3 册　第 2 页

29911　时局之因果　《大公报》　1929 年 10 月 4 日　第 92 册　第 676 页

29912　时局之隐忧　《大公报》　1928 年 8 月 20 日　第 85 册　第 501 页

29913　时局之真相　《中央日报》　1936 年 11 月 18 日　第 36 册　第 593 页

29914　时局之症结　《大公报》　1936 年 7 月 6 日　第 133 册　第 74 页

29915　时局之转机　《大公报》　1936 年 6 月 27 日　第 132 册　第 802 页

29916　时局之转捩在北伐（言论）　《民国日报》　1926 年 4 月 13 日　第 62 册
第 432 页

29917　时局之自然归宿　《大公报》　1927 年 6 月 25 日　第 79 册　第 681 页

29918　时局之最可喜者　《中央日报》　1945 年 4 月 20 日　第 50 册　第 998 页

29919　时局中的国民军（言论）　《民国日报》　1925 年 11 月 1 日　第 60 册
第 2 页

29920　时局中方案杂论　《民国日报》　1923 年 8 月 11 日　第 46 册　第 576 页

29921　时局中方案杂论二　《民国日报》　1923 年 8 月 12 日　第 46 册　第
590 页

29922　时局中方案杂论三　《民国日报》　1923 年 8 月 13 日　第 46 册　第
604 页

29923　时局中方案杂论四　《民国日报》　1923 年 8 月 14 日　第 46 册　第
618 页

29924　时局中之潜势力　《大公报》　1928 年 6 月 1 日　第 84 册　第 311 页

29925　时局转机　《申报》　1923 年 6 月 20 日　第 192 册　第 415 页

29926　时论（一）：戴东原的二百年生日/梁启超　《申报》　1923 年 10 月 10 日
第 196 册　第 219 页

29927　时论（二）：我心理上国会之死刑宣告/张君劢　《申报》　1923 年 10 月 10
日　第 196 册　第 215 页

29928　时论（三）：民国十二年刽极将复之政局/心史　《申报》　1923 年 10 月 10

日 第 196 册 第 230 页

29929 时论（四）：科学研究之国际趋势/任鸿隽 《申报》 1923 年 10 月 10 日 第 196 册 第 211 页

29930 时论（五）：辟妖论/拈花 《申报》 1923 年 10 月 10 日 第 196 册 第 211 页

29931 时论（六）：日本震灾与我国所得的教训/章鸿钊 《申报》 1923 年 10 月 10 日 第 196 册 第 234 页

29932 时论（七）：大地物理论 《申报》 1923 年 10 月 10 日 第 196 册 第 238 页

29933 时论：哀威尔逊/陈霆锐 《申报》 1924 年 2 月 8 日 第 199 册 第 653 页

29934 时论：北京公布宪法后之巡阅使/心史 《申报》 1923 年 11 月 13 日 第 197 册 第 255 页

29935 时论：北京公布宪法之效力用国民投票公决/心史 《申报》 1923 年 11 月 21 日 第 197 册 第 421 页

29936 时论：北京新宪法纠谬/张君劢 《申报》 1923 年 10 月 31 日 第 196 册 第 669 页

29937 时论：不可无吴内阁说 《申报》 1923 年 10 月 22 日 第 196 册 第 485 页

29938 时论：不收回沪廨之窒碍与国际观 《申报》 1924 年 8 月 15 日 第 205 册 第 326 页

29939 时论：财政部奉行宪法之大欲 《申报》 1924 年 2 月 20 日 第 199 册 第 914 页

29940 时论：财政整理会辞富居贫者何故 《申报》 1924 年 5 月 8 日 第 202 册 第 164 页

29941 时论：财政整理会与宪法/心史 《申报》 1923 年 11 月 24 日 第 197 册 第 481 页

29942 时论：财政整理会之末路 《申报》 1924 年 3 月 11 日 第 200 册 第 221 页

29943 时论：裁兵制宪理财孰为最急/李书城 《申报》 1923 年 5 月 30 日 第 191 册 第 625 页

29944 时论：策曹上篇 《申报》 1923 年 7 月 18 日 第 193 册 第 378 页

29945 时论：策曹下篇 《申报》 1923 年 7 月 19 日 第 193 册 第 397 页

29946 时论：拆人之台者人亦拆其台 《申报》 1923 年 8 月 7 日 第 194 册 第 134 页

29947 时论：创办地方自卫团以弭匪患之意见/吴子馨、顾绍随 《申报》 1923

年 6 月 12 日　第 192 册　第 245 页

29948　时论：此后政府亦欲财政统一否　《申报》　1924 年 11 月 23 日　第 207 册　第 373 页

29949　时论：答憨君讨论职业政治　《申报》　1923 年 9 月 16 日　第 195 册　第 334 页

29950　时论：答农国辨/杨铨　《申报》　1923 年 11 月 9 日　第 197 册　第 169 页

29951　时论：大选之成否　《申报》　1923 年 9 月 2 日　第 195 册　第 28 页

29952　时论：代表民意　《申报》　1923 年 7 月 11 日　第 193 册　第 226 页

29953　时论：代议制度不适宜于农业国欤？抑不适宜于工业国欤？/蒋梦麟　《申报》　1923 年 5 月 22 日　第 191 册　第 456 页

29954　时论：代议制果不适于吾国欤？（上）/瞿宣颖　《申报》　1923 年 5 月 31 日　第 191 册　第 645 页

29955　时论：代议制果不适于吾国欤？（下）/瞿宣颖　《申报》　1923 年 6 月 1 日　第 192 册　第 3 页

29956　时论：党建国/准平　《申报》　1924 年 3 月 26 日　第 200 册　第 544 页

29957　时论：德发债票案之民意　《申报》　1924 年 6 月 15 日　第 203 册　第 314 页

29958　时论：帝国主义　《申报》　1924 年 6 月 22 日　第 203 册　第 470 页

29959　时论：调查选举危言/心史　《申报》　1923 年 11 月 17 日　第 197 册　第 337 页

29960　时论：东清铁路公司与松黑航业之朦混　《申报》　1924 年 3 月 30 日　第 200 册　第 632 页

29961　时论：东洋各国社会情状与过激主义之影响　《申报》　1924 年 2 月 18 日　第 199 册　第 872 页

29962　时论：读第五届银联会议决各案随抒我见/马寅初　《申报》　1924 年 4 月 27 日　第 201 册　第 559 页

29963　时论：俄国宪法上共产主义之变化（上）　《申报》　1924 年 3 月 14 日　第 200 册　第 282 页

29964　时论：俄国宪法上共产主义之变化（下）　《申报》　1924 年 3 月 15 日　第 200 册　第 302 页

29965　时论：俄蒙事军阀与国民之异趣　《申报》　1924 年 4 月 17 日　第 201 册　第 347 页

29966　时论：俄蒙事议论渐近真实矣　《申报》　1924 年 4 月 6 日　第 201 册　第 107 页

29967　时论：俄使馆交涉之兴味　《申报》　1924 年 7 月 5 日　第 204 册　第

100 页

29968　时论：俄使馆与辛丑条约　《申报》　1924 年 8 月 3 日　第 205 册　第 54 页

29969　时论：恶例　《申报》　1923 年 6 月 24 日　第 192 册　第 500 页

29970　时论：二十一条问题/吴鼎昌　《申报》　1923 年 5 月 24 日　第 191 册 第 496 页

29971　时论：冯玉祥辞职与段吴　《申报》　1924 年 11 月 28 日　第 207 册　第 459 页

29972　时论：奉还大政后说　《申报》　1923 年 10 月 8 日　第 196 册　第 147 页

29973　时论：奉还大政说　《申报》　1923 年 9 月 4 日　第 195 册　第 74 页

29974　时论：改革后之政论　《申报》　1924 年 11 月 8 日　第 207 册　第 120 页

29975　时论：告南京大会后之教育家　《申报》　1924 年 7 月 13 日　第 204 册 第 286 页

29976　时论：各国在中国领判权之破裂　《申报》　1924 年 4 月 30 日　第 201 册 第 621 页

29977　时论：各派中心人物之成毁及时局将来之趋势（一）/侗生　《申报》 1923 年 7 月 26 日　第 193 册　第 552 页

29978　时论：各派中心人物之成毁及时局将来之趋势（二）/侗生　《申报》 1923 年 7 月 27 日　第 193 册　第 571 页

29979　时论：各派中心人物之成毁及时局将来之趋势（三）/侗生　《申报》 1923 年 7 月 28 日　第 193 册　第 592 页

29980　时论：各省选派欧美留学生应取之方针　《申报》　1924 年 8 月 14 日　第 205 册　第 304 页

29981　时论：庚款兴学与庚款造路问题（上）　《申报》　1924 年 8 月 11 日　第 205 册　第 238 页

29982　时论：庚款兴学与庚款造路问题（下）　《申报》　1924 年 8 月 13 日　第 205 册　第 282 页

29983　时论：庚子赔款与国耻人耻（下）/杨铨　《申报》　1924 年 8 月 27 日 第 205 册　第 606 页

29984　时论：庚子赔款与国耻人耻/杨铨　《申报》　1924 年 8 月 26 日　第 205 册　第 582 页

29985　时论：共产主义复活之试验　《申报》　1924 年 3 月 6 日　第 200 册　第 116 页

29986　时论：共和国教科书民国十二年章　《申报》　1923 年 7 月 14 日　第 193 册　第 290 页

29987　时论：顾维钧与外交　《申报》　1923 年 7 月 21 日　第 193 册　第 439 页

29988　时论：关税会议　《申报》　1924 年 4 月 14 日　第 201 册　第 285 页

29989　时论：官立审计院之罪恶　《申报》　1923 年 11 月 10 日　第 197 册　第 189 页

29990　时论：国会任期之解释（上）/陆鼎揆　《申报》　1923 年 10 月 12 日　第 196 册　第 271 页

29991　时论：国会任期之解释（下）/陆鼎揆　《申报》　1923 年 10 月 13 日　第 196 册　第 289 页

29992　时论：国会统治之新国家/心史　《申报》　1924 年 2 月 29 日　第 199 册　第 1114 页

29993　时论：国货加税专章之部令　《申报》　1924 年 4 月 1 日　第 201 册　第 4 页

29994　时论：国际渐次承认之俄国　《申报》　1924 年 3 月 10 日　第 200 册　第 203 页

29995　时论：国民不可侮　《申报》　1923 年 6 月 29 日　第 192 册　第 610 页

29996　时论：国民大目的论（经国论第一）/准平　《申报》　1923 年 11 月 20 日　第 197 册　第 402 页

29997　时论：国民对德国之搜查漏税华侨　《申报》　1924 年 7 月 3 日　第 204 册　第 52 页

29998　时论：国民对关税会议应采之方针　《申报》　1924 年 5 月 2 日　第 202 册　第 25 页

29999　时论：国民对于北洋驻防军之误解　《申报》　1924 年 11 月 11 日　第 207 册　第 173 页

30000　时论：国民今日之真党派　《申报》　1923 年 12 月 25 日　第 198 册　第 515 页

30001　时论：国民为谁之答解/心史　《申报》　1923 年 11 月 28 日　第 197 册　第 566 页

30002　时论：国民行使民权之动议/心史　《申报》　1924 年 2 月 9 日　第 199 册　第 675 页

30003　时论：国民制宪答客问/陈霆锐　《申报》　1923 年 7 月 22 日　第 193 册　第 463 页

30004　时论：国民注意整理财政委员会　《申报》　1923 年 9 月 30 日　第 195 册　第 629 页

30005　时论：国是会议与国是　《申报》　1924 年 11 月 15 日　第 207 册　第 239 页

30006　时论：国语（上）　《申报》　1924 年 7 月 23 日　第 204 册　第 512 页

30007　时论：国语（下）　《申报》　1924 年 7 月 24 日　第 204 册　第 536 页

30008　时论：何以救济知识劳动者　《申报》　1924 年 4 月 18 日　第 201 册　第 367 页

30009　时论：何以善后之关税问题　《申报》　1924 年 3 月 23 日　第 200 册　第 480 页

30010　时论：和平会议商兑篇/陈霆锐　《申报》　1923 年 9 月 26 日　第 195 册　第 549 页

30011　时论：和平协作（经国论第二）/准平　《申报》　1923 年 11 月 26 日　第 197 册　第 528 页

30012　时论：横滨华侨之永代借地权　《申报》　1924 年 5 月 5 日　第 202 册　第 97 页

30013　时论：划分国税地方税之来历　《申报》　1923 年 12 月 28 日　第 198 册　第 575 页

30014　时论：欢迎国会之心理　《申报》　1923 年 7 月 2 日　第 193 册　第 28 页

30015　时论：回教与欧亚两洲之影响　《申报》　1924 年 4 月 11 日　第 201 册　第 215 页

30016　时论：纪唐努乌梁海　《申报》　1924 年 5 月 17 日　第 202 册　第 357 页

30017　时论：坚壁清野与不合作/心史　《申报》　1924 年 1 月 4 日　第 199 册　第 70 页

30018　时论：江苏兵灾调查记实弁言　《申报》　1924 年 12 月 2 日　第 208 册　第 21 页

30019　时论：江苏省自治法会议代表选举法（上）　《申报》　1924 年 8 月 9 日　第 205 册　第 188 页

30020　时论：江苏省自治法会议代表选举法（下）　《申报》　1924 年 8 月 10 日　第 205 册　第 214 页

30021　时论：江苏之法统　《申报》　1924 年 8 月 6 日　第 205 册　第 122 页

30022　时论：江苏制定省自治法之中心点　《申报》　1924 年 1 月 21 日　第 199 册　第 428 页

30023　时论：江浙和平公约之教训与期望（上）/准平　《申报》　1923 年 8 月 27 日　第 194 册　第 566 页

30024　时论：江浙和平公约之教训与期望（下）/准平　《申报》　1923 年 8 月 28 日　第 194 册　第 586 页

30025　时论：江浙两省之省自治法　《申报》　1924 年 1 月 8 日　第 199 册　第 154 页

30026　时论：江浙省议会之遵守宪法/心史　《申报》　1923 年 12 月 13 日　第

198 册　第 257 页

30027　时论：江浙协作与大局　《申报》　1923 年 8 月 10 日　第 194 册　第 196 页

30028　时论：胶济路会计处日本人之持正/心史　《申报》　1924 年 2 月 26 日 第 199 册　第 1052 页

30029　时论：解决国事以不彻底为彻底　《申报》　1923 年 7 月 9 日　第 193 册 第 185 页

30030　时论：今后美利坚之对华政策/陆鼎揆　《申报》　1923 年 8 月 11 日　第 194 册　第 216 页

30031　时论：今日为制宪较相当之时期/心史　《申报》　1923 年 10 月 14 日　第 196 册　第 313 页

30032　时论：今日之收回领判权又不适用华府会议时计划一　《申报》　1924 年 5 月 22 日　第 202 册　第 471 页

30033　时论：今日之收回领判权不适用华府会议时计划二/心史　《申报》　1924 年 5 月 25 日　第 202 册　第 537 页

30034　时论：今日之收回领判权不适用华府会议时计划三/心史　《申报》　1924 年 5 月 27 日　第 202 册　第 583 页

30035　时论：今日之收回领判权不适用华府会议时计划四/心史　《申报》　1924 年 5 月 29 日　第 202 册　第 625 页

30036　时论：今日之收回领判权不适用华府会议时计划五/心史　《申报》　1924 年 5 月 31 日　第 202 册　第 665 页

30037　时论：谨防官僚之利用日赈　《申报》　1923 年 9 月 12 日　第 195 册　第 247 页

30038　时论：京与省之财政会议　《申报》　1923 年 12 月 16 日　第 198 册　第 322 页

30039　时论：精神文明与物质文明/陈霆锐　《申报》　1924 年 4 月 29 日　第 201 册　第 603 页

30040　时论：精神文明之歧点　《申报》　1924 年 6 月 6 日　第 203 册　第 113 页

30041　时论：敬告江苏省议会议员　《申报》　1924 年 4 月 3 日　第 201 册　第 43 页

30042　时论：救国方案论　《申报》　1924 年 11 月 17 日　第 207 册　第 275 页

30043　时论：救国与伐罪之界划　《申报》　1924 年 11 月 19 日　第 207 册　第 306 页

30044　时论：军阀与外交　《申报》　1924 年 3 月 3 日　第 200 册　第 52 页

30045 时论：军阀政客闹笑话 《申报》 1923年7月3日 第193册 第48页

30046 时论：军人破坏烟禁中日本之关东鸦片法 《申报》 1924年4月2日 第201册 第23页

30047 时论：劳农共产与劳工共产（上）/心史 《申报》 1924年5月14日 第202册 第293页

30048 时论：劳农共产与劳工共产（下）/心史 《申报》 1924年5月15日 第202册 第315页

30049 时论：立法机关卖权不卖法之优点 《申报》 1924年8月1日 第205册 第6页

30050 时论：临城事变之善后策 《申报》 1923年5月20日 第191册 第413页

30051 时论：领判权与沪廨（上） 《申报》 1924年6月28日 第203册 第606页

30052 时论：领判权与沪廨（下） 《申报》 1924年6月29日 第203册 第632页

30053 时论：留沪国会议员之宪法行动/心史 《申报》 1924年1月31日 第199册 第628页

30054 时论：乱世之士/鼎昌 《申报》 1923年8月2日 第194册 第24页

30055 时论：论日本之特权内阁 《申报》 1924年1月26日 第199册 第524页

30056 时论：论收还教育权 《申报》 1924年7月17日 第204册 第372页

30057 时论：论宪法公布/张君劢 《申报》 1923年10月11日 第196册 第251页

30058 时论：论中国不宜工业化/董时进 《申报》 1923年10月25日 第196册 第543页

30059 时论：美国各邦政制改革之新趋势（下）/陆鼎揆 《申报》 1923年7月25日 第193册 第530页

30060 时论：美国各邦政制改革之新趋势/陆鼎揆 《申报》 1923年7月23日 第193册 第487页

30061 时论：美国选举形势论（陈霆锐） 《申报》 1924年7月28日 第204册 第632页

30062 时论：美议会通过中国免付庚子赔款 《申报》 1924年5月10日 第202册 第206页

30063 时论：蒙事最近之真相（上） 《申报》 1924年8月18日 第205册 第398页

30064 时论：蒙事最近之真相（下） 《申报》 1924 年 8 月 19 日 第 205 册
第 420 页

30065 时论：民国民选审计院之关系 《申报》 1924 年 2 月 23 日 第 199 册
第 981 页

30066 时论：民国以后之建设 《申报》 1923 年 8 月 1 日 第 194 册 第 4 页

30067 时论：民国之敌国为官国/心史 《申报》 1924 年 1 月 24 日 第 199 册
第 488 页

30068 时论：民国之民与官 《申报》 1924 年 5 月 19 日 第 202 册 第 405 页

30069 时论：民权与被选举权之研究 《申报》 1923 年 10 月 29 日 第 196 册
第 629 页

30070 时论：民权与参政权研究/心史 《申报》 1923 年 11 月 1 日 第 197 册
第 3 页

30071 时论：民权与选举权之研究/心史 《申报》 1923 年 10 月 26 日 第 196
册 第 563 页

30072 时论：民意脱离政府与政府脱离民意 《申报》 1923 年 7 月 30 日 第
193 册 第 639 页

30073 时论：民主国民权之研究/心史 《申报》 1923 年 10 月 23 日 第 196 册
第 503 页

30074 时论：民主国宪法上之参政权/心史 《申报》 1923 年 11 月 6 日 第 197
册 第 109 页

30075 时论：民主国之宪法 《申报》 1923 年 10 月 5 日 第 196 册 第 79 页

30076 时论：末路 《申报》 1923 年 6 月 22 日 第 192 册 第 455 页

30077 时论：农家哲学与农家科学 《申报》 1923 年 11 月 7 日 第 197 册 第
129 页

30078 时论：票决宪法答客问/陈霆锐 《申报》 1923 年 12 月 18 日 第 198 册
第 365 页

30079 时论：评判中俄事之资料 《申报》 1924 年 4 月 20 日 第 201 册 第
414 页

30080 时论：评瑞士行政委员制/陈霆锐 《申报》 1923 年 7 月 5 日 第 193 册
第 90 页

30081 时论：人民主权与制宪权（上）/陆鼎揆 《申报》 1923 年 11 月 29 日
第 197 册 第 588 页

30082 时论：人民主权与制宪权（下）/陆鼎揆 《申报》 1923 年 11 月 30 日
第 197 册 第 609 页

30083 时论：三论职业政治 《申报》 1923 年 8 月 24 日 第 194 册 第 495 页

30084　时论：商会风潮平议　《申报》　1924 年 7 月 27 日　第 204 册　第 604 页

30085　时论：上海商团之责任　《申报》　1924 年 8 月 29 日　第 205 册　第 654 页

30086　时论：上海之火灾问题/杨铨　《申报》　1924 年 3 月 16 日　第 200 册　第 328 页

30087　时论：慎重名器　《申报》　1924 年 7 月 15 日　第 204 册　第 328 页

30088　时论：省议会新选举违宪与否之争执　《申报》　1923 年 12 月 29 日　第 198 册　第 595 页

30089　时论：省自治法　《申报》　1923 年 12 月 9 日　第 198 册　第 174 页

30090　时论：十二年以往民国进步之速/心史　《申报》　1924 年 1 月 13 日　第 199 册　第 257 页

30091　时论：时局关键——宪法派与非宪法派之争/张君劢　《申报》　1923 年 6 月 11 日　第 192 册　第 225 页

30092　时论：时局平论（其二今后之段祺瑞）　《申报》　1924 年 11 月 9 日　第 207 册　第 137 页

30093　时论：时局平论（其三今后之张作霖）　《申报》　1924 年 11 月 12 日　第 207 册　第 190 页

30094　时论：时局平论（其一和平大会）　《申报》　1924 年 11 月 7 日　第 207 册　第 103 页

30095　时论：世界党魁之模范/心史　《申报》　1924 年 2 月 12 日　第 199 册　第 742 页

30096　时论：世界眼光中之政府与国会　《申报》　1924 年 7 月 12 日　第 204 册　第 260 页

30097　时论：收回教育权　《申报》　1924 年 4 月 26 日　第 201 册　第 535 页

30098　时论：收回领事裁判权与不准推放租界　《申报》　1924 年 4 月 23 日　第 201 册　第 475 页

30099　时论：收回旅大之伤心人语　《申报》　1923 年 4 月 13 日　第 190 册　第 255 页

30100　时论：述美国各邦政制之变迁/陆鼎揆　《申报》　1923 年 7 月 16 日　第 193 册　第 335 页

30101　时论：说匪　《申报》　1923 年 5 月 18 日　第 191 册　第 369 页

30102　时论：四川与大局之关系/任鸿隽　《申报》　1923 年 5 月 29 日　第 191 册　第 605 页

30103　时论：四国银行团　《申报》　1924 年 7 月 29 日　第 204 册　第 649 页

30104　时论：四论职业政治　《申报》　1923 年 8 月 26 日　第 194 册　第 540 页

30105　时论：讨论职业政治答胡君　《申报》　1923 年 9 月 25 日　第 195 册　第 528 页

30106　时论：统一罪案　《申报》　1923 年 12 月 22 日　第 198 册　第 447 页

30107　时论：土耳其之废教　《申报》　1924 年 3 月 20 日　第 200 册　第 410 页

30108　时论：外交形势论　《申报》　1924 年 3 月 25 日　第 200 册　第 523 页

30109　时论：外蒙代表之乞兵　《申报》　1924 年 4 月 8 日　第 201 册　第 154 页

30110　时论：望日本政府考虑关于中国文化事业/赵正平　《申报》　1924 年 5 月 4 日　第 202 册　第 76 页

30111　时论：为重农重工者进一解/守恒　《申报》　1923 年 11 月 16 日　第 197 册　第 315 页

30112　时论：唯一之全民生主义（经国论第三）/準平　《申报》　1924 年 2 月 28 日　第 199 册　第 1094 页

30113　时论：无财无政之财政　《申报》　1923 年 5 月 13 日　第 191 册　第 261 页

30114　时论：吾不赞成以庚子赔款筑路　《申报》　1924 年 8 月 17 日　第 205 册　第 374 页

30115　时论：五论职业政治　《申报》　1923 年 8 月 29 日　第 194 册　第 610 页

30116　时论：武力统一与统一武力/陆鼎揆　《申报》　1924 年 2 月 27 日　第 199 册　第 1072 页

30117　时论：现有国家机关否认之提议　《申报》　1923 年 9 月 7 日　第 195 册　第 138 页

30118　时论：宪法与感情/心史　《申报》　1923 年 12 月 2 日　第 198 册　第 27 页

30119　时论：宪法与人权/陆鼎揆　《申报》　1923 年 8 月 15 日　第 194 册　第 304 页

30120　时论：宪法与省自治法/心史　《申报》　1923 年 12 月 19 日　第 198 册　第 385 页

30121　时论：行政委员制果适宜于中国否（上）/陈茹玄　《申报》　1923 年 8 月 17 日　第 194 册　第 346 页

30122　时论：行政委员制果适宜于中国否（下）/陈茹玄　《申报》　1923 年 8 月 18 日　第 194 册　第 366 页

30123　时论：行政委员制与中国/陈霆锐　《申报》　1923 年 7 月 6 日　第 193 册　第 112 页

30124　时论：行政委员制之一先例　《申报》　1923 年 6 月 25 日　第 192 册　第

523 页

30125 时论：选举副总统/心史 《申报》 1924 年 2 月 15 日 第 199 册 第 802 页

30126 时论：选举制定省自治法之代表所谓省法律三字之研究（心史） 《申报》 1924 年 1 月 18 日 第 199 册 第 358 页

30127 时论：选举总统宜用抽签分省制以定国本/惜阴 《申报》 1923 年 7 月 1 日 第 193 册 第 4 页

30128 时论：烟卷税风潮之解剖 《申报》 1924 年 3 月 4 日 第 200 册 第 76 页

30129 时论：养雠论 《申报》 1923 年 8 月 9 日 第 194 册 第 176 页

30130 时论：一年来政府议员之狼狈 《申报》 1923 年 7 月 7 日 第 193 册 第 134 页

30131 时论：一手经理 《申报》 1923 年 10 月 15 日 第 196 册 第 337 页

30132 时论：因反运动之流行当熟察激烈之正论/心史 《申报》 1923 年 12 月 6 日 第 198 册 第 109 页

30133 时论：英国选举竞争感言 《申报》 1923 年 12 月 12 日 第 198 册 第 237 页

30134 时论：英国之工党内阁/通一 《申报》 1924 年 1 月 25 日 第 199 册 第 505 页

30135 时论：再谈职业政治 《申报》 1923 年 8 月 20 日 第 194 册 第 413 页

30136 时论：张绍曾与摄政 《申报》 1923 年 6 月 23 日 第 192 册 第 476 页

30137 时论：真伪讲法律论/陆鼎揆 《申报》 1923 年 10 月 24 日 第 196 册 第 523 页

30138 时论：整理财政问题 《申报》 1923 年 10 月 9 日 第 196 册 第 165 页

30139 时论：政局之里面 《申报》 1923 年 6 月 15 日 第 192 册 第 307 页

30140 时论：执政政府与委员制 《申报》 1924 年 11 月 26 日 第 207 册 第 425 页

30141 时论：职业政府 《申报》 1923 年 6 月 26 日 第 192 册 第 545 页

30142 时论：职业政治 《申报》 1923 年 8 月 19 日 第 194 册 第 390 页

30143 时论：职业总统与总统职业 《申报》 1923 年 8 月 31 日 第 194 册 第 652 页

30144 时论：制宪事业之合法问题/陆鼎揆 《申报》 1923 年 7 月 12 日 第 193 册 第 247 页

30145 时论：制宪之罪浮于大选 《申报》 1923 年 10 月 2 日 第 196 册 第 21 页

30146   时论：制造土匪者谁欤/移花   《申报》   1923 年 12 月 7 日   第 198 册 第 129 页

30147   时论：治匪刍议/张世毅   《申报》   1923 年 5 月 23 日   第 191 册   第 477 页

30148   时论：中俄国交之现在   《申报》   1924 年 3 月 13 日   第 200 册   第 263 页

30149   时论：中俄通好后之政治与经济（一）   《申报》   1924 年 6 月 9 日   第 203 册   第 181 页

30150   时论：中俄通好后之政治与经济（二）   《申报》   1924 年 6 月 12 日   第 203 册   第 244 页

30151   时论：中俄通好后之政治与经济（三）   《申报》   1924 年 6 月 19 日   第 203 册   第 400 页

30152   时论：中俄协定之签字   《申报》   1924 年 6 月 4 日   第 203 册   第 70 页

30153   时论：中俄议约中负责之顾外长   《申报》   1924 年 3 月 24 日   第 200 册 第 504 页

30154   时论：中俄议约中相持之言论   《申报》   1924 年 3 月 27 日   第 200 册 第 565 页

30155   时论：中国采用大生产制问题/戴英   《申报》   1923 年 11 月 12 日   第 197 册   第 236 页

30156   时论：中国国民经济之输出额与教育费负担之比较   《申报》   1923 年 5 月 19 日   第 191 册   第 389 页

30157   时论：中国可以不工业化乎/戴英   《申报》   1923 年 10 月 30 日   第 196 册   第 649 页

30158   时论：中国能长为农国乎/杨铨   《申报》   1923 年 10 月 28 日   第 196 册 第 607 页

30159   时论：中华民国国民对被害外侨之哀词/心史   《申报》   1924 年 1 月 17 日   第 199 册   第 338 页

30160   时论：众院延长会期问题/陈霆锐   《申报》   1923 年 8 月 8 日   第 194 册 第 155 页

30161   时论：重农重工平议   《申报》   1923 年 11 月 4 日   第 197 册   第 65 页

30162   时论：主义之战胜   《申报》   1924 年 7 月 8 日   第 204 册   第 176 页

30163   时论：自治学院与职业学生（上）   《申报》   1924 年 7 月 18 日   第 204 册   第 396 页

30164   时论：自治学院与职业学生（下）   《申报》   1924 年 7 月 19 日   第 204 册   第 416 页

30165　时论：自治与被治/陈霆锐　《申报》　1923 年 8 月 21 日　第 194 册　第 434 页

30166　时论：自治与裁兵之消长　《申报》　1924 年 1 月 11 日　第 199 册　第 214 页

30167　时论：组织省自治法会议之经费/心史　《申报》　1924 年 1 月 28 日　第 199 册　第 572 页

30168　时论：最高问题/卢信　《申报》　1923 年 6 月 30 日　第 192 册　第 634 页

30169　时命论　《申报》　1872 年 5 月 29 日　第 1 册　第 93 页

30170　时评：八字　《申报》　1920 年 3 月 21 日　第 163 册　第 376 页

30171　时评：被动感动与自动　《申报》　1920 年 2 月 27 日　第 162 册　第 812 页

30172　时评：不和之根　《申报》　1920 年 3 月 6 日　第 163 册　第 96 页

30173　时评：步调　《申报》　1920 年 1 月 12 日　第 162 册　第 179 页

30174　时评：撤防　《申报》　1920 年 3 月 26 日　第 163 册　第 467 页

30175　时评：撤换校长　《申报》　1920 年 1 月 6 日　第 162 册　第 79 页

30176　时评：辞职与交涉　《申报》　1920 年 1 月 25 日　第 162 册　第 387 页

30177　时评：此计　《申报》　1920 年 3 月 10 日　第 163 册　第 177 页

30178　时评：打破团体　《申报》　1920 年 1 月 9 日　第 162 册　第 123 页

30179　时评：担保与辞职　《申报》　1920 年 3 月 4 日　第 163 册　第 58 页

30180　时评：倒阁第二幕之预测　《申报》　1920 年 3 月 15 日　第 163 册　第 277 页

30181　时评：第三步　《申报》　1920 年 3 月 17 日　第 163 册　第 311 页

30182　时评：对俄策之宜定　《申报》　1920 年 2 月 4 日　第 162 册　第 555 页

30183　时评：俄党之东渐　《申报》　1920 年 1 月 31 日　第 162 册　第 487 页

30184　时评：俄事有感　《申报》　1920 年 1 月 23 日　第 162 册　第 357 页

30185　时评：分之觉悟　《申报》　1920 年 1 月 20 日　第 162 册　第 311 页

30186　时评：告陆氏　《申报》　1920 年 1 月 22 日　第 162 册　第 341 页

30187　时评：告任事者　《申报》　1920 年 1 月 14 日　第 162 册　第 209 页

30188　时评：阁与新国会　《申报》　1920 年 3 月 11 日　第 163 册　第 195 页

30189　时评：根本不安　《申报》　1920 年 1 月 27 日　第 162 册　第 425 页

30190　时评：根本推翻　《申报》　1920 年 1 月 4 日　第 162 册　第 39 页

30191　时评：公开与外府　《申报》　1923 年 2 月 28 日　第 188 册　第 1036 页

30192　时评：官僚之见解　《申报》　1920 年 2 月 15 日　第 162 册　第 719 页

30193　时评：官僚之威权　《申报》　1920 年 2 月 9 日　第 162 册　第 637 页

30194   时评：轨外   《申报》   1920 年 2 月 13 日   第 162 册   第 695 页

30195   时评：国家事与闲气   《申报》   1920 年 3 月 7 日   第 163 册   第 115 页

30196   时评：国庆与就任   《申报》   1923 年 10 月 10 日   第 196 册   第 186 页

30197   时评：国人希望之变迁   《申报》   1924 年 2 月 11 日   第 199 册   第 722 页

30198   时评：过激党之势力   《申报》   1920 年 1 月 19 日   第 162 册   第 297 页

30199   时评：互俟机会   《申报》   1920 年 3 月 3 日   第 163 册   第 42 页

30200   时评：夹攻   《申报》   1920 年 1 月 17 日   第 162 册   第 257 页

30201   时评：教职员问题解决   《申报》   1920 年 1 月 10 日   第 162 册   第 139 页

30202   时评：津奉两会议   《申报》   1920 年 3 月 24 日   第 163 册   第 435 页

30203   时评：津浦路之巨案   《申报》   1923 年 5 月 7 日   第 191 册   第 131 页

30204   时评：靳请假   《申报》   1920 年 2 月 29 日   第 162 册   第 846 页

30205   时评：靳销假   《申报》   1920 年 3 月 5 日   第 163 册   第 76 页

30206   时评：靳云鹏辞职   《申报》   1920 年 3 月 1 日   第 163 册   第 4 页

30207   时评：军事协定与南北和议   《申报》   1920 年 2 月 24 日   第 162 册   第 764 页

30208   时评：李朱出京   《申报》   1920 年 3 月 13 日   第 163 册   第 233 页

30209   时评：两意   《申报》   1920 年 1 月 11 日   第 162 册   第 155 页

30210   时评：陆氏之言   《申报》   1920 年 2 月 5 日   第 162 册   第 571 页

30211   时评：陆之去就与交涉   《申报》   1920 年 2 月 1 日   第 162 册   第 501 页

30212   时评：民国九年之预测   《申报》   1920 年 1 月 1 日   第 162 册   第 4 页

30213   时评：民意与官意   《申报》   1920 年 2 月 26 日   第 162 册   第 796 页

30214   时评：闽案交涉   《申报》   1920 年 3 月 27 日   第 163 册   第 483 页

30215   时评：名义与权利   《申报》   1920 年 1 月 26 日   第 162 册   第 411 页

30216   时评：目光注重外省   《申报》   1920 年 3 月 23 日   第 163 册   第 419 页

30217   时评：内讧与结合   《申报》   1920 年 3 月 22 日   第 163 册   第 399 页

30218   时评：内政外交搁浅   《申报》   1920 年 3 月 12 日   第 163 册   第 214 页

30219   时评：南北和议   《申报》   1920 年 3 月 18 日   第 163 册   第 327 页

30220   时评：平时与一旦   《申报》   1920 年 1 月 15 日   第 162 册   第 224 页

30221   时评：强力之专利   《申报》   1920 年 3 月 19 日   第 163 册   第 343 页

30222   时评：取决公意   《申报》   1920 年 1 月 29 日   第 162 册   第 457 页

30223   时评：群儿玩戏   《申报》   1920 年 3 月 14 日   第 163 册   第 253 页

30224   时评：日本众议院解散   《申报》   1920 年 2 月 28 日   第 162 册   第

828 页

30225　时评：弱点　《申报》　1920 年 2 月 12 日　第 162 册　第 681 页

30226　时评：三分其权　《申报》　1920 年 2 月 2 日　第 162 册　第 525 页

30227　时评：三角相争　《申报》　1920 年 2 月 6 日　第 162 册　第 585 页

30228　时评：山东问题　《申报》　1920 年 3 月 9 日　第 163 册　第 160 页

30229　时评：商量余地　《申报》　1920 年 1 月 8 日　第 162 册　第 111 页

30230　时评：是非以外　《申报》　1920 年 1 月 5 日　第 162 册　第 63 页

30231　时评：说强力　《申报》　1920 年 2 月 11 日　第 162 册　第 665 页

30232　时评：态度消极　《申报》　1920 年 3 月 8 日　第 163 册　第 139 页

30233　时评：外交公开　《申报》　1920 年 1 月 24 日　第 162 册　第 371 页

30234　时评：外交与内和　《申报》　1920 年 1 月 21 日　第 162 册　第 325 页

30235　时评：望人与求我　《申报》　1920 年 2 月 14 日　第 162 册　第 707 页

30236　时评：畏难与立国　《申报》　1920 年 2 月 3 日　第 162 册　第 541 页

30237　时评：武力相斗　《申报》　1920 年 3 月 25 日　第 163 册　第 451 页

30238　时评：武人　《申报》　1920 年 3 月 2 日　第 163 册　第 22 页

30239　时评：勿忘根本　《申报》　1920 年 2 月 8 日　第 162 册　第 613 页

30240　时评：一博　《申报》　1920 年 3 月 16 日　第 163 册　第 293 页

30241　时评：一劳永逸之政策　《申报》　1920 年 1 月 7 日　第 162 册　第 95 页

30242　时评：依然故我　《申报》　1920 年 2 月 23 日　第 162 册　第 744 页

30243　时评：隐伏　《申报》　1920 年 1 月 16 日　第 162 册　第 241 页

30244　时评：早知今日　《申报》　1920 年 2 月 10 日　第 162 册　第 651 页

30245　时评：政府见解之根本错误　《申报》　1920 年 1 月 30 日　第 162 册　第 473 页

30246　时评：知彼知己　《申报》　1920 年 1 月 13 日　第 162 册　第 193 页

30247　时评：执中与荆棘　《申报》　1920 年 1 月 3 日　第 162 册　第 23 页

30248　时评：直接交涉与京津学生　《申报》　1920 年 2 月 25 日　第 162 册　第 780 页

30249　时评：制宪悲观　《申报》　1920 年 1 月 28 日　第 162 册　第 441 页

30250　时评：中俄与中日　《申报》　1920 年 3 月 20 日　第 163 册　第 359 页

30251　时评：种种新警信　《申报》　1920 年 2 月 7 日　第 162 册　第 599 页

30252　时评：自慰　《申报》　1920 年 1 月 18 日　第 162 册　第 273 页

30253　时评二：缓办选举问题　《申报》　1921 年 2 月 13 日　第 168 册　第 592 页

30254　时评二：南军阀与北军阀　《申报》　1920 年 12 月 12 日　第 167 册　第 713 页

30255 "时评解放"的商榷 《民国日报》 1921 年 2 月 18 日 第 31 册 第 560 页

30256 时评一：裁兵与政府 《申报》 1920 年 12 月 12 日 第 167 册 第 713 页

30257 时评一：库伦失陷 《申报》 1921 年 2 月 13 日 第 168 册 第 592 页

30258 时期之感想 《申报》 1925 年 6 月 21 日 第 213 册 第 362 页

30259 时人名论：不朽之经国大业/赵正平 《申报》 1923 年 5 月 9 日 第 191 册 第 174 页

30260 时人名论：代议制与中国之乱源 《申报》 1923 年 5 月 1 日 第 191 册 第 3 页

30261 时人名论：公债问题/吴鼎昌 《申报》 1923 年 4 月 27 日 第 190 册 第 547 页

30262 时人名论：国会——人民 《申报》 1923 年 4 月 23 日 第 190 册 第 468 页

30263 时人名论：国人盍注意于改选国会 《申报》 1923 年 5 月 4 日 第 191 册 第 63 页

30264 时人名论：化兵为农说 《申报》 1923 年 5 月 7 日 第 191 册 第 131 页

30265 时人名论：军人裁兵论（上） 《申报》 1923 年 3 月 14 日 第 189 册 第 280 页

30266 时人名论：军人裁兵论（下） 《申报》 1923 年 3 月 15 日 第 189 册 第 299 页

30267 时人名论：论代议制何以不适于中国（上）/章士钊 《申报》 1923 年 4 月 18 日 第 190 册 第 361 页

30268 时人名论：论代议制何以不适于中国（下）/章士钊 《申报》 1923 年 4 月 19 日 第 190 册 第 381 页

30269 时人名论：省宪运动之目标（上） 《申报》 1923 年 3 月 8 日 第 189 册 第 153 页

30270 时人名论：省宪运动之目标（下） 《申报》 1923 年 3 月 9 日 第 189 册 第 174 页

30271 时人名论：宪法会议出席人数问题/汤斐予 《申报》 1923 年 4 月 12 日 第 190 册 第 235 页

30272 时人名论：政府——人民 《申报》 1923 年 3 月 21 日 第 189 册 第 425 页

30273 时事多艰系之以论 《申报》 1895 年 8 月 22 日 第 50 册 第 737 页

30274　时事感言　《申报》　1908 年 4 月 2 日　第 93 册　第 433 页

30275　时事近感　《大公报》　1942 年 12 月 24 日　第 149 册　第 764 页

30276　时事新报之讨伐怪论　《民国日报》　1923 年 11 月 5 日　第 48 册　第 62 页

30277　时势　《申报》　1915 年 8 月 21 日　第 135 册　第 852 页

30278　时势　《申报》　1916 年 3 月 26 日　第 139 册　第 402 页

30279　时势　《申报》　1917 年 2 月 23 日　第 144 册　第 750 页

30280　时势　《申报》　1925 年 10 月 22 日　第 217 册　第 468 页

30281　时势　《申报》　1926 年 12 月 11 日　第 230 册　第 230 页

30282　时势论　《申报》　1873 年 3 月 24 日　第 2 册　第 257 页

30283　时势所迫　《申报》　1926 年 11 月 25 日　第 229 册　第 575 页

30284　时势所迫　《申报》　1929 年 5 月 21 日　第 258 册　第 559 页

30285　时文既废寒士宜亟兴书会以务实学说　《申报》　1898 年 10 月 10 日　第 60 册　第 283 页

30286　时闻杂语：明说议和暗备进战　《民国日报》　1917 年 12 月 15 日　第 12 册　第 530 页

30287　时务论略　《申报》　1888 年 6 月 22 日　第 32 册　第 1035 页

30288　时务问答　《申报》　1874 年 11 月 27 日　第 5 册　第 515 页

30289　时医论　《申报》　1888 年 3 月 16 日　第 32 册　第 409 页

30290　时疫　《申报》　1926 年 8 月 1 日　第 226 册　第 7 页

30291　时疫流行中的第三政府：传染到第三记者　《民国日报》　1921 年 8 月 15 日　第 34 册　第 628 页

30292　时疫流行中的第三政府：警告他们几句　《民国日报》　1921 年 8 月 14 日　第 34 册　第 614 页

30293　时疫流行中的第三政府：请国民来批评　《民国日报》　1921 年 8 月 12 日　第 34 册　第 586 页

30294　时疫流行中的第三政府：请国民来批评　《民国日报》　1921 年 8 月 13 日　第 34 册　第 600 页

30295　时疫流行中的第三政府：他们向失败路上跑　《民国日报》　1921 年 8 月 11 日　第 34 册　第 572 页

30296　时疫流行中的第三政府：舆论总和的过程　《民国日报》　1921 年 8 月 16 日　第 34 册　第 642 页

30297　时疫流行中的第三政府：主张者的心理　《民国日报》　1921 年 8 月 10 日　第 34 册　第 560 页

30298　时疫流行中的第三政府：主张者的心理　《民国日报》　1921 年 8 月 9 日

第 34 册 第 546 页

30299 时与势 《申报》 1920 年 4 月 15 日 第 163 册 第 823 页

30300 时证论治 《申报》 1885 年 9 月 13 日 第 27 册 第 449 页

30301 时政与年俱新论 《申报》 1883 年 2 月 13 日 第 22 册 第 193 页

30302 时之关系 《申报》 1923 年 9 月 29 日 第 195 册 第 605 页

30303 识己 《申报》 1927 年 12 月 27 日 第 241 册 第 593 页

30304 识时务者为俊杰论 《申报》 1888 年 7 月 4 日 第 33 册 第 23 页

30305 识字教学问题（专载）/孟宪承 《民国日报》 1931 年 4 月 26 日 第 91 册 第 684 页

30306 识字教育应求更进一步 《申报》 1935 年 9 月 8 日 第 332 册 第 218 页

30307 识字运动 《申报》 1928 年 12 月 8 日 第 253 册 第 205 页

30308 识字运动 《大公报》 1929 年 1 月 3 日 第 88 册 第 29 页

30309 识字运动与文字改革 《中央日报》 1931 年 3 月 14 日 第 13 册 第 827 页

30310 实际 《申报》 1924 年 10 月 28 日 第 206 册 第 956 页

30311 实际示人 《申报》 1927 年 10 月 20 日 第 239 册 第 416 页

30312 实际问题与政治力量/朱右松（星期评论） 《申报》 1945 年 6 月 10 日 第 387 册 第 409 页

30313 实际与名义 《申报》 1922 年 11 月 12 日 第 186 册 第 238 页

30314 实际与形式 《申报》 1914 年 4 月 25 日 第 127 册 第 902 页

30315 实际之争 《申报》 1925 年 9 月 27 日 第 216 册 第 586 页

30316 实践战时生活 《申报》 1943 年 4 月 7 日 第 383 册 第 662 页

30317 实践政治民主的步骤 《中央日报》 1946 年 7 月 10 日 第 53 册 第 340 页

30318 实践中日协定与历史的任务 《申报》 1943 年 1 月 23 日 第 383 册 第 154 页

30319 实践"总力参战"的前提 《申报》 1943 年 2 月 13 日 第 383 册 第 282 页

30320 实力 《申报》 1916 年 4 月 3 日 第 139 册 第 530 页

30321 实力 《申报》 1929 年 7 月 23 日 第 260 册 第 640 页

30322 实力代表 《申报》 1919 年 7 月 24 日 第 159 册 第 379 页

30323 实力是跟民意和正义走的 《民国日报》 1923 年 11 月 3 日 第 48 册 第 32 页

30324 实力说 《申报》 1925 年 2 月 23 日 第 209 册 第 878 页

30325　实力与空言　《申报》　1926 年 11 月 7 日　第 229 册　第 149 页

30326　实力与疏通　《申报》　1919 年 9 月 10 日　第 160 册　第 163 页

30327　实力与虚力　《申报》　1916 年 8 月 26 日　第 141 册　第 942 页

30328　实力与嘘声　《申报》　1916 年 1 月 1 日　第 138 册　第 3 页

30329　实力自负　《申报》　1923 年 3 月 1 日　第 189 册　第 4 页

30330　实施编遣人民亦有责任　《中央日报》　1929 年 8 月 7 日　第 7 册　第 77 页

30331　实施兵役宣传　《中央日报》　1940 年 1 月 11 日　第 42 册　第 988 页

30332　实施计划经济建设基本民族企业/黄卓（星期论文）　《大公报》　1938 年 5 月 29 日　第 140 册　第 660 页

30333　实施加强管制物价　《大公报》　1942 年 10 月 30 日　第 149 册　第 530 页

30334　实施精神总动员　《中央日报》　1939 年 3 月 13 日　第 41 册　第 896 页

30335　实施贸易统制之途径　《申报》　1935 年 12 月 2 日　第 335 册　第 34 页

30336　实施民众补习教育　《中央日报》　1936 年 8 月 28 日　第 35 册　第 701 页

30337　实施全盘战略　《中央日报》　1942 年 6 月 28 日　第 46 册　第 300 页

30338　实施土地新政刍议（上）/陶启沃（星期论坛）　《申报》　1946 年 3 月 31 日　第 388 册　第 490 页

30339　实施土地新政刍议（下）/陶启沃（星期论坛）　《申报》　1946 年 4 月 1 日　第 388 册　第 496 页

30340　实施限价办法的说明　《大公报》　1942 年 12 月 19 日　第 149 册　第 742 页

30341　实施宪政的基本工作　《中央日报》　1939 年 10 月 1 日　第 42 册　第 572 页

30342　实施宪政的决心　《中央日报》　1945 年 6 月 30 日　第 51 册　第 176 页

30343　实施宪政的惟一枢纽　《中央日报》　1946 年 1 月 25 日　第 52 册　第 338 页

30344　实施宪政与广开言路/吕复（星期论文）　《大公报》　1944 年 1 月 16 日　第 152 册　第 68 页

30345　实施宪政之要点　《申报》　1935 年 11 月 9 日　第 334 册　第 205 页

30346　实施新税则之第一日　《大公报》　1929 年 2 月 1 日　第 88 册　第 472 页

30347　实施义教应全力期成　《大公报》　1935 年 5 月 30 日　第 126 册　第 468 页

30348　实施义教与经费问题　《申报》　1935 年 6 月 26 日　第 329 册　第 676 页

30349　实事求是莫作调人　《申报》　1944 年 4 月 12 日　第 385 册　第 357 页

30350　实现国父遗志：纪念国父逝世二十周年　《申报》　1945 年 3 月 12 日　第 387 册　第 201 页

30351　实现开罗会议宣言　《中央日报》　1945 年 6 月 13 日　第 51 册　第 74 页

30352　实现罗斯福总统的主张　《大公报》　1939 年 1 月 7 日　第 142 册　第 26 页

30353　实现民主政治的道路：知识分子革命分子大家做伊尹周公　《中央日报》　1939 年 2 月 24 日　第 41 册　第 794 页

30354　实现三民主义教育的基础　《中央日报》　1939 年 2 月 27 日　第 41 册　第 812 页

30355　实现同盟条约的工作方向/陈彬龢（代论）　《申报》　1944 年 10 月 31 日　第 386 册　第 397 页

30356　实现战时国民经济生活　《申报》　1943 年 4 月 27 日　第 383 册　第 781 页

30357　实现总理遗嘱　《民国日报》　1931 年 3 月 12 日　第 91 册　第 136 页

30358　实行编遣会议决议案的方法　《民国日报》　1929 年 2 月 4 日　第 78 册　第 577 页

30359　实行兵工政策意见　《民国日报》　1929 年 1 月 17 日　第 78 册　第 275 页

30360　实行裁撤交涉特派员　《大公报》　1930 年 1 月 16 日　第 94 册　第 212 页

30361　实行裁厘　《申报》　1928 年 7 月 12 日　第 248 册　第 352 页

30362　实行废除阴历　《民国日报》　1928 年 12 月 7 日　第 77 册　第 590 页

30363　实行耕者有其地的方法/丁文江（星期论文）　《大公报》　1935 年 10 月 13 日　第 128 册　第 606 页

30364　实行简政　《申报》　1944 年 6 月 9 日　第 385 册　第 555 页

30365　实行奖励特种工业　《大公报》　1930 年 1 月 5 日　第 94 册　第 36 页

30366　实行民生主义之时　《大公报》　1940 年 7 月 4 日　第 145 册　第 8 页

30367　实行民主宪政的途径　《中央日报》　1946 年 1 月 5 日　第 52 册　第 218 页

30368　实行全面的土地改革！　《申报》　1948 年 3 月 22 日　第 396 册　第 758 页

30369　实行所得税的商榷　《民国日报》　1921 年 3 月 18 日　第 32 册　第 238 页

30370　实行统制经济制度的条件/丁文江（星期论文）　《大公报》　1934 年 7 月

1 日　第 121 册　第 4 页

30371　实行宪政之时　《大公报》　1939 年 9 月 20 日　第 143 册　第 78 页

30372　实行住者有其宅办法（上）：对上海市中心区第一次领地后感想　《民国日报》　1931 年 7 月 24 日　第 93 册　第 291 页

30373　实行住者有其宅办法（下）：对上海市中心区第一次领地后感想　《民国日报》　1931 年 7 月 25 日　第 93 册　第 303 页

30374　实验了一次联省自治　《民国日报》　1923 年 9 月 7 日　第 47 册　第 88 页

30375　实验县　《申报》　1944 年 8 月 23 日　第 386 册　第 177 页

30376　实验县与县政建设/张纯明（星期论文）　《大公报》　1936 年 6 月 21 日　第 132 册　第 718 页

30377　"实业公司"时代/吉田东祐（星期评论）　《申报》　1944 年 2 月 6 日　第 385 册　第 129 页

30378　实业家打开出路　《申报》　1945 年 3 月 17 日　第 387 册　第 211 页

30379　实业家的觉悟　《申报》　1944 年 7 月 22 日　第 386 册　第 73 页

30380　实业家眼前应有之准备　《大公报》　1938 年 1 月 22 日　第 140 册　第 88 页

30381　实业家与时局　《申报》　1914 年 10 月 25 日　第 130 册　第 758 页

30382　实业教育　《申报》（香港版）　1938 年 8 月 20 日　第 356 册　第 1089 页

30383　实业界之自杀　《大公报》　1926 年 10 月 20 日　第 77 册　第 379 页

30384　实业进化谈　《申报》　1909 年 2 月 12 日　第 98 册　第 451 页

30385　实在用不着疏通　《民国日报》　1919 年 9 月 6 日　第 23 册　第 62 页

30386　实质之会　《申报》　1918 年 11 月 30 日　第 155 册　第 466 页

30387　拾银福薄　《申报》　1873 年 6 月 9 日　第 2 册　第 521 页

30388　"食"的合作　《中央日报》　1940 年 3 月 5 日　第 43 册　第 138 页

30389　食粮调节办法　《中央日报》　1937 年 5 月 14 日　第 39 册　第 161 页

30390　食粮问题　《中央日报》　1940 年 8 月 16 日　第 43 册　第 860 页

30391　食麦致病辨　《申报》　1878 年 9 月 30 日　第 13 册　第 313 页

30392　食米平价局　《申报》　1920 年 8 月 10 日　第 165 册　第 725 页

30393　食新病腹辨　《申报》　1878 年 10 月 12 日　第 13 册　第 357 页

30394　食油宜辨说　《申报》　1894 年 5 月 5 日　第 47 册　第 31 页

30395　史陈二将军在华府　《大公报》　1943 年 5 月 5 日　第 150 册　第 556 页

30396　史城战局与全局　《中央日报》　1942 年 9 月 21 日　第 46 册　第 840 页

30397　史达林格勒彪炳战史　《大公报》　1942 年 10 月 1 日　第 149 册　第 402 页

30398　史达林格勒的争夺战　《大公报》　1942 年 9 月 14 日　第 149 册　第 330 页

30399　史达林谈话与世界大局　《大公报》　1946 年 3 月 25 日　第 156 册　第 332 页

30400　史汀生等入阁的认识　《大公报》　1940 年 6 月 25 日　第 144 册　第 704 页

30401　史汀生功成身退　《中央日报》　1945 年 9 月 23 日　第 51 册　第 684 页

30402　史汀生上校之言　《中央日报》　1940 年 7 月 4 日　第 43 册　第 680 页

30403　史汀生之讲坛外交　《申报》　1932 年 8 月 12 日　第 295 册　第 277 页

30404　史汀生之谈片　《中央日报》　1932 年 8 月 11 日　第 19 册　第 82 页

30405　史熊两将军的任务　《中央日报》　1942 年 3 月 12 日　第 45 册　第 926 页

30406　史总经理今日大殓　《申报》　1934 年 11 月 16 日　第 322 册　第 472 页

30407　矢忠矢信　《大公报》　1928 年 10 月 28 日　第 86 册　第 677 页

30408　使臣随员宜精不宜多说　《申报》　1886 年 2 月 12 日　第 28 册　第 211 页

30409　使臣宜留意人才论　《申报》　1901 年 12 月 5 日　第 69 册　第 587 页

30410　使国抗议与豫匪　《民国日报》　1922 年 11 月 19 日　第 42 册　第 248 页

30411　使领馆经费　《中央日报》　1932 年 5 月 21 日　第 18 册　第 82 页

30412　使命完成的访英团　《中央日报》　1944 年 2 月 3 日　第 49 册　第 162 页

30413　使人以可能　《申报》　1927 年 5 月 2 日　第 234 册　第 29 页

30414　使团对粤之无礼（言论）　《民国日报》　1925 年 7 月 15 日　第 58 册　第 142 页

30415　使我们感奋的一日　《中央日报》　1943 年 11 月 4 日　第 48 册　第 870 页

30416　使战争加诸敌人　《中央日报》　1943 年 1 月 29 日　第 47 册　第 550 页

30417　始乱终成说　《申报》　1885 年 1 月 30 日　第 26 册　第 173 页

30418　始业赠学生：少年与少爷之别　《民国日报》　1918 年 2 月 25 日　第 13 册　第 554 页

30419　始与终　《申报》　1927 年 4 月 25 日　第 233 册　第 467 页

30420　始终不悟之武力派　《申报》　1919 年 7 月 7 日　第 159 册　第 103 页

30421　始终迁就　《申报》　1915 年 3 月 31 日　第 133 册　第 478 页

30422　驶船宜慎说　《申报》　1885 年 4 月 3 日　第 26 册　第 475 页

30423　士饱马腾　《大公报》　1944 年 5 月 1 日　第 152 册　第 550 页

30424　士兵之牺牲精神　《大公报》　1933 年 3 月 10 日　第 113 册　第 130 页

30425　士大夫/赵正平（星期评论）　《申报》　1944 年 6 月 11 日　第 385 册　第 563 页

30426　士风与政治　《大公报》　1940 年 5 月 7 日　第 144 册　第 512 页

30427　士气激昂与政府责任　《大公报》　1931 年 12 月 8 日　第 105 册　第 294 页

30428　士人不宜囿于时文说　《申报》　1898 年 12 月 19 日　第 60 册　第 775 页

30429　士人宜明律例说　《申报》　1888 年 1 月 9 日　第 32 册　第 55 页

30430　士人宜通律例说　《申报》　1890 年 10 月 13 日　第 37 册　第 667 页

30431　士人宜游览以增见识论　《申报》　1895 年 12 月 8 日　第 51 册　第 647 页

30432　士绅所负之责任　《大公报》　1939 年 8 月 17 日　第 142 册　第 512 页

30433　士子不可轻辱说　《申报》　1881 年 8 月 23 日　第 19 册　第 213 页

30434　士子宜守卧碑说　《申报》　1893 年 4 月 29 日　第 43 册　第 715 页

30435　世变纷纷中的我们　《大公报》　1944 年 7 月 25 日　第 153 册　第 112 页

30436　世变新论边防第四　《申报》　1890 年 5 月 22 日　第 36 册　第 821 页

30437　世变新论地舆第三　《申报》　1890 年 5 月 13 日　第 36 册　第 765 页

30438　世变新论海防第五　《申报》　1890 年 5 月 27 日　第 36 册　第 853 页

30439　世变新论军械第七　《申报》　1890 年 7 月 22 日　第 37 册　第 137 页

30440　世变新论人才第二　《申报》　1890 年 5 月 6 日　第 36 册　第 723 页

30441　世变新语　《申报》　1890 年 5 月 1 日　第 36 册　第 691 页

30442　世道人心　《申报》　1921 年 9 月 7 日　第 173 册　第 131 页

30443　世道人心　《大公报》　1945 年 1 月 19 日　第 154 册　第 78 页

30444　世富入贫说　《申报》　1891 年 1 月 15 日　第 38 册　第 89 页

30445　世间之天灾人祸　《申报》　1930 年 7 月 24 日　第 272 册　第 570 页

30446　世界爱好和平人士注意　《大公报》　1938 年 8 月 5 日　第 141 册　第 156 页

30447　世界安危的决定点　《中央日报》　1948 年 10 月 6 日　第 60 册　第 272 页

30448　世界报纸展览会开幕　《申报》　1935 年 10 月 8 日　第 333 册　第 200 页

30449　世界悲观之倾向　《申报》　1930 年 12 月 19 日　第 277 册　第 486 页

30450　世界币制之前途　《中央日报》　1936 年 11 月 22 日　第 36 册　第 641 页

30451　世界病根在东方　《大公报》　1938 年 6 月 28 日　第 140 册　第 790 页

30452　世界不幸之报告　《申报》　1930 年 6 月 25 日　第 271 册　第 653 页

30453　世界财政感言　《申报》　1915 年 1 月 8 日　第 132 册　第 90 页

30454　世界大局与暴日动态　《大公报》　1940 年 6 月 26 日　第 144 册　第

706 页

30455　世界大局之关键在中国　《大公报》　1932 年 1 月 20 日　第 106 册　第 184 页

30456　世界大事的一环　《中央日报》　1939 年 3 月 18 日　第 41 册　第 926 页

30457　世界大势　《申报》　1919 年 3 月 12 日　第 157 册　第 178 页

30458　世界大势明朗化　《大公报》　1941 年 6 月 26 日　第 146 册　第 712 页

30459　世界大势与伦敦海会　《申报》　1930 年 4 月 19 日　第 269 册　第 506 页

30460　世界大势与英美　《大公报》　1937 年 12 月 20 日　第 139 册　第 737 页

30461　世界大势与中国　《大公报》　1937 年 9 月 21 日　第 139 册　第 377 页

30462　世界大势与中国大势　《大公报》　1928 年 1 月 2 日　第 82 册　第 15 页

30463　世界大势与中国经建　《大公报》　1946 年 2 月 8 日　第 156 册　第 152 页

30464　世界大势之一考察　《申报》（汉口版）　1938 年 3 月 17 日　第 356 册　第 123 页

30465　世界大势之展望　《申报》（香港版）　1938 年 3 月 19 日　第 356 册　第 473 页

30466　世界大势重新估定：论世界战局决定的关头　《中央日报》　1943 年 5 月 22 日　第 48 册　第 128 页

30467　世界大宪章之基础　《中央日报》　1942 年 1 月 7 日　第 45 册　第 666 页

30468　世界大战与和平（专论）/胡朴安　《民国日报》　1946 年 6 月 28 日　第 98 册　第 237 页

30469　世界大战中的人民责任　《申报》（香港版）　1938 年 9 月 30 日　第 357 册　第 117 页

30470　世界当前之教训与前途　《申报》　1940 年 3 月 15 日　第 369 册　第 194 页

30471　世界的恐日病　《大公报》　1933 年 10 月 6 日　第 116 册　第 512 页

30472　世界的煤油问题　《大公报》　1940 年 11 月 21 日　第 145 册　第 550 页

30473　世界的友情　《中央日报》　1945 年 7 月 10 日　第 51 册　第 236 页

30474　世界动物节　《申报》　1935 年 10 月 4 日　第 333 册　第 91 页

30475　世界对于银贱问题与经济恐慌　《申报》　1931 年 2 月 27 日　第 279 册　第 668 页

30476　世界繁荣的原理　《大公报》　1944 年 7 月 6 日　第 153 册　第 24 页

30477　世界反战运动　《大公报》　1933 年 8 月 2 日　第 115 册　第 452 页

30478　世界分合的一大关键　《申报》　1947 年 6 月 29 日　第 393 册　第 896 页

30479　世界纷争中的美国　《申报》　1940 年 2 月 18 日　第 368 册　第 610 页

30480　世界钢铁恐慌与日本　《中央日报》　1937 年 4 月 29 日　第 38 册　第 721 页

30481　世界各国间之主义与利害　《申报》　1930 年 3 月 21 日　第 268 册　第 564 页

30482　世界各国均为经济为难　《申报》　1930 年 10 月 1 日　第 275 册　第 7 页

30483　世界各国内部之不安　《申报》　1930 年 10 月 20 日　第 275 册　第 501 页

30484　世界各国政局之不安　《申报》　1930 年 12 月 10 日　第 277 册　第 244 页

30485　世界各国之内情　《申报》　1931 年 1 月 27 日　第 278 册　第 502 页

30486　世界工潮复起　《申报》　1922 年 8 月 26 日　第 183 册　第 538 页

30487　世界果无公理耶　《申报》　1933 年 2 月 2 日　第 301 册　第 40 页

30488　世界航空事业之猛晋　《申报》　1930 年 8 月 20 日　第 273 册　第 460 页

30489　"世界和平不可分"：拥护史汀生先生的主张　《大公报》　1939 年 4 月 7 日　第 142 册　第 386 页

30490　世界和平的改造方案/张道行（星期论文）　《大公报》　1940 年 3 月 24 日　第 144 册　第 334 页

30491　世界和平的途径：读马歇尔国务卿的演辞之后　《申报》　1947 年 4 月 30 日　第 393 册　第 296 页

30492　世界和平的障碍　《中央日报》　1939 年 7 月 2 日　第 42 册　第 200 页

30493　世界和平的重建问题/张道行（星期论文）　《大公报》　1941 年 9 月 13 日　第 147 册　第 276 页

30494　世界和平击于德国　《申报》　1939 年 3 月 22 日　第 362 册　第 818 页

30495　世界和平机构会议开幕　《大公报》　1944 年 8 月 21 日　第 153 册　第 236 页

30496　世界和平目标之前奏　《申报》　1941 年 11 月 11 日　第 378 册　第 517 页

30497　世界和平与德国　《申报》　1936 年 12 月 28 日　第 347 册　第 707 页

30498　世界和平与德国　《中央日报》　1937 年 4 月 23 日　第 38 册　第 649 页

30499　世界和平与美国　《大公报》　1938 年 9 月 19 日　第 141 册　第 334 页

30500　世界和平与中国　《申报》　1930 年 10 月 12 日　第 275 册　第 285 页

30501　世界和平运动　《大公报》　1927 年 9 月 12 日　第 80 册　第 583 页

30502　世界和平运动大会　《申报》　1936 年 9 月 6 日　第 344 册　第 162 页

30503　世界和平运动与中国和平运动　《大公报》　1927 年 9 月 13 日　第 80 册　第 591 页

30504　世界和平运动之新转机　《大公报》　1928 年 3 月 3 日　第 83 册　第 21 页

30505　世界和平之机　《申报》　1917 年 12 月 28 日　第 149 册　第 922 页

30506　世界黄金集中美国　《中央日报》　1937 年 6 月 4 日　第 39 册　第 421 页

30507　世界饥馑与粮食会议　《中央日报》　1946 年 5 月 24 日　第 52 册　第 1052 页

30508　世界渐近觉悟之言论　《申报》　1930 年 12 月 24 日　第 277 册　第 623 页

30509　世界今日之形势及其将来　《申报》　1930 年 4 月 18 日　第 269 册　第 476 页

30510　世界金融市场之中心点　《申报》　1907 年 7 月 5 日　第 89 册　第 49 页

30511　世界金融市场之中心点（续）　《申报》　1907 年 7 月 6 日　第 89 册　第 61 页

30512　世界近时最大事件　《申报》　1911 年 9 月 26 日　第 114 册　第 446 页

30513　世界近事　《申报》　1931 年 4 月 11 日　第 281 册　第 269 页

30514　世界近事杂评　《申报》　1930 年 12 月 17 日　第 277 册　第 432 页

30515　世界经济合作之展望：经济复兴不能离开政治和平　《中央日报》　1937 年 4 月 13 日　第 38 册　第 523 页

30516　世界经济和平会议的传说　《申报》　1937 年 4 月 10 日　第 351 册　第 231 页

30517　世界经济会议　《申报》　1932 年 10 月 31 日　第 297 册　第 773 页

30518　世界经济会议闭会以后　《申报》　1933 年 7 月 22 日　第 306 册　第 642 页

30519　世界经济会议闭幕　《大公报》　1933 年 6 月 12 日　第 114 册　第 592 页

30520　世界经济会议开幕　《申报》　1933 年 6 月 12 日　第 305 册　第 318 页

30521　世界经济会议停会后之展望　《申报》　1933 年 8 月 1 日　第 307 册　第 13 页

30522　世界经济会议已成僵局　《申报》　1933 年 7 月 11 日　第 306 册　第 319 页

30523　世界经济会议又一难关　《申报》　1933 年 7 月 3 日　第 306 册　第 77 页

30524　世界经济会议与中国之影响　《申报》　1933 年 6 月 15 日　第 305 册　第 403 页

30525　世界经济会议之暗影　《申报》　1933 年 6 月 21 日　第 305 册　第 580 页

30526　世界经济会议之展望　《申报》　1932 年 10 月 17 日　第 297 册　第 419 页

30527　世界经济恐慌与国际债务　《大公报》　1934 年 5 月 29 日　第 120 册　第 414 页

30528　世界经济恐慌与中国前途（专载）/项定荣　《民国日报》　1931 年 8 月 23 日　第 93 册　第 675 页

30529　世界经济恐慌之展望　《中央日报》　1933 年 2 月 10 日　第 21 册　第 374 页

30530　世界经济难局之转机　《申报》　1931 年 6 月 24 日　第 283 册　第 634 页

30531　世界经济与国交　《申报》　1930 年 12 月 5 日　第 277 册　第 112 页

30532　世界经济与失业问题　《申报》　1930 年 2 月 12 日　第 267 册　第 292 页

30533　世界经济与治乱　《申报》　1930 年 6 月 24 日　第 271 册　第 628 页

30534　世界经济之隐忧　《申报》　1930 年 6 月 6 日　第 271 册　第 145 页

30535　世界经济种种　《申报》　1931 年 2 月 12 日　第 279 册　第 292 页

30536　世界竞争扩军之现状　《中央日报》　1937 年 7 月 26 日　第 40 册　第 305 页

30537　世界局势剖析　《申报》　1941 年 2 月 12 日　第 374 册　第 494 页

30538　世界局势中之东南亚　《中央日报》　1948 年 10 月 11 日　第 60 册　第 312 页

30539　世界局势综观　《申报》　1940 年 8 月 14 日　第 371 册　第 582 页

30540　世界剧变在目前　《大公报》　1941 年 5 月 9 日　第 146 册　第 538 页

30541　世界军备缩小日本军备扩张　《申报》　1933 年 6 月 4 日　第 305 册　第 95 页

30542　世界军缩大会之关键　《中央日报》　1933 年 2 月 16 日　第 21 册　第 432 页

30543　世界军缩会议　《申报》　1931 年 1 月 25 日　第 278 册　第 448 页

30544　世界军缩会议与俄国　《大公报》　1927 年 12 月 4 日　第 81 册　第 519 页

30545　世界军缩之新消息　《申报》　1930 年 12 月 23 日　第 277 册　第 598 页

30546　世界狂潮：献给旧金山会议及六全代会/谷春帆（星期论文）　《大公报》　1945 年 5 月 6 日　第 154 册　第 532 页

30547　世界劳动节之概况　《申报》　1931 年 5 月 3 日　第 282 册　第 35 页

30548　世界劳工加紧援华　《中央日报》　1941 年 9 月 25 日　第 45 册　第 234 页

30549　世界两大事　《申报》　1915 年 5 月 26 日　第 134 册　第 424 页

30550　世界两大阵营的对照　《申报》　1943 年 3 月 27 日　第 383 册　第 596 页

30551　世界两个不平　《申报》　1933 年 10 月 25 日　第 309 册　第 782 页

30552　世界两极化的趋势　《大公报》　1948 年 3 月 9 日　第 162 册　第 406 页

30553　世界两要人：田中与史特莱斯曼　《申报》　1929 年 10 月 5 日　第 263 册　第 131 页

30554　世界列国其注意日人之暴行　《申报》　1931 年 9 月 22 日　第 286 册　第 613 页

30555　世界棉战与中国/何廉（星期论文）　《大公报》　1935 年 8 月 18 日　第 127 册　第 696 页

30556　世界平和之机　《申报》　1915 年 12 月 8 日　第 137 册　第 612 页

30557　世界前途与中国　《大公报》　1941 年 4 月 23 日　第 146 册　第 472 页

30558　世界情事之变迁　《申报》　1919 年 1 月 24 日　第 156 册　第 342 页

30559　世界趋势与中国将来　《大公报》　1944 年 5 月 24 日　第 152 册　第 650 页

30560　世界人类的经济自由　《申报》　1946 年 1 月 23 日　第 388 册　第 129 页

30561　世界人心之浮动　《申报》　1930 年 9 月 22 日　第 274 册　第 545 页

30562　世界商业之厄运　《申报》　1930 年 6 月 3 日　第 271 册　第 65 页

30563　世界上有不要海军的国家吗　《民国日报》　1928 年 12 月 28 日　第 77 册　第 935 页

30564　世界失业问题　《申报》　1930 年 3 月 6 日　第 268 册　第 149 页

30565　世界失业与建筑　《申报》　1930 年 9 月 19 日　第 274 册　第 465 页

30566　世界失业者与中国　《申报》　1921 年 1 月 13 日　第 168 册　第 191 页

30567　世界失业之救济　《申报》　1931 年 1 月 13 日　第 278 册　第 120 页

30568　世界市场对日封锁！　《大公报》　1933 年 8 月 4 日　第 115 册　第 480 页

30569　世界说　《申报》　1893 年 7 月 26 日　第 44 册　第 611 页

30570　世界思想的新趋向　《中央日报》　1944 年 5 月 20 日　第 49 册　第 626 页

30571　世界所同苦　《申报》　1921 年 4 月 12 日　第 169 册　第 721 页

30572　世界糖业会议开幕　《中央日报》　1937 年 4 月 5 日　第 38 册　第 427 页

30573　世界糖业之限制法　《申报》　1930 年 12 月 14 日　第 277 册　第 353 页

30574　世界通货政策之前途　《申报》　1935 年 7 月 31 日　第 330 册　第 774 页

30575　世界危机之展望　《申报》　1939 年 1 月 30 日　第 361 册　第 530 页

30576　世界舞台之两出戏　《大公报》　1929 年 4 月 27 日　第 89 册　第 916 页

30577　世界物质进化与人类幸福　《申报》　1930 年 10 月 21 日　第 275 册　第 523 页

30578　世界现局述感　《大公报》　1944 年 3 月 24 日　第 152 册　第 372 页

30579　世界宪章的批准　《中央日报》　1945 年 7 月 25 日　第 51 册　第 326 页

30580　世界宪章的实现　《中央日报》　1942 年 10 月 30 日　第 46 册　第 1086 页

30581　世界宪章之诞生　《中央日报》　1945 年 6 月 28 日　第 51 册　第 164 页

30582　世界消息之种类　《申报》　1930 年 4 月 17 日　第 269 册　第 450 页

30583　世界新局势与远东　《申报》　1941 年 6 月 27 日　第 376 册　第 702 页

30584　世界新形势：新协沪分会时事演讲会演讲词订正稿/杨光政（代论）　《申报》　1945 年 4 月 24 日　第 387 册　第 301 页

30585　"世界新秩序"试论/陶希圣（星期论文）　《大公报》　1940 年 11 月 3 日　第 145 册　第 476 页

30586　世界需要中道而行　《大公报》　1946 年 10 月 5 日　第 158 册　第 26 页

30587　世界银价的前途　《申报》　1936 年 11 月 21 日　第 346 册　第 530 页

30588　世界舆论第二次动员　《大公报》　1932 年 8 月 28 日　第 109 册　第 700 页

30589　世界与中国（专论）/胡朴安　《民国日报》　1946 年 6 月 24 日　第 98 册　第 221 页

30590　世界原料分配问题　《申报》　1936 年 2 月 9 日　第 337 册　第 226 页

30591　世界原料重分配问题　《中央日报》　1937 年 7 月 5 日　第 40 册　第 51 页

30592　世界运动会开幕　《大公报》　1948 年 7 月 30 日　第 163 册　第 542 页

30593　世界杂讯　《申报》　1931 年 6 月 5 日　第 283 册　第 116 页

30594　世界战局的现势　《中央日报》　1943 年 10 月 17 日　第 48 册　第 798 页

30595　世界战局与日寇的危机　《中央日报》　1944 年 6 月 27 日　第 49 册　第 792 页

30596　世界战局与世界新形势　《申报》　1943 年 1 月 6 日　第 383 册　第 18 页

30597　世界战局之展望　《申报》　1943 年 4 月 13 日　第 383 册　第 698 页

30598　世界战局中心之转移　《申报》　1943 年 4 月 28 日　第 383 册　第 787 页

30599　世界战略桥梁的筑成　《中央日报》　1944 年 6 月 15 日　第 49 册　第 738 页

30600　世界战事之将来　《申报》　1930 年 10 月 29 日　第 275 册　第 726 页

30601　世界战争逐渐转变　《中央日报》　1942 年 10 月 1 日　第 46 册　第 902 页

30602　"世界政府"的梦想　《大公报》　1948 年 9 月 13 日　第 164 册　第 74 页

30603　世界政局之新动向　《申报》　1935 年 1 月 21 日　第 324 册　第 519 页

30604   世界政治思潮与中国   《大公报》   1933 年 7 月 16 日   第 115 册   第 214 页

30605   世界政治之三趋势与中国   《大公报》   1927 年 11 月 25 日   第 81 册   第 439 页

30606   世界之安定凝固化   《中央日报》   1946 年 11 月 20 日   第 54 册   第 630 页

30607   世界之大危机与中国   《大公报》   1931 年 8 月 28 日   第 103 册   第 700 页

30608   世界之毒物谈   《申报》   1931 年 1 月 17 日   第 278 册   第 234 页

30609   世界之国货运动   《申报》   1930 年 10 月 25 日   第 275 册   第 623 页

30610   世界之减俸潮流   《申报》   1931 年 6 月 1 日   第 283 册   第 8 页

30611   世界之三大争执   《申报》   1913 年 11 月 8 日   第 125 册   第 102 页

30612   世界之所以多事   《申报》   1930 年 12 月 28 日   第 277 册   第 727 页

30613   世界之天灾   《申报》   1930 年 12 月 21 日   第 277 册   第 543 页

30614   世界之未来   《民国日报》   1918 年 6 月 23 日   第 15 册   第 638 页

30615   世界之争端   《申报》   1930 年 4 月 20 日   第 269 册   第 535 页

30616   世界智识   《申报》   1914 年 11 月 3 日   第 131 册   第 30 页

30617   世界重要之数目   《申报》   1930 年 8 月 10 日   第 273 册   第 214 页

30618   世界注目之印度   《申报》   1930 年 3 月 4 日   第 268 册   第 93 页

30619   世界注目之中日谅解说   《大公报》   1933 年 10 月 28 日   第 116 册   第 830 页

30620   世界资源重分配问题与中国   《大公报》   1936 年 2 月 12 日   第 130 册   第 462 页

30621   世界最近消息   《申报》   1931 年 3 月 8 日   第 280 册   第 192 页

30622   世局归趋（专论）/胡朴安   《民国日报》   1946 年 9 月 28 日   第 99 册   第 141 页

30623   世局随感   《大公报》   1941 年 10 月 28 日   第 147 册   第 468 页

30624   世局之转机   《申报》   1939 年 2 月 6 日   第 362 册   第 102 页

30625   世乱中看美国大选   《中央日报》   1948 年 11 月 3 日   第 60 册   第 488 页

30626   世情   《申报》   1929 年 10 月 20 日   第 263 册   第 569 页

30627   世人之说   《申报》   1929 年 4 月 2 日   第 257 册   第 34 页

30628   世事与人力   《申报》   1930 年 12 月 18 日   第 277 册   第 460 页

30629   世事之变迁   《申报》   1924 年 1 月 23 日   第 199 册   第 466 页

30630   世事之有潮流   《申报》   1930 年 10 月 7 日   第 275 册   第 172 页

30631　世俗称谓考略　《申报》　1901 年 2 月 24 日　第 67 册　第 277 页

30632　世俗称谓考略（接前稿）　《申报》　1901 年 2 月 26 日　第 67 册　第 289 页

30633　世运大会闭幕　《大公报》　1936 年 8 月 17 日　第 133 册　第 686 页

30634　世运会闭幕献辞　《中央日报》　1936 年 8 月 16 日　第 35 册　第 557 页

30635　世总裁告退问题　《申报》　1911 年 10 月 2 日　第 114 册　第 548 页

30636　仕路丛谭　《申报》　1897 年 9 月 4 日　第 57 册　第 19 页

30637　仕商名利颠倒说　《申报》　1890 年 6 月 21 日　第 36 册　第 1011 页

30638　市参议会今后将如何？　《申报》　1946 年 9 月 12 日　第 390 册　第 150 页

30639　市参议会竞选　《民国日报》　1946 年 3 月 23 日　第 97 册　第 309 页

30640　市参议会休会之后　《申报》　1947 年 1 月 15 日　第 392 册　第 162 页

30641　市场的骚动　《申报》　1941 年 2 月 15 日　第 374 册　第 530 页

30642　市场之轩然大波　《申报》　1937 年 6 月 10 日　第 353 册　第 244 页

30643　市道交　《申报》　1919 年 1 月 6 日　第 156 册　第 67 页

30644　市临参会今日闭幕　《大公报》　1947 年 2 月 10 日　第 159 册　第 294 页

30645　市临时参议会成立　《申报》　1946 年 3 月 28 日　第 388 册　第 472 页

30646　市面可望转机说　《申报》　1884 年 5 月 17 日　第 24 册　第 771 页

30647　市面日衰经纪人亟宜自慎说　《申报》　1883 年 2 月 24 日　第 22 册　第 249 页

30648　市民参政运动（言论）　《民国日报》　1926 年 4 月 15 日　第 62 册　第 452 页

30649　市民大会开不成（言论）　《民国日报》　1926 年 12 月 12 日　第 66 册　第 207 页

30650　市民的意见（一）（言论）　《民国日报》　1925 年 6 月 6 日　第 57 册　第 487 页

30651　市民的意见（二）（言论）　《民国日报》　1925 年 6 月 7 日　第 57 册　第 495 页

30652　市民对北京特派员的两要点（言论）　《民国日报》　1925 年 6 月 9 日　第 57 册　第 511 页

30653　市民亟应散入乡村　《申报》（汉口版）　1938 年 6 月 11 日　第 356 册　第 299 页

30654　市民亟应散入乡村　《申报》（香港版）　1938 年 6 月 14 日　第 356 册　第 822 页

30655　市民今后的责任：庆祝交还租界声中应有的警惕　《申报》　1943 年 7 月

31 日　第 384 册　第 297 页

30656　市民应如何协力治安　《申报》　1943 年 10 月 28 日　第 384 册　第 659 页

30657　市县合并与市制问题　《大公报》　1930 年 2 月 13 日　第 94 册　第 628 页

30658　市医论　《申报》　1873 年 11 月 13 日　第 3 册　第 465 页

30659　市镇的体系秩序/梁思成（星期论文）　《大公报》　1945 年 10 月 7 日　第 155 册　第 424 页

30660　市政感言　《大公报》　1945 年 7 月 21 日　第 155 册　第 88 页

30661　市政机关合并之前　《申报》　1944 年 7 月 20 日　第 386 册　第 65 页

30662　市政建设刍议　《申报》　1943 年 8 月 14 日　第 384 册　第 359 页

30663　市政与人事　《申报》　1944 年 8 月 25 日　第 386 册　第 183 页

30664　市政咨询委员会当前课题　《申报》　1944 年 5 月 5 日　第 385 册　第 435 页

30665　市中心必不可赛马（专论）/胡朴安　《民国日报》　1946 年 9 月 14 日　第 99 册　第 81 页

30666　示猛与示威　《申报》　1929 年 5 月 30 日　第 258 册　第 814 页

30667　示人　《申报》　1924 年 11 月 22 日　第 207 册　第 357 页

30668　示人以真力　《申报》　1928 年 4 月 25 日　第 245 册　第 611 页

30669　示人以真相　《申报》　1928 年 8 月 8 日　第 249 册　第 199 页

30670　事不能独立　《申报》　1928 年 11 月 3 日　第 252 册　第 67 页

30671　事成于渐论　《申报》　1880 年 7 月 24 日　第 17 册　第 93 页

30672　事贵善变　《申报》　1896 年 4 月 6 日　第 52 册　第 555 页

30673　事后　《申报》　1929 年 7 月 13 日　第 260 册　第 358 页

30674　事后之补救　《申报》　1920 年 7 月 8 日　第 165 册　第 143 页

30675　事件的不平语　《民国日报》　1920 年 3 月 29 日　第 26 册　第 392 页

30676　事理学　《申报》　1925 年 8 月 3 日　第 215 册　第 49 页

30677　事前事后　《申报》　1917 年 8 月 3 日　第 147 册　第 574 页

30678　事前与事后　《申报》　1926 年 11 月 23 日　第 229 册　第 531 页

30679　事权宜归一说　《申报》　1886 年 12 月 16 日　第 29 册　第 1037 页

30680　事人事鬼辨　《申报》　1894 年 7 月 6 日　第 47 册　第 485 页

30681　事尚可为　《申报》　1933 年 3 月 11 日　第 302 册　第 304 页

30682　事涉多方　《申报》　1925 年 2 月 10 日　第 209 册　第 626 页

30683　事实不明　《申报》　1917 年 1 月 15 日　第 144 册　第 202 页

30684　事实的对照　《申报》　1946 年 11 月 22 日　第 391 册　第 262 页

30685　事实否定了谎言　《中央日报》　1946 年 5 月 11 日　第 52 册　第 974 页

30686　事实论里的王阁　《民国日报》　1922 年 9 月 23 日　第 41 册　第 302 页

30687　事实上的证明（言论）　《民国日报》　1926 年 10 月 4 日　第 65 册　第 332 页

30688　事实上之内阁　《申报》　1926 年 5 月 8 日　第 223 册　第 170 页

30689　事实胜于雄辩　《中央日报》　1945 年 12 月 28 日　第 52 册　第 164 页

30690　事实胜于雄辩　《申报》　1946 年 5 月 22 日　第 388 册　第 874 页

30691　事实胜于雄辩：评美驻日政治顾问的声明/孟宪章（星期论文）　《大公报》　1948 年 6 月 27 日　第 163 册　第 344 页

30692　"事实是最雄辩的"　《大公报》　1928 年 5 月 17 日　第 84 册　第 161 页

30693　事实为上　《申报》　1919 年 3 月 11 日　第 157 册　第 162 页

30694　事实宣传与理论宣传　《大公报》　1928 年 7 月 2 日　第 85 册　第 11 页

30695　事实与法理　《申报》　1922 年 3 月 3 日　第 178 册　第 40 页

30696　事实与非事实　《申报》　1928 年 3 月 28 日　第 244 册　第 674 页

30697　事实者虚言与真心之证　《申报》　1928 年 3 月 18 日　第 244 册　第 429 页

30698　事外之事　《申报》　1916 年 10 月 18 日　第 142 册　第 818 页

30699　事业紧缩与消费节约　《大公报》　1941 年 12 月 29 日　第 147 册　第 716 页

30700　事有三类　《申报》　1927 年 11 月 24 日　第 240 册　第 522 页

30701　事与人　《申报》　1927 年 8 月 15 日　第 237 册　第 307 页

30702　事圆说　《申报》　1926 年 2 月 22 日　第 220 册　第 965 页

30703　事之辨别　《申报》　1929 年 6 月 8 日　第 259 册　第 188 页

30704　事之缓急　《申报》　1919 年 12 月 21 日　第 161 册　第 871 页

30705　事之难易　《申报》　1928 年 4 月 16 日　第 245 册　第 388 页

30706　事之原则　《申报》　1927 年 2 月 20 日　第 231 册　第 1012 页

30707　事之种类　《申报》　1929 年 3 月 16 日　第 256 册　第 449 页

30708　势　《申报》　1916 年 4 月 14 日　第 139 册　第 706 页

30709　势必殉葬的傀儡　《中央日报》　1943 年 1 月 12 日　第 47 册　第 453 页

30710　势力　《申报》　1929 年 3 月 29 日　第 256 册　第 834 页

30711　势力圈划定　《申报》　1921 年 5 月 27 日　第 170 册　第 457 页

30712　势力说　《申报》　1929 年 4 月 19 日　第 257 册　第 515 页

30713　势力协助神圣战争　《中央日报》　1933 年 3 月 2 日　第 21 册　第 572 页

30714　势力移转　《申报》　1920 年 8 月 25 日　第 165 册　第 983 页

30715　势力与主义　《申报》　1919 年 8 月 12 日　第 159 册　第 700 页

30716　势在必亡的反革命派　《民国日报》　1929 年 5 月 12 日　第 80 册　第 176 页

30717　势在必行的节约　《中央日报》　1944 年 2 月 17 日　第 49 册　第 220 页

30718　势之力与理之力　《申报》　1916 年 5 月 19 日　第 140 册　第 284 页

30719　视察调查工作的改进　《中央日报》　1940 年 4 月 30 日　第 43 册　第 406 页

30720　视察湘鄂汉党务后之感想（专载）/曾养甫　《民国日报》　1931 年 4 月 30 日　第 91 册　第 732 页

30721　视察湘鄂汉党务后之感想（续）/曾养甫　《民国日报》　1931 年 5 月 1 日　第 92 册　第 7 页

30722　视导全国义教民教办法　《中央日报》　1937 年 6 月 25 日　第 39 册　第 673 页

30723　视线的开拓　《中央日报》　1943 年 2 月 27 日　第 47 册　第 708 页

30724　试灯后记　《申报》　1886 年 10 月 12 日　第 29 册　第 633 页

30725　试论教育民主化/黎襄（星期论文）　《大公报》　1947 年 10 月 26 日　第 161 册　第 338 页

30726　试拟当前中国政治问题之解决途径/李崇淮（星期论坛）　《申报》　1949 年 1 月 17 日　第 400 册　第 98 页

30727　试评所谓"中国本位的文化建设"/胡适（星期论文）　《大公报》　1935 年 3 月 31 日　第 125 册　第 484 页

30728　试探民意　《申报》　1921 年 9 月 17 日　第 173 册　第 326 页

30729　试题宜慎说　《申报》　1897 年 4 月 17 日　第 55 册　第 613 页

30730　试为政府借箸以筹/徐炳昶（星期论文）　《大公报》　1947 年 6 月 29 日　第 160 册　第 376 页

30731　试行开矿论　《申报》　1874 年 4 月 20 日　第 4 册　第 351 页

30732　试行强迫入学办法　《申报》　1937 年 4 月 16 日　第 351 册　第 379 页

30733　试验　《申报》　1916 年 9 月 14 日　第 142 册　第 214 页

30734　试验　《申报》　1917 年 2 月 12 日　第 144 册　第 564 页

30735　试验　《申报》　1920 年 9 月 4 日　第 166 册　第 59 页

30736　试验　《申报》　1924 年 8 月 30 日　第 205 册　第 676 页

30737　试验　《申报》　1927 年 4 月 14 日　第 233 册　第 262 页

30738　试验　《申报》　1927 年 7 月 17 日　第 236 册　第 354 页

30739　试验北京国会的要点　《民国日报》　1922 年 9 月 14 日　第 41 册　第 178 页

30740　试验能力　《申报》　1927 年 1 月 16 日　第 231 册　第 350 页

30741　试验与既往　《申报》　1927 年 8 月 26 日　第 237 册　第 532 页

30742　试验之感觉　《申报》　1917 年 2 月 13 日　第 144 册　第 582 页

30743　试以退出国库方法来解决纷争/何永佶（星期论文）　《大公报》　1946 年 9 月 22 日　第 157 册　第 438 页

30744　恃强无益论　《申报》　1873 年 9 月 2 日　第 3 册　第 217 页

30745　恃人恃己　《申报》　1919 年 12 月 2 日　第 161 册　第 547 页

30746　是多党训政吗？　《大公报》　1947 年 4 月 17 日　第 159 册　第 738 页

30747　是非辨/彬　《申报》　1932 年 4 月 21 日　第 291 册　第 509 页

30748　是非利害　《申报》　1917 年 2 月 24 日　第 144 册　第 768 页

30749　是非明矣国民更须努力　《大公报》　1932 年 10 月 5 日　第 110 册　第 412 页

30750　是非证　《申报》　1925 年 5 月 2 日　第 212 册　第 24 页

30751　是非之心　《申报》　1920 年 10 月 30 日　第 166 册　第 1047 页

30752　是非之心　《民国日报》　1922 年 4 月 12 日　第 38 册　第 578 页

30753　是否投降的考验　《申报》　1949 年 4 月 19 日　第 400 册　第 740 页

30754　是即干涉也　《民国日报》　1920 年 7 月 19 日　第 28 册　第 254 页

30755　是进步不是让步（言论）　《民国日报》　1926 年 10 月 5 日　第 65 册　第 342 页

30756　是可忍，孰不可忍！　《中央日报》　1931 年 7 月 17 日　第 15 册　第 191 页

30757　是忍　《申报》　1915 年 3 月 22 日　第 133 册　第 334 页

30758　是慎重不是停顿　《民国日报》　1928 年 9 月 28 日　第 76 册　第 439 页

30759　是时候了！　《大公报》　1938 年 12 月 8 日　第 141 册　第 476 页

30760　是是非非　《申报》　1914 年 6 月 13 日　第 128 册　第 686 页

30761　是谁摧残青年？　《大公报》　1946 年 9 月 23 日　第 157 册　第 444 页

30762　是谁戕贼国力？　《大公报》　1933 年 6 月 6 日　第 114 册　第 508 页

30763　是投降的时候了！　《大公报》　1945 年 8 月 11 日　第 155 册　第 178 页

30764　是亦恢复共和之祝辞也　《民国日报》　1918 年 7 月 12 日　第 16 册　第 110 页

30765　是亦原壤也　《民国日报》　1918 年 1 月 21 日　第 13 册　第 218 页

30766　"是"与"否"之争执　《申报》　1933 年 2 月 12 日　第 301 册　第 334 页

30767　是重新检讨的时候　《中央日报》　1946 年 8 月 6 日　第 53 册　第 566 页

30768　释巴达维亚商会电里的"党"字　《民国日报》　1923 年 9 月 1 日　第 47

册　第 2 页

30769　释辩　《申报》　1883 年 6 月 18 日　第 22 册　第 889 页

30770　释醋　《申报》　1888 年 1 月 19 日　第 32 册　第 117 页

30771　释大臣责任　《申报》　1911 年 9 月 28 日　第 114 册　第 482 页

30772　释大臣责任续　《申报》　1911 年 9 月 29 日　第 114 册　第 498 页

30773　释大赦　《中央日报》　1931 年 1 月 17 日　第 13 册　第 159 页

30774　释党　《申报》　1899 年 5 月 22 日　第 62 册　第 157 页

30775　释党　《申报》　1912 年 7 月 15 日　第 118 册　第 141 页

30776　释盗贼　《申报》　1920 年 7 月 28 日　第 165 册　第 494 页

30777　释痘　《申报》　1900 年 3 月 5 日　第 64 册　第 345 页

30778　释法　《申报》　1920 年 7 月 26 日　第 165 册　第 478 页

30779　释公债　《申报》　1909 年 6 月 5 日　第 100 册　第 498 页

30780　释奖励资金内移办法　《中央日报》　1941 年 11 月 6 日　第 45 册　第 410 页

30781　释教育权独立运动　《民国日报》　1924 年 12 月 30 日　第 54 册　第 586 页

30782　释醮　《申报》　1889 年 8 月 19 日　第 35 册　第 309 页

30783　释金星　《申报》　1892 年 8 月 22 日　第 41 册　第 739 页

30784　释捐　《申报》　1897 年 7 月 21 日　第 56 册　第 499 页

30785　释雷　《申报》　1886 年 7 月 20 日　第 29 册　第 115 页

30786　释雷　《申报》　1889 年 7 月 5 日　第 35 册　第 27 页

30787　释利　《申报》　1891 年 9 月 14 日　第 39 册　第 459 页

30788　释马　《申报》　1890 年 4 月 18 日　第 36 册　第 611 页

30789　释麦氏之新经济政策　《申报》　1941 年 9 月 9 日　第 377 册　第 506 页

30790　释媚　《申报》　1907 年 7 月 2 日　第 89 册　第 13 页

30791　释民主国民之地位　《申报》　1912 年 2 月 25 日　第 116 册　第 461 页

30792　释南昌之战　《申报》　1939 年 3 月 31 日　第 362 册　第 970 页

30793　释拟征台湾生番论　《申报》　1873 年 11 月 10 日　第 3 册　第 453 页

30794　释年兴宦兴　《申报》　1897 年 2 月 10 日　第 55 册　第 207 页

30795　释"叛逆与革命"：陈炯明确是叛逆　胡适之之大错特错　《民国日报》　1922 年 8 月 11 日　第 40 册　第 562 页

30796　释骗　《申报》　1893 年 5 月 10 日　第 44 册　第 67 页

30797　释平　《申报》　1890 年 6 月 24 日　第 36 册　第 1029 页

30798　释权利之名义　《申报》　1908 年 2 月 18 日　第 92 册　第 494 页

30799　释忍　《申报》　1906 年 4 月 15 日　第 83 册　第 141 页

30800　释忍（续昨稿）　《申报》　1906 年 4 月 16 日　第 83 册　第 151 页

30801　释日报论中国宪政之危机　《申报》　1911 年 5 月 23 日　第 112 册　第 382 页

30802　释日本今年的预算案　《大公报》　1943 年 2 月 12 日　第 150 册　第 178 页

30803　释师　《申报》　1892 年 6 月 4 日　第 41 册　第 221 页

30804　释时　《申报》　1897 年 7 月 14 日　第 56 册　第 453 页

30805　释算　《申报》　1892 年 10 月 11 日　第 42 册　第 259 页

30806　释孙先生的废约主张（言论）　《民国日报》　1925 年 3 月 26 日　第 56 册　第 344 页

30807　释统一（专论）/胡朴安　《民国日报》　1946 年 11 月 1 日　第 99 册　第 280 页

30808　释问　《申报》　1882 年 10 月 18 日　第 21 册　第 655 页

30809　释言论自由/章士钊（专论）　《申报》　1946 年 1 月 2 日　第 388 册　第 16 页

30810　释谣　《申报》　1904 年 10 月 3 日　第 78 册　第 217 页

30811　释谣传建都河南之误　《申报》　1901 年 5 月 15 日　第 68 册　第 85 页

30812　释疑篇　《申报》　1900 年 6 月 20 日　第 65 册　第 393 页

30813　释疑说　《申报》　1900 年 4 月 30 日　第 64 册　第 767 页

30814　释音　《申报》　1891 年 11 月 17 日　第 39 册　第 845 页

30815　释"援华"：并论以空军加强中国战场的必要　《大公报》　1943 年 6 月 9 日　第 150 册　第 708 页

30816　释债　《申报》　1891 年 2 月 2 日　第 38 册　第 189 页

30817　释战后的英国外交　《大公报》　1944 年 5 月 27 日　第 152 册　第 663 页

30818　释中东交涉近闻　《申报》　1879 年 7 月 24 日　第 15 册　第 93 页

30819　释中央准备银行　《中央日报》　1937 年 3 月 22 日　第 38 册　第 257 页

30820　释总反攻　《申报》　1939 年 4 月 14 日　第 363 册　第 240 页

30821　嗜好亦有优劣说　《申报》　1882 年 1 月 3 日　第 20 册　第 9 页

30822　誓师北伐二十周年　《中央日报》　1946 年 7 月 9 日　第 53 册　第 332 页

30823　誓师北伐五周纪念　《民国日报》　1931 年 7 月 9 日　第 93 册　第 101 页

30824　誓死反日一致为政府后盾　《中央日报》　1931 年 9 月 23 日　第 15 册　第 987 页

30825　誓雪半主权国与次殖民地之耻（专载）/胡汉民　《民国日报》　1930 年 1 月 4 日　第 84 册　第 37 页

30826　誓雪半主权国与次殖民地之耻：在首都撤销领判权大会讲/胡汉民　《民国

日报》 1930 年 1 月 5 日　第 84 册　第 45 页

30827　誓雪国耻的当前努力　《民国日报》　1930 年 5 月 9 日　第 86 册　第 108 页

30828　收兵　《申报》　1925 年 3 月 15 日　第 210 册　第 274 页

30829　收除武器　《申报》　1923 年 12 月 21 日　第 198 册　第 427 页

30830　收岛扼要议　《申报》　1887 年 1 月 12 日　第 30 册　第 67 页

30831　收斗生式的政治运动　《民国日报》　1922 年 9 月 21 日　第 41 册　第 274 页

30832　收发　《申报》　1926 年 8 月 31 日　第 226 册　第 760 页

30833　收复潮梅后的新希望（言论）　《民国日报》　1925 年 4 月 17 日　第 56 册　第 646 页

30834　收复地方的善后问题　《中央日报》　1944 年 1 月 25 日　第 49 册　第 124 页

30835　收复东北及台湾的准备　《大公报》　1944 年 8 月 2 日　第 153 册　第 148 页

30836　收复匪区之农村善后问题　《中央日报》　1932 年 10 月 13 日　第 19 册　第 586 页

30837　收复缅甸与重建缅甸　《中央日报》　1942 年 10 月 4 日　第 46 册　第 920 页

30838　收复南宁之国际的意义　《中央日报》　1940 年 11 月 1 日　第 44 册　第 2 页

30839　收复区的地方自治问题　《中央日报》　1945 年 10 月 17 日　第 51 册　第 834 页

30840　收复区的教育　《申报》　1945 年 11 月 26 日　第 387 册　第 635 页

30841　收复区的土地处理　《中央日报》　1947 年 12 月 5 日　第 57 册　第 988 页

30842　收复区的行政问题　《中央日报》　1945 年 10 月 3 日　第 51 册　第 744 页

30843　收复区工矿业的接收工作　《中央日报》　1945 年 10 月 6 日　第 51 册　第 762 页

30844　收复区工矿业的整编　《中央日报》　1945 年 10 月 9 日　第 51 册　第 780 页

30845　收复区金融复员问题/盛慕杰（专论）　《申报》　1946 年 1 月 18 日　第 388 册　第 99 页

30846　收复区企业资本与所得税问题/汪治（专论）　《申报》　1945 年 12 月 12

日　第 387 册　第 700 页

30847　收复失土不要失去人心　《大公报》　1945 年 9 月 14 日　第 155 册　第 326 页

30848　收复失土以前　《大公报》　1933 年 3 月 23 日　第 113 册　第 312 页

30849　收复天津一周年　《大公报》　1929 年 6 月 12 日　第 90 册　第 676 页

30850　收归国有　《申报》　1914 年 3 月 12 日　第 127 册　第 178 页

30851　收黄黑二旗党以卫安南说　《申报》　1882 年 10 月 9 日　第 21 册　第 601 页

30852　收回法权与整理司法　《大公报》　1935 年 4 月 9 日　第 125 册　第 630 页

30853　收回海河工程局此其时矣　《大公报》　1931 年 6 月 8 日　第 102 册　第 460 页

30854　收回汉口租界问题　《大公报》　1930 年 12 月 1 日　第 99 册　第 364 页

30855　收回开滦矿权之准备　《民国日报》　1931 年 4 月 28 日　第 91 册　第 702 页

30856　收回领事裁判权与改良法律之关系　《申报》　1908 年 7 月 5 日　第 95 册　第 58 页

30857　收回领事裁判权与改良法律之关系（续）　《申报》　1908 年 7 月 6 日　第 95 册　第 72 页

30858　收回内河沿岸航行权　《申报》　1934 年 2 月 19 日　第 313 册　第 444 页

30859　收回上海会审公廨感言　《大公报》　1927 年 1 月 3 日　第 78 册　第 13 页

30860　收回上海租界（专载）/胡汉民　《民国日报》　1930 年 6 月 5 日　第 86 册　第 468 页

30861　收回失地与讨伐伪国/彬　《申报》　1932 年 2 月 26 日　第 290 册　第 773 页

30862　收回使馆界　《大公报》　1929 年 2 月 13 日　第 88 册　第 664 页

30863　收回天津英租界交涉　《大公报》　1927 年 3 月 21 日　第 78 册　第 581 页

30864　收回学校租界！　《中央日报》　1948 年 6 月 24 日　第 59 册　第 466 页

30865　收回租界后关于法院的私议/张一鹏（星期评论）　《申报》　1943 年 7 月 25 日　第 384 册　第 275 页

30866　收金铸币说　《申报》　1901 年 11 月 16 日　第 69 册　第 471 页

30867　收买党人　《申报》　1915 年 3 月 6 日　第 133 册　第 82 页

30868　收买东北食粮之商榷　《申报》　1931 年 9 月 2 日　第 286 册　第 41 页

30869　收买棉纱棉布　《申报》　1943 年 8 月 10 日　第 384 册　第 343 页

30870　收容乞丐问题　《申报》　1940 年 3 月 16 日　第 369 册　第 208 页

30871　收拾变乱责在国民　《民国日报》　1920 年 6 月 17 日　第 27 册　第 650 页

30872　收拾察局之新教训　《大公报》　1933 年 9 月 2 日　第 116 册　第 18 页

30873　收拾桂局之最后希望　《大公报》　1936 年 8 月 27 日　第 133 册　第 836 页

30874　收拾闽变与打开时局　《大公报》　1933 年 11 月 30 日　第 117 册　第 410 页

30875　收拾人心　《申报》　1911 年 11 月 2 日　第 115 册　第 17 页

30876　收拾时局　《申报》　1916 年 11 月 7 日　第 143 册　第 110 页

30877　收拾时局　《申报》　1924 年 12 月 29 日　第 208 册　第 556 页

30878　收拾时局之责任者：非法武人分裂而后　《民国日报》　1918 年 8 月 3 日　第 16 册　第 374 页

30879　收拾问题　《申报》　1928 年 6 月 4 日　第 247 册　第 101 页

30880　收拾现局的我见　《民国日报》　1922 年 8 月 20 日　第 40 册　第 686 页

30881　收拾中国不是这样的　《民国日报》　1922 年 6 月 15 日　第 39 册　第 614 页

30882　收拾中原与提携北方　《大公报》　1944 年 7 月 19 日　第 153 册　第 84 页

30883　收束军队与清乡　《申报》　1924 年 10 月 17 日　第 206 册　第 778 页

30884　收束散兵　《申报》　1924 年 10 月 23 日　第 206 册　第 874 页

30885　收缩通货的新教调/谷春帆（星期论文）　《大公报》　1945 年 7 月 1 日　第 155 册　第 2 页

30886　收缩通货及信用之紧急处置　《大公报》　1941 年 12 月 2 日　第 147 册　第 608 页

30887　收缩银根与限制发行　《申报》　1948 年 6 月 26 日　第 397 册　第 720 页

30888　手创捷克民国之伟人　《大公报》　1930 年 8 月 4 日　第 97 册　第 412 页

30889　手段　《申报》　1915 年 1 月 20 日　第 132 册　第 258 页

30890　手段之迟缓与敏捷　《申报》　1920 年 9 月 12 日　第 166 册　第 193 页

30891　手工艺展会闭幕　《中央日报》　1937 年 6 月 20 日　第 39 册　第 613 页

30892　手工艺展览会以后　《大公报》　1937 年 6 月 22 日　第 138 册　第 754 页

30893　手挥目送之冯令：北方之各个击破策　《民国日报》　1918 年 2 月 2 日　第 13 册　第 362 页

30894　守法　《申报》　1915 年 9 月 4 日　第 136 册　第 50 页

30895　守法　《申报》　1916 年 9 月 26 日　第 142 册　第 416 页

30896　守法以惩反贼　《民国日报》　1917 年 5 月 31 日　第 9 册　第 362 页

30897　守护国权人道之真精神　《民国日报》　1919 年 7 月 29 日　第 22 册　第 315 页

30898　守口刍言：簿用牌代　《申报》　1884 年 12 月 28 日　第 25 册　第 1025 页

30899　守绥远　《大公报》　1936 年 11 月 12 日　第 135 册　第 158 页

30900　守信与定乱　《申报》　1925 年 3 月 20 日　第 210 册　第 367 页

30901　守拙篇　《申报》　1890 年 8 月 19 日　第 37 册　第 321 页

30902　首次政务会议的成就　《中央日报》　1947 年 4 月 30 日　第 55 册　第 1140 页

30903　首都的吼声/张其昀（星期论文）　《大公报》　1939 年 12 月 10 日　第 143 册　第 404 页

30904　首都的市政（代论）　《民国日报》　1927 年 6 月 29 日　第 68 册　第 897 页

30905　首都地价税问题　《中央日报》　1937 年 1 月 16 日　第 37 册　第 169 页

30906　首都国民运动大会开幕　《中央日报》　1936 年 10 月 29 日　第 36 册　第 347 页

30907　首都户口总复查　《中央日报》　1936 年 7 月 3 日　第 35 册　第 29 页

30908　首都教育/周尚（专论）　《申报》　1946 年 12 月 9 日　第 391 册　第 466 页

30909　首都戒严令　《中央日报》　1948 年 11 月 11 日　第 60 册　第 550 页

30910　首都民众捣毁王宅事件　《民国日报》　1928 年 12 月 14 日　第 77 册　第 705 页

30911　首都南京应改名为中京议　《民国日报》　1928 年 8 月 4 日　第 75 册　第 589 页

30912　首都消防之重要　《中央日报》　1932 年 11 月 15 日　第 20 册　第 114 页

30913　首都新闻记者被侮事件　《申报》　1933 年 9 月 17 日　第 308 册　第 528 页

30914　首都兴办自来水问题　《中央日报》　1929 年 11 月 6 日　第 8 册　第 71 页

30915　首都行政机关西迁　《申报》　1937 年 11 月 18 日　第 355 册　第 1036 页

30916　首都与文化　《中央日报》　1929 年 4 月 22 日　第 5 册　第 665 页

30917　首骨辨　《申报》　1880 年 6 月 25 日　第 16 册　第 681 页

30918　首届立法院集会首都　《中央日报》　1948 年 5 月 8 日　第 59 册　第

62 页

30919   首届立法院自行集会   《申报》   1948 年 5 月 8 日   第 397 册   第 304 页

30920   首届商人节   《申报》   1947 年 11 月 1 日   第 395 册   第 316 页

30921   首开无法无民的恶例者黎吴也   《民国日报》   1922 年 6 月 12 日   第 39
册   第 574 页

30922   首任总统大选献辞   《中央日报》   1948 年 4 月 20 日   第 58 册   第
984 页

30923   首任总统选举成功：国民大会使命完成   《中央日报》   1948 年 4 月 30 日
第 58 册   第 1072 页

30924   首鼠   《申报》   1923 年 1 月 27 日   第 188 册   第 517 页

30925   "首先解决日本"!   《中央日报》   1941 年 10 月 31 日   第 45 册   第
384 页

30926   寿弢园老民六十初度序   《申报》   1887 年 11 月 16 日   第 31 册   第
895 页

30927   寿言   《申报》   1903 年 3 月 21 日   第 73 册   第 447 页

30928   寿言（接昨稿）   《申报》   1903 年 3 月 22 日   第 73 册   第 453 页

30929   寿筵内阁   《申报》   1922 年 12 月 9 日   第 187 册   第 175 页

30930   受贿案   《申报》   1917 年 4 月 18 日   第 145 册   第 856 页

30931   受降遣俘与留用日人   《大公报》   1946 年 1 月 21 日   第 156 册   第
84 页

30932   受教育的机会   《申报》   1944 年 6 月 17 日   第 385 册   第 583 页

30933   受困难   《申报》   1926 年 10 月 14 日   第 228 册   第 367 页

30934   受命与施令   《申报》   1928 年 2 月 18 日   第 243 册   第 420 页

30935   受试炼·耐煎熬   《中央日报》   1944 年 11 月 14 日   第 50 册   第 340 页

30936   受助学生成绩展览会   《申报》   1944 年 11 月 30 日   第 386 册   第
491 页

30937   兽戏推原论   《申报》   1882 年 7 月 4 日   第 21 册   第 19 页

30938   授刀式   《申报》   1918 年 2 月 5 日   第 150 册   第 486 页

注：由于 S 部分的篇名太多，因分册需要，自 Shū（书）以后的部分归入下册。